传记文库

特立,不独行

BIOGRAPHY

OF

尚明轩 ——

著

SOONG
CHING LING

图文全传

新星出版社　NEW STAR PRESS

出版说明

宋庆龄是中国近现代史上一位举世闻名的、杰出的政治家,被誉为中华民族的"国之瑰宝",是 20 世纪世界上最伟大的女性之一。她同孙中山作为伉俪,都是毕生为着祖国的独立富强和人民幸福而奋斗,对中国近现代的发展和进步,建立过不可磨灭的丰功伟绩,做出了无愧于时代的历史贡献,宛如光耀苍穹的双子星座,必然永远受到人们的敬仰和尊崇。

我长期从事着孙中山及其战友们的学术研究工作,研究孙中山和研究宋庆龄,是两个密不可分的课题,非常需要二者相结合地进行探究。所以,早在三十余年前,我继出版新中国建立后第一本《孙中山传》后不久,就与陈民等合编了《宋庆龄年谱》一书(中国社会科学出版社 1986 年版),并发表了多篇研究宋庆龄的论文。之后,在汲取了国内外学者对宋庆龄文物资料研究和收集的不少成果的基础上,还与唐宝林合著了《宋庆龄传》一书(北京出版社 1990 年版)。

近二十多年来,宋庆龄研究日益为学术界重视,发表和出版了颇多研究新成果（如论文、论集、专著、年谱长编等），披露和整理出版了一些挖掘的新资料，还曾多次举办宋庆龄专题的国际学术研讨会。与此同时，我自己亦在学术报刊上，先后发表过《宋庆龄生平概论》《宋庆龄与中国抗日战争》《宋庆龄与抗战时期的妇女运动》《宋庆龄陈友仁关系钩沉》《宋美龄与宋庆龄政治殊途中的姐妹情谊》《宋庆龄对首次国共合作的贡献》《宋庆龄和第二次国共合作的实现》《宋庆龄与保卫世界和平事业》等二十余篇专题论文，并出版了由我主编的《宋庆龄年谱长编》（上下卷）和《宋庆龄的后半生》（与魏秀堂合著）、《宋庆龄研究论丛》诸书。众多学人的研究和我的这些工作，为《宋庆龄传》旧稿的修订，准备了很好的条件，提供了一个可以操作的平台。所以，2012年时，我又对该书做了大的修订和增补工作，增补了许多新史料和研究成果，加添了传主后半生的大量内容，充实了初稿的这部分不足。并对原书中一些疏漏和不妥之处，予以认真地补充、校勘和修订，使其成为记述宋庆龄一生革命实践和思想发展的学术性论著，以期望能通过对具体历史事件的考述，显示宋庆龄的历史功绩；其中对她活动中的某些功过得失，也进行了初步的探索。在数量上更是大为增加，从一册增为上下两卷，由西苑出版社2013年出版；2014年，又由台北思行文化传播有限公司以繁体字本上下册出版。

今年是宋庆龄与孙中山颇具传奇色彩的婚姻缔结106周年，我对之前的《宋庆龄传》再一次进行较大增订，除去增添内容，校勘和修订疏漏不妥外，主要是增加了影像、题词遗墨和文物资料。因为无论是陪伴孙中山奔走革命，还是其后继承孙中山遗志从事革命、政治活动，宋庆龄在中外各地留下的许多珍贵的影像、题词遗墨和各种文物等，都是历史的重要载体，反映着她一生的活动和社会交往的轨迹线索，具有真实而形象的特征，通过它们展示历史，有着更为深广的内涵，其作用是文字资料所不能完全代替的。曩昔相关出版物中，虽不乏宋庆龄的影像、题词墨宝和文物手札等，但却分散难全，各有所长及所短，更缺乏翔实的文字相对照，所以我们通过努力广泛蒐集、遴选，在本书中增添了近500幅照片和题词等图像资料，与正文相互对照，以求严谨又不失生动，力争使这部书成为图文兼备的传记，更加准确、生动、全面地反映这位伟大女性的生平业绩，以及后人对她的景仰和评价。

在当今充满希望和挑战的21世纪里，我衷心希望人们能够领会宋庆龄忠于理想、忧国忧民的情怀，了解她不随波逐流、独立坚毅的品格，从她的人生历程和历史贡献中，得到启迪和力量。

借此旧书新编并修订出版之机，祈望得到读者们的再批评与指正。

百岁叟　尚明轩

2021年6月于北京芳城园书屋

序

黎澍

宋庆龄是近代中国最有个人特点的政治家。她在历史的每个重要关头都以其远见卓识作出了独立的判断。

孙中山在世时，宋庆龄是其忠实的助手；孙中山去世以后，她是孙中山政治主张的继承人，坚守"联俄、联共、扶助农工"三大政策，是广州和武汉革命政府中积极的活动家。1927年4月12日，上海发生以蒋介石为背景的政变，国共合作的革命战线公开分裂。7月14日，即武汉国民党公开宣布与共产党分裂的前一天，宋庆龄发表《为抗议违反孙中山的革命原则和政策的声明》，义正词严地斥责了孙中山的叛徒，宣布同他们决裂。她说，"孙中山的三大政策是实行三民主义的惟一方法"。"如果党内领袖不能贯彻他的政策，他们便不再是孙中山的忠实信徒，党也就不再是革命的党，而不过是这个或那个军阀的工具而已。"她相信千百万人民将遵循孙中山的道路达到革命的最终目的。

宋庆龄从此开始了她的独立的政治活动。她独立于国民党，1931年12月19日在上海发表以《国民党已不再是一个政治力量》

为题的声明,指出"国民党以反共为名来掩饰它对革命的背叛,并继续进行反动活动。在中央政府中,国民党党员力争高位肥缺,形成私人派系,以巩固他们的地位;在地方上,他们也同样剥削群众,以满足个人的贪欲。他们和一个又一个的军阀互相勾结,因而得以跃登党和政府中的高位"。根据这些情况,宋庆龄断言,国民党作为一个政治力量已经不再存在了,它已经灭亡了。她说:"我坚决地相信:只有以群众为基础并为群众服务的革命,才能粉碎军阀、政客的权力,才能摆脱帝国主义的枷锁,才能真正实行社会主义。"因此,她寄希望于中国共产党领导的人民革命,通过一切途径宣传这个革命,争取一切道义的和物质的支持。

她也独立于共产党。她曾经长时期是共产党的忠诚的朋友,但不是党员。[①] 在中国革命胜利的初期,她曾经以极大的热情歌颂革命的胜利,歌颂革命带来了群众的幸福生活。1957年反右斗争以后,她的态度显然是有保留的。她没有像其他人一样,紧跟政治运动。"文化大革命"时期,她更是沉默不语,保留态度更显著了。这是一个头脑清醒的政治家的态度。我们往往听到有的人这样说,他违心地做了一些什么事。宋庆龄不是这样。她默默地从事她的工作,决不随声附和,做些什么违心的事。她坚持这个态度,一直到她停止呼吸。

现在应当得到结论,宋庆龄是一个完人,一个真正的人。尚明轩同志为这样一个人写传记,可谓担负了一项崇高的任务。他把这个任务完成得很出色,这就非常令人欣慰了。

1988年

---

① 1981年5月15日,宋庆龄被中共中央政治局接收为中国共产党正式党员。——编者注。

目 录

(上册)

第一章　青少年时代 (1893—1915 年)

第一节　家世概述
一、父亲——宋氏家族的奠基人 / 3
二、母亲——一个虔诚的基督教徒 / 25
三、姐妹兄弟——民国时期政治经济舞台上的活跃人物 / 28

第二节　少年轶事
一、扮演"皇后" / 47
二、"我也要同你一样" / 56

第三节　激扬文字
一、留学美国 / 65
二、欢呼辛亥革命胜利 / 79

第二章　在孙中山身边 (1915—1925 年)

第一节　革命伴侣
一、崇拜英雄 / 95
二、孙中山需要宋庆龄 / 103
三、有情人终成眷属 / 107

第二节　协助孙中山南征北战
　　一、在倒袁、"护法"运动中 / 124
　　二、莫利哀路29号 / 140
　　三、羊城蒙难 / 149

第三节　推动国共第一次合作
　　一、赞同以俄为师 / 172
　　二、支持五四运动 / 186
　　三、辅助改组国民党 / 193
　　四、参加广东革命根据地的建设 / 204

第四节　继承孙中山的革命遗志
　　一、第一篇演说 / 215
　　二、孙中山遗嘱 / 225
　　三、初露领袖才华 / 235

第三章　中华革命的中流砥柱（1925—1937年）

第一节　在大革命洪流中
　　一、维护革命阵营的团结 / 253
　　二、反对蒋介石迁都南昌 / 265
　　三、力主收复汉口与九江英租界 / 275
　　四、热心培养妇女革命干部 / 280
　　五、武汉危局中坚持斗争 / 285
　　六、与姐妹兄弟分道扬镳 / 294
　　七、"七一四"声明 / 300
　　八、"我相信共产党" / 308

第二节　苏欧之行

一、出访莫斯科 / 316

二、酝酿组织"中国国民党临时行动委员会" / 324

三、反对蒋介石与苏联断交 / 327

四、在异国饱经忧患 / 331

五、来自"左"的困扰 / 341

六、在柏林研究土地问题 / 346

第三节　宣布国民党"死亡"

一、参加孙中山的奉安大典 / 357

二、舌战戴季陶 / 366

三、对国民党的绝望与思索 / 371

四、营救邓演达 / 382

第四节　为抗日救亡奔走呼号

一、在"一·二八"抗战中 / 391

二、参加国民御侮自救会 / 402

三、筹建中华民族武装自卫委员会 / 406

四、主持远东反战会议 / 412

五、用老眼光看待"福建事变" / 422

第五节　革命大纛护英华

一、成立中国民权保障同盟 / 426

二、紧张的营救活动 / 437

三、怒斥胡适 / 447

四、痛悼杨杏佛 / 451

五、继续保护共产党人和革命同志 / 459

六、主持鲁迅葬礼 / 462

第六节　伟大的国际主义者
　　一、致力国际保障人权活动 / 472
　　二、同萧伯纳的战友情谊 / 479
　　三、长期任秘书的史沫特莱 / 483
　　四、斯诺的引路人 / 488
　　五、并肩作战的其他国际友人 / 499

第七节　打通第二次国共合作之路
　　一、为国共谈判搭桥 / 510
　　二、救国会的支柱 / 516
　　三、营救"七君子" / 524
　　四、发动"救国入狱运动" / 531
　　五、委专人参加世界反法西斯会议 / 540
　　六、力促第二次国共合作实现 / 543

第一章

青少年时代

（1893—1915 年）

第一节　家世概述

一、父亲——宋氏家族的奠基人

宋庆龄，曾用名庆琳、庆林。英文拼法是 Soong Chung-ling、Soong Ching-ling。1925 年后曾使用孙宋庆龄、孙中山夫人、孙逸仙夫人作为署名。教名露瑟萝，学名罗莎蒙德（Rosamonde，缩写为"R."），又译作洛士文、罗沙蒙黛，化名苏吉、林泰、马丹等，日文化名中山琼英，1893 年 1 月 27 日（清光绪十八年十二月初十），出生于上海一个传教士后来转为实业家，同时是革命党人的家庭。

当时，中国正处在半殖民地半封建社会中，帝国主义的侵略和封建统治者的压榨，给中华民族带来了严重的民族危机和社会危机，全国人民在重重的苦难中挣扎，矛盾与希望交织成一幅当时中国社会的历史画卷。到 19 世纪末 20 世纪初，世界资本主义完成向帝国主义阶段的过渡，加紧了瓜分中国的侵略活动。但是，"帝国主义和中国封建主义相结合，把中国变为半殖民地和殖民地的过程，也就是中国人民反抗帝国主义及其走狗的过程"①。中国人民对外国侵略势力和封建专制压迫进行了英勇顽强的反抗,民族民主革命运动正在兴起。宋庆龄的出生地上海地处长江口,踞东南水陆运输要冲,又是东西洋交通的枢纽。1843年,上海作为"五口通商"之一正式开埠,成为资本主义列强侵略中国的桥头堡。上海既是帝国主义冒险家的乐园,又是中国人民革命运动的策源地之一。

宋庆龄的父亲宋嘉树(1866—1918年),在宋庆龄出生前一年,即1892年,正式辞去了传教士的职务,转向实业界,入股经营教会创办的美华书馆②,同时担任民族资本的阜丰面粉公司经理,还投资烟厂、纱厂,并进口机器,没有几年便成了上海滩一名成功的实业家。在此前后,他结识了中国民主革命的先行者孙中山,开始积极投身于孙中山领导的革命事业。他冒着被满门抄斩的危险,秘密地利用自己开办的家庭印刷厂为孙中山的革命党印刷宣传革命的小册子,还尽力资助其革命活动。

以宋嘉树为首包括其子女两代人的宋氏家族,富有传奇色彩。在中国近现代历史上,再找不出一个家族像他们这样,对半个多世纪的中国政治和中美关系的影响如此复杂而深刻。这一家族中,既有从孙中山在世到中华人民共和国成立以来,一直是中国共产党的亲密战友和同志的革命者,又有与蒋家王朝贯彻始终的重臣或谋士。在中美关系上,宋家有的成员把美国人民对中国人民的友谊相连,成为中美友谊的纽带;有的成员则与美帝国主义侵略中国的活动有关,充当侵略者的帮凶。宋家(主要是宋美龄)确实是曾"影响了

---

① 《中国革命和中国共产党》,《毛泽东选集》第2卷,人民出版社1952年版,第626页。
② 过去有关宋家的著作,一般均记载为宋嘉树创办了美华书馆,实误。按:美华书馆前身名"花华圣经书房",系美国长老会1844年创设于澳门。翌年,该书房迁至宁波,改名为"美华书馆"。1859年,美华书馆迁至上海,并创电镀华文字模,改革华文排字架,使印刷中文圣经等书大为便利,从而该书馆业务得以迅速发展。因此,宋嘉树在1892年只是入股经营美华书馆,并不是"创办"。

两代美国人"①，特别是影响了罗斯福、杜鲁门、艾森豪威尔的对华政策，使他们用有色眼镜来观察亚洲事态的发展，采取支持国民党政权、反对中国共产党政权的立场，进而帮助蒋介石发动反人民的内战。当然，已逝去的这段历史陈迹，首先应该从美帝国主义的侵略本质上来观察问题，但宋家的作用也是不可低估的。在中国由半封建半殖民地变为社会主义强国的翻天覆地的历史上，深深地留下了宋氏家族一长串各种各样的足迹。

而在这个家族中，对近现代中国革命影响时间最长、贡献最大的一代巨人，就是宋庆龄。她的一生，经历了中国旧民主主义革命、新民主主义革命及社会主义革命和建设三个历史时期；又在中国人民艰苦奋斗屡经挫折直至获得胜利的整个历程中，始终站在斗争的最前列。

在宋庆龄独立生活以前，宋家成员的情况是这样的：

父亲宋嘉树，是宋氏家族的奠基人。他原名韩教準（乳名阿虎），又名宋耀如，西名查理·琼斯·宋（Charles Jones Soong），1866年9月出生②于广东省海南岛（今海南省）文昌县昌洒镇古路园村（即牛路园村）一个商人之家。

宋嘉树是一个不受制于传统习俗的男子汉，一直坚持自己主宰自己，走独立奋斗、自强不息的道路。由于拒不接受别人安排的命运，加上具有勇于进取的爱国主义和民主主义的思想，他创造出一部富有传奇色彩的历史，同时也影响了他的六个子女——特别是三个女儿的命运。

关于宋嘉树的经历和宋氏家族的起源，国内外几本有影响的介

---

① 〔美〕斯特林·西格雷夫（Sterling Seagrave）：《宋家王朝》(The Soong Dynasty) 美国纽约哈泼斯-罗公司1985年版，第10页；译文为澳门星光书店1985年版。以下引用此书，皆为此版本，不再一一详细注明。
② 宋嘉树的出生年份，过去一般均为1866年（清同治五年），但据《韩氏族谱》记载"生于清咸丰辛酉年（九月十四日）"，应是1861年。特注录备考。

宋庆龄的父亲宋嘉树

绍宋氏家族和宋氏三姐妹的著作,说法相当混乱,传讹不少。美国新闻记者斯特林·西格雷夫1985年出版的《宋家王朝》一书,根据宋嘉树1881年的一封英文信,指出宋嘉树本姓"韩",不姓"宋",轰动一时。其实这不是西格雷夫的新发现,早在1948年香港出版的《宋子文豪门内幕》一书,就指出宋家"本姓韩"。以后的著作中,也有类似的记述,如1967年美国出版的《美国名人传记辞典》等书。只是由于没有提供可靠的证据,一直没有引起人们的注意。

为了搞清楚这些问题,笔者查阅了清咸丰八年(1858年)的《文昌县志》、中华民国七年(1918年)重修的《文昌县志》和《韩氏族谱》、《韩氏家谱》,还到海南省文昌县考查宋氏祖坟碑石,发现了一些有重大史料价值的材料。

宋氏祖坟有韩鸿翼(宋庆龄的祖父)的墓地,位于文昌县宝芳乡,墓碑正中镌刻着"韩考讳鸿翼公之坟",下款镌刻"住古路园村男政、教、致準,孙乾、德、裕丰立","清光绪十九年秋月吉旦"。韩王氏(宋庆龄的祖母)的墓地位于文昌县古路园村宋氏祖居附近,立碑人同上,时间是民国六年。韩氏本家祖公碑现保存在宋氏祖居中,碑文中记载了"显十七代至二十四代"祖考的名字。

根据以上资料，笔者对宋氏家族的起源及其发展，作以下简述：

宋嘉树远祖是河南相州安阳人。相州安阳是战国七雄之一"韩国"的所在地。到了唐代，相州的辖境包括今河北成安、广平和魏县西南部和河南安阳市、汤阴、林县、内黄及濮阳的西南部。北宋时，大臣韩琦（1008—1075年）就是相州安阳人，他抵御西夏入侵时，建有显赫功勋，被封为魏国公。后北宋衰亡，韩家被迫南迁，族人韩显卿在南宋时代曾先后出任浙江会稽县尉和广东廉州太守。1197年，韩显卿抱宗谱南渡当时尚被称为"南荒蛮地"的琼州，定居文昌县锦山，成为韩姓渡琼第一代人。以后，韩姓家族就在海南岛繁衍下来。传到宋嘉树曾祖父韩仁循这一代时，已是第二十世了。宋嘉树的祖父名韩锦彝，祖母伍氏，生有二子，名鸿翼和鹏翼。

宋嘉树的父亲韩鸿翼是一位儒商，为人宽厚，并热心公益事业，为乡人所敬重。夫人王氏，端庄文静，能诗善书，常向子女们讲述历史故事，使他们从中得到教益。鸿翼夫妇生有三子：长男政準，次男教準（即宋嘉树），三男致準。

兹将宋庆龄家族近代世袭列简表说明之：

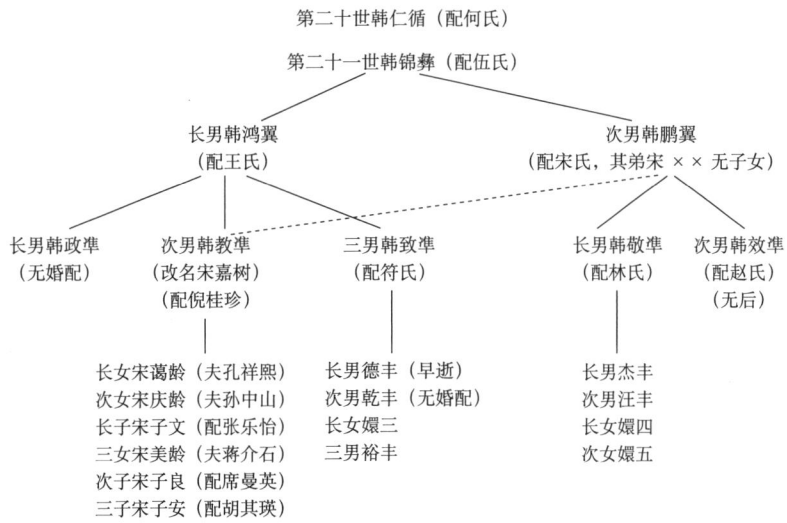

宋嘉树的叔父韩鹏翼，娶同县宋氏为妻。韩教准后来过继给堂舅——宋夫人之弟，就改姓"宋"，后来发展成为赫赫有名的"宋氏家族"，而其本姓"韩"却被人们遗忘了。

海南岛位于浩瀚的南海北部，北临琼州海峡，与雷州半岛隔海相望，是我国仅次于台湾省的第二大宝岛。它背靠黎山，濒临大洋，岛上山峦叠起，河网交错，既有五岳之壮，又有苏杭之秀，好一片旖旎的热带风光。横贯全境的五指山，像造物主伸出来的一只手，向人们无私地奉献着丰富的矿藏和物产。万泉河像母亲流不尽的乳汁，滋润着沿海平原的万顷良田。"自古琼瑶称此岛，珠崖毕竟占春先。"由于地处北回归线以南，热带和亚热带的气候更使宝岛锦上添花，全岛终年葱绿，长夏无冬，山光水色旖旎多姿，椰子、香蕉、荔枝、芒果、菠萝蜜等热带水果品种繁多，四季飘香。其中椰树几乎遍布全岛，故素有"椰乡"之称。位于岛东北部的文昌县，更是椰子的世界。椰子自古以来就是文昌人民"款客、定婚多用以为礼"的佳品。县东的椰树林无边无沿，郁郁苍苍，远处眺望犹如大海的波涛，汹涌激荡。该县椰树种植面积及椰子产量，均占全岛之半。加上长时期以来，由于一代一代接种，虽同一树种，却千姿百态，极为壮观：有的苍劲挺拔，高耸云天；有的婀娜多姿，亭亭玉立；有的矮嫩青翠，随风起舞。尤其那外形像球状的棕色椰果，一簇簇，一串串，悬挂在树冠之上，更加逗人喜爱。可是，帝国主义和封建王朝的掠夺和剥削，接连不断的天灾人祸，竟使这个富饶的宝岛养不起自己的儿女。不少壮年男子迫于贫困、饥饿和战乱，不得不背井离乡，漂洋过海，流落到南洋、夏威夷、美洲、欧洲各地谋求生路。由于历史原因，现在文昌县全县人口有48万余人，而在国外的侨胞总数却达60万人，可见当年此地外出谋生人数之多。

宋嘉树的堂舅①就是其中的一个。他先流落到美国西海岸的加利福尼亚充当修铁路的苦力，有了些积蓄后，又转辗去到东海岸港口城市波士顿定居下来，开办了一个狭小的专门销售中国丝茶的店铺。

宋嘉树幼年时，父亲韩鸿翼由于热心于公益事业，又不善于理财，几乎耗尽祖传积资，加以染上久治不愈的疾病，因而家境日渐窘迫。母亲王氏只得领着子女操持农活维持生计，生活极其艰难。后来宋嘉树在晚年描述他母亲的形象时说，她身负重荷，仍文雅高贵；她饱经磨折，仍端庄美丽。没有一个画家能够画出她那崇高的神韵。②从这位老夫人身上，我们仿佛看到了后来宋庆龄的影子。宋嘉树幼年时十分调皮，富有冒险精神。由于家境窘困，他9岁时，即1875年夏，随同哥哥到东南亚谋生，在马来西亚一个远房亲戚处当学徒，订立了三年为期的契约。但在契约未满时，他于1878年初遇到了那位在美国波士顿经商归国探亲后转道爪哇的堂舅，就悄悄地跟随堂舅横渡太平洋到了美国东北部的海岸城市波士顿。后来，没有子女的堂舅在一次重病时，立下遗嘱，正式认阿虎（宋嘉树）为嗣子，把自己的全部家产传给阿虎。从此，他正式过继给堂舅，不再姓"韩"而改姓"宋"，取名"嘉树"，又名"高升"。

波士顿是美国革命的摇篮，独立和自由的象征。它现在是美国这个年轻国家最古老的城市之一，有人把它比作美国的"北京"，在当时充满着青春的活力。经过独立战争和南北战争，波士顿已发展成为美国的大商埠、工业中心和金融中心。这座繁荣兴旺的城市，使宋嘉树大开眼界。

在波士顿生活不到一年，宋嘉树由于受到美国民族精神中进取性和冒险性的熏陶，不再满足于堂舅安排的帮助丝茶店经销的命运，

---

① 堂舅的名字无记载。"堂舅"的英文"uncle"，在译成中文时，有的写"叔父"，如《宋氏家族》；有的写"舅父"，如《宋氏三姐妹》；有的写"伯父"，如《宋家王朝》。
② 参见〔美〕罗比·尤恩森（Roby Eunson）：《宋氏三姐妹——宋蔼龄、宋庆龄、宋美龄》，世界知识出版社1984年版，第2页。以下引用此书，皆为此版本，不再一一详细注明。

开始追求更远大的目标。

刺激宋嘉树走上冒险之途的直接因素,既有探索丝茶店外陌生世界的好奇心,又有与美国对比之下对祖国贫穷落后命运的关切。海南岛家乡的悲惨生活与波士顿繁荣景象的强烈对比,在少年嘉树心上掀起难以平息的波澜。他渴望自己的祖国也像美国一样富强起来。

当时侨居在波士顿的中国人很少,主要是一些被清政府派去留学的官宦人家的子弟,住在查尔斯河另一岸的坎布里奇。他们经常光顾丝茶店,在店中高谈阔论,更在嘉树心上起了推波助澜的作用。

在这些留学生中,温秉忠和牛尚周(后来成为宋嘉树妻子的两个姐夫)是作为广东人容闳所组织的中国教育团的成员来到美国的,是1871年来自上海的第一批赴美留学生。他们与宋嘉树成为好朋友,劝他到学校去学一门有意义的学问,将来回国谋一个理想的职业。他们对宋嘉树的劝告,使他的命运发生了根本的转折。

小嘉树终于下了决心,于是向已经成为他继父的堂舅提出在美国求学的要求。但是,这个已经被太平洋的风浪磨去了棱角的堂舅,没有理解搏动于嘉树胸中的那颗勃勃雄心。他的回答是:"不可能。"他只要求嘉树做一个安分守己的小商人,继承他的"家业"。由于与堂舅没有商量余地,嘉树悄悄地逃跑了。他跑到停泊政府船舶的码头,偷偷溜进"加勒廷"号缉私船上躲藏起来。

"加勒廷"号当晚起航,在远离港口的大海上,嘉树才被发现并被带到船长面前。船长埃里克·加布里埃尔森祖籍挪威。他有丰富的航海经验,指挥有方,处事公正,爱护船员,虔信上帝,心地善良。那时,对这样的偷乘者,船长有权处罚,或令其在下一个港口上岸。但是,船长却宽恕了嘉树,据说是他被这个东方孩子的胆量感动了。因为美国人崇尚的就是这种不靠祖宗余荫,不靠别人恩赐,而靠自己奋斗、吃苦耐劳、创造前途的人生哲学。船长的上几辈人,

宋嘉树在"加勒廷"号缉私船上当了杂役

即最初构成美利坚民族的那些白种人,大都是在英国和欧洲大陆上被"圈地运动"或残酷的剥削剥夺了土地、破了产的农民,或被封建暴政宣判为"罪犯"、被正统教派宣判为"异教徒"的人。他们为了逃避暴虐和死亡,毅然抛弃故乡和亲人,以卖身作"契约奴"筹集了旅费和资金,来到北美这块荒凉的土地上。在五年至十年的契约限期内,他们克服了无数难以想象的艰难困苦,才成为自由人,并逐渐成为富人。所以,美国人从拓殖时代那种艰苦奋斗的生活环境中,养成了独来独往、不亢不卑、自负自骄、耐劳吃苦的性格。这种性格使他们崇尚平等,爱好自由,鄙视权力和无理干涉。

眼前这个嘉树,在船长看来,就是具有这种性格的人。这么小的年纪就不愿继承"家业",而追求独立创业;反对干涉,追求自由。这该有多么大的勇气和胆略啊!于是他获得同情,被允许留在船上。在花名册上登记名字时,"嘉树"的海南岛口音,被英文拼成"Charles Sun"。再译成中文,就成了"查理·沈"。

嘉树在船上当了杂役。他以矮墩壮实的个子、温和幽默的气质和勤奋的劳动,博得了船长与船员们的好感和喜爱。后来,他又随船长调到南方北卡罗来纳州的威尔明顿港,在一艘"二级明轮""科尔法克斯"号上工作。

船长待他亲如自己的孩子,教他信仰基督教,经常给他讲基督教的故事。

嘉树没有忘记自己追求的目标。他在船上向船员学会了用细绳编制吊床的技术,业余时间勤奋地编制吊床出售,攒钱准备将来上学。他把这个计划告诉了船长,船长答应帮助他。

当时美国南方的中国人极少,嘉树是北卡罗来纳州人最早见到的少数中国人中的一个。当他出现在教堂的礼拜仪式上时,引起了轰动。他被船长的好友罗杰·穆尔上校所看重。穆尔是内战时期的军人,是当地卫理公会教堂的头面人物,负责男子读经班。他又把嘉树介绍给了托马斯·佩奇·里考德牧师。传教作为文化侵略的措施之一,早在美国侵略中国的第一个不平等条约《望厦条约》中已有明文规定,而且实施多年。这位日夜梦想着实现基督教"拯救"全世界狂想的牧师,对宋嘉树产生了兴趣。他想,如果让宋嘉树受到西方教育,完全可以把他培养成一个能行医的传教士。那么他就可以把技术带回中国,医治他同胞的身体和心灵。众多传教士的工作,也许能改变中国这个东方神秘大国的命运。而渴望学到一门学问,以便将来为改变祖国的贫穷落后做出自己的贡献——嘉树这个朴素的爱国主义思想,曾被温秉忠和牛尚周二人所启迪,现在又被里考德牧师的设想所吸引。于是,他终于高兴地答应皈依基督教。

1880年11月7日(星期日)上午,威尔明顿《明星报》登出了第五街卫理公会教堂的一则简短通知:"今天上午的洗礼仪式将在本教堂举行。一位中国皈依者将是享受这项庄严权利的人之一,也许是迄今为止在北卡罗来纳州接受基督洗礼的第一位'天朝人'。里考德牧师将主持仪式。"在仪式上,里考德牧师庄严地给小嘉树施洗礼,并命名他为"查理·琼斯·宋"。

在异国，又是在举目无亲的环境中，一个14岁的孩子，没有惊人的胆略和冒险精神，是不可能做出这样抉择的。正是这个抉择，奠定了宋嘉树，尤其是他后来几个儿女在美国的地位和影响，从而也就奠定了他们在中国的地位和影响。

当时美国基督教（新教）的势力已经伸展到中国，特别是上海。他们在上海的布道团，有些人进行着正当的宗教活动，另一些人则扮演着美国向中国扩张的帮凶角色。美国在中国取得的第一块殖民地租界，就是文惠廉主教一手造成的。他来华后，在上海苏州河北岸的虹口区购地建造教堂。当时的英租界在苏州河南岸至今日的延安东路。河北岸的土地在租界外。文惠廉主教见英国取得租界，就步其后尘，在1848年向上海道台提出把他教堂所在地虹口一带划作美租界。道台是个十分昏庸无能的官僚，竟一口答应，而且慷慨地泛指苏州河北岸虹口一带标为美国租界。就这样，这个主教轻而易举地为美国在上海建立了殖民基地。美国为了纪念他，把租界中的一条路命名为"文监师路"[①]（即今日的塘沽路）。

显然，卫理公会为吸收宋嘉树这样一个很有培养前途的中国教徒而欢欣鼓舞，他们期望他在未来开拓中国的事业中，能够起到他们美国人起不到的作用。

1881年4月，穆尔上校和里考德牧师把嘉树送进了北卡罗来纳州内陆城市达勒姆的圣三一学院（后改名杜克大学）。大学的创始人朱利安·卡尔（大商人、大财主）答应资助嘉树学费和生活费。

嘉树在圣三一学院开始作为"特别生"培养：让他先上预备班，把其他学生要用十年学完的读、写和算术压缩到只用几个月学完；集中力量教他学好英语，并使他完全沉浸在《圣经》里。

嘉树是一个有志气的小伙子，他不愿完全依赖别人的施舍。他

---

① 邓普、玛文等：《美帝侵略上海的罪证》，世界知识出版社1950年版，第2页。

向船上的一个水手学会编织吊床的手艺，就用出售编制吊床赚来的钱，补助自己的生活费和学费。在假期里，他挨家挨户地卖书，并出售吊床。当时达勒姆地区，几乎所有人家的花园里都有他编制的吊床。

入学两个月以后，1881年6月25日，嘉树终于用学得的英文写出了第一批信。其中有一封信是写给他在海南岛的父亲的，与另一封给上海的美国南方卫理公会布道团团长传教士扬·艾伦（Young John Allen，中文名林乐知）博士的信附在一起，请博士将此信转给他的父亲。这两封信分别叙述了他老家的情况和来美的经过。信上还以感激的心情讲了教会和卡尔夫妇给他的帮助。①

尽管学校给了嘉树这么多帮助，但那样的课程负担对于他来说，仍然是十分沉重的。他以惊人的意志和记忆力克服了学习中的困难。对难以理解的功课，他干脆死记硬背下来。他能够复述读过的《圣经》上的词句和他在布道会上听到的说教，仿佛他已经懂了似的。这种善于模仿的才能，给老师们很深刻的印象和很大的安慰。院长克雷文博士在1881年6月9日的年度报告中指出："他每一个方面都很出色，专心学习，一定会成功。"

在同学中，嘉树也赢得了好感。他热情肯干，爱开玩笑，所以成了一个有吸引力的热心的活跃分子。

但是，一年以后，嘉树突然转学到北卡罗来纳州西邻的田纳西州纳什维尔市范德毕尔特大学神学院学习。据《宋家王朝》中透露，这是因为嘉树与朱利安·卡尔的堂兄弟卡尔教授的女儿埃拉关系过于密切，教会认为这不利于对他的培养。

1883年至1885年，宋嘉树在范德毕尔特大学神学院度过了整

---

① 〔美〕詹姆斯·伯克（James Burke）：《我的父亲在中国》，纽约1942年英文版，第6—9页。伯克的父亲步惠廉在中国传教，是宋嘉树的好友。以下所引宋嘉树致林乐知的信，皆载该书，不再一一注明。

整三个年头，获得了丰富的知识，结交了一些忠实的朋友，为他以后的事业打下了良好的基础。他的同学约翰·奥尔牧师后来回忆时给宋嘉树这样的评价："他脑子灵，努力准确而流利地使用英语，通常充满了机智和幽默，脾气好。小伙子们开始喜欢他，带他参加校园里的所有社交活动。他备课很认真，所有的考试都及格，毕业时，在神学方面是班上的优等生。"① 他的同窗好友赖特牧师后来这样回忆："他个子不高……身体结实。他性情开朗，爱笑，所有的学生都欢迎他。他是一个才思敏捷、中上水平的学生。"②

宋嘉树对学校生活感到满意和愉快，但并非乐不思蜀，而是经常怀念故乡和亲人。有一个星期天早晨，他照常起床后与同学们在早餐前到小教堂聚会，交流宗教上的灵感时，默默无言地站了片刻，突然泪流满面并嘴唇哆哆嗦嗦地说："我是多么可怜！多么寂寞！远离亲人！久在异乡！我觉得我真像密西西比河中顺水漂浮的一片小木屑。"③

对故乡和祖国的思念，促使宋嘉树更加努力地学习。他天真地认为基督果真能帮助他拯救祖国，对回国传教充满信心。1883年7月27日，当他得知教会已决定毕业后派他回上海工作时，他给林乐知写了一封充满激情的复信："接奉手书已有数日，确实不胜欣慰。我看到你完全把你的工作、生命和精神奉献给了上帝。我希望上帝恩赐，让我尽快见到你。……在我结束我的学业后，我希望我能把光明带给中国人。我生活的目的是行善、敬人、赞美上帝；对别人行善，拯救他们免遭永恒的惩罚。但愿上帝帮助我。"

这封信充分地表现了他对祖国人民的热爱和对基督上帝的虔诚。强烈的爱国主义与虔诚的宗教精神的统一，对大多数基督徒来说，

---

① 《回忆查理宋》，载《世界言论》1938年4月号。
② 〔美〕罗比·尤恩森：《宋氏三姐妹——宋蔼龄、宋庆龄、宋美龄》，第7页。
③ 同上。

是一个普遍的现象,虽然其中有着许多天真浪漫的色彩。

1885年5月,宋嘉树以优异的成绩在大学毕业了。不过他还想在美国继续深造,学点医学,以便回国后更好地帮助自己的同胞。这本来是无可非议的事。从耶稣布道开始,行医就是基督教分内的工作,是争取民心、辅助传教的重要手段,而且热心的卡尔也表示乐意赞助宋嘉树学医的要求。但是教会这次一点也不"仁慈",断然拒绝了他的要求。他们显然从嘉树如此关心祖国命运的思想情绪中,感觉到了某种与他们的目标相悖的因素。他们要"拯救"的中国,绝不是将来与美国一样富强并与之抗衡的东方大国,而是一个永远供他们自由摆布的殖民地;他们要培养的宋嘉树也不是将来与他们平起平坐的高级神职人员,而是一个供他们任意驱使、忠诚为他们服务的奴才,一个低级的传教士。所以,他们认为他不配受到系统的高等的美国教育,甚至诬蔑他希望留下来学医的要求是贪恋美国"高级文明"的生活。1885年7月8日,范德毕尔特大学校长霍·马克谛耶给林乐知写了一封信,透露了他们的看法和打算。

信中说这年秋天就把宋嘉树派到林乐知手下工作,要林"立即派他从事巡回布道团工作,即使不是坐车去,也要步行去"。对于宋希望学医的心情,"我们认为不应该在他没有在中国人当中努力工作之前就把他身上的那个中国佬的精力耗竭用尽。他早已'尝过了安乐椅的滋味',而且并不反对享受'高级文明'的舒适"。因此,"已经告诉他:我们已有多得足够布道团所需的医生,不再需要了"。[①]

《宋家王朝》的作者在披露这封信时认为,这位主教撒了一个谎,说医生过多,并在使媒体相信宋嘉树要到林乐知博士的大学任教之后,私下却指示林乐知把他放逐到内地去。"不用给予什么特别的考虑,就是应该把他派到最低一层去。他要徒步一个城镇一个

---

① 〔美〕艾尔摩·克拉克(E.Clark):《中国蒋氏家族》(*The Chiangs of China*),纽约1943年版,第22页。

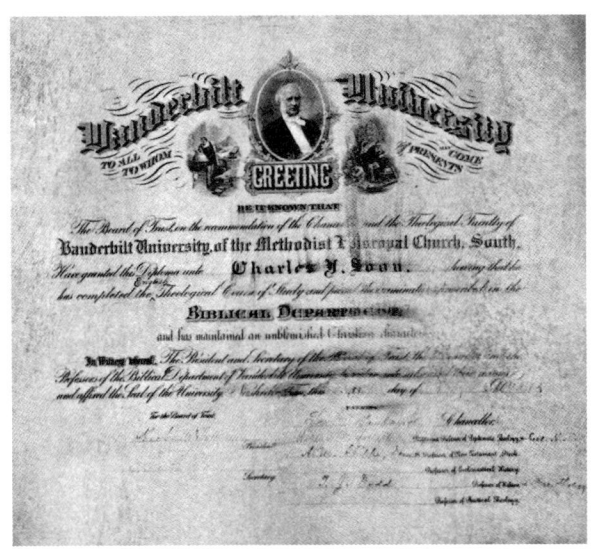

宋嘉树 1885 年 5 月大学毕业时取得的文凭

1886 年自美返国途中,宋嘉树着和服摄于日本横滨

城镇地巡回布道。这样做是故意贬抑查理在自己人当中的地位。中国人是很重视坐轿子之类的外表身份的,查理被降低到农民的地位了。"①

这位校长、主教还是上海南方卫理公会布道团的负责人,他的这封对宋嘉树毫不掩饰地表示侮辱和歧视的信,无疑宣布了这个学生在未来宗教事业上前途的死刑,其后果是不难设想的。在宋嘉树回国后,林乐知对他的一系列歧视、迫害的措施,终于使他无法继续忠诚于他的传教事业,而为了生存被迫转向实业界。

1886年1月,宋嘉树抵达上海,回到日夜思念的祖国。

由于那些不友好的活动大多发生在幕后,宋嘉树当时又是一个处世不深的年轻人,对那些活动不可能察觉多少、多深;而那些真诚善良的美国人又给了他许多超出他希望的帮助和友谊,使他深深感动,永志不忘。所以,在美国八年的经历,给宋嘉树留下了永恒的、美好的回忆。他对美国人民产生了深厚的感情,即使他回国后受到教会上层人物歧视、打击以后,也丝毫没有减弱他的这种感情。他始终把美国看作自己的第二故乡,保持着美国的生活方式,后来又把六个孩子先后送到美国留学。

当宋嘉树在祖国的大地上正要施展自己的才能时,他才痛苦地看到了中美关系中阴暗的另一面:美国殖民者与其他殖民主义者一样欺压中国人民,特别是在租界中。

美租界在1863年与英租界合并,称为公共租界。到1885年,公共租界内的外国人还不到4000人,中国人约16万。正是由于这占租界人口97%的中国人民的辛勤劳动,才使租界的经济得到飞速发展。但为租界繁荣做出巨大贡献、为外国冒险家创造了亿万财富的中国劳动人民,在自己的国土上却处于奴隶的地位。他们的身份

---

① 〔美〕斯特林·西格雷夫:《宋家王朝》,第41页。

美国卫理公会布道团负责人林乐知

证经常变换,作为居民的资格和权利遭到任意的践踏和歧视,外国人却享受着种种特权。

林乐知也毫不掩饰对新来的部下宋嘉树的歧视。

林乐知是个傲慢的学者。1860年,他受美国监理会派遣到中国,曾帮助洋枪队头子戈登镇压太平天国的革命。他在上海传教达47年之久。他不是用一般的方法引诱普通的中国人信仰基督教,而主要是通过办报、办学、著书和写文章等,来向中国的上层,即官吏、社会名流和知识分子宣传西方文化和基督教的思想,并提出传教士对中国政治改革的主张。他认为这样比以往各国教会传教士大多与中国穷人打交道的办法,能在更大范围内更快更直接地影响中国的政局。为此,他的著作和报纸必须用中国上层人士通用的文言文发表,于是他就雇"华士"①代笔。到1907年他在上海病逝为止,据不完全的统计,他在华发表的译著达2000万字,多是他口译、口

---

① "华士",即擅长文言文的华人士大夫。

述,由"华士"整理发表。这些"华士"一般都是文言文上乘的"名儒",如先后为他代笔的沈毓桂、蔡尔康等。《教会新报》(1868年创办,1874年后改名为《万国公报》)名义上主编是林乐知,实际是这些"华士"。为了培养这样的"助手",林乐知还在虹口办了一座英华大学。他为这所学校培养出来的既能英文又能中文的"学者"而骄傲。林乐知及同他在一起的美国传教士需要的是他们对中国进行文化侵略的高级奴才和帮凶,但那些曾为他们服务过的"华士"和学生大多数是有爱国心的。

当宋嘉树认为自己曾受过美国式教育,操着一口流利的英语,并为此而踌躇满志地回国的时候,做梦也没有想到却碰到这样一个顶头上司。他的长处恰恰为林乐知所不屑,而他的短处则为林乐知所鄙夷。他既不像林乐知所倚重的那些代笔"华士"的名儒,又不似林乐知所欣赏的精通两国文字的年轻学者,因此当不了林乐知等美籍传教士的"助手"。所以这个自视可以在中国人中高人一等的宋嘉树,被林乐知极端瞧不起。更使宋嘉树不能容忍的是,这种现象还肆无忌惮地发生在天天标榜"在上帝面前人人平等"的教会内部,直接歧视到他这位在美国受过高等教育的神职人员身上。

宋嘉树抵达上海前两天,林乐知在给马克谛耶主教和纳什维尔布道团委员会的一封信中,公开表示了这样的偏见,信中说:"怎样解决他(宋)的地位和薪金问题。在这个问题上有很多使人为难的地方。我们英华大学的男孩子和年轻人远比他优秀,因为他们是——高等的——在英文和中文方面的学者,……得到了最年长和最能干的传教士的赞美。但'宋'决不会成为一名中文学者,充其量将只是一个失去民族特征的中国佬。"[①]还声称他身边的三个美国传教士都不肯接受查理当助手。这封信,又加深了马克谛耶主教对

---

① 〔美〕艾尔摩·克拉克:《中国蒋氏家族》,纽约1943年版,第32页。

宋嘉树的偏见。他不让宋嘉树享受一个由美国培养和任命的传教士应享有的地位和薪俸，只给他定了不到15元的月薪（只够一个没有奢望的农民维持生活）。他还不让宋嘉树探望十年未见的亲生父母。更荒唐的是，在出入教堂时，还规定外国牧师走前门，中国牧师只能走后门，等等。因此，宋嘉树回国后的头几年，生活十分穷苦，精神上感到压抑。

一贯具有强烈的自强和自尊心的宋嘉树，很快便与他的顶头上司林乐知博士发生了冲突。他先要求调到日本去工作，以便脱离林乐知的领导，但未获批准。于是，宋嘉树希望以惊人的毅力忘我工作，来改善自己的处境。他脱下西装，穿上长袍，戴上瓜皮帽，改变了长年在国外养成的与中国老百姓格格不入的生活作风；他学会了地地道道的上海话，深入地研究经史，不管严寒酷暑，病贫交加，坚持在上海的吴淞、昆山及苏州地区巡回布道，并在一所教会学校教书。他日夜奔忙，设法使佛教徒、道教徒、回教徒对耶稣基督发生兴趣。在苏州他还为妇女建成一座医院。

正在这样努力时，有一天他遇见了从波士顿回来的牛尚周。牛尚周同情他的处境，决心帮助他。于是，他的命运开始出现转机。由牛尚周介绍，宋嘉树与名门闺秀倪桂珍结婚了。婚后，他又秘密加入了反清组织三合会，入股经营美华书馆，并改进扩大书馆业务，使书馆除《圣经》外，还可以印刷教科书等各种书籍以及一些报刊。

与此同时，他在教会中的地位也开始得到改善。1888年，他被提升为正式的牧师；第二年，调到上海地区；1890年停止巡回布道，成为上海郊区川沙地区传教士。宋嘉树机敏地利用这些条件，更快地发展了自己的事业。他给美国圣经协会当代理人，替它出售《圣经》及其他宗教书刊。接着，又大量翻印这种书刊，甚至从好几个传教团体和林乐知的《万国公报》得到优厚的佣金，为他们承印包括西方历史、科技方面的书籍。在这类业务的掩护下，还秘密为反清团体印刷宣传品,为主张君主立宪的教育家、姻兄温秉忠印刷西方教科书等。另外,宋嘉树还担任当时上海一家大面粉公司(阜丰面粉厂)的经理,为他们进口、安装机器,并且拥有这个厂的股份。据说,他是上海"第一个代办外国机器的商人","为中国人拥有的工厂进口重型工业机械的第一批中国人中的一个"。[①] 这样,在宋庆龄出生前一年,宋家的经济已经开始好转,完全可以不靠教会的施舍和束缚过日子了。于是,宋嘉树当机立断,向教会辞了职。他表示要做美国"南方卫理公会布道团的一名独立的工作人员,或者说是一位尽其所能为布道团工作而又不依赖美国国内的教会来维持生计的工作人员"。他当时正负责主持卫理公会的新教堂,那是由(美国)堪萨斯城慕尔兄弟捐赠的,是当时中国最好的一座教堂。教堂有所很大的主日学校,配备着一批优秀的教师。宋嘉树任该校校长并亲自在主日学校里负责着一个班。[②]

除此以外,宋嘉树还大量翻印中文的《圣经》和其他宗教书刊,无疑也是他对基督教事业在中国发展的特殊贡献,而他对基督教最大的贡献,则表现在创立中华基督教青年会[③]的活动中。

基督教青年会最早传入中国是在1876年,但只在一些学校中建立小组织。1890年,基督教在华传教士举行全国大会,正式向美国提出请求派员到中国来组织基督教青年会。由加拿大和美国组成的基督教北美协会于1895年首次派遣了来会理牧师到中国开展青年会的活动,正式成立了中华基督教青年会。宋嘉树辞去传教士的工作

[①]〔美〕埃米莉·哈恩(Emily Hahn):《宋氏家族——父女·婚姻·家庭》,新华出版社1985年版,第26页(以下引用此书,凡未特别注明者,皆为此版本,不再一一详细注明);〔美〕斯特林·西格雷夫:《宋家王朝》,第66页。
[②]参见宋嘉树给美国罗利《基督教倡导者》主编里德的信(1892年9月8日),转引自〔美〕斯特林·西格雷夫:《宋家王朝》,第61—62页。
[③]基督教青年会,是英国基督教徒乔治·威廉斯(Georg Williams)于1844年6月6日建立的。系针对当时英国青年中流行的酗酒、赌博及享乐、放纵现象,鼓励热心宗教的青年向所认识的青年宣传福音,引导他们改邪归正。青年会后来发展成为以青年人为主要对象的服务于社会的慈善机构,在世界各地建立组织,总部设在日内瓦。

后，在经营印刷业和工商业的同时，以满腔热忱投入到创办青年会的事业中，成为组织中华基督教青年会的负责人之一。他不仅在上海活动，还走遍全国几个大城市，终于在1900年正式成立了上海市基督教青年会。翌年，宋嘉树资助的上海青年会馆落成。此后，其他城市的分会也逐渐成立。

宋嘉树为什么在辞去教职之后仍以如此巨大的热忱从事于宗教活动，同时又倾注于实业呢？一个重要的原因，是他结识了中国伟大的民主革命家孙中山，决心献身革命事业；而宗教可作为当时革命地下活动的一种掩护，金钱则是革命经费的重要来源。

在孙中山革命思想的影响下，宋嘉树朴素的爱国思想和对外国帝国主义歧视中国人的不满情绪得到了升华。从此，他的命运又发生了一次新的转折。宋嘉树命运中的第一次转折，是脱离堂舅的羁绊，走上独立奋斗的冒险之途；第二次转折，是由传教士转营工商企业，经济状况得以好转；现在，又由实业家转为兼做革命党人，则是他一生中最大的最根本性质的转折。

宋嘉树与孙中山的交往，过去一般著作认为是开始于1894年春季，即孙中山为了谋求民富国强，偕陆皓东北上上书李鸿章时，途经上海而结识的。但孙中山在1912年4月16日《致李晓生函》中明白地说：宋嘉树乃是"廿年前曾与陆烈士皓东及弟初谈革命者，廿年来始终不变，……弟今解职来上海，得再见故人，不禁感慨当年与陆皓东三人屡作终夕谈之事"。据此，再结合1892年陆皓东曾到广州与一些人有过交往，而宋嘉树在此期间为创办基督教青年会到过广州，有可能通过陆皓东与孙中山联系来推断，孙、宋二人结识的时间要比1894年为早，应是在1892年间。[①]

当时，宋嘉树虽从事传教士和实业方面的工作，但他同情民主

[①] 参见尚明轩：《宋庆龄与孙中山的结合》，载《孙中山与国民党左派的研究》，人民出版社1986年7月版。

革命运动,是国内最早一批聆听孙中山宣传革命道理者之一。当他和孙、陆三人作"终夕谈"时,深深地为孙中山"驱除鞑虏,恢复华夏"的壮志所激动,认识到要拯救中国,就必须推翻清朝的腐朽统治,而不能依靠基督的"福音",从而开始参与孙中山的革命活动。

宋嘉树与孙中山有颇多有趣的共同点:一则都是广东人,讲同一种方言,又都会说一口流利的英语;再则先后都在国外接受西方教育,而且同是基督教徒;特别是两人都具有强烈的爱国主义思想,对改变祖国命运具有宏大的抱负。因此,他与孙中山结识后,很快成为孙中山的热情支持者和挚友。

宋嘉树依据自己在上海宗教界和实业界已取得的优越地位,以宗教和实业为掩护,秘密地进行革命活动,帮助推进民主革命事业。长期流亡海外的孙中山,每次秘密来上海大都住在宋家,甚至在宋家与同志密商革命。宋嘉树在1895年,曾致电孙中山,第一个建议其回国组织武装起义。1903年夏,又积极支持过反帝爱国的拒俄运动。据《苏报》记载:当上海教会进行拒俄活动时"在美华书馆演说者以宋君耀如为最著,大旨谓耶教救国有自由之权,今俄人夺我之地,我欲自保,并非夺人之地也。教友能结团体,如日方新,有蒸蒸直上之势云云"①。他还曾在物质上和精神上支持、援助孙中山的革命活动。由于他系革命的"隐君子",所以在孙中山革命的公开记录上,有关他的革命事迹记载不多,为后世历史研究工作者留下了一个神秘的"谜团"。说神秘,又不神秘。因为他的三个女儿——宋蔼龄、宋庆龄、宋美龄,就是盛开在这些"谜团"上的人人都能看见的三朵鲜花。宋庆龄则是花中之奇葩,光彩夺目。

宋庆龄十分敬爱自己的父亲。宋嘉树曾用讲故事的形式,向孩子们讲述自己青少年时期的经历。他一生中强烈的爱国主义、民主

---

① 《苏报》,1903年5月25日。

主义思想，对祖国和人民炽热的爱，对旧的传统习俗观念及不公平的命运安排的反抗，为了崇高的理想不怕艰难困苦、不屈不挠奋斗的意志，与外国人交往中热情有礼、不亢不卑、谦虚自尊的精神，以及他对子女大胆而有远见的培养——所有这些，对宋庆龄崇高品性的形成，产生了重大的影响。

自然，宋嘉树也培养了像宋蔼龄、宋美龄、宋子文等另一类为人瞩目的著名人物。这实现了他培养子女的两句箴言："不计毁誉，务必占先。"

二、母亲——一个虔诚的基督教徒

宋庆龄的母亲倪桂珍（1869—1931年），浙江余姚县人，出生于上海。据宋家子女后来为倪桂珍所著的传记称：她是我国明代著名科学家徐光启的后裔，她母亲就是徐家人。

徐光启还是我国最早皈依并传播基督教的著名人物，被称为基督教在华"三大柱石之一"。他又是明代著名科学家，著有《农政全书》。当时，徐光启是朝廷显宦，任职礼部尚书，封为"文定公"。自徐光启起，徐家世代为官。徐光启后来离开北京，回到家乡上海，住在现在上海西南部的文化、经济、交通中心徐家汇。据说，"徐家汇"就是由此得名。上海天主教最大的教堂，就设在徐家汇徐光启的故居。

徐家汇后来划入法租界，教会的活动受到了租界当局的保护。由于这种历史的、宗教的和政治的关系，由于徐氏家族在基督教、法租界的威望和影响，倪桂珍后来与宋嘉树结婚后，使宋家的宗教活动范围和教友交际范围都大大地得到扩展，从而十分有利于宋家政治经济活动在上海的开展。

宋庆龄的母亲倪桂珍

倪桂珍的父亲倪蕴山①是一个学者,对法律学的造诣很深,有类似法律顾问那样的职位。他也是新教圣公会的教徒。由于工作关系,他年轻时就由浙江余姚移居到上海,在徐家任家庭教师,后来和徐家一个姑娘结婚,成立了家庭。

倪蕴山受西方文化的影响,思想开明,对自己的子女都给予新式的教育。从小聪明伶俐、活泼好动的倪桂珍,更得到双亲的特别喜爱和精心培养。她三四岁时就开始读私塾,8岁进小学,14岁考入美国基督教圣公会办的培文女子高等学堂,17岁毕业。在校学习期间,既热心社会活动,学习成绩也很优异,尤其擅长数学,钢琴也弹得十分出色。所以,中学毕业后,就留在培文女校担任教员。她是一位思想上受西方影响较深的妇女,非常热心慈善事业和教会的活动,同西方教会的许多教徒结为朋友。

1887年仲夏,18岁的倪桂珍与21岁的宋嘉树结婚时,除带有一份丰厚的妆奁外,娘家优越的社会地位——工商界、金融界及军政界里的各种社会关系也带进了宋家。

他俩由于信仰、性格、志趣相投,结婚后的生活颇为美满、融洽。对于宗教,倪桂珍似乎比丈夫更为虔诚。她笃信祷告灵验有效,一跪就是几个小时。她有刚强的意志,对事业、家庭和孩子的教育有高度的责任感和极严格的要求。她完全按照清教徒禁欲主义的规范生活,成为宋嘉树的贤内助和孩子们难得的好母亲。她积极参加社会工作,把自己的许多东西施舍给贫苦的人。她视酗酒、赌博和跳舞为罪恶,不允许在自己家中进行这些活动。而且她把这一切都看作是神的意志,不允许违反。所有这些,从小就给宋庆龄以极深刻的影响。不过,宋庆龄在继承这些优秀品质时,抹去了"神"的色彩。

---

① 一般著述中均书为"倪一山","蕴山"系据倪桂珍讣告中所书。

像对待父亲一样,宋庆龄对母亲也十分敬爱,而且爱得更加深沉。母亲对她也是一样。宋庆龄在住宅中很少挂家人的肖像,唯独在上海的淮海中路住宅中,与会客室相套的餐厅墙上,庄重地挂着一幅母亲倪桂珍的大型半身油画像。这是20世纪20年代一位美国画家送给她的,她一直视为珍宝。挂在餐厅,是为了每天进餐都能见到,表示她对母亲永久的怀念。母亲的脸上带着"永恒的微笑",显示她对儿女无限的爱。此外,在宋庆龄去美国读书时,母亲送的蓝宝石胸针,她也一直珍藏在身边。更加不易的是父母在这时送给她的一瓶葡萄酒、一瓶枫叶糖浆和一件毛背心,是让她到美国后吃用的,她也舍不得动用;虽然后来经过几十年的战乱,国内国外多次旅游与迁居,这几样礼物都保存下来了,现在陈列在北京宋庆龄故居的展览厅里。可见她对父母感情之深沉与细腻。

母亲喜欢梳一种中国式的发髻,并且要她的女儿们也这样。1927年大革命时期,一些革命妇女风行剪短发,宋庆龄坚决拒绝了有人要她也效法的建议。这里不单是一个孝顺她母亲的问题(实际上她在许多重大原则问题上,多次违抗父母,独立做主),而是她认为不能以剪短发代表自己革命,不能从表面上看问题。这显示了她不随俗沉浮,不赶时髦,脚踏实地奋斗的崇高而独立的人格。

三、姐妹兄弟——民国时期政治经济舞台上的活跃人物

宋庆龄共有姐妹兄弟六人,她排行第二,有一姐、一妹和三个弟弟。他们的父母亲对待自己的孩子男女平等,一视同仁,都给予新式的、正规的、优等的教育,从而培养出了多才多艺的姐妹兄弟。虽然时代的浪潮促使姐妹兄弟们后来选择了迥然不同的人生道路,但都曾不同程度地影响过中国动荡的政局,成为民国时期中国政治

宋庆龄和母亲倪桂珍

经济舞台上的活跃人物。

姐姐宋蔼龄（1890—1973年），幼年聪明、坚强，5岁时入寄宿学校中西女塾（即马克谛耶女子学校）读书。由于学校没有适合她年龄的班级，校长海伦·理查森小姐单独教了她两年。1904年5月28日，她还未满14岁的时候，就像当年她的父亲一样，孤身一人去美国求学，是为中国女生留学美国之始。由于一切均有教会帮助和安排，她当然比她父亲当时的条件好多了。她于1909年毕业于美国威斯利安女子学校，成绩优异，在音乐和表演方面也很有才华。宋蔼龄回国后帮助父亲做孙中山的秘书工作。1912年孙中山就任南京临时大总统后，她正式担任孙中山的英文秘书。后来，袁世凯复辟，孙中山反袁失败，逃亡日本，她又随全家到了日本。她在日本东京，遇到了过去在纽约结识的孔祥熙（1880—1967年）。孔祥熙是山西巨商之子，曾留学美国耶鲁大学攻读经济学，当时在东京华人基督教青年会任总干事。宋蔼龄谙于人情世故，素以爱财著称。她于1914年9月与丧妻的孔祥熙结婚。所以，对宋孔的结合，一般评论认为是宋蔼龄追求金钱所致。她"想成为独一无二的女实业家，以便为中国妇女开拓一条道路，使她们可以在自己的名下积累大量财富"①。他们婚后的历史确实证实了这一种观点，不过他们积累财富的手段却主要不是正当的"实业"，而是靠玩弄权术，巧取豪夺。

宋蔼龄婚后辞去孙中山秘书的工作，随同孔祥熙一起回到山西，协助丈夫经营以山西为基地的钱庄等家业和铭贤学校（该校在1919年成为美国奥柏林大学的附属中学）。1928年以后，她虽然未在国民政府担任过什么职务，但凭着她的各种特殊关系和诡诈手段，撮合宋美龄与蒋介石的婚事，促使宋子文投靠蒋介石，进而又利用孔祥熙先后担任南京国民政府的工商部长、财政部长及行政院长等职

---

① 〔美〕罗比·尤恩森：《宋氏三姐妹——宋蔼龄、宋庆龄、宋美龄》，第25页。

宋庆龄、宋蔼龄和母亲倪桂珍

宋蔼龄（左）、孔祥熙（右）与孙中山原配夫人卢慕贞（中）合影

孙中山偕女儿与哈同合影。后排右一为当时担任孙中山秘书的宋蔼龄

的机会，聚敛了大量财富，创立了赫赫有名却腐败透顶的中国四大家族之第一富"孔氏家族"。宋蔼龄及其子女生活奢侈豪华，丑闻迭出，为国人所不齿，与宋庆龄廉洁奉公的崇高品德形成鲜明的对比。

1948年，在国民党政府败亡前夕，"精明"的宋蔼龄携带巨额"家产"，全家移居美国。1973年10月19日，她病死于纽约哥伦比亚长老会医院，终年83岁。

大弟宋子文（1894—1971年），早年就读于家庭私塾，然后进圣公会办的上海圣约翰大学，毕业后留学美国。1915年于哈佛大学毕业并获经济学硕士学位后，在纽约国际银行工作。1917年归国，任汉冶萍煤铁公司秘书，在整理该公司账目和财务工作中显露才华。1923年，经宋庆龄推荐，担任广东军政府英文秘书，后继廖仲恺担任广东国民政府财政部长兼中央银行总裁，为解决广东混乱而困难的财政经济问题做出了较大贡献。1927年，任武汉国民政府财政部长，并兼国民政府委员会常务委员、军事委员会委员等职。1928年后，任国民党政府中央银行总裁、财政部部长等职。1932年4月后，历任行政院副院长、财政部部长及代行政院院长等职，积极参与政府活动。1933年10月，辞去各项行政职务，以主要精力经营企业。1936年12月西安事变后，重新回到政界，历任国民党政府全国航空委员会代主席、外交部部长、行政院长等职。1947年9月，改任广东省主席兼绥靖主任。在此较长的过程中，他通过发行公债，乞求美援，吞并银行等手段，为蒋介石政权奠定经济基础，同时也大大中饱私囊，其财势在亲友之中略次于孔家，《大英百科全书》称他"享有世界上最大的富翁的名声"。

宋子文又有倾向资本主义民主自由的一面，不满蒋介石的专制独裁。西安事变后他反对扣押张学良，并曾对张学良进行营救。虽然营救失败，张学良受到永无尽期的监禁，但由于宋子文、宋美龄兄妹的关照，生活得到照顾。①抗战胜利后，由于蒋介石发动的全面内战爆发，国民党统治区经济迅速恶化。宋子文四处奔走"筹款"也无法填补蒋介石无底的军费窟窿；加以在掠夺与分赃上的争斗，他与蒋、孔、陈（果夫与立夫）之间产生了尖锐复杂的矛盾，几次受到他们的打击，对他个人的抨击也日益增多。因此，随着国民党政府的败亡，他在1949年1月辞去职务，途经香港、巴黎，迁居美国。1950年，又断然拒绝蒋介石要他到台湾任职的带有威胁性的"紧急邀请"，定居纽约，专门从事经营石油股票、农矿产品期货、枪支和新技术的生意。1971年4月25日，病故于旧金山。

宋子文是近代中国政治舞台上十分重要的人物，特别是20世纪20—40年代，在中国政治、外交、经济和财政金融诸领域都曾有过举足轻重、别人不可取代的地位，是一位风云人物。他在政治舞台上曾是正角，做过一些益于国家和社会进步的工作，但却以丑角、侏儒的角色而消逝，"以正剧始而闹剧终"。

宋子文病死时，在美国的宋蔼龄和宋美龄均未参加葬礼；远在大洋彼岸的宋庆龄，正身处"文革"逆境，只得把对弟弟的哀思深埋在心里。因为她在反对宋美龄与蒋介石的婚事，反对蒋介石独裁、处理西安事变等问题上，和宋子文的心是相近的，这个弟弟也一直对二姐较好。1927年大革命失败后，宋庆龄因采取反蒋立场而遭到危险时，宋子文曾给她通风报信；抗日战争期间，宋庆龄一度被幽禁在宋蔼龄的住宅内，时有生命之危，又是宋子文帮助她摆脱困境，转移到安全的住处。②所以，虽然后来二人政见相左，但姐弟情谊诚

---

①张学良被押解到台湾后，又得到宋子文的帮助，获得一笔巨款，得以对付各方面的应酬，维持宁静的生活。提供这笔巨款的是张学良的父亲张作霖兴建东三省铁路时请的一位美籍技术顾问。这位美国人回国时，张作霖给了他一大笔钱，让他投资经商。几十年后，他成了亿万富翁，于是思报张家，到处打探张家人下落。最后得宋子文帮助，他到台湾看望张学良，给了张一笔巨款。（参见洛父：《我在台湾结识了张学良将军》，载《团结报》，1986年12月6日）
②参见邓颖超：《向宋庆龄同志致崇高的敬礼！》，载《人民日报》，1981年5月29日。

宋美龄和弟弟宋子文

宋子文后来成为近代中国政治舞台上举足轻重的人物

宋庆龄保存的宋子文与张乐怡结婚照

笃。1929年，宋庆龄回国参加孙中山的国葬活动，主要由宋子文相陪，二人一起在浦口迎灵，在上海住宅及父母墓前挽手合影。在北京宋庆龄故居的实物和图片展览中，有一只小型金壳收音机，是宋子文解放前送给她的，她一直珍藏着，平时用它来收听广播。

妹妹宋美龄（1897—2003年），幼年时先后受教于家庭教师及中西女塾。1907年，她自己要求随二姐宋庆龄赴美求学。因年幼，一开始在威斯里安女子学院注册为特别生，至1912年她15岁时始准为正式生入学。1913年因宋庆龄毕业归国，她转学到马萨诸塞州的韦尔斯利女子大学，主修英国文学，由在该州哈佛大学求学的哥哥宋子文做其保护人，一直到1917年6月毕业。在美国将近十年，宋美龄在这里受到了严格的美国化教育和训练，是她性格的成型期。当她回国时曾自称："除了面孔以外，已全盘美国化。"① 由于她在美国留下了比父亲更深刻、更复杂的关系，从而为她以后成为高级"政治买办"，纵横捭阖于夫人外交，折冲樽俎于美国上层，沟通美蒋渠道，争取美援，辅助蒋介石支撑蒋家王朝22年及台湾政治23年，打下了坚实的基础。宋美龄1917年回国到上海后，重新学习汉语和中国文学等课程。1927年12月1日，她与当时已成为令人瞩目的铁腕人物蒋介石结婚。婚后，担任蒋介石的秘书和英语翻译，随蒋介石奔波于"剿共"前线，为巩固蒋家王朝竭尽全力。与此同时，她曾先后任南京国民党政府立法委员、革命军遗族学校校长、儿童保育会会长等职。1936年初，又任全国航空委员会秘书长等职。西安事变时，她为挫败亲日派挑起内战的阴谋，推动和平解决事变做出了贡献。抗日战争及战后期间，曾为国内外报刊撰写文章，向国内及美国人民作广播讲演，并在1943年先后到美国国会和加拿大议

---

① 〔美〕斯宾塞（Cornelia Spencer）：《三姐妹——中国宋氏家族的故事》（*THREE SISTERS: The Story of the Soong Family of China*），纽约1939年英文版，第148页。以下引用此书，皆为此版本，不再一一详细注明。

会活动，争取美国朝野人士对国民党政府和蒋介石的支持，从而为美国在中国推行扶蒋反共政策，产生了重大的影响。蒋介石曾对新闻记者称赞说：宋美龄的价值相当于 20 个师。抗战胜利后，宋美龄当选为国民党中央执行委员。1948 年 12 月，当南京国民党政府临近败亡时，蒋介石为了争取美援以挽救行将覆灭的命运，又派她到美国求援，结果是一无所获。特别使她难堪的是，当她在华盛顿时，白宫公开发表了抨击国民党腐败无能、不可救药的白皮书。大厦倾兮风凄凄，宋美龄站在大洋彼岸，眼睁睁地看着他们惨淡经营 22 年的蒋家王朝分崩离析，只好于 1950 年 1 月离美飞到台湾。此后，与蒋介石共同做起"反攻大陆"的美梦，担任"中国妇女反共联合会"会长。1963 年，当选为国民党中央评议委员，多次以亲善使节和蒋介石个人特使的身份去美国活动。1975 年，蒋介石去世后，她即移居美国。但是，仍在台湾保持着很大的影响，可以颐指气使一股重要势力。1981 年，继续连任台湾第十二届国民党中央评议委员。关于她在美国的情况，据说住在纽约长岛蝗虫谷附近拉丁镇孔令侃的别墅内，只有保镖和医生能够自由出入别墅（因宋美龄未生育，在大陆时，她把宋蔼龄的儿子孔令侃当自己的儿子一样培养，以与蒋介石前妻的儿子蒋经国、蒋纬国相抗衡。[1] 所以她去美后一直得到孔令侃的照顾）。宋美龄偶尔到巴尔的摩约翰斯·霍普金斯大学医院和曼哈顿史隆·凯特林癌病医学中心检查身体。她因患乳癌，两乳早在 1970 年被切除。[2] 1988 年蒋经国去世后，她曾返回台湾，不久又离台赴美。2003 年 10 月 23 日（美国东岸时间），宋美龄以 106 岁高龄在美国纽约的曼哈顿寓所辞世。

宋美龄从小赞赏大姐宋蔼龄的为人处世。她于 1927 年在母亲反

---

[1] 参见宋子昂：《关于扬子公司的一鳞半爪》，载《江苏文史资料选辑》第 2 辑，江苏人民出版社 1981 版，第 143 页。
[2] 参见〔美〕斯特林·西格雷夫：《宋家王朝》，第 456—457 页。

宋庆龄和妹妹宋美龄

对的情况下，经宋蔼龄撮合，嫁给蒋介石后，更与宋蔼龄两相投契，互为利用。宋蔼龄去世时，她特意带一个五人护旗小队和蒋纬国一起自台飞美，参加葬礼。

但是，她对二姐宋庆龄的态度相当矛盾，相当微妙。一方面，她从小与宋庆龄关系最密切，又共同就读于中西女塾，后来又一起赴美留学，受到二姐无微不至的关怀和照顾，手足之情远远深于与大姐宋蔼龄的感情。另一方面，在政治上，自从她嫁给蒋介石后，宋庆龄一直采取不妥协的反蒋反南京政府的立场，宋美龄也逐渐与宋庆龄疏远，以至于早在20世纪30年代初，给宋庆龄写信时，就由秘书代笔，使宋庆龄十分难过。① 抗战期间在重庆，鉴于抵抗共同的敌人——日本，宋庆龄曾与宋蔼龄、宋美龄并肩战斗。宋美龄十分高兴，并利用自己的影响，保卫宋庆龄的安全，两人度过了政治上分道扬镳后关系最亲密的一段时期。

宋庆龄对宋美龄也是有感情的，但她对革命更忠贞，决不让私人感情来影响自己的信仰。她常对人说："美龄十分聪明。她拉丁文比我好得多，在音乐上也很有天才，钢琴弹得特别好。我大兄弟（宋子文）也是有能力的，就是政治上同我背道而驰。我们一说起政治，各抒己见，往往是不欢而散。我们完全是为了思想信仰的不同而分开的。"②

公众舆论对宋氏三姐妹的评论极其鲜明：

宋蔼龄爱钱，宋庆龄爱国，宋美龄爱权。

二弟宋子良（1899—1987年），1921年毕业于美国范德堡大学，回国后历任国民党政府外交部秘书及总务司司长、上海会文局局长、六河沟煤矿公司常务董事兼协理、中国国货银行董事兼总经

---

① 陈翰笙：《谈谈孙夫人的高尚品格》，载《宋庆龄纪念集》，人民出版社1982年版，第117—118页。以下引用此书，凡未特别注明者，皆为此版本，不再一一详细注明。
② 胡兰畦：《难忘的记忆》，未刊稿。

理、中国建设银行公司理事、中国银行董事等职。1936年，任广东财政特派员、广东省政府委员兼财政厅长。抗日战争期间任滇缅路总办，掌管租借事务，负责采购和运输补给品，是宋子文的得力助手。1947年后定居美国。1949年全国解放前，在宋家与宋庆龄对立时期，宋子良与宋庆龄的关系始终较好，因此1929年宋家特派他去接宋庆龄回国参加孙中山的国葬活动。1981年宋庆龄病重时，宋子良是亲属中唯一从美国发来慰问电报的人。①

三弟宋子安（1906—1969年），1928年毕业于美国哈佛大学。曾任松江盐务稽核所经理、松江运副（辅助盐运使掌管盐务行政事宜）、中国建设银行公司经理及中国国货公司监察等职。他也是宋子文经营金融业的助手。1948年担任香港广州银行董事会主席，定居于美国旧金山。1969年2月28日在香港病逝，是六兄弟姐妹中年纪最小而最早去世的。

宋庆龄把子安视为亲姐弟妹中唯一知音，晚年还对人说，子安是在弟辈中"最了解"她的。子安去世时，中国正在"文革"中，她也毫不例外地受到冲击，但当她从外国杂志上看到子安逝世消息时，即亲自拟写唁电，发给美国的宋子安家属，表示深切的哀悼。②

---

① 《人民日报》，1981年5月23日。
② 张珏：《在宋庆龄身边工作二三事》，载《中国建设》（纪念宋庆龄特刊），1981年8月。

宋庆龄和弟弟宋子安

宋庆龄和弟弟宋子良

宋氏三姐妹和母亲倪桂珍

前排左起：宋美龄、倪桂珍、宋蔼龄；后排左起：宋子良、蒋介石、孔祥熙、宋子安

宋庆龄与亲属合影。前排：倪桂珍；后排：宋子良（右一）、宋庆龄（右三）、孔祥熙（右四）、宋蔼龄（右五）、宋美龄（右六）、宋子安（右七）

1917年在上海拍摄的全家福。前排：宋子安；第二排左起：宋蔼龄、宋子文、宋庆龄；后排左起：宋子良、宋嘉树、倪桂珍、宋美龄

第二节　少年轶事

一、扮演"皇后"

宋嘉树在宋庆龄诞生以后，由于他在实业方面经营得法而逐渐富裕起来，于是，特意在上海虹口郊区（当时虹口区只有靠近苏州河的一小部分是市区）农村购买土地，建造了一幢楼房。这幢楼房坐落在后来发展起来的有恒路（今东余杭路）上。它的建筑形式和房中的家具摆设，全由宋嘉树亲自设计，半土半洋，中西合璧。主楼后面是一些较小的房舍，作为仆人的住处、贮藏室和厨房；再后面是一个大菜园。宋嘉树闲暇时，喜欢在菜园里劳动，栽种蔬菜和果树。

他之所以离开喧嚣的闹市把宅第建造在农村，是因为经常回忆起在美国北卡罗来纳州幽静的乡村中漫游的乐趣，一方面寄托他对第二故乡美国的思念；另一方面也想使自己的孩子们有一个草木葱茏、流水潺潺的环境，陶冶他们的志趣和情操。在倪桂珍看来，这也是摆脱城市中酗酒、赌博和跳舞之类罪恶引诱的一个途径。他们在自己宅第周围筑了一道围墙，但比较低矮，孩子们可以轻而易举地爬过去，在别人的田地里玩耍嬉戏。为此，宋嘉树就得付给村民们一点赔偿费用，以平息他们的抱怨。

宋庆龄在这个优美而简朴的环境中，愉快地度过了幸福的童年。尤其在假期里，三姐妹与小兄弟聚会在一起，是他们最快乐的日子。他们在院子里玩耍，在田野里奔跑，采集花草，捕捉虫鸟，毫无拘束地嬉戏。有一次，他们玩"拉黄包车"的游戏。蔼龄装作黄包车夫，庆龄扮乘客。"车夫"拉车用力过猛，以致失去控制，庆龄被抛了出去，使她身上永远留下了一小块伤疤。傍晚，庆龄常常看妈妈熟练而凝神地弹奏钢琴，静听爸爸那纯美洪亮的嗓音随着琴声哼起音调奇异的美国南方民歌，有时则是蔼龄和爸爸的二重唱。优雅和谐的家庭生活，使庆龄从小就喜爱文艺，对钢琴尤感兴趣，妈妈也经常手把手地教她弹奏，所以她后来能弹得一手好钢琴。以后，宋庆龄在上海淮海中路住宅的办公室和北京后海住宅的办公室兼卧室，都并不宽敞，却各摆有一架古朴的钢琴，供她暇时弹奏。宋庆龄一生简朴，钢琴可算是她房中最贵重的摆设了。在夜晚，宋庆龄常常喜欢弹奏贝多芬的乐曲。这既是紧张工作之余的一种休息，又是她高尚的精神生活的一部分。

更加可贵的是，宋嘉树夫妇对子女的教育，完全摈弃"三从四德"之类封建传统，而采用民主的方式。他们对男孩女孩一视同仁，给予同样的关怀和正规的新式的教育，并培养他们同样的社会责任心。他们经常教导女儿们说："身为女人不应妨碍自己成为祖国有成就、有作为的公民。"[①]

正是这样，宗教、田园、钢琴、英语和民主精神，使这个家庭与当时中国千万个普通家庭相比较，处在一种"世外桃源"的优越环境中。既有基督教严格的生活秩序，又有和谐、欢乐和诗情画意

---

① 〔美〕罗比·尤恩森：《宋氏三姐妹——宋蔼龄、宋庆龄、宋美龄》，第24页。

宋庆龄上海寓所内的钢琴

上海中西女塾的大门

的气氛,使宋庆龄从小就受到高尚情操的熏陶,培养出她独特的品性:文雅善良、热爱生活、追求真理、厌弃邪恶。

在宋家三姐妹三兄弟中,宋庆龄是宋嘉树和倪桂珍夫妇着意培养而达到最理想效果的孩子。因为在他们精心创造的这种优越环境中培养出来的子女中,并非个个都有宋庆龄这样的品性,虽然其他子女也多才多艺,各有优点,但各方面都无法与宋庆龄相比。

小时候的宋庆龄,与宋蔼龄、宋美龄一样聪慧,但性格迥异,不像她们那样大胆泼辣,锋芒毕露,而是稳重、腼腆、秀外慧中。7岁时,她依依不舍地离家到中西女塾上学。

她在上海中西女塾读书,所用的英文名字为 Rosamonde。宋庆龄从小学习勤奋,性格娴静而好思考,特别喜爱学习英语和文艺,她参加中西女塾的话剧排演,很得老师和亲友的赞赏。中西女塾,英文名称叫"马克谛耶女子学校"(Mc Tyeire School for Girls),是外国教会在中国开办的第一所收费的女子学校,主要发起人是林乐知。他根据自己在虹口创办"中西书院"的经验,看到当时中国"高贵"的妇女界在学校教育方面还是个空白点,就建议美国卫理公会,由

少女时代的宋庆龄

1900年,宋庆龄就读于上海中西女塾

南方女布道会筹备在上海建立一所专门吸收"高贵"华人女儿的高级女子中学。这个建议使教会的领袖们得到启发，感到过去他们在中国的工作确实太不上算了。他们想："为什么我们教会在中国不断地为乞丐们开办义务学校？假使让富有的、聪明的中国人先得到了上帝的道理，再由他们去广泛地宣传这个'福音'，我们不是可以少花人力和物力，而在中国人中间发挥的力量和影响却是无穷无尽的吗？"① 美国教会研究了林乐知的建议后，认为这是一个很有远见的意见，因而大力支持。这是从教会方面考虑，想通过办学培养为他们工作的中国女界领袖。

从中国方面看，当时也有了客观条件，如该校第一任校长海淑德（Laura Haygood）② 女士在筹备学校时给女布道会的信中所说，中国富有的家长们不愿意送自己的子女进教会开办的慈善性质的义务学校，因为这些学校的学生都是穷人家的女儿。富有的家长们不愿自己的女儿和她们生活在一起。有许多富有的家长，愿意自出学费给子女上学，因此很希望现在就有一所合适的学校。从各方面的征象来看，这类学校的学生一定会不断增加。每个在国外留学过的中国男子，都希望他的姐妹、妻子和女儿受到新式教育。现在中国还没有一所他们认为理想的、外国人办的正规的学校。因此，只有延请家庭教师或者由兄长和父亲在家里充当教师。

经过几年筹备，1892 年 3 月，中西女塾终于在上海汉口路建成，并属于著名的慕尔教堂的一部分。

马克谛耶就是那个歧视宋嘉树并给他委派第一个传教圣职的主

---

①薛正：《我所知道的中西女中》，载上海《文史资料选辑》1978 年第 1 辑。薛曾任中西女中校长。
②海淑德，美国佐治亚州人，18 岁时以优异的成绩毕业于女子大学。她擅长英国文学，旁通法、德和希腊文。任教二十年，成绩出色，被提升为亚特兰大市女子中学校长。工作之余，在教会担任义务工作。1878 年林乐知回国休假时，就在她服务的礼拜堂介绍中国情况。会后，林乐知曾邀她到中国一同工作，一直联系了六年，到 1884 年，海淑德答应要求，服从教会派遣到了上海。

教的名字。中西女塾之所以以此命名，是因为他曾大力支持该校的创办，但在学校正积极建筑校舍时去世，学校为了纪念他的"功绩"，便以他的名字命名。而该校的中文名称——"中西女塾"的涵义，则是林乐知为了使其步"中西书院"之后尘，同时也是根据美国教会办学的宗旨和教育内容，培养亦中亦西的"通才"。

这个学校的课程设置有语文、英文、历史、地理、宗教、刺绣及烹饪等。除语文课外，一律都用英语教学，连中国的历史、地理课本也是美国人编写、在美国出版的，而且由美国教师讲授。

由于该校的英语教学一直坚持高标准，在家庭中又有父亲的辅导帮助，使宋氏三姐妹受益匪浅，为她们以后都能够操一口令人羡慕的流利的英语打下坚实的基础。三姐妹的英文口语，还各有特点：宋美龄悦耳动听，宋蔼龄低沉流畅，宋庆龄文雅甜润。

宋嘉树夫妇之所以把自己的三个女儿先后送进这个学校，显然如上述海淑德所指出的，由于宋嘉树早年在美国留学的经历，希望自己的女儿在这里受到完全西式的正规教育，并受到系统的宗教生活的熏染。还有一个原因，由于交通落后，当时的汉口路（旧称三马路），到虹口宋家住宅有很长一段路。寄宿于学校，可以使她们像父亲那样，从小就培养独立生活、个人奋斗的精神。此外，由于该校是慕尔教堂的一部分，而宋嘉树是慕尔教堂主日学校的校长。每逢星期日，他都同妻子一起来参加教堂的礼拜，这样也便于对女儿们的照顾。[①]

宋庆龄从小爱好学习，读书非常用功，常在天色已经很晚的时候还在读书，父亲劝她休息。她回答说："把功课准备好，我才快

[①] 关于宋庆龄在国内所读学校，另有"三一堂女塾"的说法。但据1935年出版的《中华监理公会年议会五十周年纪念刊》（英文）记载，三一堂女塾在1904年就已结束。另外，据薛正调查，1908年毕业于中西女塾的旅美上海中西女中校友会会员韦增佩说："宋庆龄是她中西女中时期的同学。"（1986年3月28日薛正致唐宝林的信）据此，宋庆龄就读三一堂女塾的说法不确。

宋庆龄在中西女塾就读期间,在学校排演的话剧中扮演角色

活。"她还勤于动脑,独立思考,对一时不理解的问题或不能苟同的传统观念,大胆怀疑,进行探索。学校每星期三晚上都从外面邀请一些有名望的客人来主持宗教讨论会。有时宋嘉树夫妇也来主持会议。讨论会鼓励孩子们提问题,经过公开讨论,解决她们信仰上的疑难问题。宋庆龄常常踊跃地提问。对此,妹妹宋美龄很不理解。有一次星期三晚上讨论会结束后,她生气地责问宋庆龄:"你为什么向李牧师提问题?难道你不忠实于信仰?"[①]当时,宋庆龄爱留短发,不像别的姑娘那样讲究穿戴。她特别喜爱英语和文艺。她生性文静腼腆,但在文艺演出时却很大胆,演技颇好。她曾参加该校低年级的一次期终演出,在剧中扮演一位公主,后来被加冕为皇后。宋庆龄的演技,博得在场教师和家长们的赞扬。演出结束后,宋嘉树的一位朋友登上台高兴地叫喊说:"啊哈,这样一来,宋先生就是皇后的父亲,国王的岳父!"[②]当年的这个笑话,想不到后来因宋庆龄嫁给大总统孙中山,成为一个有趣的巧合。

这些,表现了宋庆龄智慧早开的一面。另一方面,她受环境影响和父亲及孙中山的教育,又有政治上早熟的一面。

二、"我也要同你一样"

中西女塾所在的汉口路是一条小马路,但位于上海市正中心,东起外滩,西迄跑马厅(今人民广场)。外滩的黄浦江港口里,终日停泊着挂有各国国旗的轮船。刺耳的汽笛声此落彼起,好像在向中国人民示威。码头上中国苦力扛运货物时发出的"嗨唷"声也昼夜不断。跑马厅是旧上海最大的赌博场所,离中西女塾只隔一条南北

---

① 〔美〕埃米莉·哈恩:《宋氏家族——父女·婚姻·家庭》,第44、46页。
② 〔美〕埃米莉·哈恩:《宋氏家族——父女·婚姻·家庭》,第46页。

走向的西藏路。每当赛马时,大批西洋冒险家和少数中国阔老阔少们都要来这里碰碰运气。他们歇斯底里地为自己押上赌注的马高呼"加油""加油"——这种种声音混杂在一起,组成一支旧上海的交响曲,它告诉人们:这块土地是冒险家的乐园,劳动者的地狱。

中西女塾终日被笼罩在这样的噪音中。宋庆龄每当路过外滩听着这种声音,看着衣衫褴褛的码头工人肩背上压着沉重的箱包,伛偻着身子,在叼着大雪茄的外国监工的皮鞭下步履艰难地移动时,深深地感到这个世界是多么的不公平!这时,她朦胧地意识到父亲平时的教诲和他与孙中山先生交往的意义。她觉得自己也应该像他们那样,为祖国的独立富强和民众的康乐幸福做些什么。

启迪宋庆龄爱国思想的第一个老师是她的父亲宋嘉树。他经常给宋庆龄等讲故事,而且讲得引人入胜,富于戏剧性和幽默感。在讲述的故事中,不少是他早年在美国的经历,美国人民的热情友好,旅美华侨的苦难血泪,在异国对故乡亲人的热切思念,教会上层人物的歧视傲慢等。在讲述时,他把基督教的博爱平等观念和孙中山的革命思想自然地融化其中:只有使国家摆脱贫穷落后的命运,才能使中国平等地自立于世界民族之林。这些教诲像细雨润土一样,滴滴渗入宋庆龄的心田。

所以说,少年时代的宋庆龄有朴素的关注祖国命运的爱国之情,主要来自父亲宋嘉树的教导,间接受了孙中山的影响,而不是像有些著作中说的那样,是直接受孙中山影响的结果。自然,宋嘉树是直接受孙中山革命思想影响的,他积极地投入了孙中山领导的革命活动,把孙中山看成是"正义之火的象征,失去他,这个受过美国传教士训练的人必然会发现,中国的生活是如此的空虚和冷淡无情"。[①]

[①] 〔美〕埃米莉·哈恩:《宋氏家族——父女·婚姻·家庭》,第 27 页。

1894年，尚未成长为革命的民主主义者的孙中山，由于受到当时盛极一时的改良主义思潮的影响，对清朝政府抱着若干幻想，寄希望于统治阶级上层某些人物。而当时在清政府里掌握军、政、外交大权的直隶总督兼北洋大臣李鸿章，对朝政有举足轻重的影响。李鸿章热心于"中学为体，西学为用"的洋务运动，所以一般人把他视为识时务者。孙中山认为李鸿章如能听他的话办起来，也未尝不可以挽救中国。于是，他想作一次上书救国的尝试。在上书中，孙中山提出了"人能尽其才，地能尽其利，物能尽其用，货能畅其流"的四大主张，以西方国家为楷模，改革教育制度和培养人才，采用先进科学技术以发展农工商业，达到国家独立富强的目的。

这年秋，孙中山满怀希望，带着《上李鸿章书》，偕陆皓东北上。当时，中日甲午战争已经爆发，李鸿章拒不接见孙中山，对他的上书只说了声"打完仗以后再见吧！"[①]使孙中山的满腔热情化为烟云。上书失败后，孙中山回到上海，曾与宋嘉树晤谈上书受挫、清廷腐败，以及其思想上受到极大刺激等情况。通过这个挫折，孙中山逐渐懂得上书请愿等和平改良方法无济于事，认识到清政府积弊重重，无法挽救，非彻底改造，绝不足以救亡，从而坚定地走上了革命的道路。

这是孙中山政治思想上的一次重大转折，对宋嘉树也有很大影响。他帮助孙中山把《上李鸿章书》刊登在林乐知主编的《万国公报》上。

这时的《万国公报》，正宣传外国传教士对中国实行"维新"的主张，企图使中国发生便于外国列强掠夺的"变革"。由于《万国公报》正由宋嘉树经营的美华书馆承印，所以使孙中山的《上李鸿章书》得以作为一篇鼓吹改革的文章刊登出来。同时，宋嘉树还在他

---

① 陈少白：《兴中会革命史要》，载《辛亥革命》（一），上海人民出版社1956年版，第28页。

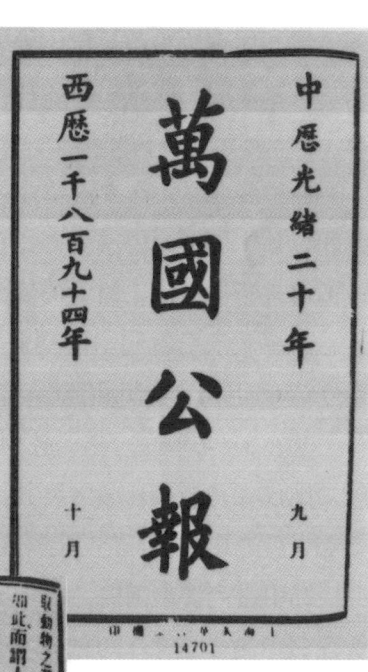

刊于《万国公报》的《上李鸿章书》（部分）

的书房和印刷所里与孙中山等人长时间讨论以后的革命活动。孙中山认为既然和平改革已无成功希望,只有组织革命团体以武力推翻清王朝一途。宋嘉树完全支持孙中山的计划。

搞武装起义,一要有革命团体,二要有巨额经费。解决这两个问题,孙中山把希望首先寄托在有强烈爱国心和革命性而实力又雄厚的海外华侨身上。因为他们身处异国,受到阶级与民族的双重压迫,深感政府腐败和祖国贫弱之苦。于是孙中山决定奔赴檀香山,建立革命团体,向华侨募款,以便回国实行武装起义计划。

就在1894年这一年,孙中山第一次在宋家见到了宋庆龄。当时,她仅仅是个一岁多的婴儿。谁也没有想到,孙中山对宋嘉树的影响,后来却在宋庆龄身上开花结果。

孙中山离沪出国时,嘱托留在上海的宋嘉树,要经常把国内情况通报给他。这年11月,中国第一个资产阶级革命团体兴中会终于在檀香山成立。当时,中日战争的形势是:清兵屡败,朝鲜既失,旅(顺)威(海卫)也相继沦陷,京津岌岌可危,清廷的腐败无能已暴露无遗,全国人心激愤。在上海的宋嘉树认为机不可失,即飞函孙中山,促其立即归国,最先建议要发起武装起义。[①]

孙中山接读宋嘉树的来信,大为振奋,立即中止了原计划的美洲之行,与邓荫南等三五个革命党人急速回国,策划武装起义,准备袭取广州作为革命根据地。这就是1895年孙中山领导的第一次武装起义。这次起义未及发难即遭失败,孙中山与宋嘉树两人的战友陆皓东壮烈牺牲。此后,孙中山被清政府通缉,长期流亡国外;宋嘉树因未暴露身份,得以继续留在国内活动。孙、宋两人虽天各一方,却皆殚精竭虑为中国革命而奔走。

在1911年辛亥革命以前,孙中山组织过十次武装起义,但都没

[①] 参见《建国方略》,载尚明轩主编:《孙中山全集》第1卷,第76页,人民出版社2015年版。以下引用此书,皆为此版本,不再一一详细注明。

1896年9月,孙中山自日本经美国抵达伦敦,清驻英公使馆将其诱捕囚禁。后经香港西医书院老师康德黎全力营救脱险。图为孙中山就此经历写成的《伦敦被难记》英文版书影

孙中山在美国期间在三藩市拍摄的断发改装的照片,也正是他伦敦蒙难时由康德黎交给警探辨认的照片

有成功。在此期间，宋嘉树除积极为革命筹集经费外，他的一项主要工作，就是利用美华书馆秘密印刷宣传革命的小册子，不仅印兴中会、同盟会的宣传材料，还印孙中山的著述如《伦敦被难记》等。

到1904年时，宋嘉树依靠刻苦实干已经富裕起来，并成了上海滩上小有名气的人物。他除了经营面粉公司外，还依靠卡尔的帮助，进口机器设备，投资兴办了香烟厂和纺织厂。宋嘉树如此热心于发展中国的近代工业，也出自于他"实业救国"的思想。在这一点上，也是与孙中山关于中国工业化的思想相通的。随着企业的发展，他把越来越多的流动资金贡献给孙中山领导的革命事业，并为革命者提供更多地下活动的安全场所：兴中会的一些核心领导人员经常在他虹口宅第及山东路印刷所开会；一般成员则把他创立的基督教青年会当作安全的处所，他们可以在那里聚会，而不致引起别人的注意。1905年，孙中山和黄兴、宋教仁等人以兴中会、华兴会为基础，并联合光复会等反清团体，组织成立了中国第一个资产阶级革命政党——中国同盟会。宋嘉树被孙中山吸收为会员。此后，他利用自己在实业界的地位及在中国和美国的社会关系，更加积极地为革命筹措经费和进行革命宣传等活动。

宋嘉树对革命赤胆忠心，不求名利，他所做的种种革命工作都是秘密的，贡献很大，受到孙中山的高度评价。孙中山称赞说：宋嘉树参加革命"廿年来始终不变，然不求知于世，而上海之革命得如此好结果，此公不无力。然彼从事于教会及实业，而隐则传革命之道，是亦世之隐君子也"。①

但是，宋嘉树的这些活动，对家里人总难完全保密，而且他还要通过各种方式向妻子和孩子们进行宣传教育，以求贯彻其革命宗旨，尤其是孙中山在宋家寄居，受到他们全家的尊敬和热情接待，

---

① 《致李晓生函》，载《孙中山全集》第4卷，第274—275页。

孩子们把这位"温文尔雅的叔叔"视若"教父"一般。倪桂珍原先不知道丈夫与孙中山进行着危险的革命活动，知道后大吃一惊，惊魂稍定后，就决心支持丈夫的事业。据宋庆龄回忆说，后来母亲"也承担了爱国的任务，进行秘密工作"。父亲在家中秘密为兴中会和同盟会印小册子、讲话等，"父母告诉他们不要声张，禁止拿印好的革命小册子"。①后来在报上看到孙中山被通缉的消息，他们全家也就更加认识到宋嘉树与孙中山从事的工作的伟大意义及其危险性，并做好了随时应付事变，包括流亡国外的准备。

在宋嘉树的家人中，最认真看待宋嘉树与孙中山的交往与革命活动的是宋庆龄，而且随着年龄的增长，她还经常思考父亲与孙中山谈论的问题。

1900年，宋庆龄才7岁，就开始接受孙中山革命思想的影响。这年春夏间，一方面由于义和团运动在北方蓬勃发展，帝国主义八国联军入侵，清政府的统治岌岌可危；另一方面改良派唐才常在上海成立自立会（容闳为会长），组织自立军，准备"讨贼勤王"。孙中山决定把握时机，拟联络容闳等人集结反清力量，计划先由江苏、广东、广西等南方六省宣布独立，全国各省响应，推翻清朝，建立共和国。于是，他于8月28日，从日本横滨秘密乘船到了上海。在上海停留时间虽然不长，但曾与宋嘉树谈论进行反清革命的问题。宋庆龄见到孙中山这一位不凡的来访者，并被他和父亲的谈话所吸引。孙中山的救国理想和"痛感人间不平而终生投入革命"②的献身精神，在她幼小的心灵留下了深刻的印象，对她发生了启蒙作用。有一次，她听见孙中山说，中国非革命不可，我们要推翻现在的这

---

① 参见张珏：《在宋庆龄像前的回忆》，载《红旗飘飘》第27辑，中国青年出版社1983年版；〔美〕埃米莉·哈恩：《宋氏家族——父女·婚姻·家庭》，第75—76页。
② 《为抗议违反孙中山的革命原则和政策的声明》，载宋庆龄基金会编：《宋庆龄选集》上卷，人民出版社1992年版，第46页。以下引用此书，凡未特别注明者，皆为此版本，不再一一详细注明。

个君主政体，建立一个共和的政府。我国人民有权利自己选择管辖他们的人，选择替他们制定法律的人。我们应该有一切的权利；我要为这个目的而生，要为这个目的而死。庆龄听到这里，轻轻地应声说："我也要同你一样。"孙中山立刻对她说："不错，庆龄，当然你可以帮助我，每个人都得帮助我。"[①]

"我也要同你一样。"小庆龄的这一句简单插话，使宋嘉树和孙中山深感惊奇。宋嘉树早就觉得宋庆龄与宋蔼龄、宋美龄及一般女孩子不一样：不大注意吃穿打扮，而对周围的事情过于机智敏感。正是这种特有的机智敏感，随着她年龄的增长，父辈们的言谈活动也就日益对她的思想情感产生深刻的影响。特别是孙中山，由于他始终是宋家谈论中的英雄，就使他的为人和革命精神在宋庆龄心灵中留下深刻的印象。后来，这种印象进一步发展成为宋庆龄对孙中山的爱戴和崇敬，把他视为了不起的革命英雄，并常对人说要像孙中山那样生活。她曾经说过："我一想起孙先生所讲的话来，就忘了一切——家庭、学校，等等。我一点也不为自己担心，我却担心着中国。"[②] 这说明孙中山对成长中的宋庆龄的思想影响是相当深刻的。

小小年纪，壮志凌云。宋庆龄成人后与孙中山结合，走上革命道路，而且不避艰险，勇往直前，并不是偶然的。

[①]〔美〕斯宾塞：《三姐妹——中国宋氏家族的故事》，第4、5页。
[②]〔美〕斯宾塞：《三姐妹——中国宋氏家族的故事》，第22页。

第三节　激扬文字

一、留学美国

1907年7月,14岁的宋庆龄在上海中西女塾毕业。同年夏,偕妹妹宋美龄乘坐"满洲"号轮船赴美留学。这时宋美龄只有10岁,父母本打算晚几年让她去美国,但她坚持要与宋庆龄同行。她俩由姨夫温秉忠夫妇护送,温此行是率清朝政府代表团赴美考察教育的。

宋庆龄和宋美龄首先被安排在新泽西州萨米特市的一所私立的波特温学校中补习功课。宋庆龄补习法语和拉丁语,准备投考大学。这所学校环境优美,朴实无华,是克拉拉·波特温小姐所创办。1906年,宋嘉树在美筹款时,曾随温秉忠到该校参观,留下美好印象,并当场与波特温小姐联系了两个女儿在此学习的事宜。

两人到校后,给美国同学两种完全不同的印象:宋庆龄"非常庄重、文静",再加上她的年龄比其他同学大,一般不参加"那些小孩子的玩耍和戏闹";宋美龄则"非常活泼和欢跃,而且相当淘气",

新字第叁佰貳拾肆號

大清欽命監督江南海關道瑞　爲

給發護照事茲有華人宋慶林籍係中國　華非工作等案照西歷一千八百八十四
年七月五號美國議院增修一千八百八十二年五月六號限制華工條例第六款定章請領
護照前往美國本道查得該領照之人並不在禁約之列爲此印給華洋文合璧護照請
駐滬美總領事官查驗明確簽印該照交與本人收執赴美國境內居住所有領照人姓名年貌身材
籍貫職業詳於後請煩美海關查照放行可也須至護照者

計開

本人姓名宋慶林　官職　　生日　高　尺　寸以前作何生業

在何時　在何處　幾年　現在作何生業　在

何時　在何處　幾年　現住何處

如係商人照下填寫

現在生意牌號　設在何處　曾歷幾時　在本若干圓金算

現在生意估值若干　所作何項生意

如係游歷照下填寫

在本國內家資若何　現到美國擬住幾時

右照給華人宋慶林收執

光緒叁拾叁年陸月　日在上海給發

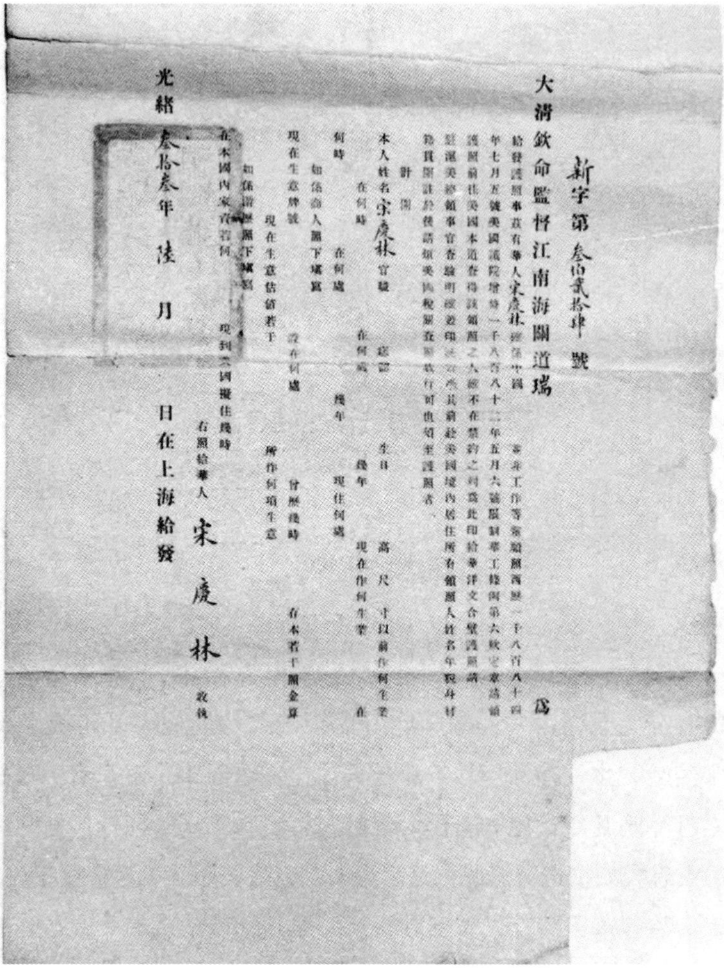

1907 年，宋庆龄由上海赴美留学，图为其时的出国护照（照片残缺）

The act of subscribing my name below implies a solemn promise on my part that I will faithfully keep [illegible] regulations of the WESLEYAN FEMALE COLLEGE, so long as I remain a pupil in the Institution

No.	NAME	AGE	DATE OF ENTRY	PARENTS OR GUARDIAN	POST OFFICE	COUNTY	STATE	CLASS	COURSE
	Martha Drake	16	Sept. [illegible]	Mrs. J. D. Lanier	Macon Ga	Bibb	Ga	Special Senior	Piano
	Ching Ling Soong	18	Sept. 5th	Mr. C. J. Soong	Shanghai	China			
	May Ling Soong	10	Sept. 5th	Mr. C. J. Soong	Shanghai	China			
	Ching Ling Soong	15	Sept. 5th	Mr. C. J. Soong	Shanghai	China			
	[illegible]	17	"	"	Mr. C. L. Earnest	[illegible]	Polk Co.	Ga	Irregular
	Melva Keesler	13	Sept.	9th	Mr. [illegible] Keesler	Macon Ga	Bibb	Ga	
	[illegible]	16	"	11th	[illegible]	[illegible]		"	Special
	[illegible] Lunch	16	"	12th	W. W. Linch	Macon Ga	Bibb	Ga.	
	[illegible]	17	[illegible]	12th	[illegible]	[illegible]	Bibb		

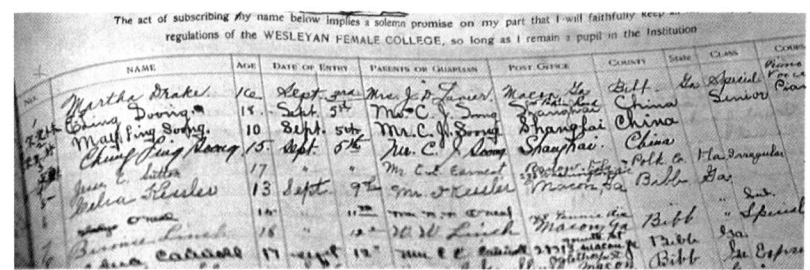

宋蔼龄、宋庆龄、宋美龄在威斯里安女子学院的注册登记表

在美国留学时的宋庆龄

"对周围的一切都兴致盎然"。①

宋庆龄和宋美龄像两颗待发的种子落到了肥沃的土地上，读起书来如饥似渴，给萨米特市图书馆管理员路易丝·莫里斯留下了深刻的印象。莫里斯后来回忆说："庆龄——'严肃的那一个'——贪婪地阅读着成年人看的小说和其他书籍，而跟她同样年龄的女孩，一般对这类读物都兴趣索然。美龄则喜欢读《兔子彼得》一类童话故事。"②

这位管理员的回忆，清楚地描绘出了宋庆龄在同龄的少女中早熟的情景。

姊妹俩在萨米特市度过了一年紧张而愉快的学习生活后，1908年9月5日，宋庆龄正式考入佐治亚州梅肯市的威斯里安女子学院（Wesleyan College for Women）文学系。③ 她把宋美龄安排在该州避暑山城德莫雷斯特的皮德蒙特学校，住在宋蔼龄一个同学的母亲莫斯夫人家里。

佐治亚州位于纵贯美国东部的著名大山脉阿巴拉契亚山的东南山麓，属于亚热带气候，往东延伸到大西洋沿岸，是一片大平原。这里风光秀丽，物产丰富。在红色或黄色的沙土上，到处可见高大挺拔的松树、多节盘曲的橡树、常绿阔叶的槲树。而在小树林及沼泽地上，在一些粗大的树干上，还有各种各样的攀藤植物和附生植物，千丝万缕，盘根错节，青翠嫩绿，永远给人以春意盎然、欣欣向荣的感觉。梅肯城地处奥克穆尔吉河西岸，它虽已发展成约有十万人口的小城市，仍然像一座花园一样，万木葱郁，环境优美，散发着亚热带的秀光灵气。特别是市郊那片一望无际的棉田、古朴的庄园和牧场，依然保持着殖民拓殖时期的风貌。

---

① 《校友回忆宋美龄在学校的早期生活》，载《华盛顿邮报》，1942年9月6日。
② 《萨米特先驱报》，1942年5月21日。
③ 威斯里安女子学院《1908—1909年新生注册登记表》，影印件。

在美国留学期间的宋庆龄、宋美龄和宋子文

宋庆龄（左二）、宋美龄（右一）、宋子文（左一）和竺可桢（右二）在威斯里安女子学院合影

威斯利安女子学院就坐落在梅肯这个花园式的城市中。这个学校创立于1836年，原名为佐治亚女子学院，1843年改名为威斯里安女子学院。它是附属于联合卫理公会教堂的私人性质的女子学院，开设有学士学位的大学文科、教育和美术等课程。

在这个学校里，宋庆龄学习勤奋，对哲学课程特别感兴趣。她的文学及写作水平较高，又热心社会活动，因此她在课外活动中担任了学院校刊《威斯里安》(*The Wesleyan*)的文学编辑和哈里斯文学社的通信干事，还曾充当过狄斯比斯戏剧俱乐部的演员。在班上讨论问题时，她虽然态度温文，声音柔和，但也滔滔雄辩，颇有见解，深得同学们的敬重。

宋庆龄在美学习期间与家里保持密切的联系，父母也始终十分关心她们的生活。同学埃米莉·唐纳回忆，宋庆龄姐妹到萨米特市不久，"有一天，庆龄和美龄收到一个从中国寄来的包裹，里面全是给她俩的花花绿绿的漂亮衣物"。她们做美国样式服装，也"都是用从上海寄来的料子缝制的。在她们两个人自己在一起的时候，她们往往马上换上中国旗袍"。

但是，对于宋庆龄来说，她最关心的是中国国内局势和革命的发展。在这方面，父亲宋嘉树的心是与她相通的，常常给她写长信，告诉她这方面的情况，并寄给她剪报。她十分认真地阅读这些剪报和当地的报纸，从中了解中国革命在艰难困苦中曲折发展的情况。自古创业多磨难，那是孙中山领导的武装起义不断遭到失败的年月。庆龄虽然身在大洋彼岸，心里却常为此忧虑，这使她的性格变得更加内向和深沉。在同学们看来，她既"美丽"，又有点"忧郁"和"伤感"。所以有人说："正是她那副忧伤和沉思的神情，使她显得俏丽动人。她在内心深处已经是一个忠贞不贰的造反者了。"[①] 受她

---

① 〔美〕斯特林·西格雷夫：《宋家王朝》，第115页。

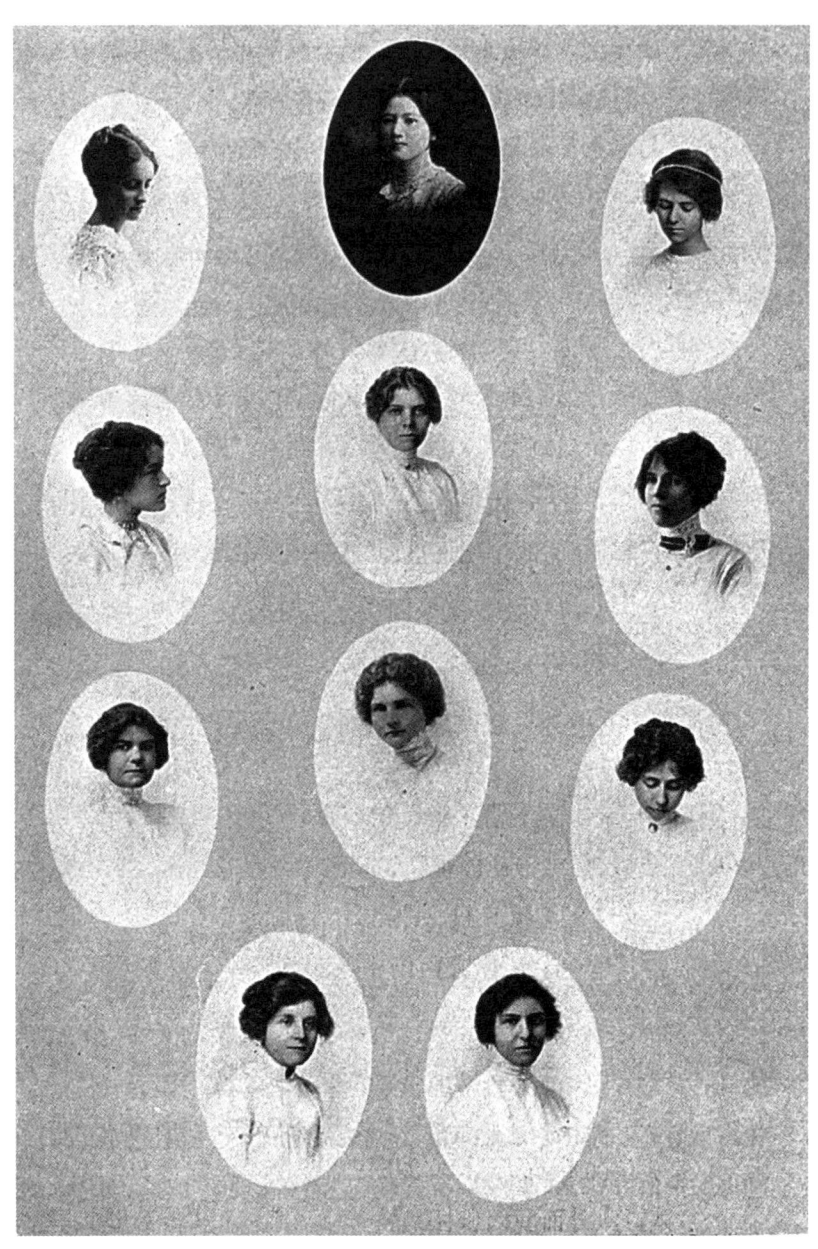

《威斯里安》编辑照片,最上方中间为宋庆龄

父亲和孙中山十余年来屡遭挫折仍顽强奋斗的影响,她还形成了坚毅和顽强的精神,这种精神给同学们留下了很深的印象。同学们问她为什么总是那么多地考虑国家的事,而不无忧无虑地享乐时,她说:不能忘记中国,也不能忘记孙中山所说的那些话,"如果忘记了,人生就失去其意义"①。

对中国的现状不满,中国必须变革。宋庆龄的这种思想不时在学习中,特别在历史课上毫不掩饰地表现出来。有一次在课堂上,宋庆龄站起来讲她对自己祖国的希望时的情形,给历史教授极其深刻的印象。他记得:她声音如平时一样柔和,态度温文尔雅,但是她的眼睛中燃烧着"足够照亮整个大地的火焰"。看着她,教授心里想:"她是一个谜!"后来,教授又看到宋庆龄的一份表达同样思想的答卷,深为感叹:"这是使人万万想不到的,从一个看起来是温和的中国学生,且是一个女孩子的身上,竟能见到这样的意见。"他既为她的杰出的思想而高兴,又为她的叛逆精神而不安,于是他把宋庆龄找来谈了一次话。

教授首先承认宋庆龄的答卷是"动人的很好的论著",但同时又表示"有点不安",说这不是宋庆龄在历史课中应该学到的东西。宋庆龄当即坦率地回答:"是的,我明白,但我想这张卷子是个人的表示,一个学生的见解。自然不会有人误解成别的意思吧!我只是追求真理。"

教授又注意到宋庆龄的革命思想早在入学之初就有了:"我看出,中国现在经历的革命运动影响了你的感情,然而我相信我没有猜错,两三年前你就有同样的感觉。这从你那时的答卷上看得出。"据此,他"探谜"似的问宋庆龄是不是"受了家庭的影响"。宋庆龄作了肯定的回答,并更强调孙中山的作用。她说:"我们有一个朋

---

① 〔美〕斯宾塞:《三姐妹——中国宋氏家族的故事》,第116页。

友,他现在领导着革命。当我年幼时,他常常来和我的父亲谈话。我听到他所说的话,这些话给我留下深刻的印象;我坚定地认为我的祖国要有一个根本的变革。"①

到底怎样变革?宋庆龄已经开始在探索了。虽然有父亲及孙中山先驱者的指点和影响,但她的思想有自己的发展过程。她并不因为自己是学生,又身处异国,对中国的变革事业就仅仅停留在关心和同情上,而是以笔当剑积极地参加了战斗。她在《威斯里安》(*The Wesleyan*)院刊上发表的几篇反封建的文章,用各种体裁宣传资产阶级民主主义及自由、平等、博爱的思想。

《四小点》(*The Four Dots*)讲的是一个童话故事:古时候有个叫杨韦林的孩子,勤奋善良,刻苦读书,曾救助过蚂蚁;后来,他得到蚂蚁暗中帮助,应试成功。②——善良、勤奋、因果报应,这是一般寓言故事常有的内容,但是,出自于宋庆龄的笔下,却反映了她世界观中的一些纯朴的思想。

《阿妈》(*Ahmah*)是一篇散文,它以朴实、流畅的文笔,通过叙述一个照顾宋家几个孩子的保姆的感人事迹,抒发了作者对保姆深切的怀念之情。这个"阿妈"在宋家二十年,晚年头发全白,老态龙钟,但眼睛还是明亮、有神。她非常热爱孩子,把宋庆龄和她的姐妹兄弟当成自己的亲生骨肉,照顾得无微不至。她虽然目不识丁,却懂得不少儒家的伦理道德以及中国的格言、民间谚语等。每逢新年,她总是喜欢在家里每个人的身上点缀些红色的东西,如红花、红绸带、红手帕之类,表示喜庆。她祝贺大家"恭喜发财!"给新年增添了欢乐的气氛,以至使人感到如果没有她的祝贺,新年就好像还没有到来似的。

---

① 〔美〕斯宾塞:《三姐妹——中国宋氏家族的故事》,第129—131页。
② 《威斯里安》院刊1911年11月号,复制原件。中文译文刊于《儿童时代》第10期,1982年5月6日版。

宋庆龄（后排右四）在威斯里安女子学院就读时参加网球俱乐部活动

宋庆龄大学时代的生物学读书笔记

宋庆龄和在美国求学期间的挚友曼·亚历山德拉，她们的友谊保持了近七十年之久

作者当时已是中国上流社会的富家小姐,以小主人的身份写了这篇怀念老仆人的文章,非但丝毫没有藐视"下层"的小人物,而且字里行间洋溢着对老保姆深厚的爱和崇敬的心情,明显地表达了作者主张主仆平等、博爱的观念。

《现代中国妇女》(The modern Chinese Women),是宋庆龄最早论述妇女问题、宣传男女平等思想的文章。从此以后,研究妇女问题,进行妇女解放运动,就成为她一生革命活动重要的组成部分,使她成为世界上著名的妇女解放运动的活动家和领袖,在国际上享有崇高的声誉。

这篇文章从1907年美国韦尔斯利大学开始在中国招收女学生一事,论证了女孩子的智力并不比男孩子差,要提高人类中占半数的男子,不能不同时提高人类的另一半(妇女)。她"深信用不了一个世纪的时间,中国必将成为世界上最大的、教育发达的国家,而其妇女将与男人并驾齐驱"。同时,文章阐述了妇女要获得与男人平等权利,不能等待别人的恩赐,而必须靠自己的工作和斗争去争取;尤其是那些在外国留过学的妇女,不应该使自己成为性格孤傲的知识贵族,而应该进入社会为民众谋取福利。[①]

《受外国教育的留学生对中国之影响》(The Influence of Foreign Educated Students on China)是篇政论文章,论述了中国早期留学生在政治、教育、社会改革方面对中华民族的良好影响,说"他们帮助中国吸鸦片的人建立戒烟会,这些人希望永远戒除自己的恶习。在城市,他们组织了基督教青年会,它已成了人们社交集会的活动场所。中国青年不再像过去那样习惯于认为变形的脚是漂亮的,或者要求女人裹脚。现在他们拒绝同缠足的女子结婚,他们甚至解除童年时代包办的婚约。这在中国是一件严重的事情"。显然,这里列

[①] 《威斯里安》院刊1913年4月号,复制原件。

举的有些事,是她父亲的工作。文章抨击了封建官吏的愚昧与腐败,期望这些受过西方教育的留学生来改革时弊,认为"中国赋予这些留学生广阔的工作领域和无限的机会",①实际上抒发了她自己为了改造和建设祖国而学习的胸怀。

但是,这篇文章同时也反映了她当时的改良主义思想。她对清王朝宣扬的要建立议院制度的诺言,表示了某种程度的信任,幻想通过局部的政治改革,使中国的事情得到改善。她把中国政府腐败的根源归结为官吏选拔方法的不当,而未能从根本制度上观察问题的实质。因此,她认为通过改革教育、改革官吏任免方法可以解决社会问题,而不是依靠革命的途径。

这种思想显然脱离了当时中国政治和革命发展的实际,但却符合宋庆龄本身思想发展的规律,反映了她的年龄、所处的环境和地位。每一个诚实的革命者的成长,都有他(她)自己合乎逻辑的轨迹。孙中山和她父亲给她的影响无疑是重要的,但是不可能代替她自己的思想发展过程。实际上,她父亲支持的、孙中山领导的武装起义一次又一次的失败,在她的心头蒙上了一层阴影,使她不敢对革命做出大胆、乐观、激进的设想,正如她在1912年4月写的著名论文中说的那样:"五个月以前,我们连做梦也想不到会有一个共和国。对一些人来说,即使许诺尽早成立一个立宪政府,他们也是抱着怀疑态度的。"②

然而,客观事变的进程,往往又会大大改变一个人思想发展的轨迹和速度。

---

① 《威斯里安》院刊1911年11月号,复制原件。中文译文刊于《儿童时代》第10期,1982年5月16日版。
② 宋庆龄:《二十世纪最伟大的事件》,《威斯里安》院刊1912年4月号,中文译文刊于《中国建设》1983年第5期。

二、欢呼辛亥革命胜利

宋庆龄发表这篇《受外国教育的留学生对中国之影响》的时候，中国国内的辛亥革命已经爆发。1911年10月10日，武昌起义一声炮响，"革命党举义成功"。当时，孙中山在美国进行筹募革命经费等活动，正行抵远离宋庆龄所在梅肯城的美国北部科罗拉多（Colorado）州的丹佛（Denver）市。他没有想到十余年来多次浴血奋战屡遭挫折并陷于困境中的革命，竟然在他没有安排的地方成功地走出了第一步。

12月25日，孙中山在经历了16年的海外生活和艰苦斗争之后，从美国回国抵达上海，受到人民群众广泛热烈的欢迎，并被南京举行的十七省代表会议推选为中华民国第一任临时大总统。1912年1月1日，孙中山离开上海到南京宣誓就职，宋嘉树一家也随同前往。这就完全公开了宋家与孙中山的亲密关系。

孙中山就职临时大总统后，宋蔼龄正式担任他的英文秘书（在此之前，她从美国回国后，一直是帮助父亲宋嘉树处理组织工作，募集资金，并把迅速增加的会党名册和资财绘制成表）。宋嘉树的工作也更忙了。倪桂珍写信告诉在美国的女儿："提起你们的父亲，有很多话要说，但也不想多说。我只告诉你们一点，他正在老朋友之间，做他乐意做的事情。"宋庆龄自然知道这个老朋友是谁。不久，父亲来信果然清楚了。信中说："我正在和孙中山一起工作，还参加了他的就职典礼。国内的现状有利于革命党人，但做伟大的事情，总是要冒些风险的。促成民主，并非旦夕一蹴而就的。"① 同时，父亲还把一面崭新的国旗——美丽的红、黄、蓝、白、黑相间的共和国五色旗寄给了宋庆龄。庆龄接到旗和信后，激动万分。为表示拥

---

① 陆印泉：《宋庆龄与辛亥革命》，载《团结报》，1986年5月24日。

大總統誓詞

傾覆滿洲專制政府，鞏固中華民國，圖謀民生幸福，此國民之公意，文實遵之，以忠於國，為眾服務。至專制政府既倒，國內無變亂，民國卓立於世界，為列邦公認，斯時文當解臨時大總統之職。謹以此誓於國民。

中華民國元年元旦　孫文

1912年1月1日，孙中山在就职仪式上宣读《大总统誓词》

《临时大总统宣言书》

1912年1月临时大总统孙中山在南京总统府内留影

护共和,她立即扯下学校中的清朝龙旗,把它踩在脚下,并挂上新的国旗,高呼:"打倒专制!高举共和旗帜!"①欢呼辛亥革命的胜利。接着,她就写出了热情洋溢的《二十世纪最伟大的事件》(The Greatest Event of the Twentieth Century)一文。这是一篇政论性的文章,发表在4月出版的院刊《威斯里安》上。该文高度评价辛亥革命的伟大意义:"压迫导致了这场奇妙的革命——一件看来是不幸的而实际却是造福人间的喜事。""这场革命取得了辉煌的成就,它意味着四万万人已从君主专制政体的奴役下解放了出来。这个专制制度已经存在了四千多年;在它的统治下,'生存、自由和对幸福的追求'是被剥夺的。它还标志着一个皇朝的覆灭。这个皇朝的残酷压榨和自私自利,使这个一度繁荣昌盛的国家,沦为一个贫穷不堪的国家。清政府被推翻,意味着具有最野蛮的制度而又道德沦丧的这个皇朝的毁灭和废除。"

文章在评论辛亥革命的国际意义时,骄傲地说:"中国革命是滑铁卢以来最伟大的事件,是20世纪最伟大的事件之一。""中国以它众多的人口和对和平的热爱——将作为和平的化身站起来。它必将推动那个人道主义运动,即实现世界和平。"

文章中洋溢着爱国主义的激情,在中国留学生和华侨中产生了相当大的影响。她所引用的拿破仑的"中国,一旦行动起来,整个世界将为之振动"这句话,曾被中国留学生和广大华侨传为激励爱国豪情的警句。

宋庆龄的这些评论并不夸张。当时列宁在《真理报》上曾以《新生的中国》为题发表文章,热烈欢呼"地球上四分之一的人口已经从酣睡中清醒,走向光明、运动和斗争了"②。

自然,宋庆龄的文章主要反映了她资产阶级民主主义的观点,

---

① 〔美〕埃米莉·哈恩:《宋氏家族——父女·婚姻·家庭》,第91—92页。
② 《列宁全集》第18卷,人民出版社1959年版,第395页。

1912年4月,宋庆龄在威斯里安女子学院校刊发表《二十世纪最伟大的事件》一文

她对辛亥革命的分析和评论,也以此为标准。她认为:这场革命已给中国带来了"自由和平等","但博爱尚有待于争取。……博爱是人类尚未实现的理想,没有人类的兄弟情谊,自由就没有可靠的基础,除非人类彼此视作兄弟,否则平等只能是梦想"。宋庆龄认为"博爱"可以通过和平的手段来实现,她说:"多少世纪以来,中国人一直是热爱和平的民族。对他们来说,笔比剑更有力量。他们尊重和平这门学科而漠视战争这门学科,他们崇文轻武。"①

这些评论一方面反映出宋庆龄对资产阶级革命的学说已有一定研究,远在同龄人之上(尤其在女青年中);另一方面也表明她对辛亥革命所取得的成就及其发展前途企望过高,认为可以用和平的手段,推动实现人类的自由、平等、博爱的人道主义运动,实现世界和平。这只是表现了她这个心地善良姑娘的美好理想而已。所以,她美国的同学都称她是"理想主义者"。

宋庆龄的这种思想认识形成的原因是多方面的,而决定性的因素,是她从小受到的基督教义的教育和美国社会资产阶级民主精神的影响。正如她自己后来所说:"我在美国度过我的青年时代,受过美国伟人的民主传统的熏染,它已经成为我生活中伟大的力量之一,它的文化成为我所接受的教育的一部分。"② 这就不难理解为什么宋庆龄把"博爱"这个理想看得那样高,那样重。在她以后长期的革命斗争中,当她用这个标准来衡量中国发生的事情时,就发现革命运动没有完成,从而始终保持进取精神。只有通过以后漫长的革命实践,她才认识到真正的博爱,只有在彻底消灭了剥削,消灭了阶级以后才能实现。

此后,宋庆龄对辛亥革命及孙中山推翻中国几千年封建帝制的

---

① 《威斯里安》院刊1912年4月号,复制原件。中文译文刊《中国建设》杂志,1983年第5期。
② 宋庆龄:《中国走向民主的途中——对美国民众的广播演说》,载《宋庆龄自传及其言论》,华光出版社1938年版,第38页。

意义，一直评价较高，有别于中国其他革命家、政治家和理论家。直到1939年，她还说："清廷逊位，是辛亥革命最显著的成就，它的意义实极重大，因为至少在形式上中国已成为亚洲的第一个共和国，使含有世界人类五分之一的国家的专制政体消灭，这真是世界史上进步的一个碑石。"[①] 但是，还没有等到宋庆龄大学毕业，辛亥革命就失败了。

1912年2月，孙中山在各方面压力下，被迫将临时大总统之职让于袁世凯。袁世凯上台后，进一步投靠帝国主义，加紧复辟帝制活动，打击革命力量。1913年3月，袁世凯乘孙中山赴日本考察不在国内之际，派遣特务枪杀了国民党代理理事长宋教仁；然后，又与英、法、德、日、俄五国银行团签订了2500万英镑的"善后"大借款协定，准备扩充反动军队镇压国民党。孙中山毅然进行了武装讨袁的斗争，但他领导的"二次革命"，由于国民党的涣散无力，在帝国主义和袁世凯军队的猖狂进攻下失败了。8月初，孙中山被迫亡命日本。由于袁世凯派了大批刺客谋刺革命党人，孙中山在日本友人梅屋庄吉、宫崎滔天、犬养毅、萱野长知、头山满等人帮助下，转辗躲避。最后隐居在东京的梅屋庄吉家中。宋嘉树全家随后移住在横滨海滨山上租赁的楼房里。宋蔼龄继续在孙中山身边当秘书。宋嘉树则直接协助孙中山进行革命活动，并帮助他处理一些英文函电。所以，宋家父女俩几乎每天都要到孙中山的寓所去。[②] 宋庆龄于这年夏季以优异的成绩毕业于威斯里安女子学院，获文学学士学位。

祖国在召唤自己的女儿，革命在召唤自己的英雄。在得知国内形势剧变之后，宋庆龄就放弃了原想大学毕业后再学习一两年的打算，立即回国，投身到救国救民的革命斗争中去。

[①]《真正实现中国的独立》，载《宋庆龄选集》上卷，第295页。
[②] 据日本外交史料馆藏日本外务省文书《各国内政关系杂编关于中国·革命党部分大正二年（1913）八月—大正四年（1915）十一月》之《孙文动静》记载，孙中山是1913年8月8日抵门司港，9日抵神户。宋嘉树于8月4日抵神户，20日到东京与孙中山相会。

1912年2月13日孙中山提交辞呈后留影

袁世凯就任临时大总统后与各国驻华公使合影

1907年至1913年，宋庆龄在美国度过了人生最重要的时期——青年时代。在这六年里，她由一个天真的少女，成长为一个成熟的青年。她的爱国主义思想也随之日趋炽热并进入到献身革命的境地。她所以这样快地进步，除了自幼受到父亲宋嘉树的教诲、熏陶和孙中山的革命思想影响外，一是辛亥革命的振奋，二是如她所说受了"美国伟大的民主传统的熏染"。①

宋庆龄从小喜爱英语，并从父亲口中了解美国这个神奇的国家，现在又亲身受到系统的美国教育。她的英语比汉语还要讲得流畅，因此喜欢用英语会话，英文书写，身边常有一架英文打字机。美国式的教育使宋庆龄的思想具有强烈的民主色彩，而与孔孟之道格格不入。但是她并不像宋美龄那样，"除了脸孔外完全美国化"。她是中华民族的精英。在美国，她羡慕美国科学技术的发展、国家的富强和资产阶级民主的进步性，但她并不因此妄自菲薄，崇洋媚外，而是保持着民族的自尊和爱国的激情。她痛感国内反动政府的腐败，认识到必须实行革命将它推翻，才能使祖国与西方国家一样富强起来。

在宋氏三姐妹中，宋庆龄是唯一受到系统的西洋教育而未被西洋化，并善于吸收西方之长的佼佼者。美国每个州都有自己的信条。宋庆龄求学所在的佐治亚州的信条是"贤明、公正、温和"。如果把"公正"理解为"为正义而奋斗"，那么这六个字的信条，在宋庆龄的一生中得到了最充分的体现。她认为她接受的美国文化和民主精神，"对于我的祖国，十分需要民主精神的祖国，是非常珍贵的"②。

所以有人说，宋庆龄"是三姐妹中最好的学生……具有非凡的洞察力"③。她对人讲过，求学时代，她曾为法国民族英雄圣女贞德

---

① 宋庆龄：《中国走向民主的途径中——对美国民众的广播演说》，载《宋庆龄自传及其言论》，华光出版社1938年版，第38页。
② 同上。
③ 〔美〕罗比·尤恩森：《宋氏三姐妹——宋蔼龄、宋庆龄、宋美龄》，第23页。

的事迹深深感动。① 尽管她从未把自己看作圣女那样的神秘主义者，但她的一生奋斗，无愧于她崇拜的这个英雄。所以许多外国朋友都把她比作贞德予以崇敬。②

另外，宋庆龄日趋成熟的另一个重要方面，是对自小就浸泡着她的宗教信仰问题开始采取怀疑和独立思考的态度。她出身于基督教家庭，又一直在教会学校受教育，过着严格的教徒生活，但她是一个不自觉的基督徒。那时，她是以儿童的好奇心理来看待发生在自己生活中的宗教活动的。当她逐渐长大，有了自己的独立思想后，她就成了基督教的叛逆者。对宋庆龄的宗教信仰问题有深刻了解和研究的爱泼斯坦断言说："宋庆龄是个无神论者……不能说基督教的思想对她没有任何影响，但是至少在20岁以后，她不信基督教了。"③

对基督教思想的影响，宋庆龄自己也不讳言。1978年接受日本学者仁木富美子女士访问时，她说："在我的头脑中，还残留着《圣经》的博爱思想。"④ 但是她不是它的俘虏，而是它的主人。像有些革命家利用宗教进行革命活动一样，她不过是吸取基督教中人道主义的博爱观念，以提炼自己的民主主义思想而已。

爱泼斯坦为自己的论断提供的重要证据是宋庆龄1966年写给他的一封信。信中说："我曾对他（孙中山）说过在美国的学校生活。星期日，我们都被带到教堂去。我常常躲在挂衣服后面的壁橱里，等同学们和宿舍管理人走了后再出来，向家里写信。他（孙中山）

---

① 〔美〕埃德加·斯诺：《复始之旅》，新华出版社1984年版，第107页。以下引用此书，皆为此版本，不再一一详细注明。
② 同上。
③ 《爱泼斯坦的证言》（日本学者久保田博子1983年8月访问爱泼斯坦的谈话记录），引自《关于宋庆龄思想的形成与发展》（一），载日本辛亥革命研究会编《辛亥革命研究》第4号，1984年5月出版。
④ 〔日〕仁木富美子：日文版《宋庆龄选集》译后记，东京1979年版，第643页。

1913年，宋庆龄在威斯里安女子学院毕业，获文学学士学位。图为她的大学毕业照

宋庆龄的学位证书

听了大笑说:'那么,我们二人将一起走向地狱。'"①

总而言之,宋庆龄在大学毕业的时候,已经成长为一个准备投身革命事业的爱国者。她为了祖国的富强和人民的幸福,决心要与孙中山共同奋斗,即使走向"地狱"也在所不辞。

就这样,她一跨出校门就自觉而勇敢地投身到革命的急风暴雨中。宋庆龄将会证明自己"是经过历史回旋加速器冲击之后不碎不裂的人类原子。这种冲击是很少人——男人或女人——所能忍受的"。②

---

① 《宋庆龄致爱泼斯坦函》(1966年4月,英文),载日本辛亥革命研究会编:《辛亥革命研究》第4号。
② 《海伦·斯诺谈宋庆龄》,载《宋庆龄纪念集》,香港《文汇报》社编印,1981年版。

第二章
在孙中山身边
（1915—1925 年）

第一节 革命伴侣

一、崇拜英雄

1913年8月29日，满怀革命激情的宋庆龄抵达日本横滨，父亲宋嘉树到码头迎接。①

她是这年6月离开梅肯城北上，经波士顿，横穿美国大陆到达加利福尼亚的旧金山，然后假道檀香山赴日本的。为什么用了这么长时间呢？

原来，她本拟回上海探亲，到了加利福尼亚伯克利时，收到父亲来电，要她"推迟行期"②。因为宋嘉树要追随孙中山流亡日本。宋庆龄就在伯克利耽搁了两周，住在姨丈温秉忠的一个大学时的朋友家里。这个朋友是当时中国驻旧金山的代理公使。于是，在主人

---

① 日本外务省文书档案。斯宾塞写的《三姐妹》一书所记述的孙中山、孔祥熙到横滨码头迎接宋庆龄的说法有误。据日本外务省档案《孙文动静》记载，孙中山当天并未出门，他正忙于策划反袁斗争，不可能分身出来迎接宋庆龄这样一个当时与他关系不深的姑娘。孔祥熙其时与宋霭龄还未结婚，也不存在所述的孔祥熙"姐夫"和宋霭龄"临盆"之说。
② 1913年8月24日，宋庆龄致美国友人哈泽德夫人的信（英文原件）。

的热情安排下,宋庆龄大大享受了一番"高等华人"优裕的生活乐趣,"到处观光,也去舞会和剧场",并作为"主宾"出席中国学生招待会,等等。在檀香山,她又驱车到山区观光,尽情领略了热带海岛上美丽的风土人情。她说:"真美,那些树木和鲜花我从未见过。我还吃了极好吃的水果,它的名字听起来很怪。土著人很肥胖,穿着胸衣似的衣服……"①

总之,她对友人说这些日子她过得"很愉快",但她并非乐而忘忧,而是时刻惦记着苦难中的祖国人民。她向往的是献身于祖国的革命事业。虽然她已经感觉到这种生活将是十分艰苦的,如她在上述谈到旅途愉快生活的同一封信中所写:"国内的局势变得严重了起来,我们也许得在日本逗留一段时间,因为连'不许插手'的上海也乱了。"但是她表示自己有这个思想准备,说:"我不在乎这个!"

必须指出,在当时,宋庆龄若要躲避国内动乱而又艰苦的生活,留恋西方优裕舒适的环境,而在美国找一个工作,并在那里长期居住下来,是件轻而易举的事(当时不少高等华人正迁居美国),而且,宋庆龄本来也有继续在美国再读一两年书的打算。但是,她却选择了回国的道路。这是何等崇高的情怀!在她漫长的人生道路上,第一次表现了她"富贵不能淫,贫贱不能移"的高贵品质。

她原以为因国内政局动乱,父亲及全家是特地到日本来迎接她的,在日本逗留的时间不会很长,因此让友人回信的地址写"上海余杭东路628号C"②。当时她怎么也没有想到,她竟在日本一住就是两年多,而且在那里坚实地打下了她一生奋斗的基础:献身革命,并与孙中山结合。

1913年8月29日,满怀革命理想的宋庆龄在日本横滨登陆。

---

① 1913年8月24日,宋庆龄致美国友人哈泽德夫人的信(英文原件)。
② 1913年8月12日,宋庆龄写在8月24日致哈泽德夫人信上的附言。

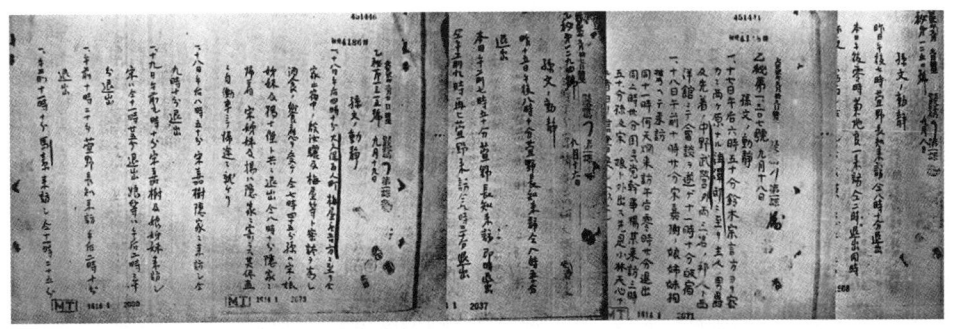

日本外务省档案《孙文动静》记录了宋庆龄与孙中山见面的有关情况

451230

大正弐年八月卅日接受

乙秘第一二六八號 八月廿九日

孫文ノ動静

一、午前九時卅分宋嘉樹外出十時卅分皈宿（本人ノ妹、米国ヨリ来着シタル由ナレバ多分出迎ノ爲メ横浜ニ至レルナラント）

一、午前十一時廿分萱野長知ノ案内ニテ支那国民党東京支部幹事楊景（陳楊鏕ナラン）来訪同五十分両人共退出ス

一、午后二時四十分菊地良一来訪四時退出

一、午后七時卅分宋ノ娘（孫ノ妾ナルガ如シ）及三井物産会社員森格ト自働車ニ同乗外出（十時ニ胡漢民ト面会ノ約アレバ右時刻迄ニハ皈宿ノ筈）

附記

頭山満ハ午前十時三浦梧楼来訪十一時退出ス

1594　MT　1614 1　1693

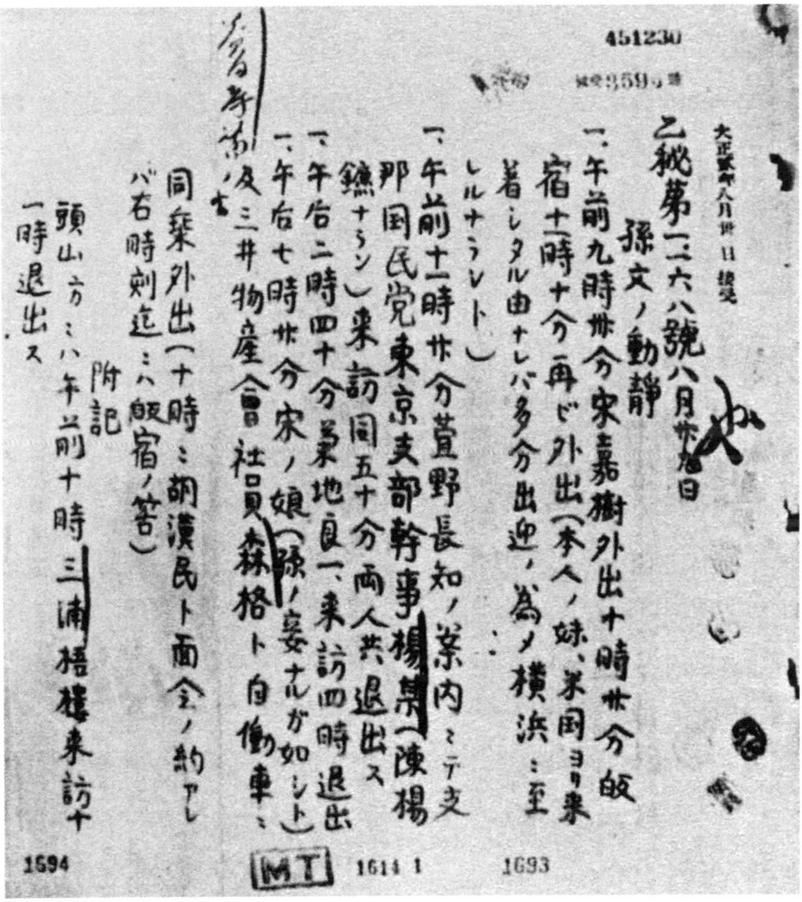

1913年8月29日，宋庆龄从美国抵达日本横滨与家人团聚。图为记载宋庆龄抵达日本横滨的日本外务省档案

第二天晚上9时50分，就由父亲和姐姐陪同到孙中山寓所拜访。①这是宋庆龄成年后与孙中山的第一次见面。她怀着仰慕和崇敬的心情，激动地向孙中山致意，并带给他一箱革命同情者送的加利福尼亚水果和一封私人信件。②

当时，孙中山领导的革命事业正处于困境，许多革命党人或者意志消沉，或者投降分裂，跟随在身边的同志不多，宋嘉树虽然正患肝癌，却仍"坚持为孙先生处理英文信件，由于不能盘腿席地而坐（日本方式）从事写作"，就让宋庆龄帮助他，并且很快就教会女儿协助孙中山工作。③

9月16日以后，宋庆龄在父亲和姐姐的陪同下频繁出入孙中山的寓所。据日本外务省档案记载，到25日的十天中，共有八次之多，并与国民党要人张继、马素等接触。显然，宋庆龄正在熟悉为孙中山担任秘书的工作。

1914年3月27日，孙中山腹痛，宋庆龄与宋霭龄曾到寓所进行护理。5月24日开始，宋庆龄单独前往，两姐妹同去的次数日渐减少。6月以后，宋霭龄因为准备与孔祥熙结婚，宋庆龄开始为孙中山承担更多的秘书工作，几乎天天都去孙中山的寓所。9月，由于宋霭龄回上海结婚离开了工作岗位，经孙中山同意，宋庆龄正式接替姐姐，担任他的英文秘书。

这期间，孙中山总结"二次革命"的失败教训，正重新进行扎扎实实的工作：在东京创办《民国》杂志，鼓吹反袁；设立政治学校，培养干部；召开中华革命党第一次大会，加强革命领导机关。另外，孙中山还频繁地致函或派遣干部与国内及海外各地革命党联系，指导党务，建立武装及筹措经费、军械等各项事宜；在江苏、

---

① 日本外务省文书档案《孙文动静》。
② 〔美〕斯宾塞：《三姐妹——中国宋氏家族的故事》，第87页。
③ 《宋庆龄嘱住宅秘书致尚明轩的复函》（1981年1月23日），载尚明轩主编：《宋庆龄年谱长编》下卷，社会科学文献出版社2009年版，第1412页。

1914年9月，宋庆龄接替姐姐宋霭龄担任孙中山的英文秘书，负责孙中山所有书信往来的工作

浙江、广东、山东、江西等地发动了一些武装起义和暗杀活动。由于没有发动广大人民群众，只是由少数人去进行军事冒险，这些小规模的反袁武装斗争，都接二连三地失败了。孙中山在革命征途中，再度陷于逆境，处在非常艰难困苦的时刻。

在这危难的时候，孙中山得到了宋庆龄的巨大支持和鼓舞。她积极地帮助孙中山工作，把所有整理文件、处理函电、提供资料、经管革命经费以及其他许多繁重的日常工作都担负起来，并且完成得很出色，逐步成为孙中山革命事业上离不开的助手。孙中山对她非常信赖，把所有机要的通讯密码统统交她保管，还将一切对外联络工作也让她承担。他们在繁重的革命工作中，配合甚为默契。通过同孙中山频繁的工作接触，宋庆龄进一步受到他高尚品德和革命精神的感召和熏陶，提高了对中国革命的许多现实问题和理论问题的认识，大大增强了革命的信心和积极性。她与孙中山在一起工作时，常常感到心中燃烧着一种火热的激情。她意识到自己正在献身于一个历史性的伟大目标。她当时的心情，正像她写给在美国读书的宋美龄的信中所表述的："我从没有这样快活过。我想，这类事就是我从小姑娘的时候就想做的。我真的接近了革命运动的中心。"[①] 她还曾默默地自言自语："我能帮助中国，我也能帮助孙先生，他需要我。"[②] 而在武装反袁斗争中不断遭受挫折，承受着流亡海外的痛苦和孤寂的孙中山，也从宋庆龄的帮助和照顾中得到鼓舞和安慰。热爱祖国和献身革命事业的共同理想，使他们在患难中建立了深厚的战友情谊，并且开始默默地相爱。

宋庆龄在东京工作了一段时间后，就回上海探视因病已回国的双亲。此后，她曾几次来往于东京和上海。1915年初，在一次准备归国时，她和孙中山谈到他们的结合问题。孙中山对此十分慎重，

---

① 〔美〕斯宾塞：《三姐妹——中国宋氏家族的故事》，第151页。
② 〔美〕斯宾塞：《三姐妹——中国宋氏家族的故事》，第157页。

1914年3月，孙中山和梅屋庄吉夫妇在日本东京的合影

要她多考虑一些时候,并征得父母亲的同意后再作决定。宋庆龄表示,要是不为一件伟大的事业而生存,生命是没有意义的;她就梦想着有一天能和他生活在一起,献身于革命事业。她坚定地对孙中山说:"经过长期、慎重的考虑,深知除了为你、为革命服务,再没有任何比这更使我愉快的事……我愿意这样献身于革命。"① 宋庆龄对个人的婚姻问题自己做主,决心要和孙中山一起生活和工作。

对于宋庆龄来说,爱慕孙中山主要是为了革命、崇拜英雄,爱情是次要的。

后来,美国记者斯诺在与宋庆龄有了多年友谊后,曾问她:"你能确切告诉我吗?你是怎样爱上孙博士的。"

"我当时并不是爱上他,"她慢条斯理地说,"而是出于对英雄的景仰。我偷跑出去协助他工作,是出于少女的罗曼蒂克的念头——但这是一个好念头。我想为拯救中国出力,而孙博士是一位能够拯救中国的人,所以,我想帮助他。"②

除了志同道合之外,在生活上,他俩在一起的时候也是融洽而愉快的。孙中山的房东梅屋庄吉的义女冈本梅子回忆他俩在她家生活情况时说:

"晚饭以后,大家都到客厅里。我弹起钢琴。母亲演奏小提琴。

"宋庆龄也弹钢琴,而且一边弹,一边用漂亮的女高音独唱。

"在她独唱的时候,当时还是小孩子的妹妹千势子在屋里来回走动。

"孙文先生叫着'小孩',便把妹妹抱起,把手指放在嘴上'嘘……',示意别出声,一边认真地注视着宋庆龄的脸。"③

1915年6月,宋庆龄特地为自己的婚事回上海征求家人的意

---

① 〔美〕斯宾塞:《三姐妹——中国宋氏家族的故事》,第158—159页。
② 〔美〕埃德加·斯诺:《复始之旅》,第103—104页。
③ 〔日〕车田让治:《国父孙文与梅屋庄吉》,日本东京六兴出版社1975年版,第285页。

见。但这件事却在宋家引起了轩然大波，遭到全家的强烈反对。她的母亲更感到惊异。他们一致认为这门亲事是极不合适的，并提出了双方年龄差距过大、孙中山家中有妻子卢慕贞和三个子女等种种理由加以反对。他们众口一词地劝说宋庆龄放弃这个不切实际的念头，并对她施加压力，将她软禁在家中，不许和外人见面。宋庆龄毫不为亲人们的意见和压力所动摇，她坚定不移地陈述自己的意见，指出孙中山伟大的革命事业需要自己，她愿意和他生活在一起，帮助他工作。她在写给宋美龄和宋子文的信中，明确地说："自己仅有的欢乐，只有和孙博士在一起工作时才能获得。我情愿为他做一切需要我去做的事情，付出一切代价和牺牲！"[①]

使宋庆龄尤其不能容忍的是，全家不仅反对她与孙中山结合而软禁她，还为她匆匆忙忙地另择门婿，企图包办她的婚姻。为此，宋庆龄不得不断然采取了离家私奔的激烈行动来对抗。这件事，后来她曾向安娜·路易斯·斯特朗亲口讲述过。1927年5月，斯特朗在武汉与宋庆龄相处了一段时间，她回忆：有一次宋庆龄笑着告诉她，她是怎样反抗家庭包办的婚姻，从而震动了上海的上流社会——"因为像我这种家庭的女孩子是从来不解除婚约的，并且私奔到日本，和孙博士结合"[②]。

二、孙中山需要宋庆龄

这时，在日本的孙中山也发现自己已经离不开宋庆龄了。

宋庆龄回国后，孙中山完全变了样，经常陷入沉思状态。他原是个爱读书的人，现在则经常打开着书本，眼睛却凝视别处，心猿

[①]〔美〕斯宾塞：《三姐妹——中国宋氏家族的故事》，第179页。
[②]季寿葆、施如璋主编：《斯特朗在中国》，三联书店1985年版，第15页。

意马，甚至不思饮食。

房东梅屋夫人很担心，问他是不是身体不舒服？饭菜不喜欢吃？他只是回答："您别在意！"房东觉得这样下去怎么行？索性直率地问孙中山："您不是患了相思病了吧！"他沉默了一会儿回答说："事情是这样的，我忘不了庆龄，遇到她以后，我感到有生以来第一次遇到爱，知道了恋爱的苦乐。"

他向她透露了心中的矛盾和苦闷。他说到因为自己为革命奔走、长期亡命在外而与之分居的卢夫人时，觉得她为了养育孩子，付出了辛劳，自己不应该有那种心情。但是，他又无法扑灭胸中燃烧着的对宋庆龄的爱情。梅屋夫人为孙中山那种青年般的热情所惊奇。

孙中山最后终于下决心与妻子卢慕贞分离，与宋庆龄结婚。梅屋夫人提醒他，与年龄相差如同父女的宋庆龄结婚，会折寿的。他却说："不，如果能与她结婚，即使第二天死去也不后悔。"梅屋夫人被孙中山的真诚所感动，于是决定帮助他操办婚事。①

1915年6月，孙中山把原配夫人卢慕贞从澳门接到东京，协商办理分离手续。

孙中山与卢慕贞的婚姻是父母包办的封建婚姻。当时年仅18岁的孙中山远在檀香山茄荷蕾埠他哥哥的商店当店员。婚后，他就奔赴香港中央书院（中等学校）读书，只有寒暑假才回家与夫人团聚。1895年广州起义失败后，孙中山遭到清政府通缉，就长期流亡海外，回乡省亲的机会更少；卢夫人只有在檀香山与他共同生活过几个月，此后在一起的日子很少。此外，还有一个重要因素是两人缺少共同生活的基础。

卢慕贞是一个没有文化的旧式女子，是传统的贤妻良母型的人。她不理解孙中山的革命理想，更反对他因此而长期过艰难困苦的流

---

① 〔日〕车田让治：《国父孙文与梅屋庄吉》，日本东京六兴出版社1975年版，第285—287页。

1912年5月，孙中山全家在广州合影。前排左起：卢慕贞、孙中山；后排左起：孙娫、孙科、秘书宋蔼龄、孙婉

亡生活；她要求丈夫安分守己，在家乡过安宁的日子。这些，对于有着强烈爱国激情的孙中山来说，都是不能接受的。由于他们两人在理想、志趣、知识和生活习惯上，都相差太远，特别是在革命事业上则完全是一对陌生人，因此，两人之间感情上产生隔阂，生活在一起时没有什么乐趣，彼此徒有夫妻名分。

然而，孙中山由于生活和健康的原因，的确需要有亲人照料。辛亥革命胜利后，孙中山出任临时大总统期间，卢夫人曾由家乡来到南京，照料孙中山一段时间的生活。"二次革命"失败后，孙中山虽然健康状况更加不佳，而革命工作仍要他继续奋斗，他要求夫人能跟随左右。但卢夫人却希望在国内安静定居，不愿意为革命跟孙中山一起过动荡流亡的生活。于是孙中山亡命日本，卢慕贞返回澳门，两人开始过实际分居的生活。

在与宋庆龄一起工作并了解宋庆龄对他的爱慕心情以后，饱受了多年孤独之苦的孙中山，又燃烧起对爱情和家庭生活的渴望。由于这种新的渴望不仅无损于他所从事的革命事业，反而有助于他的工作，所以他对宋庆龄的感情很快就远远超过曾为他养育了三个孩子的卢夫人。于是，他不得不与卢夫人办理分离手续。当时孙中山是采取分居协议办法处理这件事的，名曰分居，实为离婚。此后，卢慕贞独居澳门，孙科等子女仍奉养一切。[①] 应该说这在当时历史条件下，是为顾全卢慕贞的社会地位而采取的一种较为妥善的办法。因为当时中国的社会习俗，丈夫主动与妻子分离名曰"休妻"，妻子便被一般人视为"弃妇"而丧失社会地位。孙中山在致康德黎夫人函中，用"divorce"（脱离、分离）一词，也说明他与宋庆龄结婚前便已与前妻离婚。[②] 孙中山处理这一问题的态度是严肃、负责的。

---

① 参见吴相湘：《孙逸仙先生传》，台北1982年版，第1171页。
② 《致康德黎夫人函》（1918年10月17日），《孙中山全集》第14卷，第512页。

三、有情人终成眷属

孙中山与卢慕贞协议分离后，就积极着手准备与宋庆龄的婚事。一方面由梅屋夫人陪同到商店采购家具①；另一方面特请香山县同乡朱卓文和他的女儿慕菲雅（Muphia，宋庆龄童年时的好友）去上海迎接宋庆龄。

10月中旬，宋庆龄会见了朱卓文父女，阅读了他们带来的孙中山的急信。信中请宋庆龄与朱氏父女立返东京，面谈要事。朱卓文还向她口述了孙中山与卢慕贞协议分离的经过，出示了二人签署的离婚协议书，还说他是离婚的证明人之一。②

宋庆龄为此深受感动，如她后来所回忆：起先我"不知道他已经办了离婚手续，并且想同我结婚。他解释他担心不这么做，我就被称作他的妾，这个丑闻就会损害革命，我同意了。我从未反悔"③。

就这样，宋庆龄不顾家庭的反对和朋友们的劝阻，也毫不考虑与家庭决裂的后果，欣然接受孙中山的函邀，毅然离家出走，偕同朱卓文父女一同潜赴日本，回到孙中山身边。用她自己的话来说，那天晚上，"我从窗户里爬了出来，在女佣的帮助下逃了出来"④。

10月24日下午1时10分，孙中山怀着激动的心情亲自开着汽车到东京车站迎接宋庆龄。

第二天上午，宋庆龄与孙中山十分愉快地到牛达区袋町五番地日本著名律师和田瑞家中办理手续，在挚友廖仲恺、山田纯三郎等

---

①据日本外务省文书档案《孙文动静》记载，10月13日，孙中山在梅屋夫人陪同下，坐汽车去商店购买了毛毯、褥垫、家具等。
②参见张珏：《在宋庆龄像前的回忆》，载《红旗飘飘》第27辑，中国青年出版社1983年版，第14页。
③〔美〕埃德加·斯诺：《复始之旅》，第104页。
④同上。

数人前举行结婚仪式。^①他们委托和田瑞到东京市政一厅办理了结婚登记,并由这位律师主持签订了婚姻《誓约书》。该书原文是日文,译文如下:

誓约书

此次孙文与宋庆琳之间缔结婚约,并订立以下诸誓约。

一、尽速办理符合中国法律的正式婚姻手续。

二、将来永远保持夫妇关系,共同努力增进相互间之幸福。

三、万一发生违反誓约之行为,即使受到法律上、社会上的任何制裁,亦不得有任何异议;而且为了保持各自之名声,即使任何一方之亲属采取何等措施,亦不得有任何怨言。上述诸条誓约,均系在见证人和田瑞面前,各自的誓言誓约之履行亦系和田瑞从中之协助督促。

本誓约书制成三份:誓约者各持一份,另一份存于见证人手中。

誓约人　孙　文(章)

同　上　宋庆琳

见证人　和田瑞(章)

千九百十五年十月二十六日^②

1962年,中国历史博物馆从私人手中征集到这份《誓约书》的原件,请宋庆龄亲自鉴定。她当时通过秘书作了口头答复,加以肯定。1980年3月18日,宋庆龄又亲笔签署:"此系真品。"并做了几点说明:

第一,誓约书上日期为10月26日,是按照日本当时风俗以双

---

①宋庆龄1981年1月审阅尚明轩著《孙中山传》二稿所书内容。
②原件藏中国历史博物馆。影印件及译文载《文物天地》1981年第2期。

誓約書

今般孫文ト宋慶琳トノ間ニ婚約ヲ結ヒタルニ付左ノ諸件ヲ誓約ス

一、成ルヘク速ニ支那ノ國法ニ依ハ正式ノ婚姻手續ヲ執ルヘキ事

二、将来永遠ニ夫婦關係ヲ繼續シ各自相互ノ幸福ヲ増進スルニ努ムヘキ事

三、万一本誓約書ニ背反スル行為アリタル時ハ法律上並ニ社會上ノ制裁ヲ受クルモ各自何等異存ナキコト從テ各自ノ名譽保持等ノ為メ各目又ハ其ノ親族ヨリ各目ニ對シテ為ス措置ニ付テハ一切苦情ヲ申出テサルヘキ事

右、諸件ハ本誓約ノ成立ニ立會セル和田瑞ノ面前ニ於テ各自誓約シ和田瑞ハ本誓約ノ履行ニ付充分ノ斡旋ヲ為スヘキコトヲ確約シタリ。

本書ハ三通ヲ作成シ誓約者各自一通ヲ保有シ他ノ一通ハ立會人之ヲ保有スルモノトス。

千九百十五年十月二十六日

誓約者　孫文
同　　宋慶琳
立會人　和田瑞

孙中山和宋庆龄的结婚誓约书

日吉利而写的，结婚日期实为 10 月 25 日。

第二，由日本名律师和田瑞到东京市政府办理登记手续后所签法律上的誓约书。

第三，在誓约书上用"琳"字，是因为"琳"字较"龄"字书写容易。

第四，当时宋庆龄没有刻图章，所以誓约书上未盖章。

第五，抗日战争时，存在于上海孙中山故居的孙中山与宋庆龄的婚姻誓约书两份，已为日本军阀掠去，可能这份就是其中的一份。①

孙中山与宋庆龄签订婚姻《誓约书》、办完法律手续后，当天下午，就到大久保百人町三百五十番地（即今新宿区百人町二丁目二十三番）的梅屋庄吉家举行茶点宴会，作为公开的结婚典礼。

结婚典礼在梅屋家的二楼大房间举行。在正面二间的壁龛前面，八折金凤屏风辉煌耀眼。左右两边是中国造的红木高低架，架上的青瓷大花瓶里插着盛开的菊花。

午后，客人相继来到，总共有五六十人。其中有执掌日本政权的政界人士，有真诚地同情和支持中国革命的日本志士，也有当时表示同情孙中山，却企图在中国革命的进程中实现各自目的的人物。他们是：犬养毅、宫崎寅藏、萱野长知、头山满、内田良平、古岛一雄、小川平吉、杉山茂丸、寺尾享、佐佐木安五郎等。接着，孙中山和宋庆龄坐汽车到来。

宋庆龄戴着大花边帽，穿着一件粉红和淡绿花图案的裙子，衬裙透出白色，手里拿着一束花，显得十分俏丽动人。孙中山和她手拉着手进门到达中庭，由等待在那里的照相馆的摄影师从各个角度摄下他们的倩影。

---

①赵金敏：《孙中山、宋庆龄婚姻誓约书》，载《文物天地》1981 年第 2 期。

1915年,梅屋庄吉家外景

客人们走过来，向他们表示祝贺，然后大家围坐在新婚夫妇的两侧，接着就举行婚礼。由房东梅屋夫妇充当媒人，新郎新娘喝了梅屋夫人斟的香槟酒后，犬养毅唱了《祝福歌》。这以后，头山满站在中间，孙中山和梅屋、宋庆龄和梅屋夫人，分别喝了结为义兄弟、义姐妹的交杯酒后，酒宴开始了。①

11月5日，头山满在上野精养轩主持有十多人参加的招待会，宣布了孙中山与宋庆龄结婚的消息，招待会上展示了结婚仪式上客人围着新郎、新娘所摄的照片。孙中山的一些真诚支持中国革命的日本朋友，为孙、宋的结合感到由衷的高兴。

但这桩婚事，却遭到孙中山的亲朋和战友中大多数人的反对。他们议论纷纷，都认为很不妥当。早在他们结婚之前，孙中山的朋友们曾开会讨论，并派一个"代表"去说服他，但这个"代表"会见孙中山之后，竟一时说不出话来。孙中山问这个朋友，你有什么苦恼？这个朋友未发一言，就借故告辞了。中华革命党中的战友们，曾派遣代表、发出书信，对孙中山进行"说服"，胡汉民、朱执信还当面向孙中山"诤谏"，要求他取消这个打算。孙中山毫不客气地对他们说："展堂、执信！我是同你们商量国家大事的，不是请你们来商量我家庭的私事。"② 所以孙、宋结婚时，除廖仲恺、何香凝和陈其美外，中华革命党人都没有出席他们的婚礼。

对于各方面的阻挠和反对的舆论，孙中山毫不理睬，他坦率地对一些反对他同宋庆龄结婚的同志说："我不是神，我是人。""我是革命者，我不能受社会恶习惯所支配。"他义无反顾地表示："我爱我国，我爱我妻。"③ 这些肺腑之言，表现了一个革命者对待爱情、

---

① 参见〔日〕车田让治：《国父孙文与梅屋庄吉》，日本东京六兴出版社1975年版，第289—291页。
② B.马丁（Martin）：《孙逸仙传记》，转引自傅启学：《国父孙中山先生传》，台北"中央"文物供应社1983年版，第347、354、848页。
③ 《孙中山轶事集》，三民出版公司1926年版，第167页。

1916年4月,孙中山与宋庆龄在东京合影

婚姻光明磊落和坚贞负责的态度。

孙中山、宋庆龄在十分孤立的情况下,只有廖仲恺夫妇热诚地支持并衷心地祝愿他们幸福。廖仲恺、何香凝在孙、宋结婚时,曾领着儿女廖梦醒和廖承志,全家一起登门贺喜。说明孙、廖这两家人深厚的战友情谊,他们无论在革命或生活上都是相通的。廖氏姐弟是第一次见到宋庆龄,从此宋庆龄对待他俩一直亲如子侄。①

非难还来自宗教方面。孙中山与宋庆龄都是基督徒,基督徒们认为他俩违背了基督教的婚姻观。"据说,他俩结婚以后,基督徒们都不太高兴。但没有同他俩断绝关系,也没有阻止他们参加基督徒的集会。过去基督徒们常常拿孙中山做宣传,鼓励人们信教;此后则很少提到他的名字了。"②

其实,基督徒是无理指责孙中山的这桩婚事的,正如美国学者雷脱里克(H. Restarick)在《孙逸仙,中国的解放者》中指出的:"从人性说,他对于曾受高等教育、有完美性格、又了解他的女子发生爱情,是一件人人易知的事……就事实观察,他的再婚,同基督教美国千千万万男女的行为,在本质上并没有差异。"③

当然,反对最强烈的自然是宋庆龄的父母了。宋嘉树发现女儿逃跑后,立即和妻子倪桂珍怒气冲冲地乘坐太平洋邮船公司的客轮追赶到日本。可是,已经晚了,孙中山与宋庆龄的婚礼已举行完毕。

后来宋庆龄向斯诺谈到她与孙中山结婚问题时说:"我父亲到了日本,狠狠地说了他(孙中山),企图解除婚姻,理由是我尚未成年,又未征得父母的同意。他失败了,于是就与孙博士绝交,并和我脱离了父女关系!"④

---

① 廖梦醒:《我认识的宋庆龄同志》,载《人民日报》,1981年6月3日。
② 傅启学:《国父孙中山先生传》,台北"中央"文物供应社1983年版,第348页。
③ 同上。
④ 〔美〕埃德加·斯诺:《复始之旅》,第104—105页。

孙中山送给宋庆龄的结婚礼物——德国毛瑟手枪

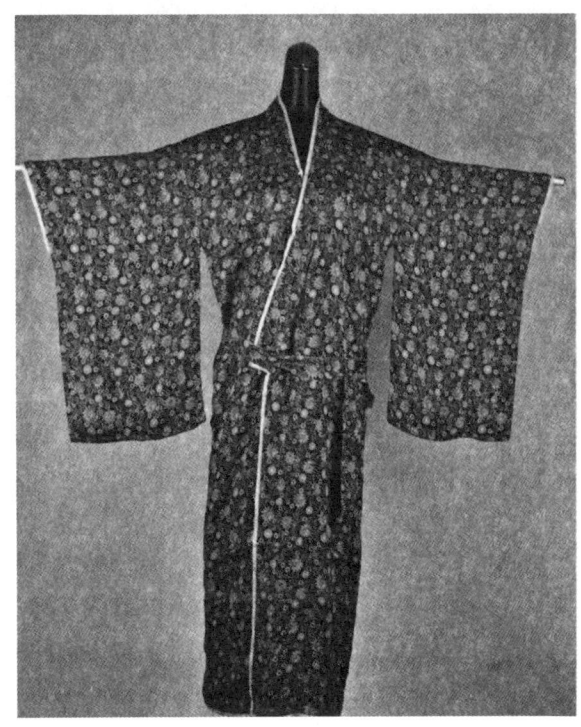

1915年孙中山为宋庆龄定制的日式晨衣

孙中山在东京住所房东梅屋庄吉的女儿千势子回忆那天的情景是：宋嘉树站在大门口，气势汹汹地叫喊："我要见抢走我女儿的总理！"梅屋庄吉夫妇很担心，他们刚要走出去劝解宋嘉树，孙中山挡住他们说："不，这是我的事情。"说着走向门口。梅屋庄吉还是不放心，就跟在孙中山的后面。孙中山慢悠悠地走到大门口的台阶上站着，稳稳地说："请问，找我有什么事？"突然，暴怒着的宋嘉树"唰"地跪在地上说："我的不懂规矩的女儿，就拜托给你了，请千万多关照！"然后在门口的三合土上磕了几个头，头都快蹭到地上了。就这样，他回去了。①

几个月后，宋嘉树同他的老朋友传教士步惠廉谈到这件事时，用一句话发泄了他的极度痛苦："比尔，我一生中从来没有这么伤心过，是我自己的女儿和我的最好的朋友给害的。"②

然而，宋庆龄的父母毕竟是受过西方民主精神熏陶、有见识明事理的人。当他们看到孙、宋已经结婚而无可挽回时，就只好承认事实，与女儿女婿和解了，至少在表面上是如此。如埃米莉·哈恩所说："宋氏一家尽管对此非常恼火，但他们并未张扬出去。姊妹之间曾经一度互不理睬，宋夫人也未停止横加指责，然而局外人士对此却一无所知。宋查理并没有因为女儿的行动而动摇了自己的信仰，他仍然一如既往地为孙中山、为祖国的未来尽心尽力。"③罗比·尤恩森也说："宋耀如当了自己的老朋友和同辈人的岳父，感到难为情，但他还是孙中山的朋友，继续在政治上同他共事。"④所以，宋嘉树说同孙中山和他的党"断绝一切关系"，以及同宋庆龄"脱离父女关系"，只是一时的气话而已。

---

① 参见〔日〕车田让治：《国父孙文与梅屋庄吉》，日本东京六兴出版社1975年版，第293页。
② 〔美〕詹姆斯·伯克：《我的父亲在中国》，纽约1942年英文版，第265页。
③ 〔美〕埃米莉·哈恩：《宋氏家族——父女·婚姻·家庭》，第108页。
④ 〔美〕罗比·尤恩森：《宋氏三姐妹——宋蔼龄、宋庆龄、宋美龄》，第42页。

事实上，宋嘉树夫妇回国后，还为女儿结婚补送了一套古朴的家具和百子图缎绣被面的嫁妆。这一份嫁妆，被宋庆龄视为最珍贵的纪念物，一直珍藏在身边，保存得十分完好。①

宋庆龄违抗父母之命并且私奔到日本与孙中山结婚，起初对她父母的刺激和打击是很严重的。宋嘉树曾要求日本政府阻止他俩结婚，但没有成功。宋嘉树为此病情加重，回国后便病倒在青岛。这时他十分痛苦和孤独，宋子文、宋美龄在美国，宋蔼龄在山西生孩子，只得把女婿孔祥熙叫去作陪。② 宋庆龄十分热爱父亲，因为婚事而不得不违抗父亲，使她一直感到内疚和痛苦。晚年她对人提起此事还说："我爱父亲，也爱孙文。今天想起来还难过，心中十分沉痛。"③

然而，国内的许多年轻人却对孙、宋婚事非常赞成。这个消息甚至传到了地处大西南的四川。当地拥护孙中山的学生"为自己的领袖娶了这样一位非凡的姑娘而热烈欢呼。他们一致认为，宋庆龄能够帮助孙中山制定进步纲领，同时还能协助他进行改革"④。在饱受几千年封建礼教之苦的年轻人眼中，甚至还把孙、宋的结合看成是对旧礼教习俗的挑战和追求个性解放的象征。这种完全符合西方人观念的习俗，在四年后"五四"新文化运动中成为一种时髦。许多有文化的男女青年都因不满家庭包办的婚姻而重结良缘。所以王安娜后来在她写的《中国——我的第二故乡》中评论说：孙、宋结合，使年轻一代"深为感动"，"庆龄成了新的自由和理想的化身，

---

① 家具和被面，现分别陈列在上海淮海中路的宋庆龄故居和北京后海北沿的宋庆龄故居。
② 《盖利致莫里森的信》(1915年12月12日)，载《莫里森通信集》第2卷，1978伦敦版，第441—480页。
③ 《爱泼斯坦的证言》(日本学者久保田博子1983年8月访问爱泼斯坦的谈话记录)，引自《关于宋庆龄思想的形成与发展》(一)，载日本辛亥革命研究会编《辛亥革命研究》第4号，1984年5月出版。
④ 〔美〕埃米莉·哈恩：《宋氏家族——父女·婚姻·家庭》，第119页。

宋庆龄珍藏的嫁妆——红地金花被

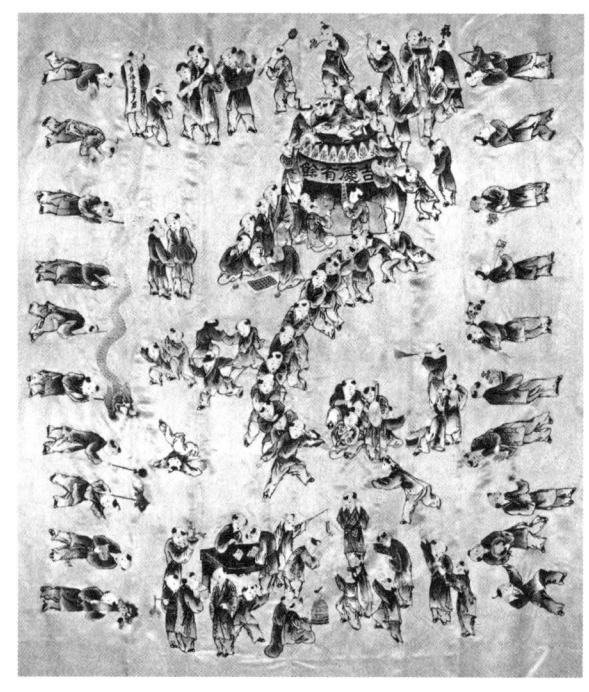

宋庆龄珍藏的嫁妆——苏绣"百子图"

宋庆龄父母补送给她的结婚家具

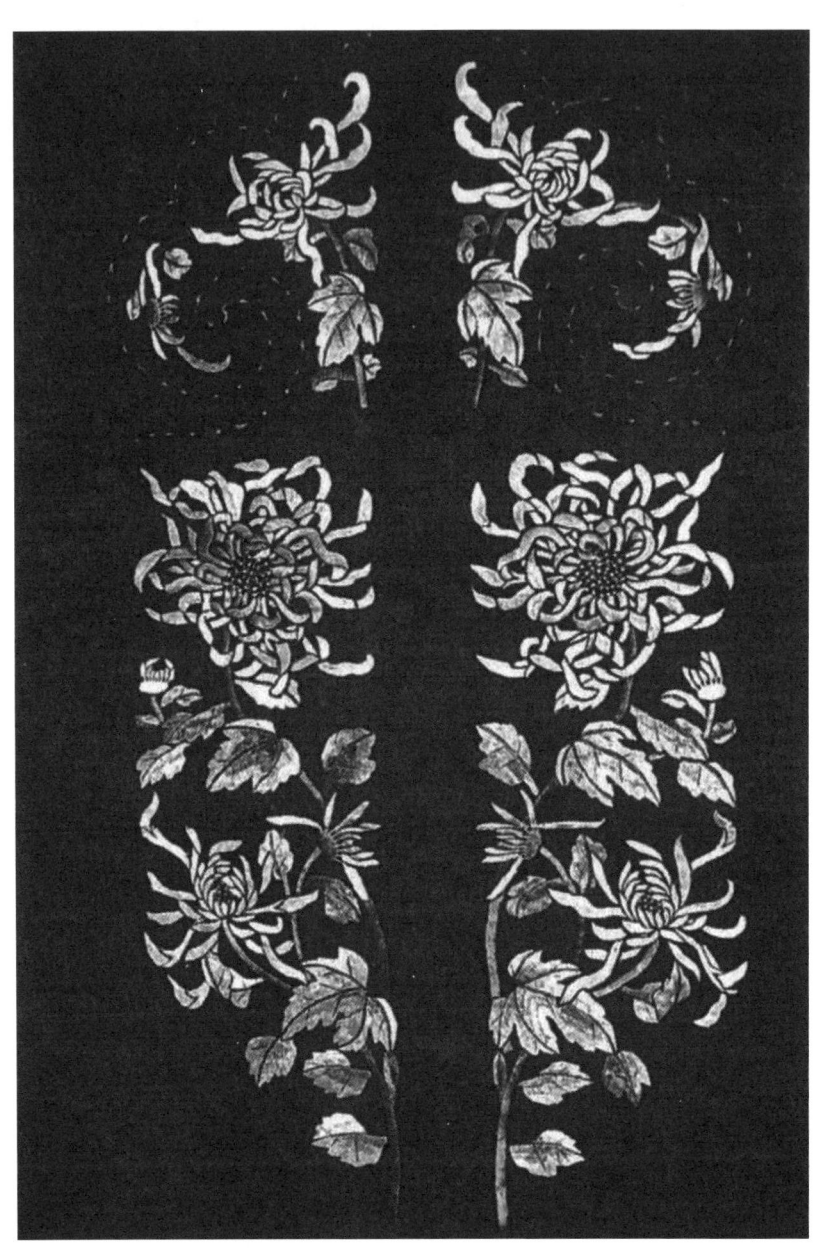

母亲倪桂珍留给宋庆龄的嫁妆——未完成的绣品

成了中国妇女解放的先驱"。①

不管人们的毁誉褒贬,孙中山与宋庆龄婚后的生活是幸福的。爱情像一道绚丽的生命之光,驱散了他们两人昔日心灵上的阴霾。宋庆龄在婚后不久给美国同学安德逊(A. Anderson)的一封信中,曾充分表述了她同孙中山结婚的欢乐心情,信中说:婚礼"是尽可能的简单,因为我俩都不喜欢繁文缛节。我是幸福的。我想尽量帮助我的丈夫处理英文信件。我的法文已大有进步,现在能够阅读法文报纸,并直接加以翻译,对我来说,结婚就好像是进了学校一样。不过,没有烦人的考试罢了"。②

婚后,宋庆龄继续担任孙中山的私人秘书,成了孙中山工作上的亲密伙伴。为了帮助丈夫做更多的工作,她不仅学习了法语,而且开始学习密码。不久,她负责处理孙中山所有的密码和译码工作。

同样,孙中山也对婚后的生活极为满意。三年以后,即1918年10月17日,他在给自己的老师英国人詹姆斯·康德黎(James Cantlie)的夫人的信中这样写道:"我的妻子受过美国大学教育,她是我一位老伙伴、老朋友的女儿。目前我正过着新生活,享受我以前所没有的——一种真正的家庭生活,以及一个伴侣,一个贤内助。"③

宋庆龄和孙中山的结合,是中国近代革命史上的一个重要事件,它对宋、孙二人的革命生涯都产生了重大影响。此后的岁月证明,这桩婚事对孙中山最后十年的革命活动具有积极而深远的意义;而对于宋庆龄革命的一生来说,是她在人生道路上的第一次抉择,并始终是一个巨大的推动力。此后,她以战友、学生与伴侣的身份,全力协助孙中山在艰难的征程中不断前进。这一对夫妇,实在可以

---

① 〔德〕王安娜:《中国——我的第二故乡》,三联书店1980年版,第169页。以下引用此书,凡未特别注明者,皆为此版本,不再一一详细注明。

② 〔美〕埃米莉·哈恩(Emily Hahn):《宋氏姊妹》(The Soong Sisters),香港1941年英文版,第97—98页。

③ 《致康德黎夫人函》,载《孙中山全集》第5卷,第44页。

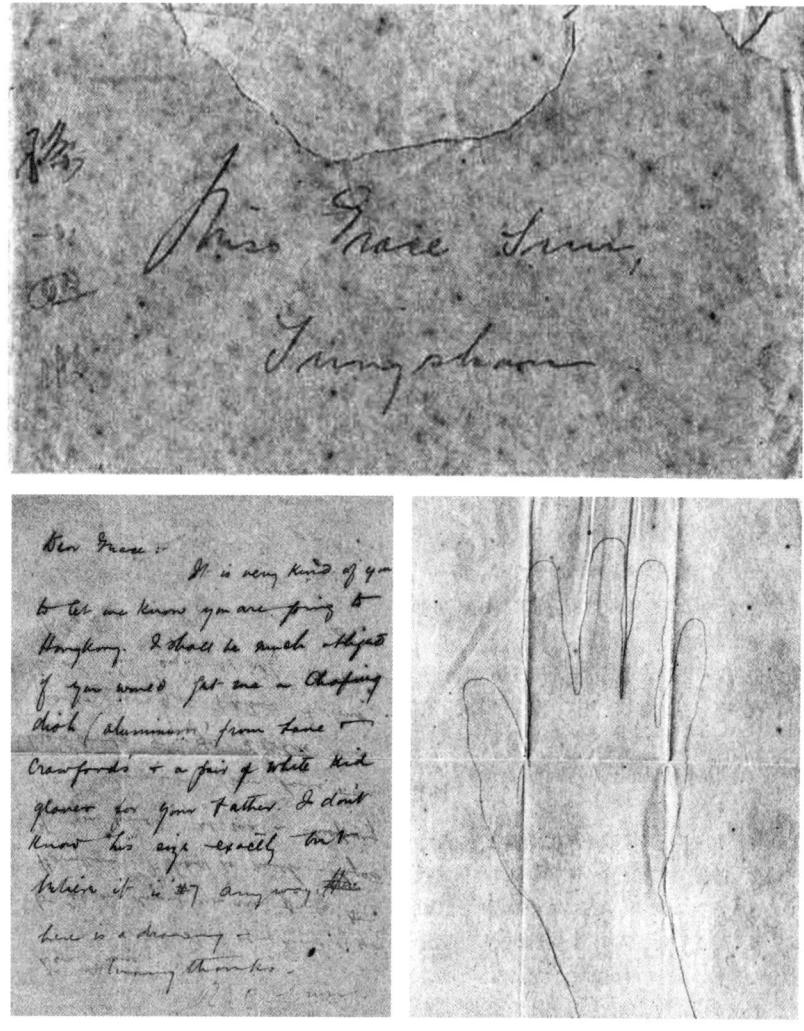

宋庆龄协助孙中山工作,更照顾他的生活。图为宋庆龄写给孙中山女儿孙婉的信,信中托孙婉给孙中山买一副小山羊皮手套,由于不确定尺码,画了一个手样供参考

称为伟大的革命伴侣。

宋庆龄一直极为珍视她与孙中山结婚的日子,甚至在六十多年之后,回忆起这一天的时候,仍激动地说:"10月25日,在我的生活中,这一天是比我的生日更重要的日子。"①

---

① 〔日〕仁木富美子:日文版《宋庆龄选集》译后记,东京1979年版。

第二节　协助孙中山南征北战

一、在倒袁、"护法"运动中

结婚以后，宋庆龄更加积极更加深入地投入了孙中山领导的反袁斗争——"三次革命"。

当时反袁斗争正处于高潮。除了上海革命党人炸毙袁世凯死党上海镇守使郑汝成外，孙中山还发动了一系列反袁起义。起义虽然都失败了，但孙中山仍信心十足。因为袁世凯这时策划的各省区"国民代表大会"投票拥戴他称帝的丑剧，使他复辟帝制的野心毕露。孙中山认为袁已"势成骑虎"，"亡在旦夕"。在这种形势下，孙中山认为必须"先发制人"。于是他与国内外革命党人的函电往返极其频繁：催促筹募经费，捐输军饷，整理党务，组织中华革命军，创办陆军速成学校（在菲律宾）等。尤其在12月下旬，得知唐继尧、蔡锷在云南通电全国，发起护国运动反对袁世凯复辟帝制的消息后，孙中山更是加快了革命步伐。他急如星火，连续致电马尼拉、旧金山、火奴鲁鲁、香港、上海等地的革命党人，嘱令加速筹款，

1915年12月下旬，唐继尧（上）、蔡锷（下）在云南发起反对袁世凯复辟帝制的护国运动

并发表了《讨袁宣言》。于是在 1916 年上半年，孙中山领导华南和华东地区又掀起了讨袁起义的新高潮，与西南护国军互为犄角，给袁世凯政府以沉重的打击，终于迫使他在 3 月 22 日取消帝制。

在这紧张繁忙的日子里，孙中山运筹帷幄，心疲力竭。宋庆龄日夜在他身边协助工作，除了阅读中外报纸，向孙中山提供各种信息外，还要帮助处理大量机密函电，大多数由她译后读给孙中山听，然后帮助孙中山起草复函复电。此外，她还与孙中山直接参加了一些反袁活动，如 1916 年 4 月 9 日在东京举行的一次庆祝袁世凯复辟帝制失败的集会。廖仲恺、何香凝和一些日本友人也参加了这次集会。这次集会在支持袁世凯复辟帝制的日本帝国主义后院点了一把火，对袁世凯及其后台的打击具有重要的意义。接着，5 月 9 日在上海，宋庆龄又协助孙中山起草了最后一个讨袁檄文《第二次讨袁宣言》。

《宣言》针对袁世凯即将倒毙的形势，谴责袁氏窃国复辟的罪恶，回顾几年来中华革命党的反袁斗争，指出此次斗争"不徒以去袁为毕事"，而以维持约法为根本；"袁氏未去，当与国民共任讨贼之事；袁氏既去，当与国民共荷监督之责，决不肯使谋危民国者复生于国内"。[①]

当时，她和孙中山不仅从事本国的斗争，还积极联络亚洲各国革命者，支持别国人民反帝和争取民族独立的运动。菲律宾作家马利亚诺·庞塞曾写过孙中山关心"东方青年协会"的情况，说他是该协会"最热心的赞助者之一"，"这个协会是由朝鲜、中国、日本、印度、暹罗和菲律宾等国留学生在东京组织的……孙中山对有关远东的一切问题都表现出真正的关心。他研究这些问题，并且帮助有关方面找出解决的办法"[②]，甚至包括武装斗争的经费和武器。因此宋庆龄说："我记得，在 1915 年及其后一段时期，我们在东京的寓

---

① 《讨袁宣言》，载《孙中山全集》第 3 卷，第 70 页。
② 宋庆龄：《孙中山——坚定不移、百折不挠的革命家》，载《宋庆龄选集》下卷，第 485 页。

1916年4月9日,孙中山、宋庆龄等在日本友人田中昂寓所举行"帝政取消一笑会"时合影

所里经常坐满来自亚洲和世界各地的革命者。"① 这使宋庆龄又获得一种新的工作和新的锻炼。

这样沉重的工作担子和紧张的生活，对于一个刚从学校门出来的青年女子来说，自然是难以承受的。但是，宋庆龄是一个坚强的人，终于挺了过来。而且，由于革命需要，她逐步克服了过去腼腆的习性，学会在各种场合与各种人打交道。她在给美国朋友的一封信中说："你知道，我是多么害怕抛头露面！但是自从结婚以后，我不得不参与许多事务……我每天都要会见许多人，实际上是环境迫使我打破沉默而与人交谈。"② 宋庆龄终因劳累过度病倒了，她腹痛、腹泻并发烧。孙中山非常着急，立即托日本友人山田纯三郎代请高明医生到寓所诊治。

1916年4月27日，宋庆龄与孙中山一起化装后秘密启程回国。5月到达上海后，住在一家法文报馆的楼上，即上海环龙路63号（今南昌路59号），与朱执信、廖仲恺、何香凝及卫士马伯麟、马湘住在一起，对门44号是他们的事务所办公室，同时也是陈少白及其秘书连声海的寓所。当时孙中山的一项重要工作是发动海军将领起义反袁，以给袁世凯致命的一击。为此，宋庆龄经常在晚上陪孙中山化装后外出活动。为了安全，白天他们是从不出门的。

1916年6月6日，袁世凯在全国人民的声讨声中于北京忧惧而死。继任总统黎元洪在孙中山的督促下，宣布遵行《临时约法》，恢复国会。孙中山天真地认为："推翻专制，重造民国"的目的已达，从此中国将出现一个"真正共和"的局面，于是就指示各地革命军停止军事行动。他则一心致力于地方自治、振兴实业等建设事业了。但是，北京政府在掌握实权的皖系军阀段祺瑞操纵下，却无意"再造民国"，只是一心推行独裁统治，当时欧洲正在进行第一次世界大

---

① 《孙中山——坚定不移、百折不挠的革命家》，载《宋庆龄选集》下卷，第485页。
② 〔美〕埃米莉·哈恩：《宋氏家族——父女·婚姻·家庭》，第119页。

1916年4月为讨袁大计即将离日归国的孙中山

1916年4月24日,孙中山回国前,携夫人宋庆龄与梅屋庄吉夫人德子合影留念

1916年4月27日,孙中山与宋庆龄由日本回到上海,秘密入住环龙路63号(今南昌路59号)

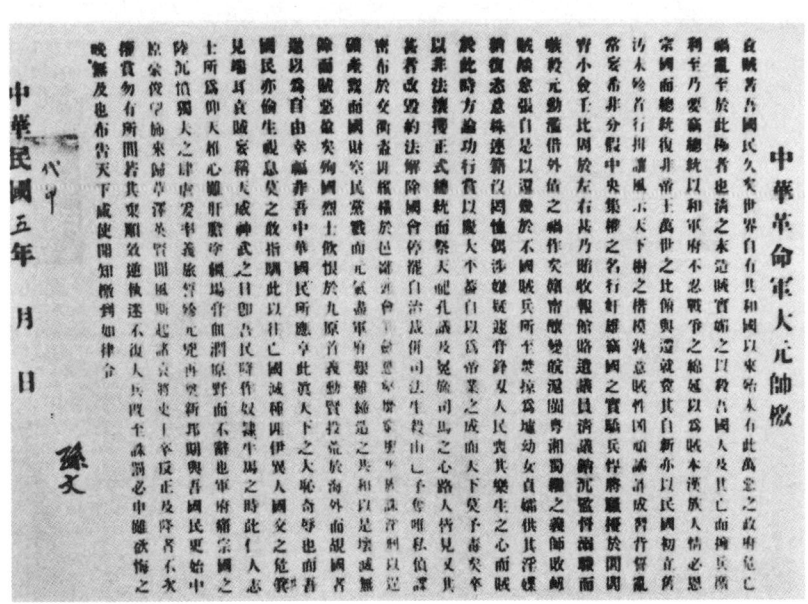

1916年孙中山发布声讨袁世凯的《中华革命军大元帅檄》

1916年10月31日,黄兴病逝。11月24日,孙中山与前来吊唁的友人在上海哈同花园留影。前排左一廖仲恺,左四陈炯明,左六章太炎,左七寺尾亨,左八孙中山,左十胡汉民;二排右一蒋介石,右二宫崎寅藏。

战。这是帝国主义瓜分世界的不义之战，遭到世界人民和中国人民的一致反对。孙中山代表人民的意志，多次致电北京政府，反对中国参战。但是，段祺瑞为了取悦日本帝国主义，获得日本的借款，满足日本取代德国在华利益的欲望，竟不顾全国人民的反对，操纵北京政府在1917年8月14日对德宣战，并蛮横地毁弃《临时约法》，拒绝召开国会，妄图以武力统一中国。

宋庆龄坚决维护人民利益，支持孙中山的正确主张，严厉谴责北洋军阀的罪恶行径。她在1917年4月2日致日本友人梅屋庄吉的信中指出，"有很多自私的和有野心的人企图竭力将中国投入欧战"，他们"为了微不足道的一点钱，却情愿牺牲国家的生命"。她还写道："我的丈夫为创建民国几乎付出了他的整个青春之后，他深深地感到，有一些政府官员把金钱和地位视为高于一切，放在诸如真理、名誉与自尊心之上，他们是在贬低自己的人格。"[①] 接着，宋庆龄又积极投入了孙中山领导的反段护法运动。她几次陪孙中山与在上海的海军总长程璧光磋商，动员海军参加护法运动。廖仲恺协助孙中山动员北洋海军军官彭春源南下护法。何香凝也被分配做北洋海军妇女家属工作。他们的工作分别取得了一些成果。1917年7月6日，孙中山率领起义的"海琛"号军舰离沪去粤，发起了护法运动。宋庆龄随孙中山乘舰前往。

孙中山到达广州后，联合西南桂、滇系军阀，召开非常国会，组织中华民国军政府，担任海陆军大元帅，建立起了一个同北方段祺瑞卖国反动政权针锋相对的新政权。但是，西南军阀是一些具有强烈地方性的封建军事集团，他们只企图利用孙中山的威望作为沽名钓誉的幌子，达到割据的目的，根本不支持孙中山的护法运动。后来，他们又与直系军阀沆瀣一气，企图策划推翻孙中山和军政府。

[①] 《宋庆龄致梅屋庄吉函》，载日本辛亥革命研究会编：《辛亥革命研究》第3号，1983年3月出版。

1917年7月17日，孙中山抵达广州后的留影

1917年9月10日,孙中山就任海陆军大元帅时留影

1918年1月1日,孙中山与护法军政府官员欢庆元旦

1918年3月，孙中山与宋庆龄在大元帅府

1918年3月,孙中山与大元帅府职员合影。前排左起:周应时、蒋介石、邹鲁、冯自由、徐谦、宋庆龄、孙中山、林森、黄大伟、邵元冲、胡汉民、廖仲恺

1918年5月4日，孙中山发表《辞大元帅职通电》

孙中山愤怒至极,看透了南方军阀与北方军阀都是"一丘之貉"的本质,薰莸难共,便决然辞去大元帅职务,于1918年5月21日偕宋庆龄离粤回沪。第一次"护法"运动就此以失败而告终。

二、莫利哀路29号

宋庆龄与孙中山于6月28日回到上海后,暂住在法租界环龙路旧址。他们看到辛亥革命胜利后已有七年,但山河仍旧疮痍满目,人民还是穷苦不堪,十分痛心。孙中山更感到苦闷、孤独和彷徨。他的许多战友或为国牺牲,或消沉堕落,或因政见歧异分道而去。特别是老友加岳丈宋嘉树也在其回沪前一个多月(即5月3日)在上海病故,更使他不胜怅惘。宋庆龄在他身边,成了唯一的安慰。二人决心重新振作起来,寻找真理,继续革命。孙中山认真地总结了奔走国事三十余年的经验和教训,探索把中国革命引向胜利的道路,并发愤著书,希望以此来"启发国民,唤醒社会"。在这时,他也确有了可以平静读书著述的条件。

一天,四位旅美华侨来拜见孙中山,当他们从卫士马湘口中了解到做过中国历史上第一任大总统的孙中山连住房都没有、每月要付房租65元时,大为震惊,就拿出一笔钱来购置了一所住宅送给了孙中山。这就是今天作为上海孙中山故居纪念的香山路7号住宅,当年是莫利哀路29号。①

莫利哀路是法租界的一条小马路。路边种着树干高大绿叶茂盛的法国梧桐,盛夏酷暑,两边的树冠相连,可使路面一片荫凉。还由于两旁都是花园别墅式的住宅,没有工厂商店,所以整条马路

---

① 马湘:《跟随孙中山先生十余年的回忆》,载《辛亥革命回忆录》第1集,中华书局1961年版,第562页。

宋庆龄与孙中山在上海环龙路寓所

1917年春,孙中山在环龙路寓所

宋庆龄与宋美龄在环龙路寓所

宋庆龄与宋子良在环龙路寓所

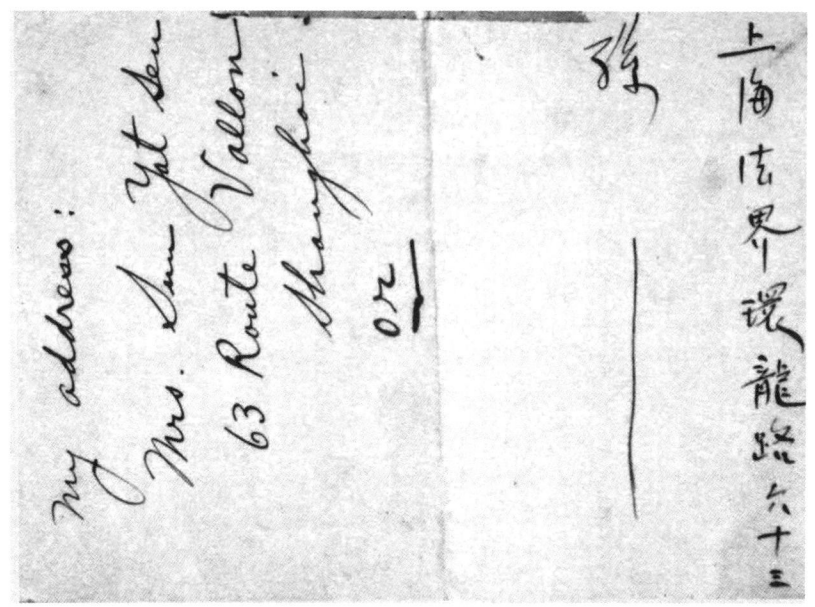

1917年前后，宋庆龄写给梅屋夫人她在上海住址（环龙路）的便笺

宋庆龄（右三）与何香凝（右二）、廖承志（右六）、廖梦醒（右五）等在环龙路寓所

极其宁静。尤其是它的东头终点,与一个环绕法租界运动场的美丽花园(即今复兴公园)相接。春夏季节,花园的竹篱围墙上开满了鲜艳的花朵,犹如一幅色彩斑斓的油画。东风吹来阵阵清香,更使周围增添幽雅迷人的气氛。29号正是在这条马路东头路南的第三个门。

这是一座西式小巧的花园别墅。一进大门跨进一个小小庭院就是一幢深灰色的两层小楼房。外墙上布满了爬山虎、紫藤等附墙植物。楼前向阳处,是一片正方形的草坪,三面围绕着四季常青的冬青、香樟以及玉兰等树木花圃。环境幽静,布局紧凑。住房不大,却简单实用。楼下是一间会客室和一间餐室,加上一个由四个高大圆拱护围、几乎横贯楼房东西的、长廊式的阳台。这个奇巧的阳台,使这幢古朴的建筑与美丽的小花园浑然一体。人们在紧张的工作读书之余,在此小憩片刻,顿使人有心旷神怡之感。楼上有藏书室、兼办公用的读书室、卧室、浴室和一两间招待客人临时住宿的房间——所有这些,组成为"一个最安适而不华贵的住宅",适合于孙中山与宋庆龄简朴的生活。这是当年(1919年)孙中山的美国挚友林百克先生拜访孙中山夫妇时,对住宅留下的印象。[①]

还有一位菲律宾友人当年拜访孙中山夫妇后,也写下这样的观感:"……家中陈设半为中式,半为西式,惟出于孙夫人(宋庆龄)之美术的布置,颇觉中西折中,幽美可观。客厅中置一钢琴,盖示其家主妇之雅好音乐也。孙夫人……能操英语,尤较其夫为纯熟。"[②]

可以看到,宋庆龄既有作为领袖助手的卓越才能,又有作为妻子与家庭主妇的优雅品质。两者结合起来,真是相得益彰。

林百克说,孙中山夫妇过着简朴的生活,确是实情。当时他们把筹集到的每一分钱,都用于反对军阀的革命斗争,所以生活安排

---

① 参见林百克:《孙逸仙传记》,中国文化服务社1946年版,第147页。
② 《孙中山轶事集》,上海三民公司1926年版,第187页。

得尽量俭朴，有时甚至处于窘困状态。他们家中平日有好几个人用膳，但每天菜金不超过二元。有一次唐绍仪来访，畅谈之下不觉已至中午。孙中山留他吃午饭，吩咐马湘去"趣乐居"买了一只卤水肥鸡来待客。唐绍仪很快就把鸡吃完后还以为有其他肴馔。孙中山见他还在等待上菜，便说："简慢得很，没有什么好的菜款待。"又问马湘还有什么菜，马湘说厨房里只有咸鱼。孙中山便叫拿上来。唐绍仪一边用咸鱼下饭，一边说："我大吃惯了。一只肥烧鸡，我一餐可以食完，因此家里虽只有几个人，每餐菜钱便要十元啊！"[①] 每天菜金不超过二元和每餐菜钱便要十元，两家对比何等悬殊！马湘回忆有一次孙中山与宋庆龄偕同他去上海书市棋盘街的旧书店买书，选购了一大堆各种书籍。由于书籍太重，只好同意马湘提议雇了一辆马车。可是，孙中山带的钱已经买书用完了，宋庆龄身上也没有钱，最后只得借用马湘仅有的四角钱付了车费。[②]

孙中山与宋庆龄的日常生活很有规律。清晨起床后经常在花园里打网球，锻炼身体，早餐后就开始工作。他们常常和朱执信、廖仲恺、陈少白等研讨革命的理论，有时也喜欢与章太炎等研究学术方面如孔子与儒学等问题。宋庆龄虽然接受的是系统的西方教育，但对中国儒学也很有兴趣，她后来曾发表过一些在这方面颇有见解的文章，《儒教与现代中国》[③] 就是其中著名的一篇。晚餐后，多是读书、看报，或写作，每每工作至深夜12时才就寝。[④] 孙中山好学不倦，特别喜爱读书，他曾对日本友人说："余一生嗜好，除革命外惟读书而已。余一日不读书，即不能生活。"[⑤] 他的读书本领也确能

[①] 马湘：《跟随孙中山先生十余年的回忆》，载《辛亥革命回忆录》第1集，中华书局1961年版。
[②] 同上。
[③] 该文原是英文稿，载1937年4月纽约《亚细亚》杂志。中文译文载宋庆龄：《为新中国而奋斗》，人民出版社1952年版，第80—88页。
[④] 马湘：《跟随孙中山先生十余年的回忆》，载《辛亥革命回忆录》第1集，中华书局1961年版。
[⑤] 《孙中山轶事集》，上海三民公司1926年版，第157页。

华侨集资赠给他们的莫利哀路29号（今香山路7号）寓所。孙中山逝世后，宋庆龄在此又居住了13年

做到"手不释卷，融会贯通，能得要领"。① 宋庆龄对此知之甚深，她追忆说：当时孙中山"订阅了一种英国出版的航运年鉴，知道很多关于船只吨位、吃水等这一类的事情。有一次他乘巡洋舰视察海宁时，告诉大副，航道水浅，把船靠外行驶。但这位大副自以为他更熟悉情况，结果船搁了浅"。②

后来宋庆龄曾向身边的工作人员追忆过同孙中山婚后的生活情景，同他们居住在莫利哀路时的生活也是相似的。她说："我的丈夫有许多书，他的室内四壁挂满了各种地图。每晚，他最喜爱的事，是铺开巨幅中国山水、运河图，弯腰勾出渠道、港口、铁路，等等。而我给他读马克思、恩格斯，还有著名科学家如汉道科·埃利斯、危普顿·辛克莱等写的书（Marx, Engels, Handock Euis, Upton Sinclair）。"③

孙中山在这一段时期，深居简出，在住所发愤读书，日夜进行写作。他除指派廖仲恺、朱执信和戴季陶等创办《建设》杂志及《星期评论》（附于上海《民国日报》）两种刊物，作为宣传民主革命理论的阵地，并亲自撰写文章外，着重完成了《孙文学说》（即《知难行易的学说》）和《实业计划》这两本重要著作。它们与孙中山1917年在上海写成的《民权初步》合起来，就是《建国方略》这部巨著的三个组成部分。在这部著作里，汇总了孙中山在与共产党合作以前大半生革命活动的经验教训和对中国革命与建设前途的展望，表现了对中国民主化和工业化的强烈愿望，及不断追求真理的革命精神与对国家光明前途的乐观情绪。

孙中山得以顺利地进行这些纲领性著述的写作，是与宋庆龄的帮助分不开的。

---

① 《辛亥革命回忆录》第 1 集，中华书局 1961 年版，第 455 页。
② 《孙中山——坚定不移、百折不挠的革命家》，载《宋庆龄选集》下卷，第 484 页。
③ 转引自张珏：《在宋庆龄像前的回忆》，载《红旗飘飘》第 27 辑，中国青年出版社 1983 年版，第 14 页。

撰写这部巨著时，不仅需要参阅大量中外图书及资料，还必须绘制各种有关的地图和统计图表。为此，宋庆龄多次陪孙中山跑到北四川路购买需要的中外文书籍、地图和绘图器具等。此外，宋庆龄还帮助孙中山查阅资料，誊写文稿，共同探讨有关革命理论的各种问题，甚至研究哪里应该筑铁路，哪里应该筑公路，哪条河流应该怎样改良和怎样利用，哪里有什么矿藏，哪里应该修建什么商港和军港，等等，然后，孙中山就在"书房里把大地图铺在地上，手里拿着深色铅笔和橡皮，在上面标绘出铁路、河道、海港，等等"。①

在当好孙中山得力助手的同时，宋庆龄很注意学习和提高自己。她后来回忆说："那是我当学徒的日子。"②此外，宋庆龄还要精心照料孙中山的日常生活，保证他有一个健康的身体，从事艰辛的写作。过去，孙中山由于长期颠沛流离的革命生活，曾患有颇为严重的胃病。经过宋庆龄几年来在生活上对他无微不至的体贴和照顾，终于使孙中山的身体在1918至1920年间日益健康，胃病也得以痊愈。因此，孙中山能够以比较充沛的精力，胜利完成《实业计划》、《民权初步》和《孙文学说》等著作。③孙中山的这些鸿篇巨著中，饱含着宋庆龄的一份心血。

三、羊城蒙难

1920年10月，在孙中山的督促和广东民军响应下，陈炯明率领的粤军攻克广州，驱逐盘踞广东长达四年的桂系军阀岑春煊、陆荣廷。11月下旬，宋庆龄随同孙中山离开上海经香港又回到广州。

---

① 《孙中山——坚定不移、百折不挠的革命家》，载《宋庆龄选集》下卷，第484页。
② 转引自张珏：《在宋庆龄像前的回忆》，载《红旗飘飘》第27辑，中国青年出版社1983年版，第14页。
③ 参见田桓：《沉痛悼念宋庆龄同志》，载《解放日报》，1981年6月3日。

1918年孙中山在上海。右下角有宋庆龄的亲笔签名

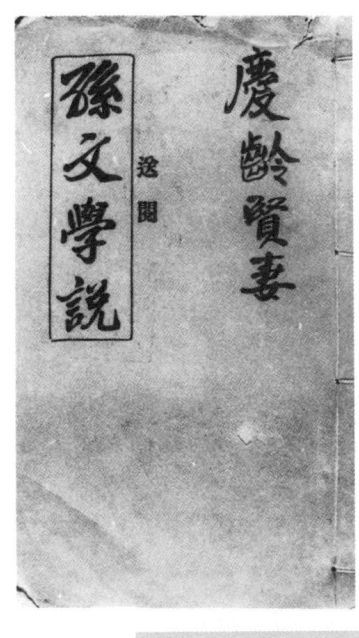

1918—1924年，孙中山在莫利哀路寓所深居简出发愤著书，先后完成《孙文学说》（后编为《建国方略》之一）、《实业计划》（后编为《建国方略》之二）等重要著作

1919年4月25日,孙中山偕宋庆龄等游览杭州西湖时合影

到广州后,孙中山重新组成军政府,继续执行"护法"任务,开始了第二次"护法"运动。1921年5月5日,他在广州宣誓就任中华民国非常大总统。为巩固广东革命根据地,1921年6月27日,孙中山乘胜挥师进军广西,直捣桂系军阀的老巢。

宋庆龄积极襄助讨桂战争。她在广州发动广东妇女组织"女界出征军人慰劳会",并自任会长,由何香凝担任总干事。①"女界出征军人慰劳会"是中国妇女运动史上第一次组成的慰问义师的组织。"慰劳会"成立后,宋庆龄即偕同何香凝辛苦奔走,向社会各界募集经费和慰劳品。由于各方人士大力支持,踊跃捐款,很快就募集到十几万元,担任"慰劳会"会计的廖梦醒为管理捐款不得不每天奔跑于银行。②宋庆龄偕同何香凝还携带捐款和物品,率领慰劳队亲赴广西梧州前线,慰问讨桂部队,给予官兵们很大鼓舞,增强了战斗力。仅短短三个来月时间,出征军队就占领南宁和桂系最后据点龙州。陆荣廷逃往越南。两广统一。

宋庆龄在从事"慰劳会"工作的同时,继续担任孙中山的秘书工作。孙中山侍卫武官郑卓追忆当时宋庆龄的工作情况说:"她是孙中山先生的最好助手,非常难得的无与伦比的好秘书。"她的英文、法文好,又懂拉丁文。口语讲得好,又会广州话。有时有些文件、信件,其他秘书一时译不出来,宋庆龄很快就译完。那时候美洲、伦敦等地的革命组织时有一些机要的文件、密码转给孙中山,孙中山就交她处理,所以她又是孙中山的机要秘书,还参加接待外宾的工作。总统府一些未能及时处理好的工作,只要孙中山交给她,她便夜以继日地努力完成,经常废寝忘食。"孙夫人对同志、朋友,和蔼可亲,助人为乐,孙先生有此助手,深庆得人。""她笑口常开,

---

① 何香凝:《我的回忆》,载尚明轩等编:《双清文集》下卷,人民出版社1985年版,第926页。以下引用此书,皆为此版本,不再一一详细注明。
② 廖梦醒:《我认识的宋庆龄同志》,载《人民日报》,1981年6月3日。

1920年11月25日,孙中山偕宋庆龄乘船离开上海赴广州重组军政府。图为孙中山(右三)和唐绍仪(右四)在船上

1920年11月25日,宋庆龄在赴粤船上留影

1921年5月5日,孙中山就任非常大总统时与军政人员合影

广州各界群众集会游行,庆祝孙中山就任非常大总统

从不发脾气,很崇敬孙先生,敬仰先生的主义和理想,总是希望能设法分担先生的一些工作。"①

在生活上,宋庆龄无微不至地照顾孙中山,十分注意他的健康。当时,由于艰苦的军旅生活,孙中山的健康状况又趋向恶化。宋庆龄自己的衣食十分俭朴,穿的是粗布裙衫和布鞋,早餐经常用腐乳送白粥,但为调理孙中山的胃病,每天早上要准备一小碗炖燕窝,并根据孙中山的习惯,还在午、晚餐后准备一个煨熟了的苹果。②郑卓在回忆宋庆龄对孙中山体贴入微的照顾时说:她"对先生的起居饮食,照顾周到,是先生的好侣伴。比如先生平时喜素食,最喜欢食萝卜、番茄,偶然才炖一下鸡汤。这些鸡汤,多数是孙夫人筹谋的。先生时时外出,大热天时回来,周身是汗,孙夫人总是立即用毛巾帮先生擦汗,还帮助他倒茶递水"③。

讨桂战争胜利之后,孙中山决定乘胜出师北伐,要用武力打倒北洋军阀,统一全国,实现民主政治。他于同年12月在桂林组织北伐大本营(设在市内皇城省参议会,即今广西师范大学内),准备率领北伐军由桂出湘北进。

为支持孙中山的北伐事业,宋庆龄在"女界出征军人慰劳会"的基础上,在广州组成了"红十字会"。12月6日,当她得悉北伐大本营建立后,即亲率红十字会员离开广州,随后勤部队经梧州赴桂林,参加北伐。在路过昭平途中,遭遇到陆荣廷遗留下来的土匪部队的袭击时,她同士兵们一起英勇沉着地将匪击退。经过长途艰苦的跋涉,历时半个月,她于12月21日抵达桂林。

在桂林期间,宋庆龄经常陪同孙中山到叠彩山、孔明坛、老君洞、伏波山等地视察地形;当发现宜于攻守的险要地方,孙中山即

---

① 《郑卓谈孙中山与宋庆龄》,载《澳门日报》,1985年5月30日、6月1日。
② 参见李洁之:《宋庆龄同志在广州的日子里》,载《广州日报》,1981年6月1日。
③ 《郑卓谈孙中山与宋庆龄》,载《澳门日报》,1985年5月30日、6月1日。

1921年7月24日,孙中山与宋庆龄在广州"出征军人慰劳会"开幕前合影

随手绘成地图。他俩还曾在盐道街艺术学校召开妇女座谈会,号召各界妇女积极行动起来,砸破封建的枷锁,和男子一同参加北伐战争。在宋庆龄的倡导和推动下,立即成立了"桂林市妇女会",作为全市妇女组织的领导机构。桂林的妇女们也纷纷申请加入中国国民党,使女党员由原来的一人迅速发展到二百多人。[1] 整个革命形势发展很好。

但是,正当北伐军前锋部队进入湖南境内时,孙中山又遇到了意外的挫折。当时留守广东的陈炯明对孙中山的北伐命令,不但阳奉阴违,断绝北伐军的后方接济,而且还勾结湖南督军赵恒惕结成反对孙中山的联盟,阻遏北伐军的前方通道,不许其假道湖南北进。孙中山被迫于1922年4月8日回师广东,改设大本营于粤北韶关,准备改道江西北伐。宋庆龄率领红十字会员多人,随同孙中山一起赴韶关督师北伐。

陈炯明率领的粤军,原是1917年孙中山主持军政府时广东省长公署的二十营警卫军。改为孙中山大元帅直辖的粤军时,曾遭桂系粤督莫新荣的反对,经孙中山力争才成立,并由孙亲自任命陈炯明为总司令。后该军被桂系排挤到福建,并企图借北洋军之手削弱它,因之处境十分困难。孙中山竭力保护,不仅派中华革命党多名得力干部前往襄助,还经常拨巨款接济其饷银。孙中山甚至在被桂系排挤到上海,生活十分穷困的时候,还将莫利哀路的住宅三次抵押给银行,把所得款项接济处于困境中的粤军。正是由于孙中山几年来的苦心扶持,粤军才逐渐壮大起来。可是,陈炯明却完全辜负孙中山的期望,早在他率领"援闽"粤军回到广州后,就成为广东军政大权的实际控制者,拥兵自重。他为了保全实力,巩固个人的权力和地盘,便与滇、湘系军阀勾结,借口"保境息民",高唱"联省自

---

[1] 石田:《孙中山和宋庆龄在桂林》,载《团结报》,1984年3月10日。

1922年2月9日,孙中山、宋庆龄等游览桂林叠彩山。前左一许崇智、前左二桂林卫戍司令吴忠信

1922年2月9日,孙中山与宋庆龄在广西桂林叠彩山

治"，以广东的主人自居，大搞军阀割据，反对组织革命政府，反对北伐，处处阴谋阻挠、破坏孙中山的革命活动。之后，更进而同英帝国主义和直系军阀曹锟、吴佩孚勾结，成了代桂系军阀而起的英、美帝国主义的走狗，从暗中反对革命发展到公开叛变。

6月初，孙中山和宋庆龄从韶关前线回到广州后，陈炯明于14日先囚禁了廖仲恺，接着，竟冒天下之大不韪，密示所部于16日凌晨突然发动武装叛乱，以4000人围攻总统府，并用大炮、机关枪一起轰击，欲置孙中山于死地。

孙中山和宋庆龄处于万分危急之中！尤其是孙中山，对自己亲手扶植部属的忘恩负义、阴险狠毒的行为无比愤怒，慨叹"祸患生于肘腋，干戈起于肺腑"。他表示要固守总统府，戡乱平逆，"如力不足，惟有一死，以谢我四万万同胞"。① 周围的同志苦苦相劝，孙中山才勉强同意撤走。但他顾虑到宋庆龄的安全，要她先行撤离。宋庆龄处此生死关头，临危不惧，再三婉求孙中山先走，并恳切地对孙中山说："中国可以没有我，不可以没有你。"② 她终于不顾孙中山的多次劝说，坚持留下来吸引叛军的火力与注意力，好让孙中山安全撤离。孙中山在叛军向越秀楼前进时，于枪林弹雨中穿出叛军包围，到停泊在长堤天字码头附近的宝璧舰避难。稍后，移驻永丰舰（后改名为"中山"号）上。

宋庆龄在孙中山撤离险境后，一直坚持到早上八时，当叛军冲进总统府时，才在两名卫士和一名副官的掩护下正面突破火线，在"火烧到头发上"的险境中乘乱逃出。之后，她又经过一天一夜的艰难路程，冲破层层封锁，才在17日晚上辗转到达黄埔，与孙中山在军舰上会合。

"患难识知己，危急见人心。"宋庆龄在这次事件中的英勇行动，

---

① 马湘：《跟随孙中山先生十余年的回忆》，载《辛亥革命回忆录》第1集，中华书局1961年版。
②《邓小平同志致悼词》，载《宋庆龄纪念集》，第25页。

1922年5月6日,孙中山赴韶关督师北伐,宋庆龄同往

孙中山、宋庆龄与随行人员在韶关前线阵地

1922年6月16日，陈炯明在广州发动武装叛乱，炮轰总统府。孙中山脱险后登永丰舰平叛。图为永丰舰

充分表现出她献身革命事业的坚强意志和勇于自我牺牲的崇高品质。

事后,宋庆龄用英文写了《广州脱险》一文,被称为她"将来自传中最动人之一章"。文章详细记述了她与孙中山在叛军枪林弹雨中脱险的经过,至今读来仍脍炙人口,现笔录如下:

> 六月十五之夜二时,我正在酣梦中,忽被中山先生喊醒,并催速起整装同他逃出。他刚得一电话,谓陈军将来攻本宅,须即刻逃入战舰,由舰上可以指挥,剿平叛变。我求他先走,因为同行反使他不便,而且我觉得个人不致有何危险。再三婉求,他始允先行,但是先令五十名卫队全数留守府中,然后只身逃出。
>
> 他走了半小时以后,大约早晨两时半,忽有枪声四起,向本宅射击,我们所住的是前龙济光所筑私寓,位居一半山上,有一条桥梁式的过道,长一里许,蜿蜒由街道及住屋之上经过,直通观音山总统府。叛军占据山上,由高临下,左右夹击,向我们住宅射发,喊着"打死孙文!打死孙文!"我们的小卫队暂不反击,因为四围漆黑,看不出敌兵。我只看见黑夜中卫队蹲伏的影子。
>
> 黎明时,卫队开始用来福枪及机关枪与敌人对射,敌方却瞄准野炮向宅中射来,有一炮弹击毁我们澡房。卫队伤亡已有三分之一,但是其余的人,仍英勇作战,毫不畏缩。有一位侍仆爬到高处,挺身而战,一连击毙不知多少敌人。到了八点,我们的军火几乎用完,卫队停止回击,只留几盒子弹,候着最后的决斗。
>
> 此时情势,勾留也没有意义了。队长劝我下山,为惟一安全之计。其余卫兵,也劝我逃出,而且答应要留在后方防止敌人追击……听说这五十名卫兵竟无一人幸免于难。

同我走的有二位卫兵和姚观顺副官长（中山先生的侍卫）。我们四人，手里带着一点零碎，在地上循着那桥梁式的过道爬行。这条过道，正有枪火扫射，我们四面只听见流弹在空中飞鸣。有一二回正由我鬓边经过。我们受两旁夹板的掩护，匍匐而进，到了夹板已被击毁之处，没有掩护，只好挺身飞奔过去，跟着就是一阵哔剥的枪声。在经过这一段之后，姚副官长忽然高叫一声倒地，血流如注。一看，有一粒子弹穿过他的两腿，而伤中一条大血管。两位卫兵把他抬起走，经过似乎几个钟头，我们才走完这过道，而入总统府的后院。半小时后，我们看见火光一闪，那条过道的一段整个轰毁，交通遂断绝。这总统府四围也是炮火，而更不便的，就是因为邻近都是民屋，所以内里的兵士不能向外回击。

我们把姚副官长抬进一屋，而把他的伤痕随便绑起来，我不敢看他剧痛之苦，但是他反安慰我说："将来总有我们胜利的一天。"

自从八时至下午四时，我们无异葬身于炮火连天的地狱里。流弹不停的四射。有一次在我离一房间几分钟后，房顶中弹，整个陷下。这时我准备随时就要中弹毙命。到四时，向守中立的魏邦平师长派一军官来议条件。卫兵提出的第一条就是保我平安出险，但是那位军官说他不能担保我的安全，因为袭击的不是他的军队，而且连他们自己的官长，都不能约束。正在说话之间，前面两层铁大门打开了。敌兵一轰进来，我们的兵士子弹已竭，只好将枪放下。我只见四围这些敌兵拿着手枪刺刀指向我们。登时就把我们手里的一些包裹抢去，用刺刀刺开，大家便拼命地乱抢东西。我们乘这机会逃开，正奔入两队对冲的人丛里，一队是逃出的士卒，又一队是由大门继续闯来抢掠的乱兵。幸而我头戴着姚副官长的草帽，身上又披上中山先生的雨衣，由那混乱的人群里得脱险而出。

出大门后，又是一阵炮火，左边正来了一阵乱兵，要去抢财政部及海关监督处。前后左右，都是乱兵在进击。他们一面进，我们一面穿东走西曲折的在巷里逃。我再也走不动了，凭两位卫兵一人抓住一边肩膀扶着走。我打算恐熬不过了，请他们把我枪毙。……四围横列着的都是死尸，有的是党员，有的是居民，胸部刺开，断腿失臂的横陈街上的血涡中。在这时我看见一极奇异的景象，就是两人在街房相对蹲着，我们奔过时，看见他们眼睛不动，才知道他们已死了，也许是同为一流弹所击毙的。

正走之时，忽有一队兵由小巷奔出，向我们一头射击。同行的人耳语叫大家伏在地上装死。那些乱兵居然跑过去，到别处去抢掠了。我们爬起又跑，卫兵劝我不要看路旁的死尸，怕我要昏倒。过了将近半小时，进击的枪声渐少，我们跑到一座村屋，把那闩上的门推开躲入，屋中的老主人要赶我们出来，因为恐怕受累。正在此时我昏倒下去。醒回来时，两位卫兵正在给我浇冷水，把扇扇我。其一卫兵便偷出门外去观动静，而这刹那间，忽有一阵枪声，屋内的卫兵赶紧把门关闭，同时轻声报告我外边的卫兵已中弹而也许殒命了。

枪声沉寂之后，我化装为一村姬，而剩余的一卫兵扮作贩夫，离开这村屋。过了一两条街，我拾起一支菜篮及几根菜，就拿着走。也不知走了多少路，经过触目惊心的街上，我们才到了一位同志的家中，就在这家过夜。这间屋于早间已被陈炯明的军队搜查过，因为有嫌疑，但是我再也无力前进，就此歇足。那夜通宵闻见炮声……再后才欣然听见战舰开火的声音，使我知道中山先生已安全无恙了……第二天，仍旧化装为村姬，我逃到沙面，在沙面由一位铁工同志替我找一小汽船。我与卫兵才到岭南，住友人家。

在河上，我们看见几船满载抢掠品及少女，被陈炯明的军队运往他处。后来听说有两位相貌与我相似的妇人被捕监禁。我离开广州真巧，因为那天下午，我所借宿的友人家又被搜查。那天晚上，我终于在舰上见到中山先生，真如死别重逢。后来我仍旧化装由香港搭轮来沪。①

在这次羊城脱险过程中，宋庆龄并不只是处于防御、退守和被保护的地位，她还勇敢、沉着和机智地参与了战斗的指挥。据当时奉孙中山之命坚守越秀楼的卫士马湘回忆说：战斗打响前，宋庆龄把厨房里的白米、鳅鱼和咸鱼都拿出来，让战士们饱餐一顿。然后大家佩好武器，准备迎敌。叛军进攻时，卫士大队长姚观顺指挥作战，马湘负责护卫宋庆龄，一连打退敌人三十多次冲锋。将近天亮时，姚观顺受伤，宋庆龄就批准马湘继续指挥。下午，他们撤到总统府，宋庆龄就协助警卫团团长陈可钰率领士兵抵抗了一段时间。最后撤退时，马湘又奉宋庆龄之命找到电工，跑到林直勉卧室，弄开保险箱，把孙中山与苏俄来往的一些文件烧毁，并取出大总统印带回来交给了宋庆龄。②

宋庆龄在这次事件中的表现及几年来辅助孙中山南征北战的功绩，受到了革命同志及广大官兵的衷心敬仰。何香凝后来追忆这段历程时指出：宋庆龄当时"处处为孙先生着想——也可以说是为中国革命的前途着想，临难应变，这么大义凛然，真令人感动！……自从这件事之后，我对于夫人就格外地尊敬爱护了"。③

---

① 此文原系英文稿，最早的译文发表于1922年6月28—29日上海《民国日报》，曾用过"粤变纪实""广州脱险"等题目。由于译文微有欠实，遂由林语堂从宋庆龄处征得旧稿，编在1938年华光出版社出版的《宋庆龄自传及其言论》中。此据《宋庆龄选集》上卷，第16—19页。
② 参见马湘：《跟随孙中山先生十余年的回忆》，《辛亥革命回忆录》第1集，中华书局1961年版。
③ 何香凝：《忆孙中山广州蒙难》，载《双清文集》下卷，第358页。

国民党中一些原来对宋庆龄与孙中山结婚不满的党员，经过这次事变，也开始对宋庆龄刮目相看，不但承认了她是"总理夫人"，而且对她十分尊敬了。

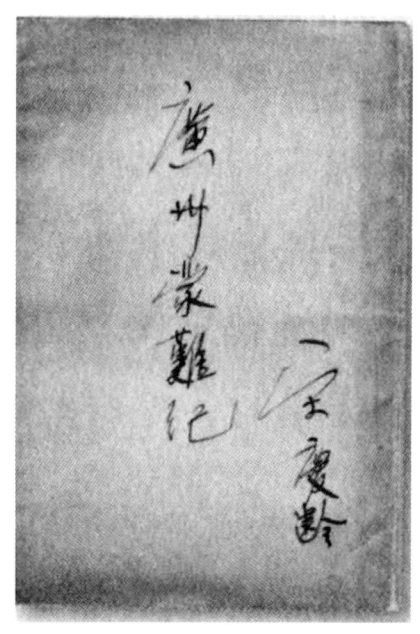

宋庆龄亲笔书写的《广州蒙难记》封皮

陈逆之變介石赴難來粵入艦日侍余側而籌策多中綮與余及海軍將士共死生茲紀始為實錄亦直其犖犖大者其詳乃未遑更僕數余非有取於其溢詞僅冀掬誠與國人相見而已余之知人之鑒不及豫窺逆謀而卒以長亂詒禍賊戡至今為烈則茲編之紀亦聊以志吾過且以於吾海軍及北伐軍諸將士之能為國不顧其私其視於世功罪何如也民國十一年雙十節孫文序於上海

孙中山为蒋介石撰写的《孙大总统广州蒙难记》一书所作序言

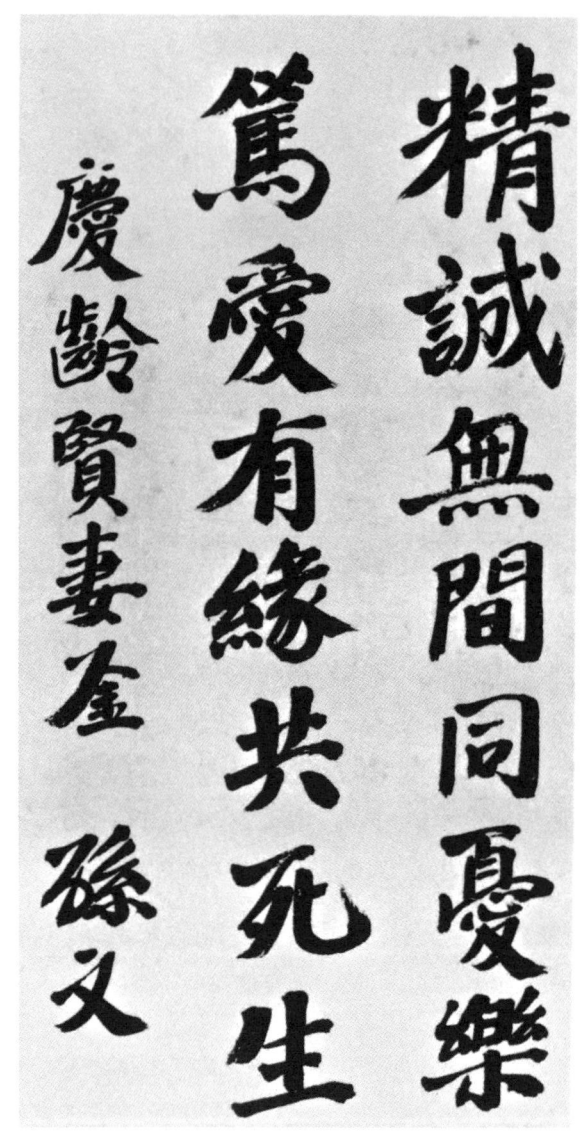

广州脱险后孙中山书赠宋庆龄的联语

1923年8月14日,孙中山、宋庆龄在永丰舰与海军官兵合影,纪念羊城蒙难一周年

第三节　推动国共第一次合作

一、赞同以俄为师

1911年以前，孙中山领导和组织过十次武装起义；辛亥革命后，又领导和发动了反袁、反段的护国及"护法"运动。这些革命斗争，推翻了清王朝，埋葬了在中国绵延两千多年的封建专制制度，打击了北洋军阀的反动统治。但是，中国的半殖民地半封建社会并没有改变，从革命目标和任务上看，"革命尚未成功"。整个中国仍然是被帝国主义欺压和封建军阀蹂躏的土地，真是"长夜难明赤县天"。

宋庆龄参加了反袁及护法的斗争，与孙中山一起分享过一时胜利的喜悦，也共尝了屡次失败的苦果——特别是陈炯明叛变，几乎危及他们的生命。他们深深地陷于彷徨与苦闷之中。

宋庆龄回忆当时孙中山的心情时说：他"痛苦地认识到国民党的严重局限性。我曾多次听他说国民党内部矛盾怎样使他不能有效地进行革命。国民党中不真心想在中国进行彻底的社会改革的党员太多了……怎样领导革命斗争，这是他想得越来越多的问题"[①]。宋庆龄对孙中山的这种心情，表示深切的理解和同情，并热诚地与他一起总结经验教训，探寻革命的新出路。

正在这个时期，中国和世界上都发生了惊天动地的事件，改变着历史的进程：1917年，俄国取得了十月社会主义革命的胜利；1919年，中国爆发了五四运动；1921年，中国共产党成立。

"山重水复疑无路，柳暗花明又一村。"这些改变中国人民和世界人民前进方向的重大事件，也把孙中山和宋庆龄从旧民主主义的穷途末路引到了新民主主义的阳关大道上来：以俄为师，改组国民党，与共产党合作共同进行革命。当孙中山晚年放射出灿烂光辉之时，宋庆龄犹如一颗硕大的卫星紧紧追随着他，并且有力地帮助孙中山完成了这个伟大的转折。

"大江东去，浪淘尽，千古风流人物。"在1840年鸦片战争后的近代中国百年革命斗争的激流中，千回百转，多少英雄豪杰沉浮反复，一个革命者能善始善终、不被淘汰是极难的，而一直处在弄潮儿的地位上，甚至处在领袖地位上，就更是罕见了。孙中山则是这样的伟人。宋庆龄与孙中山一起度过了这一段在惊涛骇浪中力挽狂澜、奋勇前进的岁月，所以她深深体会到这种奋斗的艰辛与伟大。她说："在十月革命的影响和中国共产党的推动下，孙中山开始觉悟到建立革命武装的重要性，并逐步形成'非以俄为师断无成就'的思想，确立了'联俄、联共、扶助农工'的三大政策。一个人能够随着时代发展不断前进可不容易呵！"[②]

追本溯源，孙中山晚年的进步是得之于列宁最大的推动。列宁是世界无产阶级的革命导师，他在从事革命活动的早期，就非常注

[①] 宋庆龄：《孙中山和他同中国共产党的合作》，载《人民日报》，1962年11月12日；全文见《宋庆龄选集》下卷，第384—397页。
[②]《宋庆龄与吴玉章的谈话》(1961年4月)，转引自《团结报》，1986年5月24日。

意中国的局势,从1900年起,特别是1912年和1913年,他连续撰写了多篇重要文章,评述孙中山和他领导的革命运动。而且,他是世界上最早注意到辛亥革命国际意义的人。他在著名的《中国的民主主义和民粹主义》一文中,针对当时取得了辛亥革命胜利而任职中华民国临时大总统的孙中山及其在《中国革命的社会意义》一文中提出的纲领,作了历史的、阶级的分析,给予了崇高的赞誉和评价:"孙中山纲领的每一行都渗透了战斗的、真诚的民主主义。它充分认识到'种族'革命的不足……它直接提出群众生活状况及群众斗争问题,热烈地同情被剥削劳动者,相信他们是正义的和有力量的。"

在把孙中山与"欧美各先进文明国家的共和国总统比较"后,列宁称赞孙中山是"充满着崇高精神和英雄气概的革命的民主主义者"。他说:"这种精神和气概是这样一个阶级所固有的:这个阶级不是在衰落下去,而是在向上发展;它不是惧怕未来,而是相信未来,奋不顾身地为未来而斗争;它憎恨过去,善于抛弃死去了的和窒息一切生命的腐朽东西,决不为了维护自己的特权而硬要保存和恢复过去的东西。"[①]

列宁这里阐述的东方资产阶级革命性的见解,成了他1920年起草并为共产国际第二次代表大会通过的《民族和殖民地提纲》的基础。作为马克思主义发展到列宁主义的一个重要标志,列宁把国际无产阶级革命与被压迫民族的解放运动联系了起来,即把马克思的"全世界无产者联合起来",发展成"全世界无产者和被压迫民族联合起来"。他从孙中山的身上找到了有力的佐证。这也是他晚年与孙中山合作,并且推动孙中山与共产党合作,发展中国革命的思想基础。

同时,列宁也深刻地分析了孙中山纲领中的矛盾,指出它是

---

① 《列宁选集》第2卷,人民出版社1972年版,第424—425页。

列宁

十月革命领导人列宁对公众发表演讲

"纯粹资本主义的、十足资本主义的",却要"使中国避免走资本主义道路",这是"社会主义空想"、"主观社会主义"。不过,列宁在准确地预言,袁世凯将出卖革命后,又准确地预言了孙中山不管会遭到怎样的失败,一定会继续革命。更令人钦佩的是,列宁还英明地预言,将来中国无产阶级的政党在批判孙中山的错误观点时,"一定会细心地辨别、保存和发展他的政治纲领和土地纲领的革命民主主义内核"。①

这里,列宁实际上指明了将来国共合作的思想基础。

从这些文章中,可以看到,列宁与孙中山在十月革命前虽然素不相识,天涯相隔,但思想却是相通的。

孙中山一心拯救祖国,但并不是一个狭隘的民族主义者,他同时热情地关注着被压迫民族的解放事业,"考虑的是整个世界",②特别对俄国革命表示深切同情。因此,正如宋庆龄所说,"孙中山很早就同情俄国革命,并且密切地注视着它的进展。他在听到俄国革命成功消息时高兴到了极点",③立即产生了"想同列宁直接联系,交流革命经验"④的想法,争取列宁对中国革命的帮助。因此,在1918年春,他在广州给列宁拍去一个电报,⑤祝贺十月革命的胜利,指出"俄国革命和中国革命目标相同","愿中俄两党团结,共同斗争"。⑥据邹鲁回忆:"时各国正嫉恶苏俄,列宁得总理(孙中山)电,大为感动,视为东方之光明。"⑦因为十月革命胜利后,英、法、美、日等帝国主义国家对苏维埃政权极端敌视,不但拒绝承认新政

---

① 《中国的民主主义和民粹主义》,载《列宁全集》第 18 卷,人民出版社 1959 年版,第 157 页。
② 宋庆龄对孙中山的评语,转引自〔美〕埃德加·斯诺:《复始之旅》,第 112 页。
③ 《十月社会主义革命和中国革命的历史联系》,载《宋庆龄选集》下卷,第 254 页。
④ 《孙中山和他同中国共产党的合作》,载《宋庆龄选集》下卷,第 391 页。
⑤ 孙中山给列宁的第一个电报,有的说是 1918 年夏或秋在上海拍发的,但根据这年 8 月 1 日苏俄外交人民委员齐契林的复信看,应该是这年春天在广州拍发的。
⑥ 参见《孙中山的一个未公布的文件》,载苏联《布尔什维克》杂志,1950 年第 19 期。
⑦ 邹鲁:《中国国民党史稿》,商务印书馆 1947 年版,第 304 页。

府，还支持苏俄国内反革命势力发动了一系列暴乱，并且开始进行公开的武装干涉，包围苏俄，妄图立即把新生的红色政权扼杀在摇篮中。所以，孙中山给列宁的贺电，无疑对苏维埃政府是道义上的极大支持，是难能可贵的。列宁在接电后的兴奋心情可想而知。他立即做出积极的反应，8月1日，委托苏俄外交人民委员齐契林复函孙中山。复函首先说明由于国内叛乱和帝国主义侵略，他们与孙中山的联系被切断了几个月，所以未能及时答复。列宁赞赏孙中山的革命功绩和认为俄国革命与中国革命"目标相同"的观点，指出两国革命"正遇到一些空前未有的困难"，呼吁共同斗争，互相支援。[1]

孙中山的贺电引起了列宁和苏俄政府的重视，双方的联系终于建立起来了，从此，孙中山在上海，在广州，与列宁多次函电往返。

在十月革命胜利之初，孙中山与列宁和苏俄的这种联系是绝对保密的，他们之间讨论中国和世界革命问题的函电，孙中山方面由宋庆龄和廖仲恺、朱执信起草，其中大量的工作主要由机要秘书宋庆龄来承担。宋庆龄为便于处理他们间的大多数来往电函，起草孙中山为数甚多的电文，还专门学习了俄文。她说："在通信往来当中，这两位伟大的革命战士在争取人类自由和进步的斗争中携起了手来。可惜的是，这些信件在那年6月陈炯明广州叛乱中火烧总统府的时候被焚毁了。"[2]

宋庆龄后来曾回忆在那些日子里，她和孙中山一起与列宁联系，一起研究俄国革命，希望从中找出可供中国革命借鉴的经验来的生动情景。她说：孙中山坚信俄国革命的胜利"必定会在中国产生反响"[3]，它"为中国树立了一国如何摆脱外国侵略与枷锁的榜样"[4]。

---

[1] 苏联《国际生活》1957年第11期。
[2] 《十月社会主义革命和中国革命的历史联系》，载《宋庆龄选集》下卷，第254—255页。
[3] 《十月社会主义革命和中国革命的历史联系》，载《宋庆龄选集》下卷，第254页。
[4] 1924年9月英文《广州日报》发表的《孙中山访问记》。

孙中山多次向宋庆龄表示,"一个民族要获得解放,必须效法在列宁和布尔什维克党领导下的俄国人民的榜样;这就是说,必须明确地坚定不移地牢记他们的革命的前景和目标,必须使人民群众认清他们的主要敌人——帝国主义和反动派,认清他们的本质、特点和手法。并在这种高度的政治觉悟的基础上组织人民展开坚决的斗争"①。

1920年秋,孙中山在上海寓所的书房里,终于接见了列宁领导的共产国际派来的第一位使者——维金斯基(Г. Войтииский)。维金斯基是共产国际远东局负责人,奉派前来同中国革命组织建立联系,帮助成立中国共产党。他在与北京的李大钊和上海的陈独秀就建立共产党进行了一系列商谈后,接受陈独秀的建议到莫利哀路29号拜会孙中山。在孙中山的书房中双方就苏俄与孙中山建立关系问题初步交换了意见。宋庆龄陪同接见,她给维金斯基留下了深刻的印象。②

1921年8月,孙中山在广州终于接到来自苏俄的第一封信后,立即复信给苏俄外交人民委员契切林(又译齐契林)。信中叙述了辛亥革命及其后的历程,总结了经验教训,剖析了北京政府的反动性质,满腔热情地希望同这个新兴的社会主义国家取得联系,以便了解它在政治、军事、教育等方面的经验。他恳切地说:"我想同您本人和莫斯科的其他朋友建立个人接触。我特别关注贵国的事业,尤其是贵国苏维埃的、贵国军队和教育的组织。"信中还提出了今后通信联系的意见,并向"我的朋友列宁和所有为了人类自由作出卓著贡献的人致以良好的祝愿"。③

与此同时,列宁和共产国际又连续派出马林(Maring)、C.A.达

---

① 宋庆龄:《孙中山和他同中国共产党的合作》,载《宋庆龄选集》下卷,第391页。
② 参见维金斯基:《我与孙中山的两次会见》,载《维金斯基在中国的有关资料》,中国社会科学出版社1982年版。
③ 《复契切林函》,载《孙中山全集》第5卷,第280页。

维金斯基

维金斯基来到中国后,在北京会见了李大钊。图为当时的会见场所

林、越飞（А. А. Иоффе）、鲍罗廷（М. Бородин）等人来中国，在帮助中国的无产阶级建立中国共产党组织的同时，帮助孙中山解脱困境，推动国民党改组并与共产党合作。

1921年，马林（苏俄民族与殖民地委员会的秘书）作为共产国际的代表来华，在头年维金斯基工作的基础上，促进召开中国共产党第一次全国代表大会，帮助成立了中国共产党。之后，他在促使共产国际作出国共合作的决定，并说服中国共产党执行这个决定的同时，开展做孙中山的工作。在1921年12月下旬，马林由张春木（后更名太雷）陪同，作为孙中山的客人在桂林住了三天。

当时，正值宋庆龄率领红十字会员们在桂林进行支援北伐的工作，于是她便陪同孙中山一起接待马林和张太雷，长谈了三次。交谈中，马林向孙中山提出关于中国革命问题的两项重要建议：组织一个能联合各阶层尤其是工农群众的政党；建立革命武装的核心，应先创办军官学校以培养革命骨干。此外，马林还强调了国民党进行群众运动和在工人阶级中进行宣传的必要性。[①]孙中山十分赞同这些建议。

当时，帝国主义国家（特别是英国）通过香港当局密切注视着孙中山的动向，派军方情报人员竭力搜集情报，所以孙中山与马林的会谈极端保密。宋庆龄说："讨论材料，孙先生派人送交廖仲恺先生，嘱他看后即烧掉。但廖先生看后放在他财政部保险箱内，被陈炯明打进时拿到后就发表了。以为是孙中山卖国材料，发表登在各报……按照我的记忆所及，每个字印得有酒杯那么大，登在上海各报。那天早晨，我是第一个发现这类报纸的人，当即拿给孙先生看，他和汪精卫正在图书室里（孙先生已离开永丰舰在上海了）。"[②]所

---

① 《马林给共产国际执委会的报告》（1922年7月11日）和伊罗生的《与斯内夫利特谈话记录》，均载《马林在中国的有关资料》，人民出版社1981年版。
② 《宋庆龄复尚明轩函》（1980年2月23日），载尚明轩主编：《宋庆龄年谱长编》下卷，社会科学文献出版社2009年版，第1371页。

马林

张太雷

1921年12月,孙中山在桂林数次会见共产国际代表马林。图为孙中山同与马林会见时参加者邓家彦等合影

以，后来孙中山与越飞的会谈结果也就登报了，但从当时的客观情况看，已无所谓什么秘密了。

1922年，共产国际派远东局书记处成员之一C.A.达林作为共产国际全权代表来华，帮助中国成立社会主义青年团，并推动国共两党的合作。他在这年4月至6月，在孙中山移师韶关北伐及与陈炯明的背叛行为斗争的日子里，多次秘密拜访孙中山。宋庆龄陪同孙中山接见他。①

当时孙中山正在与美国进行秘密谈判，请求贷款，以解决军政府财政上的燃眉之急。孙中山与宋庆龄一样，对美国的"民主"留有良好的印象，对美援寄予幻想。为此，孙中山甚至答应美国人提出在广州政府中聘请美国顾问的要求。但是，由于英国支援陈炯明叛变，美国则乐意看到广州政府被颠覆，他们欺骗了孙中山，没有给他一点援助。因此，孙中山在平叛失败被迫离开广州后，思想有了急剧的转变；对西方完全失望，把希望转向苏俄。

孙中山告诉达林："在这些日子里，我对中国革命的命运想了很多，我对从前所信仰的一切几乎都失望了。而现在我深信，中国革命的唯一实际的真诚的朋友是苏俄。"在达林回国时，他又请达林转信给苏俄外交人民委员齐契林，表示了虽然再次失败，也不会停止斗争的决心，再次向列宁转致友善之情，呼吁支援。

列宁并不因为孙中山遭到了空前严重的失败而抛弃他，而是做出了积极的响应。与苏联结盟，孙中山终于找到了绝处逢生的唯一出路。与此同时，中国共产党的总书记陈独秀也在上海与国民党领导人张继会谈，表示坚决支持孙中山。

疾风知劲草，患难识知己。正像十月革命后孤立的苏维埃政权得到孙中山和中国人民珍贵的支持一样，孙中山和宋庆龄也找到了

---

① C.A.达林：《中国回忆录》，中国社会科学出版社1981年版，第112页。以下引用此书，皆为此版本，不再一一详细注明。

真正的、经得起严峻考验的朋友。

列宁根据马林的提议,派出越飞作为苏俄第一个公开的、正式的特命全权大使,在1922年秋季赴华。越飞到达中国后,由于帝国主义把当时的苏俄视为"洪水猛兽",既恨又怕,因此北京政府拒绝以外交礼节接待越飞。孙中山在宋庆龄陪同下,先与越飞代表会晤,就"远东大局问题及解决方法"①进行商谈。接着,为避开帝国主义反动派的耳目,孙中山又派廖仲恺代表他到日本与越飞继续会谈。之后,孙中山和宋庆龄又于1923年1月中旬在上海寓所热情地接待越飞,双方举行了多次会谈,就改组国民党与建立军队,以及苏联与共产国际援助中国革命和反对帝国主义等问题,达成了一些原则意见。1月26日,他们发表了著名的《孙文越飞联合宣言》。

宣言中写道:"孙逸仙博士以为共产组织,甚至苏维埃制度,事实均不能引用于中国。因中国并无使此项共产制度或苏维埃制度可以成功之情况也。此项见解,越飞君完全同感。且以为中国最要最急之问题,乃在民国的统一之成功,与完全国家的独立之获得。关于此项大事业,越飞君并确告孙博士,中国当得俄国国民最挚热之同情,且可以俄国援助为依赖也。"②

宣言的真正价值,在于明文确定了孙中山联俄政策的基础,宣布与第一个社会主义国家建立实际的联系,和接受了国际革命势力的援助,它意味着孙中山丢掉对帝国主义的幻想后一个伟大转折的开始,从而将完全改变中国历史发展的方向。至于宣言中说"共产组织,甚至苏维埃制度,事实均不能引用于中国",一是出于孙中山当时的认识水平,二是由于当时中国国内外政治环境而采用的策略手段。

宋庆龄最了解个中内情。她在与孙中山一起为此而工作时,表

---

① 《致蒋介石缄共二十件》,载胡汉民编:《总理全集》第4集,"遗墨"第2辑,第177—180页。
② 载《孙中山全集》第3卷,第137页。

越飞

当时关于孙中山、越飞谈话的报道

示理解孙中山的做法。她在后来回答斯诺提问孙中山是否相信共产主义时说:"噢,相信的!不过,开头不相信。他曾认为我们的革命应该走一条和俄国不同的道路。1923年以后,他认为我们可以走同一条道路。"

这里讲的"开头不相信",从1922年孙中山与达林谈话中可以略知一二。孙中山起先认为文化落后的民族容易接受共产主义。他对达林说:"我给你一个山区,一个最荒凉的没有被现代文明所教化的县。那儿住着苗族人。他们比我们的城里人更能接受共产主义,因为在城里,现代文明使城里人成了共产主义的反对者。你们就在这个县组织苏维埃政权吧,如果你们的经验是成功的,那么我一定在全国实行这个制度。"[①]

但是,当孙中山了解到俄国这样的大国成功地实行了苏维埃制度时,他就没有理由不相信了。然而这时候,又如他对达林谈话时指出的,由于国民党内及广州政府内外存在着很大的反苏反共产主义的势力,他们一直指责孙中山和苏联的关系,朋友对孙中山也有误解(包括支持他的华侨),说"他将要公开推行他已秘密实行多年的共产主义政策"[②]。所以,他必须非常谨慎地处理这个特别敏感的问题。

关于这一点,宋庆龄在回答斯诺的问话时就讲得十分清楚:孙中山"讲话内容完全是根据政治局势和听众而定;……对那些他需要从他们那里得到帮助的人们,他说得很谨慎,而他的著作也是经过编辑的,以免他的追随者闹分裂。我们办事必须慎之又慎,他常常告诫我说:'要按中国人的方式办事——兜圈子——不能径直冲向目标'"[③]。

---

① C.A.达林:《中国回忆录》,第103页。
② 〔美〕埃米莉·哈恩:《宋氏家族——父女·婚姻·家庭》,第129页。
③ 〔美〕埃德加·斯诺:《复始之旅》,第109—110页。

孙中山的做法显然是对的。他懂得政治斗争是怎么一回事，以及怎样进行这种斗争。所以有人评论说："这份与越飞联名发表的宣言获得了先发制人的效果。孙中山开诚布公地阐明了自己的观点，从而证明，他远非某些人所指责的那样是个极左分子。"①

正如宋庆龄介绍的，孙中山对共产主义的认识，有一个过程；转向苏联，也有一个过程。

斯诺又问："转向俄国是他最后一个机会了吧！"宋庆龄答："你不如说这是他最后的选择。"因为西方各国在一一拒绝了孙中山请求援助的呼吁之后，"俄国是第一个平等对待中国的强国"。②

宋庆龄之所以如此了解内情，是因为她不仅完全了解孙中山，理解孙中山，赞同孙中山，而且积极支持孙中山的立场和行动。她不是消极被动地追随，而是积极地促进事态的发展。她不仅经常陪同孙中山会见来自苏联的代表，而且做了大量切实有效的工作，会谈前的准备和事后的联络，都由她亲自执行。这些工作往往比会谈本身更复杂、工作量更大。在这个过程中，她与列宁派来的代表保持密切的联系，认真地听取他们的意见，及时地报告给孙中山。正是通过这些活动，宋庆龄对俄国革命和中国革命有了更多的了解，为她此后坚持孙中山的三大政策奠定了思想基础。

二、支持五四运动

1919年发生在北京并波及全国的五四爱国运动，以彻底的反帝反封建的姿态，给予帝国主义和北洋政府以沉重的打击，粉碎了他们在巴黎和会上出卖中国主权的阴谋。这是孙中山几十年奋斗都

---

① 〔美〕埃米莉·哈恩：《宋氏家族——父女·婚姻·家庭》，第129页。
② 〔美〕埃德加·斯诺：《复始之旅》，第111页。

未曾获得的成就。孙中山从这一运动中得到很大的启示,看到了在自己依靠的海外华侨以外一个更加强大的力量,看到了自己所借助的军阀势力之外,真正革命的力量——工农民众的力量,民众大联合的力量,而俄国革命的胜利正是依靠了这支力量,这是革命的主力军。

北京青年学生5月4日集会游行与军警搏斗的消息传到上海后,孙中山和宋庆龄都很兴奋。他们满腔热忱地欢迎和支持学生爱国行动,对北洋政府无理逮捕爱国学生表示极大的愤慨,并由宋庆龄代孙中山起草了"学生无罪"的援救电。①

孙中山和宋庆龄极其关注上海学生的爱国行动,积极支持他们的正义斗争。上海学生响应北京学生举行示威游行时,孙中山于5月26日约请上海学生联合会主席、新加坡归国华侨学生何葆仁在西藏路老金龙西餐馆叙谈,热情地鼓励他说:"你们学生这种爱国行动很好,"并建议,"要唤起民众,与各界联合起来。"后来,上海学生再次游行,打算冲进租界,直接向帝国主义示威。但顾虑到租界规定不准游行集会,否则外国巡捕可以肆意抓人;审判时,根据领事裁判权,中国律师又不准出庭。他们正为难时,孙中山和宋庆龄替学联聘请了几位英、法籍的律师,准备随时出庭为学生辩护,作他们行动的后盾。②学生得讯后十分激动。5月31日,他们破天荒第一次在租界内公开举行反帝爱国大示威,产生了很大的影响,大长了中国人民的志气,大灭了帝国主义的威风。事后,6月2日,何葆仁和另一学生领袖朱仲华代表学联到莫利哀路寓所,向孙中山和宋庆龄汇报,并感谢他们对学生的支持。孙中山和宋庆龄热情赞扬上海学生的斗争精神,肯定了学生们的行动是"很了不起的胜利"。

---

① 许德珩:《宋庆龄无愧为国家名誉主席》,载《文汇报》,1981年5月22日。
② 朱仲华:《难忘的岁月——五四运动在上海杂忆》(李国平整理),载《复旦大学校史通讯》,1985年第8期。

《新申报》关于五四运动的报道

"五四"期间,学生的示威游行队伍

当时，北京及全国各地的学生代表，纷纷奔赴上海进行联络，寻求支援，孙中山专门派出一位留学比利时的学生黄大伟负责同他们联系①，对要求接见者，孙中山都给予热情接待。他时而语重心长地亲切教诲："中国的将来，中国的命运，这些重大的责任，完全落在你们这一代青年的身上。你们要学科学，要爱国。"②时而平等地与他们一起讨论国家大事。在这种情况下，宋庆龄总是静静地在一旁谛听着，并把一些重要的谈话内容用打字机记录下来。不论是孙中山会见苏联代表，或者学生代表，她总是这样。她知道自己所处的位置，知道这些代表只是想拜见和请教孙中山，她知道怎样才是对孙中山最好的帮助，从不表现自己，做出"夫人干政"的事情来。宋庆龄这种高尚的情操，赢得了人们的普遍尊敬。当时北京大学学生代表许德珩，回忆自己与学联代表参加这样的一次讨论后的心情时说："归途中，大家边走边议论，都认为她并没有以中山先生夫人的身份参加我们的讨论，这种稳重谦虚的风度，令人敬佩，赞叹不已。"③

宋庆龄后来这样回忆孙中山和她接见青年学生时的情况，以及他们对青年寄予的深情：

"孙中山经常了解到中国革命的成功必须依靠青年的热情和支持。甚至在他最忙碌的日子里，他也从不拒绝那成群跑来找他谈话的男女青年们。他时常不得不请那些事务繁忙的人等上几小时或几天——但从来不让青年学生或那些年轻、热情而纯朴的工人和农民等候他。对于这些人，他的门永远是敞开着的。如果有人抗议说：青年们年轻，有时间等待。他就会回答说：国民党的主义只有中国青年才能完成；老的领导者们随着年月的消逝，有的死了，有的动

---

①常宗会：《1919年在上海两次见到孙中山先生》，载《江苏文史资料选辑》第7辑。
②同上。
③许德珩：《高风亮节、大义凛然——记宋庆龄同志》，载《光明日报》，1981年5月23日。

摇了；只有青年们才是坚决的，能克服一切的。"①

为表示对学生运动的支持，孙中山还到上海大马路先施公司的屋顶花园参加全国学联总会的闭幕会，他发表演说，与学生们一起照相。此外，孙中山和宋庆龄还积极帮助学生解决一些实际困难，做了不少实际工作，如曾帮助安徽学生代表常宗会办理赴法勤工俭学的手续等。②

五四运动波及广州，在广东大中学校学生联合会的领导下，广州市各校学生立即响应，开展了一系列游行、示威、集会、抗议活动，其中搞得最激烈的是抵制日货的活动。学生们组织了检查队，逐街逐店检查日货。工人也参加了斗争。广东督军莫新荣派出军警进行镇压，工人及学生代表黄风廷、胡定科等被逮捕，并有学生多人被殴打致伤，甚至因伤重而致死者。宋庆龄知道后极为气愤。她根据孙中山的授意，起草致广东军政府的电报，责问说："方今文明各国，不闻有压抑民意之政府。我粤为拥护政府所在之地，岂宜有此等举动？"要他们立即释放被捕学生，并警告他们："盖民气愈激而愈烈，若专恃威力，横事摧残，不惟为粤人之所公愤，亦即全国之所不容也。"③

这里，"方今文明各国，不闻有压抑民意之政府"这句话，反映了宋庆龄和孙中山对西方文明浪漫的看法，带有片面性。宋庆龄在若干年以后，特别是目睹过解放战争时期美国对中国的侵略和美军在华所犯下的种种暴行以后，她决不会再写出这样的文字。这说明宋庆龄的政治思想有一个发展的历史过程。不过，这个电报的主要精神是表明孙中山和宋庆龄对民众力量、"民气"的重视。

从此以后，他们一直支持学生的革命行动，并在学生中发展国

---

① 《青年与革命》，载《宋庆龄选集》上卷，第65—66页。
② 常宗会：《1919年在上海两次见到孙中山先生》，载《江苏文史资料选辑》第7辑。
③ 《致广东军政府》，载《孙中山全集》第6卷，第402页。

1919年5月7日,北京高校学生欢迎获释同学

1919年7月,孙中山致电广东军政府,要求立即释放因参加爱国运动被捕的工人和学界代表

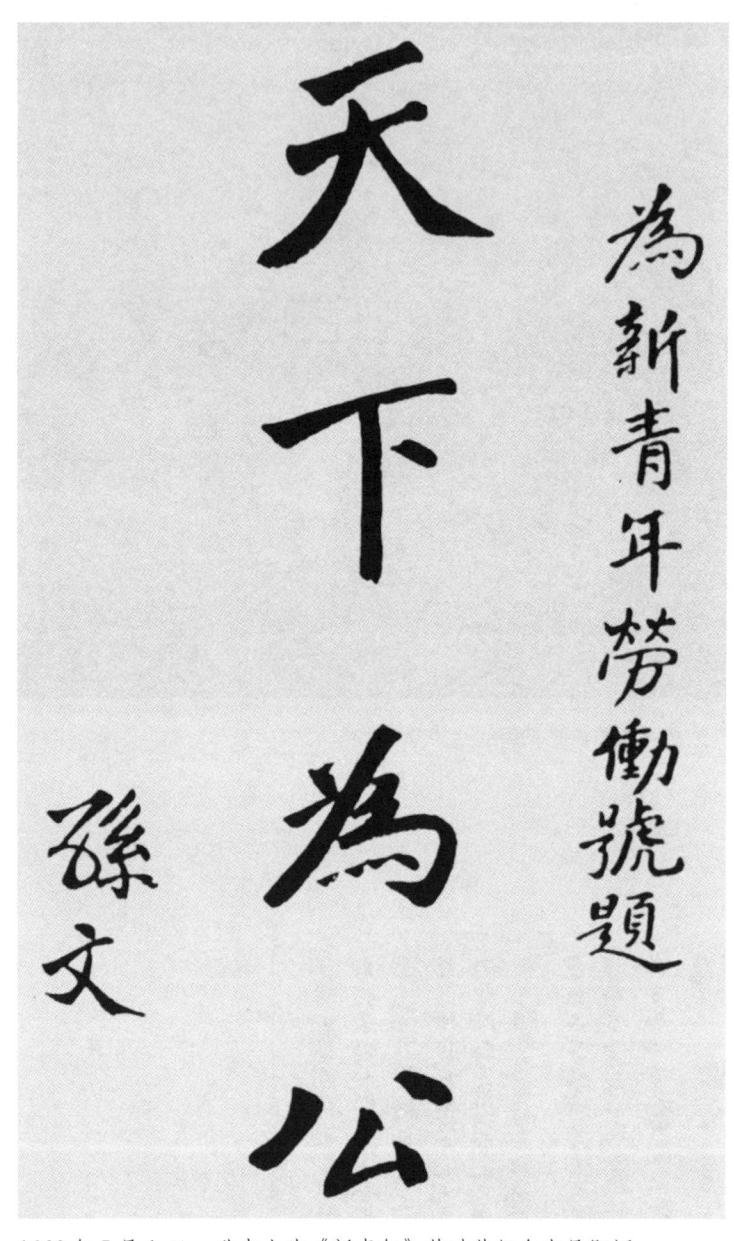

1920年5月1日,孙中山为《新青年》劳动节纪念专号题词

民党的组织。1923年初，北洋政府委派彭允彝出任教育总长，引起广大师生的极大愤慨，由此展开了一场直接针对军阀政府的驱彭斗争。北大校长蔡元培在军阀势力压迫下辞去校长职务。北京学生推派王昆仑、黄日葵等四人为代表，到上海进行联络，寻求各界的支援。当他们要求会见孙中山时，宋庆龄陪同孙中山在寓所接见了他们。孙中山教导他们说："彭允彝的问题，不只是教育界的问题，而是一个政治问题。光反对彭允彝一人很不够，要反对他的主子曹锟、吴佩孚，还要反对曹、吴的后台老板帝国主义列强。你们的斗争，也不是北京一个地方的事，而是全国人民的斗争。"① 几天之后，孙中山就介绍王昆仑到国民党机关履行参加国民党的手续，此后王昆仑就在北京学生中联络同志，进行革命工作。

同年12月21日，宋庆龄陪同孙中山到广州岭南大学同学生们会见。孙中山在该校所作的演说中，勉励学生们要立志"做大事，不可要做大官"，"把中华民国重新建设起来，让将来民国的文明，和各国并驾齐驱"。②

三、辅助改组国民党

以俄为师，依靠工农，最后归结到国民党改组，与共产党合作。

中国共产党成立后，首先在本阶级内部进行工作，大力开展工人运动，掀起了中国第一次工人运动高潮，显示了工人阶级伟大的力量。但是，由于共产党领导人理论准备的不足，对中国国情也缺乏深刻的了解，以为中国可以直接进行十月革命式的社会主义革命，建立无产阶级专政。因此党的活动局限在工人运动中，对国民党这

---

① 王昆仑：《宋庆龄——毕生为新中国奋斗的忠诚战士》，载《人民日报》1981年6月3日。
② 《在广州岭南学生欢迎会的演说》，载《孙中山全集》第7卷，第506页。

一资产阶级政党拒之千里。

在列宁和共产国际的帮助下,中国共产党在1922年7月的"二大"上第一次提出了明确的反帝反封建的民主革命纲领,提出为了实现反帝反军阀的革命目标,必须组成"民主主义的联合战线"。

最早最积极推动这个合作的共产党人是李大钊。他早在1919年就与孙中山接触。因此宋庆龄与李大钊也有密切的联系。李大钊是我国第一个认真、系统地学习马克思主义并把它和俄国革命经验介绍到中国的人。正是在1918年至1919年,李大钊在《新青年》等刊物上发表了《布尔什维克的胜利》、《我的马克思主义观》和《法俄革命之比较观》等重要文章,使正在总结历史经验、探求革命新出路的孙中山很受启发。宋庆龄回忆,孙中山在与李大钊等人接触中,"看到人们孜孜不倦地研究马克思主义和列宁的著作,感到非常高兴。孙中山特别钦佩和尊敬李大钊"。这种情绪也感染了宋庆龄。"我们总是欢迎他到我们家来……孙中山在见到这样的客人后常常说,他认为这些人是他的真正的革命同志。他知道,在斗争中他能依靠他们的明确的思想和无畏的勇气。"[①]

1922年8月中下旬,正是陈炯明背叛孙中山而去的时候,李大钊来到孙中山的身边。李大钊根据中共"二大"精神,与已经加入共产党的老同盟会员林伯渠一起,同孙中山进行了多次交谈,讨论"振兴国民党以振兴中国的种种问题"。孙中山对这种真诚的帮助感到非常高兴,和李大钊"畅谈不倦,几乎忘食"。[②] 在此期间,苏俄政府的特使越飞来华。经过李大钊、林伯渠的介绍,孙中山与越飞进行了六天的会谈,进一步商讨了以俄为师、改组国民党与建军,以及苏联援助中国革命等问题。宋庆龄参加了这些会谈,并为安排会谈做了许多工作。

---

① 《孙中山和他同中国共产党的合作》,载《宋庆龄选集》下卷,第393页。
② 参见李大钊:《狱中自述》。

就这样，在中国共产党的帮助下，孙中山开始迅速转变，国民党改组和国共合作开始了实质性的工作。1922年9月4日，孙中山在上海召开了改进国民党的会议，正式决定改组国民党，接着指定包含有共产党人的九人组成"改进案起草委员会"。1923年元旦，孙中山发表了《中国国民党宣言》，强调今后革命必须依靠民众力量。从依靠少数地方军阀到依靠广大民众，这是孙中山的革命思想发展的一个飞跃，这是和共产党人对他的帮助与影响分不开的。

转折时期，出现了许多新事物和新问题。宋庆龄知道自己年轻，阅历浅，就特别注意学习和思考，力求跟上孙中山的前进步伐。在1924年1月上旬，国民党内有些人竭力反对共产党员加入国民党时，宋庆龄请教孙中山：为什么需要共产党加入国民党？孙中山回答说："国民党正在堕落中死亡，因此要救活它就需要新血液。"他所说的"堕落"，指的是国民党党员缺乏革命精神、士气和勇气，忘记了建立国民党的目的是革命，因此产生了个人利益开始支配党员行动这种不幸的后果。孙中山还多次对宋庆龄说："国民党里有中国最优秀的人，也有最卑鄙的人，最优秀的人为了党的理想与目的而参加党，最卑鄙的人为了党是升官的踏脚石而加入我们这一边。假如我们不能清除这些寄生虫，国民党又有什么用处呢？"[①]正是通过孙中山革命思想的熏陶，宋庆龄进一步了解了改组国民党的真谛。

后来，看到孙中山的新政策初步显示威力时，宋庆龄深受感动，更加由衷地全力拥护。她曾回忆说："我清楚地记得1924年7月广东全省第一次农民大会在广州开会。这是我们第一次看见必然成为中国新力量的中国人民来参加革命。这些农民来自广东各县，许多人赤着脚走了好些里路来到广州。他们衣衫褴褛，有的还带着箩筐和扁担。我深深地受了感动。""孙中山也很受感动。我们回到家里

---

① 《儒教与现代中国》，载《宋庆龄选集》上卷，第178页。

李大钊　　　　　　　　林伯渠

1922年8月，李大钊根据中共中央决定精神，赴上海会晤孙中山。图为李大钊关于此次会晤回忆的部分手稿

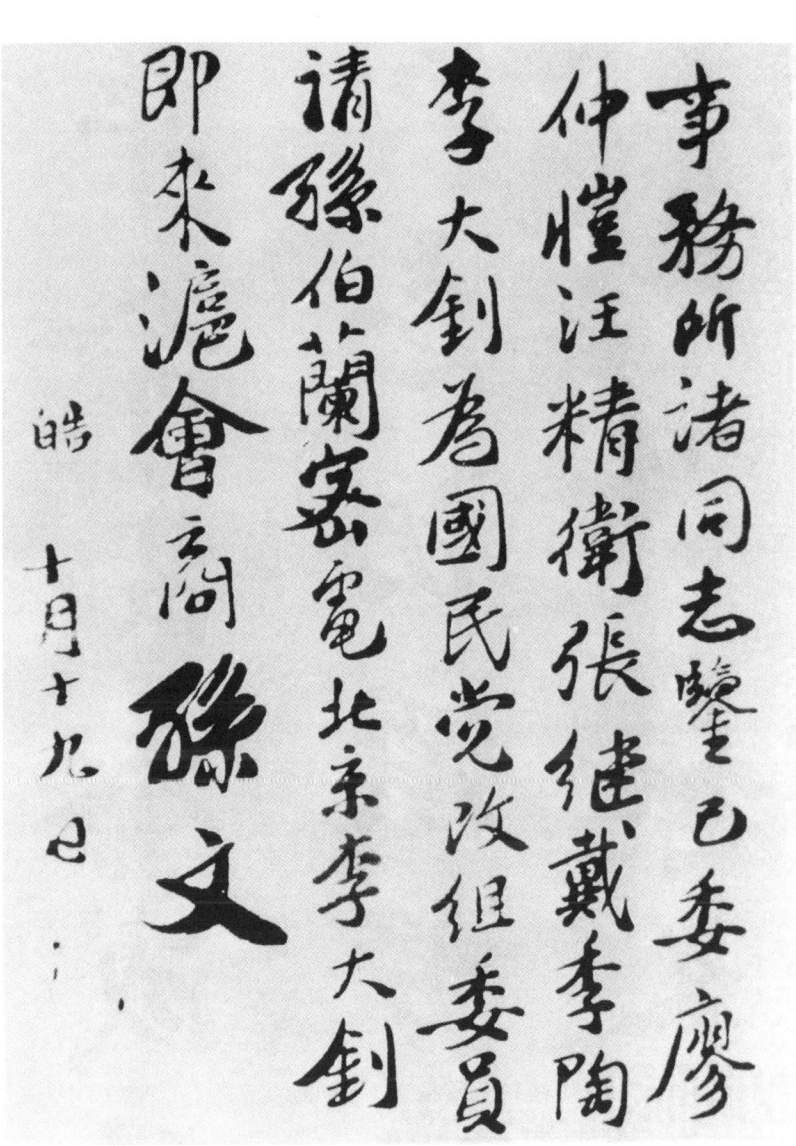

1923年10月19日，孙中山致电国民党上海事务所，着其密电李大钊由北京来沪商讨国民党改组事宜

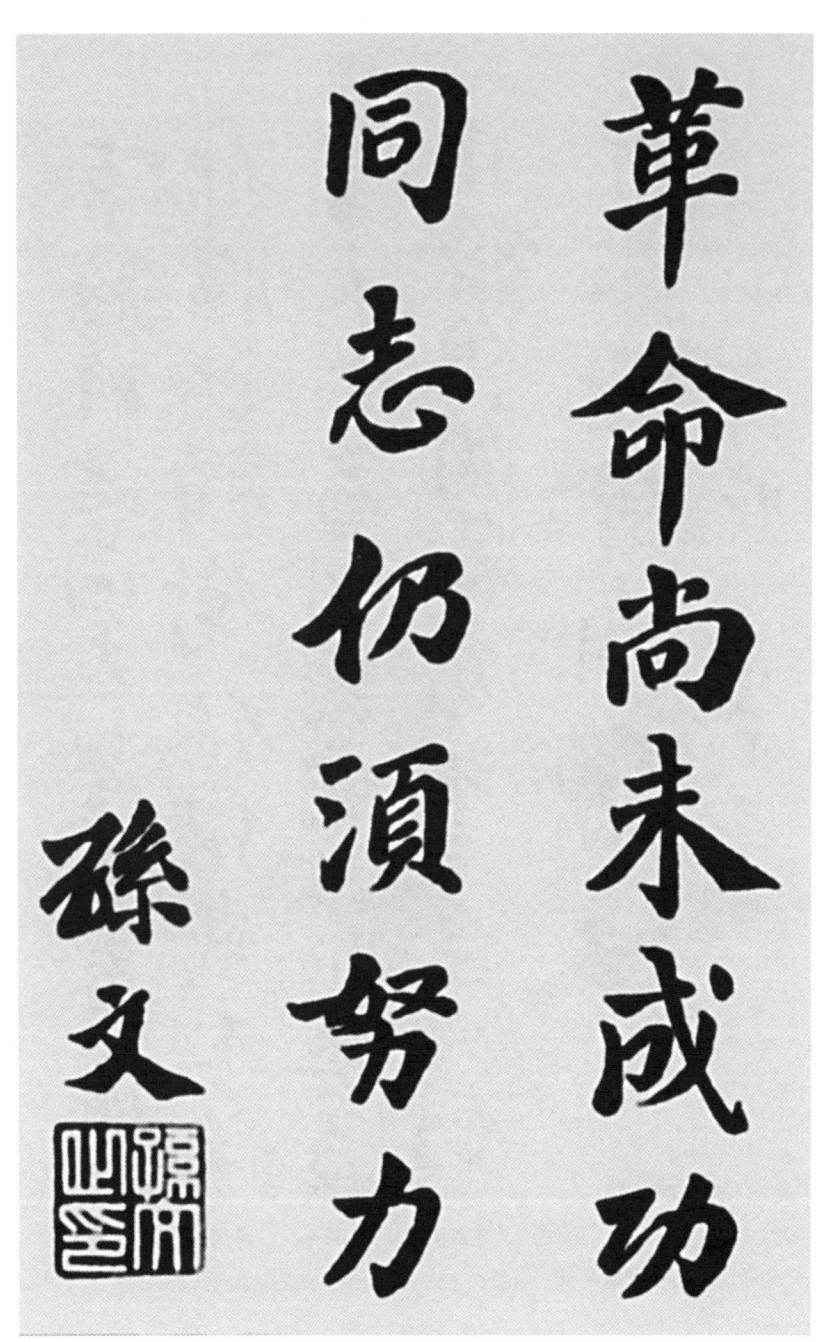

1923年10月,孙中山为国民党党员恳亲大会题词

之后，他对我说：'这是革命成功的起点'，并且又告诉我中国被压迫的人民在自救中所必须起的作用。"①

由于宋庆龄深刻地理解了这些道理，从而坚定不移地去维护孙中山的革命理想，维护革命的利益，向一切反动的势力进行斗争。当孙中山明确表示改组国民党和联俄、联共、扶助农工的意向后，立即遭到国民党内一些代表大地主大资产阶级的右翼代表人物的强烈反对。孙中山对此采取了毫不妥协的态度，他亲笔写文章驳斥他们的谬论，指出国民党改组和联共的必要，并发表了《致全体党员书》，详细解释联俄联共的必要性和重要意义，严肃批评那些散布谰言的人，"不是出于敌人破坏的行为，就是属于毫无意识的疑虑"②。这些人在阴谋无法得逞时，误以为宋庆龄年轻可欺，就来拉拢她，企图通过她去影响孙中山的革命行动。宋庆龄深信孙中山所说的"共产党人是我的真正的革命同志"，所以毫不动摇，并立即义正词严地拒绝了他们，保卫了孙中山的革命路线。后来她追忆这段历史说："国民党右派不满意孙中山倾向于社会主义和刷新三民主义的做法。他们十分厌恶他的三大政策。特别是'扶助农工'这一条，他们认为这一条是对他们利益的威胁。在这种合作中，象在其他革命工作中一样，每当孙中山要向前跨一步的时候，就有许多人企图把他拉回来。一听到宣布他决定实现这种统一战线，有些人就来找我，以为我会帮助他们反对这一行动。当我拒绝这样做、孙中山坚决做下去的时候，这些人就退党，并且公开攻击他。可是孙中山是吓不倒的。"③

孙中山在改组国民党和国共合作问题上，态度鲜明，坚持原则，即使对儿子孙科也毫不容情。国民党"一大"前夕，孙科追随右派

---

① 《为抗议违反孙中山的革命原则和政策的声明》，载《宋庆龄选集》上卷，第46—47页。
② 上海《民国日报》，1924年3月16日。
③ 《孙中山和他同中国共产党的合作》，载《宋庆龄选集》下卷，第394页。

1922年11月,孙中山与宋庆龄在上海

1922年,结婚七周年时在上海合影

1922年,孙中山与宋庆龄在寓所接见美国新闻记者希尔等人

分子发表了反苏反共的言论，不赞成国民党改组。孙中山得知后，便将孙科的名字从第一届国民党中央委员会委员名单中勾掉。他说："把这个名额留给真正赞成改组的同志。"① 这件事，给予宋庆龄很大的启发和教育，认识到自己对孙科也应该采取同样的原则。孙科是一个政治上动摇而往往偏右的政客。蒋介石叛变革命初期，孙科曾公开谴责蒋介石"篡位"，"败坏了国民党"；在蒋介石统治下，"所有的地方政府、省、市政府都已腐败透顶"，等等；并嘲讽蒋介石宣称其为孙中山"选定的接班人"是弥天谎言。但是，他后来又投靠蒋介石，跑到南京政府里去担任要职。宋庆龄对孙科的前者表示支持，对后者则不惜采取决裂的态度，毫不含糊。

1924年1月下旬，中国国民党第一次全国代表大会，在广州国立高等师范学校（后改名中山大学）举行。在代表大会上，通过了《中国国民党第一次代表大会宣言》《中国国民党章程》等重要议案，选举出包括共产党人李大钊、毛泽东、瞿秋白、林祖涵等人在内的中央委员会，确立了联俄、联共、扶助农工三大革命政策，承认共产党员和社会主义青年团员以个人资格加入国民党，从而实现了国民党的改组，标志着国共第一次合作的正式建立。当时，长期担任孙中山秘书工作的年轻国民党员宋庆龄，虽然没有以代表身份参加大会，但她是这次大会通过的宣言和孙中山倡导的"新三民主义"的积极支持者，并为大会的召开做了许多具体工作。

毛泽东对于孙中山的这一伟大行动给予极高的评价。他赞誉孙中山重新解释的"三民主义"是"革命的三民主义，新三民主义，真三民主义，是新民主主义的三民主义，是旧三民主义的发展，是孙中山先生的大功劳"。由此，"建立了三民主义同共产主义的统一战线，建立了第一次国共合作，取得了全国人民的同情，举行了

---

① 韦丰、寿星：《孙中山先生轶事三则》，载《团结报》，1985年11月9日。

一九二四年至一九二七年的革命"。①

宋庆龄在孙中山实现这一伟大行动的过程中，始终同孙中山脉搏相通，心声与共，殚精竭虑地积极辅助改组国民党的工作。所以，毛泽东对孙中山晚年给予的极高评价，也包括着对宋庆龄功劳的肯定。

四、参加广东革命根据地的建设

在帮助孙中山改组国民党、联合共产党的同时，宋庆龄积极参加了广东革命根据地的建设工作。改组与合作是为了国民革命，而国民革命是离不开巩固的根据地和坚强的武装的。

1923年初，孙中山发出通电讨伐陈炯明，命令所组织的滇、桂联军奋勇杀敌，"为国家除叛逆，为广东去凶残"，重建广东革命根据地。由于粤军内部的起义响应，陈家军土崩瓦解，迅速溃败。同年2月，孙中山又从上海回到广州，第三次在广州建立政权，重新成立了大元帅府。但打着革命旗帜的滇、桂军盘踞广州，飞扬跋扈，讨饷索弹，争权夺利，根本不听指挥；而且他们在北洋军阀的收买分化下，纷纷叛变，一度威胁到广东政权。孙中山为挽救危局，就亲自奔赴前线指挥战斗，并到医院慰问受伤官兵。

宋庆龄就在这种危急的时候，从上海来到正在广州士敏土厂大元帅府的孙中山身边，并立即投身于紧张的劳军活动中。她从5月1日起，不顾劳累和艰险，连续八九天，到广州各伤兵医院及前线各地慰问伤兵。其中，5月1日偕同何香凝等人，到广州市内市立、陆军、博洛等医院慰问伤兵，分赠物品；② 4日，她独自赴广州各医

---

① 《毛泽东选集》第2卷，人民出版社1991年版，第692—693页。
② 上海《民国日报》，1923年5月4、10日。

1923年10月21日,宋庆龄陪同孙中山视察虎门炮台留影

院慰问伤兵；①6日陪同孙中山等人，乘坐轮船、电船赴西江到石围塘滇军临时病院慰问，并与孙中山分别犒赏伤兵每人十元和一元。接着，又乘广三铁路火车至三水县后，与孙中山一起步行长距离的"崎岖泥泞之路"，到达河口大本营野战医院、兵站第二病院以及三水城内医院里慰问伤兵，分赠饼干、牛奶等物，又与孙中山分别犒赏伤兵每人十元和一元；②8日，得知黎洞连江口及英德等处的战斗很激烈，血肉相拼，死伤甚重，又立即陪同孙中山携带现银数万元，乘坐粤汉路专车到英德及连江口慰问前敌将士。③

此外，宋庆龄还陪同孙中山巡视重要的军务单位，所到之处她受到官兵们广泛的欢迎。如同年10月11日，视察了广州飞机制造厂；21日至23日，又乘"江固"号炮舰赴虎门要塞巡视各炮台，在虎门要塞司令廖湘云导引下接见了炮台的全体官兵，并检阅了官兵的操练；等等。

宋庆龄的这些活动，给予孙中山很大的支持和安慰，支援了讨伐叛逆的战争，鼓舞了士气，也使广大伤病员和官兵深受感动，纷纷表示要更加英勇地杀敌立功，报效民国。④

1924年元旦，宋庆龄陪同孙中山出席在广州大元帅府举行的庆祝元旦和民国政府成立纪念仪式，随后又举行颁奖大会，给陈炯明叛乱时防守观音山的卫士颁发奖牌。在孙中山讲话后，宋庆龄亲自将奖牌给战斗的有功卫士佩戴。当时，会场"场面严肃和穆，诚自民国以来空前之盛典"。⑤奖章呈圆形，中铸大元帅孙中山像，像顶青天白日国徽，伴以嘉禾，上端刻"中华民国海陆军大元帅"，下刻"十一年讨贼有功奖章"。

---

① 上海《民国日报》，1923年5月5日。
② 上海《民国日报》，1923年5月13日。
③ 同上。
④ 上海《民国日报》，1923年5月4、10日。
⑤ 广州《民国日报》，1924年1月3日。

在宋庆龄支持孙中山革命事业的众多事迹中，乘坐"洛士文"号飞机试飞，是非常生动的一例。

孙中山素有"航空救国"的主张，并有一贯重视和依靠爱国华侨办航空的想法。1917年，他曾派杨仙逸去美国购买飞机，到1920年11月时，又在广州成立了航空局，从维修进口飞机进而着手建厂自造飞机。在孙中山亲自关怀、督促下，中国辛亥革命后的第一架飞机终于在1923年6月装配成功。为了纪念孙中山和宋庆龄的领导和赞助，这架飞机就以宋庆龄的英文学名Rosamonde的译音"洛士文"命名为"洛士文"号。

7月上旬，在飞机问世不久后的一天，宋庆龄陪同孙中山来到广州郊区大沙头飞机场主持"洛士文"号命名试飞典礼。当时，世界的航空事业还处于初创阶段，这架中国人自己制造的飞机能否飞起来？能否平稳地在天空飞行？能否安全降落？都是大家担心和怀疑的问题。因此，当孙中山环顾左右文武官员，探询谁愿意参加试飞当第一乘客时，大家都面面相觑，没有一个人回答。这时，宋庆龄挺身而出，大家都感到意外，这有多大的危险啊！但宋庆龄好像完全没有想到什么危险。她泰然自若地微笑着从人群中走出来，迈着坚定、轻捷的步子，走向机舱，机舱里只有两个座位，一个飞行员黄光锐坐，另一个就是她坐。

试飞顺利。飞机升上晴空后，在空中旋转自如，灵活精巧，飞行平稳；一会儿，又在空中做了特技表演，在广州上空转了几圈才徐徐降落。当宋庆龄和黄光锐一起走下飞机时，孙中山和文武官员像欢迎凯旋的英雄一样，一齐拥上前去祝贺，赞扬飞机性能之良好，佩服飞行员技术之高超，更钦佩宋庆龄的勇敢行动。[①]

对于宋庆龄来说，这一壮举是她献给孙中山的一份珍贵的礼物，

[①] 参见罗歌：《宋庆龄与"洛士文"号飞机》，载《新观察》1982年第10期。

1923年12月，孙中山、宋庆龄与1922年6月抗击陈炯明叛乱中立功的卫士合影

1923年12月21日，宋庆龄陪同孙中山到广州岭南大学演讲时留影

1924年元旦，孙中山、宋庆龄出席在广州大元帅府举行的庆祝中华民国成立十三周年暨授勋典礼

一颗以实际行动支持孙中山革命事业的赤诚之心。

宋庆龄表面上看来文静纤弱,实际上却具有大无畏的革命精神。她的一生中,有无数类似"洛士文"号试飞这样蔑视困难和危险的传奇故事。1926年,她还曾自告奋勇搭乘一架容克飞机从广州飞往武汉,而当时国民政府其他部长们都对飞机望而生畏,谁也不敢乘坐。①

在苏联和中国共产党的帮助下,孙中山在广州创办了中国国民党陆军军官学校(因校址在黄埔岛,一般称为黄埔军校)。1924年6月16日,黄埔军校开学,宋庆龄陪同孙中山到校参加盛典,给予师生很大的鼓舞。当时参加开学典礼的季方回忆说:"庆龄同志当时很年轻,态度慈祥,仪表端庄,令人肃然起敬";而她在国民党改组中所起的作用更令人敬仰,"大家都知道她不仅是中山先生的爱侣,而且担负着机要秘书工作,为中山先生整理文件、函电,提供资料,一方面深受中山先生革命精神的影响,另一方面又帮助中山先生革命思想的发展,对改组国民党制订三大政策,实行革命的三民主义,都起到了积极的辅助作用,是一位得力的助手"。②

综上所述,可以充分说明,1922至1924年这三年中,宋庆龄在辅助孙中山改组国民党,确立联俄、联共、扶助农工三大政策,协助建设革命武装和广东革命根据地方面,都是呕心沥血、全力以赴的。她为推动国共第一次合作,为中国革命事业的发展,做出了重要的贡献,从而也使她开始成为世界瞩目的人物。当时一位国际新闻社的记者埃德娜·李·布克访问孙中山和宋庆龄后,对宋庆龄这样写道:"当她与他(孙先生)谈话时,闪亮的眼睛中充满着仰慕之情,神态羞赧、温柔而又崇敬。人们告诉我,孙夫人是可爱的,但是我未想到她是那样容光焕发,那样高雅优美,她的理想又是那么

---

① 参见陈丕士:《回忆宋庆龄》,载香港《大公报》,1981年6月7日。
② 季方:《宋庆龄同志是中华民族的一代楷模》,载《光明日报》,1981年6月1日。

宋庆龄在"洛士文"号飞机机舱

1923年7月,宋庆龄和孙中山在广州参观中国自行组装的第一架飞机"洛士文"号试飞。"洛士文"即宋庆龄英文名 Rosamonde 的音译名

1924年6月16日，孙中山、蒋介石、廖仲恺、宋庆龄在黄埔军校开学典礼上

孙中山和宋庆龄在上海寓所

炽烈!这位像花一样的妇人,穿着精致的蓝色长袍,是那么文雅、富于魅力、仪态端庄,很难想象是一位革命领导者。然而,她已献身于自己的丈夫,……献身于他为之奋斗的革命事业。"①

可以毫不夸张地说,这几年是孙中山革命历程中最辉煌的年代,对于宋庆龄来说,也是她崭露头角的年代。

可是,昊天不吊,哲人其萎,正在中国革命走向新的高潮时,孙中山突然病倒继而逝世了。宋庆龄又面临一个严峻的考验。

---

① 转引自〔美〕罗比·尤恩森:《宋氏三姐妹——宋蔼龄、宋庆龄、宋美龄》,第68页。

第四节　继承孙中山的革命遗志

一、第一篇演说

1924年10月，第二次直奉战争正在榆关进行之际，直系将领冯玉祥、胡景翼和孙岳乘中枢空虚，发动了北京政变，囚禁曹锟，推倒了声名狼藉的直系政府。政变后，冯玉祥和北方国民党人迎请孙中山北上主持国事。

孙中山毕生爱国爱民，同情人民的疾苦，痛恨军阀混战与割据给人民带来的灾难和痛苦，他根据北方政局的发展，不放弃一线和平统一的希望。为了迅速实现全国的统一，同时也为了"拿革命主义去宣传"，便毅然决定接受冯玉祥等人的北上邀请。

当时，在帝国主义和封建军阀一致反对孙中山革命行动的情况下，北上困难重重，险象环生。许多同志为孙中山的安全担心。孙中山自己也知道北上前途殊难逆料，但为了人民的利益，不惜牺牲个人的一切。宋庆龄当然更为孙中山的安全担心。她清楚地知道中外反动势力对待自己的丈夫决不轻易罢休，北上充满着艰险；但她

冯玉祥　　　　　　　胡景翼　　　　　　　孙岳

在为国为民这个根本问题上的思想,是完全与孙中山一致的。因此,对孙中山北上除了加强保卫外,阻止他北上是难以启齿的。11月13日,宋庆龄陪同孙中山一起到广州长堤天字码头登上永丰舰,开始了北上的长途旅行。

中国共产党于孙中山北上的同时,发动了一个全国规模的国民会议促成运动,各地区、各阶层都建立了促成会组织,积极展开斗争,为孙中山北上作后盾。但在孙中山北上途中,北京的情况却发生了重大变化。冯玉祥政变后,皖系军阀段祺瑞、奉系军阀张作霖乘虚进入北京。段、张都是日本帝国主义的走狗,他们二人联合起来排挤冯玉祥,成立所谓"中华民国临时执政府",以段祺瑞为"临时总执政"。因此,孙中山赴北京时,面临的对手,将是奉系张作霖支持下的皖系段祺瑞了。这将是一场非常激烈而前途难卜的较量。而作为孙中山最亲密的战友和伴侣,宋庆龄的肩上,也要承担起极为繁重和艰巨的任务。

他们这次北上的道路,计划由广州先到香港,再转搭日本邮船

1924年11月孙中山北上时,广州商会赠送的银杯,上刻"统一先声"

1924年11月14日,孙中山、宋庆龄自香港乘"春阳丸"启程北上

1924年11月17日，孙中山在上海外滩码头受到上海各界人士欢迎的情景

1924年11月17日，孙中山、宋庆龄途经上海，受到热烈欢迎。图为他们与拍摄欢迎活动的新大陆影片公司工作人员在莫利哀路寓所合影

1924年11月21日,孙中山、宋庆龄离沪前往日本神户

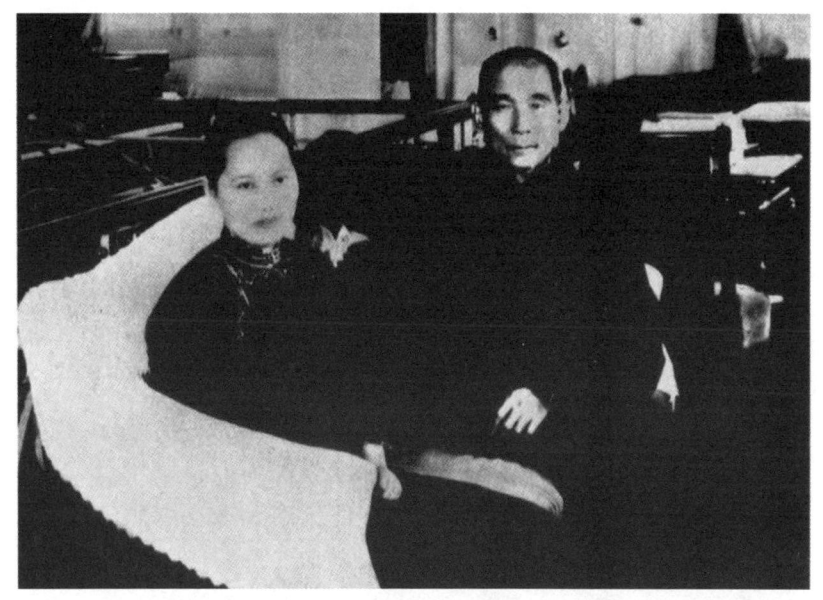

1924年11月22日，孙中山、宋庆龄在"上海丸"船上

绕上海，取道日本，经天津，进北京。12月24日下午到达日本神户港，停留了一个星期。在此期间，孙中山会见了当地的国民党人和旅日华侨，发表了希望早日实现和平统一和打倒帝国主义、封建军阀的演说。宋庆龄则应神户县立女子高等学校的邀请，去该校发表演说。

那是在28日的下午，当孙中山陪同宋庆龄到达神户县立女子高等学校时，受到该校校长及全校教职员学生一千多人的热烈欢迎，并由一女生代表本田须磨子把一束盛开的菊花献给宋庆龄。在学校礼堂里，近千名女学生把礼堂挤得满满的，座无虚席，还有不少站着的。孙中山和宋庆龄同时走上讲坛。先由孙中山作了简短的致词后，接着，宋庆龄"用自然、流畅的英语"发表了关于妇女运动的演说。她在演说中首先指出："妇女地位是一个民族发展的尺度。当

1924年11月24日，孙中山与宋庆龄抵达日本神户

今世界上，只有意识到这点的民族，才能成其为伟大的民族。"她说，"妇女对正义的要求"，正成为强大的"世界运动"。她认为妇女"必须参与妇女界的、社会的、公民的以及工业的福利活动，必须争取与妇女和儿童切身利益有关的事情的发言权"。① 更可贵的是，她没有把妇女运动的目标，仅仅停留在争取妇女与儿童的权利上面，她说，"我恳切呼吁，东方和西方的妇女，为改造世界而联合起来！联合起来要求普遍裁

1924年11月28日，宋庆龄在日本神户县立高等女子学校发表关于妇女解放问题的演说

军，废除歧视政策，废除不平等条约。我们妇女必定会取得成功"。最后，她激动地表示："我希望中国和日本的妇女，争取实现那个人类不为动物本能所支配，而由理性所指导的日子。"②

值得注意的是，宋庆龄要求中日妇女努力去创造人类不受制于兽性，而将受制于理性的环境。实际上她是在呼吁中日两国妇女们起来反对帝国主义侵略和战争，只是她没有使用这个政治术语，用词委婉而已。

显然，这篇论述妇女运动的演说，是宋庆龄1913年在美国《威斯里安》院刊上发表《现代中国妇女》的文章后，11年来研究妇女解放问题的新战果，许多重要论断，为以后世界妇女运动所证实。正由于宋庆龄的演讲内容丰富，亲切感人，从风度、言辞到思考，

---

① 转引自刘宗孟：《在神户留下的革命足迹——记孙中山、宋庆龄1924年在神户活动的片断》，载《人民日报》，1981年6月1日。
② 《在神户高等女子学校的讲演》，载《宋庆龄选集》上卷，第22—23页。

都使听众为之动容,讲演大获成功。这篇演说,当时日本各大报纸均有报道。在日本很有影响的《大阪每日新闻》认为:它是"世界妇女日益觉醒的有力证明"。①

现场亲耳听过这次演讲的岛越文子,在57年后,即1981年时担任了神户高校同学会副会长,她回忆当时情景说:讲演给人的印象非常深刻。宋庆龄是一位坚强的人、高尚的人,讲话稳重,我们对她非常尊敬。

不仅如此,这篇演讲对宋庆龄此后漫长的革命道路来说,可以看作是一个里程碑,因为它是宋庆龄有生以来第一次以独立身份从事政治活动——在群众面前公开发表的政治演说。它表明经过十年来孙中山的帮助和在工作中的锻炼,她已经克服了生性腼腆的弱点,而具备了政治家的风度,结束了如她自己所说的"学徒"生活,可以独立工作、独立战斗了。在此之前,孙中山发表演说时,她总是在他身旁静静地听着。据说,每次公开露面之后,由于腼腆和缺乏经验,"她常因感情激动而筋疲力尽,不得不休息几天以恢复体力"。②

宋庆龄演讲后,孙中山又为女子高等学校题写"天下为公"四个大字作为留念。该校把这个题字视为珍贵文物,至今仍悬挂在学校的纪念室里,并已列为该县的重要文物之一。旅日华侨还特地将这四个字刻为石碑,竖立在当年孙中山和宋庆龄参观过的"移情阁",供人参观。"移情阁"是一幢风格独特的建筑,坐落在神户海岸松树环抱的舞子风景区。它是国民党老人、爱国华侨资本家吴锦堂为寄托"望乡"之情而建造的别墅。1913年,"二次革命"失败后,孙中山亡命日本时,吴锦堂就在这里接待他。这次孙中山又偕宋庆

---

① 参见刘宗孟:《在神户留下的革命足迹——记孙中山、宋庆龄1924年6月在神户活动的片断》。
② 〔美〕罗比·尤恩森:《宋氏三姐妹——宋蔼龄、宋庆龄、宋美龄》,第63页。

龄访问吴锦堂并参观"移情阁"。①1983年，经过修复的"移情阁"已作为孙文纪念馆，陈列孙中山的著作、照片和文物供人参观。

孙中山和宋庆龄于11月30日离开神户，乘日轮"北岭丸"赴天津。12月4日中午，船到天津，受到各界群众两万余人的热烈欢迎。他们俩立即站立在轮船甲板上，同欢迎的群众见面。当时在人群中的邓颖超后来对宋庆龄深情回忆说："我在欢迎行列中，看到为推翻清朝帝制，为中国独立、自由、民主而奋斗不息的伟大的革命先行者——孙中山先生，坚定沉着，虽显得年迈，面带病容，仍然热情地向欢迎的人群挥帽致意；同时看到亭亭玉立在孙先生右侧的你。你那样年轻、美貌、端庄，安详而又有明确的革命信念。你一位青年革命女战士的形象，从那时就深深印入我的脑际，至今仍然清晰如初。"②

可是，就在这天晚上，孙中山由于劳累过度，胆囊腺病发作而病倒了。

二、孙中山遗嘱

孙中山毕生为革命奔走，长年艰苦的革命工作，加上备受煎熬的颠沛流离的生活，严重损害了他的身体，胃病、胆囊腺病经常发作。与宋庆龄结婚后，由于受到宋庆龄无微不至的照顾和在饮食上的精心调理，加以心情舒畅，所以健康曾一度好转，胃病几乎痊愈，使孙中山婚后十年成就了惊人的卓著功业。但是，经历两次"护法"运动，又连续组织北伐战争，这些接连不断的南征北伐，孙中山都要亲率军旅，转战前线，身体极其劳累，生活也极端艰苦。尤其是

---

① 中村哲夫：《介绍孙中山纪念馆》，载日本《辛亥革命研究》第5号。
② 邓颖超：《向宋庆龄同志致崇高的敬礼！》，载《人民日报》，1981年5月29日。

1924年11月30日,孙中山偕宋庆龄一行乘"北岭丸"离神户赴天津,一行人在船上合影。后排右起:戴季陶、李烈钧、山田纯三郎

1924年12月4日,孙中山抵达天津,下船时向欢迎者招手致意

1924年12月4日,孙中山在天津张园门前与各界欢迎者代表合影

1924年12月4日,孙中山在天津张园留影

1924年12月4日,孙中山在天津张园向各界人士致辞时的情景

1922年6月陈炯明的叛变，不但使他精神上受到异常沉重的打击，在永丰舰上蒙难的50多天中，生活也备受煎熬，健康状况日益恶化。之后，在国民党改组、与共产党合作的过程中，国民党内右派分子又耍弄阴谋诡计，"从背后破坏他"，进一步损害了孙中山的健康。宋庆龄回忆，右派"使他愤怒得甚至食不下咽，有许多次，他身体上因气愤而感到剧烈的痛楚，终于成病"[1]。积劳成疾的孙中山，早已患有胆囊腺癌。

孙中山是带病北上的。由于长途跋涉，几度转换车船，再加上一路上天气不好，雨雪交加，在船上还饱受风浪之苦；沿途停留时，还要接见中外记者、当地要人，参加欢迎会，发表演讲，等等，使孙中山精疲力竭。12月4日，轮船抵达天津大沽口时，朔风呼啸，天气很冷，孙中山站在船头上向拥簇在码头上的欢迎群众致意，又受了风寒。当晚便病情加重，开始恶化，夹着感冒来势很猛。随后虽经多方医治，病势依然有增无减。

在这种情势下，段祺瑞还继续作恶。他迫不及待地向外国使团表示"外崇国信"，承认历史上的不平等条约，又匆匆忙忙地召开"善后会议"，抵制孙中山的"国民会议"。所以，12月18日孙中山在接见段祺瑞的两位代表时，强忍病痛，"竭尽余力，用毫不含糊的字句痛斥了他们主子们的伪善和自私自利"[2]。他说："我在外面讲要废除那些不平等条约，你们在北京偏偏的要尊重那些不平等条约。这是什么缘故呢？你们要升官发财，怕那些外国人，要尊重他们，为什么还来欢迎我呢？"[3] 宋庆龄也斥责段祺瑞政府是帝国主义的走狗。由于这次刺激，孙中山的胆囊腺病进一步恶化，以致一病不起，竟于1925年3月12日在北京东城铁狮子胡同5号溘然长逝，终年

---

[1]《孙中山——中国人民伟大的革命的儿子》，载《宋庆龄选集》下卷，第245页。
[2]《孙中山——中国人民伟大的革命的儿子》，载《宋庆龄选集》下卷，第246页。
[3]《孙中山轶事集》，上海三民公司编1976年版，第97—98页。

59岁。

巨星陨落，举国哀悼，云凄海咽，天愁地悲。对宋庆龄来说，更是一个无比巨大的打击，她悲痛欲绝，泣不成声。从此后，她一直生活在对孙中山的无限怀念之中。继承孙中山的遗志，也就成为她终生奋斗的目标。

从孙中山发病到逝世，宋庆龄心急如焚，守在病榻旁日夜侍候，体贴入微，熬过了她一生中最为悲痛的三个月，对孙中山倾注了全部的爱，全部的恋。孙中山在最后的日子里所最系念者也是宋庆龄。这一方面表明了他们夫妻两人忠贞崇高的爱情；另一方面，对于宋庆龄此后继承孙中山遗志，带领群众继续革命，具有重大的意义。正如亲历其境的何香凝在当时上海追悼大会上所说的："在先生（按：即孙中山）病榻之旁，三月未离一步，衣不解带，食不知味，以先生之精神为精神，使吾人永念不忘者，则为孙夫人。夫人之精神与劳苦，为吾辈所当敬爱。先生日语夫人，盼同志继续努力革命；今先生死矣。夫人尚在。我辈当念先生之言，随夫人之后，共同奋斗。"①

3月11日下午，孙中山临终前特地把宋庆龄嘱托给何香凝等人，反复叮咛说，在他死后要"善视孙夫人"，"弗以其夫人无产而轻视"。说着说着，他的舌头硬了，话也讲不清楚了。何香凝赶快表示："先生，我亲近先生二十多年，同受甘苦，万一先生病不能愈，我们当尽力保护夫人及先生遗族，我虽然知识、能力都很薄弱，但是总算能够亲受总理三民主义的教训，我有一分力量，必定尽力宣传。"那时，宋庆龄在旁边"哭声惨切"。孙中山含泪望着何香凝，握着她的手说："那么，我很感谢你。"②

---

① 何香凝：《在上海国民党本部孙中山先生追悼大会上的演说》，载《双清文集》下卷，第8页。
② 参见何香凝：《在上海国民党本部孙中山先生追悼大会上的演说》及《孙中山先生逝世二周年数日前的感想》，载《双清文集》下卷，第9、56页。

的确，孙中山与宋庆龄十多年来朝夕相处，同甘共苦，为着同一的革命理想奋战在艰难顿挫的道路上。他们之间相亲相爱相敬如宾之感情是堪称模范的。孙中山立存遗嘱的事，又是生动的一例。

孙中山目睹国民党内外反动势力之大，原不想留下什么文字遗嘱。但是，2月24日他的病情恶化时，国民党中"许多同志极力主张预备一个遗嘱，以便到万一危急的时候，请示大元帅（即孙中山）签一个字，作本党永远遵守的信条"。[1]他们委托汪精卫、鲍罗廷和陈友仁起草后，就去征求孙中山的意见。孙中山沉默了许久，然后才睁开眼睛说道："我看你们是很危险的呵！我如果是死了，敌人是一定要来软化你们的。你们如果不被敌人软化，敌人一定是要加害于你们的。你们如果要避去敌人的危险，就是一定要被敌人软化。那么我又有什么话可讲呢。"经过大家恳切请求，孙中山才表示："你们要我说什么话呢？"汪精卫回答说已准备好了几句话，打算读给孙中山听，"如果是赞成的，便请总理签个字，当作总理所说的话。总理如果是不赞成的，便请总理另外说几句话，我可以代为笔记下来，也是一样"。[2]

由孙中山口授，经汪精卫、鲍罗廷和陈友仁笔记的遗嘱共有三个，即长期为人们传诵的《总理遗嘱》与《致苏联遗书》，和专门留给家属的《家事遗嘱》。前二个遗嘱，显示了孙中山爱国反帝、坚持三大政策的革命精神，它们具有巨大的号召力，不仅在当时产生了积极的政治作用，在以后还成为中国人民反击背叛孙中山革命事业的叛徒们的重要武器；后一个遗嘱，说明将遗物留给宋庆龄作为纪念，要求儿女们继承他的革命遗志。《家事遗嘱》[3]的全文是：

---

[1] 黄昌谷：《大元帅北上患病逝世以来之详情》，载尚明轩等编：《孙中山生平事业追忆录》，人民出版社1986年版，第661—662页。
[2] 同上。
[3] 《孙先生致家属遗书》影印原件，载北京《晨报》，1925年3月14日。

> 余因尽瘁国事，不治家产。其所遗之书籍、衣物、住宅等，一切均付吾妻宋庆龄，以为纪念。余之儿女已长成，能自立，望各自爱，以继余志。此嘱。
>
> 　　　　　　　　　　中华民国十四年二月二十四日
> 　　　　　　　　　　孙　文　三月十一日补签
> 　　　　　　　　　　笔记者　汪精卫
> 　　　　　　证明者　宋子文　邹　鲁　邵元冲
> 　　　　　　　　　　孔祥熙　吴敬恒　何香凝
> 　　　　　　　　　　孙　科　戴季陶　戴恩赛

这三个遗嘱立就后，本来是准备马上签字的。当汪精卫把房门打开去拿笔墨时，在门外客室中的宋庆龄以为事毕，便立即走了进去。孙中山看见宋庆龄极度伤感的神情，为避免触动夫人对于病人绝望的感情，所以立刻谕汪精卫曰："今天不要签字，过几日再看罢。"① 到3月11日夜，孙中山的病情恶化，瞳孔开始扩散，周围的人们知道最后的时刻即将到来，便由宋庆龄、何香凝、汪精卫等人走近床前，请他在遗嘱上签字。孙中山环视四周说："现在要分别你们了。"遂吩咐将遗嘱拿来，宋庆龄含泪抬起孙中山的手腕执钢笔签名。当时，宋庆龄怀着极为悲痛的心情，热泪涔涔，难以自已，所有在场的人也都甚感悲伤。

孙中山奔走革命数十年，艰苦朴素，廉洁奉公，从不治家产，不谋私财，身后不名一文。有人统计过，就物质来说，孙中山所遗给宋庆龄纪念的"一切"，只有两千多本书、一幢华侨捐赠的有五个房间的住宅和一些还未用完的日用品。如此而已。可是，他却给宋庆龄和中国人民留下了无比巨大和珍贵的精神财富。

---

① 黄昌谷：《大元帅北上患病逝世以来之详情》，载尚明轩等编：《孙中山生平事业追忆录》，人民出版社1986年版，第663页。

国事遗嘱

家事遗嘱

致苏联遗书

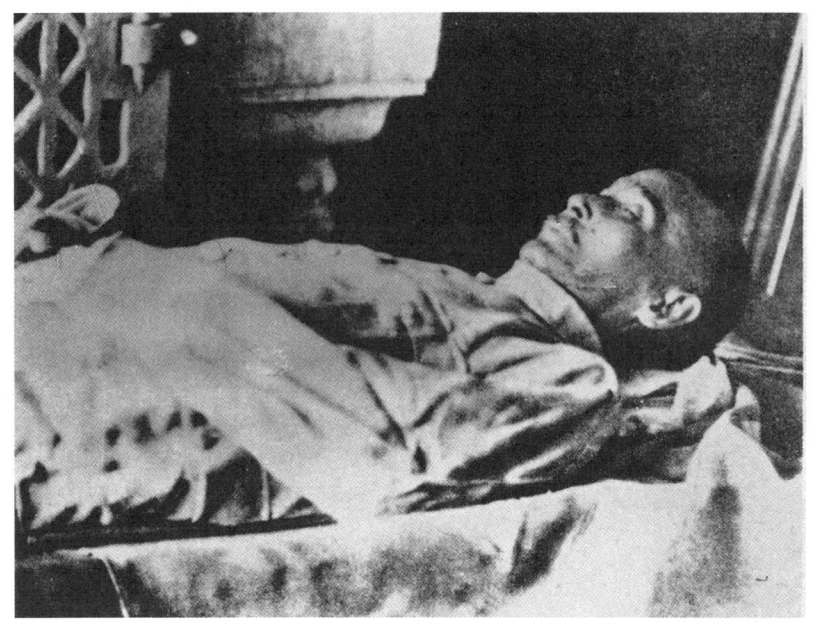

1925年3月12日，孙中山因病逝世于北京

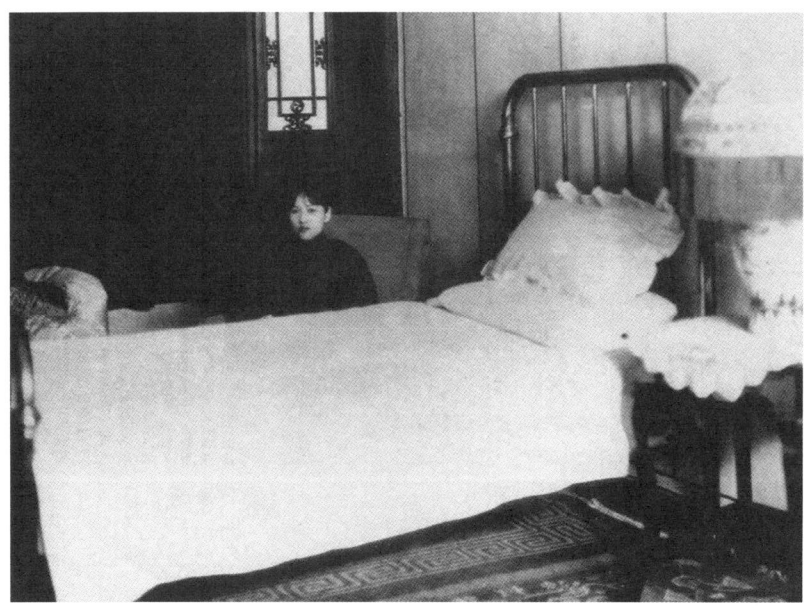

孙中山遗体刚刚被抬走时的宋庆龄

孙中山签字完毕后,又对宋庆龄及周围的同志痛切地说过这样的话:"我这次放弃两广来北京,是谋和平统一的。我所主张统一的方法是开国民会议,实行三民主义和五权宪法,建设一个新国家。现在为病所累,不能痊愈。死生本不足惜,但是数十年为国民革命所抱定的主义,不能完全实现,这是不能无遗憾的。我很希望各同志,努力奋斗,使国民会议早日开成,达到实行三民主义和五权宪法的目的,那么我虽然是死了,也是很瞑目的。"[①]

鞠躬尽瘁,死而后已。孙中山为国为民奋斗到生命最后一刻的精神,给了宋庆龄深刻的印象,她说孙中山具有列宁在给他的一封信中所说的对革命事业"不息的热诚"。

孙中山的临终遗言和他的遗嘱,深深地铭刻在宋庆龄的心中,成为她以后几十年奋斗的座右铭。孙中山虽然没有给宋庆龄留下什么遗产,但是,由于宋庆龄忠诚地继承了孙中山的革命思想和革命精神,她实际上成了世界上最富有的人。

三、初露领袖才华

孙中山逝世后,宋庆龄强忍着巨大的悲痛,参加了一系列善后活动,诸如守灵护灵,遗体入殓改殓,对国内外介绍孙中山的"新三民主义"和"联合世界上以平等待我之民族共同奋斗"的遗嘱,参加各种追悼大会,以及亲赴西山碧云寺和南京紫金山勘察灵柩停厝所和墓地等。宋庆龄对所有这些活动,都尊重孙中山治丧委员会的意见。她识大体,顾大局,深为人们所称道,正如人们所评价的那样:"作为国父孙中山先生的夫人,宋庆龄女士一开始便可以掌

[①] 黄昌谷:《大元帅北上患病逝世以来之详情》,载尚明轩等编:《孙中山生平事业追忆录》,人民出版社1986年版,第664页。

中国国民党中央委员会为孙中山逝世发布
的《讣告》

中国共产党为孙中山逝世发布《告中国民众》

握更大之权力,及爬上更高之政治地位。中外古今,许多'知名妇人',都是妻凭夫贵,争权力,居高位,为所欲为的。但终其一生,孙夫人从没有这样做,也不同意别人这样做,这是中外历史上罕见的。"她"从不干预孙中山先生之政治工作。在孙中山病重时,有关立遗嘱的大事,也是由跟随孙中山先生之得力而又是亲信的同志决定。孙中山先生逝世,孙夫人更是勇敢而镇定地处理后事,处处以同志们的意见为依归,事事以顾全大局、为国为民为最高原则。这是伟大的人格、海洋似的器量之表现"。①

宋庆龄在孙中山善后活动中表现的崇高情操,大大地鼓舞了革命人们继承孙中山遗志和继续革命的力量。

孙中山逝世后,宋庆龄和宋子文等护送他的遗体至协和医院,并亲视入殓。3月19日上午,她又和亲属以及国民党中央领导人护送孙中山灵柩从协和医院移至中央公园(后改名为中山公园)社稷坛大殿(现中山堂),供各界人士和广大群众吊唁。据当时在公园大门口执行勤务的女师大学生陆晶清回忆,宋庆龄随灵车到公园入口处下了车,她"头上罩着黑纱,全身丧服,穿着白珠镶边的旗袍,黑鞋黑袜黑手套。透过黑纱看到她面色苍白,紧闭着嘴,微低着头。当她由两个人搀扶着慢步朝社稷坛走去时,偌大的公园里,只听到风声和隐隐啜泣声,成百上千双泪眼直送孙夫人走进灵堂"②。

4月2日,孙中山的遗体移往北京西山碧云寺入殡。宋庆龄也是身穿黑色衣服,面罩黑纱,走在30万送殡人群的前头,她"没有哭泣,没有流泪,而是更加坚强,显示出内在的毅力"③;她"脸上流露出无限悲痛而又坚定沉毅的神色"④,表现出一派刚强的巾帼丈

---

①李文:《孙夫人与中国》,载香港《华侨日报》,1981年5月31日。
②陆晶清:《一颗伟大的心脏停止了跳动》,载《文汇报》,1981年6月4日。
③邓颖超:《向宋庆龄同志致崇高的敬礼!》,载《人民日报》,1981年5月29日。
④王昆仑:《宋庆龄——毕生为新中国奋斗的忠诚战士》,载《人民日报》,1981年6月3日。

1925年3月19日，孙中山的灵柩由协和医院移往中央公园社稷坛，各界群众齐集协和医院门前哀悼

移灵前孙中山亲属在社稷坛大殿灵堂合影留念,以示哀悼。右起:孔祥熙、宋子文、孙科、戴恩赛(孙中山之婿)、宋庆龄、孙治平(孙科长子)、孔令仪(孔祥熙长女)、孙治强(孙科次子)、宋美龄、宋蔼龄

宋庆龄在西山碧云寺为孙中山守灵

1925年4月11日，宋庆龄料理完孙中山丧事后回到上海。4月17日，国民党上海女党员代表到莫利爱路寓所慰问

1925年，何香凝赠给宋庆龄的照片

夫的风范。她促使人们确信:"孙先生虽然死了,还有孙夫人在,还有忠实于中山遗教的革命党人在,中山先生的旗帜不会倒下,中国的革命不会中断。"①

是的,宋庆龄这时已经没有眼泪,与其说已经流干了眼泪,不如说已经战胜了眼泪。她知道,孙中山需要的不是眼泪。她深刻地理解孙中山过去流亡日本陷入困境时所说的话:"凡是从事于革命运动的人,都得战胜眼泪。"②

何去何从?在一般人眼中,宋庆龄在孙中山逝世后是站到了十字路口,面临着人生道路上一次重大的抉择。但是,对于宋庆龄来说,并不存在这种抉择。早在她与孙中山结合时,就已明确地选定了人生的道路。现在孙中山赍志而逝,她只有毫不犹豫地沿着孙中山指明的道路继续前进。她认为,这是自己义不容辞的义务和责任,不管这条道路上如何荆棘丛生,充满艰难险阻,都应该勇往直前。

美国著名记者埃德加·斯诺夫人海伦·斯诺在评论宋庆龄时写道:照她性格来说,她是应该受到孙中山保护和爱护的,而不是投身去为孙中山战斗;实际上,在孙中山去世前,她不是依靠孙中山的保护过活,而常常是反过来保护孙中山,与孙中山一起为共同理想战斗。孙中山去世后,她更不愿躺在孙中山留给她的尊荣上,用这种尊荣去典换过雍容华贵、纸醉金迷的生活,甚至可以到巴黎、纽约等城市去清闲地度过一生,而是更加勇猛地担起一个人的责任,继续战斗。③

事实正是如此,宋庆龄在参加追悼孙中山的一系列活动时,一再向人民群众公开表示:要"遵孙先生遗嘱,追随诸君之后奋斗实

---

① 王昆仑:《宋庆龄——毕生为新中国奋斗的忠诚战士》,载《人民日报》,1981年6月3日。
② 庄政:《国父生平与志业》,台北1982年5月版,第293页。
③ 参见《海伦·斯诺谈宋庆龄》,载《宋庆龄纪念集》,香港《文汇报》社编印,1981年版。

行"。① 从此以后，她就坚决地为维护三大革命政策，为继承和发扬孙中山的遗志而努力。

1925年4月11日，宋庆龄偕孙科等人由北京赴南京紫金山勘察孙中山墓址后，回到上海。

当时，由于国共合作建立后推动各方面工作的迅速发展，中国人民的革命热情空前昂扬，特别在上海、青岛、福州等地的帝国主义开办的工厂里，工人们为了反对资方残酷的剥削和压迫，纷纷起来斗争。5月30日，上海学生及民众两千多人在租界举行游行示威。英帝国主义竟命令巡捕开枪屠杀群众，制造了震惊中外的五卅惨案。帝国主义的血腥屠杀，更激起中国人民的强烈愤慨。上海市民当即展开工人罢工、学生罢课、商人罢市的"三罢"斗争，与帝国主义英勇搏斗。这场从上海开始的革命风暴迅速得到各地人民的响应，席卷全国，成为五四运动以后又一次全国规模的反帝爱国运动。

五卅惨案发生后，宋庆龄对于英、日帝国主义的暴行表示极大愤慨。她在对上海《民国日报》记者发表谈话中热情地赞颂群众的爱国反帝斗争，指出："此次惨剧，简单言之，实为英日强权对于中国革命精神之压迫。中国人民能一致起而反抗英捕房之暴行，在上海此实为第一次"；是"中国三十年来依赖外力之一大觉悟，关系国家与民族前途至大"；强调只有加强民族团结和提高人民的爱国主义觉悟，才能抵抗帝国主义之压迫，求得中华民族之独立解放，切"不可信外人挑拨之辞，因惧被诬赤化，遂并国亦不爱也"。她号召群众把这次运动作为贯彻孙中山未竟之志的一次实践，"凡中国国民皆当负此救国重任。中国国民党党员，尤当努力以竟其领袖未竟之志。最近学生工人与市民之爱国运动中，处处可见孙先生之精神，故孙先生精神实未尝死。吾人应共起奋斗，为民族争独立，为人权

---

① 叶纫芳代表宋庆龄在上海闸北各团体追悼孙中山大会的致词，载上海《民国日报》，1925年4月15日。

1925年4月,宋庆龄与亲友在南京紫金山勘察孙中山墓地。何香凝(左四)、宋庆龄(左六)、倪桂珍(左七)、宋美龄(左八)

1925年4月,回到上海的宋庆龄

争保障。外间对学生主张打倒帝国主义颇有误会，不知此即孙先生四十年革命目的之一"。

宋庆龄对记者谈话中，还发表了对运动有指导性的意见，主张"对外当以言论唤起世界各国之人民主张公道"；"对内当一方面团结各界，坚持到底，同时大规模向各省募捐款项，援助失业之工人。一方宜趁此时唤起全国人之民族精神，为长时期之奋斗，务达取消一切不平等条约之目的"。"此次奋斗，不可专赖一界或一阶级，如商界政界之类，而当合工商学各界之全力应付之。"

这是孙中山逝世后，宋庆龄独立发表指导运动意见的开端，表现出一个正在走向成熟的政治家的领导才能。她所提出的开展运动的意见，例如团结各界组成广泛的统一战线，坚持到底，长期斗争，以及反对调和和中立等，不少与当时中国共产党的指导思想相吻合。她甚至预见到中国大资产阶级和执政当局对革命运动的政治态度："中国当局之政府，就其历史与近事及能力观之，皆不可靠。寓居租界之富绅巨商，平素居领袖社会之地位者，因有所畏忌，皆不敢多言，亦难望其主张公道。"这次运动的历史证明，她的预言是正确的。①

不仅如此，宋庆龄还积极地投身到"五卅"运动的实际斗争中，大力开展宣传和援助活动。6月5日，她参加了在上海劝业女子师范学校召开的上海各界妇女联合会成立大会，支持妇女开展支援"五卅"运动的活动。在大会上，当会议主席钟复光讲到遵行孙中山遗嘱反对帝国主义，"革命尚未成功，同志仍须努力"时，坐在前排的宋庆龄深为感动，她"含泪欲滴"。②6月10日，她应上海大同学校学生会的邀请，赴该校为全校师生作讲演，讲述五卅惨案之社会、

---

① 《为"五卅"惨案对上海〈民国日报〉记者的谈话》，载《宋庆龄选集》上卷，第25—27页。
② 钟复光：《关于成立上海各界妇女联合会的回忆》，载上海社科院历史研究所编：《五卅运动史料》第2卷，第338—339页。

经济、外交等问题，宣传反对帝国主义。① 为了实现她在对记者谈话中提出的要"大规模向各省募捐款项"，以援助失业的工人，宋庆龄联络于右任、徐谦、周佩箴等发起"五卅事件失业工人救济会"，设会所在法租界环龙路49号。在所发表的《募捐启事》中说："五卅事件，为中国自有外交以来之奇耻大辱。全国民众已起为民族独立人权保障而奋斗，学生罢课、商罢市、工罢业，无不抱绝灭之决心，为充分之牺牲。吾人处此风雨同舟之日，应有解衣推食之心。今距交涉解决之期尚远，因罢工而失业之工人方逐日加增而未已。以工作糊口之人，岂能一日无业。吾人何忍坐视此爱国之工人饥寒困顿。故在今日救济之事，实刻不容缓。"并指出，"救国为国人共有之天职，互助更人类生存之要素"，呼吁海内外人士解囊相助。② 在她组织号召下，各界人士纷纷捐助衣物款项，救济失业工人。不久，国外汇款捐助者，通过宋庆龄转交的就有墨西哥和澳洲悉尼两起。③

"五卅"运动的革命风暴迅速从上海发展到全国。在北京，各界人士于6月30日举行了对美、日帝国主义雪耻大会。这一天，宋庆龄从上海抵达北京后，不顾旅途劳累，立即赶到天安门广场参加大会，被选进主席团。这次大会与会群众约五万人，德国、印度、日本等国工人团体的代表也参加了大会。宋庆龄因身体不适不能发表演说，委托大会主席刘清扬转告到会群众，表示极为抱歉。④ 她抱病参加大会所表现的反帝爱国精神，深深地感动广大与会群众，受到了热烈欢迎。

五卅惨案的消息传到广州后，中国共产党发动了著名的"省港大罢工"，支援上海工人阶级的反帝斗争。并且，随着斗争的开展，

---

① 上海《新闻报》，1925年6月10日。
② 上海《申报》，1925年6月10日。
③ 上海《民国日报》，1925年6月20日、29日。
④ 《晨报》，1925年7月1日。

又成立了省港罢工委员会和工人武装纠察队,封锁香港和广州沙面租界,沉重打击了制造五卅惨案的主犯英帝国主义。

宋庆龄获悉省港罢工消息后,即发表《为力争两广关余向英帝国主义斗争的孙先生》一文①,声援反对英帝国主义的斗争。文章赞扬当时全国人民反对帝国主义的斗争,是发扬孙中山的民族主义精神,与帝国主义誓死拼搏的伟大壮举,是"志(孙)先生之志,行(孙)先生之行"。文章从孙中山力争两广关余向英帝国主义所进行的斗争,赞扬孙中山不屈不挠的斗争精神,显示了"中国人之不可侮,帝国主义者武力之不足畏"。她说这是孙中山"以身作则昭示吾人"的实例。此文的及时发表,对于鼓舞省港工人的斗志,把斗争长期坚持下去,起了积极作用。

---

① 全文见《宋庆龄选集》上卷,第28—31页。

第三章
中华革命的中流砥柱
(1925—1937 年)

第一节　在大革命洪流中

一、维护革命阵营的团结

随着国共第一次合作的建立，工农运动得到迅速的发展，广东革命根据地也取得了初步的统一和巩固。1925年7月1日，在广州成立了国民政府，并在军事、行政、财政等方面进行了一系列的改革措施。这就为进行北伐战争奠定了坚实的基础。但是，这些仍然是初步的进展，在广东革命政府内仍存在着严重的危机。为此，以宋庆龄为杰出代表的国民党左派与中国共产党站在一起，高举"新三民主义"的旗帜，为克服危机、推动革命的发展，进行了英勇的斗争，做了大量的工作。

国共两党的合作，如前章所述，从它开始酝酿之日起，就不断遭到国民党内右派的反对和抵制，因此，在国共合作的全过程中充满了左右派的斗争。但是，在1925年3月以前，由于右派慑于孙中山的崇高威望，暂时还没有发生轩然大波。革命根据地的巩固和革命形势的发展，引起了右派分子的恐惧和仇恨。孙中山逝世后，他们就猖獗起来，乘机进行反扑。他们一方面联合国内外反革命势力，向革命阵营进攻；一方面纷纷组织右派小集团，如北京的"国民党同志俱乐部"、上海的"辛亥同志俱乐部"、广东的"孙文主义学会"等，进行组织分裂活动。8月20日，他们杀害了国民党左派的代表人物廖仲恺；11月23日，在北京西山又召开所谓"国民党一届四中全会"（即"西山会议"），通过所谓"取消共产党在本党党籍"、"开除中央执行委员之共产党员李大钊"等反革命议案，公然分裂革命阵营。

在这危难的时刻，宋庆龄毅然挺身而出。她在上海惊闻廖仲恺被暗杀的噩耗时，"南望涕零"，深感悲痛和愤慨，原计划赴广州亲致祭奠，"因事所羁，不克如愿"，于是便在给何香凝的唁电中，号召革命党人学习廖仲恺的革命精神，"勉承先志，竭力进行"；并殷切期望国民党"各同志扶助本党，积极进行，万勿因此挫折"。① 她看到右派分子一再拖延国民党第二次全国代表大会的准备工作，而当时主持国民党中央工作的汪精卫又束手无策，就依靠共产党，支持吴玉章出任大会秘书长职，采取一系列非常措施，终于如期成功地把大会筹备起来。对此，她感到欣慰，便一面通电谴责右派的分裂活动，指出："总理泉下有知，亦当痛哭。"② 一面则于1月3日带病离开上海赶赴广州参加这次大会，以便痛击右派的罪恶行径。

宋庆龄于7日到达广州后，立即出席了国民党第二次代表大会。她"站在主席台上，发出庄严沉静而又斩钉截铁的声音"，③ 旗帜鲜明地严厉谴责右派集团违背孙中山的遗训，同时号召革命党人紧密合作，"团结坚固，不要受人家的挑拨"，要共同努力忠实执行三大政策，实现孙中山的革命主张。并强调说："（孙）先生主义的成功

---

① 《为廖仲恺遇刺逝世致廖夫人的唁电》，载《宋庆龄选集》上卷，第32页。
② 《星洲日报》，1981年5月30日。
③ 邓颖超：《向宋庆龄同志致崇高的敬礼！》，载《人民日报》，1981年5月29日。

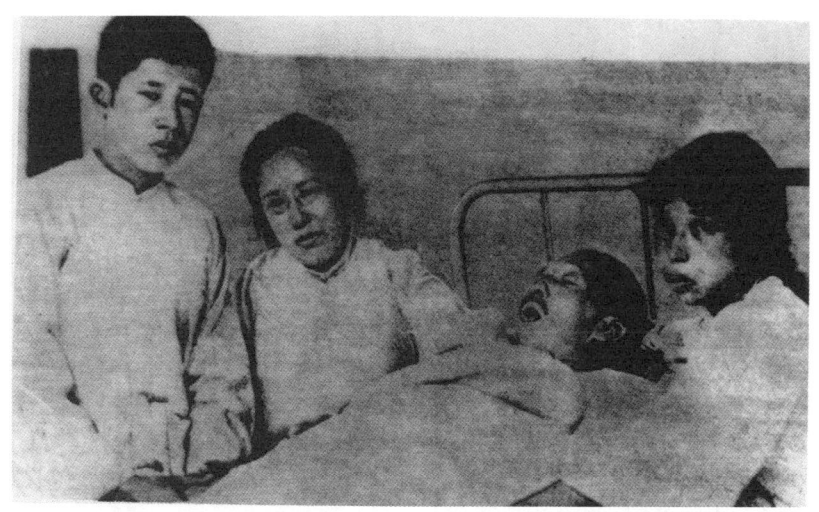

廖夫人何香凝（左二）及其子女廖承志（左一）、廖梦醒（右一）在廖仲恺遗体旁

西山会议

谢持与夫人

邹鲁

张继

不成功,全仗诸君的努力。如果诸位能大家合作,则先生的主义,一定是能够成功的,能够实现的。"她高度赞扬国民党改组后各方面的显著进步:"我这次回到广东来,觉得有一件事是非常快慰的。因为此间一切的政治、军事都很有进步,而且比(孙)先生在的时候弄得更好。这不仅是我个人安慰,而且亦安慰了先生在天之灵。"①

在她和与会的共产党人及其他国民党左派人士的共同努力下,大会通过了《接受总理遗嘱决议案》、《弹劾西山会议决议案》和《处分违犯本党纪律党员决议案》等决议案,重申国民党"一大"制定的纲领,并惩处了"西山会议"的首要分子邹鲁、谢持、张继等人,分别给以开除党籍和警告的处分。"这才把孙中山死后动摇了的国民党基础稳固住",挽救了国民党的倾颓。②

虽然由于共产党总书记陈独秀的右倾错误,大会在与右派斗争中存在有妥协、让步的严重失误,并为新右派蒋介石的崛起创造了有利条件,但是大会的功绩还是主要的,它避免了革命阵营过早的分裂,为准备北伐赢得了时间。在这方面,宋庆龄发挥了别人不能发挥的特殊作用。当时与宋庆龄有来往的安娜·路易斯·斯特朗,清楚了解宋庆龄在这场斗争中的作用。她说,宋庆龄温文尔雅,但性格坚强,对孙中山的革命原则忠诚不移,坚守孙中山关于联共、组织农工的意愿。她深深了解各种社会摩擦,尽量把一切可能团结的因素团结在一起,从而推迟了不可避免的冲突,"为国民革命军北伐争取了喘息的时机"③。海伦·斯诺也说:"她像一条强悍的女中之龙,尽力在敌友之间保卫自己和孙中山的名誉……这使她产生了自尊,同时对于左、中、右各派的人,亦都加以尊重;""孙夫人之

---

① 中国国民党中央执行委员会编:《中国国民党第二次全国代表大会会议记录》,1926年版,第42页。
② 《吴玉章自传》,原件存重庆红岩革命纪念馆。
③ 〔美〕安娜·路易斯·斯特朗:《千千万万中国人》(China's Millions),中国社会科学出版社1985年版,第41页。以下引用此书,皆为此版本,不再一一详细注明。

国民党第二次代表大会代表合影

所以成为伟大的女子，不单纯因为她能在诸多矛盾的处境里活下来，而且还能将矛盾加以揉合。"①

毫无疑义，既坚持原则，又坚持团结，在错综复杂的政治斗争中，能够驾驭左、中、右各种势力，引向一个革命的目标前进，这是只有具有领袖才能的人才能做得到的。这表明宋庆龄在孙中山逝世后不长时间的复杂斗争中，已经磨炼得相当成熟，取得了惊人的进步。

正由于宋庆龄坚持孙中山的三大政策的原则立场和坚定态度，赢得了国民党"二大"与会代表广泛的尊敬和拥护，她以获得最多选票者之一（有效票总数249张，她获得选票245张）当选为国民党中央执行委员。又在国民党第二届中央执行委员及监察委员第一次全体会议上，被推选为国民党中央妇女部部长（工作由何香凝代理）。

国民党二次代表大会继承孙中山的遗愿，作出了进行北伐的原则决定。宋庆龄在"二大"后，立即满腔热情地投身于北伐战争的准备工作。她除积极参加国民党中央和国民政府的各种会议，保证最高当局作出一系列符合孙中山革命原则的重要决策之外，还不辞劳苦地从事多方面的工作。

为把孙中山倾注过巨大热情和心血的黄埔军校办好，为北伐和革命事业培养大批有才能的军事骨干，她担任了该校特别演讲员，协助鲍罗廷工作。她还同鲍罗廷一起开展对外宣传工作，接待陆续来华工作或访问的苏联顾问、国际友人和记者。通过频繁的工作联系，她与鲍罗廷及其夫人建立了深厚的友谊。鲍罗廷娜追忆说："孙中山的夫人宋庆龄对我们家人和各苏联顾问也很友好、真诚。她积极参与我丈夫的政治工作。我们同她谈话也不用翻译，因她的英语极好。宋庆龄对我讲述了关于中国妇女的许多有趣的情况，介绍我认识了社会各阶层的一大批妇女代表，后来我不止一次地遇到过她们。"②

---

① 《海伦·斯诺谈宋庆龄》，载《宋庆龄纪念集》，香港《文汇报》社编印，1981年版。
② 〔苏〕鲍罗廷娜：《孙文》，1966年莫斯科俄文版，第287页。

1926年1月20日,宋庆龄(前排右六)在广州出席中国国民党第二次全国代表大会期间,与广州女校和女团体欢迎代表合影

1926年，宋庆龄在广州

宋庆龄与鲍罗廷夫人

为了扩大宣传孙中山革命思想，宋庆龄向海内外国民党人和孙中山的生前好友，广泛征集孙中山著作的原稿墨迹，计划于最短时间内编辑影印出版孙中山遗集，"以重久远，而广流传"。①

宋庆龄多次接见香港罢工委员会委员长苏兆征及罢工工人的代表，出主意，想办法，帮助解决罢工中出现的问题和困难，并向北方同胞和海外侨胞募集十余万元巨款捐赠省港罢工委员会，支援罢工工人。②她为罢工的长期坚持与胜利，做出了特殊的贡献。省港罢工工人则为即将发动的北伐战争，做出了巨大的贡献。

为进一步开展妇女工作，宋庆龄于1月20日，在国民党中央妇女部、广东省妇女部、广州市妇女部和各女校、女团体联合召开的欢迎会上，号召大家"齐领导妇女们向国民革命战线上走"，认为如能这样，"国民革命成功便不远了"。③在她和何香凝、邓颖超等人的共同推动下，妇女运动有了迅速、有力的发展。随后，她又担任了国民党红十字会会长和该会征募部部长，开展北伐战争中的救护工作，发动进行劳军等事宜。④

正在积极进行北伐战争的准备工作时，国民党内披着"左派"外衣的蒋介石，终于暴露出右派的面目。他在1926年3月，制造"中山舰事件"，逮捕共产党人李之龙等。5月，在广州召开的国民党二届二中全会上，他又提出所谓"整理党务案"，排挤和打击共产党人。宋庆龄与何香凝、柳亚子等坚决抨击了蒋介石的反共阴谋。

同年7月初，国民革命军在广州誓师北伐，由于共产党人在北伐军中发挥了英勇模范作用和工农群众的支持与配合，北伐战争势如破竹，先后占领长沙、汉口和汉阳，10月攻克武昌，11月又占领

---

① 宋庆龄：《征集孙中山著述启事》，上海《民国日报》，1926年5月7日。
② 广州《民国日报》，1926年1月27日。
③ 《在广州女校女团欢迎会上的演说》，载《宋庆龄选集》上卷，第34页。
④ 广州《民国日报》，1926年1月22日、9月30日。

中山舰

被捕的中山舰舰长李之龙

九江、南昌，很快消灭了长江以南的军阀势力，掀起了全国的革命高潮。随着北伐战争的胜利发展，革命势力已由中国的南部扩展到中部，革命中心也随之转移到长江流域的武汉，于是国民党中央作出了国民政府迁都武汉的决定。

宋庆龄积极地投身到中国人民大革命的洪流中。她于11月16日与孙科、徐谦、宋子文、陈友仁、鲍罗廷等六十余人，作为国民政府的先遣队，离开广州，前往武汉。

大革命的武汉国民政府时期，各种矛盾和斗争错综复杂地交织在一起，是革命大起大落、人民大喜大悲的时期。在这个急剧变化的时期，宋庆龄在革命激流中又受到了有生以来最为严峻的考验。

二、反对蒋介石迁都南昌

在国民政府由广州迁往武汉的过程中，宋庆龄和其他革命同志一起，与蒋介石妄图挟持国民政府的阴谋进行坚决的斗争，拉开了她与蒋介石这个国民党内新崛起的右派分子直接斗争的序幕。

蒋介石1908年在日本学习军事时，经同乡、盟兄弟陈其美（英士）介绍加入同盟会，开始追随孙中山进行革命活动。1916年5月，陈其美在上海被袁世凯派人杀害后，孙中山深为怀念，开始与蒋介石直接联系，对他着意培养。1917年，孙中山苦心培植陈炯明"援闽"粤军，把中华革命党的军事人才都配置其中，也派蒋介石前去襄助。由于蒋介石工作出色，陈炯明曾对人说："宁死十万兵，不愿失一介石。"① 孙中山闻知十分欣喜，对蒋介石更加器重。后来，陈炯明视蒋介石是孙中山的人而排挤他，蒋介石辞职还乡。1922年6月陈炯明叛变，孙中山蒙难广州，蒋介石应召从宁波奔赴广州，保

---

① 杨志春：《关于蒋介石家世及早期政治生涯琐记》，载《江苏文史资料选辑》第5辑。

卫孙中山,从此成为孙中山所倚重的助手。1923年8月被孙中山委派任"孙逸仙博士代表团"团长赴苏联考察,1924年春又被委派为黄埔军校校长的重任。孙中山逝世后,蒋介石逐渐公开反对革命,积极进行篡夺革命领导权的阴谋活动。他于1925年乘处理"廖案"之机,控制了广东的军政实权,并排挤掉国民党中广东派的胡汉民、许崇智等人;1926年他又制造"中山舰事件"和"党务整理案",排挤了国民党中党、政、军的负责人汪精卫,同时又利用左派软弱、鲍罗廷及共产党右倾,抑制了他夺权道路上的最大障碍共产党,逐步攫取了国民党中常会主席、军事委员会主席及北伐军总司令等最高权位。

北伐战争开始以后,蒋介石安排自己控制的部队向薄弱的东南各省进军,趁革命形势高涨和敌人内部剧烈分化的时机,收编大量军阀部队,迅速扩大了他的嫡系武装力量。1926年11月,蒋介石把总司令部迁到新攻下的南昌后,就逐渐暴露出新军阀的面目,加紧策划叛变革命的活动,准备建立自己的独裁统治。蒋介石深知,要达到篡权的目的,决不能抛弃孙中山、国民党和国民政府的旗帜,便决定利用他已窃取的大权,以军驭党,以军操政,实行军事独裁。于是,他公然反对国民党中央政治会议作出的迁都武汉的决定,企图在南昌另立中央,把国共合作的国民党中央和国民政府置于他的控制之下。

宋庆龄等赴武汉的先遣人员于12月2日到达南昌,于4日赴庐山牯岭与蒋介石等举行会谈,讨论迁都武汉及军事、外交、财政等各项问题。宋庆龄与其他国民党左派一起,同蒋介石进行了针锋相对的斗争,迫使蒋介石"达成了关于汪精卫复职和国民党政府设在武汉的协议"。[①] 当时达林应邀与宋庆龄等人同行,并参加了庐山

---

① C.A.达林:《中国回忆录》,第272—273页。

国民革命军总司令蒋介石在广州东校场举行的北伐誓师大会上

会议。

汪精卫是在蒋介石1926年3月制造"中山舰事件"后被排挤出国的。当时共产党和国民党左派所以决定迎汪复职,是打算通过汪精卫抑制蒋介石越来越猖狂的独裁行为。据何香凝在纪念孙中山逝世时回忆,由于历史的误会,孙中山"未死之前,似曾将一切党务、政治、军事的中心,付托汪、蒋、廖三同志"。[①]因此,廖仲恺牺牲后,国民党内部潜伏着的危机就日益深刻和严重。后来的事实表明,"迎汪抑蒋"不过是"挖肉补疮"之策,既无助于反蒋,又加速了武汉国民政府的失败。但是,这次庐山会议在当时毕竟使蒋介石迁都南昌的阴谋未能得逞。

庐山会议后,宋庆龄等立即离开九江到了武汉。12月11日,她在武汉群众15万人的欢迎大会上发表了热情洋溢的演说,呼吁妇女们站到国民党的旗帜下,积极参加国民革命。[②]由于国民党中央党部和国民政府早于12月5日已宣布在广州停止办公,谭延闿、何香凝等政府负责工作人员正在分批来武汉途中,为了不使中央领导机关工作中断,已经到武汉的国民党中央执行委员和国民政府委员于13日在武汉召开了紧急会议。会议决定在国民政府未迁到武汉以前,由宋庆龄、陈友仁、吴玉章、徐谦、蒋作宾及鲍罗廷等组成"中国国民党中央执行委员及国民政府委员临时联席会议",作为迁都期间临时党政最高权力机关,决定各项重要问题。1927年元旦,联席会议以国民政府名义发布命令,以武汉为首都,并开始在该地执行职权。中午12时,宋庆龄和其他党政领导人为庆祝元旦和国民政府迁都武汉,在南湖举行人民阅兵典礼,参加的群众达二十多万人。[③]联席会议的成立,标志着国民政府已由广州迁到武汉。

---

① 何香凝:《孙中山先生逝世二周年纪念日数日前的感想》,载《双清文集》下卷,第56—57页。
② 广州《民国日报》,1926年12月14日;C.A.达林:《中国回忆录》,第277页。
③ 广州《民国日报》,1927年1月11日。

任国民政府主席时的汪精卫

然而，关于迁都的斗争并没有结束。蒋介石出尔反尔，竟无视国民党中央多次决议和自己也同意"政府迁鄂"的诺言，撕毁庐山协议，把谭延闿（国民政府主席）等党政主要负责人扣留在南昌，不让他们前往武汉办公。当时蒋的同党、国民党中央党部主席张静江也在南昌，而蒋本人又攫取了党、政、军诸要职。于是，他于1月3日在南昌建立起最高权力中心——"中央政治会议"，并向武汉发号施令，要宋庆龄、宋子文、李宗仁、董必武等13人组织政治会议武汉分会。1月5日，蒋介石、张静江、谭延闿三人联名通电武汉，决定中央政府"设在南昌，暂不迁鄂"；①蒋介石还诬称武汉"临时联席会议"为非法。②

迁都之争，实质上是关系捍卫革命领导权和捍卫孙中山三大政策的一场严重斗争。宋庆龄对此立场坚定，决不让步。她同国民党左派和共产党人联合起来，对蒋介石进行了坚决的斗争。7日，她与陈友仁、蒋作宾联名致电南昌蒋介石等，明确表示要按既定协议迁都武汉，敦促他们速到武汉来办公。宋庆龄还去电指责蒋介石"在南昌徘徊不前，有误革命"。③12日，蒋介石到武汉活动，妄图坚持错误立场。当时，宋庆龄曾严肃告诫蒋介石：不要对抗中央而独断专行，要迅速让还滞留在南昌的中央委员来武汉。在联席会议召开的有30万人参加的群众大会上，与会群众质问蒋介石："为什么违抗国民党中央迁都武汉的决定？为什么无理扣留国民党中央委员？"蒋介石被问得张口结舌，面红耳赤。④鲍罗廷在讲话中也不指名地对他进行了批评，强调要依靠人民群众，反对个人独裁，提高党权，发扬民主。在这种情况下，蒋介石被迫对武汉各界代表明确表示：

---

①汉口《民国日报》，1927年1月13日。
②汉口《民国日报》，1927年3月10日。
③《宋庆龄是一位可爱谦逊的人》，载马来西亚《星洲日报》，1981年5月30日。
④《吴玉章回忆录》，中国青年出版社1978年版，第10—141页。

设在武昌的国民政府

1927年1月1日,武汉群众集会,庆祝国民政府迁都武汉

国民政府委员由粤赴鄂在武昌登岸后受到民众欢迎的情形

1927年元旦,宋庆龄参加在湖北武汉南湖为庆祝国民政府迁都武汉举行的阅兵典礼

"定可使各界希望能够满足。"①

但是，蒋介石对群众的质问和宋庆龄、鲍罗廷的批评恼羞成怒，回南昌后，竟致电武汉的联席会议，诬蔑鲍罗廷，要求撤销鲍罗廷的顾问职务。宋庆龄与吴玉章、邓演达等人毫不理睬蒋介石的无理要求，并在武汉地区发动了一场拥护孙中山三大政策、反对个人独裁、提高党权的运动。武汉各界纷纷举行集会，通电南昌，要求迅速迁都武汉。宋庆龄还特别以个人名义致电在南昌的国民党中央委员和国民政府委员，催促他们迅速到武汉来。经过如此多次反复的斗争，终于迫使蒋介石于1月24日通电答应迁都武汉。滞留南昌的谭延闿等人均于3月7日抵达武汉。反对蒋介石挟持国民政府的斗争取得了完全的胜利，新的国民政府决定在武汉成立。

为了解决国民党内和革命发展中的一些重大问题，3月10日至17日，国民党中央在汉口南洋大楼召开了二届三中全会。宋庆龄与谭延闿、徐谦、孙科、顾孟余五人被推选为大会主席团。在全会上，经过宋庆龄同邓演达、何香凝、吴玉章、林祖涵等国民党左派和共产党人的努力，通过了一系列决议案，重申孙中山的三大政策和坚持国共合作的革命原则，强调发扬民主，提高党权，防止个人军事独裁，国民党由中央执行委员会行使最高权力，采取主席团制，实行集体领导，规定总司令为军事委员会委员之一，凡军官的任免和出征动员令等，均须经军事委员会议决，提交中央执行委员会通过，然后交总司令执行。②这些措施限制了蒋介石的权力，提高了党权。会后还发表了《对全体国民党员的训令》和《对全国民众宣言》，重申国民革命的方针是要扶助农工运动，彻底打倒帝国主义和封建势力。

在反对蒋介石迁都南昌的斗争中和在这次全会上，宋庆龄所表

---

①汉口《民国日报》，1927年1月16日。
②汉口《民国日报》，1927年3月17—18日。

1927年3月，宋庆龄出席汉口举行的国民党二届三中全会，被选为中央政治委员会委员和国民政府委员。前排右起：吴玉章，经亨颐，陈友仁，宋子文，宋庆龄，孙科，谭延闿，徐谦；中排：林伯渠（右二），毛泽东（右三），董必武（右九）；后排：邓演达（右三），恽代英（右四）

现的高举孙中山三大政策革命旗帜的鲜明态度和坚定的革命立场，深得与会者的信任和尊敬，被选为国民党中央政治委员会委员和国民政府委员。①

三、力主收复汉口与九江英租界

宋庆龄到达武汉后，先住在财政部二楼，与尚未完婚的弟弟、财政部长宋子文住在一起；稍后，移居到能俯瞰沿江大道的中央银行大楼顶层。她面对蓬勃的革命形势，异常兴奋，满腔热情地投入到火热的斗争中去，承担起多项革命工作。她每天都到"临时联席会议"及后来的国民党中央所在地南洋大楼办公，还时常参加民众大会，发表演说，宣传孙中山的三大政策，在武汉三镇人民心中留下了深刻印象。

当时应宋庆龄之邀，与其住在一幢房子里的美国记者安娜·路易斯·斯特朗后来对宋庆龄居住的环境饶有兴趣地描写道：

"大楼入口处有两位身着整洁军装的国民党小卫兵站岗，他们的臂章上印有国民党'青天白日'的标记。他们护卫着宋庆龄及银行财产。在顶层楼梯口，面对我们的住房，还站着另一个不持枪的士兵。我一到，他总要敬礼，不是因为我是要人，而是因为他觉得凡是拜访宋庆龄的都可能是要人。大楼周围是宽敞的花园，以前华俄道胜银行的主管人在这里打网球，而现在宋庆龄则用来开游园会，为国民革命军伤员募集红十字会捐款。"②

这时的宋庆龄，除了参加党和政府的最高会议参与一系列决策之外，对外宣传是她担负的具体工作之一。

---

① 汉口《民国日报》，1927年3月11—18日。
② 〔美〕安娜·路易斯·斯特朗：《千千万万中国人》，第37—38页。

武汉国民政府的对外宣传工作,是由宋庆龄和鲍罗廷共同主持的。当时,他们二人都对世界舆论有着特殊的影响,尤其是宋庆龄。她通过发表文章、谈话、接待来访,向全世界阐明第一次国共合作的意义、北伐战争的目的和任务,从而使世界上爱好和平的国家和进步人士对当时的中国革命运动有正确的认识,获得广泛的理解和同情;其中尤其引起美国一部分进步记者,如安娜·路易斯·斯特朗和文森特·希恩(Vincent Sheean,《纽约时报》著名记者)等人的注意。他们纷纷来到武汉,访问宋庆龄,并进行实地调查,然后向美国及世界各地比较客观公正地报道两湖地区的农民运动和工人运动状况,从而使武汉这个中国革命的中心成为世界舆论瞩目之地。各国革命者和工人运动活动家,把武汉视为世界革命的实验站,纷纷前来参观访问,吸取经验。

正如文森特·希恩在当时所描写的:"在1927年半年多的时间里,汉口成了世界革命的象征和希望。欧洲、亚洲和美洲许多国家的代表团纷纷来到汉口,他们要亲眼看看汉口究竟为什么会成功……这些外国革命者虽然不是什么重要人物,但是非常引人注目,加上其他一些现象,如频繁的罢工,大规模的群众集会和游行示威,成立工人之家(当时被称之为'新世界',是俄国式和意大利式的工人活动中心)以及学生和工会的种种活动,使人感到正在进行一场有高度组织性的社会革命运动。"①

此外,还有其他各类人员和记者,他们都把武汉当成"革命政治展览会"和刺激性的新闻中心,怀着极大的兴趣来参观和采访。

当时协助宋庆龄做对外宣传工作的,主要有两个人:陈友仁和雷娜·普罗梅(Reyna Pronme)。

陈友仁这时任武汉国民政府的外交部部长。他祖籍广东兴梅地

---

① 〔美〕文森特·希恩:《个人的经历》(*Personal History*),纽约1934年英文版,第208页。

区，出生于中美洲英属西印度群岛的特立尼达，从小在该地受英国教育，毕业于西班牙港的圣玛丽书院，后来在当地从事律师工作。他只受过西方教育，不懂中文，也不会说中国话，但他具有强烈的民族意识，是一个热爱祖国的华侨。当辛亥革命爆发时，他基于爱国热情，毅然归国参加工作，愿为祖国的独立和解放贡献自己的一切，后来成为孙中山

陈友仁

的一个亲密助手。孙中山逝世后，他与国民党左派人士一道，坚持三大政策，积极贯彻反帝反殖的外交方针。宋庆龄经常邀请陈友仁到家里晤谈，向他介绍工人和农民运动的情况，并一再指出：国民外交的最有力的后盾是人民，特别是工人和农民，而不是武力。[①] 由于这种影响，在收回汉口与九江英租界的斗争中，陈友仁采取了坚定的反帝革命立场。

1927年1月初，为回击英国侵略者杀害中国人的暴行，汉口、九江的工人和市民进驻汉口、九江两地的英租界，并要求收回租界。事件发生以后，武汉国民政府在讨论收回这两处英租界问题时，产生了两种不同的意见。总顾问鲍罗廷认为：在北伐尚未取得全面胜利的时候，最好不要与帝国主义发生直接冲突。他建议北伐军继续北进，待打垮北洋政府以后，再来处理收回租界问题。外交部部长陈友仁则认为：西方列强和日本在武汉江面上的炮舰已有53艘，若北伐军继续北上进军，政府所在地的武汉势将无重兵防守，若列强万一联合起来向武汉发动突然袭击，会非常不利于北伐军进军北京。所以，他主张立即收回汉口和九江的英租界，但对外国侨民要加以

---

①章克：《宋庆龄在武汉》，未刊稿。章克当时任外交部部长陈友仁的私人秘书。

保护，不但不要限制他们的正常行动，而且还应保护他们的合法权利，使帝国主义找不到干涉中国内政的借口。

宋庆龄赞同陈友仁提出的意见。她说：北伐军节节胜利，在世界上已引起强烈反应。在这样的时候，帝国主义列强是不敢贸然来与北伐军为敌的，何况它们对武汉国民政府的态度还没有趋于一致。只要我们善于采取分别对待的策略，先妥善地解决汉口和九江两地的英租界，而对其他国家在汉口的租界（如日租界、法租界等），不妨在北伐军进占北京，打垮北洋军阀政府后，再来处理，目前仍让它保持现状，则估计收回汉口和九江的英租界是不会遇到很大困难的。这样做，比等到打垮北洋政府后再来解决整个租界问题要容易些，而成功的可能性也比较大些。现在就收回汉口和九江两地的英租界，不但使英帝国主义措手不及，没有时间来联络其他在中国有租界的帝国主义国家，而且也不会影响北伐军的继续北上。①

显然，宋庆龄这里对当时就收回汉口、九江英租界的必要性和可行性的论证，比陈友仁要深刻得多，所以他俩的意见终于为大多数出席会议的人所接受，并决定派精通西方法典的外交部部长陈友仁根据会议精神，负责处理这一事件。经过一场严重的斗争，国民政府代表陈友仁与英国政府特命全权代表阿马利，终于在1927年2月19、20日，签订收回汉口、九江英租界协定。3月起，这两地的英租界成为汉口和九江的特别行政区。

这是中国人民反帝斗争的一个重大胜利，它大长了中国人民的志气，大灭了帝国主义的威风，开始了近代中国国民外交的新纪元。

雷娜·普罗梅是武汉国民政府所办的唯一英文日报《人民论坛报》的主编。当时为适应日益扩大的对外宣传任务，由宋庆龄和鲍罗廷负责，在外交部对面的石砌大楼里，成立两个对外宣传机

---

①章克：《宋庆龄在武汉》，未刊稿。

1927年2月12日,宋庆龄(前排左八)在武汉举办中国国民党妇女党务训练班开学典礼上与学员合影

构——《人民论坛报》社和《国民新闻》社,任务是用英语宣传中国革命,动员美国人民和一切正义的人们,开展制止其政府对华武装干涉的活动。雷娜·普罗梅和她的丈夫比尔(Bill)都不是共产主义者,但他们非常同情中国的革命。他俩先在北京工作,曾协助过中共北方区执行委员会领导人李大钊。后来,他们夫妇俩又到了广州,协助苏联顾问鲍罗廷工作。到了武汉,雷娜又全力协助宋庆龄工作,成为她的知己和助手。宋庆龄的言论都首先发表在《人民论坛报》上,然后,雷娜以该报的名义用电报发稿给世界各大通讯社(因为当时中国还没有自己的通讯机构)。雷娜在生活上也无微不至地照顾宋庆龄,一直到她陪宋庆龄到莫斯科后不久病故为止。雷娜大学毕业后离开富裕而温暖的家庭,只身到中国来帮助中国革命,特别是帮助中国共产党,多年如一日,虽目睹中国革命的发展和失败,看到国民党的兴盛和堕落,她始终与中国革命者甘苦与共,一直与左派站在一起;甚至大革命失败以后,她还把通讯社的工作维持了一段时期,使宋庆龄谴责蒋、汪集团背叛革命的声音得以广泛地传播。因此,宋庆龄对雷娜的革命精神非常钦佩和赞赏。

四、热心培养妇女革命干部

开展妇女运动是宋庆龄当时担负的又一项具体工作。在这方面,她作为国民党中央妇女部部长,主要致力于发动和组织妇女参加国民革命。

早在1926年年底武汉临时联席会议所通过的决议案中,就有"推定孙夫人为妇女训练班主任"的决议。宋庆龄为把这项决议付诸实施,积极地进行了筹备工作,并为创办妇女党务训练班在1927年1月20日发表了《敬告全国女同胞书》。她在书中指出:"我们本党党纲是主持男女平等的,对于一切法律皆极端平等,现在广州已正式颁布了女子在公法上、私法上、民事上、刑事上,皆已得着平等",但是妇女要获得自己的权利,"是要自己奋斗来做代价的,指望别人恩舍是靠不住的"。①为此,她号召妇女赶快投入国民革命,参加妇女训练班。

通过紧张的筹备后,1927年2月12日上午在汉口四维路五号开办的"中国国民党妇女党务训练班"(又称"妇女政治训练班")正式开学,宋庆龄除担任班主任外,又兼会计处理员。训练班招考了103名(正取94名,备取9名)中学毕业或具有同等程度的中青年妇女,使她们"了解革命意义及世界趋势,养成革命实用妇女人才,备充各机关及党部工作职员之用"。②开设的课程有"三民主义"、"孙中山历史"、"不平等条约的由来"、"妇女运动"和"社会主义"等,除讲授政治知识,以培养解决政治问题的能力外,还讲授军事知识,使掌握作战时的救护、通讯等方面的技能,为全国,特别为两湖地区的妇女运动培养干部。为提高教学质量,宋庆龄聘请了著名的共产党人恽代英、张太雷和富有妇女工作经验的刘清扬等担任教员。雷娜·普罗梅也允当特聘教员。

这个妇女党务训练班,实际上是妇女国民革命军的预备部队,它努力的目标在于"打破富贵贫贱的阶级,团结全国乃至全世界的妇女成一个革命的大同盟"。宋庆龄在训练班的开学典礼上,又发表了《妇女应当参加国民革命》的讲话。明确指出:"妇女是国民一分子,妇女解放运动是中国国民革命的一部分。所以为求全民族的自由平等,妇女应当参加国民革命。为求妇女自身的自由平等,妇女也应当参加国民革命。"她鼓励女子不仅要在小家庭中做一个"贤母良妻",同时要在国家这个大家庭中做一个"良好的国民革命的妇

---

① 广州《民国日报》,1927年1月20日。
② 《妇女党务训练班章程》,载汉口《民国日报》,1927年2月14日。

女"。她还阐述了反对男子压迫女子，反对某些妇女"凭借特殊的地位欺凌我们同类的贫苦妇女"的举动。①

宋庆龄在这篇讲演中，透彻地阐述了妇女解放与国民革命的关系，即妇女解放与社会解放的关系，并且比较充分地阐释了争取妇女平等权利的思想。她针对听众的特点，讲得通俗易懂，深入浅出，容易为一般妇女所理解和接受，因而效果很好。

尤为可贵的是，宋庆龄还在实际活动中为妇女解放做了许多工作。当时，凡有婢女和童养媳到妇女协会或妇女部要求保护或解除主奴关系的，宋庆龄都给予热情的支持和帮助。她不但收容、安置了许多要求解放的婢女和童养媳，而且还给她们受教育、学习技艺的机会，帮助她们走上独立自由的幸福道路。她们中有的还参加了革命，投身于国民革命的战斗。

同年3月9日，宋庆龄又在广州《民国日报》发表《论中国女权运动》一文，进一步阐述创办妇女训练班的目的，以及国民革命与妇女解放的关系，称她倡办妇女训练班是"训练政治领袖"，使"姐妹均有世界眼光"。

宋庆龄从事妇女运动，十分重视争取妇女在政治权利上的平等。她看到国民革命给中国妇女带来的变化，看到缠脚妇女佩戴工会证章，参加游行集会时，非常兴奋。说她在美国留学时，对美国妇女所享受的自由，曾羡慕不已，"以为中国妇女之达此时期，渺乎远矣"，今天"发觉此种观念完全错谬"。因为她发现美国妇女"对选举问题及法律平等之奋斗，并不若何热中"。因此，她认为："吾等祖母虽较美国妇女落后五百年，但吾等之女儿未始不可先进五十年。"②

宋庆龄的这个观点是深刻的。妇女解放应以政治解放为前提，男女平等应以政治平等为基础。另外，她对美国的先进和自由平等

---

① 《妇女应当参加国民革命》，载《宋庆龄选集》上卷，第39—40页。
② 《论中国女权运动》，载《宋庆龄选集》上卷，第41页。

能采取科学分析的态度，也是难能可贵的。这表明她的思想更加成熟了。

研究东、西方妇女解放运动的不同特点，是宋庆龄当时注意的一个问题。这年9月25日，她访问苏联时写过一篇《妇女与革命》的文章，祝贺全苏妇女苏维埃第一次全国大会的召开。文章通过对比英、法、美国资产阶级革命和苏联无产阶级革命中妇女解放运动的情况，得出了比在《论中国女权运动》中更进一步的结论。她指出：前者的革命"没有本国的妇女群众直接参加"；而后者，则是一个"根本的社会革命……因而很自然而且合理地苏联妇女应该而且必须参加革命工作，来帮助并配合男子们及其领导者们的创造性劳动"。

于是，她就从自己最感兴趣的妇女解放运动这条道路出发，探索到了资产阶级革命与无产阶级革命的区别。中国革命自然是资产阶级民主革命，但是她认为应该走苏联的道路。她说："中国革命主要任务之一是要使两万万以上的妇女从半封建的、中世纪的社会意识和习惯的束缚中解放出来。"否则，"不但国家的机构，就是一般的人民生活和思想，也就一天不会发生真正革命性的变化"。①

宋庆龄的这个思想，为她后来接受毛泽东的新民主主义革命的理论打下了思想基础，同时也说明了她为什么始终不愿做资产阶级的贵妇人，而宁愿当无产阶级革命者，在艰难困苦中奋斗一生。

宋庆龄在武汉与何香凝、邓颖超等人一起领导妇女运动，培养妇女革命干部，组织妇女革命军的活动，在妇女最受压迫、封建传统根深蒂固的中国，发生了深刻的影响。全国各地许多不愿受压迫的妇女，纷纷挣脱枷锁，奔赴革命中心武汉。她们洗去脂粉，剪掉辫子，穿上戎装，有的参加革命军的救护队、宣传队；有的参加黄海民为首的汉口女子工人纠察队；有的考入武汉中央军校。这是中

---

① 《妇女与革命》，载《宋庆龄选集》上卷，第63页。

国有史以来第一次妇女大解放的时代，也是妇女们为中国革命做出极大贡献的时期。她们不仅参加北伐战争，而且在保卫首都武汉，击败夏斗寅、杨森叛乱的战斗中，也建立了功勋。特别是武汉中央军事政治学校分校200人组成的女生队，加入中央独立第一师，在叶挺率领下，不仅与男兵并肩战斗，还进行宣传、救护等工作。武汉中央军分校由邓演达教育长主持（名义上蒋介石是校长，可是他因反对迁都武汉，不到武汉主持校务。"四一二"政变后，由邓演达代理校长）。宋庆龄也很关心该校的建设。2月12日学校在武昌两湖书院校址举行开学典礼时，宋庆龄应邀出席，并发表演说。① 前后在该校学习的女生有500人，其中有后来成为抗日民族英雄、共产党员的李淑宁（即赵一曼），以及钱瑛、胡兰畦等。她们在宋庆龄的关怀下，在治校严明的邓演达和博学多才的政治总教官恽代英等人的教育下，受到了严格的训练，政治觉悟、军事技能和从事民运工作的能力，都得到很快的提高，一个个迅速成长为坚强的革命战士。

宋庆龄培养妇女革命干部和组织妇女革命军的活动，受到国内外人士的关注。

后来成为朱德夫人的康克清，出身贫苦，当时只有16岁，她在家乡听说宋庆龄"将带着女兵从赣江经过"，就"渴望着参加这支队伍，去当一名女兵"。②

在美国，1927年1月底，一家报纸在宋庆龄的照片下面作了这样的说明："威斯里安大学毕业生，中国前临时大总统的遗孀，孙逸仙夫人站在广东军（北伐军）的前列。她亲临前线，受到部队将士们热烈的欢呼！"从此，威斯里安的同学们更加热心地关注来自中国的消息，诸如"威斯里安出身的人支配着中国"、"孙夫人指挥着

---

① 《胡兰畦回忆录》，四川人民出版社1985年版，第141页。以下引用此书，皆为此版本，不再一一详细注明。
② 康克清：《沉痛悼念宋庆龄同志》，载《人民日报》，1981年6月3日。

朱德夫人康克清

自由主义的军队"①等标题,经常引起她们浓厚的兴趣。

五、武汉危局中坚持斗争

国民党二届三中全会以后,大革命虽在迅猛地向前发展,但它的基础却极不牢固,内部孕育着严重的危机。蒋介石对二届三中全会的决议极为仇视,他加紧与帝国主义、封建军阀相勾结,公开走上了背叛孙中山遗训的反革命道路。

1927年3月,北伐军乘上海工人武装暴动成功,迅速进入了中国最大的城市——上海。4月12日,蒋介石在帝国主义和买办资产

---

①威斯里安女子大学《校友杂志》,1927年4月。

阶级的支持下，在这里发动了反革命政变，大批捕杀共产党人、国民党左派和革命群众。18日，蒋介石在南京自立中央，成立起了代表帝国主义和大地主、大买办资产阶级利益的反动政权——南京国民政府，与武汉革命中心相对抗。

宋庆龄对蒋介石的倒行逆施无比愤慨。她与在武汉的国民党中央委员、中央候补执监委员、国民政府委员和军事委员会委员中的国民党左派人士邓演达、何香凝及中国共产党人毛泽东、董必武等40人，于4月22日联名发表了《讨蒋通电》，声讨蒋介石另立中央、反共反人民的叛逆罪行。指出：蒋介石背叛革命后，"一切帝国主义之工具，皆麇集于其旗帜之下，以从事反革命，一切革命分子，皆被以共产党或勾结共产党之名，除之务尽，今已开始进行，将来必变本加厉"。号召革命军民"依照中央命令，去此（孙）总理之叛徒，本党之败类，民众之蟊贼"。① 此后，在《通电》的号召和宋庆龄等人的推动下，武汉及两湖地区掀起了一个群众性的声势浩大的讨蒋运动。但是，革命形势仍在继续恶化。4月15日，广东也发生反革命政变。帝国主义各国则派出大批军队和军舰云集武汉加以威胁，武汉国民政府已陷于四面受敌的危险境地。

在这种危机四伏、极端困难的情况下，宋庆龄毫不动摇，仍然坚持斗争，并含辛茹苦、兢兢业业地做好她所负责的工作，其中，做得最多的是为红十字会筹款、购药，组织救死扶伤的工作。

由于革命形势发展的需要，武汉国民政府决定增设卫生部，1927年3月18日宋庆龄被任命为该部部长。② 当时，随着北伐战争的发展，和西征平定夏斗寅、杨森的叛乱，伤病员迅速增多，截止到6月，仅武汉地区的伤兵人数已逾万名。他们不仅缺医少药，而且生活困难，备受折磨。如何有效地救护这些伤员，使他们较快地

---

① 汉口《民国日报》，1927年4月22日。
② 广州《民国日报》，1927年3月19日。

"四一二"政变现场

恢复健康，已成为支持北伐战争、把革命事业推向前进的一项重要任务。宋庆龄急革命之所急，不辞劳苦，四处奔走，为解决这个问题呕心沥血。

5月27日，宋庆龄与何香凝发起组织的"北伐红十字会"，在国民党中央党部召开大会，汪精卫、吴玉章、孙科等三百余人应邀出席。宋庆龄在开会词中指出：红十字会本是一种国际的博爱的人道主义团体，但我们这次发起组织的红十字会，更重要的是为了支持"打倒帝国主义和军阀"的革命战争，是为了救护那些"为求大多数同胞的生存与幸福，为世界民族的自由与和平——就不能不毅然决然去和那些人类的恶魔拼一个死活"的革命志士。她号召大家通力合作，"去唤起全社会的赞助"，让人们把"精神、知识、时间和金钱"用在"最高尚最宝贵的事"上去，贡献给北伐红十字会。[①]这里明确表达了宋庆龄的革命人道主义思想，它与基督教及资产阶级的人道主义是不同的。这个思想一直贯穿于宋庆龄的一生。

这个会议还听取了关于伤兵情况的报告。在上海"四一二"大屠杀中脱险的周恩来出席了会议，并发表演说，十分赞同宋庆龄的开会词，还提出了发动各方面力量参加救护工作的具体建议。会议决定成立"北伐伤兵救护会"，推选宋庆龄为委员长，负责组织执行委员会。委员会由33人组成，其中有郭沫若、章伯钧、林育南等。在宋庆龄的领导下，伤兵救护会在武汉地区开展了卓有成效的救护活动，使在北伐战争中流血负伤的伤病员得到了精神上的极大安慰和较好的治疗及护理。

在这个工作过程中，宋庆龄经常召集伤兵救护会及各团体代表的联席会议，作出救护伤兵工作的种种决定；[②]她积极向中外人士募款，还在妇女政治训练班校址内增设"救护训练班"，培训各种救护

---

① 汉口《民国日报》，1927年5月28日。
② 汉口《民国日报》，1927年6月9日。

人员。宋庆龄从何香凝负责的中央妇女部调来黎沛华、刘蘅静、刘天素等主持这个训练班的日常工作,顾孟余、甘乃光的夫人及汪精卫的夫人陈璧君等也参加了工作。①总之,调动了许多妇女参加革命运动的积极性。

斯特朗描写宋庆龄在汉口银行大楼附近公园为红十字会募捐举办的一次游园会时说:"在大革命后的汉口,这是第一次举行有外国政府代表参加的社会活动。"宋庆龄告诉她:"许多人,他们从来没有跟我们说过话,他们彼此甚至并非朋友——德国人和法国人,英国人和俄国人——忽然互相拜访并结成了一伙。"斯特朗接着评论说:"这是对社交界的极为透彻的描绘——一小群互相倾轧的外国人因都对中国政府不信任而结合在一起了。花园外的江面上停泊着二十多艘炮艇,准备着一接通知便炮轰这个城市。花园里,这些炮艇所属国家的代表们为了给他们作为敌人对待的伤员募捐,正在同国民政府的官员们一起吃冰淇淋,喝汽水。孙夫人则斡旋其间。"她赞扬宋庆龄"敏锐地意识到了潜在的社会阻力……但是她靠性格的魅力,甚至从敌人那里寻找帮助"。②帝国主义国家的驻华外交官员踊跃参加宋庆龄为红十字会募捐而举办的游园会,就是很能说明她的特殊作用的例子。宋庆龄的这种大智大勇行为确实是难能可贵的。

宋庆龄同时还向国际上的有关团体联络红十字会的筹款工作。6月25日,她致电苏联工会联合会全国理事会,请求募捐款项救济武汉伤兵。后来,该会决定捐助款项三万卢布,并准备发动所属各工会联合会团体募集捐款,救援伤兵。③

由于帝国主义和封建军阀、蒋介石集团加紧了对武汉政府的军事包围、经济封锁,并策划内部颠覆活动,武汉地区出现了敌强我

---

① 陆晶清:《第一次国共合作时期的国民党中央妇女部》,载《团结报》,1984年1月21日。
② 〔美〕安娜·路易斯·斯特朗:《千千万万中国人》,第40页。
③ 《晨报》,1927年6月27日。

弱的逆转形势，再加上国民党左派多数人员的软弱，共产国际及中共中央路线政策上的种种失误，革命危机日益加深，武汉革命中心开始分崩离析。地主、军阀纷纷发动叛乱。有些在革命高潮中混进来的投机分子和革命意志不坚定的人，也叛变的叛变，投降的投降，退隐的退隐。

反革命逆流滚滚而来，大有黑云压城城欲摧之势。

"疾风知劲草"，"烈火炼真金"。在这革命与反革命激烈搏斗的日子里，宋庆龄显示出了特殊的风范。她坚持孙中山的革命原则，坚决谴责一切背叛行为，以大无畏的战斗精神，迎着反革命逆流傲然挺立，砥柱中流。

5月17日，驻湖北宜昌的独立第十四师师长夏斗寅在蒋介石的挑唆下率部叛变，向武汉发起攻击，兵临武昌城下。在共产党人和国民党左派人士的领导和组织下，叶挺率部把叛军打退。在临近全歼叛军时，汪精卫、陈公博等人却主张调解解决。21日，三十五军团长许克祥又率领所部在湖南长沙发动叛变，血腥屠杀大批共产党员和革命群众。长沙附近的工农群众义愤填膺，在共产党的领导下，大批农军包围长沙。这时，汪精卫又出面阻止，促使右倾软弱的陈独秀命令取消进攻长沙的计划，改为国民政府派人调解。宋庆龄对这些反革命叛乱表示极大的愤怒，支持叶挺及工农武装镇压叛乱的行动，坚决主张讨伐夏斗寅、许克祥。在这方面，她的态度甚至比谭平山等还要激烈得多。她同日趋动摇的武汉国民政府的党政领导人汪精卫、谭延闿、陈公博等人的斗争也越来越尖锐。在汉口华商总会中央党部会议室里，宋庆龄经常与汪精卫等进行面对面的斗争，痛斥他们违背孙中山遗教的叛徒行径。汪精卫指责两湖地区的农民运动和工人运动"过火"，是"外国的产物"，把许多反帝爱国人士"吓跑了"，等等。宋庆龄坚持孙中山的三大政策，义正词严地驳斥这些谬论，指出："当俄国还在沙皇铁蹄之下的时候，孙中山就已经倡导中国土地革命了。难道他是外国阴谋的工具吗?"她大声疾呼:"我们不能出卖群众。我们已经使他们抱有极大的希望。他们已对于我们寄以极大的信心。我们要永远矢忠于这种信心。"①

但是,汪精卫等人不听宋庆龄的忠告。他们反对民众运动,不再依靠工农大众,希望冯玉祥来帮助解决武汉的危机,打算到郑州去与冯玉祥会谈。对此宋庆龄坚决反对,她理直气壮地指出:武汉是中央所在地,冯玉祥仅是一个集团军司令,应该到武汉来开会,哪有中央领导到郑州移樽就教之理。宋庆龄虽然没有能阻止汪精卫等人于6月10日以国民党中央主席团的名义参加郑州会议,但是这几个"铮铮男子汉"在这个"弱女子"面前,却表现得何等的卑怯!

汪精卫等人从郑州返回武汉后,加快了"分共"的步伐。他们命令北伐军从前线撤回,积极策划反共,武汉上空乌云滚滚。宋庆龄深为忧虑,迎着反革命逆流而上。她一再警告汪精卫不要再做"亲者痛仇者快的蠢事"。当国民党的一些军事首领致电武汉政府要求反共并驱逐鲍罗廷的时候,她满腔愤怒地说:"鲍顾问是总理(按:即孙中山)所聘请来的,你们这些军事将领没有资格来驱逐他。"并坚决主张由武汉国民政府宣布这些将领们反对孙中山三大政策的罪行,明令讨伐。她的行动引起了国民党右派和反动军官们的嫉恨。他们与南京蒋介石集团相呼应,对宋庆龄发起种种攻击。当时,蒋介石委派孔祥熙携带他所写的亲笔信到武汉拉拢宋庆龄,遭宋庆龄拒绝后,又收买坏人设置反间计,进行挑拨,妄图迫使宋庆龄离开武汉。但宋庆龄看穿了他们的阴谋,屹然不为所动。他们又放出种种流言蜚语,造谣中伤宋庆龄,想使宋庆龄愤懑而消极。武昌卫戍司令、三十五军军长何键甚至派士兵非法搜查宋庆龄的住宅。

---

① 《为抗议违反孙中山的革命原则和政策的声明》,载《宋庆龄选集》上卷,第45页。

1927年，宋庆龄在武汉寓所

宋庆龄对此无比愤慨，毫不退缩，立即致函汪精卫严词斥责，表示抗议。

国民党右派对宋庆龄的种种攻击，激起一切正义人士的愤怒。国民党中央以政治委员会名义作出决议，一面主张"严密查拿，依法惩治"造谣中伤的反革命分子，一面派人和致函慰问宋庆龄，指出："彼反革命者，见同志能坚决履行总理（即孙中山）遗志，以促国民革命之进步，彼于畏惧之余，计无所出，遂不恤为此人头畜鸣之伎俩。""反革命者此种流言，不特无损于同志之令名，适足以彰同志之盛德。"《民国日报》在刊登此函所写按语中，盛赞"孙夫人宋庆龄同志赞助总理革命事业，于三民主义，知之最审，行之尤力，秉正嫉邪，遂为反动派所深忌"。①

宋庆龄主张依靠工农战胜反革命逆流，提倡艰苦奋斗，以克服经济上的困难。因此，她对武汉国民政府领导层中出现的不正之风深恶痛绝，特别是对陈璧君（汪精卫之妻、国民党中央执行委员）的作风尤为不满。当她得知陈璧君一次在英商惠罗公司（汉口最大的一家百货公司）选购一大批日用品及衣料等的费用，竟命国民政府办公厅会计付款时，非常气愤地说："这还像什么革命党人！？我们是为人民做事的，我们有何权利要人民来支付我们所买的私用物品的货款呢？这种人哪里还有一点革命者的气息呢！"此后，宋庆龄就不再和她来往。陈璧君探望宋庆龄时，宋庆龄便对李妈说："我有病，改日去看她好了"，拒不接见。②

同年6月间，宋庆龄与邓演达一起，冒着生命危险，处理了一起旨在打击武汉政府的伤兵闹事事件。

这是从河南运回到武汉的负伤官兵，住在武汉伤兵医院，由于

---

① 《中央执委会慰问孙夫人》，《国民党中央政治委员会慰问孙夫人函》，载汉口《民国日报》，1927年5月30日。
② 章克：《宋庆龄在武汉》，未刊稿。

受南京方面的暗中挑唆闹起事来，有人竟持手榴弹追击医院负责人。医院打电话到国民革命军总政治部，请速报告邓演达处理。总政治部总值日官向邓演达报告后，邓演达又约负责救护工作的宋庆龄一同前往处理。在他们集合伤病员讲话时，闹事者手中还握着手榴弹。在紧张的气氛中，邓演达先讲话，对北伐负伤的官兵进行慰问，表示一定积极设法解决他们的困难。然后，由宋庆龄讲话，她首先表示歉意说："你们在前线负伤流血，回到后方来，没有很好地关怀照顾你们，我们感到遗憾，也十分难过。"她详尽地阐明这次北伐对于国家民族的重大关系，对于闹事者既晓以大义，又热泪盈眶地表示同情与关怀。负伤官兵听后深受感动，认为"'国母'一片慈心，我们北伐军人，应遵守纪律。"于是，闹事者放下手榴弹，事件得以平息。[1]

当时总政治部总值日官陈矗云评论说："宋庆龄和邓演达亲临处理此事，是冒着生命危险的。他们以置个人安危于度外的大无畏精神，冷静的头脑，过人的胆略，和说服教育的方法挫败了反革命分子的挑唆，平息了一场动乱，十分令人敬佩。"[2]

六、与姐妹兄弟分道扬镳

斯特朗是当时宋庆龄与国民党右派斗争情景的目睹者之一，她描述宋庆龄在斗争中的英姿时说："孙中山夫人宋庆龄是我在世界任何地方认识的最温柔最高雅的人。她身材纤细，穿着洁净的旗袍，善良而且端庄，似乎与猛烈的革命斗争不太相称……她年青居孀，

---

[1]陈矗云：《在北伐军总政治部工作时的一点回忆》，载《邓演达》，文史资料出版社1985年版，第75—76页。以下引用此书，皆为此版本，不再一一详细注明。
[2]同上。

却仍然为实现孙中山的夙愿而奋斗。虽然她外表文雅乃至柔弱,但她有着一种钢铁般的意志。我看到她顶住家庭与社会的一切压力,坚持走自己的路。朋友们苦苦劝她抛弃武汉政府,甚至为她备好了一艘出逃用的日本船,因为他们认为她现在身不由己才留在国内。当她明确指出是她自愿留下时,各种阴险的诋毁、诽谤都朝她袭来,不仅败坏她个人的声誉,也同样败坏已故孙中山的名声。"

斯特朗还说:"她虽然孤立无援,就连家中最亲近的人也反对她,但她从未动摇过,始终献身于孙先生向往的革命事业。她始终不渝地遵循孙中山先生的遗愿,坚持与共产党合作并组织工农。只要武汉政府立场不变,她就决心不抛弃它。"①

这里所说的宋庆龄"家中最亲近的人也反对她",是指的宋子文。宋子文在蒋介石和上海宋氏家族其他成员的威逼利诱下,发生动摇,并反过来劝说宋庆龄放弃正在进行的革命事业,一起投靠南京蒋介石。

"四一二"政变前,财政部长宋子文来到上海,为武汉国民政府筹款,住在莫利哀路的宋庆龄寓所。南京新军阀政府建立后,蒋介石的每月军费开支需要2000万元,就向所辖地区的人民敲诈勒索,向小店主一直到银行行长们"贷款"。他们不甘心白白地送钱,要求得到一张财政部长宋子文签发的偿还"贷款"的保证书。为此,蒋介石拉拢宋子文担任南京政府的财政部长,与武汉国民政府断绝关系。宋子文具有一定的正义感,不愿意为蒋介石的敲诈勒索合法化效劳,对武汉的革命政府还有所留恋,对二姐宋庆龄更有感情;但同时,他对武汉地区的阶级斗争非常不满,对武汉国民政府的前途颇感悲观,所以他的心情十分矛盾。

斯特朗去武汉前在上海不止一次见到宋子文。他几次托她转告

---

① 〔美〕安娜·路易斯·斯特朗:《千千万万中国人》,第38—40页。

二姐宋庆龄,说他一旦能躲开蒋介石,他就去找她。但是,他又说他受到监视,如果他离开上海,人身安全就会受到威胁。斯特朗回忆:"他看来很诚恳,眼里流露出痛苦的神情……但是我也清楚,他徘徊于两条道路之间。"①

然而,宋子文的徘徊很快就停止了。因为蒋介石不允许他长期徘徊下去,对他采取了强硬措施:封闭宋子文在上海的办事处,任命古应芬担任南京政府的财政部长;同时,又釜底抽薪,命令驻广州的部队没收宋子文在南方政府银行的所有财产。于是,"这位金融界的奇才除了合作,再也没有其他办法了"。②

宋子文的大姐宋蔼龄和姐夫孔祥熙则早已投靠南京政府。而且由于他们的影响,宋母倪桂珍及小妹宋美龄也倾向南京政府。蒋介石成了宋、孔两家的常客,并且正热烈地追求着宋美龄。

蒋介石在浙江奉化的溪口老家有结发妻子毛福梅,毛氏是个农村的旧式女子,生了儿子蒋经国。1922年,蒋介石在上海结识具有一定文化水平、在医院当护士的苏州姑娘陈洁如,并一起同居(1925年才正式结婚)。就在蒋、陈同居的这一年,一次,蒋介石在孙中山寓所第一次见到宋美龄。据说那时的宋美龄美丽如"盛开的玫瑰",蒋介石一见倾心,"不稍犹豫,露求婚之意"。③

蒋介石任广州黄埔军校校长后,常住广州,出入孙中山寓所次数增多。宋美龄也经常到广州探望二姐宋庆龄。于是,蒋介石与宋美龄又有接触。这时蒋介石虽已有一妻两妾(即陈洁如、姚怡诚,姚怡诚为蒋纬国的养母),但还托人向宋庆龄、宋子文表示希望娶宋美龄。宋庆龄对此十分气愤,坚决反对宋美龄嫁给这个"光在广州至少就搞了一两个女人的男人"。宋母除考虑蒋介石在爱情、婚姻问

---

① 〔美〕安娜·路易斯·斯特朗:《千千万万中国人》,第26—28页。
② 〔美〕斯特林·西格雷夫:《宋家王朝》,第236页。
③ 龙中天:《宋美龄其人》,载台湾《民主政治》周刊,1985年5月9日。

题上不严肃外，更计较的是蒋介石不是基督教徒，所以也坚决不赞同。①

蒋介石任北伐军总司令时，对宋美龄自吹："百对战疆，叱咤自喜。"② 他贪天下之功攫为己有，吹嘘京、沪、苏、浙、赣等地尽入其掌握之中。"四一二"政变后，蒋介石一时成为中外瞩目的"英雄人物"。他于1927年4月底5月初亲自到上海西摩路宋家，直接向宋氏母女"再申前请"；同时，又以钱势为饵引诱宋蔼龄、孔祥熙入阁，要他们帮助成全他与宋美龄的婚事。为了攫取中国最大权力和财富的共同利益，他们达成了一笔特殊的交易。操纵中国二十多年的蒋、宋、孔、陈四大家族，正是通过这种特殊的纽带而进行勾结的。

正因为这样，宋子文在上海的处境非常困难。他每次到孔家和母亲家，都要受到大姐、母亲和妹妹的劝说和围攻。为了躲避这种压力，他宁愿住在莫利哀路二姐宋庆龄的这栋空房子里。可是大姐宋蔼龄并不放过他，她催促蒋介石加紧做宋子文的"工作"。于是，上海青帮流氓头子杜月笙派人监视这栋房子，宋子文实际上被软禁了。

对革命和弟弟深怀情谊的宋庆龄，得知宋子文还在徘徊时，曾想帮助他逃出虎口。文森特·希恩自告奋勇承担这个任务。

希恩是由宋子文介绍到武汉访问宋庆龄的。他对宋庆龄的印象，与斯特朗的相似，不过描述得更为动人：

"财政部二楼阴暗的接待室的大门打开了，进来一位身材矮小、羞怯腼腆、身着黑色绸服的中国女士。她一只手拿着一块绣花的手帕，另一只手拿着宋子文给我的引荐信。她一开口，差一点使我跳起来：声音是那么温柔，那么文雅，那么出人意料的甜润。我局促

---

① 〔美〕埃米莉·哈恩：《宋氏家族——父女·婚姻·家庭》，第151页。
② 《蒋介石致宋美龄函》(1927年9月)，载天津《益世报》，1927年10月19日。

不安地看着地板,不知道她究竟是谁。……我真没想到,这个纤巧的幻影般的人物那么柔弱羞怯,竟是夫人本人——世界上最负盛名的女革命家。"①

希恩在美国曾听到关于宋庆龄的不少传说,说她是"中国的圣女贞德",是中国一个"娘子军"的领导人;还有人说她曾带过兵打过仗等。因此,在希恩头脑中造成了一种错觉,以为宋庆龄是一个"庞然大物,"可是恰恰相反,他说:"我面对的却是一个最迷人的温文尔雅的人物","她雍容高贵,却又那么朴实无华,堪称稳重端庄;这主要是一种内在的品质,它发自内心,而不是装出来的"。"她的胆略见识之高,人所罕见,从而使她能够在紧急关头镇定自若。"希恩认为,这些端庄、忠诚的品质和胆识——使她"具有一种根本的力量"和"最坚毅的英雄主义的形象"。她是真正的"中国的圣女贞德"。②

由于希恩在上海刚与宋子文谈过话,了解他的心情,所以当宋庆龄提出要把弟弟接来武汉时,希恩向她保证将尽可能说服宋子文重新站到她这边来。希恩的想法浪漫得近乎天真。回到上海后,他要宋子文化装成他的翻译,然后同乘一艘英国轮船到武汉,以躲开军警、特务的盘查。起先,宋子文同意这样做。可是他与母亲、大姐和大姐夫商谈后,第二天就改变了主意。他顾虑武汉的阶级斗争不仅会冲击他个人,而且还会使他在财政方面一事无成。于是,宋庆龄希望弟弟回到武汉国民政府这边的美好愿望就成了泡影;希恩浪漫的设想也被残酷的现实粉碎了。

就宋子文个人来说,他所注意的是自己的事业和声誉、个人的民主和自由。这些构成他"神圣不可侵犯"的个人利益。在大革命初期和中期的广州政府和武汉政府时期,财政部长的工作,为年轻

---

① 〔美〕文森特·希恩:《个人的经历》,纽约1934年英文版,第209页。
② 同上。

有为的宋子文施展自己的才干和抱负、发展事业,开辟了广阔的天地。他无论从公从私、从国家和个人出发,都由衷地拥护这场革命,拥护武汉国民政府。但随着革命深入,阵营分化,他既反对摧残他事业的军阀独裁的南京政府,也不满意妨碍他的武汉工农革命的种种"越轨"行动。同时,他又有软弱的一面(斯特朗说他是"社会的懦夫")。他愿意投靠对他事业有利的任何一方,但也往往屈服于压力,违心地为他所不愿意追随的恶势力服务。

宋子文与宋庆龄虽然是一母所生的同胞姐弟,但又是性格完全不同的两种人。当革命深入时,他们又同处在十字路口,结果却走了完全相反的道路。

后来,宋子文出于他对二姐的深情厚谊和关怀,终于来到武汉。不过,这次他来,不是为回归武汉国民政府,而恰恰相反,他要以自己的怯懦的人生观和可悲的选择来影响宋庆龄,"保护"宋庆龄。他带来了局势发展的新信息——武汉政府即将反共,宁汉就要合流——和蒋介石7月12日所写的一封亲笔信,要宋庆龄立即离开武汉去投奔南京政府。蒋在信中说:"中正等望夫人来沪如望云霓,务请与子文、庸之兄即日回沪,所有党务纷纠必以大人之来有解决小法也!"①

宋庆龄面临一次空前困难而严重的抉择。她必须估量形势,独立作出判断,采取行动。可贵的是,她没有一分钟的犹豫和徘徊,毅然选择了坚持革命这一条无比艰险的道路。宋庆龄斩钉截铁地对弟弟说:"不行。"她不愿同南京政府合作。她坚定地表示:如果武汉政府最后垮台了,她就回上海继续同蒋介石做斗争。

宋子文听了宋庆龄的话十分害怕。他坚持要她离开在江岸的住宅,同他到外边走走。在远离了那栋房子和始终在那里监视的人以

---

① 原件影印,载《纪念宋庆龄同志》画册,图69,文物出版社1982年版。以下引用此书,皆为此版本,不再一一详细注明。信中的"庸兄"、"庸之",即孔祥熙(字庸之)。

后,宋子文拉着姐姐的手,求她千万不要再回上海,甚至连想都不要去想。他低下头,在宋庆龄耳边悄悄地告诉她说,她有生命危险,因为蒋介石、宋蔼龄他们策划了一个行刺她的计划。[①]宋庆龄听后笑了笑,再次表示她坚持革命的立场毫不动摇。

时代的浪潮严酷地考验着宋氏家族的每个成员,促使他们进行各自的选择,各走自己的生活道路。对革命事业的无比坚贞,使宋庆龄同自己的姐妹兄弟们不得不分道扬镳了。

七、"七一四"声明

汪精卫是隐藏在武汉国民政府中的假左派。武汉政府中以他为首的一伙在蒋介石叛变后不久,也开始反对工农运动,走上了反共、反人民的叛变道路。

7月14日晚,汪精卫等控制的武汉国民党中央,不顾国民党左派人士的坚决反对,悍然召开中央常委扩大会议,讨论"分共"问题(即反对共产党,屠杀革命人民),公开背叛孙中山所制定的国共合作政策和反帝反封建的革命纲领。宋庆龄断然拒绝出席会议。她派陈友仁代表她去发言,表明自己的立场。

陈友仁在汪精卫的"分共"会议上庄严宣布:"孙夫人反对分共。因为联俄、联共和扶助农工的三大政策是总理(按:即孙中山)手定的,有了三大政策,革命才能够发展成今天的局面,抛弃三大政策就必然要向帝国主义和蒋介石屈服。"[②]陈友仁的发言,遭到国民党右派们的攻击,孙科甚至跟陈友仁大吵大闹起来。

---

① 〔美〕斯特林·西格雷夫:参见《宋家王朝》,第245页。该书作者从美国联邦调查局档案中发现宋庆龄后来与一位美国友人的谈话材料,宋庆龄谈到了这次宋子文的武汉之行及宋蔼龄的行刺计划。

② 《第一次大革命的回忆》,载《吴玉章回忆录》,中国青年出版社1978年版,第150页。

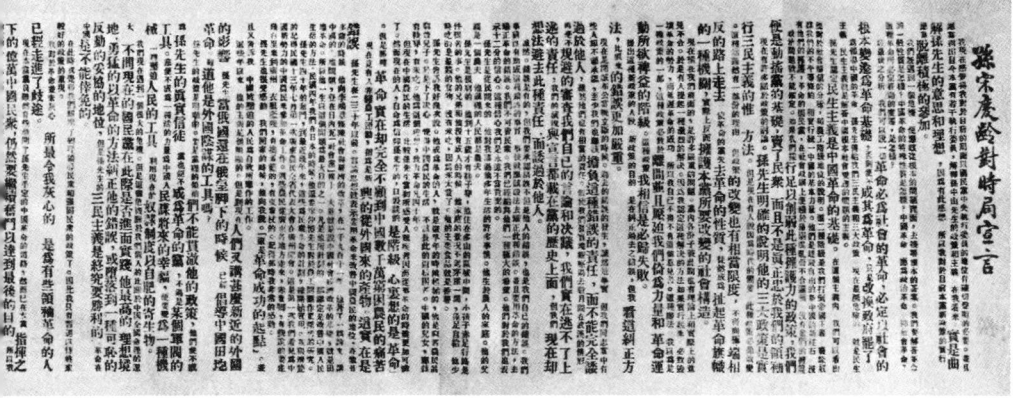

1927年7月14日，宋庆龄发表对时局的宣言，抗议国民党右派违反孙中山革命原则的行为

与此同时，义愤填膺的宋庆龄坐在她的打字机前，字斟句酌地用英文打出向全国人民要讲的话，表示了对当时中国政治的鲜明的立场。这就是著名的"七一四"声明——《为抗议违反孙中山的革命原则和政策的声明》。

声明开宗明义严正宣布，由于蒋介石、汪精卫和他们所控制的国民党"违背了孙中山的意思和理想"，她决定退出国民党中央执行委员会，"对于本党新政策的执行，我将不再参加"，以与国民党右派们划清界限，同革命的背叛者实行彻底决裂。

声明从孙中山的革命原则出发，强烈谴责了叛徒们背弃孙中山"新三民主义"和三大政策的罪行，指出他们"动摇了党的基础，出卖了群众"；"摧毁党的力量，并延迟革命的成功"。

声明彻底撕破叛徒们自称是"孙中山真实信徒"的伪装，明确地指出执行三大政策与否是革命与反革命的分界线："如果党内领袖不能贯彻他（指孙中山）的政策，他们便不再是孙中山的真实信徒；党也就不再是革命的党，而不过是这个或那个军阀的工具而已。

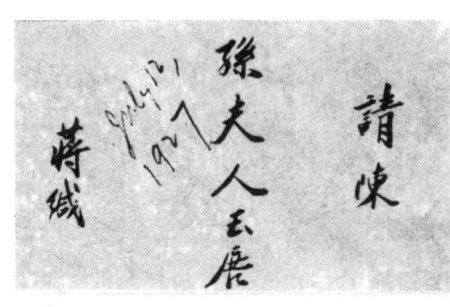

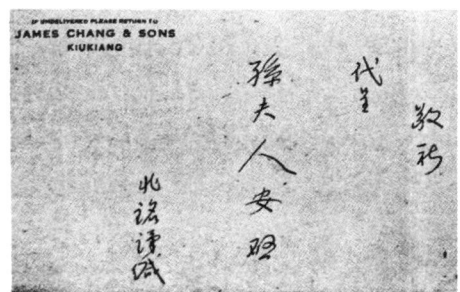

蒋介石和汪精卫分别于1927年7月12日和1927年8月1日写信给宋庆龄

党就不成为一种为中国人民谋未来幸福的生气勃勃的力量,而会变为一部机器、一种压迫人民的工具、一条利用现在的奴隶制度以自肥的寄生虫。"

尽管革命遭到了严重的挫折和失败,宋庆龄在声明中对中国人民革命的胜利前途仍表示了坚定的信念。她宣告:"我对于革命并没有灰心。"她预言:违背三大政策的叛徒们"注定要失败";"孙中山的三民主义终究是要胜利的。革命在中国是不可避免的";国民党一切忠实的党员和"千百万中国人民,仍将遵循这条道路以达到最后的目的"。

声明在理论上的价值,突出表现在宋庆龄对革命的理性认识获得了一个完全正确的观念,即"归根结底,一切革命都必须是社会的革命,以社会的基本变革为基础;否则便不成其为革命,只有改换政府而已"。这个观念的获得以及对它的透彻了解,表明宋庆龄的政治思想已高于同时代的其他资产阶级革命者,从而使她成为国民党中杰出的革命政治家。①

不仅如此,声明还表明宋庆龄是彻底地忠诚于孙中山的革命思想,是孙中山革命原则最忠实的继承者。宋庆龄在孙中山众多的战友中,并不是最早接受他革命思想的人,但却是最忠于孙中山的革命原则、对孙中山的政策从不动摇的人。

还必须指出,正如上述,声明是在这样一种前所未有的历史条件下产生的:孙中山已经逝世,国民党走向了反动,共产党和工农革命群众遭到残酷镇压而转入地下;友好邻邦苏联远在天涯;即使在国民党左派中,往日的生死患难之交也皆同秦越,或各奔他方……在失去一切依靠和帮助的情况下,宋庆龄独立施展自己的才能。所以,与以前相比较,严格说来,宋庆龄的政治才干,是在

---

① 《为抗议违反孙中山的革命原则和政策的声明》,载《宋庆龄选集》上卷,第43—48页。

1927年大革命失败时才开始充分地显示出来。正如有人评论宋庆龄的那样:"孙中山去世后,中国政局逆流滚滚,动荡混乱。在这一连串急剧挑战面前,她成熟、明洁、镇定、坚强、有原则、有远见、有气魄、有韧力……历久弥坚。"[1]

此外,声明在写法上也具有特色。它是一篇战斗的檄文,具有千钧之力。但在写法上相当策略,没有空洞的说教和粗暴的辱骂,甚至没有点出蒋介石、汪精卫的名字,而是摆事实,讲道理,真切地讲述自己对一些问题、事件的看法和感受。一篇政治声明撰写得如此有血有肉,有情有理,不仅说明作者政治水平之高,也说明作者作风之美。这种作风,比空洞的说教和粗暴的辱骂更具有威力。这是宋庆龄一贯的作风。她不仅对犯错误者的帮助如温暖的春风,对凶恶的敌人也是以柔克刚,往往不用疾言厉色,而习惯用逻辑严密的说理、讽刺和幽默等这类"武器"。这表明她对人民、对正义、对革命力量的自信,对表面强大敌人的蔑视,同时也说明她的机智和胆略。这种斗争方式,最适宜于当时及以后二十余年她所处的特殊环境,并且在这种环境中又不断发展完善,以致达到炉火纯青的地步,使敌人对她既切齿痛恨,又无可奈何。这种斗争方式,也使她得以保护自己,免遭黑暗和暴虐吞没的厄运。海伦·斯诺这样说:"孙夫人是自圣女贞德以来每个国家所产生的近乎圣女的人物……她有幽默感,有时则含着机智和讽刺。也正因为有这种讽刺性的幽默,她才能在长期艰难的岁月中,保持健全的精神……始终保持心理平衡,没有精神失常。幽默感往往具有均衡作用。她很有自信,亦很实际。"[2]

对以柔克刚、迂回(孙中山说的"兜圈子")战术——宋庆龄特殊的斗争方式和风格,社会上有两种不同的评价,一种认为这是她

---

[1] 曹云霞:《宋庆龄与宋美龄》,载香港《镜报》1981年第4期。
[2] 《海伦·斯诺谈宋庆龄》,载《宋庆龄纪念集》,香港《文汇报》社编印,1981年版。

的特点，也是她的优点，能给敌人以特殊的打击。海伦·斯诺是这种观点的代表者之一。另一种观点认为，这是宋庆龄身处特殊地位的一种局限，虽能给国民党反动派以一定程度的打击，甚至是沉重的打击，但不能像邓演达那样对国民党造成致命的威胁，因此蒋介石集团在一定程度上还能容忍。

辩证地考察，这两种观点都有一定的道理。实际上，任何伟大人物都有其超人的才华和特长，又有其历史和阶级的局限性。只看到一点，必失之于片面。

宋庆龄的"七一四"声明，是中国现代史上一篇十分出色的重要文献，也是宋庆龄一生奋斗中的又一座重大的里程碑。从此，她砥柱中流，成为国民党左派的旗帜，公认的孙中山革命事业的坚决捍卫者和忠诚继承者。

《宋庆龄声明》在美国友人雷娜·普罗梅等人帮助下，于7月18日在英文的汉口《人民论坛报》及上海《密勒氏评论》报上首先发表，中文稿则印成传单，遍贴在武汉的大街小巷，并刊登于7月24日的《晨报》上。

声明的及时发表，给叛徒们以沉重的打击，它大大地伸张了正义，给革命人民指明了方向，鼓舞人们去进行新的斗争。它在国际上和海外华侨中也产生了强烈的反响。这种作用，别人是不能代替的。因为国民党反动派始终打着孙中山的旗号，借用孙中山的声望来欺骗群众，以宋庆龄的身份和地位揭露叛徒们的嘴脸，是比任何人的谴责都更为有力量的。关于这一点，连当时在天津上学的少年爱泼斯坦都感受到了。他后来回忆说，宋庆龄的这一声明，"有助于从根本上在全世界公正舆论面前撕去蒋介石继承了孙中山事业的种种假象。尽管这些叛徒们为了要表白对孙中山的虔诚，每天早上都要念念有词地背诵他的遗嘱，每次发表演讲时都要引用他的语录，在每个办公室的墙壁上以及在钞票和邮票上常常都要挂上和印上他的肖像,但是,他们那个已被宋庆龄撕破了的伪装是绝对骗不了人的。即使我正在少年时代,也感受到了这一点,而这对于那些年长一些的、目光敏锐、追求进步、追求真理的人来说,其所产生的作用就更大了。"①

当时在武汉中央军校担任中共地下党委书记的陈毅,盛赞宋庆龄的声明,希望身边的国民党左派人士"要把握左派的立场,保护革命,继续工作",指出"形势总有一天会好起来的"②。

许德珩追忆说:我当时在武汉读了宋庆龄的声明,"深受感动,从中获益良多,使我意识到革命虽然处于低潮,但必将朝着正确的方向前进并获得最后的胜利"③。

司徒慧敏当时已加入共产党,在华侨中活动,他追忆说宋庆龄声明传到海外,华侨中的革命同志"感动得热泪盈眶"。在革命低潮中,宋庆龄的光辉名字,更加温暖着广大侨胞的心,使他们"获得更大的力量,对革命的前途充满更大的胜利信心,充满更大的斗争勇气"。④

为了进一步揭露和抗议蒋汪之流的反革命行径、寻求中国革命的胜利道路,以便更好地进行今后的斗争,同时为了实现孙中山要她代表他访问莫斯科的遗愿,宋庆龄早在6月下旬就与鲍罗廷、邓演达及陈友仁商议过,决定暂时撤离武汉,出国到苏联去访问和共商大计。⑤他们计划分三批离汉赴苏:

第一批是邓演达与苏联部分军事顾问。第二批是鲍罗廷为首的苏联军事、政治顾问团,与美国记者安娜·路易斯·斯特朗等。他们先后由京汉线北上,经蒙古进入苏联。第三批是宋庆龄、陈友仁

---

①爱泼斯坦:《我所了解的宋庆龄》,载《人物》1980年第3期。
②《胡兰畦回忆录》,第177、178页。
③许德珩:《高风亮节,大义凛然——记宋庆龄同志》,载《光明日报》,1981年5月23日。
④司徒慧敏:《永远记住这个光辉的名字》,载《大地》杂志1981年第4期。
⑤参见章克:《宋庆龄在莫斯科》,未刊稿。

及其两个女儿、雷娜·普罗梅和武汉国民政府外交部秘书长吴之椿教授，一行共六人。7月17日，宋庆龄改称"林女士"，化装成雷娜·普罗梅的秘书，陈友仁改用一日本人的名字，他们乘英商太古轮船公司的航船顺江东下，计划经上海赴苏联。由于此行严格保密，连平时消息灵通的新闻记者，也是直到7月26日才探知"宋庆龄隐居上海法租界"家里。①

他们到沪后第三天，普罗梅受宋庆龄委托到上海苏联驻沪领事馆接洽赴苏手续。由于近期没有苏联轮船离开上海开赴海参崴，苏联领事馆要他们在沪稍候，于是宋庆龄便在上海停留了半个多月。

蒋介石侦知宋庆龄来沪消息后，欣喜若狂，错误地以为宋庆龄接受邀请，"投靠"南京政府来了。于是，立即发通电、派代表，"坚请宋庆龄赴宁，并由路局备专车相候"；同时，通过报纸、电台制造舆论，妄图造成既成事实，迫使宋庆龄接受。②

宋庆龄为表明立场，批驳谣言，于7月30日向新闻通讯社记者严正宣布："近日谣传余将在宁政府活动，全属无稽之谈。""此后余之行止，将如余前在汉口所发之宣言，在国民党现行政策不改变之前，余决不参与任何活动；于革命事业不纳入中山主义轨道内时，余决不担任任何党务。"③她同叛徒们严格划清了界限。

同时，宋庆龄还嘱托秘书分别写信给上海各个报馆，断然"否认近日各方喧传谓中山夫人因与武汉'赤党'不睦，忿而辞职之说"。指出宋庆龄认为上海一些中外报纸的"此种记载为故意混淆事实，其所以辞职者因见中山主义已为一般逐渐得势之武汉分子所蹂躏。其辞职不但与武汉左派无关，且对左派极表同情"④，并重申宋

---

① 上海《民国日报》，1927年7月26日。
② 《晨报》，1927年7月31日。
③ 《晨报》，1927年8月3日。
④ 《晨报》，1927年7月31日。

庆龄"七一四"声明内容，批驳了宋庆龄与共产党"不睦"的谎言。

无独有偶。窃据武汉国民政府职权的国民党"领袖"们，竟认为"七一四"声明是鲍罗廷所起草，并非宋庆龄本意。他们公然以谎言和挑拨来歪曲事实，离间宋庆龄与共产党的关系，掩盖大革命失败的真实原因和他们叛变革命的丑恶面目。汪精卫8月1日写给宋庆龄的亲笔信，就是这种不光彩的表演，他假惺惺地说："闻夫人遽行，心至惶急，及读宣言，更为悚惭。夫人防止党员右倾，用心良苦。不肖如铭能不服膺！"无耻地申辩他之反共，是因为"共产党员必欲消灭国民党"。并以南昌起义为"证据"，望宋庆龄能体谅其苦心。① 明明是汪精卫集团先"分共"，屠杀共产党人和革命群众，共产党才被迫反抗，举行南昌起义。这封信却颠倒黑白，混淆是非。宋庆龄心如明镜，蒋汪之流的丑恶表演，只能更加受到她的蔑视。至于宋庆龄对共产党和南昌起义的态度，在南昌起义后她所发表的一系列文件，就是给汪精卫之流最响亮的回答。

八、"我相信共产党"

宋庆龄对共产党的态度，与对蒋、汪集团的态度形成鲜明的对比。她一如既往地继续同情共产党。当中国共产党遭到反动派血腥屠杀被迫转入地下时，宋庆龄在武汉向共产党明确表示：

"我相信共产党。我还想看一看。"②

这是一个非共产党员在当时表示的最诚实的态度。因为几年来的实践表明，共产党对中国人民的解放事业是忠诚的，奋斗是英勇的。但是，由于共产党还处于幼年时期，中央领导机关犯了右倾机

---

① 《汪精卫致宋庆龄函》（影印原件），藏北京宋庆龄故居。
② 李云：《三十年代在庆龄同志身边两年》，载《解放日报》，1981年5月23日。

会主义的错误,工农群众运动中的"左"倾行动又没有得到正确的引导,因此也加深了革命的危机。宋庆龄对这些也是有看法的。她后来曾向斯诺表示欣赏托洛茨基写的批评共产国际和斯大林在中国大革命中推行错误路线的书《被出卖的革命》①。但是,她对这个问题采取了分析的态度,明辨敌我,分清主次。她认为共产党的错误与蒋、汪集团的背叛革命,本质上是不同的。她在"七一四"声明中,甚至认为包括自己在内的国民党与共产党一样犯了错误,是整个领导机关犯错误,应该共同负责。

宋庆龄在揭露国民党反动派文过饰非,批驳他们制造的"反共"理由时说:"我们对这些错误所应负的责任,至少与那些我们现在认为他们是完全错了的人一样多。假使我们老老实实回顾一下过去在武汉的几个月,毫不忌讳地审查一下我们自己的言论和决议,我们是逃避不了责任的。演说和宣言都载在党的历史上,但我们现在却要逃避责任,诿过于他人。"这是何等坦白、博大的胸怀,光明磊落、实事求是的态度。宋庆龄反对用反共及背叛革命的方法来"改正"错误:"是的,错误是有的,但是我们必须承认这个事实,错误不只是他人的错误,也是我们自己的错误。我们促成了这些错误,我们也就必须改正这些错误,并用革命的方法去改正革命的错误。我们不能出卖群众。"她理解共产党,同情共产党,依然把共产党看作革命同志和朋友。这表现了宋庆龄的确不同一般,她独具慧眼,明察秋毫,确实不愧为国民党中最杰出的革命政治家。

但是,共产党能否经得住这次失败的考验,能否克服自身的错误和弱点,从而真正挑起中国人民革命事业的重担,在当时的确是一个有待验证的问题。事实上,在毛泽东担任中共中央的领导以前,共产党又经历了一次、二次、三次越来越严重的"左"倾机会主义

---

① 〔美〕埃德加·斯诺:《复始之旅》,第111—112页。

路线的摧残，走到了濒于覆灭的边缘。所以宋庆龄说，"我还想看一看"，这确是一个革命者正直、无私、坦率的表白。

宋庆龄对国共两党不同的态度，有一个共同的出发点，即一切从人民的利益出发来衡量党派的是非。她反对以"教徒"的态度对待党派的信仰。她一生与国共两党有极深的关系，先是孙中山国民党的忠诚党员，后是中国共产党的优秀党员，但是她对党派的拥护或反对，都以救国救民为标准，永远站在人民利益的立场上。所以，她很少受党派偏见所左右，不拥护党派的错误政策，尤其在她已经认识到政策是错误的时候。可以说，这是宋庆龄民主思想的精髓。

共产党也一直把宋庆龄当成忠诚的合作者。当时，中共中央根据共产国际的指示，在武汉政府日趋反动的情况下，还想挽救国民党，维持与宋庆龄等国民党左派的统一战线，继续高举孙中山的革命旗帜，将革命进行下去。为此，在7月13日发表了《中国共产党中央委员会对政局宣言》，在谴责国民党某些领导人的背叛行为后，宣布"撤回参加国民政府的共产党员"，同时表示："中国共产党决意与一切革命分子合作，只要他们能够诚实的坚决的根据三民主义三大政策而奋斗。——民族解放、民权政治、民生改善的三民主义，联俄、联共、扶助农工的三大政策，是伟大的孙中山先生之遗训。所以中国共产党，必定严厉地揭发一切假借孙中山先生旗号的伪国民党之出卖革命。"[①] 宣言表明了中国共产党的立场，接着就举行了南昌起义，打响了武装反抗国民党反动派的第一枪。

起义胜利当天，南昌《民国日报》发表了宋庆龄领衔的22名国民党《中央委员宣言》，严正揭露蒋介石和汪精卫的叛变罪行。这22人中，有国民党左派9人，参加国民党的共产党员13人。

宣言痛斥背叛革命的蒋、汪集团，"皆已成为新军阀之工具，曲

---

① 《向导》第201期。

解三民主义，毁弃三大政策，为总理之罪人，国民革命之罪人"，表示："同人等自今以后，唯有领导全国同志，誓遵总理遗志奋斗到底，决不敢有所瞻徇，以贻误革命大局。"宣言号召："全国同志在此时间，均应一本总理创造本党之精神，与一切假冒本党革命名义者坚决奋斗，尤望在本党指导之下的忠实将士，能一本总理百折不回之勇气，使一兵一卒皆能不受假冒本党革命名义者之所利用，为本党真正之革命主张奋斗到底。"宣言中提出了七项政治主张，旗帜鲜明地要继续反帝与解决土地问题，要"积极预备实力，以扫除蒋、冯、唐（生智）等新式军阀与国内一切帝国主义、北洋军阀与封建社会之势力"①。

同一天，在南昌的部分国民党中央委员和一些省区及海外支部的代表举行联席会议，组成了"中国国民党革命委员会"，以与叛变的蒋、汪集团划清界限，继续领导革命。这个委员会由国民党左派和共产党人25人组成，他们是：宋庆龄、邓演达、张发奎、谭平山、于右任、陈友仁、何香凝、吴玉章、彭泽民、林祖涵、贺龙、郭沫若、苏兆征、江浩、黄琪翔、恽代英、朱晖日、叶挺、周恩来、张国焘、彭湃、张曙时、李立三、经亨颐、徐特立。并推定宋庆龄为首的七人（宋庆龄、邓演达、谭平山、张发奎、贺龙、郭沫若、恽代英）为主席团。这两个名单，表示了中国共产党继续维持与国民党左派革命统一战线的真诚愿望。当时，由宋庆龄等七人署名的主席团的宣言、通告、命令等一系列革命文件，除在报纸上刊载外，还贴遍了南昌城的街头巷尾。它表明经过大革命的洗礼，宋庆龄在革命阵营中的威望极大地提高了。

在联席会议上，还通过了《中央委员各省区特别市海外各党部代表联席会议宣言》，向全国宣告说："为领导以后革命之奋斗，必

---

①南昌《民国日报》，1927年8月1日。

需有应时之政治组织,故议决于本党第三次全国代表大会未开会以前,选举孙宋庆龄同志等二十五人组织中国国民党革命委员会。此革命委员会之职责,在继续本党革命之正统……指导全国革命运动,使能有更正确更迅速的发展。"

《中央委员宣言》和《联席会议宣言》,充分表明这次起义的宗旨和革命委员会的政治纲领是与宋庆龄的政治主张一致的。在这两个宣言中,均热烈赞扬宋庆龄在大革命失败时所发表的"七一四"声明。

南昌起义完全是由共产党领导发动的,却依然采用中国国民党的旗帜,选出宋庆龄为首的领导机关,所以这样处理的一个重要因素,显然与宋庆龄当时的政治主张及态度有关。共产党与宋庆龄一样,希望能继续维持国共合作的统一战线,挽国民党既倒之狂澜,进而挽救革命之失败。

现在还没有材料证明宋庆龄参与了南昌起义的策划,但是从宋庆龄一个月后发表的文章《中国目前的形势》中表明,她不仅完全赞成、并且高度评价这次起义以及接着发生的秋收起义等革命暴动。她说:"我们已经听到在名义上受反动派控制的地方发生暴动的消息。在目前,这些暴动似乎是分散的,这里一起,那里一起。但是酿成这种暴动的酵母却遍布国内各地。从遥远的华南到长城内外都将沸腾起来。这表示了一个不可征服的民族的高度决心,不论阻碍多么大,压迫多么残酷。这就保证了表面混乱的目前阶段将要过去,中国将要得到自由。"[①]

宋庆龄在上海短暂停留期间,蒋介石集团一刻也未停止对她的拉拢活动。他们对她威胁利诱,跟踪监视,造谣中伤,无所不用其极。家里人和一些亲友也劝她退出政治斗争,在家中过安逸的生活,

---

① 《中国目前的形势》,载《宋庆龄选集》上卷,第60—62页。

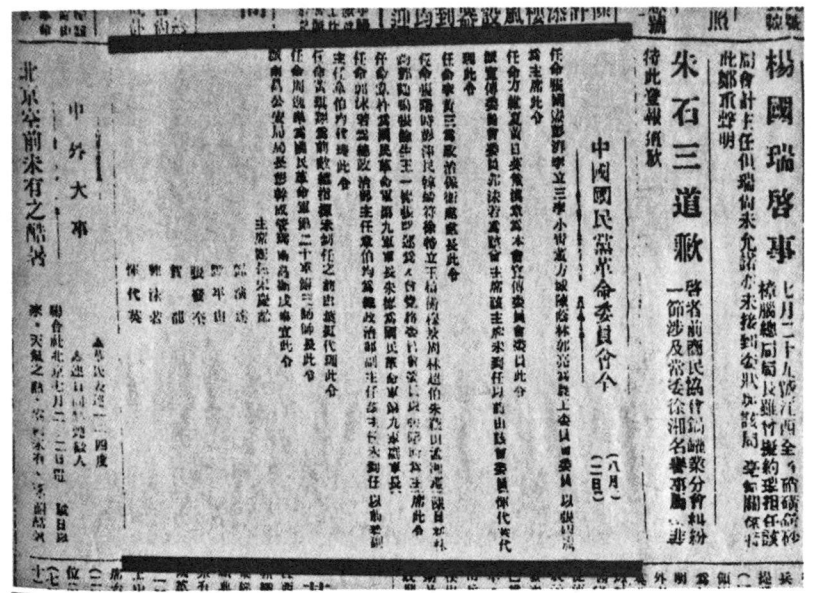

1927年8月1日，中国共产党举行南昌起义，由周恩来等25人组成革命委员会。宋庆龄当时虽在上海，仍被推选为七人主席团成员。这是当时报纸上刊登的《中国国民党革命委员会令》

无论如何不要再发表公开的言论替失败了的共产党说话，更不要发表措辞强烈的反对蒋介石的文章；也有人劝她赴美隐居。但宋庆龄是任凭风浪起，稳坐钓鱼船，坚持自己的立场和主张，沉静机智地准备着赴苏之行。

8月中旬，宋庆龄接到苏联领事馆通知，即将有一艘苏联轮船从上海开往海参崴。行前，8月22日，宋庆龄发表了《赴莫斯科前的声明》。声明通俗地阐述了孙中山制订的联俄、联共、扶助农工三大政策，高度评价了三大政策在大革命中取得的巨大业绩，指出："由于三大政策使各种力量相互结合，国民党才能结束十年来广东的混乱局面，创建了并供应了革命军队，大举北伐"，从而"使中国的国际地位空前的提高了"。声明严厉谴责了国民党冒牌领袖们背叛三大政策后对中国革命的危害,并坚定地相信中国人民革命的胜利,预言叛徒们"必然失败"。宋庆龄表示:"我个人的路线是明确的。我深信三大政策是革命的思想与方法的基本部分,因此我得出结论:在与国内军阀及外国帝国主义的斗争中,只有在国民党领导下正确地配合运用由三大政策所产生的革命力量,国民党人才能获得真正的成功。"①

她说明此行访苏的目的,是要亲自向苏联及全世界人民说明中国还有许多人将继续忠于孙中山所制定的三大政策,说明中国革命必胜的前途。无疑,她的行动在消除国际上千万份报刊报道中国革命失败所产生的消极后果方面,将发生深刻的影响。

这一声明,是大革命失败后宋庆龄第一次表示对共产党的态度,她热情赞扬"中国共产党无疑地是中国内部革命力量中最大的动力",表示了继续"联共"的愿望。这给正处在严重的白色恐怖中的中国共产党以巨大的鼓舞和支持。

声明从事实和理论两方面,雄辩地论述三大政策的正确性和革命必胜的前途,思想深刻,高瞻远瞩,表明宋庆龄对道路的抉择是经过深思熟虑的。

文森特·希恩目睹了宋庆龄度过大革命失败这一历史危急关头,曾无限感慨地说:"对共产党人进行大屠杀,对劳工运动搞血腥镇压,等等,这些事使她(指宋庆龄)义愤填膺。这样,她在人们心目中似乎成了更有声望的人。她身体柔弱,又不善智谋,完全凭她的个人品格、纯洁动机、至诚的心灵,使自己成了一位英雄。在中国革命遭到破坏的时候,如下现象是最离奇的现象之一:将军们和演说家完全垮掉了,有的屈膝投降,有的落荒而逃,有的缄默不语,

---

① 《赴莫斯科前的声明》,载《宋庆龄选集》上卷,第49—52页。

而唯一的一位过去压不垮现在仍然不会被压垮的革命家就是孙逸仙柔弱的遗孀。"①

"疾风知劲草",对比之下,使人们看到了宋庆龄威武不能屈、富贵不能淫的高大形象。

由于国民党反动派的严密监视,宋庆龄这次出访苏联,仍然不得不秘密地离开上海。

8月23日凌晨3点钟,上海法租界一片寂静,林荫道上还是黑黢黢的。宋庆龄一副贫穷妇女的打扮,由红头发的美国人雷娜·普罗梅陪同,悄悄地离开莫利哀路寓所。在离寓所不远的法国公园附近,她们两人坐上了苏联领事馆等候在那里的一辆汽车,然后直驶黄浦江码头。在码头下汽车后,立即搭上一条小舢板。摇摇晃晃的舢板从几十个国家的军舰中穿过,顺着江水悄悄地从发出嘎嘎声的大船旁边漂过,经过三小时紧张的航行,才到了吴淞口一艘表面已斑驳脱落的苏联轮船旁边。天亮以前,陈友仁和她的两个女儿也匆匆赶到,乘上了这艘轮船。在早晨的浪潮中,这艘轮船便向海参崴急速驶去。②

宋庆龄新的生活、新的斗争又开始了。

---

① 〔美〕文森特·希恩:《个人的经历》,纽约1934年英文版,第209页。
② 参见D.N.雅各冬布:《鲍罗廷:斯大林派驻中国的代表》,美国哈佛大学出版社1981年版,第292页;章克:《宋庆龄在莫斯科》,未刊稿。

第二节 苏欧之行

一、出访莫斯科

宋庆龄这次访问苏联，除了感谢苏联人民对中国革命给予的同情与合作，及向世界说明蒋介石新军阀集团违背了孙中山的革命政策，不能代表国民党中的革命派之外，还有一个预定的任务，那就是想要实现丈夫未及实现的一个最珍贵的愿望：孙中山生前曾叮嘱她代表自己到十月革命的故乡进行访问，同苏联朋友会谈。

从此，宋庆龄踏上了一条艰苦动荡的革命道路。在1927年8月27日，宋庆龄和陈友仁等一行乘坐英商太古公司的轮船从汉口经上海到达海参崴。[1] 然后，他们改乘苏联政府提供的专用列车，在西伯利亚铁道上经过漫长的旅途生活，于9月6日抵达旅行的终点莫斯科。[2]

一路上，列车所到的每个大车站，宋庆龄都受到成群结队的苏

---

[1] 上海《大公报》、《申报》，1927年8月30日。
[2] 《东亚周报》第17期，第257页，1927年9月出版。

联人民的热烈欢迎。莫斯科欢迎场面之热烈,更为动人。苏联党政领导人、各界群众代表、旅俄华侨和莫斯科中山大学的中国留学生等欢迎队伍,很早就来到雅罗斯拉夫斯基车站等候。列车进站时,乐队高奏《国际歌》,欢迎的人群发出雷鸣般的欢呼声。列车停稳后,苏联政府外交部部长李维诺夫,教育部部长柯伦泰夫人,宋庆龄和孙中山的老朋友、苏维埃中央政府代表加拉罕及莫斯科苏维埃代表波波夫等,走进车厢亲切迎接。当宋庆龄等沿月台步行出站时,周围群众又伴随着热烈的掌声拥围上来。

苏联人民不是把宋庆龄当作失败的逃亡者,而是作为革命英雄而热烈欢迎的。宋庆龄对此深受感动,使她进一步增强了对中国革命的信心。

1957年11月,她再次访问苏联时说:"三十年前,当我到你们这里来的时候,我的心情是沉重的。我为了抗议对孙中山先生的遗嘱和对中国革命的背叛,被迫离开了我的国家。但是,当我一踏上了苏维埃的土地,我就知道我们的事业并没有全部失败。苏联人民的鼓励使我确信,我们的革命虽然在当时处于低潮,但是它会再一次高涨起来,人民是会胜利的。"①

据两位在孙中山逝世时曾见过宋庆龄的中山大学学生说,这次在莫斯科看到宋庆龄的脸上露出了"忧伤神情",而且"比两年前孙博士逝世后更甚,这无疑是她在失去他和她丈夫为之操劳的中国革命后的一种反映"②。在随后的谈话中,又看出她"对国内时局异常悲愤,但对革命前途并没有灰心失望"。③

出火车站后,宋庆龄一行由李维诺夫和柯伦泰夫人陪同,乘车到红场的大都会饭店下榻。

---

① 《全人类将选择社会主义》,载《宋庆龄选集》下卷,第292页。
② 盛岳:《莫斯科中山大学和中国革命》,现代史料编刊社1980年版,第167页。以下引用此书,皆为此版本,不再一一详细注明。
③ 屈武:《操比金石,节砺冰雪——回忆宋庆龄同志》,载《人民日报》,1981年6月4日。

1927年9月6日,宋庆龄在国民党中央政治委员会委员陈友仁陪同下,抵达莫斯科

1927年9月6日,宋庆龄抵达莫斯科车站,受到各界代表热烈欢迎

宋庆龄抵苏联后，继续进行反对国民党反动派背叛孙中山革命事业的斗争。由于摆脱了国内恶劣的环境，她在莫斯科开辟了一条更加有利的战线，可以更加主动和及时地抨击南京政府的一切倒行逆施，捍卫孙中山的革命原则和政策。

在1927年9月的一个月中，宋庆龄连续发表的声明和文章有八篇之多。在这些声明和文章中，她明确表示自己代表"国民党左派"或"革命的国民党"，向苏联各界人民致意，感谢苏联政府和人民近几年中对中国革命的同情、合作、指导和援助。并表示今后要继续执行孙中山的"联俄"政策："我深信我们将继续并肩作战，打垮我们的共同敌人——世界帝国主义和一切反动势力。"① 对国民党反动派所采取的驱逐苏联顾问和诬蔑苏联"借援助之名，行颠覆之实"，以否定孙中山的"联俄"政策的罪恶行径，给予有力的回击。

宋庆龄对国民党反动派最沉重的打击，莫过于在声明中向全世界揭露中国新的掌权者背叛革命的真面目，指出其必然失败的命运和中国革命再起的希望，呼吁世界人民继续支持中国人民的解放斗争。她愤怒地指出："几个月以前，广大的长江中部地区还是为反抗世界帝国主义争取自由而斗争的中心，但今天已经落入反革命分子的手中。那些以前被群众信任为国民革命领袖的人物，现在却领导着这个可耻的反革命。这对于中国来说，确是莫大的污辱。"宋庆龄又说，由于大革命失败，世界各国人民感到迷惑了，他们希望领导革命人民的人能够对这次革命的性质和目的加以说明。所以她这次访问苏联的另一个主要目的，就是"要使全世界明了，那些盘踞在长江流域的人，虽然自命为中国国民党的发言人，但他们并不能代表革命的国民党，也不能代表中国的革命群众"。她庄严地向全世界宣布："我代表中国的革命群众，前来说明：虽然中国的革命暂时丧

---

① 《对列宁格勒〈真理报〉发表的声明》，载《宋庆龄选集》上卷，第59页。

失了它已经取得的地区,但它仍然坚强有力、朝气勃勃、充满信心。我所代表的革命的中国,与目前盘踞长江流域的封建官僚军阀截然不同。这些人已经脱离群众,为了个人的利益和权势正企图把中国拉回到军阀混战的老路上去,造成了混乱。但是这仅仅是表面上的混乱。在表面的混乱下,存在着一股根深蒂固的、坚强地组织起来的、不可征服的革命力量,它的呼声很快就会响遍全世界。"①

面对现实,承认革命失败,又看到敌人的弱点,看到革命再起的希望和道路,甚至拥护土地革命和武装斗争,这是宋庆龄当时基本的政治态度。

她认为"中国的局势是没有丝毫理由可以感到失望的",因为革命的失败"纯粹是表面的"。从地理上看来,这个失败似乎很大。但在那些地区,国民党反动派的权力并不巩固。"另外一个使人不会气馁的基本事实就是人民的坚强组织。凡是国民党控制的地方,中国的人民都已经觉醒了……今天他们正挺起胸膛以坚决的斗志来面对未来。"②

宋庆龄这里指的就是当时中国共产党领导的土地革命和武装暴动。她说:"没有土地革命就不可能推翻封建制度;土地革命如果不能实现,整个革命就不可能有任何进展。因此,谁反对土地革命,反对千千万万的农民获得经济解放,谁就站在反革命阵营那边。"③

就这方面而论,宋庆龄的立场,远远超过国民党左派一般的立场。她发展了孙中山"耕者有其田"的思想,成为孙中山之后中国激进的资产阶级民主主义思想的代表人物。

"沧海横流,方显出英雄本色。"更为杰出的是,在大革命失败后,多少"英雄豪杰"迷失方向、步入歧途的情况下,宋庆龄上述

---

① 《在莫斯科发表的声明》,载《宋庆龄选集》上卷,第55—56页。
② 《中国目前的形势》,载《宋庆龄选集》上卷,第60—61页。
③ 《在莫斯科发表的声明》,载《宋庆龄选集》上卷,第55页。

对中国形势清醒的观察和深刻的分析，对革命前途乐观而正确的预见，不仅在国民党中是独一无二的，而且在某些方面比起当时中国共产党的个别领导人也高出一筹。

向世界人民说明中国形势的真相，表明中国人民继续革命的决心，是宋庆龄坚持孙中山的三民主义和三大政策，把国内已经失败了的革命继续进行下去的一个重要方面。此外，她还进行了多方面的活动。到莫斯科中山大学演说，鼓励学生永远忠于孙中山的遗训，就是其中之一。

莫斯科中山大学是苏联政府为中国革命培养干部而创办的。取名"中山大学"是为了纪念孙中山。1925年10月7日，鲍罗廷在国民党中央政治会议第66次会议上正式宣布建立中山大学，并在广州、上海、北京、天津等地选拔学生，第一期就选拔了340人，然后分批派往苏联。他们都是国民党员、共产党员或共青团员，其中不少是国民党高级领导干部的子弟，包括蒋介石的儿子蒋经国。

拉狄克任中山大学第一任校长。根据他的提议，中山大学由苏共中央和国民党中央共同管理。邵力子当时是国民党常驻共产国际的代表，他就兼为国民党常驻中山大学理事会成员，代表国民党监察中山大学。在学生中，分别成立了中国国民党支部局和中国共产党支部局，所以，中山大学又是国共合作革命统一战线的产物。

1927年"四一二"、"七一五"事件后，国民党反动派大肆攻击苏联援助中国革命的政策，中山大学首当其冲。7月26日，国民党中央执行委员会正式声明取缔中山大学并与之断绝一切关系。

宋庆龄坚决反对这一措施。她到莫斯科后不久，就由陈友仁陪同，到坐落在沃尔洪卡大街著名的基督救世主大教堂对面的中山大学，探望中国学生，并发表演说。

由于学校设在赤都莫斯科，广大学生还保持着当年入学时的革命激情。在武汉政府反动，宋庆龄、邓演达分别发表声明离开武汉

莫斯科中山大学

宋庆龄与陈友仁在莫斯科中山大学合影

时，学生中的全体国民党员闻讯后曾集会作出决议致电宋庆龄、邓演达，拥护他们二人的声明，呼吁他们留在武汉坚持斗争，电报谴责国民党内领导人的背叛行径，明确表示"毫不含糊地维护同中国共产党的合作"，并敦请宋庆龄、邓演达把工农联合在中国国民党的周围，"为贯彻实施我们领袖的三大政策而奋斗"。[①] 当时，由于宋庆龄和邓演达已经离开武汉，所以不能对这个电报做出反应。现在，宋庆龄当面来向学生们讲话，大家无比激动。

一位当时在场听宋庆龄演讲的学生后来回忆说：

"中山大学学生，尤其是女同学，对她的卓越表现充满自豪之情……她的举止、美丽和妩媚，激起了我们大家阵阵敬爱。孙夫人是广东人，但一口地道的上海话，那天她用上海话给我们讲话。我记得，她深切感谢应邀来访问国外第一所用她已故丈夫命名的中国人的大学。她告诉我们，她看到有这么多对革命虔诚的年轻人，竭尽心力为实现三民主义而努力，'衷心感佩'。她要求学生们永远牢记，'我们是孙中山的信徒，我们曾在他的名字命名的大学里受过训练'，她敦劝大家，'千万不要忘记，孙中山的最宝贵的遗训就是三民主义和三大政策，即联俄、联共、扶助农工'，'只是在孙博士实行三大政策以后，实现三民主义的动力才得以增加，国民党才得以新生'。"他还回忆说："无论从哪方面说，她都是一位有本事的演说家，她的讲话音调清脆悦耳，咬字清晰，不时为我们的掌声所淹没。她给听众留下了不可磨灭的热烈印象。"[②]

屈武回忆说："宋庆龄同志的演说，赢得了听众的热烈掌声；但却有些激烈分子，批评孙中山的主张不够彻底。宋庆龄同志当场予以驳斥，并嘲讽他们患了'左倾'幼稚病。我当时就感到她真是一个了不起的女性，不愧为孙中山先生的忠实继承者和勇敢捍卫

---

① 〔苏〕《真理报》，1927 年 7 月 31 日。
② 盛岳：《莫斯科中山大学和中国革命》，第 168—169 页。

者。"①

宋庆龄讲话后，陈友仁也发表了演说。他作为一位革命外交家、武汉政府的外交部部长，主要讲述了他当外长时与列强进行外交斗争的事情，受到学生们热烈欢迎。

由于国民党政府坚持取缔中山大学的反动立场，更由于后来托洛茨基反对派控制了中山大学，1928年暑假后，苏联政府终于决定停办中山大学，并根据斯大林的"国民党反共，我们则要给中国共产党办一个大学"的指示，共产国际决定将中山大学撤销。其时，原中山大学内国民党送去的学生都已回国，留下的主要是共产党员和共青团员。

二、酝酿组织"中国国民党临时行动委员会"

宋庆龄高举孙中山的革命旗帜，继续进行中国革命的另一重要行动，是她与邓演达、陈友仁一起发起成立"中国国民党临时行动委员会"。

邓演达与宋庆龄一样，是国民党中杰出的左派领袖。他是武汉国民政府的一个重要人物，担任总政治部主任、国民党中央政治委员会委员，国民党中央农民部长等重要职务。他坚决反对蒋介石的独裁统治，坚持执行孙中山的三大政策，曾在北伐战争中立下奇功，为武汉政府的巩固和发展做出过重大贡献。他是这年的8月15日到达莫斯科的。

他乡遇故知，宋庆龄、陈友仁与邓演达在莫斯科相会，十分高兴。他们经过几天的讨论和分析，认真研究我国第一次大革命失败的原因和教训，认为除帝国主义勾结一切反动势力向正在争取解放

---

①屈武：《操比金石，节砺冰雪——回忆宋庆龄同志》，载《人民日报》，1981年6月4日。

1927年秋,宋庆龄与国民党左派领袖邓演达(右二)等在苏联

的中国人民进行反扑之外,国民党本身组织的不健全,不断受到封建势力的侵入、腐蚀,大大削弱和妨碍了革命的进展,是大革命失败的重要原因。经过几个月的斗争实践和观察,他们认为大革命虽然遭到失败,但孙中山的革命事业必须继续下去,因此,必须高举孙中山首创的"国民党"这面旗帜,继续革命,不能让它被反动派玷污了。这是作为国民党左派责无旁贷的义务,也是宋庆龄对孙中山最好的纪念。然而与国民党反动派的斗争是一场长期的、严酷的斗争,散兵游勇似的与他们周旋,已经不能适应形势的需要,必须重新组织起来。为此,他们决定成立"中国国民党临时行动委员会",与国民党反动派彻底决裂,把国民党和三民主义的旗帜夺过来,同时努力健全国民党本身的组织,防止投机分子潜入。

根据他们三个人讨论的结果,邓演达起草了《对中国及世界革命民众宣言》。11月1日,由宋庆龄、邓演达、陈友仁三人署名,以"中国国民党临时行动委员会"名义在莫斯科发表。

宣言明确表达了他们三人对当时中国革命一系列重大问题的看法。关于形势,宣言认为当时是"帝国主义者由消极的暗助反革命势力的时期,进入到积极的进攻中国时期"。宣言分析造成这种黑暗局势的原因,是由于蒋介石、汪精卫集团的背叛。他们窃取中国国民党的旗号,伪装成三民主义的拥护者,"其实已为旧势力之化身,军阀之工具,民众之仇敌"。为此,宣言重申了孙中山三民主义的革命意义,总结了孙中山"一面与敌人奋斗,一面更须与党内的叛徒决绝"的历史经验。关于革命的动力和对象,宣言指出:"中国被压迫剥削的革命民众为:工、农、手工业者、小商人及青年学生。其对抗的仇敌为:帝国主义、封建军阀、地主、土豪绅士及与他们相结之高利资本家者。"宣言认为中国民众痛苦的根源在于:"帝国主义与封建军阀、地主豪绅,及大部分与他们联合的高利资本家的共同勾结所构成之中国政治经济势力的统治。"为此,宣言表明他们继续革命的设想是：组织中国国民党临时行动委员会，继承孙中山遗志，团结、领导被压迫被剥削的革命民众，向新旧军阀和一切反动仇敌做斗争，建立农工为中心的平民政权，实现孙中山的三民主义，把中国人民从黑暗痛苦的生活中解放出来。

宣言认为当务之急是把国民党这面旗帜从反动派的手中夺过来，所以临时行动委员会的任务是：宣告南京、武汉国民党中央的罪恶，终止其职权；筹备召集各省市代表大会，选出临时中央执行委员会，以行使中央委员会的职权；筹备国民党第三次代表大会，以解决一切革命问题。①

可以看出，当时宋庆龄与邓演达等人对挽救国民党以复兴中国革命，是充满着激情的。他们以为孙中山晚年挽救国民党的历史能够重演。

当时中国各个革命党派都在总结大革命失败的经验教训，探索继续革命的道路，并且得出各自的结论、制订各种各样的纲领。比较起来，上述宋庆龄等人的纲领，在形势估计、革命动力和对象等方面的看法，是比较正确的，与第二年6月中国共产党第六次全国代表大会制订的纲领中的有关表述也是相接近的。

发起成立"中国国民党临时行动委员会"的宣言发表以后，宋庆龄立即开展了与蒋介石反动集团针锋相对的斗争。

三、反对蒋介石与苏联断交

蒋介石没有想到在他指派的特务严密监视下，宋庆龄竟然成功地出访莫斯科，对此感到无比懊丧。但是他决不甘休。他深知宋庆龄对于刚刚建立的南京政府的价值。正如美国著名记者约翰·根塞

---

① 《邓演达文集》，人民出版社1981年版，第332—338页。

(John Gunther)在1939年访问中国后所说：宋庆龄"是宋家最重要的人物，因为宋家的一切势力都是由她这里发展来的；假设她不和国父孙中山先生结婚，其余的姐妹兄弟们就不会有现在"。① 所以，蒋介石不管宋庆龄一次又一次发表谴责他的声明，依然把她当作国民党"中央委员"对待，不断地向她发出函电，通报他们的一些决定；同时还大肆造谣，制造所谓"丑闻"对宋庆龄进行人身攻击，妄图迫使宋庆龄向他屈服。但宋庆龄早已领教过蒋介石的这些伎俩，所以对此一概不予理睬。

1927年12月，蒋介石南京政府的反苏行动进一步升级，他们诬蔑共产党发动的广州起义是受苏联领事馆所煽动，派兵围攻广州苏联领事馆，最后竟悍然决定与苏联断交。当蒋介石把与苏联断交的决定电告宋庆龄之后，宋庆龄认为这个问题涉及捍卫孙中山联俄政策的原则问题，绝不能沉默，即于17日复电蒋介石予以制止。她斥责蒋介石，指出如果与俄绝交"非惟自杀，实使党国孤立无援，后世历史上将以君等为误党误国之罪人"！她希望蒋介石等"静心三思，幡然觉悟，缓行前议"。她说她正准备回国，如果蒋介石不听规劝，她"只得暂留此间，以表示反对此种无道义之自杀政策"。②

蒋介石自然不会改变他们的决定，但却急切希望宋庆龄回国，妄图加以利用。为此，除怂恿宋母倪桂珍连发数信催促宋庆龄回国外，他又于18日再电宋庆龄，对她进行攻击，诬蔑她在莫斯科的停留和她的电报都是受别人胁迫的结果，挑拨性地要求宋庆龄回国"亲自陈述自己的意见"。

宋庆龄接到电报后怒不可遏，立即在23日复一长电，对蒋介石的谰言予以严厉驳斥。她说："我留在世界革命力量的心脏莫斯科是

---

① 〔美〕约翰·根塞（John Gunther）著，王一之译：《亚洲内幕》上卷，重庆时与潮社1941年版，第380页。以下引用此书，皆为此版本，不再一一详细注明。
② 上海《新闻报》，1927年12月19日。

宋庆龄在苏联

自愿的。就如同我的访问是一种对国民党领导人的反革命政策的自愿抗议一样。说我似乎是在别人的迫使下行事,这完全是诽谤和对我过去所做工作的侮辱。"她阐述了自己决定与蒋介石集团决裂的原因,再次强烈谴责他们背叛革命的罪恶行径,指出:"这次互通电报证明,我们之间交换看法是毫无意义的,因为我们之间的分歧犹如一道鸿沟。你同苏俄断绝关系(保持与苏俄的友谊是孙中山遗嘱中竭力主张的政策),然而,你却完全无意同帝国主义列强断绝关系";而且"称为国民党执行委员会的这个机关已经成了帝国主义的同谋"。最后,她明确表示:"如果我回国的话,那也只是为了参加工农斗争……我将踏着革命者的足迹继续前进,这是缅怀我们领袖的唯一道路,我在这条道路上决不回头。"①

这份电报,表明着宋庆龄的坚定的革命立场和磊落的政治胸怀。她"言必信,行必果",虽然母亲连续多封信的催促,她决定暂不回国。从违背家庭与孙中山结婚那天起,她就把革命利益放在家庭私情之上。宋庆龄说,他们怕我"赤化",不愿我多待,我却要坚持下去。②尽管回国有优裕的物质生活,而在国外则生活艰难,甚至经济来源也即将中断,但她决不后退一步。正如约翰·根塞感叹的那样:武汉政府被颠覆后,"她在国外留居多年,虽然假设她肯要求的话是可以得到任何职位的。她不顾身体健康的任何斫丧,唯有从事于她所认为孙中山的主张而奋斗。她放弃了家庭,放弃了财产,放弃了权利。任何妇人都不能比她再能不顾牺牲的了"。③

宋庆龄拒绝参加国民党和南京政府的工作,决不为反动派张目,但她对有利于革命和人民的工作则是热情支持的。正是在蒋介石催促她回国的时候,国内蔡元培等人发起成立"国民革命军遗

---

① 《再致蒋介石电》,《宋庆龄选集》上卷,第68—69页。
② 李云:《三十年代在庆龄同志身边工作两年》,载《解放日报》,1981年5月23日。
③ 〔美〕约翰·根塞:《亚洲内幕》上卷,第381页。

族学校",收容教养在国民革命中牺牲烈士的子女亲属,并提议由宋庆龄、蔡元培、何香凝等九人为筹委,在南京户部街设立筹备处。他们就此事征求宋庆龄的意见时,她把这个学校的创立视为对孙中山革命事业的纪念,因此欣然允诺。这一遗族学校经过筹建、招生后,于1929年4月在南京大仓园临时校舍正式开学,宋庆龄担任校长。[①]

宋庆龄视烈士子弟为自己的儿女,关怀备至,使孩子们在这所学校里重新得到家庭的温暖。一个学生这样回忆说:"1929年春,我被送进学校,老师把我的破旧衣服鞋帽完全换掉,穿上学校发的新衣服,从衬衫、衬裤直到罩衣、罩裤,全是新的。我高兴得笑着、跳着……宋校长,您对我们遗族学生教养的恩情,比母亲还温暖啊!"[②]

1929年宋庆龄回国到南京参加孙中山奉安大典期间,还由妹妹宋美龄陪同特意到学校看望师生们。那天,她身穿黑色长旗袍,臂系黑纱,面容庄严。她对老师说:"我们的学校是为纪念中山先生革命事业而设立的,新校舍建筑在中山陵墓附近,教育的对象是追随中山先生革命的先烈遗族,因此一定要为彻底实现中山先生的革命理想和教育主张而努力工作。"[③]可见,她支持在南京创办这所学校,正是为了同国民党反动派争夺对青少年的影响。

四、在异国饱经忧患

宋庆龄暂不回国,但是由于种种原因,莫斯科她也不想再继续住下去了。

[①] 储子润:《深切怀念宋庆龄校长》,载《团结报》,1983年6月4日。储子润是原遗族学校教务主任。
[②] 同上。
[③] 同上。

在莫斯科，她的生活得到苏联政府和人民友好而热情的安排。在大都会饭店下榻几天后，宋庆龄和雷娜·普罗梅一起搬到红场附近豪华的苏维埃旅馆居住。这座旅馆被称为"糖业大厦"，是沙俄时期用糖业赚取的利润拨款建造的。1917年以后，这座大厦被苏维埃政府接管，一部分作为高级官员的住房，大部分房间被政府用来接待外国客人。宋庆龄住在这里是很方便的。大都会饭店中她原来住过的住房，就作为她办公和会客的地方。陈友仁一家仍住在该饭店的二楼。苏联政府特派柯伦泰夫人①任招待组组长，负责照料宋庆龄的生活并协助她与各方面的联系。宋庆龄的意见和要求，也由她转告苏联当局。对当时中国革命形势的分析和估计，对武汉时期所发生的一些偏差，对土地问题在中国民主革命中的重要地位，以及国共合作的必要性和长期性，等等，宋庆龄都坦率地表示了自己的意见。苏联外交部也派有专人关心宋庆龄的生活，特别在饮食方面，知道她有喜欢吃水果的习惯，每隔一天就派人送来高加索产的葡萄、苹果等。

宋庆龄经常作为贵宾被邀请参观访问和观看高水平的各种演出，如到彼得罗夫斯基公园观看精彩的军事演习，到大剧院欣赏著名的芭蕾舞，等等。

不过，当时苏联国内复杂的政治形势和她谦逊的品质，再加以流亡生活的微妙地位，使她在参加这些公共场所的活动时，带着沉重的精神负担。她唯恐群众认出她来，更不愿意宣传自己。好几次在大街上她被人们所注视，因此她很少上街。苏联外交部拨出一辆小汽车，供她在逗留期间使用。她每次坐进汽车总是把窗帘拉下来，以便尽可能隐蔽她在莫斯科的行动。有一次，她被普罗梅和文森特·希恩硬拉着到一家电影院观看她本人到达莫斯科的纪录片。由

---

① 柯伦泰夫人出身于沙俄贵族，早年参加革命，颇受列宁的器重。后来，她还出任苏联驻瑞典大使，是苏联的第一位女大使。

于她一向很谦虚,所以当看到自己的形象在银幕上反复出现,以及她发现周围的观众已经认出她时,她的精神越来越紧张,终于没有等影片放映完,就中途退场了。①

同那些在公共场所的活动比起来,她最乐意的是多次被邀请到苏联革命元勋、中央政治局委员加里宁的乡间别墅去作客。在这里,她可以避开公众的注意,心情舒畅地欣赏乡间的景色。这个别墅离莫斯科大约只有四五公里,坐落在阿尔汉格尔斯克村。去时,都是加里宁夫人叶卡捷林娜·伊万诺夫娜亲自到旅馆来迎接。加里宁夫人乘的车子是一辆三匹灰马并拉的雪橇。当她们坐好后,马夫就把一条轻毛毯放在她们的膝上,请她们裹好,以避风寒。加里宁夫人是一位非常好客的典型的俄国主妇,态度诚恳、亲切,对中国人民怀有深厚的感情,经常问宋庆龄生活上有没有困难,对莫斯科的环境适应不适应;加里宁同夫人一样好客。他们夫妇淳朴的形象和热情的接待,给宋庆龄留下了美好而难忘的记忆。在以后的岁月里,每当提到这次莫斯科之行,她都要提到加里宁夫人给她的温暖和愉快。1952年底,宋庆龄率领中国代表团出席在维也纳举行的世界人民和平大会途经莫斯科时,还曾特意寻找往昔与加里宁夫人一起欢聚过的地方,抒发怀念之情。在她的上海及北京寓所里,一直挂着她那次访苏期间与加里宁夫人、鲍罗廷夫人合影的照片。

生活犹似海洋,有时风和日丽,碧波荡漾;有时狂涛恶浪,倒海翻江。宋庆龄在莫斯科的生活,既有愉快和甜蜜,又有酸辣甚至苦涩。由于苏联国内和国际局势的动荡,政治斗争激烈,宋庆龄又是各方面都想争取的著名人物,再加上她和邓演达等少数人在异国他乡,处在极不稳定、十分敏感的环境中,因此,政治困扰和各种刺激不断袭来,使她饱经忧患。

---

① 〔美〕文森特·希恩:《个人的经历》,纽约1934年英文版,第269页。

宋庆龄与加里宁夫人

首先，苏联党内正在进行的争论和反对托洛茨基反对派的斗争，使宋庆龄左右为难。

从 1923 年开始，联共党内就列宁主义、国内建设和国际共运中的一系列问题发生争论，产生了托洛茨基反对派，反对以斯大林为首的苏共中央及共产国际执行的路线。中国大革命的指导方针是这场争论的一个重点。大革命失败，托派认为是斯大林错误路线的恶果，于是向斯大林派发起猛烈攻击。宋庆龄来到苏联时，正处于这场斗争的高潮中。上述屈武回忆宋庆龄在中山大学演讲时，受到激烈分子的挑战，就是这场争论激起的浪花溅到了宋庆龄的身上。

托派认为中国资产阶级比西方资产阶级更反动；国民党是资产阶级政党，共产党不应加入国民党实行合作，至少在"中山舰事件"或"四一二"政变以后就应退出国民党，成立苏维埃工农政权，单独进行无产阶级革命，等等。宋庆龄虽然对托派的基本立场并不同意，但对托派抨击斯大林对蒋介石、汪精卫有幻想、斗争不力等意见则显然是同意的，直到"四一二"政变前夕，斯大林还要人们相信蒋介石，拥护蒋介石；①"四一二"政变之后，又把汪精卫奉若神明，以致养虎遗患。

托派和斯大林派都想争取宋庆龄这位中国革命的有力见证人为自己说话。托派尤其强调苏联应积极支援世界革命（自然包括中国），反对埋头国内的经济建设。他们认为宋庆龄肯定会支持这样的立场，所以很想利用宋庆龄来攻击斯大林。中山大学的中国托派学生就曾多次要求会见宋庆龄，希望她对斯大林与托洛茨基的斗争表态。

宋庆龄自然不愿为任何一方所利用，对托派学生的请求委婉地——加以拒绝。

斗争愈演愈烈。11 月 7 日，宋庆龄应邀到红场观礼台上观看庆

---

① 斯大林在 1927 年 4 月 5 日莫斯科党组织积极分子会议上的讲话，参见〔美〕罗伯特·诺恩、津尼亚·尤丁编著，王淇等译：《罗易赴华使命》，中国人民大学出版社 1981 年版，第 61 页。

祝十月革命胜利十周年的盛大阅兵和游行活动。游行队伍中的托派分子（包括中山大学学生中的中国托派），在经过主席台时，当着斯大林的面，突然打开拥护托洛茨基、反对斯大林的旗子，接着两派群众又发生了斗殴事件。

宋庆龄寄予很大希望的中山大学，当时成了托派大本营。校长拉狄克是托派的重要头目，他在学校中安排大批托派教师干部，培养了不少托派学生。有些学生因红场事件被遣送回国，随即与陈独秀取消派结合，发展了中国的托派组织。

托洛茨基与斯大林两派斗争结果，以托派惨败告终。拉狄克被撤掉校长的职务；托洛茨基在11月被开除党籍，然后流放到阿拉木图。宋庆龄的熟人、与孙中山共同发表过历史性联合宣言的越飞，也因此在1927年11月16日自杀身亡。鲍罗廷回国后，成了中国大革命失败的另一只替罪羊（除了陈独秀之外），遭到苏联执政者的批判，所以不能履行离华时议定的返苏后与宋庆龄等共同总结革命失败教训的诺言，也很少与他们见面，有时只得派他的夫人探望宋庆龄；其他在大革命中曾到中国帮助革命的许多政治、军事顾问们，与鲍罗廷一样处境都不好。莫斯科中山大学也在后来被撤销。所有这些，使宋庆龄深感失望和寒心。

其次，邓演达受到冲击，宋庆龄也感到有压力。

邓演达作为一个激进的资产阶级民主主义者，与共产国际及斯大林在对待中国革命及世界革命的问题上，有一致的地方，也有分歧的观点。中国大革命失败，使双方的矛盾明朗化了。

到莫斯科时，邓演达曾受到苏联领导人的热情欢迎，并与他讨论中国革命问题；共产国际也为他召开盛大欢迎会，并请他作中国革命问题的报告。邓演达在感谢苏联及共产国际对中国革命支援的同时，又坦率地表示反对对中国革命的干预。他认为中国革命纯属中国自己的事，"不应置放于第三国际的范畴。中国民族自求解放，第三国际只可作友谊上的赞助,断不能将中国解放的任务,完全任第三国际摆布。这种民族自决的精神,在任何环境中,皆应该存在的"①。他所得的结论是:"共产主义革命,仅在西欧资本主义国家适用,中国是封建经济占主要成分的半殖民地国家,解决土地问题,实行耕地农有,是一个当前革命的主要任务,否则定然延长中国革命。"②

邓演达在中山大学的报告也是如此。在长达四小时的报告中,他严厉谴责蒋介石和武汉领导集团,但同时也指责共产党。"听众中的一些共产党学生显然被触怒了,于是,用开闭电灯和脚踏地板来进行报复。"③

所以,当时中国共产党旅莫支部派人与邓演达商谈,争取他参加共产党时,他拒绝了;④而是与宋庆龄、陈友仁积极地发起成立"中国国民党临时行动委员会"的组织。

邓演达的意见,反映了当时中国人、包括共产党和国民党中相当一部分人的看法,也一定程度上反映了宋庆龄的看法。他们认为武汉国民政府失败得如此迅速,与当时武汉地区群众运动中出现的那种超越民主革命的"左"的倾向有关;而共产国际和斯大林的直接干预——罗易把"五月指示"泄露给汪精卫看,则是"七月失败"的直接导火线。

1927年5月,武汉政府发生危机时,共产国际和斯大林给在武汉的代表罗易和鲍罗廷拍发一份电报——"紧急指示",主要内容是:(一)坚决进行土地革命,通过农民协会,从下面夺取土地。(二)改组国民党中央,从下面吸收工农领袖,代替正在动摇和妥协的老领袖。(三)动员两万左右的共产党员,加上湖南、湖北约五万

---

① 转引自《邓演达先生传略》,载中国国民党临时行动委员会1932年出版的《邓演达纪念集》。
② 转引自《邓演达先生的生活》,载中国国民党临时行动委员会1932年出版的《邓演达纪念集》。
③ 盛岳:《莫斯科中山大学和中国革命》,第165页。
④ 罗任一:《邓演达回国组党》,载《邓演达》,第106页。

的革命工农,编成几个新军,组成一支可靠的军队。(四)组织革命军事法庭,惩办反动军官。①

这就是所谓共产国际的"五月指示"。

机会主义的罗易接到此电后,竟然违反组织原则,在未经中共中央同意之前,把指示提供给汪精卫看,妄图依靠汪精卫来执行这个指示,以挽救革命。

汪精卫看后吓坏了,认为这是要"共产党消灭国民党",就把指示给国民党的军政官员们传看,包括邓演达和宋庆龄,动员他们起来反对共产党;还到郑州会议请求冯玉祥帮忙,要与蒋介石联络,以致形势急转直下。所以,汪精卫后来一直以"五月指示"为证据,宣称他的反共是"被迫"的、"有理"的。②

邓演达坦率地谈出个人的意见,开罪了苏联当局和共产国际,成了不受欢迎的人。宋庆龄与邓演达政见相同,因此对邓演达的遭遇愤愤不平,心中不胜怅惘。尤其对苏联领导人不能容忍不同政见者的不民主作风,很不以为然。

使宋庆龄最感悲痛的是普罗梅的逝世。从大革命的烽火岁月,到革命失败后的艰险历程以及在莫斯科的流亡生活中,普罗梅与宋庆龄同舟共济、甘苦共尝,结下了深厚的友谊,而且又是她身边唯一的女友。但是,普罗梅于11月21日因脑炎不幸去世。宋庆龄对她的死悲痛欲绝。

在送葬那天下午,宋庆龄与大家一起走了几个小时,穿过莫斯科市区去火葬场。当时天气很冷,文森特·希恩在往前走的时候,发觉宋庆龄弯着身子"在颤抖"。因为她从中国的收入来源已经断了,但她十分好强,不愿接受不相识的人的帮助。她没有过冬御寒

---

① 《斯大林全集》第10卷,人民出版社1954年版,第31—32页。
② 参见汪精卫1927年8月1日给宋庆龄的信;汪精卫:《武汉分共之经过——1927年11月5日在广州中山大学的讲话》,载《汪精卫选集》第3卷。

的衣服,在这天气阴沉、一片冰冻的大街上,她只穿着一件单薄的黑色外衣。苏联外交部借给她的那辆小轿车跟在送葬队伍的后面。汽车里面至少暖和一些。希恩劝她乘上汽车,但她不肯。她完全是步行穿过莫斯科走完全程的。她低垂着头,由于刚刚病愈不久,脸色极其苍白。看到这种情景,希恩不禁意识到,"现在宋庆龄是最孤独的流亡者了。她在薄暮中,在她的最无私的朋友的灵柩后面颤抖着"。①

的确,普罗梅去世后,宋庆龄在莫斯科更加孤独了。她一直怀念这位难得的异国至交,以后每提到普罗梅,她都表现出一种难以抑制的伤感。

当然,最大的打击,还是来自中国国民党反动派。

蒋介石在拉拢宋庆龄失败的同时,加紧了对她妹妹宋美龄的追求。由于宋家本身是一个人才和金钱的宝库,更由于宋家与美国,与基督教,与上海资产阶级等各方面的深厚关系,宋家成了一个有巨大政治影响力的象征;再加上宋庆龄是孙中山的遗孀,人称"国母"。因此,蒋介石下决心,不惜一切代价与宋家拉上关系,与宋美龄结亲,企图通过这种特殊的纽带,使他的政权获得多方面的好处。尤其是他将成为孙中山的连襟,这将有利于取得孙中山继承人的合法地位。

为此,蒋介石向宋母说,他已与妻妾离婚,陈洁如也已去美国留学,并接受宋母的全部条件,答应先研究基督教教义,准备加入基督教。

1927年12月1日,蒋介石如愿以偿,在上海与宋美龄结婚,举行隆重而奢华的典礼,震动了中外舆论界。

宋庆龄早就识破蒋介石追求她妹妹的用意,曾竭力阻止这门亲

---

① 〔美〕文森特·希恩:《个人的经历》,纽约1934年英文版,第301页。

宋庆龄保存的宋美龄与蒋介石结婚照

事，不让蒋介石利用她和孙中山的名义去提高南京政府的威望，况且现在蒋介石已经完全变成中国人民最凶恶的敌人。但是宋美龄趁宋庆龄在国外的机会，竟然匆匆忙忙地与蒋介石结婚了。更使她失望和痛苦的是，不仅妹妹本人，而且母亲和姐姐全家都背叛了她。她敬爱的母亲曾与她一起反对这门亲事，现在居然变卦；姐姐蔼龄对蒋宋结合还起了促进作用。宋庆龄强烈谴责这门亲事，认为"这一婚姻，双方都是出于投机"。①

尤其使宋庆龄不能容忍的是，在蒋介石、宋美龄结婚前夕，美国一些报纸制造的一则谣言说，宋庆龄正在考虑与陈友仁结婚。对此，她受到莫大的侮辱和刺激，以致她颈上的一圈神经性顽癣，由于受刺激而顿时发作，痒得难以忍受。宋庆龄在养病中，逐渐意识到美国报纸的谣言完全是蒋介石集团的政治阴谋：他们妄图通过这条"新闻"，宣告宋庆龄已不再为实现孙中山的遗嘱而奋斗，贬低她在世界人民中的威望，从而使人们相信蒋介石才是孙中山革命事业真正继承人的骗局。

五、来自"左"的困扰

由于这一系列困扰和打击，宋庆龄决定离开莫斯科，移居柏林。她同邓演达、陈友仁商议决定后，又认真研究了他们的处境和今后的工作。

宋庆龄等要离开苏联的诸多因素中，最主要的是政治因素。他们原来离国赴苏的主要目的，是计划同苏联领导人商量国共继续合作，把中国的民主革命进行到底。但是，当时苏联共产党正忙于解决内部的托派问题，无暇顾及中国的革命。

---

① 〔美〕埃德加·斯诺:《复始之旅》，第101页。

1927年12月初，宋庆龄离开莫斯科前，斯大林同她在克里姆林宫的办公室里进行了半个多小时的谈话。这次谈话内容，据事后陈友仁说：宋庆龄除对苏联政府几个月来的盛情招待表示衷心感谢外，再次向斯大林表示中国国民党愿意和中国共产党继续合作，共同完成中国的民主革命。斯大林则表示希望宋庆龄等能早日回国，继续领导中国的革命；至于具体的合作办法，共产国际及苏联党和政府正在研究中，以后会随时派人到中国来告诉他们的。这种敷衍搪塞的话，使宋庆龄等人感到失望。

此外，当时中国共产党在大革命失败后，因仇恨国民党屠杀政策而滋长起来的"左"倾情绪，也使宋庆龄等人要求国共再度合作的希望难以实现。而且，这种"左"倾情绪使中国共产党及其旅莫支部与宋庆龄、邓演达为代表的国民党左派的关系也日趋紧张。1927年9月，以宋庆龄等国民党左派为旗帜的南昌起义失败时，中共中央作出决定，"取消组织左派国民党的计划"。11月，中共中央临时政治局扩大会议通过决议，第一次"左"倾路线统治了全党。这个决议肯定了9月决定，指出："本党认为国民党左派组织失败之经验，证明国民党的旗帜已经完全变成白色恐怖的旗帜，凡真正革命分子，只有团结在共产党的旗帜之下。"①

当然，在国民党的领导权完全被反动派所篡夺，而国民党左派又基本上被瓦解、所剩力量十分微弱的情况下，共产党放弃国民党的旗帜，独立领导中国革命是完全正确的。但问题在于对国民党不加分析，一概打倒，连对国民党左派也完全否定。甚至1928年6月通过的中共"六大"决议案，也认为"国民党的各派完全是反动的"，批判邓演达的"第三党"是"为豪绅地主资产阶级反革命的工具"，因此号召全党对所谓"工农党"、"第三党"进行斗争，指斥

---

① 《中国现状与共产党的任务决议》，载《中共党史教学参考资料》（一），人民出版社1979年版，第125—126页。

中共六大会址：莫斯科近郊五一村公园街18号兹维尼果罗德镇塞列布若耶别墅

"他们是统治阶级的奸细"。① 实际上，这时宋庆龄与邓演达、陈友仁发起成立国民党临时行动委员会以后不久，宋庆龄与邓演达一直在一起从事政治活动。

这种思想在由米夫（新任中山大学校长、共产国际远东局负责人）影响下的、以陈绍禹（王明）为首的中共旅莫支部中，尤为严重。当时苏共党内对于如何继续支持中国的革命，有两种意见，一是仍用国共合作形式，一是抛开国民党，全力支持共产党。由于大革命的失败，后一种意见占据优势。米夫即是这种意见的代表者之一。稍后，撤销中山大学，把师生合并到中国劳动者共产主义大学

---

① 《布尔塞维克》第2卷第2期。

中专门为共产党培养干部，就是这种意见占上风的结果。陈绍禹为此还公开发表批评孙中山三民主义的言论。这就使宋庆龄、邓演达与共产党的关系处于十分紧张的状态中。

鉴于这种情况，宋庆龄和邓演达、陈友仁认为继续留在莫斯科已毫无意义，决定赴欧洲暂住，以待形势的进一步发展。离苏后的具体安排是，宋庆龄和邓演达赴柏林，陈友仁去巴黎。他们提出赴德入境申请后，1927年12月19日，德国外交部特发专函，去询问社会安全帝国监察员对宋庆龄入境一事的态度。① 获得允许后，邓演达首先去德国，宋庆龄因要去比利时布鲁塞尔参加第一次反帝同盟大会，未与邓同行。后来又由于健康原因，一直拖到第二年5月初才去柏林。

"国际反帝大同盟"是1927年2月宋庆龄和世界著名人士爱因斯坦（德国）、高尔基（苏联）、罗曼·罗兰（法国）、巴比塞（法国）等人共同发起的，总部设在布鲁塞尔。这次大会是国际上空前的反对帝国主义、反对战争的和平大会。宋庆龄在会上发表了重要讲话，从而使中国革命成为全世界的一件大事，特别受到被压迫民族和国家的注意。② 在会上，宋庆龄被推选为大会名誉主席。1929年8月，国际第二次反帝同盟大会在德国法兰克福举行时，宋庆龄虽在国内未及参加，但是大会仍推选她任名誉主席。此后，宋庆龄又逐步成为反战反法西斯运动的主要领导人，成为著名的世界和平战士、享有盛名的国际和平及进步运动的领袖。

所以，宋庆龄此次出国访问的意义和影响，远远地超过访问的本身，它不仅开辟了一条与国民党反动派斗争更加有利的战线，而且直接把中国革命与国际斗争联系起来，开辟了一个更加广阔的战场。宋庆龄的立场随之站得更高，视野也更为开阔，具有了如她所

---

① 此函原件现存波茨坦国家中央档案馆，社会安全帝国监察员档案第123号，第260页。
② 胡愈之：《继承和发展统一战线——深切怀念宋庆龄同志》，载《光明日报》，1981年6月9日。

要求中国革命妇女具有的"世界眼光"。在此后长期的革命实践中，她一直把中国革命与国际斗争结合起来，使二者互相支援，共同前进。由于宋庆龄与国际友人广泛的联系和深厚的友谊，她在争取国际进步力量支援中国革命方面的贡献之巨大，是无人能与之相比拟的。

第一次国际反帝同盟大会开过后，宋庆龄返回莫斯科，同年3月9日，她在莫斯科亲自为纪念普罗梅而设立的教育基金进行募捐活动。这项基金是为纪念普罗梅在中国大革命期间对国民政府做出的功绩而设立的，基金将捐助给一所大学，作为学生补助金之用。这项活动，由宋庆龄主持最为合适，不过它的募捐活动是在莫斯科而不是在中国开展使人们感到遗憾。

这年的3月12日是孙中山逝世三周年纪念日。这一天，原计划安排宋庆龄参观博物馆。当苏联向导薇拉·弗拉基米罗夫娜·阿基莫娃到旅馆邀请宋庆龄时，她说："今天无论什么参观都不去。因为今天是孙中山逝世的日子，哪儿都不去！"说着，她声泪俱下，在房间里来回走动。①

这是宋庆龄对孙中山无比情深、特殊的怀念形式。

每逢3月12日孙中山逝世和11月12日孙中山诞辰的纪念日子，宋庆龄都要以自己特有的方式悼念伟大的革命先行者孙中山先生。

一般的情况是这样的：墙壁上悬着孙中山的遗像，小圆桌上的大花瓶中插着洁白的花朵。室内双层窗帘拉得很紧，灯光微弱，气氛宁静、肃穆。宋庆龄身穿黑色的衣衫，独自一人坐在靠背椅上。她在沉思、在怀念……数十年如斯，除了有重大的纪念活动，她总是这样独自闭门默哀，不下楼，不会客，甚至对左右的人也很少说话。宋庆龄曾对身边的工作人员说过："每逢孙先生的诞辰或逝世纪念日，我不愿参加这种纪念活动，因为想起他在世的情景，会难过

---

① V.V. 阿基莫娃（V.V.Vishnyakova—Akimova）：《在革命中国的两年（1925—1927)》(Two years in Revolutionary China)，英文版，第284页。

的。"她还说："让我一个人静静默念孙先生，这样最好！"①

不仅如此，宋庆龄对孙中山大海一样的深情，在日常生活中也时有流露。如她吃药时会说是孙先生教给我怎样吃药的；请几位好友吃娃娃鱼时，也告诉人们说，是孙先生讲给我娃娃鱼名称的来历、产地、味道等。宋庆龄对孙中山的遗物加意爱护，细心保存，处处表现出对孙中山的眷念之情。在上海莫利哀路寓所居住时，她每天都要在孙中山坐过的椅子上坐上十分钟。她非常珍爱一个小碗口大小的银质相框，厚实的玻璃下镶嵌着孙中山生前拍摄的一张二寸照片。照片已经泛黄。宋庆龄经常随身携带着这个小相框，无论在上海或北京，甚至出国也带着。每到一地住下来后，她第一件事就是把小相框擦拭得干干净净，然后端端正正地放在床头柜上或房里一眼就看得见的柜橱上。

宋庆龄几十年如一日，这样怀念孙中山，除了表示对孙中山一往情深之外，更重要的在于她把孙中山始终当作指导她前进的导师。孙中山对她犹如一座蕴藏丰富的宝库。每当遇到问题和困难时，她能从这种怀念中，得到无穷无尽的力量和智慧。她在任何复杂艰险的环境中，始终高举孙中山的革命旗帜，坚持斗争，这也是一个重要原因。

六、在柏林研究土地问题

宋庆龄赴德是早有计划的。1927年她离开武汉时，就持有武汉国民政府外交部1927年8月1日签发的护照，并说明去德的目的是

---

①陈维博：《忠贞不渝——宋庆龄雕像前的忆述》，载《文汇报》，1988年5月24日。

治疗眼疾①（其实这不过是一个借口，因为她的眼睛并没有毛病）。尽管如此，德国当局对她的到来还是颇为惊慌，只给了她居留三个月（从1928年4月28日至7月28日）的短期入出境签证，并对她秘密监视。在1928年4月发给宋庆龄入境签证时，德国驻莫斯科大使馆给国内报告说："鉴于宋庆龄女士在中国的国民运动中站在共产党的一方所起的作用以及她与莫斯科共产党的密切关系，我认为，应该对她在德国的活动予以秘密监视。"②为此，德国外交部正式请求社会安全帝国监察员对宋庆龄实行最周密最谨慎的秘密监视。③帝国监察员又把这个任务交给了普鲁士内政部，并且指出，宋庆龄是国际劳工组织中央的成员，在中国国民运动中和共产主义运动中影响很大，和苏联共产党有密切的关系。④

就这样，宋庆龄于1928年5月4日，正式移居柏林。

1928至1931年，除1929年为参加孙中山奉安大典回国数月及在巴黎稍住外，宋庆龄在柏林度过了三年多平静的读书生活。"失之东隅，收之桑榆"。如果说宋庆龄的莫斯科之行未达目的，那么，柏林之寓，在邓演达的热情帮助下，她围绕着中国革命问题读书和进行研究，却大大地允实了自己。

在柏林，宋庆龄起先住在利茨恩堡大街7号沃尔夫的家中，⑤后来转到风景如画的近郊区。她的身份是保密的，连房东也只知她姓"林"，称她"林女士"。与在苏联不同，她在德国是作为一个普通

---

① 见社会安全帝国监察员关于监视宋庆龄的总结，存波茨坦国家中央档案馆，社会安全帝国监察员档案第125号，第14页。
② 见1928年4月28日德国驻莫斯科大使馆致德国外交部的函件副本，并德国外交部致社会安全帝国监察员的函，存波茨坦国家中央档案馆，社会安全帝国监察员档案第125号，第12页。
③ 同上。
④ 见普鲁士内政部1928年5月5日致社会安全帝国监察员的函，存波茨坦国家中央档案馆，社会安全帝国监察员档案第125号，第13页。
⑤ 见1928年7月2日柏林警察局IA处的报告，现存波茨坦国家中央档案馆，社会安全帝国监察员档案第125号，第15页。

1928年5月,宋庆龄抵达德国柏林

的中国人暂住的，所以她不想去麻烦德国政府，更不愿求助于国民党政府驻德大使馆，而在雷娜·普罗梅逝世后，她身边照顾的人也没有了。鉴于这种情况，邓演达与宋庆龄及陈友仁商量后，特意把在莫斯科学习和工作的章克调到柏林，住在宋庆龄所在公寓的附近。章克的任务，主要是照料宋庆龄，使她能安心在这里居住。①

遵照宋庆龄和邓演达的吩咐，章克每天早饭后就到柏林大学图书馆去搜集一切有关土地问题（特别是亚洲诸国的土地问题）的材料，提供给宋庆龄、邓演达使用。11点半左右，他到宋庆龄的住处帮助料理一些家务；中午1点左右，陪同她在康德大街中国人开的餐馆就餐。他们每天吃的大都是一种德国人叫"Gcdeck"的菜（上海叫"公司菜"或"盖浇饭"），大米饭上有蔬菜、猪排或牛排，放在一只相当大的椭圆形的菜盆里，每份一个马克，外加20分小账。生活相当节俭和艰苦。午饭后，章克陪她到商店买点东西；然后分手，章克到柏林大学附设的一个学习班去学习德语。4点钟，他又到宋庆龄处帮助她整理资料……②

这时，宋庆龄和邓演达在潜心研究土地问题和农民问题。他们认为这两个问题是民主革命的中心问题，应该研究透彻。邓演达的见解是，解决占中国人口80%的农民的贫困落后问题，即土地问题，是当前中国革命的主要任务。他认为孙中山提出的"耕者有其田"的主张，是解决这个问题的核心思想。但是怎样实现这一主张，还要从实际出发，就是从中国的社会结构、当前的技术水平，以及工业对农业的支援出发，逐步解决这个问题。中国社会结构的细胞是家庭，要提高农业的生产率，改善农民的生活，应着眼于农民的家庭，即提高每户农民的积极性，所以，最好把土地分配到户，由农民自己来经营管理。每户农民在完成国家所规定的指标后，有权

---

① 参见章克：《宋庆龄在柏林》，未刊稿。
② 同上。

种植自己所需要的粮食或其他农作物,政府不应干涉农民的全部经济活动。只有占全国人口80%的农民富裕起来,工业所需的初级原料才有充分的保证,工业才有发展的可能。这样,经过几代人的努力,中国一定可以成为一个独立自主、繁荣富强的国家,赶上欧美资本主义国家。

宋庆龄非常赞赏和钦佩邓演达的这种科学的分析和对中国革命前途的设想。她后来写的《纪念邓演达》一文中说:"在柏林的几年中,有一部分国民党员,邓同志在其中组织了一个学会并加以领导。因为他对于历史、经济、哲学等学科全有渊博的知解及明锐的识断,使那些接近他的人,都能获极大的教益,并更深切了解中国革命前途可遭遇的种种问题。他分析世界大势和其相互间的关系,是那般地清楚而一无疑点,解释中国国民革命的前途,又实实在在是处处引人叹服。"更使宋庆龄感动的是邓演达对孙中山三民主义透彻地了解和忠诚地实践,成为她当时唯一的知音。她说:"对于总理的教义和政策,邓同志是彻底地了解,而又努力的想将其实现,并且十分明白,三民主义的实现与民族解放,各阶级的公民权与自由权,及为提高全国生活水准的斗争,两者是不可分离的。"①

邓演达与宋庆龄如此认真研究土地问题,希望能拟出一个土地革命的纲领,作为正式成立"中国国民党临时行动委员会"的思想基础。

由于邓演达社会联系广泛,消息灵通,他每天上午到宋庆龄处报告国内情况,研究问题。每隔一天,他还帮助她提高汉语的写作水平。宋庆龄由于14岁就离开中国到美国读书,所以对写汉语文章感到很吃力,现在正是补上这一课的好机会。因此,她要求邓演达每隔一天,给她上汉语写作课。邓演达从留德的中国进步学生中借

---

① 香港《华商报》,1941年11月28日。

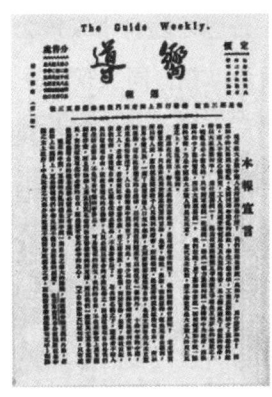  

《向导》杂志　　　《新青年》创刊号封面　　　司徒雷登

来《向导》《新青年》等国内出版的进步杂志，把陈独秀、李大钊、恽代英写的文章作为教材，给她讲解这些文章中引证的典故和一些成语的用法等。宋庆龄虚怀若谷，学习十分用功，经常用汉语写出要发表的意见，请邓演达改正，因此她在很短时间内，写作水平有了较大的提高。所以她后来不仅能写漂亮的英语文章，还能写漂亮的汉语文章。新中国成立后周恩来对她写的文章评价甚高，认为是值得学习的楷模，这是与她在柏林时期下的苦功分不开的。

奋斗，失败，总结，提高；再奋斗，再总结……经过大革命失败和在莫斯科、柏林的总结、思考，宋庆龄对事物的观察和问题的研究更加成熟、更加深刻了。

1928年5月下旬，记者文森特·希恩从美国到柏林，再次访问宋庆龄。他对宋庆龄说，美国人民很想见她，听她讲讲有关中国当前的真实情况。为此，美国哥伦比亚广播公司特委托他代表该公司邀请宋庆龄到美国作客，在电台上对听众讲几次话，每次都只要几分钟。该公司为此准备付给50万美元的酬劳。① 希恩并随身带来该公司拟就的有关此事的合同，如果宋庆龄同意，就可以在合同上签字。

宋庆龄与邓演达研究后，决定"以不去为好"。她认为美国哥伦比亚广播公司的邀请不完全是商业性的，而含有浓厚的政治意义。非常明显，美国政府希望从宋庆龄的口里听到几句支持以蒋介石为首的中国国民党新政权的话，或者希望由于她是蒋介石妻子的姐姐，而不会在美国人民面前公开批评蒋介石，从而默认蒋介石政权的存在和合法性。所以她断然拒绝了到美国去的邀请。

宋庆龄深邃的洞察力和坚定的立场，使周围的同志非常感动和钦佩，却使希恩大大感到意外。他原以为宋庆龄无论出于当时困难的处境，还是到美国重游故地、访问友人，以及筹措日后的活动经费……都会乐意接受哥伦比亚广播公司的邀请的。希恩是一位比较有见识的美国记者，对中国人民也友好，写过一些比较客观和公正的有关中国情况和大革命的报道，但是他对宋庆龄的为人还缺乏深刻的了解，因此，对她的决策也并非都能理解。

7月初，燕京大学校长司徒雷登趁从美国返北京之便，取道欧洲，拟会晤宋庆龄交换有关当时中国政治情况的意见。司徒雷登和宋家既相识又有较长时间的来往，他到柏林来，宋庆龄本应会见，但她考虑现在的情况是美国统治集团是站在蒋介石一边，而不是站在中国人民一边。像司徒雷登这样的传教士，归根到底是为美国统治集团服务的。尽管他个人对中国人民比较友好，但在政治上是站在美国政府一边，也就是站在蒋介石一边，而不是站在中国人民一边的。所以，她毅然让人转告司徒雷登说：由于近几天身体不适，医生不让会客，稍后如方便再约时间会谈，同时转送他一张亲自签字的与孙中山结婚时的大照片作为纪念。

---

① 章克：《宋庆龄在柏林》，未刊稿。另据文森特在《个人的经历》中说，是请宋庆龄作30次演讲，报酬是一个晚上500美元。

宋庆龄拒绝会见司徒雷登，也是为避免事后人们宣传时制造谎言，混淆视听。可是，司徒雷登后来撰写《在华五十年》回忆录时，还是编造出在柏林会见宋庆龄的假话，并把"断定俄国的共产主义不是医治中国弊病的灵验药方"的意见强加于宋庆龄，表现出传教士不光彩的一面。

当时除司徒雷登外，美国还接二连三派人到柏林访问宋庆龄，妄图通过宋庆龄之口，使蒋介石的反动统治合法化。宋庆龄都一一予以拒绝，并告诫身边的工作人员说："对于美国传教士或教师要有正确的认识……对于他们的花言巧语和小恩小惠都要提高警惕。"①

敌我界线分明，亲疏远近得当。宋庆龄对别有用心的人冷若冰霜，对同志和朋友则温暖如春。她与德国政府官员很少联系，应德国在野党的领袖们求见交换意见时，也都派邓演达作为代表接谈。但是，她同共产国际和德国共产党的领袖蔡特金等人的来往却十分密切，还和德国知名的民主人士，特别是作家和艺术家始终保持着广泛的联系。后来回国为受迫害的革命家和民主主义者的权利和自由而斗争时，她经常收到发自德国的表示声援的电报。发报人都是有名的反法西斯战士，其中不少是她在柏林结识的朋友。后来当希特勒在德国实行法西斯专政时，宋庆龄的这些朋友受到残酷迫害，她也积极地营救和声援他们。

宋庆龄不承认国民党政府，但对中国驻德大使馆的工作还是关心的。在接见使馆官员时，她指出使馆人员深居简出，和周围社会接触太少，应改变这种闭门寡闻的状况。② 宋庆龄还经常在住所里接待来访的中国客人，她想尽一切办法帮助同胞和友人，特别是非常关怀留德学生中的进步学生，同邓演达一起亲切接见，并勉励他们

---

① 章克：《宋庆龄在柏林》，未刊稿。
② 参见许惠良：《中德关系》（德文），1977年阿森出版，第36页。关于宋庆龄与驻德使馆来往情况，许惠良采访了当时中国驻德大使馆女职员龙良。

宋子安和母亲倪桂珍

努力学习,掌握先进科学技术,为以后建设自由独立和繁荣昌盛的新中国贡献聪明才智。

同年6月底,毕业于美国哈佛大学的宋子安在归国途中,特绕道欧洲到柏林探望阔别四年的二姐。宋庆龄见幼弟学成归国,无比高兴。她详细地询问他在美国的学习和生活情况,耐心地告诉他国内的现状,并勉励他今后要努力为中华民族的独立自由做出贡献。宋子安则表示很理解二姐近几年的奋斗。宋庆龄在众多的兄弟姐妹中,与子安的关系一直是最好的,她挽留这个幼弟在柏林住了五天,偕同他参观游览名胜古迹,并亲自陪他到汉堡和巴黎旅行,然后把他送上赴上海的轮船。真挚的手足之情,使周围的人都深为感动。

宋庆龄在巴黎耽搁了一个多月,9月3日才返抵柏林,改住在柏林夏洛滕区维兰德大街18号科恩赖希博士夫人家里。因为上次签证期满,宋庆龄重新申请。她对警察局申请说,她是来柏林求学读书的。①

遗憾的是，由于中国共产党内"左"倾情绪日趋激烈，宋庆龄在柏林期间，与共产党的关系更加冷淡了。她明显地受到了中共驻共产国际代表团及旅德支部的冷遇。

1928年12月，"国际反帝大同盟"在德国柏林召开会议。宋庆龄是这个同盟的发起人之一，又是该同盟的名誉主席之一。所以以往该同盟召开会议，她都在被邀请之列。但是，这次她虽然正好在柏林，却没有通知她参加。中共驻共产国际代表团从莫斯科派出黄平和余飞参加会议。黄平根据当时的"理论"，在会上发言时，竟当着邓演达的面，说什么"国民党左派是比右派更危险的敌人，因为他们还能欺骗群众"。②会后，黄平等到康特大街中国饭馆吃饭遇见宋庆龄时，双方都视为路人，互相不打招呼。③

宋庆龄目睹共产党内如此敌我不分，甚至为渊驱鱼、认友为敌的"左"倾幼稚病，感到十分痛心。但是，这种冷遇并没有影响宋庆龄继续革命的热忱。她和邓演达在用功读书、研究土地问题的同时，不断接见国内的来客，密切注视中国局势的发展。宋庆龄到柏林后不久，同济大学数学教授郑太朴随太虚法师到德国讲学，他向宋庆龄和邓演达详细介绍了国内情况：一方面是蒋介石国民党反动政权对进步人士和工农群众的镇压和迫害，另一方面是各地先后爆发武装起义。这些起义虽然都失败了，但对国民党的反动统治威胁很大，使蒋介石坐立不安，惶惶不可终日。郑太朴的思想情绪，代表了国内中上层进步人士的倾向。他申述了国内进步人士都盼望宋庆龄和邓演达能早日归国，把国内的进步力量重新组织和领导起来的情形。

---

①见1928年10月19日柏林警察局ⅠA处致内政部长函，原件存放波茨坦国家中央档案馆，社会安全帝国监察员档案第123号，第310页。
②黄平：《往事回忆》，人民出版社1981年版，第67页。
③同上。

8月初,曾领导南昌起义和广州起义的叶挺和黄琪翔先后到达柏林。他们分别会见宋庆龄和邓演达,详细汇报了起义的经过情况。宋庆龄从郑太朴、叶挺和黄琪翔的汇报中,获得了大革命失败后国内政治情况的第一手资料,显得非常高兴,并从中得出这样的结论:中国革命的火种并没有熄灭,只是受了一些挫折;人民仍在为中华民族的独立自由继续奋斗。问题是如何把国民党中坚持孙中山三大政策的同志团结起来,把孙中山的三民主义贯彻下去,并在革命实践中加以完善和补充。于是,她与邓演达、叶挺、黄琪翔反复研究后一致认为:加速成立"中国国民党临时行动委员会",团结一切把孙中山的三大政策贯彻到底的同志,是当前的紧迫任务。为此,他们应尽快地回到祖国去。

不久,正好传来中山陵竣工的消息,宋庆龄要回国参加孙中山奉安大典的活动。鉴于宋庆龄的身份,不便在国内进行具体的组织活动,邓演达就派黄琪翔作为宋庆龄的秘书陪她回国,一方面照料她的旅途生活,另一方面回国进行联络工作,为邓演达回国正式筹备成立"国民党临时行动委员会"做准备。[①]

[①] 参见杨逸堂:《邓演达在国外》,载《邓演达》,第99页;邓演达:《致丘哲的信》(1929年6月30日和8月8日),载《邓演达文集》,人民出版社1981年版,第130—131页。

第三节 宣布国民党"死亡"

一、参加孙中山的奉安大典

1929年4月,宋庆龄从德国经苏联回国,参加将要举行的孙中山的国葬仪式。

中山陵是我国自己设计施工的陵园建筑,其规模之宏伟,世界罕见。

1925年4月11日,宋庆龄与孙科等人遵照孙中山生前愿望,到南京勘察孙中山墓址,选定钟山第二峰茅山南麓为陵墓地址。钟山是南京近郊最大的山,主峰海拔约468米,总面积约45平方公里。因山岩呈紫金色,所以又称紫金山。此山峰峦起伏,蜿蜒如龙,有"钟山龙蟠之势"。这里风景优美,名胜古迹很多。

宋庆龄等选定的中山陵墓址,适位于紫金山的正中。墓地范围划定后,从应征的四十余份陵墓图案中,选定用吕彦直设计的图案。中山陵的总平面图为铎形,铎是一种大铃,是我国古代帝王宣布政教法令时所使用。中山陵取此图案,表示"天下皆达道"之义,即

中山陵落成后，H.C.怀特拍摄的陵墓全景

全国人民都走孙中山指引的革命大道。图案决定后，聘吕彦直为建筑师主持设计中山陵建筑群的详图及施工事务（吕彦直毕业于上海交通大学，少年英俊，富有才华，又刻苦勤奋，精心钻研业务。他为设计中山陵图样废寝忘食，呕心沥血，以致积劳成疾，在工程尚未完成时就逝世了，终年才30余岁）。陵墓于1926年6月1日开工。在这以前，3月12日，宋庆龄到紫金山施工现场参加了奠基礼。

中山陵依山建筑，坐北朝南，面积八万多平方米，全部用花岗石和钢筋混凝土等建筑材料筑成。主要建筑有牌坊、墓道、陵门、碑亭、祭堂和墓室等，都在一条中轴线上。牌坊中门横额的正中，立有一石匾，上刻孙中山手书"博爱"两字，故称"博爱坊"。中间陵门的石额上刻孙中山手书"天下为公"四字。祭堂是一座仿古木结构宫殿式的建筑，正面入口共三处，都是石拱门，门楣上分刻"民族"、"民权"、"民生"阳篆。正面上下檐之间，嵌孙中山手书"天地正气"四字的直额。四壁上半部贴人造石，下半部护壁嵌黑大理石，东西两边分刻孙中山手书的《建国大纲》。后壁接通墓室。祭堂正中为孙中山穿长袍马褂的石雕全身坐像，体高约4.6米。像座四周浮雕描绘孙中山革命活动事迹。墓室中央是方形墓穴，下面安葬孙中山的遗体，上放孙中山穿中山装的大理石卧像。墓室与典祭堂通连处朝南有两道门：内门楣上刻有"孙中山先生之墓"七字；外门是精致的铜门，门外用黑色大理石砌成外框，门额上刻孙中山手书"浩气长存"四字。

整个设计颇具匠心，体现了孙中山的革命精神，布局和造型表现了我国古代陵墓传统的民族形式，而在结构、用材和建筑技术上吸取了当代的成果。

综观中山陵，三面丛林，北面是高山峻岭，南面是开阔的平原，陵墓由下至上，顺着山坡的起伏，用长距离的墓道、宽敞的广场、大片的绿地和平缓的台阶，把各种类型的单体建筑连结在一起，组成一个规模巨大、庄严而宏伟的建筑群。像这样纪念性的建筑，国内国外都不太多，在我国建筑史上写下了光辉的一页。

南京政府决定大张旗鼓地以最隆重的仪式对孙中山进行国葬，这一方面是民心所向，另一方面则是蒋介石集团想以此大捞政治资本，并乘机对宋庆龄做争取工作。为此，他们在3月26日国民党第三次全国代表大会上，在宋庆龄没有出席的情况下仍选她为中央委员，并委派宋子安赴德国迎接她回国参加孙中山的奉安大典（宋子安后未成行，只到了沈阳迎接）。

宋庆龄又面临一个严重的挑战：要不要出席奉安大典？如果出席，采取什么态度？特别是怎样对待既是政敌又是妹夫的蒋介石？

宋庆龄从容地接受了挑战。由于对孙中山的无限深情，她当然要回国参加国葬典礼，但对以蒋介石为首的国民党决不妥协让步，决不给他们可乘之机。她在起程回国前，就发表了《关于不参与国民党任何工作的声明》，把国民党反动派的如意算盘彻底打乱了。声明说她此次回国纯粹是为了参加将孙逸仙博士的遗体移至紫金山的仪式，"为了避免任何可能产生的误解，我不得不申明，我坚持1927年7月14日在汉口发表的声明，在那个声明中我宣布不再参加国民党的工作，因为中央执行委员会的政策和活动是反革命的"；"因此必须十分明确，我参加葬礼决不是、也决不能被解释为我要缓和或改变我的决定：在国民党的政策完全符合已故孙逸仙博士的基本原则之前，我不能直接或间接地参与该党的任何工作"。声明最后重申孙中山学说的基本原则是：反对帝国主义侵略中国，与苏联密切合作，实现工农政策。①

这么旗帜鲜明，这么简明扼要，不容有任何曲解和商量的余地，这对国民党反动派来说，无疑是一个沉重的打击。

---

① 《密勒氏评论报》，1929年6月1日。

1929年5月17日，宋庆龄从柏林回国参加孙中山奉安大典。抵达沈阳时，张学良夫人于凤至（前左）到车站迎接

宋庆龄4月底启程回国，为防止国民党封锁她的《声明》，在5月16日抵达哈尔滨时，她又发表了几个内容相似的声明，表现了她斗争的坚韧性。

5月17日，宋庆龄抵达沈阳，张学良派夫人于凤至到车站迎接，并在张的私邸会见张学良。宋家与张学良的关系是很亲密的。由于张学良早年充满传奇色彩的经历，20余岁即已名满全国，功业鼎盛，引起宋家的关注。特别是宋老夫人和宋庆龄、宋子文及宋美龄，对张学良有特殊的感情，张学良也对宋家十分敬重。

宋庆龄当晚就离沈阳赴北京，参加孙中山的迁葬活动。在迎灵、护灵、家祭、封棺、国葬等一系列仪式中，蒋介石以党政首领及孙中山亲属的身份，与宋庆龄一起参加，但由于宋庆龄有了以上声明，她就能光明磊落、大方有礼地应付一切场面，而把自己的一切情感

1929年5月,德国归来的宋庆龄准备参加在南京举行的孙中山奉安典礼

倾注在对孙中山的哀思上面。

5月18日,宋庆龄率领孙科、宋子良、宋子安以及国民党政府的迎榇专员林森、吴铁成和郑洪年的迁葬行列到达北京。当时到前门车站参加群众迎接的费彝民回忆说:他亲眼看到宋庆龄穿着黑色长旗袍,从专车走下月台。遥望宋庆龄的风采,"只觉秀慧之气、刚强之志,溢于言表,完全一派巾帼丈夫的风范"。①

想起孙中山逝世才四年多,中国革命和他首创的国民党竟被糟蹋到这等地步,宋庆龄到碧云寺时已悲痛得不能移步,下车后由左右搀扶而上,护灵处副官马湘在前导引,并报告迎接布置情形。宋庆龄到灵堂前行礼献花圈,然后手指灵榇,意思是再看看孙中山的遗容,卫士揭开覆盖在棺椁上的国旗,扶她上石台。她边走边说:"总理,我在此地,你往哪里去了!"她容仪黯淡,"左右请扶夫人下,夫人不忍,抚棺大号,泪珠滴于玻璃盖上,与四年前亲视含殓时同一悲哀"。②

6月1日,宋庆龄又亲自护灵到南京中山陵,一步步走上几百级台阶,把孙中山的灵柩送进墓室。孙中山的遗体放在一只精致的紫铜棺内,棺下面有一个特制的楠木座子,棺上还有一层密封着的水晶透明板,站在石圹上扶着栏杆就可以瞻仰孙中山的遗容。公祭后,将紫铜棺盖上,然后由宋庆龄亲手将墓门"敬谨严扃"。后来,又在墓室中置放了孙中山的一座石雕卧像,供人们永久性瞻仰。

1937年抗日战争爆发后,国民党政府西迁,曾计划将孙中山遗体迁走。由于护灵工作人员借口墓穴密封坚固,难以打开,一个工程师又阻止说,如用爆破办法不仅墓穴毁坏,遗体也难保无损,结果才没有移动。1949年,国民党政府撤离南京后,海内外一度谣传孙中山的遗体也被迁往台湾,并在台湾重建了中山纪念堂。事实并

---

① 费彝民:《遥念宋庆龄名誉主席》,载香港《大公报》,1981年5月26日。
② 上海《民国日报》,1929年5月24日。

1929年5月,宋庆龄、孙科(前左一)及其妻陈淑英(前左二)等亲属护送孙中山灵柩前往停泊在江边的"威盛号"军舰

图为北京各界人士送灵情景

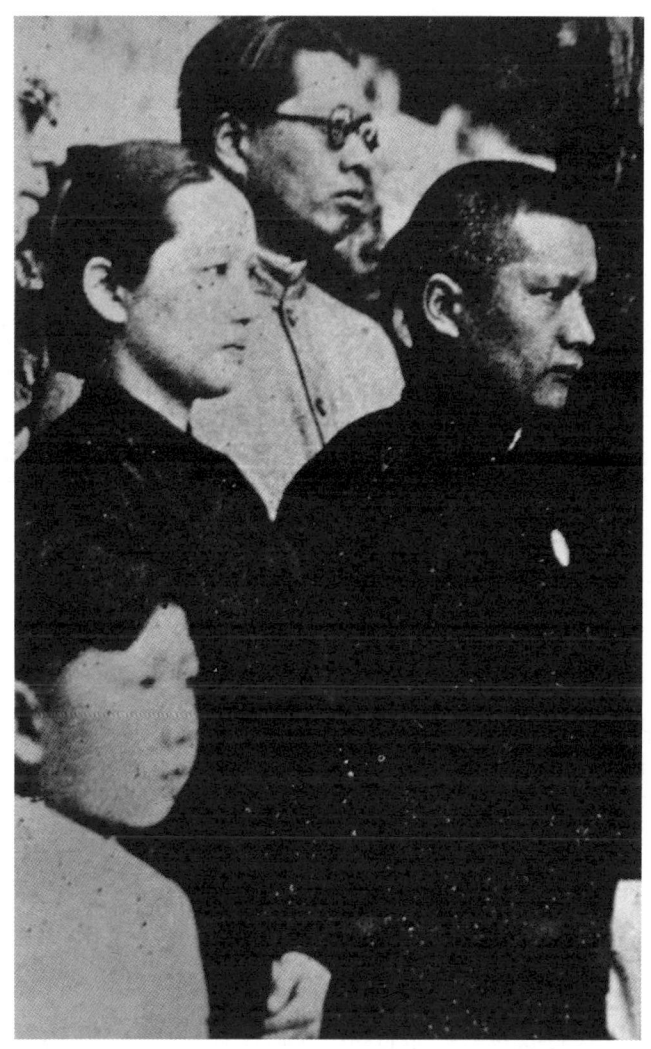

1929年5月,宋庆龄在南京浦口车站迎接孙中山灵柩

非如此。孙中山的遗体一直在中山陵。1986年8月,据有关部门用现代化先进仪器测定,孙中山的遗体比原来缩短了一寸左右,其他一切完好。①

二、舌战戴季陶

孙中山奉安大典完毕后,宋庆龄第二天清晨即返回上海。当时,上海各报纸及通讯社记者纷纷就政见问题登门采访,宋庆龄派秘书代为答复说:"对政治无任何意见发表。"②

蒋介石企图笼络宋庆龄的工作一直抓紧进行。他们为宋庆龄在南京安排了高级住宅,拥有豪华舒适的全套设备。然后,6月9日,宋美龄专程由南京到上海,敦促她二姐赴南京参加即将召开的国民党三届二中全会,遭到宋庆龄的断然拒绝。③

当时,有的人以为宋庆龄会在上海隐居下来,对政治局势保持沉默。这也是国民党当权者在争取她与他们合作不成而求其次的情况下所期望的。但是,宋庆龄并不隐居,也决不沉默,而是准备着进行公开的斗争。

1929年7月,蒋介石、张学良指使中东路中方负责人以武力接收中东路,逮捕和驱逐苏方工作人员,同时调东北军沿苏联国境布防,准备挑起对苏战争,制造了中东路事件。中国共产党强烈谴责南京政府的反苏行径,并号召工、农、兵、学、商各界人民群众在8月1日"国际反战日"举行游行示威,反对国民党反动派的反苏挑衅和战争阴谋。各地群众积极响应,在8月1日这一天,上海等

---

① 《文汇报》,1986年8月13日。
② 上海《民国日报》,1929年6月3日。
③ 上海《民国日报》,1929年6月10日。

各大中城市开展了广泛的斗争。

宋庆龄参加了这一场斗争。8月1日,她在寓所亲自拟发电报给柏林的反帝大同盟,强烈谴责国民党反动派对内屠杀工农,对外亲帝反苏的罪行,指出"反革命的国民党领导人背信弃义的本质,从来没有像今天这样无耻地暴露于世人面前。在背叛国民革命后,他们已不可避免地堕落为帝国主义的工具"。她向全世界表示:中国人民"不因受镇压而气馁,不为谎言宣传所蒙骗,他们将站在革命一边进行斗争"。统治者的恐怖行动"只能唤起更广大的人民群众,加强我们战胜目前残忍的反动派的决心"。①

这份电报,是宋庆龄归国后第一次,也是近两年中对国民党反动派最尖锐、最激烈的一次抨击。而且,它被印成中文传单,于8月1日"国际反战日",在上海共产党组织的群众示威中广泛散发。国民党反动派进行镇压,逮捕散发传单的人,并向宋庆龄进行威胁。宋庆龄毫不屈服,她向友人表示:"我发了那份电报后,心里舒坦了……至于我个人因此有什么遭遇,那是无关紧要的。"②

宋庆龄的勇敢行动沉重地打击了国民党反动派,蒋介石的谋士戴季陶便散布谣言进行攻击,他胡说电报是"共产党的捏造",其险恶用心是给宋庆龄罗织"通共"的罪名,从而将她投入监狱甚至处决。宋庆龄对这种卑劣的谎言立即做出强烈的反应,当面斥责戴季陶"捏造,未免太可笑了。我有权可以证明,一字一句都是我自己写的"③。

这种有力的斥责,是在8月10日戴季陶偕其夫人到莫利哀路寓所拜访宋庆龄时进行的,是蒋介石在宋美龄碰壁而归后仍不死心,又特派戴季陶再次前往说服得到的回答。戴季陶首先以自己襄助蒋

---

① 〔美〕斯特林・西格雷夫:《宋家王朝》,第261页。
② 〔美〕斯特林・西格雷夫:《宋家王朝》,第262页。
③ 《与戴传贤谈话笔记》,载《宋庆龄选集》上卷,第73—80页。以下所有引语,均出于此文,不再一一注明。

介石进行"国家的建设工作"、"分担一份党国艰难事业的责任"的感受,妄图说服宋庆龄到南京去,以"就近向政府提建议"。美国谚云"狐狸说教意在偷鸡"。宋庆龄深知戴季陶醉翁之意,当即断然拒绝说:"我对政客的生活不适合,况且我在上海都没有言论自由,难道到南京可以希望得到吗?"

于是,戴季陶恼羞成怒,用不准发表致反帝大同盟一类电稿进行威胁说:"我真不大相信,像您这种地位,取这种态度,实在是有点不可思议。这诚然是一桩很严重的事啊!"宋庆龄义正词严地驳斥说:"我是代表被压迫的中国民众说话……我的电报正是维护中国人的光荣的表示。你们投降日本和外国帝国主义,侮辱革命的苏俄,才证明你们是一伙走狗,给国家与人民带来了耻辱……你们在中国革命的历史上留下了多少污点,民众将有一日要和你们算账的!"

戴季陶在被宋庆龄驳斥得无言答对后,就软硬兼施。他先装出一副悲天悯人的样子,用所谓"良心"、"感情"之类进行软化,要宋庆龄谅解政府的困难,并说"你必定明白的,三民主义不能凭空想由几代人去完成,可能需要三百年或是四百年,谁又能断定呢?"又要她留心政府的"进步"和"建设",说"任何人都有良心的……介石正在竭力以求实现孙先生的《建国大纲》,他负着极大的责任,他要克服无穷的阻碍,全体忠实同志,都应该来辅助他"。甚至还说:"你不能够到南京来耽些时候吗?那里有你的亲族,在那样的环境里面,你也会比较的快活一些。我们都是人,怀有好意和同情心的人。"

宋庆龄严正地回答说,"我同情民众甚于同情个人",南京是一个"痛苦的环境";说三民主义需要三四百年才能成功,那是"你们改篡过了的三民主义。孙先生自己曾声言过,假如党员能够确守主义,革命是能够在二三十年之内便可以成功的"。关于政府的"进步"和"建设",她说:"我除了看见你们妄肆屠杀数百万将来可以

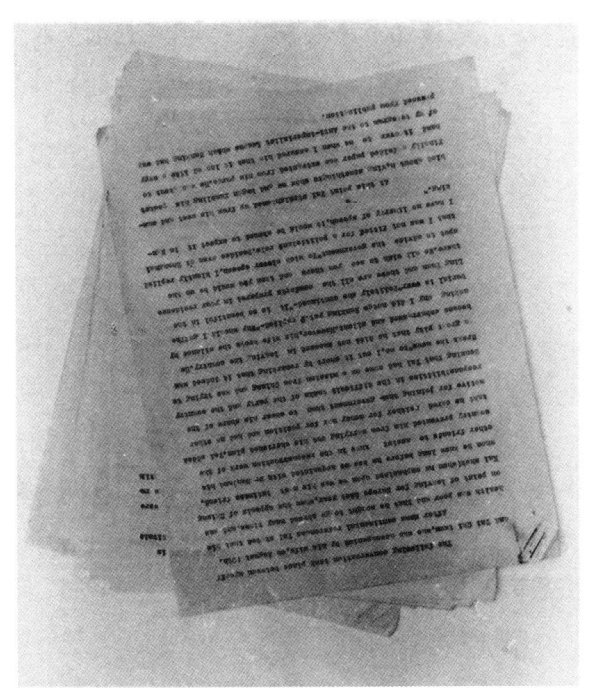

1929年8月,宋庆龄发表谈话记录《痛斥戴季陶》,图为该文稿的英文打字稿

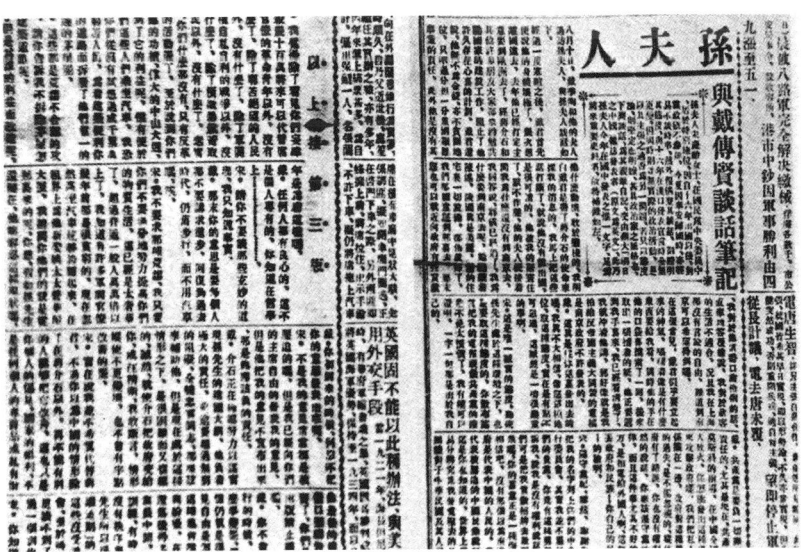

刊于天津《大公报》的《孙夫人与戴传贤谈话笔记》

代替腐败官僚的革命青年以外，没有什么了；除了穷苦绝望的人民以外，没有什么了；除了军阀争权夺利的战争以外，没有什么了；除了对饥饿的民众的勒索以外，没有什么了。事实上，你们什么都没有做，只进行了反革命活动。"

接着，戴季陶又以所谓党的"纪律"来约束宋庆龄。他说："纵使政府有了错误，你也没有权利公开地说。你应该遵守党的纪律"；"你也必须倾听大多数人的意见"；"请你不要枉费精力从事破坏工作，攻击政府和几个领袖，与我们合作才是你的义务。"

宋庆龄理直气壮地讥讽说："遵守党纪，虽然，谢谢你们把我的名字列上你们的中央执行委员会，其实我并不属于你们的贵党。你竟有这种勇气告诉我，说我是没有权利说话。你们是把我当作招牌去欺骗公众吗？你的好意正是一种侮辱。"

戴季陶软硬兼施的进攻都毫无结果，最后就图穷匕见，气急败坏地威胁说："我希望你不要再发表宣言。"

从这里可以看到，宋庆龄两年来发表的一系列宣言和声明，虽然遭到国民党反动派百般封锁，仍然发挥了巨大的威力，使反动派闻之丧胆。所以能发生这么大的作用，一方面固然是由于宋庆龄的特殊地位所决定，但也与她高超的外文才能，以及利用个人的国际关系、外文刊物等条件直接有关。这是任何人都不能代替的。

解放后，1951年6月，宋庆龄在出版《为新中国奋斗》一书时说，从1927年7月到新中国成立前后，她写了大量文章，多数发表在国际友人在中国办的英文刊物和外国报刊上，不少还以外国读者为对象，一个重要原因是："由于我站在中国人民一方面，因此我向广大群众说话的一切途径都被封闭起来了。出版和广播都完全操纵在反动派的手里。他们不是压制我的言论就是歪曲和曲解我的意思。"[①]

[①] 《〈为新中国奋斗〉序言》，载《宋庆龄选集》上卷，第650页。

宋庆龄面临戴季陶严重的威胁决不屈服,她斩钉截铁地说:"使我不说话的唯一办法,只有枪毙我,或者监禁我,假如不然,这简直就是你们承认了你们所受的指摘并不冤枉。"

在这场面对面的唇枪舌战中,宋庆龄始终掌握主动,再次表现出她"威武不能屈,富贵不能淫"的崇高气节和敏捷的思辨能力。而被称为国民党中著名的"理论家"的戴季陶,尽管巧舌如簧,强词夺理,最后却被逼得理屈词穷,狼狈败退,只得悻悻地说:"我去南京,回来以后再来看你吧。"宋庆龄则毫不留情地回答:"再来谈话也是没有用的了,我们之间的鸿沟太深了。"

三、对国民党的绝望与思索

从《关于不参与国民党任何工作的声明》《致反帝大同盟》电报和痛斥戴季陶看,随着国民党南京政府地位的加强和对宋庆龄笼络工作的加紧,宋庆龄对这个政权的痛恨也在日益加深,因而更为激烈反对这个政权了。而且更重要的是,宋庆龄在思想上开始发生了重大变化:她不再单纯地站在国民党左派立场上,为挽救国民党的堕落而斗争了。

促使她在思想上发生这个重大变化,主要原因有两方面:一方面是,经过两年来的斗争实践,她深深体会到,虽然进行了艰苦的斗争和很大的努力,但由于国民党左派有组织的力量太薄弱,单依靠这个力量难以与反动派较量,这样也就不可能再恢复国民党的革命精神,因此她对国民党越来越失望,正如她在与戴季陶谈话中所说,"现在的国民党是已经完全失去了它的革命的意义";另一方面是,她进一步深刻地体会到孙中山晚年经验的无比可贵与正确,即再好的理论和救国方案,如果离开了工农群众及其先锋队共产党的奋斗,都将成为泡影。而现在,革命的工农群众和共产党正遭受法西斯白色恐怖的摧残,因此,她就更加同情工农民众,同情中国共产党。宋庆龄完全看清在国共两党之间,在统治者与工农民众之间的你死我活斗争中,已经没有所谓既反蒋、又离共的"第三党"的地位,没有第三条道路可走。因此,她把希望寄托在共产党身上,不再单纯地以国民党左派的身份说话,不再从事于挽救国民党的活动。从此,她谴责的已不再局限于几个国民党反动派的头目,并对与邓演达在莫斯科共同发起的"中国国民党临时行动委员会"也持保留态度,而是全身心地投入到共产党领导的新民主主义革命运动中,要为全中国人民大众的利益而奋斗。这是她思想上的一次飞跃。

宋庆龄的思想,也是当时国民党左派人士中较为普遍的心情和动向。曾对蒋、汪集团寄予过幻想的何香凝也处在这个转变过程中。何香凝自述说:"我觉得与那些当权的反动派斗争无效,这几年来精神上痛苦不堪。"于是,她终于拍案而起,坚决谴责国民党反动派的反苏反共行径,明确地说:"你们这样反苏反共,我要辞去国民党内一切的职务,我要继续与共产党、苏联人来往,国民党的法律不能制裁我,我是遵守总理的遗言。"她不愿再与反动派为伍,要"摒弃一切职守。嗣后,宁以画笔栖迟,维持清苦的生活,不愿同流合污,作国家民族的罪人"。①

大革命失败时武汉中央军校左派学生和国民党中央妇女部干事胡兰畦,②在随同何香凝、邓演达奋斗两年后,流亡到了德国,她在向廖承志要求加入共产党时也深刻地认识到:"国民党左派虽想干几件好事,但他们既无得力干部,又脱离广大工农群众,在强大的反革命势力面前,他们缺乏抗拒的力量和勇气,甚至动摇妥协,因此,他们担负不起革命的重任。中国反帝反封建的革命只有代表工农根

---

① 何香凝:《自传初稿》,载《双清文集》下卷,第206—207页。
② 胡兰畦当时还担任过国民党汉口市特别党部妇女部长,武汉总工会女工运动委员会主任。

何香凝　　　　　　廖承志　　　　　　胡兰畦

本利益的无产阶级政党——中国共产党，才能真正担负中国革命的使命。我要革命，要彻底推翻旧制度，就应该加入中国共产党。"①

宋庆龄虽然还没有到要加入共产党的地步，但她的心情与胡兰畦是相同的。因此，她在莫斯科时就与共产国际建立了联系，归国后还通过自己寓所中的秘密电台保持这种联系。在租界中设置秘密电台，是革命者利用半殖民地国家中错综复杂的矛盾，为革命事业服务的一个重要措施。宋庆龄在与戴季陶的谈话中，谴责国民党上海警备司令杨虎向法国巡捕房控告她家装置秘密电台时，并没有否认家中有电台的事实。

1929年9月21日，宋庆龄为料理委托法国某公司制造孙中山铜像等事，离开上海乘法国轮船"士劳斯"号赴法。原来，在孙中山奉安大典后，中国曾寄一张孙中山的照片到法国某艺术公司制作铜像，费用共十万元，已先付给二万元；由于从驻法代表来电得悉，铜像与照片略有走形，所以宋庆龄决定亲自去处理。不料她这次出国，竟在欧洲耽搁了两年。她在这一期间主要是住在柏林。

---

① 《胡兰畦回忆录》，第226页。

1929年9月21日，宋庆龄乘船离沪赴法

1929年，宋庆龄在欧洲

宋庆龄在柏林期间，潜心地研究孙中山的遗著，常常整日"沉湎书籍之中"[①]；同时，又密切地关注国际国内的形势发展，尽力从事革命工作。她每天总是早早起床，然后亲自到邮局所租用的信箱里取回书信和报纸（她的住处一般保密）。宋庆龄熟悉英、法、德及拉丁等多种外语，因此她订阅好几个国家的进步报纸，以便了解各国革命的动向。

当时已参加共产党的廖承志受德国共产党领导，在德国最大的港口城市汉堡读书，并受党的派遣担任国际海员俱乐部支部书记，曾领导中国海员罢工取得胜利。1930年6月，何香凝为办仲恺农工学校筹款出国卖画，由廖承志陪同到了柏林，并在那里住了三个月。宋庆龄得以同最亲密的战友在异国相会，非常高兴。她陪何香凝参观德国博物馆，游览柏林的名胜古迹，并经常到何香凝的寓所看望，两人一起热情地谈论中国革命的前途和有关的各方面的问题。尤其使她们高兴的是有时一同到柏林的日本料理馆用餐，共同回忆在日本从事革命活动的艰难岁月。有一天，何香凝谈到兴头上，就挥毫泼墨作了一幅《菊石图》，并题诗一首：

> 惟菊与石，品质高洁；
> 惟石与菊，天生硬骨。
> 悠悠清泉，娟娟皓月；
> 惟菊与石，品质高洁。

这幅画和诗，既是作者自勉，又是对宋庆龄高洁品格和坚毅精神的赞颂，同时也讴歌了她们两人牢不可破的革命友谊。

在与何香凝相处的日子里，宋庆龄认识了与何香凝住同一公寓、

[①]《胡兰畦回忆录》，第228页。

1929年,宋庆龄在欧洲

刚刚入党的共产党员胡兰畦。何香凝离开德国后，受她委托，宋庆龄十分关怀胡兰畦，两人往来密切，也结下了深厚的友谊。她知道胡兰畦的经济比较困难，就每周都买一些鸡、鱼、肉、菜到胡兰畦的寓所做一顿中国饭吃。胡兰畦回忆说："她拿来的东西，几乎够我一个星期的需要。这是她有意帮助我，给我解决生活困难的一种巧妙办法，我非常感谢她！"①胡兰畦十分敬重宋庆龄，认为"她生活严肃，待人和蔼可亲，对朋友肝胆相照"。②

两次寓居柏林，使宋庆龄终生难忘。后来，她对德国友人王安娜经常谈到，柏林的生活"是她一生中充满愉快回忆的一段时期"；在这里，她进修德文，喜欢听德国民歌和吃用马铃薯做的薄饼。③

1931年7月23日，宋庆龄母亲倪桂珍病逝于青岛别墅。宋庆龄在回国奔丧时，邀胡兰畦陪她同行，并答应帮助解决她求学或工作问题，甚至可以资助她重回德国求学。经胡兰畦所在组织"德国共产党中国语言组"批准后，胡兰畦便作为宋庆龄的秘书陪同她一起启程。这样，宋庆龄第一次与一个共产党员朝夕相处一个多月之久。虽然，她当时并不知道胡兰畦的政治身份。

宋庆龄回国经过莫斯科时，受到了苏联政府派来的外交部官员及加仑夫妇的欢迎。在宾馆稍事休息时，她与苏联领导人举行了秘密会谈。④会谈内容虽然至今没有资料可查，但是从宋庆龄回国后与苏联及共产国际、中国共产党密切配合进行的一系列革命活动来看，显然，这次会谈对双方以后的联络及合作作了某种安排，共同的目标则是为了推进中国革命。这也是宋庆龄1927年访问莫斯科时所期望以及斯大林当时接见时所许诺的。

---

① 《胡兰畦回忆录》，第228—229页。
② 《胡兰畦回忆录》，第228—229页。
③ 〔德〕王安娜：《中国——我的第二故乡》，第170页。
④ 胡兰畦：《难忘的记忆》，未刊稿。宋庆龄在与苏联领导人会谈时，安排胡兰畦观光莫斯科。

1931年8月,宋庆龄由德国经苏联回到上海,参加母亲倪桂珍的葬礼

倪桂珍逝世纪念章

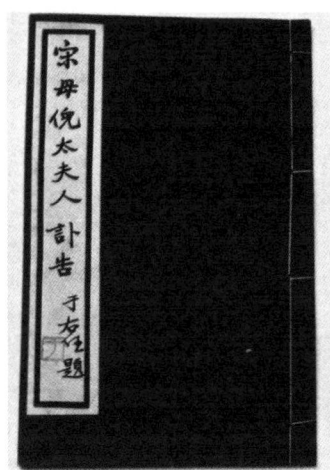
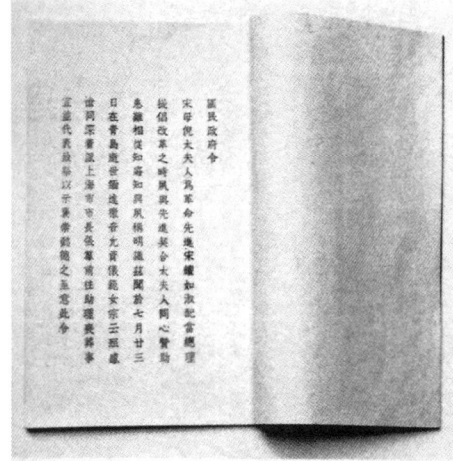

1931年7月23日,宋母倪桂珍逝世。图为当时发布的讣告

不过，当时苏联及共产国际求助于宋庆龄的要比给予的多。在宋庆龄动身回国前一个月，即6月15日，共产国际远东局领导人兼国际驻上海情报站负责人牛兰被国民党政府逮捕。后来当宋庆龄一回国，以记者身份在中国活动的共产国际成员史沫特莱就立即上门，请求她与苏联红军总参情报部上海站哈尔德·左尔格主持的秘密营救牛兰的行动相配合，主持公开营救的活动。宋庆龄一口答应，并尽力而为，显然这不是偶然的。

当晚，她们离开莫斯科，列车继续东行。看到西伯利亚一片荒凉和贫困，胡兰畦十分惊讶！宋庆龄说："你如果见过过去的俄国，再同今天比一比，现在就算在进步，在好转哩！"车过贝加尔湖时，宋庆龄对胡兰畦说："当年苏武牧羊就在这里。"说时，脸上露出对这位西汉大臣囚居匈奴19年持节不屈的民族精神无限崇敬的神情。黎明时刻，列车驶向满洲里。宋庆龄激动起来，对胡兰畦说："快到中国啦！看山光水色已不同了，这些山川多秀丽啊！"热爱祖国的赤子之心，深深地感染了周围的旅客。

8月18日，宋庆龄在上海参加母亲的葬礼。蒋介石又一次得到显示他与宋庆龄是亲属关系的机会。他现在已经完全成了马克思笔下那种路易·波拿巴式的人物，即"一个不是晚上作出决定，白天行动的人，而是白天作出决定晚上行动的人"（即专搞阴谋诡计），一个十恶不赦的独裁者、刽子手。他推行极端恐怖的法西斯专政，残酷杀害革命志士，而对日本帝国主义的侵略却采取不抵抗政策。因此，宋庆龄对他们的憎恨和谴责更加升级了，最终导致她退出国民党，宣布国民党"死亡"。促使宋庆龄采取这一断然行动的导火线，是邓演达惨遭杀害的事件。

四、营救邓演达

黄琪翔在1929年随宋庆龄回国后,就在邓演达的指导下,积极与那些大革命失败后不愿追随蒋、汪集团的国民党左派,以及从共产党中游离出来的重要人物谭平山、季方、章伯钧、肖炳章等人联络,并积极筹组"中国国民党临时行动委员会",筹备工作有了相当进展,于是他们即发函催促邓演达回国领导,以便早日开展推翻蒋介石反动统治的斗争。

1930年春,邓演达回国。经与上海的同志多次商讨研究,他起草了纲领性的文件《政治主张》。8月9日,借用上海黎锦晖住宅召开了十个省区代表参加的干部会议,正式成立"中国国民党临时行动委员会",中央机构设在上海;通过《政治主张》,创办《革命行动》月刊,并推选出"中央干事会"。邓演达被推为总干事。随后在全国十四个省市建立了组织。他们的主要矛头是反对蒋介石的法西斯统治,同时也不同意共产党的政治纲领,企图建立第三种政治势力,寻找第三条道路,实际上是幻想建立资产阶级共和国,因此被人们称为"第三党"。

"中国国民党临时行动委员会"打算争取宋庆龄参加是理所当然的,因为这个党是1927年她和邓演达、陈友仁在苏联时共同发起的。但是,现在的情况有了变化,宋庆龄对于挽救国民党,把国民党的旗帜从反动派的手里夺过来,已经失去信心。宋庆龄的这个思想转变,虽然与苏联、共产国际及中国共产党不再推行"国共合作"政策、不再支持"国民党左派"有关。此外,也与"中国国民党临时行动委员会"在军事上脱离工农群众,重复了孙中山往昔依靠军阀反对军阀的老路有关。虽然他们口头上宣称要建立农工为中心的平民政权,却主要依靠的是广东军阀。宋庆龄深知这是走不通的死路。所以,她尽管与邓演达等人深厚的友谊一如既往,却拒绝加入

"中国国民党临时行动委员会"。1931年8月24日，宋庆龄在回答美国记者史沫特莱访问时，明确表示自己不是"第三党"的成员。①

宋庆龄的另一个战友陈友仁，此时已与孙科、汪精卫、胡汉民、张发奎等人搞在一起，组织广州政府进行反蒋活动。他们电邀宋庆龄加入广州政府。宋庆龄不屑与他们为伍，明确地说："我不愿意参加任何一个政府。"②她认为广州政府与南京政府是一丘之貉，只是"私人政见"之争。③当时南京政府因广州政府反蒋甚为激烈，加以"围剿"红军接连失利，就想利用宋庆龄与陈友仁及广州政府的关系，请宋庆龄做双方的调解人，进行"和平运动"。他们甚至利用蒋介石与宋庆龄一起参加宋母葬礼的机会，在国民党报纸上造谣，说什么："宋女士回国以后，目击党内各同志因故分离，痛心万分，兼之全国遍地匪患水灾，又为疾首，遂于蒋总司令日前来沪执绋时会晤详谈一切，现宋女士拟出面斡旋京粤两局，以期一致对内对外。"④宋庆龄对此怒不可遏，于8月23日发表辟谣声明说："庆龄此次因母丧回国，暂时拟留沪休养，外传和平运动，绝未参预。"⑤

宋庆龄是孙中山三大政策最忠诚的继承者，是坚决地站在共产党和人民一边的。她在这一原则问题上，不论在任何时候，对待任何人，都不会让步。不管是蒋介石、汪精卫这些孙中山生前很器重，现在又很有权势的人，还是自己的姐妹，或是像邓演达、陈友仁这样患难相交的亲密战友，都是如此。

宋庆龄虽然没有参加"中国国民党临时行动委员会"，但对邓演达高举革命旗帜，反对国民党法西斯政权的勇敢斗争精神和杰出人品是十分敬佩的。所以，她一直关心邓演达的安全，早在邓演达返

---

① 《与史沫特莱的谈话》，载《宋庆龄选集》上卷，第82页。
② 《与史沫特莱的谈话》，载《宋庆龄选集》上卷，第82页。
③ 上海《民国日报》，1931年8月19日。
④ 上海《民国日报》，1931年8月20日。
⑤ 上海《民国日报》，1931年8月24日。

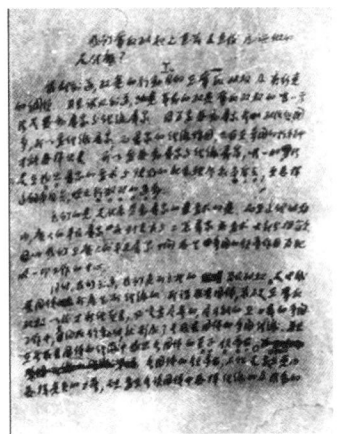
邓演达《我们夺取政权之前及之后应该做的是什么？》手稿

1931年8月17日，手戴镣铐，上囚车前的邓演达

国时就曾嘱咐他要注意这个问题。当时，邓演达却慨然回答说："我们的斗争将是长期的、尖锐的且又残酷的。因为我过去毫不犹豫地向着腐恶斗争，譬如顽固的封建势力、机会主义，以及反动行为。因而在军政两方面全树了不少的仇敌。但他们不能阻挠我追随总理的步伐，我准备牺牲生命以赴，这次或是我们最后一次的聚会。"①他已把生死置之度外。

这次宋庆龄回国后，得悉邓演达组成"中国国民党临时行动委员会"，出版《革命行动》报，进行反蒋活动颇有成绩；尤其是《革命行动》报，揭露蒋介石的罪行影响极大，发行量由几百份猛增到一万多份，对南京的统治者是个重大的威胁。因此，蒋介石对邓演达十分仇恨，视为眼中钉，必欲置之死地而后快。宋庆龄对此深为忧虑，再次提醒邓演达说："择生②，你写文章宣传革命要当心呀，汪精卫像条狗汪汪叫；你可冒犯了蒋介石，他会找你麻烦，你不可以

---

① 《纪念邓演达》，载《宋庆龄选集》上卷，第347页。
② 择生是邓演达的字。

暂时避开吗？"邓演达回答说："夫人，你不要替我担心。我现在工作正繁重离不开上海。为了安全，我从后门进出。不走前门吧！"①

事情果然不出宋庆龄所料，1931年8月17日，邓演达在上海愚园路愚园坊20号对江西起义干部训练班的结业学员讲课时，由于叛徒告密，不幸被捕。

邓演达一直把宋庆龄当作"中国国民党临时行动委员会"的发起人和精神领袖。他原准备在宋母葬礼完毕后，再亲自向宋庆龄汇报国内形势和工作，听取意见。但不料竟在宋母葬礼前一天就被蒋介石逮捕了。

邓演达被捕后，宋庆龄尽全力进行营救。她不得不违背自己一再宣称的不求助反动当局的声明，忍辱负重地亲自到南京向蒋介石交涉。据当时陪宋庆龄活动的原孙中山卫士、中山陵护灵人员范良回忆，宋庆龄到南京后，拒绝住国民党为她准备的官邸，而住在中山陵园举行孙中山奉安大典筹备处简陋的房子里，由孙中山侍卫副官马湘和范良等人陪同去找蒋介石要求释放邓演达。蒋介石大耍花招，把事情推在国民党军政部长何应钦身上。何应钦又推说只知道邓演达关在南京，但不知道具体地点。②

经过多次周折，宋庆龄终于打听到邓演达被关在南京中央军人监狱中。她于11月25日再次专程到了南京，并径直找到中央军人监狱的监狱长胡逸民。胡逸民与邓演达在北伐战争时期共过事，私交很深，并很敬佩邓演达的为人和才能，因此很同情他的不幸遭遇，曾向蒋介石求情释放邓演达未果。这次宋庆龄来，他当即陪同宋庆龄与邓演达会见。宋庆龄与邓演达见面后，两人"挥泪而谈，时而激昂陈词，时而垂泪哭泣"，情景极为悲壮。

---

①范良：《对革命尽力竭意，救同志不遗余力——我所知道的宋庆龄同志营救邓演达的经过》，载《新华日报》，1981年6月3日。
②同上。

宋庆龄与邓演达在监狱中秘密会见之事，当天就被狱中的特务密报给他们的上级。蒋介石的侍卫长王世和便急如星火地赶到胡逸民处，盛气凌人地责问："是你让宋庆龄接见的？"胡逸民"嗯"了一声。

"你真糊涂！上头知道了，你如何吃罪得起？"

"这是孙总理夫人自己的要求，你敢不让她见？"

蒋介石得悉宋庆龄插手邓案，深恐夜长梦多，难以收拾，便密令戴笠"斩决报来"。① 恰在这时，由于蒋介石在"九一八"日本侵华后推行不抵抗政策，全国人民掀起了抗日民主运动高潮，两广军阀乘机逼迫蒋介石下台。蒋介石迫于形势，决定以退为进，暂时下野再伺机复辟。他为扫除重新上台的障碍，又密命陈立夫派李熙元软化邓演达，所提的释放条件是：邓演达在蒋介石下野期间，不再写反蒋文章。邓演达断然拒绝："我写反蒋文章，不是我邓演达要写，是中国人民要我写。"② 至此，蒋介石考虑下野后，两广及其他派系都不可怕，只有邓演达在其支柱黄埔系军人中和国民党左派人士中都深孚众望，被捕后又坚强不屈，是动摇他的统治基础的可怕因素，也是自己要卷土重来时的真正障碍，因此就下决心在下野之前杀害邓演达。1931年11月29日深夜，他命其侍卫长王世和率领几名卫士，秘密将邓演达押至南京麒麟门外沙子岗，残酷地杀害。"碧血飞花，荒野埋骨"，中国人民的一代英豪就这样在蒋介石的屠刀下饮恨而亡，终年仅36岁。

邓演达被害的消息传出后，开始人们都不相信，还以为蒋介石下野，孙科任行政院长后，邓演达即可获释。宋庆龄从何应钦的部属处得知传闻，就立刻又到南京，对蒋介石说："现在国难当头，你

---

① 胡逸民：《我所知道的邓演达被杀经过》，载《中华英烈》1988年第6期。
② 史夫：《浩气冲霄》，载《邓演达》，第141页。该文是作者根据罗任一、谢树英、李世璋、朱蕴山等人的回忆及邓演达被捕事件的档案资料编写的。

和邓演达的矛盾,我来给你们调解。你把邓演达叫来,我们三人当面谈谈。"蒋介石默然不语。宋庆龄又追问:"如果你觉得这里谈不方便,就派人陪我去见邓演达,我先同他谈谈,然后再三人一起谈。"蒋介石仍默然。最后,宋庆龄表示一定要见邓演达,蒋介石才不得不说:"你已经见不到他了。"宋庆龄听后勃然大怒,愤然一手把茶几掀翻,蒋介石便急急逃上楼去了。[①]

宋庆龄营救邓演达虽然失败了,但她对邓演达深厚的感情和友谊却永远留在她的心中。此后,在邓演达殉难十周年、三十周年和五十周年时,她都撰写文章或题词纪念。

邓演达被害后不到一个月,1931年12月15日,蒋介石在全国人民要求抗日民主声浪的冲击下,在国民党内部派系矛盾的倾轧中,被迫下野。可是,自我标榜"民主政治"、"革命外交"的广东派汪精卫集团上台后不到三天,就制造了"一二·一七"珍珠桥惨案,残酷屠杀各地到南京请愿要求抗日的爱国学生。

邓演达被害及"珍珠桥惨案"这连续发生的两件事,给宋庆龄以极大的刺激,促使她的政治思想升华到一个新的高度。她认识到国民党的革命性已完全丧失,连邓演达最后一次挽救国民党的努力也归于失败,国民党中像邓演达那样最后一点希望之火也被扑灭了。于是,她终于对国民党完全彻底地绝望了。宋庆龄义愤填膺,奋笔疾书,写出了一篇具有伟大历史意义的文件——《宋庆龄之宣言》(即《国民党已不再是一个政治力量》[②]),于12月19日发表。在宣言中,她无情地揭露蒋介石国民党个人独裁,争权夺利,剥削群众,残害革命者的种种罪恶行径,正式宣布国民党"灭亡",实际上也宣布了她正式退出国民党。她说:"当作一个政治力量来说,国民党已经不复存在了。这是一件无法掩盖的事实。促成国民党灭亡的,并

[①] 史夫:《浩气冲霄》,载《邓演达》,第141页。
[②] 载《宋庆龄选集》上卷,第83—86页。

不是党外的反对者,而是党内自己的领袖。"

她从国民党政策的背叛和成员的堕落两方面,论证了这个结论。在政策上:"由于背弃了革命政策,各敌对的派系都向帝国主义者投降,并且不惜利用武力和最下流的手段。过去北洋军阀政客所不敢做的事,都在'党治'的名义下毫无顾忌地做出了";"广州和南京这两派都以军阀为靠山,都在力争他们的帝国主义主子的欢心,而且都背叛并屠杀中国人民大众"。

在成员上:"在中央政府中,国民党党员力争高位肥缺,形成私人派系,以巩固他们的地位;在地方上,他们也同样剥削群众,以满足个人的贪欲。他们和一个又一个的军阀互相勾结,因而得以跃登党和政府中的高位。但是,忠实的、真实的革命者却被有意地百般拷打,以致于死。邓演达的惨遭杀害就是最近的例子。"

于是,宋庆龄抨击的目标不再局限于几个国民党领袖,而是整个国民党,她说:"国民党今天已名誉扫地,受到全国的厌弃和痛恨。""因此,我不得不率直地宣布,既然组织国民党的目的是以它为革命的机器,既然它未能完成它所以被创造起来的任务,我们对它的灭亡就不必惋惜。"

宣言中还提出了"社会主义"的奋斗目标:"我坚决地相信:只有以群众为基础并为群众服务的革命,才能粉碎军阀、政客的权力,才能摆脱帝国主义的枷锁,才能真正实行社会主义。"这清楚地表明宋庆龄在对国民党绝望后跟随共产党走的政治立场。而且,这个宣言,同时也表明她与第三条道路划清了界限。其实,这也是这个宣言产生的背景之一。

邓演达被害消息证实后,"中国国民党临时行动委员会"顿时陷于群龙无首的境地。为此,他们一方面在12月16日发出《中央通告》,号召全党"要在悲愤、惨痛中接受邓同志的遗教,坚实我们的团结,巩固我们的组织,整齐我们的步伐,一致携手踏着先烈光荣

1931年12月19日，宋庆龄在上海《申报》发表宣言，谴责蒋介石"借反共之名，行反动之实"

血迹前进，剿灭我们的敌人，完成我们的神圣事业"。另一方面，在12月19日，谢树英代表临时行动委员会由杨杏佛陪同到上海莫利哀路中山故居拜见宋庆龄，请她出来领导他们的组织。谢树英说："我今天特来请示，今后的党务怎么办？如果您能出来领导，那就好了。"宋庆龄沉默了半晌后，凄然回答说："我暂时不能出来！"至于反对国民党反动派的斗争，她仍然鼓励他们说："你们要继续干下去。"谢树英提出："请黄琪翔出来领导如何？"她没有表示意见，只说："你们商量去。"① 这显然表明她不愿干涉他们组织的内部事务。

《宋庆龄之宣言》的发表，石破天惊，沉重地打击了蒋介石、汪精卫为首的国民党反动派；对临时行动委员会的成员以极大的鼓励与支持，但又保持了她在8月份宣布的她与"第三党"无关的政治立场。

尽管如此，国民党各派系在争权夺利的斗争中，仍想利用"孙

---

① 史夫：《浩气冲霄》，载《邓演达》，第141页。

夫人"的威望，为本派系的利益服务。1931年12月，蒋介石下野后仍操纵实权进行捣乱，胡汉民、李宗仁等人加以抵制，致使汪精卫、孙科、陈铭枢等人组织的南京政府处于瘫痪状态。当时，他们企图求助于宋庆龄，在上海、南京报纸上制造舆论，说宋庆龄在上海与陈友仁、邹鲁晤谈，候胡汉民入京，交李宗仁提案等，混淆视听。宋庆龄立即于12月30日致函报馆，予以辟谣，指出京沪各报所载这些消息"完全不确"。①

从此，宋庆龄可以更加"无法无天"，全心全意地从中国人民的利益出发，把国内斗争与国际斗争结合起来，把公开斗争与秘密斗争结合起来，在广阔的战线上，向国民党反动派和帝国主义发动攻击，并且与共产党相配合，结成一条隐蔽而特殊形式的革命统一战线。

---

① 《申报》，1931年12月31日。

第四节　为抗日救亡奔走呼号

一、在"一·二八"抗战中

"九一八"以后，宋庆龄与全国人民一道同声谴责国民党政府对日本侵略者的不抵抗政策，主张停止内战，一致抗日。

在《国民党已不再是一个政治力量》的宣言中，宋庆龄谴责国民党屠杀爱国学生的"珍珠桥惨案"。她大声疾呼："我不忍见孙中山四十年的工作被一小撮自私自利的国民党军阀、政客所毁坏。"她号召中国人民起来进行保卫祖国和反对本国统治者的斗争，并且满怀信心地指出："我深信：虽然今天当权的反动势力在进行恐怖活动，中国千百万真正的革命者必不放弃自己的责任；反之，由于国家当前形势的危急，他们将加紧工作，朝着革命所树立的目标胜利前进。"

宋庆龄说到做到。在即将发生的"一·二八"淞沪抗战中，她加紧工作，并胜利前进了。

1932年1月28日，日本帝国主义侵犯上海。驻在上海的以蒋光鼐为总指挥、蔡廷锴为副总指挥兼军长的国民党第十九路军,在市民的支持下,违背国民党政府的不抵抗政策,奋起反击,爆发了著名的淞沪抗战。当时日本由于在东北得手,气焰十分嚣张,扬言要在48小时之内占领上海,战况十分激烈。这时蒋介石已经重新上台,任军事委员会主席和全国武装部队的总司令,汪精卫出任行政院长。他们在日本帝国主义的疯狂侵略下惊惶失措,立即把首都迁到洛阳,并谋求向日本妥协,阴谋破坏抗战。

在这紧急的关头,宋庆龄与上海军民同仇敌忾,积极进行支援十九路军抗战的活动,并多次亲临前线慰问伤病战士。战争爆发的第二天(即1月29日),她就与何香凝商量支援十九路军抗战的问题。何香凝是在九一八事变后,在法国巴黎闻讯后急忙归国的。她用卖掉自己字画所得的钱,在上海办了一个培养战时救护人才的短期妇女救护班,为抗日救治伤病员服务。[①]"一·二八"事变一发生,她就同宋庆龄等人一起筹备慰劳事宜。30日,宋庆龄与何香凝一起,随着满载慰劳品的卡车亲自到真如前线。

这天,在真如前线,清晨和午后都有激战。宋庆龄和何香凝首先与十九路军军长蔡廷锴亲切交谈并合影留念。[②]然后,她们冒着枪林弹雨,亲临吴淞前线慰问正在交战中的翁照垣旅,目睹抗日将士与敌人浴血奋战的壮烈情景,深受感动。[③]

2月6日,宋庆龄又与弟媳、财政部长宋子文夫人张乐怡一起,携带许多慰劳品再到真如前线劳军,慰勉官兵奋勇杀敌。[④]

2月12日,宋庆龄再次冒着敌人的炮火,到吴淞前线慰问十九

[①] 何香凝:《自传初稿》,载《双清文集》下卷,第208页。
[②] 蒋光鼐、蔡廷锴、戴戟:《十九路军淞沪抗战回忆》,载全国政协编:《文史资料选辑》第37辑;《纪念宋庆龄同志》画册,图第88号。
[③] 蒋光鼐、蔡廷锴、戴戟:《十九路军淞沪抗战回忆》,载全国政协编:《文史资料选辑》第37辑;《纪念宋庆龄同志》画册,图第88号。
[④] 《蔡廷锴自传》,黑龙江人民出版社1982年版,第280页。

宋庆龄与十九路军军长蔡廷锴合影

1932年2月,宋庆龄在吴淞前线断垣边,手持未爆炸的敌弹留影,以表与十九路军将士一起抗战到底的决心

路军官兵。她在翁照垣旅长的陪同下,巡视了前沿阵地;并在前线指挥所与区寿年、翁照垣等师旅指挥官亲切交谈。当时,在指挥所上空虽有低空飞行的敌机不时向地面扫射,但宋庆龄镇定自若,轻蔑地望着肆虐的敌机,表现出一派巾帼大将的风度。她还向在场的战地记者发表谈话,高度赞扬十九路军抗战的重大意义,并鼓励翁照垣说:你们"守吴淞立功极伟,而尤望继续奋斗,不使中国有寸土入于敌人之手"。翁照垣即代表全体将士庄严地表示:要"以卫土之责……使敌人无越雷池一步之机会"。①

在宋庆龄的推动和影响下,孙科夫人陈淑英以及陈友仁夫人、梁寒操夫人等,在2月15日也纷纷奔赴真如前线慰劳抗战部队。

宋庆龄从多次亲临前线慰问官兵中,目睹十九路军战士的生活给养很差,医护更是奇缺。她返回上海后就同何香凝等紧张地投入为部队筹饷和建立伤兵医院的工作。

鉴于当时上海原有的伤兵医院组织不严密,工作效率又极低,宋庆龄提出要单独筹建专门医护抗日受伤战士的医院。她的提议得到各界爱国人士的热烈响应。孙中山好友、交通大学校长黎照寰借出部分校舍,新加坡著名华侨胡文虎捐款一万元,先施、永安、新新三大公司的资方也都踊跃捐献钱、物。在国立中央研究院总干事杨铨(杏佛)的具体帮助下,很快就在交通大学开办起一所拥有300张床位的"国民伤兵医院",并分设了临时医院、临时救护站多处。宋庆龄和何香凝等数人担任理事,聘请中西医专家多人负责医疗事务,所有职员均为义务职,不领取一分薪俸。在宋庆龄号召和群众爱国热忱的推动下,伤兵医院中一时名医云集,慰劳品和医药用品也源源不断地流向宋庆龄住宅辟出的临时仓库里,并日夜不停地发放出去。

---

① 《申报》,1932年2月13日。

1932年，宋庆龄与热心为伤兵服务的上海南洋广肇义学童子军团员合影

1932年，宋庆龄在上海交通大学内设立国民伤兵医院。图为她与该院全体医护人员的合影

与此同时，何香凝自己把同十九路军军官一起募捐到的慰劳款项，也用于创办伤兵医院。她在上海公时学校、政法大学及苏州等地开办了四处共可收容受伤病员千余人的医院。何香凝为进行这项工作，经常派遣原来在国民党中央妇女部工作的黎沛华、陆晶清等人到莫利哀路宋庆龄的寓所，向她汇报工作计划和实施情况，宋庆龄总是耐心地听取汇报，诚恳慎重地提出意见，并对她们的工作表示感谢和慰问。

宋庆龄还经常到医院慰问伤兵，并特地选购《小桃红》等广东乐曲唱片慰问广东籍的伤病员，用家乡音乐减轻他们肉体上的伤痛，激发他们的爱国热忱。伤兵们深受感动和鼓舞，纷纷表示"急欲出院"，返回前线去奋力杀敌。①

宋庆龄还把伤兵医院当作宣传抗日和组织募捐的阵地。在医院中接见记者时，宋庆龄明确表示："对于抗日战事，当然主张积极抵抗到底。人类惟有从奋斗中求生存。"她盛赞十九路军"明知众寡悬殊，器械财力均不如人，而能不顾一切，以血肉为中国争一线之生机，使世界知中国尚有不可侮之军队与民气，不特为军队之模范，实为革命之武力与反帝国主义之先锋。"②

当时，由于战争的巨大消耗和南京政府拒不援助十九路军，所以，组织群众募捐的任务十分繁重。当年在宋庆龄身边帮助募捐工作的顾淑型回忆说：宋庆龄为此"几乎每天在外面奔走，常忙得连午餐都顾不上吃"③。

《申报》馆是当时上海一家最大的民族资本的报馆，代表民族资产阶级的立场和主张，对这场保卫上海的战争持积极支持的态度。宋庆龄在杨杏佛的陪同下，会见了该报总经理史量才，史量才即为

---

① 《申报》，1932年2月26日。
② 《在国民伤兵医院答记者问》，载《宋庆龄选集》上卷，第87页。
③ 陈翰笙：《谈谈孙夫人的高尚品格》，载《宋庆龄纪念集》，第118页。顾淑型是陈翰笙的夫人，当时协助宋庆龄做募捐工作。

十九路军淞沪抗战现场

十九路军捐献一笔数目颇大的军饷。①

淞沪抗战时,正值严冬,大雪纷飞。宋庆龄和何香凝到前线慰问看到抗战官兵却衣着单薄,便立即在上海市民中发起缝制棉衣活动。她们在五天之内就筹集到全新棉衣、棉裤三万多套,运送给前线官兵穿用,解除了燃眉之急。②

此外,何香凝又在寓所门口张贴出筹款和征募物资的告白,在东亚酒家二楼展厅主办了"义卖画展",并致电海外华侨请求支援。受中共中央派遣到上海进行伤兵救护工作的张琼回忆说:当时,"为了支援十九路军作战的军需,筹建伤兵医院,援助罢工工人,何香

---

① 陈少校:《黑网录》,群众出版社 1979 年版,第 66—67 页。
② 蒋光鼐、蔡廷锴、戴戟:《十九路军淞沪抗战回忆》,载全国政协编:《文史资料选辑》第 37 辑。

凝、宋庆龄几乎把钱都花光了"。①

十九路军的奋勇杀敌和宋庆龄、何香凝热情为抗战奔走的行动，大大地鼓舞了军民士气，也感动了国民党中有爱国热忱的一些上层人士。驻在上海市郊张治中的两个师——八十七、八十八师，于2月中旬主动与十九路军协同作战；山西的阎锡山，也于2月9日派员专程送给十九路军数门迫击炮和600发炮弹。②

宋子文也深受宋庆龄抗战救国行动的影响。同时，他作为国民党政府中的英美派代表，为了维护英美帝国主义在上海及中国的既得利益，在面临日本侵略的严重威胁下，就与宋庆龄一致采取支持十九路军抗战的行动，所以也于2月6日派遣夫人随同宋庆龄到前线慰问。在这以后的几年间，宋子文与宋庆龄的姐弟关系也比较好，两人经常往来，晤谈欢聚，并留下不少合影的照片。③

"一·二八"抗战期间，正是王明"左"倾路线统治中国共产党最猖狂的时期。王明错误地认为，十九路军和宋庆龄、冯玉祥违抗蒋介石的禁令进行抗战，以及他们得到广大中间人士的拥护，是"敌人的欺骗阴谋，中间派是最危险的敌人"。他指示上海地下党，"要和中间派划清界限，不能和宋庆龄、冯玉祥等接触"。④但是，王明的错误路线不得人心，遭到中共下级党组织、外围团体和广大党员的抵制。因此，在战争爆发后，中共上海地下党及"左联"、反帝大同盟、工会、学生会等组织虽然受到"左"倾路线的干扰，还是开展了轰轰烈烈的支援十九路军的活动，并且早在九一八事变后组成了上海民众反日救国联合会，开展抗日救国活动。如进行募捐、慰劳、支前和宣传鼓动等工作，并深入战区抢救伤员和难民，运输

---

① 张琼：《刘少奇同志在上海革命活动片断》，载上海《党史资料》（丛刊）1980年第2辑。
② 《蔡廷锴自传》（上），黑龙江人民出版社1982年版，第281、284页。
③ 《纪念宋庆龄同志》画册，图102、103、104等。
④ 刘晓：《十年内战初期江苏省委领导下的一些斗争》，载上海《党史资料》（丛刊）1982年第1辑。

枪支弹药、食品等军需品到前线。①

1月31日,沪西区日资纱厂工人举行总同盟罢工,沪东区和闸北区要求抗日的失业工人,也先后汇集到沪西区参加斗争,以抗议日本的侵略,支援十九路军抗战。"民反会"为支援沪西工人反日罢工,织织一百多个募捐队,向广大市民进行宣传和募捐活动。

宋庆龄大力支持沪西工人的反日爱国行动。她得知沪西罢工工人生活发生困难的消息后,即派秘书与"民反会"联系,把募集到的两万元捐款转交他们,用以支援反日罢工的斗争。"民反会"的负责人曾到宋庆龄寓所汇报罢工情况,宋庆龄热情赞扬沪西工人的反日罢工斗争,认为这次罢工不论在政治上或经济上,对日本帝国主义都是一个沉重的打击。

这样,宋庆龄和何香凝等人的抗日活动就同中共上海地下党的活动汇合在一起,使上海出现了一个捐献和参战的热潮,现款、金银、日用品、药物、器材等从四面八方源源而来,仅1月30日一天中,就收到捐献现金10万元。在整个淞沪抗战期间,共筹款700万元,相当于十九路军八九个月的军饷的总数。与此同时,所成立的各种义勇军、敢死队等各种组织,也有力地配合了十九路军的抗敌斗争。

正因为有人民群众的大力支持,十九路军得以抗击优势敌军达一个月之久,终使狂妄叫嚣在48小时中可消灭十九路军、三日内可封锁中国的日本侵略军受到沉重打击。他们虽三易主帅,多次增兵,也未能越雷池一步,始终被压缩在吴淞沿海一线。后来只是由于国民党实行妥协投降政策,答应了日方提出的屈辱性条件,才迫使十九路军于3月1日起撤离阵地。

当时,宋庆龄在对新闻记者所发表的谈话中,高度赞扬十九路

---

① 丁玲:《"九·一八"和"一·二八"期间我在上海参加的几次抗日救亡活动》,载上海《党史资料》(丛刊)1983年第3辑。

军的抗战精神，严厉批评国民党政府的不抵抗政策。指出十九路军的英勇抗战表明，"中国不特未因抵抗而亡，反因抵抗而益坚国民牺牲奋斗之志。人皆以中国此次战争为失败，实则中国在精神上完全胜利"，而日本的暂时胜利，只能增强其"侵略与帝国主义之野心，终于自取覆亡而已"。[①] 宋庆龄对战争胜负的观点，充满了辩证法，寓意很深刻。后来的历史证明，她当年的预言是多么的正确！

十九路军在淞沪抗战中表现出来的"民族之魂"，在宋庆龄身上也得到了充分的体现，因而获得人们的高度赞扬。当时一个美国记者在采访宋庆龄在上海抗战中的事迹后感叹道："孙中山先生之宋夫人，德才如玉，刚强正直，爱国义勇，不畏强暴，极力宣传抗敌救国，卓有成效，举目环球，无与伦比，啊——她是一位敢死之救国女杰。"[②]

二、参加国民御侮自救会

日本侵略军在上海受挫后，就把侵略重点移向北方。1932年2月，他们妄称东北已脱离中国，组织傀儡政权"满洲国"。翌年1月初，又宣称热河省为"满洲国"的领土，攻占了山海关和临榆县城。中国军民进行了英勇抵抗，山海关守军全部壮烈牺牲。但国民党热河省省长汤玉麟推行不抵抗政策，闻讯逃窜，并征调汽车二百多辆运送私产到天津租界，致使热河省仅十天就全部沦陷。

宋庆龄得悉榆战发生的消息后，即准备北上组织妇女救护队，救护伤兵。后因中国民权保障同盟会会务难以分身，改派同盟总干事杨杏佛赴北平慰问榆战伤兵。同年3月，她与中国共产党合作，

---

① 《在国民伤兵医院答记者问》，载《宋庆龄选集》上卷，第88页。
② 转引自范锦泉：《淞沪抗战中的宋庆龄》，载《团结报》，1985年1月26日。

联合上海三十多个进步团体,组成共产党的外围组织"国民御侮自救会",被推选担任会长。

3月8日,宋庆龄参加了共产党在八仙桥青年会召集的"御侮会"筹备大会,并发表了长篇演说。她愤怒谴责热河省省长汤玉麟开门揖盗的罪行,明确指出对于这种卖国行为应负责的"是南京政府",因为"这个政府用它的主要军队打中国的人民",并且"阻止人民武装与组织义勇军来参加抵抗日本帝国主义的民族革命"。

宋庆龄在演说中,第一次提出她对于中国抗战的全面主张,即四项要求:(一)派遣全国至少80%的军队,去抵抗日本帝国主义,收复东北、热河,保卫中国;(二)武装人民,并组织义勇军;(三)立即恢复人民的民主权利;(四)停止向中国苏维埃区域进攻。

在阐述第四条要求时,宋庆龄强调指出:中国的苏维埃政府不但已经对日本帝国主义宣战,并且曾于今年1月提议,在停止进攻苏区、恢复人民的民主权利、武装人民的条件下,苏维埃政府愿意与任何军队或武装部队合作,抵抗日本帝国主义。

这个主张,由于贯彻了"民族解放与社会解放"相结合的原则,成为当时各种各样的救国主张中最全面、最彻底的主张,这些要求实际上也是共产党的主张。它为翌年宋庆龄接受中国共产党提出的抗日救国六大纲领奠定了基础。

当时,中国工农红军正遭受蒋介石的军事"围剿";中国共产党的政治主张受到严密封锁。所以,宋庆龄在演说中宣传共产党两个月前发布的、在三个条件下中国工农红军准备和一切武装建立抗日统一战线的重要声明,具有更为重要的意义,这对共产党是一个很大的帮助。

宋庆龄认为,实现这些要求不能依靠反动当权者的恩赐,蒋介石"这个政府绝不能统一中国,绝不能进行反抗日本帝国主义的民族革命战争,绝不能以食物与工作给挨饿的工人,绝不能以土地给农民"。因此,"应当准备奋斗。我们应当在各工厂各学校各城市村镇组织起来,一切的家庭、商店、工厂都应当讨论我们的要求。街市上应充满了我们的要求……这是一个广义的反帝奋斗,最后形成武装人民抵抗日本及其他帝国主义的民族革命战争"。①

筹备大会通过了组织章程,并作出几项与宋庆龄提出四项要求相呼应的决议。

"御侮会"是宋庆龄在大革命失败之后,同中国共产党合作建立的第一个革命组织。

由于两年来中国共产党推行"左"倾路线,使党本身及其外围组织在上海受到极大摧残,革命活动很难开展,中央机关也被迫于1933年1月迁往苏区。但日本帝国主义侵略造成的民族危机日益深重,中共的任务也更加重了。在这种情况下,中国共产党不得不改变过去不与宋庆龄接触的错误做法,有些工作还需要依靠她的帮助去进行。通过合作,双方越来越了解和信任,关系也越来越密切。也正是通过这种合作,中国共产党得以完成许多单靠组织本身难以完成的任务,宋庆龄从而也对中国革命做出了个人奋斗难以达到的伟大贡献。

中国共产党派中央委员阮啸仙参加这个大会,并领导"御侮会"的工作。不久,阮啸仙调往中央苏区,另派熊天荆(甫从莫斯科回国,以新闻记者作为公开身份)主持"御侮会"的工作,并成立了共产党的党团,熊天荆任书记、"左联"的作家刘芝明任组织,中学教师何云任宣传兼负责与会长宋庆龄联系。他们属中共江苏省委直接领导,省委书记史通(即章汉夫)与熊天荆单线联系。②

"御侮会"成立后,上海几个区也成立了分会,开展了一些抗日

---

① 《宋庆龄女士演说词》,载《中国论坛》第2卷第3期,1933年3月27日出版;并以《在中国民族武装自卫委员会筹委会上的讲话》(1933年3月8日)为标题收录于《宋庆龄选集》上卷,第98—102页,该标题有误,应为"在国民御侮自救会筹备大会上的演说"。
② 熊天荆:《国民御侮自救会始末》,载上海《党史资料》(丛刊)1985年第2辑。

熊天荆

宣传和组织募捐、接济东北义勇军等活动。但是，由于当时中共中央的"左"倾路线还没有纠正，对许多"左"的做法宋庆龄很难接受。同时，中国民权保障同盟援救被捕革命志士的工作十分繁重，宋庆龄的确也无暇顾及"御侮会"的工作。4月中旬，宋庆龄就因劳累过度而病倒了。恰巧在这时，"御侮会"因公开购买武器、鼓吹武装暴动的极左行动，被租界捕房搜查了总会，讲解员也在华界发表演说时被捕。"御侮会"实际由共产党主持的内幕很快就被中外反动派侦知。宋庆龄自知难以胜任会长之职，就在13日一方面函请沈钧儒律师负责向有关当局交涉总会被搜及讲解员被捕之事，进行营救；一方面致函"御侮会"总会请求辞去会长之职，说愿以会员一分子之地位，追随众人之后，努力御侮工作。但因个人"所任其他工作，已感时间精力穷于应付，万难再尸位误事……庆龄对一切事业,向来量力负责,不作虚伪谦让"。①

这封信写得语意真切,无可指摘。宋庆龄鉴于她所处的地位,难以纠正"御侮会""左"的作为,她内心很痛苦。既要她负责这个组织,而她又难以左右这个组织的行动,这是她决不能接受的。这就是宋庆龄的性格。这就是"庆龄对一切事业,向来量力负责,不作虚伪谦让"的具体表现。

果然,在"御侮会"接着举行的"五一"游行和"飞行集会"中,"左"倾错误大暴露,使革命力量遭到很大损失。"御侮会"成员六十余人被捕。次日,总会及各分会都被国民党市政府查封。接着熊天荆、刘芝明、何云等也先后被捕,党团被破坏,"御侮会"的活动就被迫停止了。

国民御侮自救会在对人民进行抗日爱国宣传方面曾起了一定的积极作用,但它存在的时间较短,仅两三个月。活动也仅限于上海,影响有限。

共产党的意图是想与宋庆龄合作把这个统一战线的抗日组织推广到全国去,但由于受当时"左"倾错误的影响,使有一定基础的群众组织还没有得到充分发展,就被敌人摧残而夭折了。

宋庆龄与共产党的这一次合作虽然失败了,但却为下一次再度合作——共同组织"中华民族武装自卫委员会"打下了基础。

三、筹建中华民族武装自卫委员会

日本帝国主义妄想独占中国的野心,与欧美帝国主义在华利益发生了矛盾。1934年4月17日,日本外务省情报部长天羽竟发表狂悖声明,俨然以"东亚主人"自居,视中国为其保护国,为日本进

---

① 《申报》,1933年4月14日。

一步大规模侵略中国准备舆论条件，遭到中国和世界进步舆论的强烈谴责。

这样，一方面是民族危机日益严重，一方面是蒋介石以空前的规模向南方苏区发动了第五次军事"围剿"，而且由于已经进入苏区的中共中央领导人排斥了毛泽东对红军的领导，不执行灵活机动游击战争的战略战术，红军的反"围剿"战争不断失败。中国共产党和红军面临着生死存亡的严重关头。

在这种形势下，共产国际帮助中国共产党制订了在两条战线上反击的计划："抗日救国六大纲领"和红军第五次反"围剿"的作战方案。为了实施这个方案，共产国际派代表尤金·丹尼斯来华指导中国共产党进行第五次反"围剿"斗争。他进出中央苏区时都曾逗留上海，宋庆龄多次同他共进午餐，交换对时局的意见，谈论如何帮助共产党度过目前危机的问题。当时中国革命处于极端困难的境地，但宋庆龄对革命前途仍充满信心，憧憬新中国的到来。这些给尤金·丹尼斯留下很深的印象。

为了在白区配合反击，中共中央电示上海局书记盛忠亮与宋庆龄接触，争取得到她的帮助。盛忠亮到莫利哀路宋庆龄寓所与她会谈了几乎五个小时，向她详细汇报了江西苏区的困难形势，请求她在国民党统治区发起运动，以减轻国民党对苏区的压力。[①] 宋庆龄对苏区连遭反革命"围剿"表示深切关怀，向盛忠亮表示愿竭尽全力来帮助共产党。但是，当时在国民党统治区要发起一个反对蒋介石"围剿"苏区红军的运动，显然是不可能的，因此她答应出面筹备抗日救国六大纲领中提出的成立"中华民族武装自卫委员会"，以及发起拥护六大纲领的签名运动。

宋庆龄后来谈到共产党的抗日救国六大纲领怎样由她签名公布

---

① 盛岳（即盛忠亮）：《莫斯科中山大学和中国革命》，第168页。

的情况时说:"是午夜,由地下党召集会议。我是会长,宣布了六大纲领。参加会议的还有美、法、比国某些著名领导人以及其他代表等。"①

抗日救国六大纲领公布后,由于宋庆龄的威望和影响,这个文件深得各界人士的赞许和拥护。经过广泛宣传并在群众中进行串联,一个多月的时间,只在上海一地就有成千上万的人签名赞成,都认为这个纲领是现时救国的唯一办法。4月20日,由宋庆龄领衔的1779位中华民族武装自卫委员会筹备委员会的发起人、赞助人,决定将六大纲领以《中国人民对日作战的基本纲领》为题公之于全国同胞,为此,同时发表《中华民族武装自卫委员会筹备会对日作战宣言》。这是"九一八"后,在国民党政府不抵抗的情况下,继苏区工农民主政府和中国工农红军对日宣战之后,第二个代表中国人民对日宣战的宣言。

《中国人民对日作战的基本纲领》主要内容是:(一)全体武装总动员;(二)全体人民总动员;(三)全体人民总武装;(四)采取没收日本帝国主义在华一切财产及卖国贼财产以解决抗日战费;(五)成立工农兵学商代表选举出来的全中国民族武装自卫委员会;(六)联合日本帝国主义的一切敌人作友军,与一切守善意中立的国家建立友谊关系。

在纲领的"前言"中,于痛斥日本帝国主义侵略我国东北、上海、热河及把中国变为其殖民地的罪行后指出,中国人民在自己的痛苦的实际的经验当中,已经深刻地觉悟到:要想依靠国民党和国民党政府来抗日救国已经是完全没有希望的事了。要想使美国或国际联盟方面来帮忙反对日本,也只是一种幼稚的蠢笨的思想。"中国人民只有自己起来救自己!中国人民唯一自救和救国的方法,就是

---

① 转引自张钰:《"老人年"回忆宋庆龄》,载《红旗飘飘》第27辑,中国青年出版社1983年版。

大家起来武装驱逐日本帝国主义，就是中华民族武装自卫！换言之就是中国人民自动对日作战。"①

这里反映了这个纲领"反蒋抗日"的历史特点，起到了唤醒人民、揭露国民党政府实行不抵抗政策的作用。

《中华民族武装自卫委员会筹备会对日作战宣言》指出，为对日作战，必须建立共同的领导机关，把从工、农、商、学、兵中选出来的"中华民族武装自卫委员会"作为对日作战的领导机关，由它决定一切抗日大计，管理一切抗日事宜。宣言号召一切爱国者响应这个纲领，在各地方，在工厂中、农村中、学校中、商店中、机关中，都成立这种委员会，讨论和决定抗日计划与办法。②

抗日救国六大纲领的制订和公布，民族武装自卫会筹备会的成立，标志着中国共产党和宋庆龄对正在上升为国内主要矛盾的民族矛盾的认识有了新的提高：把斗争重点开始逐步转移到民族斗争上来，为实现全民族的抗战而奋斗。

在抗日救国六大纲领上签字的包括了全国各个阶级、阶层、政党、团体的代表，因此，它是建立抗日民族统一战线的一次尝试，为以后中国共产党提出建立包括中国大地主大资产阶级的政治代表、国民党英美派在内的抗日民族统一战线，提供了依据。③

这无疑是宋庆龄为中国民族解放事业做出的又一重大贡献。

中华民族武装自卫会筹备会成立后，主要依靠各级共产党组织和共产党员的推动，在一些大城市建立地方组织，北平、上海还在各区成立分会，在一些大学、专科和中学中成立小组。组织最健全、活动最活跃的是东北义勇军中的"民族武装自卫会"组织，其次是北平。伟大的"一二·九"运动及其司令部北平市学生联合会，就

---

① 《红色中华》，1934年9月21日。
② 《红色中华》，1934年9月21日。
③ 参见毛泽东：《论反对日本帝国主义的策略》，载《毛泽东选集》第1卷，人民出版社1952年版，第143页。

是中国共产党通过民族武装自卫会去发动和领导的。

九一八事变以来,平津处在严重的白色恐怖下,特别是1933年国民党宪兵三团调来北平后,北平的党组织遭到严重破坏,保存下来的少数党员分散隐蔽在党的一些外围组织中开展工作。由周小舟负责的民族武装自卫会北平分会团结一批进步青年,从中发展了一些党员,重建了地下党的组织。这些党员后来成为"一二·九"运动的学生领袖。

这时,日本帝国主义大搞所谓华北"自治运动",妄想鲸吞华北五省和平津二市,民族危机空前严重。北平的学生悲愤地喊出:"华北之大,已经安放不得一张平静的书桌了!"抗日救国成为广大青年学生和全国人民的一致呼声。正直的美国记者埃德加·斯诺也在密切关注华北问题的动向,热情支持中国学生的抗日爱国运动。燕京大学的张兆麟、王汝梅(黄华)、陈翰伯、龚普生、龚澎,北京大学的俞启威(黄敬),清华大学的姚克广(姚依林)、蒋南翔等,经常到燕京大学未名湖畔斯诺家中做客,从那里了解有关时局的一些消息。这些青年怀着满腔的抗日救国热情,但不知道该怎么办。有一天,黄华、陈翰伯和斯诺商量能不能给宋庆龄写封信向她请教,斯诺欣然同意。于是,他们写出一封英文信,陈述自己的爱国热情和对时局的苦闷,并向宋庆龄请教他们应该怎么办。这封信由斯诺托美国女作家史沫特莱带到上海转交宋庆龄。十几天后,黄华、陈翰伯从斯诺处得到了有宋庆龄亲笔签名的回信。宋庆龄在回信中,亲切地称呼他们为 Dear students(亲爱的同学们),赞扬他们的爱国精神,斥责蒋介石的卖国行径,殷切地期望北国前线的青年们"要有所表示","要行动起来!"宋庆龄的信,使这些青年从苦闷中解脱出来。接着,在党的《八一宣言》的指引下,经过地下党组织的精心计划和周密安排,他们就积极行动起来了。民族武装自卫会就乘赈济黄河水灾灾民活动的开展,联络一些大学中学,成

"一二·九"运动中的学生　　　　埃德加·斯诺

立了"黄河水灾赈济会"。救灾活动结束后,该会就转化为"北平市大中学校抗日救国学生联合会"(北平学联),学联的领导人郭明秋(主席)、彭涛(党团书记)、姚依林(秘书长)、孙敬文(交通)、董毓华等,也都是北平民族武装自卫会的领导人。接着,在党的领导下,北平学生就发动了轰轰烈烈的"一二·九"运动,第一次喊出了积压在中国人民心头的呼声:"打倒日本帝国主义!""停止内战,一致对外!"从而掀起了中国革命的新高潮。

当北平"一二·九"运动的巨浪涌到黄浦江的时候,上海的抗日救亡运动立即迅速地高涨起来。宋庆龄生活在这座具有光荣革命传统的我国最大的城市,她的心是与广大爱国师生相通的。她通过亲自参加北平两次大游行的斯诺夫妇生动的报道,详细了解北平"一二·九"运动的情况。她还向北平学联捐赠了一笔钱,作为抗日宣传之用,由学联主席郭明秋签收。[①] 1936年4月,中共中央根据

---

① 姚依林:《"一二·九"运动回忆》;郭明秋:《回忆"一二·九"运动的党的领导》,载《"一二·九"运动回忆录》第1集,人民出版社1982年版,第63页。

形势发展的需要,决定把全国的民族武装自卫会组织,与共青团、社联、左联等外围组织一样全部转入"中华民族解放先锋队"(简称"民先")。1934年4月成立的民族武装自卫会完成了它的历史任务而宣告结束。这个组织与宋庆龄在此期间对中国革命做出的特殊贡献,将永远留在中华民族光辉的史册上。

四、主持远东反战会议

为争取世界人民对中国反侵略斗争的支援,宋庆龄运用自己广泛的国际联系,把反对日本侵华的斗争与国际反帝反战的斗争紧密地结合起来。

早在淞沪抗战时,宋庆龄就以世界反帝大同盟名誉主席的名义向世界进步人士呼吁,曾得到热烈的响应。世界反帝大同盟总部曾发表一个极长宣言,痛斥日本侵略中国的罪行。高尔基在1932年3月2日的《消息报》上,发表了《响应孙中山夫人宋庆龄呼吁》的文章,用钢铁般的语言指出,无产阶级能够阻止资本家发动的战争,"援助中国——世界无产阶级团结的表现——这是一件伟大的事业。只有无产阶级能够有力地说出:'不准干涉中国!'——能够更加有力地证实,这并不是一句空话"。

为了进一步制止正在日益增长的世界战争的危机,切实帮助中国的抗日斗争,巴比塞和罗曼·罗兰在世界反帝大同盟的基础上,发起组织世界脑力劳动和体力劳动者的联合阵线,反对帝国主义战争,保卫社会主义苏联,并准备1932年7月份在日内瓦召开"国际非战及反对日本对中国之侵略大会"。为此,他们在5月4日发表了《向各国劳动者宣言》,并邀请宋庆龄及萧伯纳、爱因斯坦、曼氏、德莱赛、莘克莱、陀斯·帕索斯、韦尔思、郎古印等世界著名的进步人士参加大会，还通知宋庆龄当选为大会筹备委员会和执行委员会委员。宋庆龄由于营救牛兰夫妇一事缠身，未能参加大会。大会因帝国主义国家阻挠，后来推迟到8月底在荷兰阿姆斯特丹市召开。会上成立了"世界反对帝国主义战争委员会"①，罗曼·罗兰任主席，巴比塞等人为副主席，宋庆龄等人任名誉主席。

1932年年底，世界反对帝国主义战争委员会专门讨论了帝国主义国家侵略中国问题。"九一八"后，国联理事会曾派遣一个调查团（英国的李顿任团长）来中国"调查""九一八"事件，后来发表了所谓"调查报告书"，极尽歪曲之能事，竟胡说"九一八"事件的发生，是因为中国人抵制日货；日本侵华是为了消灭"赤色危险"；提议"国际共管"东北。这个调查报告书，理所当然地遭到中国人民和世界进步舆论的强烈谴责。为此，委员会决定派出巴比塞领导的代表团，重新来调查日本侵略东北的情况，以正义公道的立场揭露事件的真相，同时要在中国召开远东反战会议。

这个决定是世界人民对中国反侵略斗争的一个重大支持。宋庆龄接到世界反对帝国主义战争委员会发来的这个通知后，立即复电表示欢迎，并通过中国民权保障同盟着手筹备工作。杨杏佛在2月初两次向新闻界公开介绍了即将到来的调查团及远东反战大会的情况。

中国共产党接到这个通知后，也十分重视，决定与宋庆龄共同进行欢迎调查团和筹备远东会议的工作。起先，经与宋庆龄商量后，决定由1933年3月8日成立的"国民御侮自救会"来筹备欢迎世界反对帝国主义战争代表团的事宜，并且已开展了一些工作。但由于"御侮会"很快被国民党反动政府解散，筹备工作受挫，而时间已

---

① "世界反对帝国主义战争委员会"，简称"世界反战委员会"；"世界反对帝国主义战争委员会远东会议"，简称"远东反战大会"。这个委员会和大会的名称，当时有多种译法，如反帝大同盟、反帝反法西斯大会、反帝反战会议等。因当时宣传重点是"反战"而不是"反帝"，故除引文外，本书一律按宋庆龄的译法。

罗曼·罗兰

杨杏佛

很紧迫。于是中共中央在1933年6月18日,指示上海局发出通知,指示各级党组织全力以赴来进行这项工作,并责成江苏党组织立即组织欢迎国际代表的筹备委员会。①

遵照中共中央指示,中共江苏省委与宋庆龄协商后决定,请宋庆龄公开出面筹备,具体工作则由江苏省委宣传部部长冯雪峰主持。冯雪峰把这项任务交给党的四个外围组织"社会科学家联盟"、"上海反帝大同盟"、"中国文化总同盟"和"左翼作家联盟"负责,并由冯雪峰和刘芝明(上海反帝大同盟负责人)、张凌清("社联"代表)三人组成筹备会的核心小组,②对外则成立公开的上海各界欢迎巴比塞代表团及远东反战会议筹备委员会,宋庆龄任主席,公开活

---

① 中共中央书记处编:《"六大"以来》(上),人民出版社1980年版,第396页。
② 张凌清:《世界反帝大同盟远东反帝反战会议筹备工作的一些情况》,载上海《党史资料》(丛刊)1983年第1辑。

动由民权保障同盟进行。

但是，当筹备工作正在顺利进行时，风浪骤起，6月18日，民权保障同盟总干事杨杏佛遭国民党特务暗杀，民权保障同盟其余的一些领导成员也受到威胁，很难再公开活动。于是在7月中旬，民权保障同盟与上海文化学术40多个团体及各界人士联合，另成立了"中国领土保障同盟"，继续进行公开的筹备工作。宋庆龄以筹备会主席名义，亲自签名发出了给上海市各团体的委任书，责成各团体积极进行远东反战会议的筹备工作。

8月5日，中华苏维埃中央革命军事委员会主席朱德从赤都瑞金给宋庆龄拍来贺电，代表中国工农红军向大会祝贺。贺电说中国工农红军在第四次反"围剿"中消灭了国民党军队二十师，缴枪十余万支，说"这不仅是中国民族革命战争最光辉的一页"，也正是他们给大会的献礼。贺电还表示他们"与苏联红军兄弟们一样站在反帝的最前线，作为大会的有力后盾"。[①]

此后，中华苏维埃共和国临时中央政府主席毛泽东，副主席项英、张国焘也两次代表苏区政府发来电报，表示："现在中国是在两条道路——殖民地的道路与苏维埃的道路——的剧烈战争中……我们相信大会是完全同情于我们的，因此，大会的成功即是我们的成功，大会的胜利即是我们的胜利。我们领导全国工农和红军，一致拥护大会的顺利进行，为大会的伟大前途表示热诚的祝贺。"[②]

8月18日，世界反战委员会代表团一行四人来到上海（巴比塞因病未能来华），领队是英国勋爵、工党议员马莱，团员是法国共产党员、法共机关报《人道报》主编伐扬·古久列，比利时社会民主党人士马尔度，英国人哈密尔敦。国民党反动当局不准他们上岸，

[①] 《红色中华》第106期，1933年8月28日出版。
[②] 《红色中华》第107期，1933年9月3日出版；另一电报载《红色中华》第106期，1933年8月28日出版。

宋庆龄蔑视这项禁令,亲自到船上去欢迎这些来自欧洲的反帝和平战士。

中国共产党和筹备会组织了声势浩大的群众队伍,欢迎国际代表的到来,散发了宋庆龄以世界反战委员会远东会议上海筹备委员会主席名义发表的声明——《反对帝国主义战争》。

声明向人民群众揭露了德、日、英、法、美各个帝国主义国家扩军备战、阴谋侵犯苏联、进攻弱小国家的情况,指出世界面临着严重的战争危机,而日本侵华只是这场危机的一部分。这表明,她虽然一个人被封锁在上海寓所中,但对中国和世界人民的命运深切地关注,时刻注视着帝国主义国家统治集团的动向。

声明阐述了远东会议的意义,说明反对日本帝国主义的斗争绝不是孤立的。她指出,要制止帝国主义战争,"就必须把世界工人阶级和全体劳苦大众的战斗力量组织起来,惟有他们才能使帝国主义列强的战争计划归于无效"。声明认为,由于日本帝国主义已经伸出血腥的魔爪,企图攫取整个中国,由于中国统治阶级和国民党无耻地背叛人民,一贯破坏中国民众抵抗侵略的努力,所以世界反对帝国主义战争委员会派遣代表团前来远东,加强远东的反战运动,具有很重要的意义。为此,宋庆龄呼吁"一切愿意参加这个运动的人们,都派遣代表出席这次大会";并表示"特别欢迎工厂工人、失业工人、工会、工人俱乐部、农民团体、国民党支部、各大中学、青年学生团体、知识分子、作家、艺术家、文化团体、反帝和反日团体、抵制日货的团体、义勇军、各行会以及一切愿意参加这斗争的团体,都派遣代表出席"。①

这里,已经可以明显地看到宋庆龄具有了建立广泛的抗日民族统一战线的思想,这使她拥护中国共产党即将发生的新转变——建

---

① 《反对帝国主义战争——世界反对帝国主义战争委员会中国代表的声明》,载《宋庆龄选集》上卷,第126—129页。

1933年9月,在中国共产党的帮助下,宋庆龄在上海主持召开了世界反对帝国主义战争委员会远东会议。她亲临码头迎接参加会议的世界反战委员会代表团

立全国抗日民族统一战线,有了很好的思想准备。

虽然反动当局严厉镇压,16—17日逮捕参加筹备工作的骨干,其中包括大会筹备会中共核心小组的张凌清和刘芝明,但是在中共地下党的组织下,18日的欢迎大会仍按计划在码头上举行。工人、学生和各界人士高举欢迎国际代表团的横幅,手持小旗,燃放鞭炮,散发传单。宋庆龄代表各界欢迎代表团,发表了热情洋溢的演说。鲁迅也参加了欢迎大会。然后,在群众的护送下,代表团住进华懋饭店(今和平饭店)。

斗争取得了第一回合的胜利。反动当局层层设防,竭力破坏远东反战大会的召开,派警探特务包围、跟踪国际代表,继续逮捕筹备会干部和参加欢迎大会的群众,下令华界和租界都不得租借会场,等等。宋庆龄的住宅更是完全被包围,并加以严密监视。但是宋庆龄说:"尽管面对着这种危险,我们依然按照我们的计划进行工作,欢迎代表团,并且动员舆论制止侵略。反动当局一开始就对我们仇恨万分,从各方面向我们进行迫害、恐吓、阻挠和诽谤。我们请求来与我们合作的人,许多都被吓走了。没有人敢把会场租给我们……我们决不能使这些朋友长途跋涉而一无所获,我们决定召开一次会议。我们既然被迫放弃公开会议,就准备举行秘密会议。"[1]

于是,宋庆龄与共产党密切合作,与反动政府、警探特务、租界当局斗智斗勇,进行了一场惊心动魄的较量。代表团的活动及大会的筹备工作,完全由中共地下党秘密安排。

由于筹备会的中共核心小组已被破坏,筹备工作就由李竹声(书记)、黄文容(组织)、盛忠亮(宣传)三人组成的上海中央局直接担任。[2] 他们一面积极寻找会场,接待中外代表;一面安排国际代

---

[1] 《动员起来!为亚洲、太平洋区域与全世界的和平而斗争!——亚洲及太平洋区域和平会议开幕词》,载《宋庆龄选集》上卷,第718—719页。
[2] 黄阶然(即黄文容):《关于一九三三年上海中央局的回忆》,载上海《党史资料》(丛刊)1985年第1辑。

表到有群众基础的工厂、学校、贫民区开座谈会。

几经周折，江苏省委组织部的同志终于在沪东一条僻静的马路旁，租到一幢四层楼红砖洋房。为了避免引起当局的注意，由"左联"的郑育之等五人，临时组成一个包括有祖孙三代成员的"家庭"，住进这套住宅；并借口学校开运动会，购买了大量的面包、汽水、罐头、苹果、橘子等。29日晚上，分散隐蔽在各处的代表，分批陆续进入楼内隐蔽起来，直到第二天（9月30日）清晨，代表都已到齐（由于各国及中国反动当局的阻拦和破坏，原定中外代表800名，只到了65人），穿着一身黑旗袍的宋庆龄从家里出来，由向导带领转了几个圈，好不容易甩掉特务的跟踪，来到会场。在这之前，连宋庆龄也不知道会场设在哪里。①

宋庆龄一到，会议即在四楼开始。代表们席地而坐，四位国际代表和宋庆龄坐在木箱上。大会推选马莱（英国勋爵、工党议员）、古久列（法共《人道报》主编）、马尔度（比利时社会民主党人）、宋庆龄及东北义勇军代表、苏区代表等九人为主席团。并推举毛泽东、朱德、片山潜、鲁迅、高尔基、巴比塞、台尔曼为大会名誉主席。宋庆龄任执行主席，主持会议。②

首先由宋庆龄致开幕词。然后马莱报告了各国反对帝国主义战争的情形，痛斥帝国主义侵略，法西斯猖獗和国民党反动派镇压革命、屠杀人民的罪行。

接着，宋庆龄做第二个报告——《中国的自由与反战斗争》。在报告中，宋庆龄尝试用马克思列宁主义阶级分析的方法，观察中国和世界局势，阐述战争与革命以及她对各种战争的态度，有时还直接引用马克思、列宁的教导。这表明，她在苏欧几年的确读了不少

---

①郑育之：《世界反帝大同盟在上海召开的远东反帝反战会议的情况》，载上海《党史资料》（丛刊）1980年第1辑。
②参见《出席国际反帝反战代表大会的苏区红军代表回来的报告书》，载《红色中华》第129期，1933年11月26日出版。

马克思、列宁的著作,并努力以马克思列宁主义来分析观察她亲身参加中国革命实践中碰到的问题,从而加速了她由资产阶级民主主义者向共产主义者转变的进程。

她在报告中指出:"目前是资本主义制度垂死的时代",无产阶级"领导着全世界被剥削和被压迫的人民——一切资本主义国家、殖民地和半殖民地国家里的工人和农民从事斗争"。因此,社会主义和无产阶级革命便成为"我们这一时代最迫切的社会需要"。

在谈到对待各种不同性质的战争态度时,宋庆龄认为世界上有两种战争:一种是"为了要征服土地和民族,占领新的市场以及夺取新的原料来源而发生的。所有这些战争都是反人民的。这些战争给终生勤劳的人们带来无穷的忧患和无比的苦痛"。所以,她引用列宁说的"把战争变成内战以推翻资产阶级"的教导,号召人民"以自己全部的力量来反对这样的帝国主义战争……以摧毁统治阶级的政权"。另一种战争是革命战争,"革命阶级为反对压迫而使用武力,是完全有理由的。被压迫人民为争取民族解放而使用武力,是完全正确的。在这两种情形之下,武装斗争是必需的,因为反动势力永远不会自动放弃它们的权力"。

所以,宋庆龄理直气壮地宣布:"我们并不是反对一切战争……我们是拥护中国的武装人民反对帝国主义的民族革命战争的。""反动的武力只能以革命的武力来对抗。"

多么神圣的宣言!多么严正的立场!宋庆龄这位国际和平运动的伟大战士,她对战争与和平问题的论述,可以说是符合于马克思列宁主义的观点的,是没有丝毫和平主义的成分的。

更可贵的是,她在报告中同样旗帜鲜明地表示自己拥护中国共产党领导中国革命的立场。她对中国共产党领导的苏区和苏维埃政府的发展和红军反"围剿"的胜利,给予很高的评价和希望,谴责国民党正在发动的第五次"围剿"。

她指出："广大的苏维埃区域已经在中国存在了许多年，这个事实便是广大的中国人民将走上这同一条道路的希望、诺言和保证。"又说："只有实现无产阶级革命、土地革命与反帝革命，才可以建立使中国将来发展到社会主义的基础。"因此，她号召人们：团结起来，用我们最大的力量来保卫苏区，支持红军第五次反"围剿"的战争。①

报告中所有这些掷地有声的语言，绝不是过去仅作为国民党左派和民主主义者的宋庆龄所能说得出来的，她已经逐步成为一个马克思主义者，一个党外布尔什维克了。

第三个报告是苏区红军代表报告苏区工农群众生活斗争情况，生动地讲述了苏区人民群众拥护红军、参加红军、慰劳红军及军民团结保卫红色政权的情形。

大会进行中，宋庆龄不仅主持会议，还不时用她流利的英语、法语或华语为中外代表翻译。

三个报告以后，代表们自由发言，大家的声音低沉而又热烈，表示坚决反对帝国主义和反动派发动的战争。后来，宋庆龄回忆说："我们实际上是在低声耳语之中进行报告和讨论的。"大会经过热烈讨论，通过了代表们提出的几个提案、决议和宣言。最后，还成立了反对帝国主义战争委员会中国分会，选举宋庆龄为主席。

大会进行了整整一天，到傍晚才结束。然后代表们有计划地分散撤离会场。由于保密工作做得好，上海反动当局是在街头出现了庆祝会议胜利召开的标语、传单及看了《大美晚报》等报纸的报道后，才知道在紧贴着公共租界巡捕房侦探头子的住宅隔壁，曾召开了一个人数较多的国际会议。他们气急败坏地加紧搜捕会议代表和工作人员，但已经迟了。

---

① 《中国的自由与反战斗争》，载《宋庆龄选集》上卷，第130—138页。

由于大会召开成功，中国和国际上反对帝国主义战争，反对日本侵略中国，反对国民党反动派进攻苏区红军的斗争进一步开展了起来，并在许多省市成立了世界反战委员会中国分会机构。

国际代表离沪时，大会筹备处散发了《欢送国际反战代表宣言》。他们回到欧洲后，对上海反战大会和帝国主义侵略中国情况进行了报告和宣传，使世界人民进一步了解并支持中国人民的斗争事业。

20世纪30年代初，在中共中央被迫撤离上海，共产党的活动在国民党统治区日益困难的情况下，宋庆龄与共产党密切合作，开展了以上这些斗争。这是中国共产党领导中国人民进行的特殊斗争——地下斗争的组成部分，也是宋庆龄一生革命活动中最富有传奇色彩的部分。为了保护白区的革命火种，她不畏艰险，与国民党反动派斗智斗勇。竭尽全力帮助中国共产党，使党的主张在白色恐怖下依然在广大人民群众中发生影响；特别在反抗日本侵略、反对国民党的不抵抗政策、反对进攻红军、促使时局转变到全国联合抗日方面，收到了卓著的效果。

五、用老眼光看待"福建事变"

但是，这一时期也正是王明第三次"左"倾机会主义路线统治中国共产党中央的时候，因此，宋庆龄在与共产党合作过程中，也自觉不自觉地接受了不同程度的"左"的影响；同时，她的思想认识也处在发展过程中，必然存在这样那样的局限或不足，这在对待"福建事变"的态度上，表现得比较明显。

"福建事变"是1933年冬在福州发生以第十九路军为骨干，联合"第三党"等势力，在福建发动的抗日反蒋事变。十九路军在淞沪抗战后被蒋介石调往福建进行反共内战。在中国共产党抗日主张的影响下，该军越来越厌恶内战，要求抗日。而"第三党"的黄琪翔、谭平山、季方等人在邓演达遭杀害之后，仍继续进行反蒋活动。由于日本帝国主义加紧对中国侵略，民族危机日益严重，这两股反蒋力量联合国民党内李济深、陈铭枢等一部分爱国人士，于11月在福州发动事变，公开举起反蒋抗日的旗帜，成立了"中华共和国人民革命政府"（通称"福建人民政府"），并准备进行抗日反蒋的军事行动。他们在政治上，主张"取消党治，还政于民"；在经济上，提出"发展民族资本，奖励工业建设"等主张。这些主张，代表着民族资产阶级、上层小资产阶级、乡村的富农和小地主的利益，反映出中日民族矛盾上升为主要矛盾情况下国内中间阶层的要求。尽管他们的一些主张依然是改良主义的，对中国共产党也还存有戒心，但是，它的主要倾向在客观上是有利于全国人民要求抗日和民主的历史潮流的。因此，对"福建事变"是应该给予积极支持和肯定的。

中国工农红军和中华苏维埃政府曾同福建人民政府签订抗日停战协定，是完全正确的。但是，由于共产国际对"福建事变"作了完全错误的估计，认为福建方面有形成新阵线反对中央苏区的危险，因而错误地指示中共中央要"揭露"蒋光鼐、蔡廷锴等的"反动本质"，并用红军的口号"使十九路军哗变"，号召十九路军士兵投奔红军。为王明"左"倾教条主义所把持的中共中央，本来就把十九路军、"第三党"等中间派视为"最危险的敌人"，共产国际的电示更是火上加油，于是便发表了《告全国民众书》，对"福建事变"的性质做了错误的判断，认为事变的领导者是"军阀"，发动事变是"投机"。并指出，"福建人民政府"的一切行动，"将不过是一些过去反革命的国民党领袖们与政客们企图利用新的方法来欺骗民众的把戏。他们的目的不是为了要推翻帝国主义与中国地主资产阶级的统治，而正是为了要维持这一统治，为了要阻止全中国民众的革命

1933年11月20日上午,"中国全国人民临时代表大会"在福州召开,标志着"福建事变"正式爆发

化与他们向着苏维埃道路的迈进!"①

所以,中共中央和苏区红军对"福建人民政府"没有给予有力的支持,更没有在蒋介石对它发动进攻时,在军事上予以配合和援救;再加上事变者内部矛盾重重等原因,致使福建人民政府在蒋介石的优势兵力围攻下,存在不到三个月,便于1934年1月归于失败。

宋庆龄对待20世纪30年代福建发生的这一重要政治事件,采取了与中共中央完全相同的态度。由于她长期以来一贯采取反蒋抗日立场,更由于她与"第三党"有历史渊源,同"福建人民政府"中的主要领导者如黄琪翔、陈友仁等又曾是亲密战友;在"一·二八"淞沪抗战时又大力支持过十九路军等,因此"福建事变"发生后,国民党反动派就散布谣言说宋庆龄与该事变有关,甚至散布宋庆龄已到福建的谣言,妄图利用这个他们视为"叛逆"的事件中伤宋庆龄。

---

①中共中央宣传部编:《中共党史教学参考资料》(一),人民出版社1979年版,第566页。

11月21日，宋庆龄发表了书面声明，阐明自己与"福建事变"无关，驳斥国民党反动派所散布的谣言。但是，她又用老眼光把福建方面简单地斥之为"军阀政客集团"，极力予以排斥。① 实际上，她把这个复杂而进步的事件，看作她一个多月以前在远东反战会议报告中说的历史上国民党内部各派军阀政客集团"不顾民众的利益"，"为争夺地盘"而进行的战争。② 这显然是受了中共中央"左"的影响，并带有经验主义的色彩。殊不知，即使是就像宋庆龄所观察的那样，为了推进中国的抗日和革命事业，也应该利用国民党内各派的矛盾。

对于历史人物最好的评价是实事求是。宋庆龄的地位和影响，曾使她成就许多别人难以成就的功业，但是也给她带来了种种局限，她与人民群众的联系比较狭窄，在某些方面了解的情况不够全面，这就妨碍了她对问题的深刻观察和在革命斗争中发挥更大的作用。对待"福建事变"所表现的态度就是如此。不过，宋庆龄这个在前进过程中出现的问题，随着她的日益成熟，正逐步得到解决。

---

① 《申报》，1933年11月22日。
② 《中国的自由与反战斗争》，载《宋庆龄选集》上卷，第137页。

第五节　革命大纛护英华

一、成立中国民权保障同盟

蒋介石集民国以来一切封建军阀卖国独裁之大成，把大片国土拱手送给日本帝国主义，全力"围剿"苏区红军的同时，在国民党统治区实行残酷的法西斯统治，大肆迫害共产党人和爱国民主人士。

宋庆龄针锋相对，在积极进行抗日活动，反对国民党的不抵抗政策，支援红军反"围剿"的同时，大力营救被迫害的革命者和爱国志士。她犹如鬼魅横行世界中的一杆大纛，护卫了中华民族众多的优秀儿女，为革命保存了有生力量。

1931年1月17日，参加苏维埃第一次全国代表大会筹备会议的24位共产党人，在上海被捕。其中有中华全国总工会执行委员兼秘书长林育南、中共中央宣传部干事李求实、中共江苏省委委员何孟雄、上海总工会秘书长龙大道、中共南京市委书记恽雨棠，以及"左联"的五位青年作家胡也频、柔石、冯铿（女）等。他们受尽酷刑，拒不屈服，在2月7日，被国民党淞沪警备司令部分别秘密活

"左联"五烈士。左起：胡也频、柔石、冯铿、殷夫、李伟森

埋或枪决。这一暴行发生后，反动派一直封锁消息。直到4月份，共产党人才从一个同狱囚人的口中得知详情。为此，"左联"发表了抗议宣言。鲁迅也写了两篇追悼死者的文章。

宋庆龄在这年8月为母亲丧事回国后不久，从史沫特莱处了解到这一事件的真相。她无比悲愤，强烈谴责蒋介石的暴虐行径，并在与斯诺谈话时愤怒地指出："正是信奉基督教的委员长把我们最优秀的青年活埋了"；"他应该对所有的屠杀事件负责"，"他一背叛革命，就开始杀人。因此，只要他是国民党政府的独裁者，我就决不在其中任职；因此，如果他也算是个基督教徒，我就不做基督教徒。"①

同年11月，邓演达又遭秘密杀害，宋庆龄虽竭力营救但未成功。12月17日，再次发生大批屠杀爱国学生的"珍珠桥惨案"。为此，宋庆龄发表了《国民党已不再是一个政治力量》的宣言，强烈谴责这两桩罪行。

早在宋庆龄回国前两个多月，即1931年6月15日，上海公共租界巡捕房以所谓共产党嫌疑的罪名，逮捕了国际共产主义战士牛兰（*Noulens*）夫妇。牛兰是共产国际远东局秘书，公开的职务是"泛太平洋产业同盟办事处"的秘书，机关设在上海，担负着帮助中国和东亚各国革命的任务，主要工作是组织和资助中国的工人运动。牛兰是这个机构的负责人，他的夫人汪得利昂（*Gertrude Ruegg*）是

---

① 〔美〕埃德加·斯诺：《复始之旅》，第103页。

他的主要助手。1931年4月24日,原中共中央政治局候补委员顾顺章叛变,供出共产党的许多重大机密,牛兰夫妇的真实身份暴露被捕,并很快被引渡给国民党政府。1932年7月,牛兰夫妇被押送到南京。他俩为抗议在狱中备受折磨,曾进行三次绝食。7月2日,开始第四次绝食,以抗议不许他们聘请外籍律师出庭辩护。消息传开后,上海各界著名人士立即开展营救活动。

牛兰

营救牛兰的计划是由中共保卫部门同苏联红军总参情报部上海站共同制定的,具体负责人是哈尔德·佐尔格①和中共中央委员潘汉年。营救活动以公开和秘密两种方式进行。公开的就由宋庆龄出面。7月11日,佐尔格通过史沫特莱邀集宋庆龄、杨杏佛、斯诺、伊罗生等32人组成牛兰夫妇上海营救委员会,由宋庆龄任主席,史沫特莱任书记,在四川路设立办事处,与国际援救牛兰委员会合作,要求将牛兰案移沪审理,或无条件释放牛兰夫妇。②

中外进步人士把营救牛兰夫妇的希望,都寄托在具有崇高威望和特殊地位的宋庆龄身上。德莱塞等31名美国作家致电宋庆龄,恳请对牛兰夫妇"予以援助,免除不良待遇及求得释放";十余位德国艺术家及十余位教授也致电宋庆龄,恳请出面营救牛兰,使其"恶劣情况有所减除及求得他的自由";共产国际最著名的妇女领袖克拉拉·蔡特金以个人名义致电宋庆龄说:"因为你是伟大的孙逸仙理想

---

①佐尔格1895年生于俄国巴库,幼年随父母迁居柏林,参加过第一次世界大战。战后加入德国共产党。1924年受共产国际委托,到莫斯科筹备国际谍报局,表现出惊人才华,工作出色,被劝说转入苏联共产党和苏联国籍,然后被苏联红军派来中国上海。1933年后,他被派往日本开辟情报工作,获取大量战略情报,为苏联掌握日本动向和后来制订抗德卫国战争决策做出重大贡献。1941年10月被日本逮捕。1944年11月7日被处以绞刑。后来苏联政府授予他"苏维埃社会主义共和国联盟英雄"称号。

②《申报》,1932年7月12日。

的真实的承继者，我希望你会热心努力的援救泛太平洋产业同盟秘书局的工作人员。"此外，著名版画家珂勒惠支为首的十余名德国妇女及法国的罗曼·罗兰等，也都纷纷发出函电，请求宋庆龄营救牛兰夫妇。

宋庆龄不负众望，不辞劳苦地竭尽全力进行营救活动。1932年7月11日晨，她偕牛兰夫妇的两位辩护律师及一位亲属，同赴南京地方法院看守所探视牛兰夫妇，并劝说他们进食。①第二天，她又亲自找行政院长汪精卫及司法行政部长罗文干等进行交涉。结果，由宋庆龄和蔡元培两人具保，法院同意允许牛兰夫妇移上海就医，并定于13日离开看守所。②但由于罗文干认为这种处理"违背法治精神"而坚决反对，并以辞职相威胁。蔡元培担忧会引起政治纠纷而撤回保证状，"宋庆龄亦只得连带退保，怫然而去"，③另觅营救办法。17日宋庆龄再次到南京，探望牛兰夫妇。当时，牛兰夫妇已生命垂危。宋庆龄再次劝他们进食，指出在中国法西斯监狱中，"绝食"无济于事，并会陷入反动当局慢性虐杀的圈套。后经宋庆龄与国民党司法部门交涉，同意由她一人具保，准予牛兰夫妇到南京鼓楼医院就医。牛兰夫妇随即同意停止绝食。

8月19日，江苏高等法院判牛兰夫妇"死刑"，援照大赦条例，各处以"无期徒刑"。由于宋庆龄等中外人士的营救，暂时保住牛兰夫妇的生命，粉碎了国民党反动当局企图虐杀和死刑的阴谋。但为了推倒"无期徒刑"的判决，营救活动仍继续进行。8月25日，宋庆龄与蔡元培、杨杏佛等，再次致电国民党政府，"请求特赦牛兰夫妇"。

一波未平，一波又起。1932年10月15日，陈独秀等人也被捕

---

① 《申报》，1932年7月12日。
② 《申报》，1932年7月13日。
③ 同上。

入狱。这时的陈独秀虽已转化为共产党的反对派，成为中国托派的首领，反对中共农村武装斗争的路线，但他的主要锋芒是反对日本侵略反对国民党独裁统治并因积极从事这样的活动而被捕。因此，宋庆龄对他也积极营救，并在10月31日亲赴武汉，向蒋介石交涉。社会上和国际上也掀起营救陈独秀的运动。蒋介石鉴于这种压力，又考虑到共产党反对派可资利用，就答应将陈独秀案交法庭公开审理。①

从营救邓演达、牛兰夫妇和陈独秀，抗议杀害共产党24位烈士以及"珍珠桥惨案"等一系列的斗争中，宋庆龄认识到对反动派残害革命者和爱国进步人士的罪行，不能仅停留在事后的谴责上，还应积极地多方营救，制止屠杀——特别是不经公开审理的秘密屠杀。而且，这场斗争，不能单靠个人及其他个别人来进行，应动员国内外一切进步人士共同奋斗。因为这是严峻的斗争，会遇到巨大的阻力，仅凭私人关系营救几个人，"政府对此感到头痛，社会上一些人也认为多事"，于是，宋庆龄从1932年夏季开始，就与蔡元培、杨杏佛等人酝酿成立一个专门保障人民民主权利、营救政治犯的组织——中国民权保障同盟（简称"民保盟"）。

宋庆龄认为，这时成立这样的组织，不仅必要，而且也有了可能性。因为"九一八"后抗日救亡成为全国人民最迫切的任务，反对国民党独裁，保障人民民主权利的斗争与抗日救亡运动发生了紧密的联系。要抗日救亡，必须给人民以起码的民主权利；而抗日救亡，又为保障人权、营救被称为政治犯的革命者和爱国志士提供了良好的政治条件。事实上这些"政治犯"多是民族精英、抗日战士。所以"民保盟"是一个革命的组织。宋庆龄说，该盟的目标是"建立中国的统一、独立和完整，以及人民自治的权利"。②

另外，在营救邓演达、牛兰夫妇、陈独秀等人的过程中，宋庆

---

① 《大公报》，1932年11月1日。
② 《中国民权保障同盟的任务》，载《宋庆龄选集》上卷，第115页。

龄曾利用资产阶级的法治观念，据理力争，并多次亲自与国民党当局甚至当面与蒋介石、汪精卫等人交涉，她体会到合法斗争及法治观念在争取舆论、团结群众、打击敌人方面的重要性。她决心充分利用自己的条件，把合法斗争和非法斗争结合起来，充分发挥合法斗争的作用。因此，她终于捡起国民党硬塞给她的"中央委员"的身份，开展民权保障同盟的组建工作。10月31日，她亲自去南京及武汉营救陈独秀时，就以国民党中央执行委员资格，向国民党中央提议组织一种特别委员会，专门处理政治犯事件，并向蒋介石征询意见，但建议没有被采纳。于是，"民保盟"就以民间组织的面目出现，依靠她和蔡元培等人的地位和声望进行合法活动。

经过四五个月的筹备，12月上旬，宋庆龄、蔡元培、杨杏佛、黎照寰、林语堂等人发起的"中国民权保障同盟筹备会"终于成立。

民权保障同盟成立宣言宣称"这个同盟不是一个政党"，是"无党派性"的，"决不专为一党一派的人效力"；效力对象也不受国界的限制，不论哪一国人，一视同仁；吸收盟员也只视其"赞成本同盟主张，并愿从事实现此主张而进行实际工作者，不拘国籍、性别及政治信仰"。这就表明同盟是不参加政党活动而只争民权的组织，并且具有广泛的代表性。这样便于广泛争取社会同情，有利于发展组织，便于在国民党统治下开展合法斗争。但这丝毫也不影响它实际上进行的革命工作，恰恰相反，由于巧妙地把合法与非法斗争高度地结合起来，更便于开展营救政治犯的工作。因为当时狱中的政治犯，尤其是"同盟首先致力"的"大多数无名与不为社会注意的狱囚"，主要是像共产党人那样的从事革命活动的革命者和主张抗日的爱国者。关于这一点，宋庆龄心中最清楚。她在发起组织同盟时致外报函中，就明确表示，由于当时社会上只注意营救陈独秀，不提同时被捕的帅孟奇、陈善甫、朱镜我等真正的共产党人，"更未追论恐怖时代牺牲之斗士。予拟参加组织一团体，专以保护及营救所

1932年12月,宋庆龄在上海发起组织"中国民权保障同盟",并被推选为主席。图为当时的报道

中国民权保障同盟印章　　　　　中国民权保障同盟主席之印

有政治犯，及清共时被牺牲者为职志"。①

经过几天紧张的筹备工作，12月29日，宋庆龄和蔡元培、杨杏佛等在上海南京路华安人寿保险公司大厦举行"民保盟"的中外记者招待会，宣布由筹备会选举产生的"民保盟"临时执行委员会名单：主席宋庆龄、副主席蔡元培、总干事杨杏佛、宣传委员林语堂等。在全国代表大会召开以前，由临时执行委员会主持同盟的工作。

宋庆龄在招待会上号召新闻界同人和民权保障同盟的盟员们应该并肩站在一起，共负促进人类社会进步的使命，为那些拥塞在监狱中的大量无名无告的政治犯"主持正义"。她鼓励新闻界坚强而勇敢地"在舆论方面兴起一个有利于自由和正义的潮流"。②

"民保盟"宣告成立后，迅速得到社会各界的响应和支持，鲁迅也应蔡元培的邀请而加入。1933年年初，上海的盟员已发展到31人，其中有宋庆龄、蔡元培，杨铨（杨杏佛）、林语堂、史沫特莱、王云五、邹韬奋、胡愈之、鲁迅、周建人、茅盾、郁达夫、王造时、郑太朴、班乐夫、Georgem Battey 等。

在吸收盟员时，宋庆龄考虑到"民保盟"斗争的尖锐和残酷，而同盟的主要任务又是营救共产党人，为了保护共产党员，决定主要只吸收有名望有影响的非共产党人参加。因此，她曾劝陈翰笙不要加入同盟，以免受到国民党反动政府的迫害，但希望他帮助"民保盟"做些具体工作。③

民权保障同盟从成立到1933年6月该盟总干事杨杏佛被国民党暗杀而停止活动，仅存在半年时间，但做了大量工作，除了中国共

---

① 北平《民国日报》，1932年11月3日。
② 《在中国民权保障同盟的会上对新闻界发表的书面谈话》，载《宋庆龄选集》上卷，第91—92页。
③ 陈翰笙：《谈谈孙夫人的高尚品格》，载《宋庆龄纪念集》第117页。按：陈翰笙于1925年在北京由李大钊介绍给苏联驻华大使加拉罕，秘密加入共产国际，做地下工作。1927—1928年在莫斯科共产国际农民研究所工作一年，结识宋庆龄。1933年公开的身份是受聘于蔡元培，任中央研究院社会科学研究所副所长，主持中国农村经济研究会的工作。

中國民權保障同盟上海會員名單

宋慶齡　蔡元培　楊銓　林語堂　伊羅生
斯沫特利　王雲五　鄒韜奮　王敏照　陸詒
程玉西　張志韓　許申　吳漢儉　吳漢棋
馮寶頤　陳彬龢　林泉可　郭蔚然　胡愈之
魯迅　周建人　茅盾　鄒達夫　葉紹鈞
金增嘏　曹建　王造時　鄭太樸　班紮夫

1933年1月17日，中国民权保障同盟上海分会成立。图为委员名单

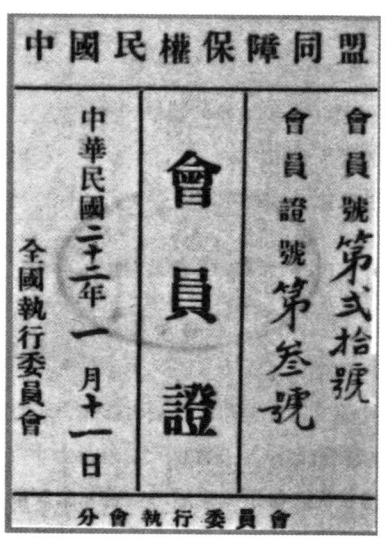

鲁迅的中国民权保障同盟会员证

产党、共产国际的指导和配合（如营救牛兰、廖承志、陈赓、邓中夏等），广大人民群众的支持之外，主要是靠同盟领导人宋庆龄、蔡元培的崇高威望和政治胆识。邹韬奋后来回忆："正是由于蔡元培、宋庆龄二人出任正副会长，才使得该同盟的力量更为增加，在国际宣传上更为有力。"① 当时中国特务要在上海租界捕人，不得不勾结租界当局，英美的政治民主虽然并不彻底，但还比较重视"法治"。"民保盟"把国民党反动政府迫害进步人士的伎俩加以揭露，虽然会增加租界当局的麻烦，但他们不得不受理。此外，"民保盟"还常常根据事实，直接向有关当局交涉。特别是由蔡元培、宋庆龄亲自出面交涉后，他们就不能不认真考虑和对待了。

民权保障同盟活动的另一个特点，是善于利用中国半殖民地及由此而产生的国民党政权"崇洋恐外"的弱点，以外文为斗争武器，争取国际舆论的支持，充分发挥国际友人和进步势力支援中国人民的威力。"民保盟"中央执行委员胡愈之在回忆该盟一般的工作程序时说，我们每次开会，都有美国记者参加。宋庆龄、杨铨（杨杏佛）等讲英语，所有报告大部分是用英文写的。所发表的向国民党抗议的宣言，主要是靠史沫特莱、伊罗生及其他外国记者，用电报发到外国。当时西欧、美国的著名进步人士如萧伯纳、爱因斯坦、罗曼·罗兰等，便根据这些材料签名发表致国民党反动派的抗议和宣言，并在国外报上登出，对国际舆论影响很大。国民党反动派对此感到极大的麻烦。②

在这方面，既是同盟骨干，又是外国记者的史沫特莱、伊罗生等人，对同盟工作的帮助是很大的。中国人民永远怀念他们。

---

① 《患难余生记》，载《韬奋文集》第 3 卷，三联书店 1955 年出版。
② 参见《鲁迅研究资料》第 1 辑，文物出版社 1977 年版。

宋庆龄与林语堂(左一)、黎沛华(右一)、史沫特莱(右二)、鲁迅(左二)等人在一起

二、紧张的营救活动

"民保盟"是在反对国民党政府法西斯统治的斗争中诞生的,从筹备会见报之日(1933年1月17日)起,就投入了战斗,而且一场接一场地连续战斗,经历了一段艰险的历程。

(一)营救中共北平地下党被破坏时大批被捕的抗日爱国师生。

日本帝国主义侵略东北后,华北成为救亡前线。中共在平津地区积极发动抗日救亡运动,党的组织及外围组织发展较快。一些参加"教联"的敢说敢为的大学教授,如北京大学的许德珩、北平大学法学院的侯外庐、师范大学的马哲民等,积极推动抗日救亡运动,反对蒋介石的"攘外必先安内"政策,经常应各大学学生会邀请,前往各校讲演抗日救亡的道理,宣传马克思主义。蒋介石唯恐当时张学良主持的北平军政当局对局势控制不力,对镇压救亡运动手软,于1932年下半年派他的侄子、臭名昭著的法西斯分子蒋孝先率宪兵三团进驻北平。自此,非法拘捕、杀戮不断出现。12月,广州起义纪念日到来前,蒋孝先就根据南京中央党部命令,实行秘密大逮捕。许德珩、侯外庐、马哲民等大批进步师生,都被逮捕或绑架。

宋庆龄等得知许德珩等被捕消息后,立即设法营救。1932年12月17日,她与蔡元培、杨杏佛、黎照寰、林语堂五人,以筹备会名义致电国民党中央政治会议常务委员蒋介石、行政院代院长宋子文和北平、天津卫戍司令于学忠,要求释放被非法逮捕的许德珩等北平师生。电文中谴责当局"摧残法治,蹂躏民权",指出:"欲求全国精诚团结,共赴国难,惟有即日由政府明令全国,保障人民集会、结社、言论、出版、信仰诸自由,严禁非法拘禁人民、检查新闻。"[①] 电文充分体现了为"精诚团结、共赴国难",而向国民党政府要求民主权利的合法斗争的原则。

---

① 《申报》,1932年12月18日。

与此同时，宋庆龄又派杨杏佛（杨铨）去北平具体进行营救工作，向北平军分会代理委员长张学良当面交涉，并在许德珩夫人劳君展的陪同下，到狱中探望许德珩等人。

张学良与宋庆龄的关系一直不错。1925年孙中山在北平患病时，张学良曾前往探视。1929年宋庆龄从欧洲归国参加奉安大典，张学良派夫人于凤至到沈阳车站迎接，并在私邸亲切会见。1931年宋母去世，张学良又特派于凤至到上海吊唁，并陪伴宋庆龄。这些给宋庆龄留下美好的印象。张学良一向十分钦佩宋庆龄的为人，所以对这次她亲自出面营救政治犯，自然是要认真考虑的。加以九一八事变以后，张学良集国耻家仇于一身，但由于蒋介石对日本采取不抵抗政策，使他不能报仇雪耻，思想正在起变化。同时，他也惧怕开罪北平教育界，惧怕有"五四"传统的北平学生罢课，闹得局面不可收拾。因此，趁"民保盟"营救之机，就顺水推舟，立即将许德珩释放。许德珩随即在杨杏佛的动员下，参加同盟北平分会的筹备，并被选为执行委员。"民保盟"在斗争中诞生，又在斗争中壮大。

"民保盟"创建伊始取得的第一个胜利，给予该组织和人民群众很大的鼓舞。他们再接再厉，继续营救北平政治犯的工作。

1932年12月29日，宋庆龄和蔡元培以"民保盟"正、副会长身份，再次致电北平公安局长鲍毓麟，要求"将全体师生即予释放，以重公意而保民权"。[①] 31日，鲍毓麟回电说明传讯各校师生系奉中央命令办理。1933年1月7日，宋庆龄、蔡元培据鲍毓麟的答复，及许德珩所揭露的北平狱中情况，致电国民党中央常务委员会，揭露北平师生被拘禁全系国民党中央一手所操纵，并且"未依法审判，亦不释放，于党义法治，实有未合"。[②] 电文矛头直指国民党最

---

① 许德珩：《高风亮节，大义凛然——记宋庆龄同志》，载《光明日报》，1981年5月23日。
② 《申报》，1933年1月8日。

高当局。

由于以宋庆龄为首的"民保盟"的营救和北平各校"被捕师生后援会"的斗争,大部分被捕师生陆续获释。他们后来都成为"一二·九"运动的骨干。其余的被捕者,如侯外庐、马哲民,虽被以"宣传与三民主义不相容之主义"的罪名各判两年半徒刑,但慑于舆论压力,北平反动当局也不敢将他们作为"共党首要"押解南京;不到一年,他们也都被同志们营救出狱。①

(二)继续营救牛兰夫妇。

牛兰夫妇被判刑后,受到更加非人的待遇。他们任何起码的要求都得不到解决,患病也不给治疗,反动派妄图用这个办法把他们拖垮。牛兰夫妇再次绝食,反动派不予理睬。牛兰夫妇再次处于绝望和死亡的边缘。他们委托宋庆龄派来探望的伊罗生起草遗嘱,并要求"将他们两人六岁的小孩吉米(Jimmy)交托孙夫人抚养"。②

"民保盟"成立后,宋庆龄领导援救牛兰委员会和"民保盟"两个组织,继续进行营救活动。她从瑞士请来律师,并请陈翰笙在她与瑞士律师之间传递信函。③1933年4月5日,宋庆龄和杨杏佛、沈钧儒、吴凯声到南京视察监狱时,特地探望牛兰夫妇,询问他们的生活情况。④她还多次派马海德大夫到狱中探望牛兰夫妇,并为他们医治疾病。马海德带着宋庆龄的介绍信,以医生的身份,可以和他们谈话,告知外面的和有关他们儿子的情况,鼓舞他们的斗志。牛兰夫妇入狱后,无人照顾的小吉米由伊罗生领交宋庆龄抚养;她把他安排在一个外国人家里,并嘱托马海德关心和照料这个孩子的

---

① 参见侯外庐:《伟大的战士,伟大的母亲》,载《文汇报》,1981年6月2日。
② 《中国论坛》第3卷第4期,1934年1月13日。
③ 陈翰笙:《谈谈孙夫人的高尚品格》,载《宋庆龄纪念集》,第117页。
④ 《申报》,1933年4月6日。

1937年，牛兰夫妇在狱中

生活。①直到"民保盟"被迫解散后，宋庆龄也没有放松营救牛兰夫妇的工作。1936年9月，她从庐山避暑后回沪，路过南京，特地前往监狱探望牛兰夫妇，并要求监狱当局对他们悉心照料，不准虐待。由于宋庆龄等国内外进步人士的支持，牛兰夫妇在狱中坚持斗争，终于在次年年底日本占领南京时，乘机越狱，然后去了苏联。

(三) 视察北平监狱，营救刘尊棋等。

1932年底，中共地下党员、塔斯社及《世界日报》记者刘尊棋等因从事抗日救亡运动被捕，拘留在所谓"反省院"的北平陆军监狱，受尽各种折磨，已有一年多时间。刘尊棋从被买通的看守员那里，看到带进来的破报纸，得知上海成立以宋庆龄为主席的中国民权保障同盟消息后，和同狱的中共重要领导人薄一波、刘澜涛等商量，拟写信给宋庆龄揭露狱中残酷迫害政治犯的情况，并呼吁改善待遇和出狱参加抗敌斗争。经狱中支部同意后，他以"北平军人反省院政治犯"名义写出两封英文信，一封揭露狱中政治犯的黑暗生

---

① 马海德：《宋庆龄——我的革命导师》，载《光明日报》，1981年6月3日；《伟大的形象，亲切的友情》，载《中国建设》，1981年8月。

活，一封请求释放参加抗日救亡运动，于1933年1月10日由看守员寄发。信中痛陈这些爱国青年"个个带着几公斤重的脚镣，锁在牢房里，饮食十分恶劣，缺医少药，不得看书读报，迫切要求释放出狱，上前线抗敌救亡；关在狱中时应该受到合乎人道主义的政治犯待遇"①。宋庆龄收到信后，极为重视，要英文秘书史沫特莱登记备案，并提交同盟执委会讨论。决定派杨杏佛利用赴北平成立同盟北平分会的机会调查北平监狱实况，进行营救活动。

杨杏佛在北平参加北平分会成立大会后，偕分会主席胡适和执行委员成舍我访问张学良，转达宋庆龄的要求。张学良即派外事秘书王卓然陪同他们三人视察监狱。视察时，杨杏佛用英语对刘尊棋说，他是奉孙夫人之命来视察北平政治犯监狱的，"我们知道你们无辜。我们一定促请当局改善你们的待遇"。王卓然也用英语对刘说了几句话，表示要尽力改善他们的生活状况。

视察结束前，杨杏佛还要求王卓然向天津军政当局转达宋庆龄关于举行政治犯大赦、释放爱国青年的要求。

1933年2月1日，"民保盟"举行记者招待会，宋庆龄签发了刘尊棋写的两封信。接着，英文《大陆报》和中英文合刊的《燕京报》刊载了这两封信。同年5月底，蒋介石派他的亲信何应钦掌握平津军政大权，张学良在奉命"出洋考察"之前，从外事秘书王卓然的报告中得悉宋庆龄派杨杏佛视察监狱并要求释放一些爱国青年之事尚未了结，当即签批了王卓然的报告，刘尊棋等于30日终于获释。②

1944年夏，刘尊棋在重庆的一次酒会上遇到宋庆龄，对于因她的营救而获释一事深表感激，宋庆龄谦虚地微笑说："那可不是我个人的力量。"③在这件事情上，张学良的外事秘书王卓然也有功劳，

---

① 刘尊棋：《庆龄同志，感谢你的救援》，载《人民日报》，1981年6月4日。
② 同上。
③ 同上。

人民没有忘记他做过的好事，解放后他被聘为国务院参事。

（四）营救陈赓、廖承志、罗登贤等。

陈赓曾参加1927年的南昌起义，在进军广东的战斗中负重伤，左腿的胫骨和腓骨折断，后转辗流亡到上海，经共产党的帮助住进牛惠霖骨科医院。牛惠霖和牛惠生兄弟是著名的骨科医生，是宋庆龄的表兄弟。当时宋庆龄非常关切地嘱咐牛氏兄弟，一定要千方百计医好陈赓的腿伤，也要用同样的态度对待所有从南昌起义部队下来的伤病员。在宋庆龄的关照下，牛氏兄弟竭尽全力把陈赓已被接歪的伤腿重新接好，保住了残肢，使他得以继续为中国人民的解放事业英勇奋战了三十余年。①

1932年秋，担任中国工农红军第四方面军参谋长的陈赓，又在反"围剿"的战斗中负重伤，再次到上海得到牛氏兄弟的精心治疗，很快痊愈。但在1933年2月24日他即将返回苏区的前一天，由于叛徒出卖而被捕。另一位假装陈赓的妹妹，化名陈藻英的工作人员也同时被捕。他们受尽折磨，坚贞不屈。巡捕房一位同情革命的探长将情况秘密通知共产党后，宋庆龄受共产党的委托又进行营救。

几天之后，28日，中共全国总工会上海局书记罗登贤、余文化和中共全总宣传部长、全国海员总工会党团书记廖承志也因叛徒出卖而在法租界被捕，与陈赓关押在一起。

廖承志被捕后，佯称愿供出另一同志的行踪以换取开释，由两个法国巡捕陪同来到何香凝住宅，把被捕消息巧妙地告诉给母亲。何香凝当即致电全国军政长官进行营救，并因悲愤过度而病倒。宋庆龄闻讯后亲赴何宅慰问，同何香凝谈了很久，表示要出面营救。②她与蔡元培邀请上海著名律师吴凯声负责办理此案，并召集"民保

---

① 傅涯：《良师益友，革命情深——深切悼念宋庆龄同志》，载《解放军报》，1981年6月3日。傅涯是陈赓夫人。
② 《申报》，1933年3月30日。

盟"临时执委会议，商议营救罗、廖、陈等人的办法。

同月 31 日，在国民党政府要求下，租界法庭虽未获任何证据，仍判决罗登贤等五人引渡给中国当局。宋庆龄为此发表强烈抗议，痛斥"中国政府与帝国主义分子狼狈为奸、压迫中国人民的反帝抗日战士"。同时，高度赞扬罗登贤等是"中国的反帝战士"，是"中国人民应该为之骄傲的典型"，是"中国人民最高尚的代表人物"，并号召全国人民团结起来进行坚决斗争，"反对当局继续迫害这些已经在领导斗争的革命战士"，要求释放他们，要求不能使他们遭受酷刑与死亡。①

在宋庆龄、何香凝、柳亚子、经亨颐等人的营救下，廖承志在引渡前，首先获释。

宋庆龄逝世后，廖承志在他写的纪念文章中，回忆他获释后同宋庆龄在他家一次带有传奇色彩的见面：廖承志从上海工部局拘留所回家后，一天，宋庆龄突然只身出现在何香凝家的客厅里，使廖家母子十分惊异，因为他们知道这时候宋庆龄是不轻易出门的，更不会事先不打招呼就一个人上门来。何香凝慌了，赶快去沏茶，宋庆龄却平静地同她寒暄，一面向廖承志眨了眨眼。何香凝有些明白了，就托词去拿糖果而回避了。当客厅里只剩下廖承志和宋庆龄时，她的脸色变得凝重，说话放慢，但清晰、简捷，每句话像铁一样沉重。她说："我今天不能待久。"并说她是代表"最高方面"来的。廖承志探问后，她解释是代表"共产国际"。她问廖承志两个问题：第一，上海的秘密工作还能否坚持下去？第二，你所知道的叛徒名单。廖承志回答了问题。"好，只有十分钟。"宋庆龄微笑着，从小皮包里摸出一根香烟吸着，然后起身到何香凝屋子里去了。②

廖承志飞快地把叛徒名单写在一条狭长的纸上交给宋庆龄。她

---

① 《告中国人民——大家一致起来保护被捕的革命者》，载《宋庆龄选集》上卷，第 116—119 页。
② 廖承志：《我的回忆》，载《廖承志文集》，人民出版社 1990 年版，第 651 页。

打开小皮包取出一根香烟，把它上半截的烟丝挑出来，再将那个纸条卷好塞进香烟，然后放回皮包里。廖承志怔怔地望着宋庆龄，她从容地站了起来说："我自己下去，不用送了。"廖家母子不知说什么好，宋庆龄淡淡地一笑，有把握地说："不要紧，安全的。"然后慢步下了楼梯，走过厨房，就出了何香凝家的大门。①

这件事，再次表明了宋庆龄与共产党及共产国际不寻常的关系，和她那谙练的地下斗争艺术。

廖承志获释后，罗登贤等四人被引渡给中国当局，押解到南京，营救工作更加困难。为防止他们被反动派秘密杀害，4月2日，宋庆龄与蔡元培致电汪精卫和罗文干，指出"罪证既不成立，移提久禁，已属违法，务望力争，由正式法庭审判，勿用军法刑讯，以重民权而保司法独立"。汪于第二日复电中允诺将"依法办理"。

同日，"民保盟"临时执委会与上海分会举行联席会议，决定派宋庆龄、杨杏佛、沈钧儒、伊罗生四人赴南京进行营救工作。5日，在他们下榻的扬子饭店，宋庆龄接见来访的汪精卫和罗文干，以"民保盟"的名义向他们提出四项要求：（一）立即释放一切政治犯；（二）废止滥刑；（三）给予政治犯阅报读书之自由，禁用镣铐及改良狱中待遇；（四）严惩狱吏敲诈犯人及受贿行为。②

当晚，宋庆龄率领的"民保盟"代表团就到苏州监狱探望陈赓等人。由于特务头子张某在场，宋庆龄在与陈赓谈话时，受共产党委托，投给他一张纸条，陈赓马上用脚踩上。③就这样接通了狱中陈赓、罗登贤等人与党的关系。

由于"民保盟"的积极营救，敌人未敢骤然加害陈赓。蒋介石曾千方百计劝诱这位优秀的黄埔学生、红军的高级将领"悔过"。蒋

---

① 廖承志：《我的回忆》，载《廖承志文集》，人民出版社1990年版，第652页。
② 《申报》，1933年4月6日。
③ 宋庆龄1978年8月给中共上饶地委的信，转自张珏："老人年"回忆宋庆龄，载《红旗飘飘》第27辑，中国青年出版社1983年版。

中国民权保障同盟努力营救大批被捕的革命者和爱国志士,其中有邓中夏(上左)、许德珩(上右)、陈赓(中左)、罗登贤(中右)、廖承志(下左)

介石甚至亲自召见他,要他出任师长。陈赓冷笑说:"不做你的狗官,共产党员不像你们这批狼心狗肺的东西……要打就打,要杀就杀,对我不要有任何幻想。"蒋介石恼羞成怒,准备杀害了事。宋庆龄闻知后,指责蒋介石说:"陈赓是黄埔军校的学生,东江之役一直跟着你打仗,你打了败仗还是陈赓救了你一命,不然你也活不到今天。现在你要杀他,简直是忘恩负义。你天天说的礼义廉耻哪里去了?"蒋介石被宋庆龄骂得无言对答,只得让她把陈赓带走。①

罗登贤营救无效,同年8月29日被秘密杀害。牺牲前,这位28岁的共产党人慷慨陈词:"我个人死不足惜,全国人民未解放,责任未了,才是千古遗憾!"②

(五)营救邓中夏。

邓中夏是中国共产党建党初期著名的工人运动领袖,曾领导1922年京汉铁路工人大罢工和1925年的省港大罢工。1933年,他是中共中央委员、中国革命互济会党团书记,在上海领导地下斗争,5月15日,在法租界被捕。

宋庆龄受共产党的委托进行营救。她请律师史良到家中,要求她为一个叫施义的被捕者辩护。史良后来回忆说:"孙夫人一见我就热情地握住我的手,她那美丽而严峻的面色深深感染着我,给我以信心和勇气。她讲话简短、明确,态度沉着、镇静,眼光坚定、柔和。她告诉我,要积极营救一位革命志士。他的名字叫施义(即邓中夏——引者注)。"宋庆龄还一再嘱咐她,做律师的要多注意为被捕的革命者和进步人士进行辩护,使正义得到伸张,使革命力量得到保护。

史良为了办好这件事,找了她的一位老师,共同商定了一个策

---

① 廖梦醒:《我认识的宋庆龄同志》,载《人民日报》,1981年6月3日。但据陈赓夫人傅涯说,陈赓是这年的5月,在其他同志协助下逃脱,随后找到了党,被派往中央苏区的。
② 《在中国革命运动史中罗登贤的名字将永远是光辉灿烂的》,载《中国论坛》1933年11月30日。

略，就是首先在法庭上提出要求，不许移提犯人。因为邓中夏涉嫌被捕是在法租界内，按照惯例，在法租界内的案件，应在法租界内解决，如能作出不许移提的裁定，就可以利用法租界内比较严格的资产阶级法律程序来对受害者进行保护。结果第一审就获得胜利。①当时党组织也派人与巡捕谈妥，准备花几百元把邓中夏营救出来。眼看营救就要成功，不料与邓中夏一起被捕的互济总会的援救部长兼对外联络杜玲英被引渡到国民党淞沪警备司令部后，把邓中夏出卖了。②反动派得知施义就是邓中夏。于是，蒋介石亲自下令，把邓中夏强行引渡到南京，不经审判就杀害了。

营救失败了。史良说："但从这个事情开始，我却和人权保障运动开始了接触，继续从孙夫人那里接受许多案件，营救了不少同志。"

除以上所述的重大营救活动以外，宋庆龄领导"民保盟"还做了其他许多保障民权、抗议迫害无辜、营救被捕者的工作，其中包括接受共产党的委托营救中共"左联"党团书记丁玲、中共中央文委书记潘梓年、中共中央委员黄平，等等。同时，宋庆龄还积极参加国际上保障民权、营救被迫害的政治犯的斗争。

总之，无论哪里，只要有非法逮捕、侵犯人权的事，宋庆龄就向哪里伸出援救之手。

三、怒斥胡适

由于"民保盟"的矛头直接指向蒋介石法西斯独裁统治，特别

---

① 史良：《深切怀念宋大姐》，载《红旗飘飘》第27集，中国青年出版社1983年版；史良：《人民的事业必胜——沉痛悼念尊敬的宋庆龄同志》，载《人民日报》，1981年6月2日。
② 郑绍文：《互济总会与邓中夏》，载上海《党史资料》（丛刊）1980年第4期。郑当时任互济会宣传部秘书长。

是反对他的反共政策，因此引起国民党统治集团的极端不满。虽然同盟在酝酿成立时，他们慑于宋庆龄的严正立场，或许还不了解同盟成立后如何活动，一时没有严禁。但觉察到它一诞生就直接威胁其统治权威时，就不再容忍，并向"民保盟"的北平分会首先开刀。

北平分会成立于1933年1月30日，主席是胡适。但它还未开展工作，就遭到国民党北平市党部的干涉。2月2日，北平报纸纷纷刊登市党部致市政府、公安局的信函，诬蔑"民保盟"北平分会为"非法组织"，要他们不要接受该分会任何请求。

"民保盟"对北平市党部的干涉和诬陷坚决给予回击，蔡元培、郁达夫（上海分会执行委员）分别发表谈话和文章，批驳所谓"非法"之说。但是胡适却在压力面前发生动摇，最后竟至完全背叛。

胡适与杨杏佛视察北平监狱之后，2月4日，他给蔡元培、林语堂写信，对宋庆龄签发刘尊棋写的揭露监狱黑暗的信"真感觉失望"，并颠倒黑白地说，他们去监狱调查时并没有一位犯人说及有任何私刑和吊打。更恶劣的是，他还着重对直接处理刘尊棋来信的宋庆龄、史沫特莱进行攻击，说什么："上海总会似应调查此种文件的来源，并应考据此种文件的可信程度。若随便信任匿名文件，不经执行委员会慎重考虑决定，遽由一二人私意发表，是总会自毁其信用，并使我们亲到监狱调查者，蒙携出或捏造此种文件的嫌疑。"5日，当他看到报纸上刊登该两份文件后，又给蔡元培、林语堂写信，武断地认为控诉书是"捏造的"，指责宋庆龄"不加考察、遽信为真"，酿成"大错"，并威胁说："如果一二私人可以擅用本会最高机关的名义，发表不负责任的匿名稿件，那么，我们北平的几个朋友，是决定不能参加这种团体的。"① 与此同时，他又向几家报纸写信和接见记者，散布这些言论，甚至露骨地表白"对政府逮捕政治犯，并

---

① 胡适致蔡元培、林语堂函，原件藏中国社会科学院近代史研究所中国近代史档案馆。

不是无条件的反对"。

对胡适的这种态度,"民保盟"内部反应不一:林语堂表示支持;蔡元培、杨杏佛起初曾致函胡适,摆事实,讲道理,进行规劝,以调和矛盾"谋团结",并证明史沫特莱确曾将控诉书提交集体讨论,"故此文若不宜由本会发表,其过失当由本会全体职员负责,决非一二人之过,亦决非一二人擅用本会名义之结果"①,驳斥了胡适把矛头指向宋庆龄"一二人"的错误。

胡适

但是,胡适不听规劝,继续发表文章公开反对"民保盟"提出的"立即无条件释放一切政治犯"的口号,甚至站在国民党反动政府的立场上无耻地说:"一个政府要存在,自然不能不制裁一切推翻政府或反抗政府的行动。"②"民权保障同盟不应该提出不加区别地释放一切政治犯……一个政府为了保卫它自己,应该允许它有权去对付那些威胁它本身生存的行为。"③

至此,胡适完全撕下其保障"民权"的伪装,露出保障"政府权"、"镇压民众权"的真面目。同盟大多数成员对胡适的背叛行为表示愤怒,拍案而起,奋起反击。2月22日,同盟致电胡适,指出其完全违背同盟成立三大任务中的第一项:"为国内政治犯之释放与一切酷刑及蹂躏民权之拘禁杀戮之废除而奋斗。"要求胡适澄清事实。23日,杨杏佛代表同盟执委会致函胡适,谴责其"对外公开反

---

① 蔡元培、杨杏佛致胡适函,原件藏中国社会科学院近代史研究所中国近代史档案馆。
② 《民权的保障》,载《独立评论》第38号,1933年2月19日。
③ 胡适向记者的谈话,载《字林西报》,1933年2月21日。

对会章","批评会务","为反对者张目",28日,宋庆龄和蔡元培再次致电胡适,提出最后警告:"释放政治犯,会章万难改变。会员在报章攻击同盟,尤背组织常规,请公开更正,否则惟有自由出会,以全会章。"① 但胡适对同盟的警告置若罔闻。

胡适在当时社会上有较大的影响,与蔡元培、杨杏佛等私交也很深,让他出任"民保盟"北平分会主席,原来对他是寄予很大期望的。但是宋庆龄等人不讲情面,在对敌斗争的紧张时刻,对其错误行为进行坚决斗争,终于在3月3日同盟中央执行委员会开会时,通过了鲁迅提议的开除胡适的决议。18日,又召开全体会员大会,再次声讨胡适违反会章的行为,追认执委会关于开除其会籍的决议。

这一事件,表明宋庆龄在领导"民保盟"进行工作时,既注意团结大多数,结成广泛的统一战线;又坚持高度的原则性,维护同盟的人民性和革命性。宋庆龄专门为此事件发表一篇长文,阐述"民保盟"的坚定原则,指出:"由于本同盟不是一个政党,它的行列可以容纳一切真诚支持我们的斗争要求的人们。但是那些帮助政府压迫人民或为这种压迫辩护的人们,在本同盟中是没有立足余地的。本同盟也不容留那些只是软弱地'批评'政府个别的专横残暴的行为,而实则拥护那整套压迫人民的'合法的'恐怖制度,并支持国民党——地主、资本家、豪绅和军人的政党——箝制民主权利的人们。"她严厉批评了胡适的两面派嘴脸:"胡适身为同盟的盟员,又是北平分会主席,竟进行反对同盟的活动,他这种行动是反动的和不老实的。胡适是同意了同盟所发表的基本原则才加入同盟的。但当国民党与张学良公开反对本同盟时,他害怕了起来,并且开始为他的怯懦寻找借口和辩解。本同盟清除了这样一个'朋友'实在是应该庆贺的,同时还要尽力防止类似事件及破坏再度发生,在这

---

① 宋庆龄、蔡元培致胡适电,原件藏中国社会科学院近代史研究所中国近代史档案馆。

许多基本原则上，我们只有绝对团结，不能容许动摇。"①

由于国民党反动派的压迫和胡适的背叛，北平分会陷于瓦解。原拟议中的南京、天津、武汉、广州等地分会，也未能建立起来。所以同盟的全国代表大会一直未能召开，最高权力机关也始终是临时中央执行委员会。

四、痛悼杨杏佛

宋庆龄等人在极端困难的条件下，领导"民保盟"临时执委会和上海分会不避艰险地进行的一系列营救活动，透彻地揭露出国民党统治的法西斯性质，沉重地打击了蒋介石反动集团。因此，国民党反动派对同盟恨之入骨，必欲除之而后快。起先，他们给宋庆龄、蔡元培、杨杏佛等发出恐吓信，并在信中装着子弹进行威胁。但宋庆龄等丝毫不为所动。继之，又威胁上海各个公共场所不准借地方给"民保盟"开展活动，最后连"民保盟"经常租用的上海八仙桥青年会也拒绝提供活动场所了。但宋庆龄等千方百计与敌人周旋，使同盟的活动得以照常进行。有一次，宋庆龄和鲁迅、蔡元培等在上海市区内秘密召开一次民权保障同盟的会议，以反对国民党对进步人士的迫害。然而，会场被特务发现，他们便改在黄浦江上一条大船上召开，但又被特务跟踪上了。最后，宋庆龄等果断地把会址改在海凌天主教堂，开会时间定在凌晨三时。这次，他们终于顺利地开了三个小时，到早上六时会议才结束。会后，蔡元培、鲁迅等随同宋庆龄回到寓所时，"每个人脸色都有点苍白，却流露着兴奋和

---

① 《中国民权保障同盟的任务》，载《宋庆龄选集》上卷，第103—104页。

胜利的神情,并没有倦意"①。

反动派屡遭失败,就恼羞成怒,决定对同盟的领导人下毒手。但对于宋庆龄,他们还有所顾忌,蒋介石指示杀掉一个"适当"的人来对宋庆龄进行威吓。于是,他们选定了杨杏佛。杨杏佛历史上一贯坚决反蒋,同情共产党,是同盟中的中坚分子,主持实际工作的总干事。蒋介石把这个任务布置给时任复兴社特务处处长的戴笠。

戴笠从1933年4、5月间开始策划杀害杨杏佛的方案。据当时戴笠的亲信沈醉回忆:第一个方案是准备在沪西近郊区大西路中山路一带进行狙击。因为杨杏佛经常在那一带骑马。特务们正在进行狙击杨杏佛的准备时,蒋介石表示不同意这么办,因为把杨杏佛暗杀在租界以外的地区,既达不到威吓宋庆龄的目的,还可能引起各方面的指责,徒然增加政府的麻烦。他"坚持一定要在法租界宋庆龄的寓所附近执行,这样既可显示特务的力量,威胁宋庆龄先生,又可以不负破案责任。戴笠只好改变计划,决定在中央研究院附近进行布置,准备趁杨杏佛外出散步或去宋庆龄寓所途中执行"。负责执行暗杀的是复兴社华东区行动组组长赵理君,参加这次行动的六个特务,行动前都举行了宣誓,表示"不成功即成仁"。如不幸被捕,应即自杀,而不能泄漏出去,否则将遭到严厉制裁。②

杨杏佛从南京到沪的朋友处得知特务要杀害自己的警告,联系近期他先后接到的许多恐吓信,觉察到暗杀已不仅是一种恐吓,而是正在策划了,但他早已作好用"自己的膏血换取人民光明"的准备,因此毫不畏惧退缩,仍然继续进行工作。早在1927年8月,在第一次大革命失败后的白色恐怖中,杨杏佛曾发表过一首诗曰:

---

①区垲烘:《在宋庆龄同志身边十七年》,载《羊城晚报》,1951年5月30日。区垲烘是当时宋家的服务员。
②沈醉:《军统内幕》,文史资料出版社1984年版,第146—147页。

1919年10月5日,杨杏佛与妻儿合影

杨杏佛与鲁迅

> 人们，你苦黑暗么？
> 请你以身作烛。
> 用自己膏血换来的，
> 方是真正光明之福。
> 同志们，我疲了！
> 但是不敢后退。
> 与畏缩落伍的行尸做伴，
> 还情愿和被创的战士在血泊中僵睡。

这次，他对妻儿家人讲述自己将会遇到危险时说："即使我遭到不测，你们也会有人照顾的。"他把自己的生死置之度外，却十分关心宋庆龄的安全。牺牲前两天，他到宋庆龄的寓所警告说，在接到的恐吓信中，有几封把宋庆龄的名字也列在就要受到恐怖狙击的名单中。宋庆龄告诉他："我也接到许多类似的恐吓信——常常是用最下流的话写的。"她还叮嘱他"自己也务须小心"。① 两人都只关心对方的安全，情义感人。想不到这竟是宋庆龄与杨杏佛的最后一次会面。

6月18日，杨杏佛与儿子杨小佛坐汽车由法租界亚尔培路331号中央研究院外出，刚出大门，即遭潜伏特务狙击。在这生死关头，他自知不免一死，但为救儿子，立刻用身子袒护小佛，所以特务们连发十多枪，只将他和司机打死，小佛腿部中了一弹，幸免于难。杨杏佛壮烈牺牲，年仅40岁。

人民为失去一位争取人民民主权利的伟大战士而无限悲痛。

宋庆龄尤其感到悲痛。她与杨杏佛很早就结识，十分赏识他的才智和胆略。作为一位爱国学者的杨杏佛，早年追随孙中山，参加

---

① 《为杨铨被害而发表的声明》，载《宋庆龄选集》上卷，第124—125页。

中国同盟会，1912年担任临时大总统孙中山的总统府秘书处收发组组长。同年11月，赴美国留学，攻读科学技术。是时正在美国读书的宋庆龄认识了杨杏佛。杨杏佛杰出的才华，崇高的思想赢得许多留美女学生（包括宋庆龄及后来成为杨夫人的赵志道）的好感与钦佩。①1918年杨杏佛从哈佛大学毕业回国后，鼓吹"实业救国"、"教育救国"，执教于东南大学，不久以其主张遭排斥而被迫辞职。1924年10月，奔赴广州，再次跟随孙中山，担任秘书，与宋庆龄开始直接交往。11月，又随孙中山、宋庆龄离穗北上。孙中山逝世时，被任命为治丧筹备处总干事，主持丧事筹备工作，显露出处理实际事务的非凡才能，给宋庆龄留下深刻的印象。从此，两人的友情日增，共同投入到轰轰烈烈的大革命中。1926年1月，国民党上海特别市党部执行委员会秘密成立，杨杏佛被选为执行委员，主持策应北伐军的工作。翌年3月，他配合周恩来等共产党人发动上海工人第三次武装暴动，胜利后被选为上海临时政府常务委员。蒋介石"四一二"叛变革命屠杀共产党人时，他与武汉的宋庆龄等国民党左派相呼应，进行反蒋斗争，以中国济难会的名义，极力接济和营救被捕的革命者，触怒了蒋介石，被撤销国民党上海市党部委员的职务。1928年国民党国立中央研究院成立，蔡元培任院长，他任总干事，秘密参加邓演达组织的中国国民党临时行动委员会，与郑太朴、谢树英等负责中央直属区的工作，担负争取蔡元培、于右任等上层人士和教育界人士的任务，经常来往于上海和南京之间，同时也与宋庆龄联系。

邓演达遭蒋介石杀害后，杨杏佛与宋庆龄更加靠拢，他们进一步认清蒋介石政权的法西斯性质，以更大的勇气和热情投入到反对国民党反动统治的斗争中去，并共同发起组成中国民权保障同盟。

---

① 胡兰畦：《难忘的记忆》，未刊稿。

1932年,宋庆龄在上海与杨杏佛(左一)及瑞士律师琼·文森特夫妇合影(文森特来华为牛兰夫妇案件辩护)

在同盟存在的半年多时间内，杨杏佛作为总干事，不顾个人安危，以顽强的精神和干练的组织才能，进行了大量卓有成效的工作，而且经常代表宋庆龄，奔波于南北道上，周旋于虎狼之间，成为宋庆龄得力的助手和同盟的实际主持人，深得宋庆龄的信任和进步群众的爱戴。

"雪压青松松更青"，宋庆龄没有被吓倒。她为纪念死者，更加勇敢地投入新的战斗。第二天，她写出了《为杨铨被害而发表的声明》，高度评价杨杏佛为革命不畏艰险、视死如归的牺牲精神，极度悲愤地痛斥反动派的可耻罪行，指出："这批人和他们所雇用的凶手以为单靠暴力、绑架、酷刑和暗杀就可以把争取自由的最微弱的斗争扼杀。这就是他们统治人民的武器，也正说明了他们整个政权的面目。"庄严声明："但是，我们非但没有被压倒，杨铨为同情自由所付出的代价反而使我们更坚决地斗争下去，再接再厉，直到我们达到我们应达到的目的。杀害杨铨的刽子手们要明白，政治罪行必然会给他们带来应得的惩罚。"①

20日下午，宋庆龄冒着倾盆大雨，到上海殡仪馆吊唁杨杏佛并参加他的入殓式。她"异常悲愤，讲话语气也很激昂。当一大群新闻记者（其中就有冒充记者的几个特务）包围着她的时候，她表示为此事已发表一篇声明，向全世界公告，指明这是一种有计划、有组织的政治性暗杀，她不会被这种卑鄙手段吓倒"。②

与此同时，宋庆龄在完成杨杏佛牺牲后的善后工作中，又怀着对革命战友的深情厚谊，照顾杨杏佛的家属。她不仅从经济上帮助他们安排生活，而且在百忙中关心杨小佛的学习和成长。在此后的几年中，宋庆龄经常在星期日或假日约杨小佛到寓所一起吃饭，了解他的学习情况或同去看电影，有时带上鲜花一同乘出租汽车到杨

---

① 《为杨铨被害而发表的声明》，载《宋庆龄选集》上卷，第125页。
② 沈醉：《军统内幕》，文史资料出版社1984年版，第149—150页。

杏佛的墓地悼念。①

鲁迅明知特务暗杀黑名单中也有自己,却毫不犹豫,凛然参加了杨杏佛的入殓式。他面对敌人的刀丛剑树,发出气壮山河的声音:"只要我还活着,就要拿起笔,去回敬他们的手枪。"他非常钦佩宋庆龄的坚强不屈,在参加杨杏佛入殓式返家后,对周建人说:"打死杨杏佛,原是对于孙夫人和蔡先生的警告,但他们两人是坚决的。"②

然而,同盟的其他成员就不一样了。林语堂完全被国民党的子弹所吓倒,他"要求同盟停止工作,说否则同盟的会员都将遭到暗杀"。③林语堂在大革命时期,曾任武汉国民政府外交部秘书,所以认识宋庆龄,大革命失败后,任蔡元培主持的中央研究院国际出版品交换处处长,后参加"民保盟"负责宣传工作。他从同盟积极开展营救革命政治犯开始就发生动摇。2月,"民保盟"公布了揭露北平监狱的匿名信。他在接到胡适攻击宋庆龄及同盟的信后立即响应,主张"负责纠正",并写信进一步对胡适说:"你来函态度之坚决,使我们更容易说话。"④林语堂贪生怕死,不敢前往殡仪馆为杨杏佛送殓。他曾写文说,"头颅一人只有一个","死无葬身之地的祸是大可以不必招的","还是做年轻的顺民为是"。⑤其他一些盟员,或离开上海,或流亡国外。在这种情况下,宋庆龄虽想继续开展会务工作已不可能,蔡元培也只好宣布辞职。

"民保盟"终于被迫停止了工作。但它存在短短半年之间,在中国现代历史舞台上演出了有声有色、可歌可泣的一幕,在国内外产生了深远的影响。

---

① 杨小佛:《宋庆龄同志——我最尊敬的长辈》,载《解放日报》,1981年5月29日。
② 周建人:《哀悼宋庆龄同志》,载《光明日报》,1981年5月31日。
③ 宋庆龄:《追忆鲁迅先生》,载《鲁迅回忆录》第1集,上海文艺出版社1975年版。
④ 林语堂致胡适函(1933年2月9日),原件藏中国社会科学院近代史研究所中国近代史档案馆。
⑤ 林语堂:《〈翦拂集〉序》,北新书局1929年版。

五、继续保护共产党人和革命同志

"沉舟侧畔千帆过,病树前头万木春","民保盟"瓦解后,宋庆龄决心把未竟事业进行下去,继续营救并帮助被迫害的革命者和爱国者。虽然过去的许多合作者先后离去,她却并非孤军作战。由于"民保盟"半年多来的战斗事迹,宋庆龄得到中国共产党更深的信赖和广大中外朋友及人民群众真诚的支持。而且,通过斗争中不断总结经验,她的斗争水平也有了提高。她不仅要抗议敌人的暴行,营救受害者,更要把工作做在前头,避免更多的革命者受到逮捕,保护革命者的安全。

当时,由于国民党的特务活动日益猖狂,而共产党又在王明"左"倾路线统治下采取一系列幼稚而鲁莽的"革命行动",以及容易暴露自己的工作方式,再加上上海中央局和江苏省委一些重要领导骨干被捕后不断叛变,出卖组织和同志,因此,上海党组织受到越来越严重的破坏。1934年底至1935年春,中共在上海的中央、省、市、区一级的组织机构被破坏殆尽,大批革命者被捕或失去组织关系;共产国际与中共之间,中共中央与上海、北平等各地组织之间,以及苏区与白区之间的交通联络经常中断。

在这种情况下,宋庆龄曾为接通一些关系,护送共产党的领导干部安全转移,保护共产党和革命力量的发展,默默无闻地做了许多工作。这些工作由于是在那个非常时期极端秘密地进行的,没有留下多少可供查询的文字资料;宋庆龄本人又十分谦虚,不愿意多提这方面的情况,因此很难全面而详尽地叙述清楚。但是从当事人的一些回忆来看,宋庆龄在这方面的贡献是很大的。

1933年5月,由于中共江苏省委组织部副部长何本根叛变,省委书记章汉夫、省军委书记陶铸被捕,6月20日,省委机关遭破坏,看守机关的顾玉良、李一纯被捕;上海地下党又遭到一次严重的破坏，许多共产党员处于危险境地。宋庆龄曾通过陈翰笙，设法帮助几个共产党员秘密离开上海，以免被捕。①

同年夏季的一天，宋庆龄约请美国大夫马海德把两位客人护送到一艘开往苏联的船上。马海德完成任务回到诊所不久，就接到宋庆龄打来的电话，称赞他做了一件很好的事，对他表示感谢。后来他又收到宋庆龄派专人送来的信，才知道他送走的是两位重要的中国共产党人。马海德说："当时，我因为能为中国共产党办点事情而高兴；也因为我能取得宋庆龄同志的信任而骄傲。"②

1934年6月至10月，中共上海中央局书记李竹声和盛忠亮相继被捕叛变，致使共产党十多处机关被破坏，江苏省委机关以及所属部门和各区负责人先后均遭逮捕，只剩下一些基层组织和地下党员仍在活动。但是到1935年冬，中共在上海的地下电台又遭破坏，与中国共产党中央失去联系。宋庆龄知道后，立即设法予以帮助，使其恢复电台工作，并及时接通了与中国共产党中央的联系。③

宋庆龄为狱中的方志敏向中共中央传递信件，也是重要的一例。

方志敏是赣东北革命根据地和工农红军第十军的创始人、中央工农民主政府执行委员和主席团委员。1934年11月，他率领抗日先遣队北上抗日，途中遭到国民党反动派的阻击，于1935年1月被捕，转辗被押到苏州，与陈赓同狱。入狱后，他给中共中央写了报告，然后设法把报告送给了鲁迅，并给鲁迅写了信，希望鲁迅邀约宋庆龄、蔡元培以中国民权保障同盟的名义，向社会发动一个营救他出狱的运动。

当时，"民保盟"早已停止活动。鲁迅考虑到当时严酷的形势，认为如果发动公开的营救活动，蒋介石就有可能提前对方志敏下毒

---

① 陈翰笙：《谈谈孙夫人的高尚品格》，载《宋庆龄纪念集》，第117页。
② 马海德：《宋庆龄——我的革命导师》，载《光明日报》，1981年6月3日。
③ 李云：《三十年代在庆龄同志身边工作两年》，载《解放日报》，1981年5月23日。

手,不利于共产党正在秘密进行的营救工作。他劝方志敏利用敌人"劝降"的时机,写下自己的革命经历和经验教训,以利革命。方志敏接受了鲁迅的意见,在狱中写了《可爱的中国》《清贫》等文稿,并辗转带出去转到鲁迅手中。后来,宋庆龄在1978、1979年回答中共上饶地委和北京鲁迅研究所的询问时,告知她曾为方志敏向党"传过几次信","方最后给党的信,是由人转来再给党的",①其中包括《可爱的中国》,最后都送到陕北党中央。②

宋庆龄还十分注意保护革命者的家属。除了前文提到的牛兰夫妇的儿子、杨杏佛的家属和孩子之外,还尽力照顾共产党人的孩子。1932年底,刘少奇离上海到苏区工作,其前妻何宝珍留上海充当江苏省委的交通,后来不幸被捕,在南京雨花台英勇就义。那时正是上海的中共组织受到严重破坏的时期,无人照料他们的孩子毛毛。这个孩子就流落在上海街头,受尽煎熬。有人就以刘少奇儿子的名义向宋庆龄申请救济。宋庆龄知道刘少奇是著名的共产党人、工人运动的领袖,即不避嫌疑,亲

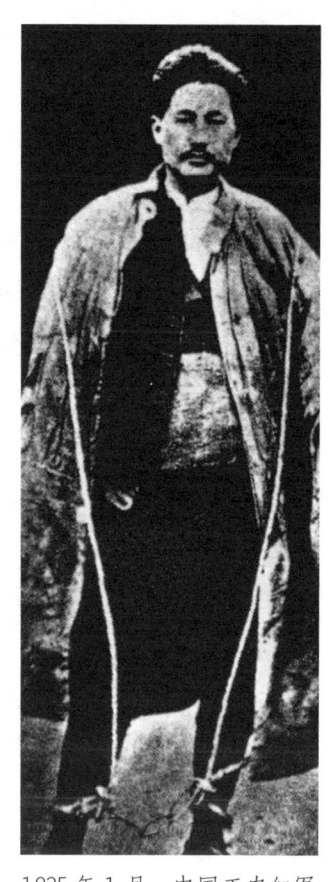

1935年1月,中国工农红军领导人方志敏被捕。宋庆龄曾多方营救。方志敏在狱中遗著《可爱的中国》是通过宋庆龄才得以传世的。同年8月6日方志敏被杀害

---

① 张珏:《"老人年"回忆宋庆龄》,载《红旗飘飘》第27辑,中国青年出版社1983年版。
② 胡愈之:《继承和发扬统一战线——深切怀念宋庆龄同志》,载《光明日报》,1981年6月9日。

自批准按月发给毛毛抚养费。直到二十多年后的1958年，刘少奇和王光美才从别人口中知道这件事。①

宋庆龄帮助白区蒙难的共产党人，也没有忘记在苏区艰苦奋斗的中共中央。江西革命根据地在第五次反"围剿"失败以前，曾有相当规模的发展，当时迫切需要建设印刷厂和印刷技术队伍，以冲破国民党的文化"围剿"和新闻封锁，把苏区军民的革命和建设事业宣传出去。为此，宋庆龄亲自派人到上海一些印刷厂去物色人选，慎重挑选，最后委派祝志承、蔡粟青等几位同志去苏区。祝志承担任了苏区印刷厂厂长，出色地完成了党交给的任务。在中国革命的特点是农村长时期地包围城市的情况下，宋庆龄为发动城市工人阶级支援农村斗争做出了贡献。

六、主持鲁迅葬礼

通过一系列神圣的工作和"民保盟"时期的斗争，宋庆龄和鲁迅建立了深厚的战友情谊。宋庆龄在1977年8月2日写的《追忆鲁迅先生》一文中回忆道："中国民权保障同盟每次开会时，鲁迅和蔡元培二位都按时到会。鲁迅、蔡元培和我们一起热烈讨论如何反对白色恐怖，以及如何营救关押的政治犯和被捕的革命学生们，并为他们提供法律的辩护及其他援助。"他们还为谴责法西斯暴行，一起到德国驻上海领事馆提交抗议书；为保卫民权保障同盟的革命原则，与胡适的背叛行为做斗争；等等。所以，宋庆龄视鲁迅为中国革命的重要支柱，十分关心他的安全和健康。

1935年11月8日晚，宋庆龄和何香凝、鲁迅、茅盾、史沫特莱等，应邀出席苏联驻沪总领事馆举行的纪念十月革命节的酒会。

---

① 王光美：《永恒的纪念》，载《人民日报》，1981年6月2日。

宋庆龄与中国民权保障同盟委员鲁迅（左一）、胡愈之（左二）等合影

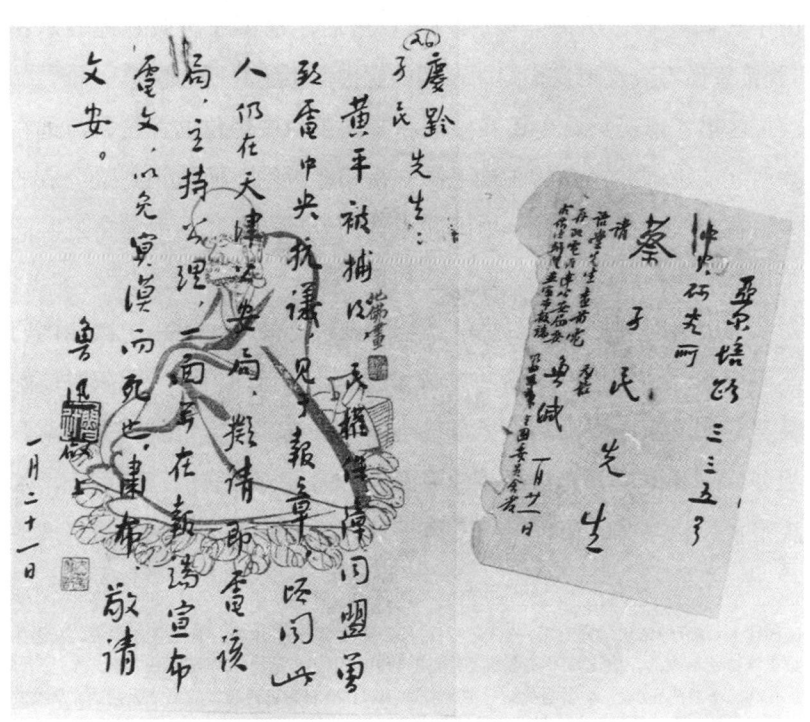

鲁迅写给宋庆龄、蔡元培的亲笔信，要求中国民权保障同盟营救被捕的黄平，此人其时为中共中央委员

会上，宋庆龄和史沫特莱等劝说鲁迅去苏联疗养，鲁迅回答说："局势瞬息万变，我怎能独自远行？"婉言谢绝了她们的建议。

1936年5月底，鲁迅病势加重时，宋庆龄也在病中，她得知消息后非常着急，除特请美国肺结核病专家邓医生赴鲁迅寓所诊治外，①又于6月5日给鲁迅写了一封感人至深的信。信中称鲁迅为"周同志"。这是她当时很少用的称呼，表示她对鲁迅特殊的战斗友情。她说："方才得到你病得很厉害的消息，十二分的担心你的病状！我恨不能立刻来看看你，但我割治盲肠的伤口，至今尚未复原，仍不能够起床行走，迫得写这封信给你！"她"恳求"鲁迅立刻入医院医治！因为"你的生命并不是你个人的，而是属于中国和中国革命的！！！为着中国和革命的前途，你有保存、珍重你身体的必要，因为中国需要你，革命需要你！！！"最后，她再一次诚恳地表示："我希望你不会漠视爱你的朋友们的忧虑而拒绝我们的恳求！！！"②

这里，宋庆龄对鲁迅在中国和中国革命中地位的评价，与远在大西北的中国共产党的领袖毛泽东是相接近的。而认识到这一点的人，在当时的中国，甚至中国共产党（包括"左联"中与鲁迅共同工作过的人）内，并不多见。

宋庆龄时刻惦念着鲁迅的病情。她忧心忡忡，不止一次地询问马海德治疗肺结核有无新的方法和新药。③当国内医治无效时，她又与其他友人一样，竭力主张鲁迅去苏联治疗。但鲁迅认为他离开祖国、离开生活就无法战斗，因而没有同意去苏联治疗。后来，宋庆龄又设法安排，请鲁迅到上海近郊江湾的叶家花园去养病。该地

---

① 周建人：《哀悼宋庆龄同志》，载《光明日报》，1981年5月31日。有的著述中说，邓医生是史沫特莱请来的，史沫特莱还参加了鲁迅的葬礼。不实。据史沫特莱自己叙述，当时，她正在临潼华清池庙里，"动手写我的一本新书"。10月20日，鲁迅逝世的第二天，她才从女友口中得知鲁迅去世的消息。参见《史沫特莱文集》（一），第128页。
② 《纪念宋庆龄同志》画册，原件影印，图105。
③ 马海德：《宋庆龄——我的革命导师》，载《光明日报》，1981年6月3日。

1936年6月,宋庆龄得悉鲁迅病重,立即写信慰问并敦促他尽快就医

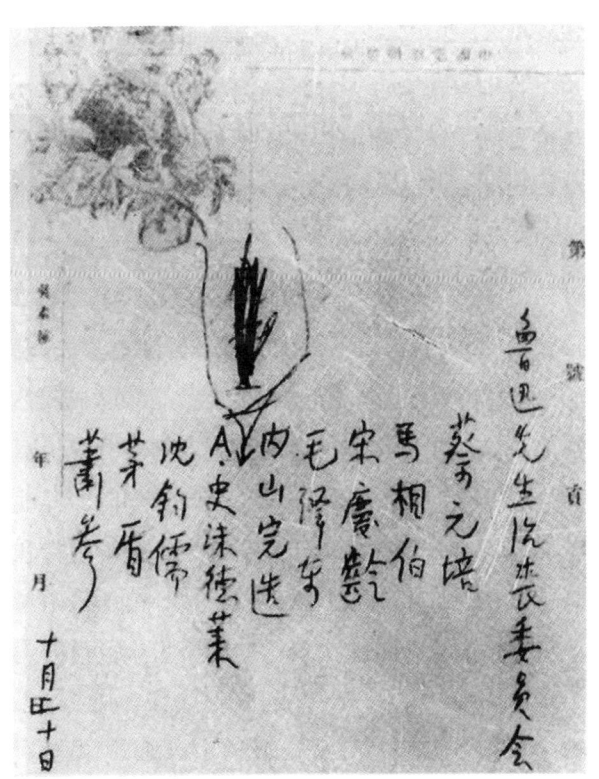

1936年10月19日,鲁迅在上海逝世。宋庆龄为鲁迅治丧委员会成员

空气新鲜，环境幽静，适宜疗养疾病。鲁迅十分感激宋庆龄的关怀，但也由于不愿离开战斗岗位，仍然没有去。①

1936年10月19日，鲁迅逝世。中共地下党负责人冯雪峰于是日凌晨五点钟打电话通知宋庆龄后，她立即第一批来到鲁迅遗体旁表示深切的哀悼，并与冯雪峰、许广平、周建人等商量治丧事宜，组成鲁迅治丧委员会。

鉴于鲁迅革命的一生和不屈不挠的斗争精神，治丧委员会决定，把鲁迅的丧事办成一个向帝国主义和反动派示威的群众运动，一次反日大游行。宋庆龄当场打电话给上海各界救国联合会总干事胡子婴，告诉她："鲁迅已经逝世了，鲁迅的丧事由救国会来办，而且要通过他的丧事来发动群众，搞成一个群众性的运动。"胡子婴立即召集救国会干事会，转达了宋庆龄的意见，拟订了一个方案：（一）组织民众为鲁迅安葬，并在棺材上覆盖一面"民族魂"大旗，以表示鲁迅是为了民族和国家而战斗的中华民族的民族英雄。大旗由白缎子作底，黑丝绒做成"民族魂"三个大字，由沈钧儒书写。（二）鲁迅遗体安放万国殡仪馆，让各界民众瞻仰遗容三天。这是过去没有过的。（三）发动各界救国会和民众送挽联，这些挽联在出葬时作为仪仗。（四）送葬时唱悼歌，用《打回老家去》为曲子，填上悼词。（五）安葬那天，由各界人士包括国际友人抬棺木。这个方案和宋庆龄的意见，在沈钧儒主持的救国会理事会议上通过，然后很快贯彻执行。② 由于冯雪峰和地下党的同志不能公开地出面，治丧过程中一切重要的关键性的工作，全依仗宋庆龄主持和承担。宋庆龄亲自陪鲁迅夫人许广平到万国殡仪馆选择棺木，她考虑到中国和世界人民对鲁迅的爱戴，拿出自己的数千重金，帮助购得一具上面镶有玻

---

① 周建人：《哀悼宋庆龄同志》，载《光明日报》，1981年5月31日。
② 胡子婴：《关于救国会和"七君子"事件的一些回忆》，载《救国会》，中国社会科学出版社1981年版，第460—461页。

1936年10月22日,宋庆龄参加鲁迅葬礼

宋庆龄在鲁迅葬礼上发表演说

璃的棺木,以便使千万群众得以最后一次瞻仰战斗了一生的鲁迅遗容。① 万国公墓的墓地也是宋庆龄亲自去选定的。

为了向中外反动派示威,治丧委员会选了一条经过公共租界和中国地界的出殡路线。帝国主义和反动派企图破坏葬礼,以"防止扰乱社会秩序"为由,不准按原路线进行。宋庆龄大义凛然,挺身而出。她穿着一身黑色旗袍,左臂戴着黑纱,与沈钧儒一道,走在队伍的最前面,坚定地带领队伍前进。本来在租界里是不准游行示威的,这次是送葬,又由宋庆龄等中外著名人士率领,租界当局也不好阻止,国民党反动派更不敢干涉。由于白色恐怖而沉闷了多年

---

①周海婴:《沉痛悼念宋妈妈》,载《人民日报》,1981年6月4日。

1936年,鲁迅葬礼上,宋庆龄陪伴在许广平和周海婴身边

1956年,为鲁迅移灵的队伍中,宋庆龄依然挽扶着许广平的手臂

的上海,这一天,一支一万多人的队伍,浩浩荡荡进行了数小时的示威游行,大家唱挽歌,呼口号,声势浩大,反映了群众对鲁迅的爱戴,也表现了人民的觉醒,这次出殡在上海产生了很大的影响。

鲁迅下葬前,宋庆龄与蔡元培、沈钧儒、邹韬奋等都发表了演说。宋庆龄说:"鲁迅先生是革命的战士,我们要承继他战士的精神,继续他革命的任务!我们要遵着他的路,继续他打倒帝国主义,消灭一切汉奸,完成民族解放运动!"[1]

然后,大家庄严地注视着鲁迅的棺木缓缓地葬入墓穴。葬仪进行中,宋庆龄始终紧紧地扶握着许广平的手臂,鼓励她从悲痛中振作起来,继承鲁迅的遗志,继续战斗下去。

---

[1]《在鲁迅追悼会上的讲话》,载《宋庆龄选集》上卷,第153页。

在宋庆龄、共产党和许多进步人士的努力下，鲁迅的葬仪团结了左、中、右各界人士和广大民众，体现了鲁迅不分派别、一致对外、联合抗日的精神，向消极抗日的国民党反动派和气焰嚣张的日本侵略者显示了团结抗日、一致对外的威力。

此后，宋庆龄一直关心许广平及其儿子周海婴的生活。1945年抗日战争刚刚胜利，她从重庆抵达上海，就由廖梦醒陪同，到许广平家中探望。后来知道他们生活艰难，便不时馈赠肉类、水果罐头，以及其他礼品。当知道许广平牙齿缺损时，她又亲自写信介绍牙医安装义齿。总之，从生活到医疗，宋庆龄无微不至地关怀许氏母子，如同当年关心鲁迅一样。

1956年，鲁迅墓迁移上海虹口公园。与二十年前一样，宋庆龄仍然站在许广平身旁，紧紧地扶着她，参加了庄严肃穆的迁墓仪式。照相机摄下了宋庆龄在两次鲁迅葬礼上与许广平及周海婴在一起的照片，生动地体现了宋庆龄对革命、对同志、对朋友，始终如一的深情厚谊，以及对鲁迅的无限敬仰。

第六节　伟大的国际主义者

一、致力国际保障人权活动

马克思列宁主义认为，人类社会发展到帝国主义时代，由于帝国主义列强瓜分世界，在镇压各国人民反抗时总是互相勾结，因此，各国人民反抗压迫、争取解放的斗争是统一的，应该互相支援。列宁为此提出了"全世界无产者和被压迫民族联合起来"的口号。这就是无产阶级国际主义的原则。

宋庆龄从自己的革命实践中，深深体会到这个原则是完全正确的，并身体力行，加以运用。

她对美国有着特殊的感情，但在她的心目中，始终有两个美国：一个是与中国人民为敌的帝国主义的美国，一个是与中国人民友好的美国人民的美国。

在大革命时期，宋庆龄亲眼看到美国的军舰和海军陆战队来华，并参与帝国主义列强镇压中国革命和支持蒋介石政变屠杀中国人民的罪行；同时，美国人民也曾在国内掀起反对干涉中国革命的运动。

现在，历史又在重演。美帝国主义继续支持国民党政府镇压中国革命。1934年，蒋介石的军队向南方苏区狂轰滥炸。进行第五次反革命"围剿"时，国民党飞机的四分之三是美国提供的，用于"剿共"的卡车，十分之九也来自美国。宋庆龄心里明白，这些"援助"的取得是与她的手足同胞——国民党中的亲美派宋子文、宋美龄以及宋蔼龄等人的活动有关的。

1933年夏天，正当宋庆龄在为保障民权，营救革命政治犯，支援苏区共产党，与国民党法西斯政权搏斗的时候，财政部长宋子文却到欧美游说，为国民党政府争取巨额援助。5月16日，他从伦敦向美国广播电台听众发表的一次讲演中，竟然把自己和他的姐妹宋庆龄等都受过美国的高等教育来讨好美国资本家，乞求他们的援助。他说："你们知道我国政府本届内阁成员中有一半以上是你们的高等院校毕业生吗？我很幸运，是哈佛大学毕业生。在我的近亲里，我的妹妹蒋介石夫人是韦尔斯利学院毕业生。两个姐姐孙中山夫人和孔祥熙夫人（她的丈夫是实业部长）都曾经在佐治亚州梅肯的威斯里安女子学校读过书。"[①]

8月，当宋子文从华盛顿回国时，确实得到了5000万美元的"棉麦借款"。美国老板们所以如此"慷慨"，一方面是为加强对国民党政府的控制和帮助其"剿共"，另一方面也是为了对抗日本独霸中国而损害他们的在华利益。据美国军需品调查委员会主席供称：蒋介石"将此款全部用于购买军火与飞机"。

宋庆龄针锋相对，向美国人民发起了一个反对美国干涉中国的运动，她在1935年1月30日发表致美国人民的公开信，呼吁制止美国政府的罪恶政策，否则，受害的不止是中国人民。她说："我热切地呼吁你们发动一场强有力的运动，反对美国干涉中国。"她谴责

---

① 载《纽约时报》，1933年5月18日。

"美帝国主义提供军火、飞机、炸弹、飞行员并贷款给腐败的南京政府，暴露了它同南京政府正在紧密勾结，屠杀数以百万计的工农群众，进一步挑起并延长中国内部的混乱，造成更大的破坏"；并进一步指出：日本帝国主义侵略中国，得到了国际帝国主义的援助，瓜分中国的阴影"正在威胁着我们，这将导致世界的大灾难"。①

从此，美国经常听到来自中国宋家姐妹兄弟两种不同的声音：一种代表国民党腐败政府、蒋介石独裁政权，一种代表中国人民。前者主要是对掌握美国政权的华尔街老板们说的，后者则主要是对美国人民说的。营垒对立，泾渭分明。美国人民始终积极响应宋庆龄的呼吁，支持中国人民争取解放的斗争；而华尔街的老板们则要看行情是否有利于他们对中国进一步的控制和掠夺。

世界人民支持中国人民的斗争，中国人民也支持世界人民的斗争，这在宋庆龄的一生奋斗中得到了充分的体现。

宋庆龄以巨大的热忱和精力，从 1932 年到 1937 年，几年如一日，坚持不懈地进行了营救牛兰夫妇的工作，这是她国际主义精神的一次突出表现。

宋庆龄领导的中国民权保障同盟，以保障民权为宗旨，是不分国际畛域的，所以在反对中国白色恐怖，营救中国革命政治犯的同时，也与世界进步力量联合在一起，积极参与国际上保障人权，营救被害者的活动。

1933 年 1 月，当"民保盟"刚刚成立、开始与蒋介石法西斯政权斗争时，希特勒也在德国上台，用异常残酷和极端狂暴的法西斯独裁，把德国人民推入中世纪式黑暗的深渊，不到半年时间，就逮捕了三四万人与数千名工人阶级的领袖和知识分子。这些众多的被捕者受尽酷刑，有的被挖掉眼睛、敲掉牙齿、拔光头发、烧毁肢体、

---

① 转引自安娜·路易斯·斯特朗：《千千万万的中国人》，载季寿葆、施如璋主编：《斯特朗在中国》，三联书店 1985 年版，第 111—112 页。

击碎头颅。在集中营里，人们在手枪的逼迫下，在死亡的威胁下，被迫互相鞭挞以至双方都失去知觉。至于法西斯政府和纳粹党有计划地组织并鼓动起来对犹太人的迫害及反犹暴行，更是触目惊心。

两年前，宋庆龄曾多次逗留并留下美好印象的柏林及它风景如画的郊区，如今已成为人间地狱。在郊区的森林里每天早晨可以看见许多被抛在那里的被害者的尸体。

不仅如此，与宋庆龄、鲁迅等有战斗情谊和友好交往的德国伟大的科学家、作家和艺术家，如爱因斯坦、托玛斯·曼、凯绥·珂勒惠支和马克斯·利贝曼等，也全都受到迫害，有的被剥夺了工作的权利，有的被放逐国外。《世界论坛报》的著名主笔奥西茨基博士，被暴徒用枪托敲掉了牙齿；小说家汉斯·鲍尔的手稿，被法西斯分子撕碎，又逼迫他吞食。5月10日，柏林大学附近一个广场上，法西斯分子燃起熊熊大火，两万多册珍贵书籍在烈焰中化为灰烬——所有德国进步的学术与文化全被摧毁。

物以类聚，人以群分。希特勒在德国的暴行，受到全世界人民的谴责，却博得中国反动派的喝彩。他们称希特勒是"民族英雄"，说他"大刀阔斧"，并极力仿效。蒋介石派遣大批党徒、特务到德国接受"盖世太保"的训练；希特勒也派遣大批军事顾问到中国，帮助国民党反动政府训练军官，策划"剿共"，并提供大批借款和杀人武器，助桀为虐，杀害中国人民。蒋介石向苏区红军发动的第五次反革命"围剿"，就是采取了德国顾问的"堡垒战术"。

宋庆龄与"民保盟"同人从中外报纸上看到上述德国法西斯的暴行后，无比愤怒。他们多次议论，决定对德国政府提出抗议，声援德国人民反对法西斯暴政的斗争，这对中国蒋介石法西斯政权也是一种打击，可以收到"一箭双雕"的效果。

为此，宋庆龄代表民权保障同盟起草了抗议书——就是后来收录在《宋庆龄选集》里的《对德国迫害进步人士与犹太人民的抗议书》①一文。

抗议书以大量无可抵赖的事实,控诉了德国法西斯种种令人发指的罪行,表示:"为了人类、社会和文化的进步,为了努力协助保持人类和各种运动所得到的社会与文化的成果,中国民权保障同盟坚决地抗议上述的事实,这些事实一再登载在欧美报纸上。我们抗议这些对付德国无产阶级与进步思想家的可怕的恐怖手段,因为这摧残了德国的社会、学术和文化生活。"

鲁迅则撰写出《华德保粹优劣论》《华德焚书异同论》等杂文,直接对中外法西斯一并进行抨击。

同年,5月13日上午,宋庆龄与蔡元培、杨杏佛、鲁迅、林语堂、史沫特莱、伊罗生一起,到德国驻上海领事馆递交了抗议书,由该领事馆副领事贝连接见,表示将代转达该国驻华大使。宋庆龄还将她写的抗议声明向国外进步报刊投寄。可是,德国大使陶德曼却把抗议书直接寄还宋庆龄,拒绝转给希特勒政府,暴露了他们色厉内荏的本质。然而,他们的蛮横态度,未能削弱宋庆龄等这一举世瞩目的抗议行动所产生的深远影响。继《申报》在5月14日报道了这一抗议行动后,5月29日《中国论坛》也作了报道。杨杏佛曾向新闻界发表谈话说:"民权保障同盟抗议之目的,乃在唤起世界人士为正义而奋斗。德使因地位关系,不允将抗议书转致该国政府,实为当然之事。然同盟会此策已引起举世特殊之注意,可谓已达到相当目的。"6月23日,中华苏维埃共和国临时中央政府机关报《红色中华》在刊登这一消息的同时,还发表了题为《德国法西斯蒂的肮脏的手》的评论。上海犹太人协会致函民权保障同盟表示感谢。日本文学界也对德国法西斯的焚书暴行提出了抗议。7月31日,中国共产党领导的中国革命互济总会发表《为援助德国法西斯蒂恐怖下

---

① 全文载《宋庆龄选集》上卷,第120—123页。该文摘登在当年的《申报》(1933年5月14日)上时,内容相同,只是字句略有差异。

的革命战士宣言》，号召工人、农民、劳苦群众、革命学生结成最广大的统一战线，来援助德国革命战士，反对我们共同的敌人——法西斯蒂和国民党的反动统治。在共产党的领导下，上海还成立了"反法西斯后援会"，各区成立了分会。上海恒丰厂、申新七厂、沪东三星厂的工人纷纷用通电、募捐等方式，给受希特勒党徒迫害的德国人民以物质上和精神上的援助。上海沪东区的工人还召开了"反法西斯蒂后援代表大会"，并向德国驻沪领事馆拍发了抗议电。

更令人感动的是，宋庆龄的抗议声明在德国本土产生了意想不到的影响。

新中国成立后，1952年，宋庆龄率代表团到奥地利首都维也纳参加世界和平大会，当时许多外国代表怀着崇敬的心情请宋庆龄签名。一位西德的年轻诗人贝格尔，寄了一张有宋庆龄签名的照片给他妈妈。这位诗人向中国代表团成员朱子奇谈到他的少年时代是在法西斯集中营里同他妈妈一起度过的。他妈妈还珍藏着一张当年莱比锡的地下报纸，上面登有宋庆龄从中国上海寄出的谴责希特勒屠杀德国工人阶级和进步人士的抗议声明。作为一个诗人，他特别高兴地注意到，在宋庆龄的抗议声明中，特别怒斥了对当代伟大艺术家凯绥·珂勒惠支、马克斯·利贝曼、作曲家波卢诺·瓦尔特、小说家汉斯·鲍尔等人的残酷迫害，要求立即释放他们，恢复他们的人身自由和创作权利。他妈妈接到宋庆龄的照片十分激动，要他儿子代表她向宋庆龄深致敬意。①

德国法西斯对德国共产党的镇压尤其残酷。他们逮捕德共领袖台尔曼后，又大肆屠杀共产党员，破坏共产党的组织。1931年夏天宋庆龄母亲病逝后陪宋回国的胡兰畦，后来在宋庆龄的资助下，又返回德国，在德共中央做秘密交通工作。1933年春天，也被捕关进

---

① 参见朱子奇：《世界人民永远感念您，赞颂您》，载《人民日报》，1981年6月3日。

为谴责德国法西斯对进步人士与犹太人的迫害，1933 年 5 月 13 日，中国民权保障同盟宋庆龄、蔡元培、杨铨、鲁迅等人同往德国驻上海领事馆递交抗议书。这张木刻画描绘了当时的情形。右为上海报纸对此事的报道

了女牢，国民党政府驻德使馆置之不理。宋庆龄得知后，立即与鲁迅等人以民权保障同盟的名义，向德国领事馆提出严正抗议。三个月后，胡兰畦终于获释，她对宋庆龄的营救十分感激。①

据马海德回忆，宋庆龄还参与了国际上为监禁的政治犯辩护的活动。② 这些活动是通过国际保护劳工组织和世界名人萧伯纳进行的。她为此与国外各方面人士广泛地通信联系，并撰写专文在国外发表，广为宣传。

二、同萧伯纳的战友情谊

宋庆龄善于利用国际进步力量，打击中国法西斯独裁统治。这方面，她在接待大文豪萧伯纳的活动中显示得尤为突出。

终宋庆龄的一生，与萧伯纳的直接接触并不多，但他们的战斗友谊却赫然载入了史册。

1933年2月，萧伯纳作环球旅行到达上海，计划只逗留一天。由于他与宋庆龄都是世界反帝大同盟的名誉主席，就由宋庆龄出面接待，民权保障同盟的主要负责人全都作陪。

萧伯纳是以讽刺与幽默见长的英国大文豪——作家兼戏剧家。他一方面以辛辣的讽刺指向英国绅士社会和一切罪恶势力，另一方面又将同情的手伸向新兴的社会主义国家苏联和东方被压迫民族，为世界和平和进步事业奔走呼号。他这次虽是出来旅游，但到处都令反动派心惊胆战。英国政府对他提出了警告。宋庆龄热情接待他，既是对他的进步活动表示支持，为他的活动提供有利的舞台，同时也是民权保障同盟对中国反动派的一次示威，还可以扩大同盟在国

---

① 参见《胡兰畦回忆录》，第258、313页。
② 参见马海德：《伟大的形象，亲切的友情》，载《中国建设》，1981年8月。

内外的影响。

萧伯纳没有辜负宋庆龄等人的期望。他利用公开与各界人士及记者见面的机会，巧妙地宣传了苏联，宣传了社会主义，又揶揄了隐藏在人皮底下的魑魅魍魉，使那些丑类虽攻击他"宣传赤化"，又奈何他不得。

2月17日晨5时，宋庆龄偕同杨杏佛等人一起赴码头，迎接萧伯纳。6时，白发皓髯、精神矍铄的萧伯纳偕其夫人乘坐的英国"皇后"号远洋客轮抵达吴淞口。宋庆龄等上船欢迎，在船上和萧伯纳同进早餐，然后由宋庆龄等陪同客人登岸。萧伯纳先赴外白渡理查饭店与来沪各旅游团团员会面，然后赴中央研究院拜访蔡元培，中午到宋庆龄寓所。宋庆龄用特备的素菜宴请他。蔡元培、杨杏佛、鲁迅、林语堂、伊罗生、史沫特莱等作陪。

下午2时，萧伯纳参加由蔡元培任理事长的国际笔会中国分会在福开森路世界学院举行的欢迎会。会上，笔会赠送给萧伯纳一盒泥制京剧脸谱。萧伯纳高兴地接受了礼物，并感叹地说：京剧舞台上老生、小生、花旦、战士、恶魔的不同，都能从脸谱上进行鉴别；生活中人们的面貌大都相同，但内心却未必相似。

下午3时，萧伯纳离开世界学院，返回宋庆龄的寓所，在宋宅后花园草地上接见中外记者。在回答记者提问时，他像调侃又像讽刺地发表谈话。在介绍社会主义的苏联取得的进步之后，他指出："社会主义早晚必然要普遍实行于世界各国，虽然革命的手段和步骤，在各个国家里所采取的方式，也许互相不同，但是殊途同归，到最后的终点，始终还是要走上同一条道路，而达到同一个水平线。"

谈到中国问题时，萧伯纳说："被压迫民族应当自己解决自己的问题，中国也应当这样干。中国的民众应该自己组织起来，并且，他们所要挑选的自己的统治者不是什么戏子或者封建王公。"谈到中国文化时，萧伯纳说："文化的意义，照科学的解释，是人的一切可

1933年2月17日,宋庆龄在上海莫利哀路寓所会见英国著名作家萧伯纳

以增进人类幸福的行为。"他对中国反动政府摧残文化、残害进步知识分子政策进行冷嘲热讽,指出:"在中国,除开农田里还可以找着少许文化以外,再也没有什么文化可说的了。"

萧伯纳侃侃而谈时,蔡元培、鲁迅等人静静地站在草地一旁,很有兴味地听着。宋庆龄站在石阶前,紧闭着将要笑出来的嘴唇,脸上流露出满意的神情。①

招待会结束后,宋庆龄等人就前往码头给萧伯纳送行。

萧伯纳这次在上海虽然只停留一天,却满城传遍他的"幽默"、"讽刺"、"名言"和"轶事"。各报作了各种各样的报道和评论。这些文字又生动地反衬出各种势力和人物自己的立场和态度。鲁迅离开宋庆龄寓所回家之后,立即与在他家避难的瞿秋白商量,决定把报刊上对萧伯纳或捧或骂、或冷或热的文章剪辑下来,编为《萧伯纳在上海》一书,交由上海野草书屋印刷发行。它确实像一面镜子,映出了文人、政客、军阀、流氓、"叭儿"的各色各样的相貌。

宋庆龄的高风亮节和坚定的革命立场,使她在几十年的艰苦斗争中,得到了一批又一批国内和国际真诚的朋友,其中大多数是肝胆相照的有识之士。就国际友人而言,大革命时期,宋庆龄结识了鲍罗廷夫妇、斯特朗、普罗梅等人。之后,她流亡国外,参加世界反帝大同盟的活动,又结识了高尔基、蔡特金、罗曼·罗兰、爱因斯坦、巴比塞、萧伯纳等一些为世界和平和进步事业而奋斗的国际著名人士。回国后,又结识更多的在华工作的国际主义战士。在为保障民权和中国革命的斗争中,她得到这些朋友热情而有力的帮助;她也帮助这些朋友了解中国,了解中国人民,了解中国革命,使他们为中国人民和世界人民的进步事业做出卓越的贡献,成为中国人民忠实的朋友。

---

① 《纪念宋庆龄同志》画册,图94。

宋庆龄的国际主义精神，突出地表现在她与这些在华国际朋友的交往上。

三、长期任秘书的史沫特莱

20世纪30年代，较早结识宋庆龄的国际友人是史沫特莱女士。

史沫特莱1892年生于美国西部密苏里州一个贫苦农民家里，比宋庆龄大一岁。由于她父亲有一半印第安人的血统，种族歧视在她幼小的心灵上留下了第一道伤痕。后来，她随父母移居到科罗拉多州煤矿区。为了生活，年幼时她曾当过报童，后来由亲友资助，才有机会在一家慈善机构主办的学校免费读书。但她连小学也没有读完，以后主要靠自学，半工半读，先后当过侍女、烟厂工人和书刊推销员等。由于她勤奋好学，在青年时代就显露出写作才能。她经常接触处在社会底层的劳动人民，对他们有深厚的阶级感情，因此她立场坚定，爱憎分明，敢于向反动势力挑战，加以她有丰富的生活实践，所以写出了不少揭露黑暗社会、同情劳动人民的好作品，受到广大劳动群众的欢迎和赞誉。

史沫特莱具有崇高的国际主义精神，早就关注着中国。她深深地为中国古老的文化、人民的苦难和共产党领导的革命所吸引，曾在加利福尼亚大学暑期学校里写出第一篇关于亚洲的论文，论述当白种人还处于野蛮人之时，中国人对世界文明所做出的卓越贡献。1928年以后，她终于如愿以偿，先后以德国《法兰克福日报》和英国《曼彻斯特卫报》记者（同时也是共产国际秘密党员）的身份，长期在中国深入生活，进行采访和报道。

1931年7月，宋庆龄从欧洲回国后，在20世纪30年代结交的外国朋友中，首先结识的就是史沫特莱。当时担任宋庆龄秘书的胡

1928年，美国女作家史沫特莱到上海。她在宋庆龄帮助下积极从事进步活动。抗战爆发后，史沫特莱抵达延安，这是宋庆龄保存的史沫特莱在延安的留影

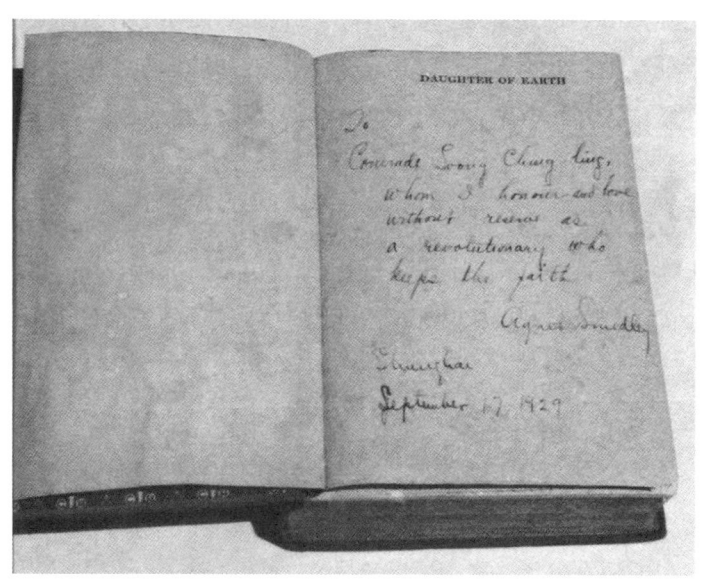

1928年，史沫特莱赠给宋庆龄的自传体长篇小说《大地的女儿》。她在该书的扉页上题写："送给宋庆龄同志，我无保留地尊重和热爱的一位忠贞不渝的革命家。"

兰畦回忆说：那时，我住在莫利哀路宋宅，宋庆龄住在孔家时候多，因此我几乎每天都要把收到的信件亲送给她，有时也按她的意思代为接待一些客人。有一天，我给送的信中有一封英文信，她看过后把信拿在手上扬了扬说："这封信的英文写得好，这信的英文基础很高深，话没有多少句，语言和用字都是很美的。"原来这封信是德国《法兰克福日报》驻沪记者史沫特莱写的，大意是为援救一个人的生命，要求宋在百忙中给予五分钟谈话。宋庆龄立即复信，约在寓所接见史沫特莱。她要营救的人就是共产国际驻上海情报站负责人牛兰。[①]

在这之前，史沫特莱已经结识鲁迅。在长期的交往和革命斗争中，她像鲁迅、宋庆龄一样，热爱人民，憎恨暴虐；主持正义，斥责邪恶。共同的政治立场和思想感情，使他们很快成为莫逆之交。由于史沫特莱在上海的外国人中交际甚广，后来就由她介绍，宋庆龄得以结识许多很好的朋友，如路易·艾黎、马海德，等等。

在民权保障同盟时期，史沫特莱担任宋庆龄的英文秘书，与林语堂、伊罗生一起负责用英文发布出版物和通信。她以火一样的热情忘我地工作，每当得到一个从江西、从苏区来的消息，或城市里的工人斗争、农村里的农民斗争等情况时，就高兴得不能睡觉，常常深夜还到邮局去取信或者发稿。同时，那些捕捉革命者、枪杀革命者等黑暗血腥的消息，也常常使她苦恼，损害她的健康。但史沫特莱不管怎样被巡捕房所注意，也仍然勇敢地向外国发稿，宣传中国工农红军的胜利和国民党统治的黑暗。[②]

与宋庆龄一样，史沫特莱不顾反动派强加她的"通匪"、"苏联间谍"等种种罪名，运用自己的特殊地位和影响，帮助"民保盟"同共产国际和苏联有关方面建立联系，做了不少工作。

[①] 参见《胡兰畦回忆录》。
[②] 参见丁玲：《噩耗传来》，载《人民日报》，1950年5月11日。

1933年6月杨杏佛遭杀害,"民保盟"被迫停止活动之后,史沫特莱仍然以做宋庆龄的秘书为荣,并主动承担起更危险的工作——保卫宋庆龄。国民党特务杀害杨杏佛之后,蒋介石最感兴趣的是,看是否达到威吓宋庆龄的目的。当得知宋庆龄毫不屈服时,他气急败坏地要戴笠对宋庆龄采取进一步的措施。于是,沈醉根据戴笠的指示,策划对宋庆龄新的进攻。

起初,戴笠提出"一定要设法派人打入宋先生住所的方案"。于是,沈醉便派了一名女特务,假扮成宋宅附近一家住户的女佣人,去和宋家的李妈(李燕娥)拉关系。由于这个女特务急于打听宋庆龄的情况,引起李妈的怀疑,没有几天就不再理睬这个女特务了,使她一无所获。随后,沈醉又利用李妈新近与其流氓丈夫离婚的线索,另派一个男特务去勾引李妈,可是很快又被识破了。

特务们的各种花招连连失败后,蒋介石命令他们长期监视宋庆龄,并每周写出监视报告送南京。于是,两个特务分上下午轮流守候在宋庆龄寓所附近,专门注意出入宋宅的人员,见到乘汽车来的人便将其车号抄下来,见到认识的人便记下姓名,并记录进出时间。

与此同时,在戴笠的催促下,沈醉又策划出迫害宋庆龄的一个新阴谋:用汽车去撞宋庆龄所乘坐的汽车,企图将她撞成重伤,使她不能再四处活动。沈醉认为这事应当在租界内的马路上搞。具体做法是把特务乘坐汽车前面的挡风玻璃换成不易破裂的保险玻璃,驾车的特务还穿上防弹护胸。等宋庆龄乘车外出时尾随后面,遇到马路上亮红灯时宋庆龄的汽车停下,特务的车便朝宋庆龄车的尾部猛撞……戴笠认为这个办法很好,可是叫谁去执行呢?沈醉自告奋勇由他执行。他对戴笠说:"我的驾驶技术较好,而且决不会泄漏出去,这是最稳妥可靠的了。"戴笠同意这个意见,于是沈醉就去准备,反复琢磨怎样在撞车中使自己的头部、胸部等处避免受到重伤。不久,戴笠自南京到上海,沈醉问及此事时,他苦笑了一下,说蒋介石虽认为这个办法很好，可是顾虑如果把宋庆龄撞死或伤势过重，宋美龄和宋子文会吵闹的。所以戴笠叫沈醉"还是要做好准备，在没有他的命令之前决不准轻易去做"。①

很清楚，要不是蒋介石顾忌宋庆龄的威望以及宋子文、宋美龄出于同胞情谊的保护，宋庆龄早就遭到毒手了。但即使这样，特务对她的威胁始终没有解除。写匿名信或打电话恐吓等，则一直没有停止过。

宋庆龄处在如此种种魔影笼罩下，史沫特莱和其他一些友人决心暗中保护她的安全。史沫特莱的身上经常带着一支防卫用的手枪。一位中共地下党人回忆1934年夏史沫特莱与自己的一次谈话说："国民党特务监视和包围着宋庆龄（她称之为孙夫人），她和别的同志在暗中保护着宋。她对我出示了她带的手枪。她义形于色地说，如果万一遇到特务围捕的情况，她是要拼死抵抗的。"②

参加民权保障同盟的紧张而且繁重的战斗，极大地消耗了史沫特莱的精力，以致把身体弄垮了，不得不去苏联疗养近一年时间。1937年初，她到达延安，后转移到山西五台山的八路军总部，与朱德相处过一段时间。她对朱德十分崇敬，曾以巨大的精力为朱德撰写传记——《伟大的道路》。之后，由于遭到美国反动的麦卡锡主义者的迫害，她在1949年秋离开美国，寄居英国伦敦一位朋友家里。翌年5月6日在贫病交迫中去世。史沫特莱始终热爱中国，视中国为第二故乡，在她的《遗嘱》中说："我特别要求将我的遗体火化，把骨灰运交朱德将军。请把它埋葬在中国的土地上。"③

---

① 沈醉：《军统内幕》，文史资料出版社1984年版，第77、80页。
② 马汝邻：《和斯诺相处的日子》，载《新闻研究资料》1981年第1期。马汝邻是当时中共地下工作人员，史沫特莱与他很熟。
③ 史沫特莱给玛格丽特的信（1950年5月1日），载《光明日报》，1980年5月1日。

四、斯诺的引路人

宋庆龄与埃德加·斯诺的交往，是中美人民友谊史上最生动的一章。斯诺是当代世界的杰出人物。在追溯他成功的足迹时，人们首先想到的是宋庆龄。在宋庆龄所有外国朋友中，斯诺受她的影响最深，获得的成就也最大。他们的友谊，对中国共产党领导的革命和胜利，对中美关系的发展，都产生了深远的影响。

斯诺1905年出生于美国密苏里州堪萨斯城。1928年秋远渡重洋来到中国，在上海美国人办的《密勒氏评论报》任助理编辑、代理主编等职，兼任美国《芝加哥论坛报》驻远东记者。1931年9月，他应《先驱论坛报》主编威廉·布朗·梅洛尼之约，准备撰写宋庆龄的传略，为此请求会晤宋庆龄。经宋庆龄同意会见，并约定在公共租界静安寺路上的一家巧克力商店作为会面地点。他们一起吃过午餐后继续留下来喝茶。到了吃晚餐的时候，斯诺就认为他"已开始对宋庆龄有所了解了"。① 几天以后，他第一次专程到法租界莫利哀路那幢朴素的两层楼房拜访宋庆龄。

相识之后，斯诺对宋庆龄的崇敬心情油然而生，认为她是"尚未成功的革命"的良知和恒久的核心。"她并无令人生畏之处。她为人谦虚，不爱出风头。她需要有巨大的毅力和勇气，才能顶住各种迫使她放弃原来的信念的压力，担负起历史赋予她的使命。她并不是那种自命不凡的人，同真诚的人交往，她显得平易近人，但是，对于伪君子，她却是针锋相对的。"②

通过宋庆龄的启迪，斯诺对中国的认识，以及他的整个世界观，开始了一个根本的转变。

原来，他是一个人道主义和改良主义者，反对马克思主义阶级

---

① 〔美〕埃德加·斯诺《复始之旅》，第96—97页。
② 同上。

埃德加·斯诺赠给宋庆龄的他青年时代的签名照

斗争和暴力革命的理论,对中国共产党有误解,对蒋介石政权抱有幻想,以为是蒋介石把中国从"暴民"统治下拯救出来,"正义"在国民党方面。他对晏阳初提倡的农村复兴运动很感兴趣,认为这是中国的出路。通过宋庆龄的教育和帮助,和对宋庆龄、鲁迅等人的了解以及对中国历史与现实的观察思考,再加上实地考察当时被蒋介石封锁的神秘的陕北苏区,他终于改变了原来的糊涂思想,从而奠定了他通向光辉顶点的基础。在这个转变过程中的第一块基石,是来自宋庆龄。正如斯诺自述的:"宋庆龄通过言传身带消除了我的一些蒙昧无知。"通过宋庆龄,他了解到国民党及其领导层的内幕,从而疑惑大解,他说:"宋庆龄帮助我认识了国民党的情况。了解了孙中山的为人及其未竟的抱负。她还帮助我了解她的家族情况,了解她为什么拒绝与宋氏家族一起和蒋介石政府合作,以及其他许多我从书本上无法了解到的事实。"

另一方面,正如斯诺前妻海伦所指出的,"使斯诺向左转的主要影响来自孙夫人自己的榜样"[1];"使斯诺感动的不是她的言词,而是她的行为"[2]。惠勒·斯诺也说:"斯诺对这位英勇的妇女极为钦佩,她不惜牺牲家庭关系和财富置身于革命一边。"[3]正是宋庆龄和鲁迅等先锋战士们蔑视国民党反动派残暴迫害而坚持战斗、巍然挺立的榜样,强烈地感染了斯诺,使他转变了思想,增强了战斗的勇气,进而看到中国革命的光明前途。

斯诺说:"通过她,我体验到了中国的最美好的思想和情感";"多亏早结识了宋庆龄,使我领悟到:中国人民有能力从根本上改革他们的国家,并且迅速地把地位很低的中国提高到凭其历史和众多

---

[1] 引自张彦:《美国朋友怀念着宋庆龄》,载《人民日报》,1981年5月26日。
[2] 引自萧乾:《海伦·斯诺如是说》,载《花城》1980年第6期。
[3] 惠勒:《"我热爱中国"》,三联书店1978年版,第107页。

1937年,斯诺的妻子海伦·福斯特·斯诺在延安身着红军军服留影

人口在世界上应占有的地位。"① 同时，他还认清国民党政府是一个腐败、缺乏效率和独裁的政府，是中国一切苦难的根源，中国非但不能靠蒋介石这个独裁者拯救，相反，必须切除这个毒瘤。中国需要有一场血与火的暴力革命。他虽是美国人，却不愿意当一个旁观者，而要积极地投入到中国人民的解放斗争中来，后来他还与宋庆龄等合作，搞起了工业合作社运动。他说："我和她一起把数以千计的难民组织起来，成立了合作社，收养战争和饥荒中失去父母的孤儿，开办医院，协助年青人学会用有效的新方法为古老的祖国服务。"

宋庆龄得到斯诺的无限信赖，1932年底，当斯诺决定与海伦结婚时，便最先向宋庆龄等朋友报喜。宋庆龄高兴地为他们举办了豪华的广东式宴会，并赠送给他们一把美国造的银质咖啡电渗滤壶。

为了感谢宋庆龄的教育和帮助，斯诺把自己呕心沥血花费五年时间编译的中国现代短篇小说选集《活的中国》一书，献给宋庆龄，以纪念这一段友谊。这部集子，收集鲁迅、柔石、茅盾、丁玲、巴金、萧军、郭沫若等十余位"五四"新文化运动的革命作家和20世纪30年代左翼作家的作品。而该书的编辑思想，则充分反映了20世纪30年代初期宋庆龄和鲁迅对斯诺思想的教育和影响。斯诺指出，编辑该书的目的，是为着寻求"正在改造着中国人民思想的那种精神、物质和文化的力量"②。在这些作品中，他不但"看到了一个被鞭笞着的民族的伤痕血迹，还看到这个民族倔强高贵的灵魂"③。

《活的中国》1936年7月在英国伦敦出版时，斯诺在卷首写了这样一段感人的献词：

---

① 〔美〕埃德加·斯诺：《复始之旅》，第98—99页。
② 〔美〕埃德加·斯诺：《活的中国》序言，英国1936年版。
③ 萧乾：《斯诺与中国新文艺运动》，载《新文学史料》1978年第1期。

献给 S.C.L.（宋庆龄），

她的坚贞不屈，勇敢忠诚和她的精神的美，

是活的中国最卓越而辉煌的象征。

宋庆龄不仅从思想上促使斯诺进步，而且帮助他进入中共中央所在地陕北苏区访问，从而为他打开了通向光辉顶点的第一扇大门。

斯诺的思想转变之后，就认识到中国真正的希望在中国共产党一边，于是渴望亲身到陕北看看。1936年春，已在北平安家的斯诺专程到上海拜会宋庆龄，表明自己的迫切心情。斯诺说："我请她帮助我，以便红军起码把我作为一个中立者来接待，而不把我当作间谍。"①

宋庆龄满口答应了斯诺的请求。不久，她接到中共中央电报，"邀请一位公道的记者和一名医生，到陕北去实地考察边区的情况，了解中共的抗日主张"。② 于是宋庆龄推荐了她最信赖的斯诺和马海德大夫前去陕北。真是慧眼识英雄，后来的事实证明，他们的确是最优秀的人才，对于共产党来说，没有再比他俩更合心意的应邀者了。

去陕北对斯诺的确是一次生死攸关的冒险行动。当他热切盼望的机会到来时，他反而有些疑虑了。这种叶公好龙式的心理也并不奇怪。当时，工农红军虽然与东北军达成停战协议，并有一些来往，但白色恐怖依然笼罩着西安。马海德先前已经去过，但是没能通过西安。这一次是否还会发生同样情况呢？而且西安到保安（当时中共中央所在地）去的路，是一条既漫长又危险的道路，常有大批土匪出没……然而，又是"宋庆龄打消了他的疑虑，使他知道了这次旅行对于她所支持的和多少人为之牺牲的事业具有重大的政治意义"。③

---

① 〔美〕埃德加·斯诺：《复始之旅》，第182页。
② 宋庆龄对马海德说的话，引自马海德：《宋庆龄——我的革命导师》，载《光明日报》，1981年6月3日。
③ 〔美〕路易·艾黎：《对埃德加·斯诺的回忆片断》，载《光明日报》，1982年2月13日。

宋庆龄为保证他们两人顺利进入陕北，已作了精心安排。她特地委托刚到陕北党中央送信回来的中共地下工作者董健吾担任护送斯诺和马海德去苏区的任务。

临行前，宋庆龄与董健吾具体商定了他们三人在西安接头的时间、地点、方法。然后，宋庆龄给斯诺和马海德作了安排，给了他们半张五英镑钞票，作为与董健吾的"接头信"。

中共中央充分信任宋庆龄的举荐，对斯诺完全开放。周恩来对斯诺说："我接到报告，说你是一个可靠的新闻记者，对中国人民是友好的，并且说可以信任你会如实报道。我们知道这一些就够了。你不是共产主义者，这对于我们是没有关系的……你见到什么，都可以报道，我们要给你一切帮助来考察苏区。"①

这使斯诺深为感动。

斯诺在陕北作了三个多月的参观访问，然后以报告文学的形式，写出了震惊世界的巨著——《红星照耀中国》（即《西行漫记》）。

这本书，犹如利沙加勒受马克思赞助写出的《1871年公社史》和列宁高度评价的约翰·里德采访俄国十月革命后写的《震撼世界的十日》，被人们赞誉为国际报告文学史上又一座巍峨屹立的丰碑，是国际共产主义运动中一部壮丽的史诗。它"像焰火一样，腾空而起，划破了苍茫的暮色"②。

《红星照耀中国》于1937年10月在英国出版，几个星期内就销售了十万册以上。从那时以来，半个世纪中一直被列为世界畅销书前列，被翻译成十几种文字出版，驰誉全球，长盛不衰。

斯诺由此一举成名，被称为"西方研究中国共产主义的权威"。美国著名的文学评论家马尔科姆·考利称赞斯诺"建立了本世纪一

---

① 〔美〕埃德加·斯诺：《西行漫记》，三联书店1979年版，第42页。
② 拉铁摩尔：《中国震撼世界》序，北京出版社1980年版。

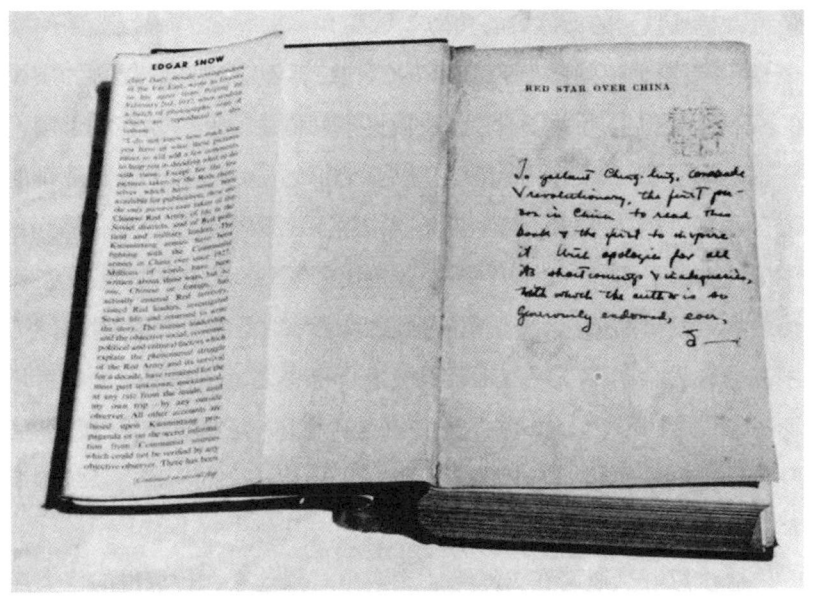

1936年,斯诺赴陕北采访,撰写了《红星照耀中国》(即《西行漫记》)一书,向世界报道了边区情况。这是斯诺给宋庆龄的赠书

1939年,宋庆龄与斯诺在香港合影

位记者单独做到的最伟大的功勋"①。

《红星照耀中国》一书之所以产生如此巨大的反响,是因为中国的红军及其根据地从20世纪20年代末期诞生时起,一直处于国民党反动派军事围剿、政治封锁,以及他们的一切宣传机器所散布的谣言诬蔑之中。正如斯诺所说的,"在世界各国中,恐怕没有比红色中国的情况是更大的谜、更混乱的传说了"②。海伦也指出:"在斯诺的报道发出之前,对于中国共产党人,特别是他们的领袖毛泽东,不仅苏联人根本不了解,就连中国人自己也完全不知道,更不用说西方了。"所以海伦称该书"代表了当时整个世界所需要的那种信息";这本书一经问世,就使"所有关于中国革命的无稽之谈统统烟消云散"。③

饮水思源,斯诺在《复始之旅》中写到这次西行取得的巨大成功时说,此行深刻地影响了他的一生,但"如果我不是在中国待了一段时间,而是刚刚由我的祖国来到中国而访问红区,则我的感受也许就会打折扣。不但如此,反倒可能认为共产党人是美国原则的敌对者"。如果这样,后果就不堪设想了。而这西行之前"在中国待了一段时间",就是指在国统区所受到的教育。这些教育中,如前述斯诺自己所强调的,宋庆龄所给予的最大、最具有决定性。这说明,如果没有这一段教育和思想的转变,斯诺即使有陕北之行,也会是深入宝山,空手而归。

斯诺陕北之行的成功,当然主要是由于中国共产党领导的中国革命本身所具有的价值,再加上斯诺自己的努力。但是,唯物主义者并不否认机遇与条件的重要作用。如果没有宋庆龄的教育和帮助,那么,他无论如何也不会取得如此辉煌的成就的。

---

① 〔美〕肯尼思·休梅克:《斯诺——粉碎"赤匪神话"的美国记者》,转自刘力群主编:《纪念埃德加·斯诺》,新华出版社1984年版,第380页。
② 〔美〕埃德加·斯诺:《西行漫记》,三联书店1979年版,第1页。
③ 《红色中国内幕》再版序,纽约1979年版,第15、16页。

1941年，斯诺因在宋庆龄支持下报道了皖南事变的真相，引起蒋介石的痛恨，加上《西行漫记》的积怨，就悍然取消了斯诺在中国当记者的权利，他被迫离开中国。临行前，宋庆龄对他说："你以后回来吧。你属于中国。"①

新中国成立后，美国政府一度采取敌视中国的政策，在国内则推行反动的麦卡锡主义，对主张与中国友好及在历史上帮助过中国人民的美国人士，以莫须有的罪名，疯狂地进行迫害。具有讽刺意味的是，斯诺曾因为中美友好做过重要工作而受到过罗斯福总统的赞誉，但这时却因同样原因，被联邦调查局诬为"危险分子"，并被迫在1959年全家迁居瑞士。然而他在瑞士仍无自由，曾多次要求重访第二故乡中国，都遭到美国国务院的无理阻挠。1960年，他在美国《展望》杂志出版社加德纳·考尔斯的帮助下，终于获准以作家身份"合法"地来华采访，为写一本关于新中国的书收集材料。

如1936年一样，新中国热烈欢迎他。对他开放许多当时"不准外国人参观"的地方。他的足迹遍及华北、西北、西南、内蒙古和西藏等地，获得了大量第一手资料。所以，他又成了"第一个"闯入"竹幕"观察真实的红色中国的美国记者。

斯诺多么殷切地希望会见曾帮助他走向光辉顶点的引路人宋庆龄。可是不凑巧这时宋庆龄正在病中，医生不准她会见任何客人。斯诺在这年11月10日离华前夕，只得写信给宋庆龄表示惋惜之情。

宋庆龄接信后十分激动，立即在病床上给斯诺写了一封热情洋溢的长信。

她首先表示也渴望二人会见，然而"疾病一直困扰着我，这是我在我们尖锐的革命斗争中所经受的长期紧张生活的遗痕……它使我们现在不能交谈，以回忆过去与瞻望未来。我感到非常遗憾"。

---

① 引自白夜：《斯诺的历程》，载《新闻战线》1979年第1期。

她深切地同情斯诺困难的处境,但是她了解斯诺,懂得怎样去帮助他。与20世纪30年代一样,他需要的不是同情,而是鼓励;鼓励他为了真理而勇往直前、奋不顾身地去战斗。为此,她现身说法地讲述自己的感受,认为虽然过去长期紧张的生活和尖锐革命斗争留给她严重的疾病"遗痕","但是假如一切事情要再重复一次的话,我还是愿意同样地生活。因为落后的事物与意识并不会自行消失的,而必须要通过这样的尖锐斗争才能清除"。

要知道,这时宋庆龄已是67岁高龄的老人,而且又重病缠身,但这些话却仍使人感触到她胸中那颗像年轻人一样勃勃跳动着的雄心,和她浑身像火一样燃烧着的对人类正义事业的炽热的情感。真是"老骥伏枥,志在千里"!

信中接着鼓励斯诺以鲁迅为榜样,以"严格的观察和分析"、"为真理奋斗的勇气",去克服在向西方,特别是向美国公众介绍新中国进步事业时遇到的困难和压力。

信的最后,宋庆龄用满腔的政治热情和她对斯诺特殊亲昵的笔触写道:

> 无论如何,希望你的新书获得成功,写未来的远景也写目前的。生命是短促的,而历史是悠久的,历史肯定是沿着一个方向——向着人民为和平与社会主义斗争的最后胜利的道路前进的,让人们说埃德加·斯诺曾帮助人民寻找这条道路。
>
> 祝你和你的家人健康。
>
> 你的诚挚的
宋庆龄[①]

[①] 宋庆龄基金会、中国福利会编:《宋庆龄书信集》下册,人民出版社1999年版,第593—594页。以下引用此书,凡未特别注明者,皆为此版本,不再一一详细注明。

值得庆幸的是，此后，1964年和1970年，斯诺又两次来华，并且终于与宋庆龄欢聚。1970年除夕，宋庆龄还与斯诺夫妇一起吃火锅，共叙中美友谊的往事。

斯诺从宋庆龄的教诲和友爱中受到巨大鼓舞，回去后日夜写作，辛勤耕耘，写了许多介绍中国社会主义革命和建设的报道，并且完成了《大河彼岸》（又名《今日的红色中国》）、《中国巨变》等著作，热情讴歌了新中国发生的翻天覆地的变化，而这正是他在20世纪30年代的不朽著作中所预言和瞩望的。这些著作实际是《红星照耀中国》的续篇。所以，从某种意义上来说，斯诺这些关于中国的巨著，也凝聚着宋庆龄对斯诺的无限希望和深情。

1972年2月15日，斯诺在瑞士逝世。宋庆龄从斯诺夫人洛伊斯及其子女的来电中得悉噩耗后，立即电唁斯诺夫人，指出"埃德加·斯诺在中国人民的记忆中将永葆长青"[①]。

这年6月，宋庆龄又发表《纪念埃德加·斯诺》的文章，表示对斯诺深切的怀念，指出："中国人民将永远怀念埃德加·斯诺这位致力于中美两大国人民友好的不知疲倦的活动家。太平洋两岸的子孙后代将会感谢他，因为他留下了供他们研究中国历史的遗产。"[②]

按照斯诺的遗愿，他的骨灰一半安葬在美国纽约州赫德森河畔，一半安葬在他的第二故乡——中国北京西郊燕园（今北京大学校址）的未名湖畔。

五、并肩作战的其他国际友人

同样受到宋庆龄很大帮助，与宋庆龄友谊很深，并为中国革命

---

① 《人民日报》，1972年2月17日。
② 《中国建设》1972年第6期。

和建设服务时间最长的,要算新西兰作家路易·艾黎和美国医生马海德了。

路易·艾黎早于1929年在南京孙中山遗体迁葬仪式上第一次见到宋庆龄时起,就对她留下了深刻的印象。他回忆:"当时我站在道边,和上海的童子军们在一起,看着她一步步登上陵墓高高的石阶。随着岁月的流逝,从我后来同她的交往中,我越来越感到,在她秀丽文雅的外表下,包容着一颗钢铁般坚强的心。她总是利用自己最熟悉的阵地,来帮助那些为她所坚信的一切而奋斗的人们。"①

1933年,路易·艾黎因参加中国革命工作,由史沫特莱带领到莫利哀路寓所正式结识了宋庆龄。马海德则是1934年11月,在史沫特莱家中秘密举行庆祝十月革命的宴会上认识宋庆龄的。他们一方面利用各自的职业条件,协助宋庆龄做了许多革命工作——特别是帮助共产党和红军的工作。一方面接受宋庆龄对他们的帮助,首先是在政治思想上的帮助,例如组织他们学习马列主义,进行社会调查等。

马海德出身于一个炼钢工人的家庭,对工人的苦难是有亲身感受的。在上海他开了个诊所,决心尽全力去解除苦难人民的病痛。由于过去他很少接触政治,对许多社会问题都不能从本质上去认识,于是他参加了一个学习小组。这个小组是在宋庆龄的关怀下,由上海的几位外国朋友组织起来,学习马克思列宁主义,提高理论水平。当时参加学习的还有路易·艾黎、西普、罗森堡、史沫特莱、威努斯。小组负责人是路易·艾黎和西普。在宋庆龄的安排下,他们阅读了《共产党宣言》《资本论》《帝国主义是资本主义的最高阶段》等马列著作。通过学习,他们开始懂得了贫富不均的根本原因在于社会制度,同时也初步学会了用马列主义的立场、观点和方法来观

---

① 〔新西兰〕路易·艾黎:《一朵永不凋谢的花——回忆宋庆龄二三事》,载《工人日报》,1981年5月30日。

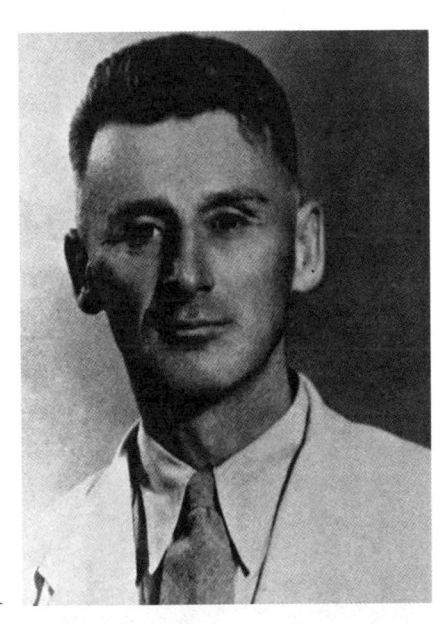

路易·艾黎,新西兰作家、诗人

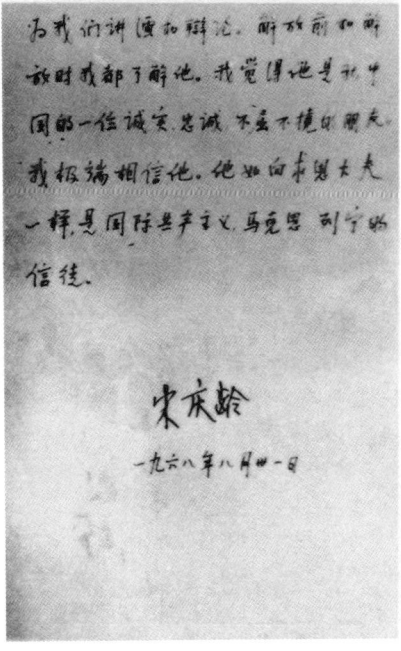

1968年,宋庆龄在她写的一份材料中认为,路易·艾黎是国际共产主义、马克思、列宁的信徒

马海德(右)与米勒(德国医学博士)在陕北抗日前线

1936年,宋庆龄帮助安排美国记者斯诺和美国医生马海德赴陕北。马海德到达陕北后参加了工农红军。这是1944年马海德与毛泽东在延安的合影

察世界和认识世界。

为了帮助他们理解所学的马列主义，宋庆龄又组织他们深入工厂进行社会调查，了解上海工人阶级的生活情况。路易·艾黎当时在租界工部局任职，在一家工厂当督察员。通过他的联系，马海德以科学研究为名，先后到二三十个工厂调查工人的职业病和营养不良的状况，写出了《铬中毒在电镀工业里的情况》的学术报告。在报告中，揭露了残酷剥削童工和职业性中毒等严重社会问题。马海德说："通过调查访问，看到了中国工人阶级的悲惨生活，对我的思想震动很大，更加激起了我同情和支持中国革命的决心。"①

在20世纪30年代严重的白色恐怖下，宋庆龄要进行支持中国共产党和红军的革命活动是十分困难和危险的。但是在路易·艾黎、马海德等外国朋友的帮助下，她成功地做了许多工作。例如，她常把马海德的诊所安排给中共地下党作为秘密联络或开会的场所。马海德说："因为医生的候诊室有许多人进出并不足怪。我常常得到她的通知：'星期五下午一点到五点你不要去诊所。'在这段时间里，我不在那儿，他们就一一来到我的候诊室，召开会议，以后又各自散去。"②当时红军根据地医疗条件十分困难，宋庆龄经常托马海德买药品和医疗器材支援红军。但是马海德那个小小的诊所里只能零买一些，购买大批的药品需要国民党政府批准。宋庆龄就介绍马海德找当时国联的卫生顾问，请他帮忙批准，终于买到了许多药品，然后由宋庆龄安排送往革命根据地。③

此外，马海德和路易·艾黎还接受宋庆龄的委托，保护一些共产党人离开上海。1937年抗战爆发后，宋庆龄本人也是在路易·艾黎的保护下离开日本兵占领的上海。以后，路易·艾黎就辞去上海

---

① 马海德：《宋庆龄——我的革命导师》，载《光明日报》，1981年6月3日。
② 马海德：《伟大的形象，亲切的友情》，载《中国建设》，1981年8月。
③ 参见马海德：《宋庆龄——我的革命导师》，载《光明日报》，1981年6月3日。

工部局的职务,在宋庆龄的帮助下,到武汉开展"工合运动"。马海德则在1936年与斯诺一起去了陕北,直接为苏区及新中国的医疗事业服务,后来还加入了中国籍。他与宋庆龄一直保持着深厚的友谊。宋庆龄把马海德视为自家亲人一般。有一次,她对马海德说:"我是很关心你的,我看你在革命道路上走得好不好。如果你走得不好,我是要批评你的。"马海德说:"这种诚挚深厚的感情,使我无比激动。正是在宋庆龄同志近五十年来的培养和教育下,我才能为中国人民的解放事业和社会主义建设事业贡献出我的一点微薄力量。"①

在宋庆龄结交的国际友人中,伊罗生则是一个比较特殊的朋友。

伊罗生本名哈罗德·罗伯特·伊赛克(H.R.Isaacs),1910年出生于纽约的一个美籍犹太人家庭。1930年来到中国,在上海两家英文报纸《大美晚报》和《大陆报》担任记者、编辑。他曾深入川西采访,看到那里一片萧条,人民生活在水深火热之中。尤其在"九一八"之后,伊罗生目睹日本帝国主义的野蛮入侵和蒋介石政府的不抵抗政策,对中国人民的斗争深表同情,思想倾向于革命。之后,他接受共产国际委托,帮助中国共产党工作,于1932年1月13日创办《中国论坛》,热情介绍中国人民的革命斗争和中国共产党领导下的左翼文化运动,在国际宣传和支援中国革命方面,做了许多工作。当1933年初中国民权保障同盟成立时,他才23岁。由于在此之前,他已由史沫特莱介绍认识了宋庆龄,于是他就成为同盟中央执委中唯一的一名外国人,又是最年轻的一个。他主编的《中国论坛》配合民权保障同盟的活动,发表同盟的文件和材料,对国民党反动派的白色恐怖进行及时的揭露和有力的抨击,发挥了类似于同盟机关报的战斗作用。宋庆龄还派自己的两位秘书史沫特莱和陈翰笙帮助他工作。但是,《中国论坛》直接受中共中央宣传部领

---

① 参见马海德:《宋庆龄——我的革命导师》,载《光明日报》,1981年6月3日。

1939年，宋庆龄与路易·艾黎（后排右一）等在香港留影

宋庆龄与路易·艾黎(后排右三)、马海德(第二排右六)夫妇、邓广殷(第二排右四)夫妇、廖承志(第二排右三)、廖梦醒(第二排右二)、邱茉莉(第二排右一)等在一起

导，是中共在白区的一份外围报纸。在当时，中共在白区的刊物不断被摧毁的情况下，《中国论坛》存在的时间最长，发挥了特殊的作用。因此，国民党上海市政府给它扣上"思想激烈，言论怪僻，对于党国，每加攻击"的罪名，并指控伊罗生"公然在论坛报中赞助所谓'中华苏维埃共和国临时政府'，主张推翻国民政府，鼓吹阶级斗争"。但这份刊物却凭借在公共租界工部局办理的执照得以公开存在。民权保障同盟停止活动之后，它还继续支持了半年之久。

由于民权保障同盟期间的共同战斗，伊罗生与宋庆龄、鲁迅等人建立了友谊。尤其在营救牛兰夫妇的工作中，他作为国际及中国两个营救牛兰委员会的成员，配合宋庆龄做了许多工作。此外，他还为美国一家出版社翻译中国小说，靠鲁迅、茅盾、丁玲等人帮助，选编一部名为《草鞋脚》的中国现代短篇小说集。

但是，遗憾的是，伊罗生后来不像他的美国同行斯诺那样，在宋庆龄的帮助和中国革命烈火的熏陶下，坚持正确的道路前进，而是转向了托派，与中共中央彻底决裂。

在20世纪30年代，为中国革命与宋庆龄并肩战斗的外国朋友除上述者外，还有一些，如参加马列主义学习小组的美国人格兰尼奇夫妇等。1935年格兰尼奇夫妇来到上海，创办宣传中国抗战的半月刊《中国呼声》。这份杂志成为当时上海少数几位进步外国朋友与宋庆龄、鲁迅等团结的旗帜。宋庆龄曾给予鼓励、指导和支持。中共地下党也通过她在《中国呼声》上发表文章，宣传组织抗日民族统一战线的主张。鲁迅和全国各地的革命学生、进步人士也都为它撰写文章，较早地揭露日本侵略东北、进攻上海的罪恶，喊出中国人民要求抵抗日本侵略的呼声。马海德既为这个刊物做翻译工作，还写抗日文章。在宋庆龄的关怀下，这份刊物在国际上起了很好的影响。[①] 在1936—1937年，领导中国人民抗日救亡运动的组织全国

[①] 马海德：《宋庆龄——我的革命导师》，载《光明日报》，1981年6月3日。

1944年8月25日，为感谢马海德对国际和平医院所做的贡献，宋庆龄赠给他照片，并在照片背面题字

救国会七位重要领导人被逮捕后,宋庆龄继续领导救国会工作期间,格兰尼奇曾给予她很大的帮助。

总之,20世纪30年代的宋庆龄,不仅是中国革命者和爱国志士的保护人,也是世界各国革命友人到上海租界避难和进行活动的联络者。她为什么会像磁铁般具有如此大的吸引力?正如斯诺的前妻海伦·斯诺所说:"宋庆龄有许多条路可走,然而她选择了一条最危险的、最困难、当时看来也是最无希望的道路。这使她对于年轻的西方人和中国人具有完全的可信性。"① 日本、美国、英国、德国、印度、越南等国的革命者,直接或间接地都同宋庆龄保持联系。宋庆龄则尽一切可能支援他们的工作,接济他们的生活。在这方面,史沫特莱、鲁迅和陈翰笙是她的得力助手。除了前面已经提到过的之外,宋庆龄通过鲁迅和内山完造的友谊,联系了一些日本朋友;帮助德国的一些进步朋友组成学习小组,读马克思、列宁的著作,并帮助他们进行反对法西斯运动。

宋庆龄团结国内外进步势力,与国民党反动派进行艰苦搏斗的时候,中国共产党由于第五次反"围剿"失利而进行的战略大转移——长征及西北根据地的反"围剿",由于毛泽东为首的新中央克服了王明"左"倾路线,确立了正确路线,取得了决定性的胜利,再加上随着国际上反对德、日、意法西斯斗争的进展,中国的政局也出现了转机。

山重水复疑无路,柳暗花明又一村。富有政治敏感和革命经验的宋庆龄,紧跟时代潮流,推动历史前进,她为促进第二次国共合作,建立抗日民族统一战线,又开始谱写新的篇章。

---

① 引自张彦:《美国朋友怀念着宋庆龄》,载《人民日报》,1981年5月26日。

第七节 打通第二次国共合作之路

一、为国共谈判搭桥

1935年，日本利用蒋介石的不抵抗政策，加速侵华步伐。6—7月，迫使国民党政府签订《何梅协定》，攫取河北、察哈尔两省的大部分主权。然后，日本就策动"华北五省自治运动"，妄图不战而侵吞全华北。

与此同时，在欧洲，德国和意大利法西斯的战争叫嚣，也给世界和平造成严重的威胁。

在此形势下，1935年7月25日至8月20日，共产国际在莫斯科召开第七次代表大会，通过决议，号召各国人民建立反帝国主义、反法西斯的国际统一战线。为此，共产国际还指示各国共产党必须纠正自己队伍中自满自足的关门主义。

中共驻共产国际代表团参加了第七次代表大会，并根据国内形势和大会精神，起草了《为抗日救国告全体同胞书》（即"八一宣言"），以中华苏维埃中央政府和中共中央委员会名义正式刊登在巴黎出版的《救国报》第10期上。

宣言号召全国同胞：停止内战，一致抗日，并向国民党及一切愿意参加抗日救国事业的党派、团体、部队呼吁，共同组织统一的国防政府和抗日联军。12月下旬，长征胜利到达陕北后的中共中央政治局在瓦窑堡召开会议，确立了要建立最广泛的抗日民族统一战线的策略方针。会后，毛泽东根据中央

瓦窑堡会议会场

决议，在党的活动分子会议上，作了《论反对日本帝国主义的策略》的报告，充分说明在抗日的条件下和民族资产阶级重新建立统一战线的可能性，指出共产党在这个统一战线中的领导作用；并指出中国革命的长期性。报告还回顾并总结了"九一八"以来共产党和全国人民、爱国民主人士所进行的抗日救亡运动，批评了党内存在的"左"倾关门主义的错误。这实际上是充分肯定了以宋庆龄等为代表的国民党左派几年来坚持的抗日立场和与共产党的合作。"左"倾关门主义的错误受到批判，扫除了前进道路上的障碍，从此，宋庆龄与共产党的关系，开始进入了亲密合作的新时期。

从"八一宣言"到瓦窑堡会议确立建立抗日民族统一战线的路线，表明中国共产党开始走向联合国民党政府共同抗日的道路。这是一个伟大的转变。

但是，由于当时蒋介石还没有根本改变对日妥协投降的立场，而且还在继续进攻红军，所以，这时提出的抗日民族统一战线，还

没有包括蒋介石在内。把蒋介石逼上抗日道路，从而实现国共合作，真正建立抗日民族统一战线，还需中共及全国人民进行艰苦而激烈的斗争。

瓦窑堡会议后，党面临着必须把陕北的中共中央与上海、北平为中心的国民党统治区中共地下党和爱国民主力量紧密地联系起来，在全国推动并实现抗日民族统一战线的任务。在实现这一任务的过程中，宋庆龄发挥了重要的作用。

1935年底，北平学生"一二·九"、"一二·一六"两次大示威后，由于国民党反动派的残酷镇压，领导北平及北方地区的地下党组织的中共北方局失去了与党中央的联系。为向中央报告"一二·九"运动的情况，请示今后华北地区救亡运动开展的意见，北方局写了一封给中央的信。北方局领导人林枫把此信交给北平学联负责人姚依林，要他设法通过鲁迅把信交给党中央。姚依林又把这一任务交给在东北大学读书的学生邹鲁风。[①] 邹鲁风通过在该校任教的曹靖华教授的介绍，到上海去把北方局的信送交给鲁迅。可是鲁迅自从1933年底冯雪峰奉调赴苏区后，已失去与党中央的联系；同时，他与执行"左"倾宗派主义路线的上海地下党的关系，也处于紧张状态。而且，上海地下党与中央的关系，也早已中断。于是，鲁迅就把北方局的信转交给宋庆龄，他知道宋庆龄与中共中央是有联系的，而且是最可靠的。[②]

宋庆龄与已经长征到达陕北的中共中央是怎样取得联系的呢？

原来，宋庆龄与中共中央，一直保持着联系。这种联系有多种渠道，除了未被破坏之前的中共中央上海局之外，最牢固的渠道是苏联驻上海领事馆和共产国际设在上海的远东局。因此，不管上海

---

① 姚依林：《"一二·九"运动回忆》，载中共北京市委党史资料征集委员会编：《"一二·九"运动》，中共党史资料出版社1987年版，第329页。
② 曹靖华：《怀念宋庆龄同志》，载《人民日报》，1981年5月29日；邹鲁风：《党最亲密的战友——回忆鲁迅先生》，载《中国青年》1956年第20期。

地下党遭到怎样的破坏，宋庆龄与中共中央的联系始终没有中断。这种联系除了与共产国际或中共代表接触外，经常的是电台联络。该电台设在路易·艾黎的养子黎雪做物理实验的工作间，电台由一个名叫威特玛的德国姑娘负责操作。1935年深秋的一个夜晚，当知道红军长征到达陕北的消息后，宋庆龄"一反往常的文静仪态，左手拿着一瓶香槟，右手拿着一瓶白兰地，端庄的脸上泛着红晕"，来到路易·艾黎的家，与艾黎、黎雪等几个国际朋友，为红军长征胜利干杯。[1]她比谁都清楚，这意味着中国革命已走出低谷将再次卷起狂澜，并走向新的胜利。1935年，蒋介石在日本的步步紧逼及中国人民抗日怒潮的冲击下，感到推行"攘外必先安内"的方针已经越来越困难，于是在开始进行抗日准备和继续军事"剿共"的同时，使出了新的一招：找共产党谈判，企图用政治手段解决共产党问题。这是蒋介石推行先安内而后攘外方针的新策略。为此，蒋介石开始寻找与共产党接触的线索。他派出了好几路人马，"打通共产党的关系"，其中一路是宋子文。[2]

宋子文找到宋庆龄，请姐姐设法与中共联系，将国民党愿意谈判的消息传递给中共方面。宋庆龄虽然早已宣布断绝与国民党中央的关系，但是现在，她认为蒋介石走出这一步符合历史潮流，与共产党"八一宣言"的精神一致，若能成功，对国家和民族是有利的，因此，她欣然同意出面斡旋。她把这个任务交给当时以牧师身份在上海从事中共秘密工作的董健吾（化名王牧师）去陕北传递消息。

1936年1月初，宋庆龄通知董健吾到她家里去晤谈，说要托他送一封重要的信件，到陕北瓦窑堡面呈毛泽东和周恩来。董健吾兴奋地接受了委托，并且答应马上动身。于是宋庆龄约他第二天来取

---

[1] 卞毓、左夫：《宋妈妈，"大众的儿子"在向您倾诉——访黎雪同志》，载《羊城晚报》，1981年6月4日。
[2] 谌小岑：《西安事变前一年国共两党关于联合抗日问题的一段接触》，载《文史资料选辑》第71辑。

要件和路费。第二天，宋庆龄交给董健吾要件一包和百元路费，还有南京政府财政部委员的身份证，作为沿途的"护身符"。宋庆龄叮嘱董健吾沿途要小心谨慎，对密封的一包文件要特别保藏。她强调此行关系国家的利益，并预祝他成功。

那时，因陕北冰天雪地，道路不通，所以董健吾在西安逗留了四十余天。后来得到张学良的协助——用飞机送董健吾至肤施（即延安），再由防军派骑兵护送至瓦窑堡，这时已是1936年的2月底了。但毛泽东、周恩来那时驻扎在山西石楼，就由秦邦宪（博古）、林伯渠和张云逸等接待董健吾。他将宋庆龄委托的一包要件递上请他们转呈在山西的毛泽东和周恩来。董健吾在瓦窑堡等到第十天，得到秦邦宪通知，说毛泽东、周恩来的复信已到。接着，秦邦宪把复信交给他，还交给他江西苏区政府铸的有斧头、镰刀的银币三枚及布币整零一套，请他转交宋庆龄，由她做主分赠或保存起来，作为珍贵的纪念品。

董健吾随即回到上海，向宋庆龄复命。宋庆龄为此行成功感到非常高兴，并向董健吾表示热忱感谢。董健吾还转达了毛泽东向宋子文的致意，说明"十年分袂，国事全非，救亡图存，惟有复归于联合战线"，望其促南京当局改变对内对外方针。[①]

就这样，国共分裂后，在民族存亡关头，宋庆龄最先在国民党和共产党之间搭起了一座桥梁。从这个意义上说，宋庆龄为促成第二次国共合作的实现立了第一功。

宋庆龄虽然与中共中央有着这样的联系，但出于当时复杂的斗争环境和地下工作的原则，她没有权利和义务直接沟通中共中央与其各地组织的关系，只能在必要时从侧面进行帮助，如保护已暴露的同志、代转信件、提供经费，或解决一些特殊困难等。例如宋庆

---

① 参见《毛泽东致宋子文》，载《毛泽东书信选集》，人民出版社1983年版，第45页。

龄曾通过路易·艾黎的关系，替中共中央把红军进入山西获得的一笔山西省发行的地方钞票（其中有的票面上有血污、弹孔）兑换为中央币，然后凑足一万元，委托宋庆龄在银行界的朋友章乃器，电汇给西安中共中央常驻东北军的代表刘鼎作为活动经费。一万元这个数目，在当时是很可观的。红军与东北军达成协议后，中共在西安地区地下党的工作，打开了新局面。这一万元，解决了西安事变前后中共在西安地区活动的紧急之需。①

1936年，中共中央派冯雪峰回到上海恢复地下工作。冯雪峰回忆，临行时，中央交待，"被破坏后的上海地下党组织和党员同中央失去联系已将近两年"，特别嘱咐他到上海后先找宋庆龄等人了解一些情况后，"再去找党员"。②可见当时中共中央对宋庆龄寄予多么大的信任。

4月25日，冯雪峰到上海，住在老关系鲁迅家里，接着，就与宋庆龄、沈钧儒、史沫特莱分别见面，向他们介绍了红军长征和党的抗日民族统一战线的策略。③与宋庆龄会见时，双方商定派李云——一个21岁的小姑娘做地下党与宋庆龄的联络员。开始李云一星期去宋处两三次；几个月以后，几乎每天都去，一直到1937年12月宋庆龄离沪赴香港。④冯雪峰不仅与中共中央建立了电台联系，还先后派周文和王尧山为交通传递文件。⑤从此，上海地下党与中共中央正式接通了关系。宋庆龄通过这条途径与中共中央的关系也随之更加经常和密切。她能更加及时更加正确地了解中共中央的方针路线，更加自觉地为党的事业而奋斗，配合进行各种工作，发起各种

---

①参见1981年12月25日路易·艾黎为刘鼎兑换钞票所作的说明，藏北京宋庆龄故居。
②参见冯雪峰：《有关1936年周扬等人的行动及鲁迅提出"民族革命战争的大众文学"口号笔的经过》，载《新文学史料》第2辑。冯雪峰：《关于1936年我到上海工作的任务以及我同文委和"临委"的关系》，载《鲁迅研究资料》第4辑。
③同上。
④李云：《三十年代在宋庆龄同志身边两年》，载《解放日报》，1981年5月23日。
⑤王尧山：《关于上海地下党重建的经过》，载上海《党史资料》（丛刊）1979年第1辑。

运动。

由于排除了"左"倾干扰，宋庆龄与中国共产党的关系进入了亲密无间、友好合作的新时期。

二、救国会的支柱

早在1935年10月，"八一宣言"通过在巴黎出版的《救国报》传到上海，就在各界爱国民主人士和知识分子中产生了强烈反响。人们相互秘密传阅，奔走相告，心情十分激动。宋庆龄和何香凝、柳亚子、经亨颐、陈树人以及于右任、孙科等率先响应，热诚拥护。接着，在北京"一二·九"运动的推动下，上海抗日救亡运动开始由自发分散状态，走向组织和统一，先后出现妇女救国会、文化界救国会、大学教授救国会、国难教育社、职业界救国会，以及电影界、学生界、工人、新闻界等各种救国会。这些救国会的主要发起者和领导人，都是几年来与宋庆龄一起进行民权保障和抗日救亡运动的战友，如史良、沈钧儒、邹韬奋、胡愈之等。史良后来回忆她为什么能积极投入上海第一个救国会——上海妇女救国会的发起工作时说，当时是因为"受宋大姐的委托"，营救一些共产党的地下工作人员，以及邓中夏的牺牲"使我明白，靠统治者的法律来争取人民的政治权利是不可能的。我就是在这个思想背景下，参加到爱国救亡运动的行列中来的"[①]。

1936年1月28日，上海各界八百余人，在上海市商会举行纪念"一·二八"四周年大会，会上正式成立上海市各界救国联合会，选举宋庆龄、何香凝、马相伯、沈钧儒、章乃器等30人组成理事会，创办了《救亡情报》等刊物。会后，这个组织就在上海掀起了

---

① 史良：《关于救国会的一些回忆》，载《救国会》第451页。

《救亡情报》创刊号

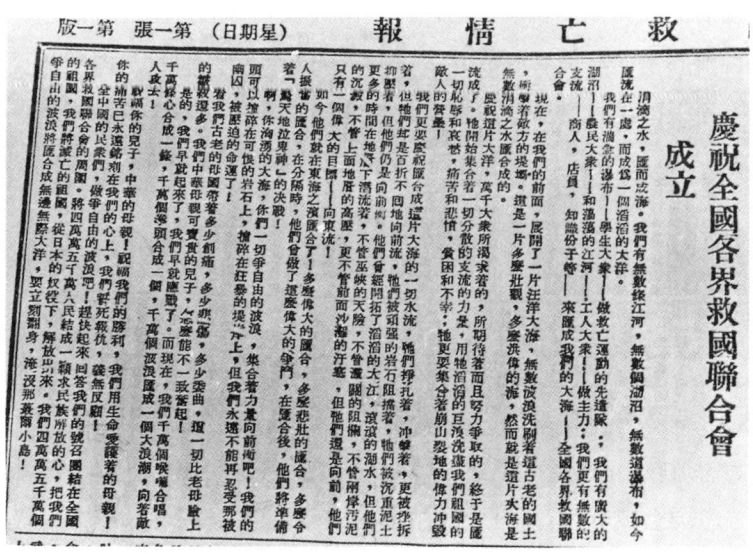

1936年5月31日,全国各地六十多个救国团体在上海成立全国各界救国联合会

更大规模的救亡运动。

冯雪峰来沪传达中共中央精神后，经过两个月筹备，全国各界救国会在5月31日秘密举行成立大会，全国二十多个省市六十多个救国团体代表五十多人出席会议。此后，以全国各界救国会为中心，配合上海地下党掀起更加高涨的抗日救亡运动。

大会举行了两天，通过宣言、政治纲领、章程等一系列文件。这些文件，贯彻中共关于建立抗日民族统一战线的精神，为推动国民党政府抗日和各党派合作抗日，力争救国会合法存在，以超党派和独立性的组织面目出现。文件郑重声明：救国会"没有任何政治野心，没有争夺政权的企图，而不过是要尽一份人民的天职"。指出救国会"现阶段的主要任务——促成全国各实力派合作抗敌"；"以团结全国救国力量，统一救国方策，保障领土完整，图谋民族解放为宗旨"。文件策略性地批评各党各派过去的错误，着重揭露国民党政府执行的卖国和内战政策，指出："大会认为中央已往的错误，是在政治上放弃了民族革命的任务，而只在武力上企图征服全国；中央目前的错误，是对外放弃了民族共同的大敌，而只对内的消灭异己上面把国防力量孤注一掷"，"在这国家存亡不容发的时候，任何党派的一意孤行，不顾大局，结果都是徒然招人民的反感"。

上述提法，与历来的救亡组织的文件，包括宋庆龄发起的民族武装自卫会都不一样，特别在对待国民党政府的态度上，表现出明显的转变。

宋庆龄因病未能参加成立大会，但她一直关心大会的筹备和召开，并被选为执行委员。大会选举沈钧儒、章乃器、陶行知、李公朴、王造时、史良、沙千里等14人为常务委员，主持日常工作。

救国会成立后，根据上述宣言、纲领精神，对各党各派积极进行一系列工作。发电报、写公开信或派专人与国民党、共产党及张学良、杨虎城、傅作义等各地实力派进行接触，宣传抗日救国主张，呼吁各方团结御侮。

11月，救国会举行隆重的孙中山诞辰的纪念活动。宋庆龄在10日发表了纪念词，着重宣传建立广泛的抗日统一战线的思想。她指出："全国同胞纪念孙中山先生，要继承先生的遗志，争取中华民族的解放。在目前的一个阶段中，我们应该认定我们最大的敌人是日本帝国主义和汉奸卖国贼。"并提出要打倒中华民族的大敌，必须建立广泛的国际和国内的救亡统一战线："我们要联合全世界一切爱好和平的国家，参加反侵略的国际阵线……我们要联合国内各党各派及社会各阶层人物，建立民族统一战线，打倒日本帝国主义和汉奸卖国贼。"[①]宋庆龄明确指出的目前主要敌人是日本帝国主义，和提出的建立广泛的抗日统一战线，与中共中央逼蒋抗日通知的精神完全一致。

救国会在8月日军进攻绥东时，支援了傅作义绥东抗战；10月，鲁迅逝世时，组织了葬礼大示威；11月，又支援了上海沪东区日本纱厂工人大罢工；等等。

国民党政府害怕人民，害怕人民组织起来。救国会成立的第二天，沈钧儒、章乃器把救国会的宣言和纲领等送交国民党上海市市长吴铁城，希望得到认可，取得合法地位。而吴铁城不仅拒绝承认，并诬蔑救国会是"反动的东西"，声言要逮捕救国会负责人，解散救国会。沈、章当即表示决不退缩，并明确说明要"忠于宣言的每一句话，宁可坐牢而不愿卖国"。

宋庆龄得知这一情况后，6月5日致函救国会领导人，钦佩他们威武不屈的态度，她说："签名于这救国会的纲领和宣言之后，我充分支持这个纲领和宣言。"并提醒他们对今后斗争的长期性和艰苦性要有充分的思想准备，而对最后胜利要有坚定的信念。她指出：

[①]《救亡情报》中山先生诞辰纪念号外，1936年11月12日。

全国各界救国联合会领导人（前排左起）沈钧儒、史良、王造时、沙千里在抗日示威游行队伍中

宋慶齡先生致救國陣線領袖函

因爲住了一個半月的醫院，所以一直到現在才知道當局又企圖壞破救國會的力量，並不斷地威脅，要逮捕救國陣綫諸領袖。我聽說你們拒絕否認宣言，並堅決聲言忠於宣言的每一句話，寧可坐牢而不願賣國。這是不是一個諷刺呢？當局一面鼓吹着「祕密準備抵抗日帝國主義」，但一面又警告，逮捕我們救國會同志。這種辦法只是欺騙白癡。這已是十分明顯，當局是不可能抵抗帝國主義的，爲我們受辱的祖國復仇。但他們卻名起了迅速的廣大救國革命羣衆，最多在帝國主義矛盾的限度內，勾結一個帝國主義侵略者反抗其它帝國主義。

我們反日的最好方法，是只有加強我民族革命的力量。所以我敢担保你們將作堅持到底的努力。我們的路是長而艱苦的，但只有偉大的鬥爭才能獲得勝利。如果我們能够盡力幹去，這種勝利是有保證的。我們非常欣慰，簽名於這救國會的綱領和宣言之後，我充分支持這個綱領和宣言。

此致民族革命的敬祝！

宋慶齡（簽字）
六月五日一九三六正簽

1936年6月5日，宋庆龄在上海致函全国各界救国联合会，揭露国民党当局破坏抗日，表示支持救国会的纲领和宣言

"我们反日的最好方法，是只有加强我民族革命的力量。所以我敢担保你们将作坚持到底的努力。我们的路是长而艰苦的，但只有伟大的斗争才能获得胜利。如果我们能够尽力干去，这种胜利是有保证的。"①

8月27日、28日，上海各报刊载了以"武装自卫会"为名义的"自首宣言"，向国民党当局表示"归顺"，以此丑化宋庆龄原来领导的救亡组织"武装自卫会"，从右的方面来干扰、瓦解救国会的活动。宋庆龄和章乃器于9月3日联名发表《为中国人民自卫委员会事告大众》，愤怒表示：作为武装自卫会的发起人，对所谓"自首"的"无耻宣言，不能不加以驳斥"；指出："自首宣言"的炮制者"根本没有资格代表该会说话，尤其可笑的，历史上也不曾看到过任何政治集团的干部能够率领他们的群众投降，所以他们的行动，不单是欺罔上级，而同时是诬蔑下层群众。"宋庆龄、章乃器明确宣布：武装自卫会根本没有向任何国内政权表示"归顺"的必要，"因为该会对国内任何政权都不取敌对的态度。该会的敌人，是日本帝国主义和汉奸；只有在日本帝国主义和汉奸之前，才能说得到投降，或者归顺"。②

这里实际上点出了"自首宣言"炮制者的丑恶嘴脸：他们不过是向日本帝国主义和汉奸摇尾乞怜的走狗而已。

9月中旬，国民党上海市党部发布了一个通令，诬蔑救国会是"借救国为名敛钱肥己"。宋庆龄立即与马相伯、何香凝、沈钧儒、章乃器、王造时、李公朴、史良联名发表《更正侮辱救国会之通令启事》，严正驳斥国民党对救国会的诬蔑，指出：救国会各领袖"或身居指导，或直接负责，曾否敛钱肥己，想为国人所共谅"。然后反戈一击："十年来敛钱肥己者究为何种人，亦难逃国人之耳目。市

---

① 《救亡情报》第6期，1936年6月14日。
② 《救亡情报》第17期，1936年9月6日。

党部果见有敛钱肥己之事实，尽可按法惩治，何能以一纸文书，妄加诬蔑救国阵线下之全国各界救国联合会。"《启事》讽刺国民党当局："党政诸公既不能领导人民从事救亡工作，人民自动组织应何欣慰之不遑，讵忍诬为反动，实所不解。"①

9月18日，上海各团体代表二千余人上街举行纪念"九一八"五周年的活动。事先，在救国会的强烈要求下，国民党当局曾默许这次活动。但是，群众在游行时，还是遭到了国民党军警的袭击，造成血案。史良在阻止警察行凶时，亦被打伤，住进医院。

宋庆龄、何香凝等对国民党当局压制群众救亡运动的行径非常气愤。她俩联名发出快邮代电，向全国民众揭露事件真相，控诉"九一八"血案："受伤者达百人以上，失踪者数十人，被捕者二十余人。受伤者多数为女子，且均伤在背后，狠毒情形，难以尽述。""代电"责问国民党当局："民众甚至不能和平纪念'九一八'，国事尚堪问乎？政府准备抗敌之诺言，尚能为人民所信任乎？政府果欲人民忘'九一八'之耻，以便于敌人之亡我灭我乎？"要求"主持公道，严办负责官吏，抚慰受伤人民，释放被捕诸人，以安人心"。②

接着，宋庆龄等又以上海市各界救国联合会的名义，就"九一八"血案向全国发出通电和《告全国同胞书》，呼吁全国人民起来，共争抗日救亡的权利。在《告全国同胞书》中悲愤地诉说道："我们要求一个爱国的自由，我们万想不到而且也永不会忘记在'九一八'五周年的今天，我们要在自己的刀棍之下，流我们的赤血！同胞们！中国还没有灭亡，我们已经不能纪念'九一八'，我们能忍受吗？我们能甘心吗？"③

11月，反动派见救国会领导的抗日救亡运动势不可挡，压抑不

---

① 《救亡情报》第22期，1936年10月18日。
② 《救亡情报》"九一八"五周年纪念血案号外，1936年9月22日。
③ 同上。

住,破坏不了,蓬蓬勃勃地开展起来,又使出新花招:他们雇佣一帮喽啰,捡起"武装自卫会"、"反蒋抗日"的招牌,鼓吹非法斗争,从"左"的方面干扰破坏救亡运动,并为镇压救亡运动设置陷阱。11日,宋庆龄和章乃器再次发表声明,戳穿骗局,要大家警惕,指出:"中华民族武装自卫会上海分会,早已经停止活动。现闻仍有人假借该分会名义,私自进行组织。也许是少数会员的个人行动,但是也尽可能是奸细诱骗青年再加毒害的一个陷阱,希望大家不要贸然参加,免受暗算。一切不愿做亡国奴的大众,可以自由加入各救国团体,为民族解放努力!"①

总之,宋庆龄的确如她表示的那样,"充分支持"救国会的斗争,非常关心救国会的工作,时常参加救国会的决策会议,与各救亡运动领袖共商救国大计。1936年10月中旬,有一次,她因故不能出席救国会的执委会议,就请章乃器为她请假并申述她对开展救国会工作的意见外,还特致函执委会表示:"月来诸同志在各地努力奋斗,至慰心怀。整个领导,亦甚正确。"又提醒说:"惟救国功业,至为艰苦,如欲获得最后之胜利,尚须有更大之努力。尚希诸同志再接再厉,以取得民族之解放!"②

这封信表明,宋庆龄满怀热忱地支持救国会的工作,是救国会的中流砥柱。

由于健康及其他原因,宋庆龄对于"七君子"被捕前救国会的工作,主要是在指导思想和精神上及经济上给予支持。

救国会经费没有来源,主要靠章乃器"破家维持":一点储蓄用完之后,连房子也卖掉了。宋庆龄为此几次捐助了几千元。③

宋庆龄还对胞弟宋子文(时任中国银行董事长)做工作,劝促

---

① 《救亡情报》,1936年11月15日。
② 《救亡情报》第22期,1936年10月18日。
③ 章乃器:《我和救国会》,载《救国会》第442、446页。

他暗中同情和支持救国会,如募捐经费、解决纠纷等。后来宋子文给救国会的捐款,都由宋庆龄转交。

宋庆龄虽然实际上在救国会中处于领袖地位,但她自己并不以领导者自居,救国会总干事胡子婴说:宋庆龄一直"把自己看作普通一员,平易近人、和蔼可亲。我们每个人都由衷地敬爱她、尊重她,把她看作我们的带领人、我们的亲人。提到'孙夫人'的名称,都会情不自禁地产生一种深厚的亲切感情"[①]。

三、营救"七君子"

中国共产党高度评价、全力支持宋庆龄和救国会领导人推动全国各党派联合抗日的努力,并在行动上互相呼应、密切配合。

工农红军与东北军达成停战协议后,在1936年4月渡黄河东征,开赴抗日战场。但是国民党却以十万兵力阻拦。中共中央考虑到国难当头,以保存国防力量为重,就顾全大局回师河西。5月5日,红军向南京政府发出了停战议和一致抗日的通电。中国共产党中央还考虑到在新的形势下,蒋介石的态度有可能改变,于是就放弃了"反蒋"的口号,开始实行"逼蒋抗日"的方针。8月25日,中共中央又致函国民党中央,申明中国共产党关于建立抗日民族统一战线和准备重新建立国共合作政策的决定。9月中旬,中共中央正式派潘汉年为代表到南京,与国民党谈判。潘汉年同时又是中共上海办事处主任,办事处的任务是在国民党及各民主党派、著名人士中进行统战和情报工作,并兼负责上海地下党组织和党员的联系事宜。

为了防止日本帝国主义和亲日派的破坏,谈判是秘密进行的。

[①] 胡子婴:《光耀日月,气贯长虹——回忆宋庆龄名誉主席在救国会时期二三事》,载《宋庆龄纪念集》,第112页。

但是共产党相信宋庆龄，托请宋庆龄给予协助。中共中央指令潘汉年到上海后，先去拜会宋庆龄，当面申述具体组织统一战线的意见，出示8月25日中共中央致国民党中央的信，请求指导，共同商议他在南京公开活动的办法。潘汉年到上海见到宋庆龄后，面呈了毛泽东9月18日写的一封亲笔信。在信中，毛泽东和中共中央对宋庆龄表示了无限敬仰之情，信写道：

"庆龄先生左右：

武汉分别，忽近十年。每从报端及外来同志口中得知先生革命救国的言论行动，引起我们无限的敬爱。一九二七年后，真能继续孙中山先生革命救国之精神的，只有先生与我们的同志们。目前停止内战联合抗日之呼声虽已普及全国，然而统率大兵之蒋氏及国民党中央迄今尚无彻底悔祸之心。这种违反孙中山先生革命的三民主义与三大政策之行为，实为国民党大多数党员所不应容许而应立起纠正才是。"接着，信中希望宋庆龄"利用国民党中委之资格作具体实际之活动"，以"唤醒国民党中枢诸负责人员，觉悟于亡国之可怕与民意之不可侮，迅速改变其错误政策"，并托请帮助潘汉年的工作，介绍她比较接近的国民党中枢人员，如吴稚晖、孔祥熙、宋子文、李石曾、蔡元培、孙科诸先生，与潘汉年进行晤谈。①

这封信的中心意思，是要宋庆龄以国民党中央委员的资格，帮助共产党实行逼蒋抗日政策。

宋庆龄阅读此信后，为获得共产党的高度信赖而深为感动，同时也感到自己肩负的历史责任更加重大。她完全接受中共中央的委托，热忱地帮助潘汉年开展统一战线的工作，并在领导全国救国会的工作中，积极贯彻逼蒋抗日、推动国民党中央改变错误政策的方针。这种思想和策略，在营救"七君子"的过程中有着充分的体现。

---

① 《致宋庆龄》，载《毛泽东书信选集》，人民出版社1983年版，第61—62页。

宋庆龄等救国会领导人的活动，引起了蒋介石统治集团的恐慌，他们惧怕以救国会为中心所发动的全国抗日救亡运动危及自己的统治基础，竟冒天下之大不韪，在11月22日深夜，肆无忌惮地秘密逮捕救国会常务委员沈钧儒、章乃器、王造时、邹韬奋、李公朴、沙千里和史良七人，制造了震惊中外的救国会"七君子"事件。

沈钧儒等被捕后，宋庆龄立即领导救国会采取一系列措施进行营救。

事件发生的当晚，负责编辑救国会机关刊物《救亡情报》的宣传部总干事吴大琨，就以宋庆龄、何香凝、马相伯三位领导人的名义，起草了《全救会为七领袖无辜被捕告当局及国人书》，取得宋庆龄同意后，赶往印刷厂出版发行《救亡情报》号外。[①] 同时，通过萨空了主编的《立报》，在24日将七人被捕的消息公之于世。另外，还发表《全救会为沈钧儒等领袖无辜被捕紧急宣言》。[②]——这些措施及时挫败了国民党妄想秘密处置七君子的阴谋。

宋庆龄在26日发表的《为沈钧儒等人被捕声明》中，表示："余以全国救国联合会执行委员之一，鉴于全国救联七领袖被捕，特提出抗议；反对此等违法逮捕，反对以毫无根据的罪名横加于诸领袖。"

"声明"尖锐地揭露此事是国民党反动派与日本帝国主义勾结所为，但为了贯彻推动国民党政府抗日、集中力量打击主要敌人的方针，声明强调指出："任何理智清晰的人士都明白，这种逮捕以及这些罪名都是由于日帝国主义者的影响所致……全国救国联合会众所昭知的目的，完全是促进政府与人民一致成立联合战线，抵抗日本侵略。恰恰与日本帝国主义的挑拨武断的言词相反，救国会既不袒护共产党，也不反对政府。这些罪名完全是日帝国主义者故意制

---

① 吴大琨：《在宋庆龄同志领导下工作》，载《中国财贸报》，1981年5月26日。
② 《救亡情报》第28期，1936年11月29日。

造出来，使中国政府与救国会发生恶感，由是将政府与人民分裂，以遂其阴谋的。"宋庆龄断定："我要指出日人方面这种策略，完全会出于他们原来的意料之外，仅能更引起中国人民反日的忿怒和爱国的热诚……救国会的七位领袖已经被捕了，可是我们中国还有四万万人民，他们的爱国义愤是压迫不了的。"

"声明"能首先揭露逮捕七君子事件是国民党与日本勾结所为的真相，具有卓越的洞察力。因为正是"七君子"被捕的当天，上海市市长吴铁城会见日本驻沪总领事若杉，对日本方面在日资纱厂罢工期间所表现的"隐忍自重的态度"表"感谢"，并向日方表明以逮捕救国会领袖来平息罢工风潮的"苦心"。对此，日方表示满意。①但是，这种幕后的阴谋勾当是极其秘密并鲜为人知的，所以，宋庆龄的揭露，对敌人是个沉重的打击。

为此，日本帝国主义对宋庆龄极为痛恨，必要除之而后快。他们在上海的报纸大肆造谣说，宋庆龄也为法捕房所逮捕，其"罪名是共产党活动，与第三国际有联系"云云。

这种谣言，既低劣又丑陋。宋庆龄的声明中说："对我个人的攻击罪名，这是不值一笑的。我也用不着来驳斥这些日本报纸的污蔑，他们的惯于毁谤造谣卑劣宣传，早已有目共睹，有耳皆闻。"

"声明"一改过去直接谴责国民党法西斯暴行的做法，而取曲笔，既打击主要敌人日本帝国主义，又谴责了国民党反动派，一箭双雕。这种政治斗争的艺术是很高明的。

宋庆龄还积极动员国民党内的正义力量参加营救"七君子"的活动。11月23日，她从胡子婴处得知章乃器等人被捕的消息后，当即争取了孙科，托他持她的亲笔信到南京找国民政府军事委员会副委员长冯玉祥。信中驳斥了国民党把"七君子"诬为共产党的说法，

---

① 参见若杉总领事1936年11月23日和25日致日本外务大臣有田的电报，载〔日〕《现代史资料（13）·日中战争（5）》，第40—41页。

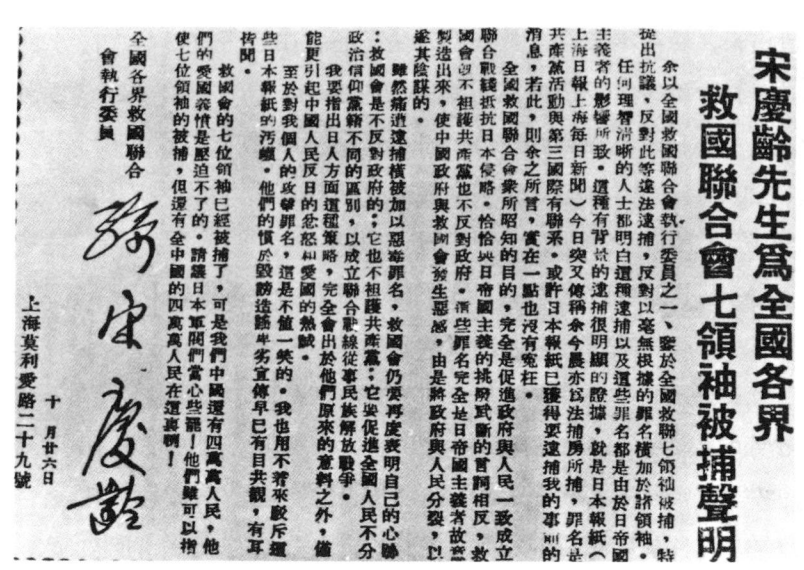

1936年11月26日，宋庆龄代表全国各界救国联合会发表声明，抗议国民党当局非法逮捕"七君子"

请冯玉祥主持公道，迅速电告蒋介石立即释放章乃器等七人，并请冯玉祥同孙科共同商议进一步的营救办法，如需她和何香凝联名发电时，"立即把名加入可也"①。冯玉祥阅信后，即与孙科商议营救办法，并于11月26日给正在洛阳的蒋介石发电，指出章乃器等人热心国事，"尚非如报纸宣传之共产党及捣乱者，且其设立救国会宣传救国，立论容有偏激，其存心可为一般人所谅解。今若羁押，未免引起社会之反感，而为日人挑拨离间之口实。拟请电令释放"②。

同日，冯玉祥又复函宋庆龄，告知他已给蒋介石去电，并与孙科设法营救"七君子"。

12月7日，马相伯也致函冯玉祥，要求他出面营救沈钧儒、章乃器等人。接着，宋庆龄又安排被捕者家属胡子婴等人赴南京进行

---

① 《民国档案》1985年第2期。
② 同上。

营救活动,并为他们写信给冯玉祥,"请示营救办法"。①

宋庆龄和救国会这一系列营救"七君子"的措施,立即受到上海和全国同胞的积极响应。国民党反动派制造"爱国有罪"冤狱,人心丧尽,震动全国,激起人民强烈的义愤,各方面人士纷纷向国民党提出抗议,掀起了声势浩大的营救运动。冯玉祥、于右任在南京发起征集十万人签名营救活动,"以表示民意所依归,而促南京最高当局之觉悟"。② 海外华侨及美国的杜威、爱因斯坦等16名教授、学者和社会要人,都致电国民党政府,要求恢复沈钧儒等人的自由。

逮捕"七君子",也引起爱国将领张学良、杨虎城的强烈不满。12月初,张学良只身前往洛阳会见正在那里部署"剿共"内战的蒋介石,要求他释放"七君子",但蒋介石拒不采纳。张学良甚至质问蒋介石:"这样专制,这样摧残爱国人士,和袁世凯、张宗昌有什么区别?"蒋介石顽固坚持镇压救国会的反动立场,成为激发西安事变的重要因素之一。

"七君子"被捕后,充分表现出中国知识分子"士可杀,不可辱"的高风亮节,在狱中和法庭上坚持爱国无罪的立场,粉碎了一个又一个威胁、利诱和劝降的阴谋。

宋庆龄领导救国会,密切配合"七君子"的法庭斗争,坚持不懈地进行营救活动,同时又坚持救国会日常的救亡工作。

当时情况十分复杂,如果就事论事,从愤激的情绪出发,很容易把救国会和人民的仇恨引向国民党政府方面去,从而会在国内出现更大的分裂和混乱,而让日本侵略者坐收渔翁之利。12月16日,宋庆龄与马相伯、何香凝三人亲笔签名向全国同胞发表《为七领袖被捕事件宣言》,重申救国会不反对政府的立场,使案件的斗争大方向紧紧对准日本帝国主义,以驳斥国民党反动派强加的"反对政府"

---

① 《民国档案》1985年第2期。
② 《救国时报》,1936年12月10日。

的莫须有罪名和亲日派的挑拨。"宣言"指出:"救国阵线唯一的目的只在促成全国人民不问其社会地位如何,政治主张如何,能够团结一致,完成抗日救国的任务。救国阵线绝不反对政府,恰恰相反,它是督促和支持政府抗日。""我们正同全国有良心的同胞一样,要求立刻无条件恢复被捕九位先生①的自由,释放一切因爱国行动而被捕的同胞,以巩固政府与人民之间的合作,加强全民族抗敌的力量。"郑重申明:"救国阵线的立场始终没有变更过,而且今后也决不会变更。"②

为了用实际行动表示这种立场,宋庆龄在"七君子"被捕后毅然担负起救国会日常的领导工作。国民党反动派原以为逮捕"七君子"后,救国会就会解体,至少可以吓退一些人,抗日救亡运动就会消沉下去。但是,事实却恰恰相反。

"七君子"被捕后,不少救亡团体被摧残,救亡刊物被查封,宋庆龄为使救国会的机关刊物《救亡情报》继续存在,就把该报的公开通讯地址改为她的寓所"上海莫利哀路29号"。吴大琨回忆:"这样,在'七君子'被捕后,'救国会'的工作非但没有停顿,反而较前更加积极地开展起来。这是当时宋庆龄同志不畏强暴、挺身而出、积极领导的结果。"③

不仅如此。"七君子"被捕后,斗争更加艰苦和危险,宋庆龄不仅关心救国会工作人员的生活,还十分注意他们的思想品德教育。吴大琨深情地回忆说:"有一天,宋庆龄同志通过格兰尼奇邀请我到她家里去喝茶。这是我第一次进入闻名的莫利哀路29号做客。我向宋庆龄同志汇报了一些救国会的具体工作情况。她一边听,一边点头……她因知我是留日学生,也就随手把她刚收到的一本日文书送

---

① 七君子被捕后几天,南京救国会领导人孙晓村和曹孟君也被逮捕。
② 《救亡情报》,1936年12月18日。
③ 吴大琨:《在宋庆龄同志领导下工作》,载《中国财贸报》,1981年5月26日。

给了我。她着重告诉我,有人利用'救国会'的名义在外地招摇撞骗。她说:'你们思想纯洁,斗争勇敢,但也有人经不住考验,被人收买了,你要注意!'她那严肃而慈祥的教诲,是我终生不能忘怀的。"①

狱外救国会的工作和斗争,给了狱中"七君子"极大的鼓舞。一次,他们从上海各界救国联合会请愿慰问代表团送来的慰问品中,发现一张字条,上写:"救国会组织愈加健全,工作依然不懈。"四十多年后沙千里回忆说:"读了这些信和字条,我们都非常感动,也感到快慰。"②

四、发动"救国入狱运动"

在国内外强大的抗议声浪冲击面前,国民党政府处于十分狼狈的境地。尤其在西安事变后,蒋介石被迫答应停止内战、一致抗日、释放"七君子"和一切政治犯。但他又不甘心轻易释放他们,而想找一个体面的解决办法。为此,国民党几次开庭审判,企图以"危害民国罪"判罪后,使"七君子"具悔过书、找保释放,但是遭到几位被告和他们的律师的坚决驳斥。

这样,一直拖到1937年6月下旬,江苏省高等法院再次开庭,企图对"七君子"强行判罪。宋庆龄等感到营救"七君子"的阻力仍然很大,需采取非常措施,才能突破阻力,取得进展。这时,冯玉祥得悉此事后,想出了一个"绝招"。他密遣女儿冯弗伐持其亲笔信送往何香凝处,再转宋庆龄,建议宋庆龄"以国母的身份,也要

---

①吴大琨:《在宋庆龄同志领导下工作》,载《中国财贸报》,1981年5月26日。
②沙千里:《漫话救国会》,文史资料出版社1983年版,第52页。

求与'七君子'一同坐牢"①。

宋庆龄、何香凝接读冯玉祥来信后，深表赞同，立即发起历史上罕见的"救国入狱运动"。

经过短暂的几天酝酿，她俩联络了诸青来、彭文应、张定夫、胡愈之、汪馥炎、张宗麟、潘大逵、王统照、张天翼、沈兹九、刘良模、胡子婴、陈波儿等16人，作为运动的发起人，起草了两个文件：《为沈案呈苏州高等法院文》、《救国入狱运动宣言》及附件《救国入狱运动规约》。6月25日，即第二审开庭时，宋庆龄等就把16人签名盖章的呈文提给法院，及时地配合了"七君子"在法庭上的斗争。

呈文义正词严地宣布："爱国无罪，不待烦言，沈钧儒等从事救国工作，并无不法可言，羁押囹圄，已逾半载，倘竟一旦判罪，全国人民均将为之惶惑失措。具状人等或为救国会会员，或为救国会理事，或虽未加入救国会而在过去与沈钧儒等共同从事救国工作。爱国如竟有罪，则具状人等皆在应与沈钧儒等同受判裁之列。具状人等不忍独听沈钧儒等领罪，而愿与沈钧儒等同负因奔走救国而发生之责任。为特联名具状，束身待质，仰请钧院将具状人等悉予羁押审讯。"

呈文气壮山河，大声疾呼："爱国无罪，则与沈钧儒等同享自由；爱国有罪，则与沈钧儒等同受处罚。具状人等愿以身试法律上救国之责任。"②

《救国入狱运动宣言》庄严地向社会声明："我们准备好去进监狱了！我们自愿为救国而入狱，我们相信这是我们的光荣，也是我们的责任！"

"沈先生等犯了什么罪？就是犯了爱国罪。""我们都是中国人，

---

① 于志恭：《冯玉祥将军》，载《文物天地》1982年第3期。
② 上海《每日新闻》，1937年7月6日。

我们都要抢救危亡的中国。我们不能因为畏罪，就不爱国，不救国。所以我们要求我们所拥护信任的政府和法院，立即把沈钧儒等七位先生释放。不然，我们就应该和沈先生等同罪。"宣言阐明了救国入狱运动更广大的意义在于："我们要使全世界知道中国人决不是贪生怕死的懦夫，爱国的中国人决不只是沈先生等七个，而有千千万万个。中国人心不死，中国永不会亡！"宣言最后号召大家都来参加"救国入狱运动"。

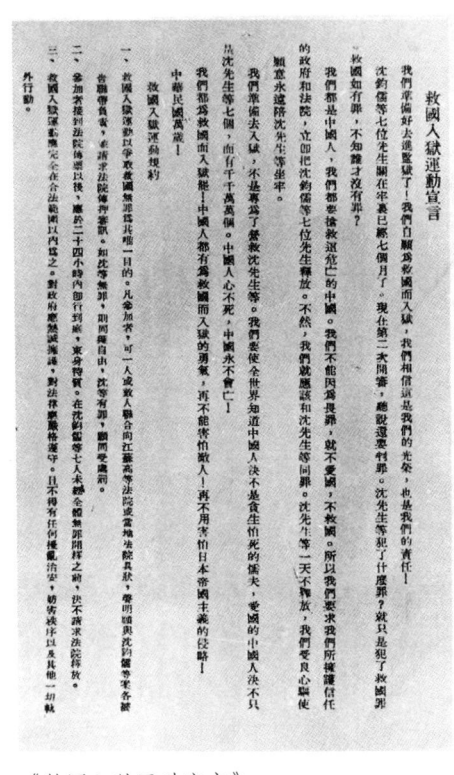

《救国入狱运动宣言》

在《救国入狱运动规约》中，一本救国会原来的宗旨，为表明运动合法、有理、光明正大，及推动国民党政府抗日，强调"救国入狱运动应完全在合法范围以内为之。对政府应热诚拥护，对法律应严格遵守，且不得有任何扰乱治安，妨害秩序以及其他一切轨外行动"。①

这些文件，充满正义和机智，是极其出色的战斗檄文，充分反映了宋庆龄特殊的战斗风格。它对国民党反动派进行了辛辣的嘲讽和无情的揭露，又使他们无隙可乘、无可奈何。

---

① 《救国无罪》，时代文献社1937年版，第128—130页。

由于国民党封锁这些文件，社会上有些人开始对宋庆龄等人的行动不了解，只觉新奇，甚至有误解。为此，宋庆龄、何香凝等召集上海报界的记者，发表关于"救国入狱运动"的书面谈话。向他们报告这个运动的动机、经过以及他们今后的态度和希望，使大家对这个运动有个正确的了解，消除误解，并望新闻界在言论及新闻报道方面，多多帮助，使这个运动能够扩大。

书面谈话在批驳检察官的指控后，指出："总而言之，沈先生等的案子，绝对不能成立……要是这样毫无根据的案子，法庭竟判定有罪，那就将成为世界上空前未有的冤狱了。"谈话强调，"这不仅是一件冤狱而已，而且在政治上要铸成大错"；"如果爱国就有罪，那么中华民国的国民，还再有人敢去爱国吗？……这关系到绝不是沈先生等七位，而是全中国四万万五千万爱国的人民，而是整个中华民国的前途。"她们庄严宣告："救国有罪这一恶例是万万开不得的。"

这样就阐明发起"救国入狱运动"是用的正行若反的讽刺手段，要达到的是爱国无罪、"七君子"应该释放的目的，同时也是为了避免政府铸成历史大错。

为争取运动的合理合法，推动国民党政府在西安事变后迈出更大的前进步伐，书面谈话用的是十分和缓的语气和充分说理的方法。它指出："最近半年以来，时局已大有进步，西安事变与三中全会之后，和平统一已成，抗日准备已在进行。救国会方面已屡次表示，愿意完全受政府领导……在这时候当局应该仰体孙中山先生和平宽大的精神，蒋委员长团结御侮的意志，一面把七位先生释放，一面允许救国自由，然后上下团结一致，共谋民族复兴，这样中华民国一定有光明的前途。"

谈话认为，"救国入狱运动"是"一种和平的合法的救国运动方式"，"是目前最适合的一种救国方式"。"假如我们采取别的方式来做救国运动，也许会引起当局的误会。现在我们宁愿牺牲自己，来促成团结抗日与救国自由，是断不会引起当局的误会了"。

宋庆龄等最后坚定地表示：如果法院竟判决沈钧儒等有罪，或即使不判罪而长期羁押，我们就准备一齐去法院，要求法官收押。"……我们讲过了这些话，以人格保障，都要做到。直到七位先生恢复自由，爱国无罪达到目的，我们的工作才完。"①

7月4日，何香凝又致函宋子文和孙科，并请他们转达蒋介石，表示完全支持宋庆龄等发起的"救国入狱运动"，并且说她在孙中山弥留之际，曾应允保护宋庆龄，因此，"孙夫人如果入狱，香凝决偕行也"。她十分坚定地表示："革命目的既为人民解除痛苦，今反以救国获罪，此香凝之所以甘愿入狱，冀轻全国政治犯之罪，俾其作民族生存抗敌先锋。香凝年近六十，行将就木，何惜残废之躯，如能贡献国家社会，万死不辞。"②

何香凝这封信的作用非同小可，它表明在国民党中枢有着宋庆龄的强大后盾，预示了"救国入狱运动"胜利的前景。

宋庆龄和何香凝的书面谈话发表后，"救国入狱运动"就在上海和全国人民中引起强烈的反响。"爱国有理"、"救国无罪"的怒吼震撼神州，全国各界纷纷响应，踊跃参加"救国入狱运动"。上海电影界著名导演和演员应云卫、袁牧之、赵丹、郑君里、白杨等二十多人，于7月3日，也具状江苏高等法院，请求收押，愿与"七君子"同享自由或受处罚。作家何家槐等13人，于7月2日，具状投案，愿为救国而与"七君子"负"连带责任"。许多大学教授、大学生、职员、工商业人士甚至年老的家庭妇女，都签名要求"爱国入狱"。救国会在上海还发起一个声势浩大的签名运动，准备签满万人书。宋庆龄所期望的"救国入狱运动"果真轰轰烈烈、浩浩荡荡、汹涌

---

① 《与宋庆龄等关于救国入狱运动对上海新闻界发表的书面谈话》，载《双清文集》下卷，第186页。
② 信函原件藏中国第二历史档案馆。

澎湃地出现了。由于这是宋庆龄领导的，就使运动本身具有无可非议的和平合法性，国民党反动派对之无可奈何，不敢公开干涉和镇压。

7月5日，因国民党仍迟迟不释放"七君子"，宋庆龄等12人①就遵照诺言决定赴苏州自请入狱。

为避免国民党警宪的干扰和破坏，他们约定时间、车次，各自分别前往车站候车。宋庆龄因工作繁重，十分辛劳而胃病复发，已有好几天没能好好吃饭，但她毅然忍受着胃痛，坚定不移地与大家一同前往。她对规劝者说："不要紧！精神还是很好的，别人因救国而受罪，我这小小胃病，算得了什么！为了争取民族解放，救国自由，什么力量都阻止不了我！"②当她由胡子婴搀扶着快步走入车站时，大家即以目示意，跟随着匆匆上车。

到达苏州后，每人提着一个装有换洗衣服、洗漱用具等的提箱下车。宋庆龄也是自己提着箱子，撑着把纸伞走出车站。她带领着大家，正义凛然地直奔江苏省高等法院。该院院长和首席检察长得悉消息后，慌了手脚，不敢出来接待，派出两个助理人员敷衍。宋庆龄说："我见蒋委员长，他都亲自出来。"坚持非同院长、首席检察长直接谈判不可。院长要求他们推派代表会见。宋庆龄、胡愈之、诸青来被推为代表。

宋庆龄责问院长："救国有罪无罪？如果无罪，应把七位救国会领袖立即释放；如果有罪，则把我们一起关押起来。"院长理屈词穷，只是支支吾吾，答非所问，说什么："苏州天气太热，还是请你们早点回上海去休息吧！"宋庆龄又严肃地说："我们不是来苏州乘凉的，而是来自求入狱的。"首席检察官竟中途离席，欲以不理了之。院长无可奈何，只好说："救国会本身是无罪的……"对自己投案的人，说要补足证据法院才能受理。双方相持很久。宋庆龄等明

---

① 另外四人因病或未在沪，没有同往。
② 《妇女生活》第5卷第1期，1937年7月16日。

知这是一场制造舆论的政治斗争,于是趁机提出要入监探视"七君子"。法院被迫答应。① 史良回忆:"我永远不会忘记,宋大姐到牢房里来看望我们的情景。当我同大姐紧紧拥抱时,不禁热泪盈眶。大姐给我们带来了水果和食品,再三安慰和鼓励我们,她说:'民族危亡,爱国无罪,全中国人民都在支持你们,你们是一定能够获得自由的。'"②

宋庆龄等人的行动,当时就在苏州传开,人们盛传"国母"孙夫人来苏州营救"七君子"了。大家交口称赞宋庆龄的斗争精神,当日就有姜源等三四十人也到法院递呈状要求入狱同服"爱国罪"。③

宋庆龄等当晚返回上海。"以便补办证据"再请入狱。第二天,16位发起人致电林森(国民政府主席)、蒋介石(行政院长)、汪精卫(中央政治会议主席)、冯玉祥(军事委员会副委员长)及孙科(立法院长)、戴传贤(考试院长)、居正(司法院长)、于右任(监察院长)、王用宾(司法行政部长),对法院长官"充耳高倨"表示愤慨,并表明决心:"庆龄等及全国救亡运动中人,断不敢坐视沈等瘐困而已身独享自由。"要求他们"迅予主张公道,勿失全国志士之心"。④

宋庆龄此行正气磅礴、大义凛然,使同行者极为感动。胡子婴回忆:"我们去苏州时,酷日当空,闷热难受,而回上海时又大雨倾盆,令人窒息。在这样多变的恶劣天气,又经旅途折腾,正在患病的孙夫人还是镇定自若,巍然不动。"⑤

宋庆龄等人到苏州亲自要求入狱,更使"七君子"及律师们深

---

① 分别见于《宋庆龄等赴苏请求羁押经过》,载《救国无罪》,时代文献社1937年版,第136页;胡子婴:《光耀日月,气贯长虹——回忆宋庆龄名誉主席在救国会时期二三事》,载《宋庆龄纪念集》,第112页;潘大逵:《我参加救国会活动的回忆》,载《救国会》,第483页。
② 史良:《深切怀念宋大姐》,未刊稿。
③《宋庆龄等赴苏请求羁押经过》,载《救国无罪》,时代文献社1937年版。
④《双清文集》下卷,第227页。
⑤ 胡子婴:《光耀日月,气贯长虹——回忆宋庆龄名誉主席在救国会时期二三事》,载《宋庆龄纪念集》,第112页。

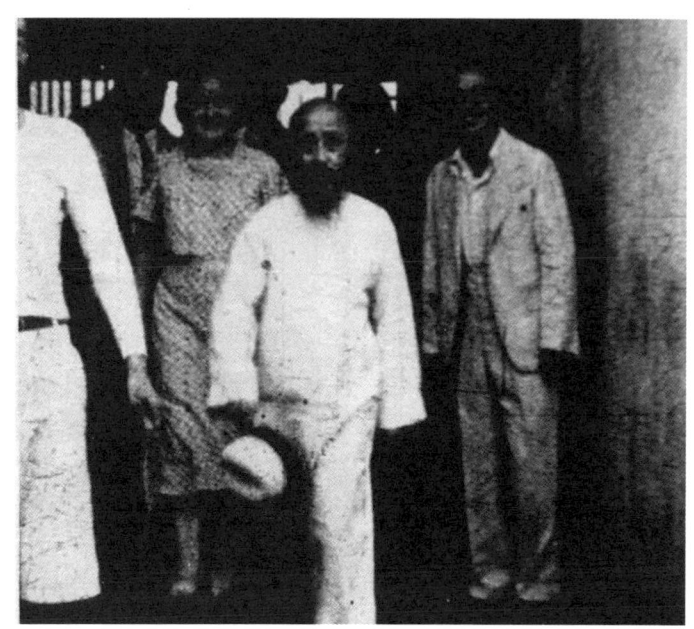

1937年7月31日,"七君子"出狱时的照片

1937年8月,"七君子"回到上海后与杜重远一起拜会爱国老人马相伯。左起:杜重远、沙千里、章乃器、史良、邹韬奋、沈钧儒、马相伯、王造时、李公朴

受教育和感动。沙千里回忆："我们七人在狱中虽被隔绝起来，但不仅没有感到孤寂，而仍像站在浩浩荡荡的革命行列，和全国人民心连心地结合在一起。我们从不曾考虑已经掌握在杀人魔王手中的自己的命运，而是为抗日救亡运动的怒潮一浪高过一浪地奔腾前进，感到无比兴奋。我们在狱中读书写作，锻炼身体，充满革命乐观精神。特别是听到以孙夫人为首的蜚声中外的'入狱运动'时，我们的情绪更为高涨，感到同全国人民结合得更紧密了。我们深信，中国共产党抗日民族统一战线的英明主张一定能够实现……我们身在狱中，心在战场。孙夫人奋不顾身、英勇战斗的精神，是我们的榜样，给予了我们莫大的安慰和力量。"①

当晚，他们七人联名写信给宋庆龄表示感谢。信中说："闻昨日扶病率同诸友苔苏投案，正义热情，使钧儒等衷心感动，无可言状。"信中更对宋庆龄的行动表示无限的钦佩："钧儒等深信先生之号召，必能使全国人心，为之振奋，司法积弊，逐渐澄清，民主权利奠定基础，其在历史上意义之重大，实不可思议也。"②

就这样，在宋庆龄等人坚决斗争和国内外进步舆论的压力下，国民党反动派企图对"七君子"强行判罪的阴谋，始终未能得逞。

冯玉祥不负众望，在事件刚发生时就积极营救"七君子"，特别是在关键时刻拯救了"七君子"的生命。那是在西安事变之后，国民党中的ＣＣ派头子陈果夫、陈立夫因手中无军权，没有办法救"老头子"蒋介石，就迁怒于"七君子"，以救国会曾鼓动张学良、杨虎城抗日救国及张学良、杨虎城发动西安事变时要求释放救国会领袖为由，提出要枪毙"七君子"，以警告张学良、杨虎城。冯玉祥立即加以阻止，指出千万不可轻率从事，因为即使杀了沈钧儒等人，也救不了蒋介石，却堵死了与张学良、杨虎城通气的余地，对解决

---

① 沙千里：《高山仰止，永垂青史》，载《人民日报》，1981年6月2日。
② 沙千里：《漫话救国会》，文史资料出版社1984年版，第76—77页。

西安事变反而不利。同时，冯玉祥还嘱胡子婴等，速去苏州看守所与"七君子"联系，采取措施加以防范。二陈的阴谋终未得逞。

"七七"抗战爆发后，国民党当局对"七君子"案件已难以继续审理，7月31日终于无条件释放。营救"七君子"的运动取得了完全胜利。

宋庆龄领导的"救国入狱运动"，大长了革命人民的志气，大灭了国民党反动派的威风，同时把"七君子"被捕后一部分群众的退缩情绪一扫而光，使全国抗日救亡运动更加轰轰烈烈地开展起来，这是国民党政府所没有料到的。通过这个运动，救国会非但没有垮掉，反而更加壮大地发展起来，威信也更高，成为中国共产党领导的人民民主统一战线中一个很有战斗力的左翼组织，在后来的抗日战争和解放战争中，为争取民族解放和人民民主做出了积极的贡献。

宋庆龄领导的"救国入狱运动"，是抗战爆发前全国抗日救亡洪流中激起的一朵瑰丽的浪花，充分表现了她高超的斗争艺术，成为中国人民革命斗争史上一段佳话，是宋庆龄传奇中又一精彩的篇章，永远为后人所传颂。

五、委专人参加世界反法西斯会议

宋庆龄和中国人民反对日本帝国主义侵略的斗争，引起了世界和平和进步人士的关注。同时，宋庆龄领导救国会工作的过程中，也密切注视着国际上反法西斯斗争的进展，努力把二者结合起来，互相支援。

1936年7月，宋庆龄接到通知，世界反法西斯委员会将于9月10日在巴黎举行扩大会议，讨论援助西班牙和各国反法西斯斗争的群众运动的问题。宋庆龄是世界反法西斯委员会的副主席，应该出席会议。但是考虑到国内斗争的需要以及她受反动当局的监视，不便出国，经与中共地下党商量后，决定以宋庆龄的名义派中共地下党员、当时上海文化界救国会党组书记钱俊瑞去参加。

8月15日，宋庆龄通过史沫特莱约钱俊瑞到寓所，告知他这一决定。宋庆龄与钱俊瑞谈话两次，第二次谈话时，宋庆龄将专程来华请她去巴黎的美国反法西斯战士达德教授介绍给钱俊瑞，并用精湛流利的英语说："国际反法西斯委员会的目标你是知道的，它反对德国纳粹法西斯，反对意大利墨索里尼法西斯，反对西班牙佛朗哥法西斯。你说，这个法西斯我们应不应该反对？"钱俊瑞与达德同声回答："当然要反对，而且要反对到底。"她笑着对钱俊瑞说："对，你说得对！所以你这次去巴黎开会，就要代表我把这层意思讲透：全世界人民要团结起来，不但要反对希特勒、墨索里尼的法西斯主义，还要反对日本军阀财阀的法西斯主义，他们都是凶恶的侵略者、压迫者。还有一个卑鄙残暴的蒋介石法西斯主义，它对内压迫人民，对外出卖领土和主权。对于东方这两个法西斯主义，欧美各国人民还不很清楚。达德教授，你说是不是？"达德说："是。这次钱同志出去，要把这点讲得充分些。"宋庆龄又嘱咐钱俊瑞说："你应当好好准备一下，多搜集些材料，并且同德意法西斯作对比，指明它们的性质和我们对它们做斗争的任务。要说明我们在这里的斗争同欧洲各国人民的斗争是完全一致的，我们有共同的目标，我们休戚相关。全世界人民都应该起来反对法西斯，反对压迫和剥削，挣脱自己的奴隶地位。"①

宋庆龄还积极向外国朋友宣传共产党的抗日民族统一战线政策。她对达德说："中国共产党最近发了一个宣言（指'八一宣言'），作了一个决议（指1935年12月的瓦窑堡会议决议）。我看很对，我完

---

①钱俊瑞：《痛悼伟大的国际主义战士宋庆龄同志》，载《人民日报》，1981年6月1日。

全赞成。你看过么?"当达德说还没有看到时,宋庆龄立即嘱咐钱俊瑞想法找一份给他,翻译给他听。如果找不到,也可以先把大意给他说一说。接着她又十分严肃地说:"我这样说,没有别的意思,就是要达德教授也懂得一点中国共产党的主张和政策。达德教授比你年纪大些,钱同志,他斗争经验丰富,他这次陪你去,可以帮你很多忙。他了解一点中国共产党的主张和政策,就可以帮助你,告诉你,在大会上,在小组会上,在个别谈话中,应该着重讲些什么,少讲些什么,哪些东西可以不讲。因为他了解情况多,人头熟,可以帮助你说话时因地制宜,因人制宜,效果好。"她又对达德说:"你这次来中国是初次。你一定会发现中国的情形很糟很糟。但是,我劝你相信,中国的情形一定会好起来的。中国有个共产党,我看希望就在这里。你们美国朋友中有不少相当了解中国共产党的,比如史沫特莱、斯诺、格兰尼奇,他们同情和支持中国共产党。我看他们有眼光,有见识。他们也都是我们的好朋友。我和你虽然初次见面,但我相信,我们会成为好朋友的。"

从上述宋庆龄向钱俊瑞布置赴欧任务中可以看出,宋庆龄从事革命斗争和国际斗争的经验已经相当丰富,考虑问题十分仔细;而对中国共产党方针政策的宣传,又是那样的满腔热情。

钱俊瑞代表团在欧洲成功地参加了两个大会,根据共产党的指示和宋庆龄的教诲做了不少工作,也学习了不少东西。

那次世界反法西斯委员会扩大会议,是由罗曼·罗兰和著名科学家朗之万主持进行的。他们在会上多次赞扬宋庆龄对国际反法西斯运动和保卫世界和平事业做出卓越的贡献。罗曼·罗兰热情洋溢地说:"你们以为我们卓越的副主席宋庆龄仅仅是一朵香满全球的鲜艳花朵吗?不!不!她是一头名副其实的力图冲破一切罗网的雄狮。"[1]

---

[1] 钱俊瑞:《痛悼伟大的国际主义战士宋庆龄同志》,载《人民日报》,1981年6月1日。

六、力促第二次国共合作实现

中国共产党逼蒋抗日政策的实现,首当归功于张学良、杨虎城发动的西安事变。

西安事变本身是蒋介石自己逼出来的。他一面逮捕"七君子",继续镇压人民的抗日救亡运动;一面亲自到西安,逼迫已与红军达成停战协议的张学良、杨虎城重点"剿共"战火,进行毫无希望取胜而又是民族自相残杀、亲痛仇快的内战。实际上是蒋介石企图借刀杀人,置张学良、杨虎城于死地。张学良、杨虎城为了自救,被迫实行"兵谏",在1936年12月12日扣押蒋介石,并且通电全国,要求停止内战、一致抗日、释放救国会领袖等。

宋庆龄对张学良、杨虎城的主张,极表赞同。当孔祥熙要求她发表声明,谴责张学良、杨虎城并要求无条件释放蒋介石时,她果断地回答说:"张学良做得对。要是我处在他的地位,我也会这样做,甚至还会走得更远!"①

但是,宋庆龄毕竟是一位杰出的政治家,她对这一事变的态度远非一般人所能想象。

鉴于蒋介石十年来的暴政及其给国家和民族带来的深重灾难,西安事变后,不少人都主张枪毙蒋介石,一般都认为蒋介石必死无疑。

蒋介石的喽啰——蓝衣社的特务以小人之心度君子之腹,给宋庆龄寄了一封恐吓信,信中附了两颗子弹,意思是,蒋介石已被扣留在西安,万一他有生命危险,这些子弹是不认人的。宋庆龄把此信交给中共联络员李云,要她报告组织,揭露特务的卑鄙伎俩,并轻蔑地说:"不怕他们。"她将生死置之度外,照常坚持工作。②

---

① 〔美〕埃德加·斯诺:《复始之旅》,第112页。
② 李云:《三十年代在庆龄同志身边两年》,载《解放日报》,1981年5月23日。

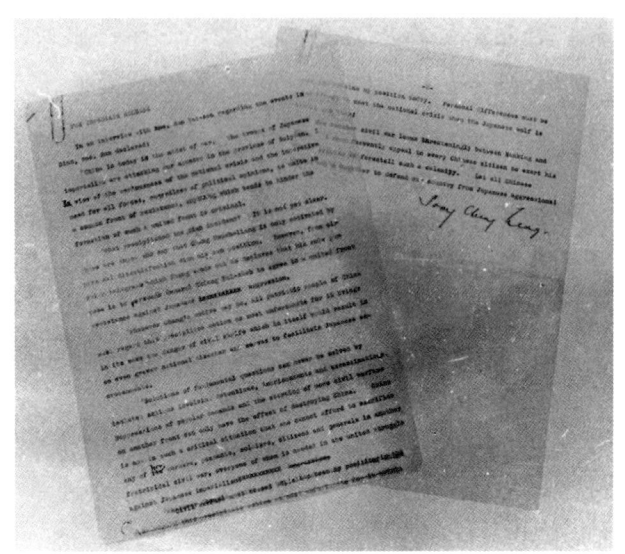

1936年12月12日,西安事变爆发,宋庆龄发表讲话,主张和平解决西安事变,号召全国人民团结起来,一致抗日。图为其讲话英文原稿

宋庆龄毫不畏惧特务的恫吓,也不考虑个人的安危,唯一要考虑的是国家民族的利益。无论从个人或革命的恩怨出发,她对蒋介石的鄙夷和仇恨,不在任何人之下。但是,她胸怀全局,深谋远虑,而且独具慧眼,再次表现出非凡的远见卓识。宋庆龄在事变第二天(即13日)得知消息后,就立即作出了要亲赴西安劝说张学良、杨虎城释放蒋介石的决定。

这天,她把胡子婴约到家中。胡子婴以为作恶万端的独夫民贼落入罗网,宋庆龄一定会很高兴的。哪知她形容焦急,问胡子婴能否陪她到西安去。胡子婴好奇地询问去做什么时,得到的出乎意料的回答是:要"去劝说张学良释放蒋介石"。接着宋庆龄婉转地解释说,何应钦等亲日派唯恐中国不乱,蒋介石如果被杀,内战势必全面爆发,日军就可长驱直入,侵占全中国。胡子婴马上明白了这个道理，决定随她去西安。然后，她们两人还步行到辣斐德路何香凝寓所，约香凝何同行。何香凝正患心脏病，常卧床不起，但听了宋庆龄的意见后也同意一起去西安。宋庆龄约胡子婴到晚上八时听最后确定动身的时间。到时候胡子婴接到宋庆龄的电话说"不去了"。原来，宋庆龄叫孙科为她准备去西安的飞机时，南京政府正在调兵遣将，准备轰炸西安，孙科对此无能为力，宋庆龄只好取消西安之行。从这天起她就闭门谢客，不见任何人，救国会只有胡子婴一个人单独同她联系。[1]

宋庆龄为民族大业操心，忧心忡忡，度日如年，唯恐内战爆发。在这危急关头，只有中国共产党与她灵犀相通，再次显示出英雄所见相同。中共中央经过郑重考虑，作出了促使西安事变和平解决的决定，提议张学良、杨虎城释放蒋介石，条件是停止内战、共同抗日。

与此同时，国民党中宋子文、宋美龄兄妹为首的英美派，也与何应钦等人企图扩大事态制造内战的阴谋作了坚决的斗争。他俩先后到西安，调解事变，做蒋介石的工作，与张学良、杨虎城谈判，与共产党谈判，终于使宋庆龄担心的内战没有发生。因此，当胡兰畦带着李济深致宋庆龄的信到宋家，建议宋庆龄去西安做张学良、杨虎城工作，联蒋抗日，防止内战时，宋庆龄回答："从这几天发展的情况看来，还不至于酿成内战。这个信我直接回李先生。"[2]

由于多方面的努力，西安事变和平解决了。各项谈判达成了协议，蒋介石答应释放一切政治犯。共产党代表周恩来与宋子文、宋美龄谈判时，二宋也答应"一切政治犯分批释放"。在谈到这个问题时，双方注意到宋庆龄在保障民权、营救政治犯和救国会领袖方面长期不懈的努力，以及她的崇高威望，决定与她商量释放政治犯的

---

[1] 参见胡子婴：《光耀日月，气贯长虹——回忆宋庆龄名誉主席在救国会时期二三事》，载《宋庆龄纪念集》，第112页。
[2] 《胡兰畦回忆录》，第313页。

具体办法。①

西安事变和平解决，十年内战最终结束。张学良、杨虎城为中华民族建立了不朽的功勋。

同时，和平解决西安事变也为国共两党重新合作建立了必要的前提。1937年2月10日，国民党召开五届三中全会前夕，中共中央为促使国共合作尽快实现，致电国民党中央，提出五项要求：停止内战、实行民主自由、召开国民大会、迅速准备抗日和改良人民生活；同时提出四项保证：取消两个政权敌对、红军改变名称、在革命根据地实行新民主制度和停止没收地主的土地。

宋庆龄为配合共产党的积极的让步政策，决定接受1935年9月18日毛泽东来信中的请求，一改大革命失败以来对国民党中央的抵制态度，第一次以中央委员资格，参加国民党五届三中全会。（不过，这也是她最后一次参加国民党中央会议。因为她不久就发现，蒋介石不愿意根本改变独裁卖国的政策。）

宋庆龄这次参加国民党三中全会是一个异乎寻常的行动。她总是把民族的利益、革命的利益放住首位，把个人恩怨放在次要的服从的地位。

在2月15日召开的国民党三中全会上，宋庆龄领衔与何香凝、冯玉祥、孙科、李烈钧、经亨颐等13人联名，向大会提出了《恢复孙中山先生手订联俄、联共、扶助农工三大政策案》。

提案指出："在过去六月中，我们得到中国共产党几封致本党中央委员会的公开信和通电，请求国共再度合作，联合抵抗日本。它证明团结反对侵略者的斗争就已经成为全中国人民一致的要求，此事更进一步地为西安事件证明了。中国共产党既然愿意停止危害本党政治权力的活动，并支持统一抗日，所以本党更加便利来取得恢

---

① 《与宋子文、宋美龄谈判结果（1936年12月25日）》（周恩来给中共中央的电报），载《周恩来选集》上卷，人民出版社1980年版，第72页。

复先总理三大政策的机会,以挽救本党和祖国免受奴役,并完成我们的革命工作。"①

宋庆龄还在全会上作了题为《实行孙中山的遗嘱》的演说,对上述提案进行说明。她说:"每一个中国爱国志士现在都庆幸政府在这些痛苦经验之后已开始了解,救国必须停止内争,而且必须运用包括共产党在内的全部力量,以保卫中国国家的完整。"她强调:"一切内争是可以、并且应当和平友好地解决。内战必须不再发生。和平统一必须实现。我们必须赶快建立反抗外来侵略的中国国防。"

在会上,宋庆龄与汪精卫为首的亲日派进行了坚决的斗争。汪精卫等提出坚持"剿共"的政治决议案,以与宋庆龄等的上述提案相对抗。针对汪精卫之流的反共叫嚣,宋庆龄义正词严地斥责道:"令人万分遗憾的是,直到今天,政府中仍有个别人士不了解救国必先结束内战的道理。在今天居然还可以听到'抗日必先剿共'的老调,这是多么荒谬!我们要先打断一只手臂之后再去抗日吗?"②

由于会上国民党亲日派和顽固分子的阻挠,宋庆龄等人的提案未被通过。然而,停止内战、共同抗日的历史趋势已经不可逆转。国民党内部发生很大变化,英美派逐渐占了优势,所以中共提出的抗日民族统一战线政策,被大会原则上接受,正式通过了同共产党关系的"四项原则",决定在统一军队编制和政权形式等条件下,可以与共产党合作。这样,第二次国共合作的大门打开了。

会后,中国共产党派出周恩来、叶剑英与国民党蒋介石、顾祝同等,先后在西安、杭州、庐山等地进行多次关于国共合作抗日的谈判,并一步一步地取得了进展。"七七"抗战爆发后,形势对两党

---

① 《双清文集》下卷,第176页。
② 《实行孙中山的遗嘱——在国民党五届三中全会上的演说词》,载《宋庆龄选集》上卷,第165—168页。

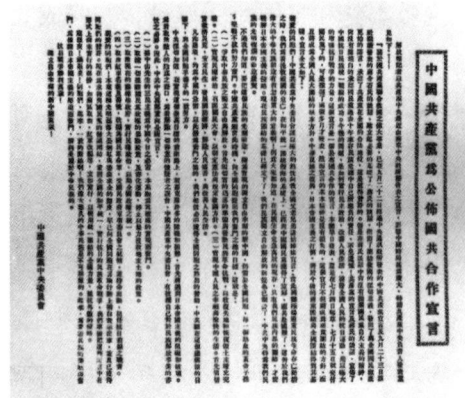

《中国共产党为公布国共合作宣言》

合作的要求更为迫切，7月15日中共中央交给国民党一个《中国共产党为公布国共合作宣言》，并经双方约定随之发表蒋介石承认中共合法地位的谈话。

但是，蒋介石又故意拖延这个宣言和谈话的发表。宋庆龄为此接连发表文章，推动国民党加快前进的步伐，力促正式建立国共再次合作。她指出，为了抵抗日本帝国主义的侵略，必须迅速执行孙中山的三大政策，实现国共合作，以团结御侮，共赴国难，并批评国民党三中全会对国共和解提出了"无理要求"，"虽然内战已经停止，但是关于与共产党和解的事却尚未得到任何官方消息"。她重申孙中山关于"共产主义是民生主义的好朋友"的思想，强调国共合作对挽救国民党"堕落"的意义，亡羊补牢，为时不晚。她敦促国民党领导人切实改正"十年反共战争"的错误，指出："现在虽然晚了，但改正这个大错误，晚一些总比永远不改要好。"她赞扬"共产党希望与政府合作抗日的诚意，在西安事变中得到了很清楚的证明……他们已尽了最大力量来保持中国的团结。所以，国民党如果愿意遵循孙中山联合工农的政策，它决不应拒绝共产党在救国工作中所给予的帮助。国共合作是绝对必要的。所有的力量必须团结在一起"。①

经过宋庆龄和各方面爱国民主人士的大力推动和督促，中共中央的宣言和蒋介石的谈话，终于在 9 月 22 日和 23 日，正当抗战前线紧张之际，经过国民党的中央通讯社先后发表。这就正式宣告国共两党抗日民族统一战线的建立，从而在中国革命史上开辟了一个新纪元。

共产党极其尊重宋庆龄，8 月初，周恩来、博古、林伯渠在庐山与蒋介石谈判后，经过上海时，特地向宋庆龄通报了谈判的情况，使她及时了解国共谈判的进展。宋庆龄非常兴奋，在家中热情接待了他们，并表示坚决拥护共产党关于建立国共合作的宣言。

9 月，第二次国共合作实现后，宋庆龄欢欣鼓舞，内心无比激动，立即连续写出了《国共统一运动感言》《两个"十月"》等文章，表达自己对第二次国共合作实现由衷的高兴和愿望。她说，"这几天读了中国共产党共赴国难宣言和中国国民党领袖蒋委员长团结御侮的谈话，使我异常地兴奋，异常地感动"，"感动得几乎要下泪"。"回想国民党和共产党这两个兄弟党，在最近十年以来，互相对立，互相杀戮，这是首创国共合作的先总理孙中山先生生前所不及意想到的。到最后，这两个兄弟党居然言归于好，从新携着手，为中国民族独立解放而斗争"。②她用诗一般的语言欢呼："充满了希望的白昼正在代替令人失望的漫长黑夜……我们重新高举孙中山的理想。我们翘望自由，我们的心随着鼓舞起来。今天在我们领土上的每个角落里我们听到了炮火的怒吼，这是庆祝我们全国统一的礼炮。"③

然后，她诚挚地向国共两党进一步呼吁："前事不忘，后事之

---

① 《儒教与现代中国》及《中国是不可征服的》，载《宋庆龄选集》上卷，第 178、179、194 页。
② 《国共合作感言》，载《宋庆龄选集》上卷，第 205 页。
③ 《两个"十月"》，载《宋庆龄选集》上卷，第 214 页。

师。在这民族危机千钧一发的今日,一切过去的恩怨,往日的牙眼,自然都应该一笔勾销,大家都一心一意,为争取对日抗战的最后胜利而共同努力。"①

这些语重心长的话语,突出地表现了宋庆龄作为一个伟大的女政治家的独特的风格。当压迫到来时,她会像雄狮一样,怒吼着扑向敌人,保护人民;而当那些干了许多坏事的人,有所转变,哪怕是很小很勉强的转变,她为了民族利益,会立即捐弃前嫌,笑泯恩怨,给予热情的欢迎,表现出慈母一样的善良和大海一般的胸怀。

但是,她并不盲目主张忘记过去。她说:"过去国共分裂这一段悲惨历史,却仍然值得我们的记取。国民党同志应该谨记着:要是不顾先总理遗教,抛弃了工农大众利益,将成为民族罪人,等于国民党的自杀。共产党同志也应该记住:只有在孙总理遗教领导之下,和中国国民党真诚坦白合作,把全民打成一片,才能完成反帝反封建使命。我相信两党同志,经过十年以来长期的惨痛教训,再加上日寇无情的残酷的进攻,一定能够本'兄弟阋墙外御其侮'的古训,诚信地友爱地团结成一体。"

这表明,宋庆龄当时对国民党是寄于满腔热情和希望的。但是,当她稍后发现蒋介石在被迫抗战同时,仍然坚持压迫民众运动,坚持独裁政策,与共产党的合作也并非真诚,而是妄图"溶共"、"灭共"时,她对国民党就彻底失望了。

与此同时,她感到欣慰的是共产党经过十年锻炼,终于克服"左"的干扰,短短两年,在毛泽东为首的党中央领导下,取得惊人的进步,完全成熟成为中国革命坚强的领导者。孙中山的遗教,她在孙中山逝世后坚持的革命理想,只有在共产党领导下才能实现。于是她对共产党更加敬仰和热爱,钦羡做一个共产党员的光荣。李

---

① 《国共合作感言》,载《宋庆龄选集》上卷,第206页。

云回忆说:"记得 1937 年的一天,我们在谈工作,庆龄同志突然把声音放低了,轻轻地对我说'我算不算党员?'"党组织研究后,让李云回答她:"你同共产党员一样。"宋庆龄微笑着点点头。①

从此,她就更加自觉地做一个党外布尔什维克,为党的目标,为国家民族的根本利益,尽心尽力地去工作,再接再厉,一次又一次出色地完成共产党托交给她的许多特殊任务。

在翻开宋庆龄史册新的一页的时候,回顾她大革命失败后十年来艰苦跋涉、奋勇拼搏的足迹,不禁使人无限钦佩与敬仰,正如廖承志所述:"……风雨飘摇的 30 年代,她艰苦奋战,如千丈巨岩,顶着一浪高似一浪的冲击,在狂风暴雨中巍然屹立。"②

每个伟人都有一生中最辉煌的年代。20 世纪 30 年代则是宋庆龄最辉煌的年代。

---

① 李云:《三十年代在庆龄同志身边两年》,载《解放日报》,1981 年 5 月 23 日。
② 廖承志:《我的回忆》,载《廖承志文集》下卷,人民出版社 1990 年版,第 650 页。

传记文库

特立,不独行

BIOGRAPHY OF SOONG CHING LING

尚明轩 著

图文全传

新星出版社　NEW STAR PRESS

目 录

(下册)

第四章 为新中国奋斗（1937—1949年）

第一节 抗战初期的战斗
一、"中国是不可征服的" / 555
二、坚持全民抗战的主张 / 564
三、参加保卫广州的战斗 / 571

第二节 组建保卫中国同盟，争取国际援助
一、"保盟"的建立 / 580
二、"帮助中国就是帮助你们自己" / 589
三、掌握中国抗战的真实情况 / 596
四、开展争取广泛国际援助的活动 / 601
五、动员海外华侨援助祖国抗战 / 605
六、在香港和内地开展募捐活动 / 609

第三节 积极援助中国共产党领导的抗日武装和根据地
一、"哪里最需要帮助就帮助那里" / 617
二、给八路军和新四军"雪中送炭" / 623
三、不流血的斗争 / 637
四、支持中国工业合作运动 / 641

第四节　为民族解放事业战斗到底
　　一、揭露"远东慕尼黑"阴谋 / 656
　　二、及时揭露皖南事变真相 / 659
　　三、从香港转移到重庆 / 670
　　四、迎接抗战胜利 / 679

第五节　致力于国家的和平、民主和团结
　　一、创建中国福利基金会 / 691
　　二、"争取他们应得的一份" / 695
　　三、反对内战，反对独裁 / 707
　　四、支持成立中国国民党革命委员会 / 712

第六节　参与缔造新中国
　　一、与民共度五更寒 / 718
　　二、欢庆解放 / 731
　　三、参加开国大典 / 741

第五章　鞠躬尽瘁　死而后已（1949—1981年）

第一节　为建设社会主义呕心沥血
　　一、紧张繁忙的国务活动 / 755
　　二、继续为妇女与儿童事业操劳 / 776
　　三、始终关心祖国的统一大业 / 797
　　四、人民的公仆 / 802

第二节　为保卫世界和平而奋斗
　　一、参与领导世界和平运动 / 808
　　二、努力增进中国与各国人民的友谊 / 827
　　三、丰富、完整的世界和平观 / 838

第三节　晚霞满天垂青史
　　一、面对极左思潮之忧 / 845
　　二、在梦魇般"文化大革命"的年月里 / 850
　　三、口头和书面遗嘱 / 875
　　四、遗爱长留人间 / 884

附录一　宋庆龄大事纪年 / 897

附录二　征引和参考的主要书目 / 919
　　一、宋庆龄、孙中山著作 / 919
　　二、中文图书及未刊资料 / 920
　　三、中文报刊 / 922
　　四、外文书刊（含中译本） / 922

第四章

为新中国奋斗

（1937—1949 年）

第一节　抗战初期的战斗

一、"中国是不可征服的"

1937年"七七"事变后，日本帝国主义依仗强大的军事力量，很快占领北平、天津。8月13日，日军又大举进攻上海，企图迅速直捣国民党政府首都南京，实现其三个月灭亡中国的狂妄野心。

一时间，"亡国论"、"失败论"的悲观论调在国内流传开来。汪精卫公开说："中国的国家力量，不能挡住日本的侵略。"[①] 周佛海等汪派人物组织"低调俱乐部"，鼓吹"战必大败，和未必大乱"，主张对日妥协投降。蒋介石虽然被迫抗战，但也持中国太弱、抵抗不了日本的观点，执行"战而后和"的方针，希望打一下之后，引起国际干涉调停，以便在适当的条件（如承认日本侵占东北等）下取得"体面"的和平。同时，人民虽有不当亡国奴、驱逐侵略者的愿望，但不少人对抗战必胜缺乏信心，而且在日军的野蛮屠杀下，有

---
① 汪精卫：《最后关头》，载《湖南日报》，1937年8月1日。

1937年7月7日，日军在卢沟桥发动"七七事变"

中国军队在卢沟桥抗击日军进攻

些人有"恐日"情绪。

宋庆龄针对这种情况，8月写出《中国是不可征服的》一文，表示："我却坚决相信，中国不但能够抵抗日本的任何侵略，并且能够而且必须准备收复失地。"

该文并非盲目乐观和空洞的说教，而是具有雄辩透彻的说服力。宋庆龄认为，判断一个国家的力量，不能仅从表面上看军事力量，"最好是分析它的经济潜力和它的社会结构的力量"。她引用大量来自日本第一手的确凿的统计资料，分析日本的工业、农业、资源、资金状况，明确指出："日本的社会经济结构不够坚实，经不起长期的战争。"战争"将使日本已很脆弱的社会经济结构面临新的困难，更加捉襟见肘"。所以，"在经济上，日本是一个弱国"。而"中国土地广大，资源富有，人口四万万七千五百万"，最重要的是，"中国最大的力量在于中国人民大众已经觉醒起来了"。在这篇文章的结尾，宋庆龄明确地向全世界宣告："日本的武力已不过成为一只纸老虎。日本的经济和社会结构是不能支持一场对中国人民的长期战争的。"①

在9月写致"英国工党来华调查日本侵略的代表团"的一封信中，宋庆龄还批判了"唯武器论"的错误观点，她指出："纵然事实上日本海陆空军的技术设备远胜于中国的军队，但我们知道单只军事技术是不能决定这次战争的。目前的抗战已经证明了中国军队和人民的道德上和精神上的优势。日本的黩武主义者决不能奴役像中国这样伟大的民族，她现在是正为了保持民族生存而抗战。毫无疑义的，最后的胜利一定属于我们，虽然我们必须经历好几年很大的痛苦和牺牲。"②

宋庆龄经过二十多年，特别是十年内战艰险环境的磨炼，已经

---

① 《中国是不可征服的》，载《宋庆龄选集》上卷，第192—198页。
② 《致英国工党书》，载《宋庆龄选集》上卷，第202页。

赢得全国人民的信赖，享誉海内外。"各种国籍，各个阶层的人，都把她当作为和平与社会正义而战的先驱者；千百万中国人，把她当作理想的化身，对她无比尊敬。"① 因此，宋庆龄的这个论述——"我们必胜，但要经过长期艰苦的抗战"，及时给全国人民带来希望和勇气，对人们树立抗战必胜和坚持长期抗战的思想准备具有十分重要的意义。

中国必胜，但要经过长期、艰苦的战斗。宋庆龄对中国抗战的这个认识，没有停留在口头上。抗战一爆发，她就奋不顾身地投入保卫上海的战斗。

1937年8月13日，日军对上海大举进攻。14日，国民党政府发布了自卫抗战声明，宣布："中国为日本无止境之侵略所逼迫，兹已不得不实行自卫，抵抗暴力。"② 接着，先后调遣七十余万军队投入淞沪抗战。华北各地的国民党军队也纷纷对日军的入侵进行抵抗。

中国共产党早在7月8日（卢沟桥事变第二天）向全国发出号召抗战的宣言，红军迅即集中并奔赴抗日战场。淞沪抗战爆发后，上海地下党发动市民掀起轰轰烈烈的支前运动。

宋庆龄目睹自己与全国人民盼望多年的全国抗战局面终于出现，无比激动和兴奋，她欢欣高呼："中华民族像一个人样的站起来反抗日本侵略者了。在中国全部历史中，我们从未见过精神、行动和意志这样的团结一致。四万万五千万的中华民族是必然不会灭亡的。地球上没有一个力量可能消灭她。"③

抗战爆发后，宋庆龄发扬过去上海妇女第一个成立救国会的爱国传统，就与何香凝倡议建立上海妇女界抗日团体，最大限度地团结妇女界一切抗日力量。她俩以原妇女救国运动领袖为核心，联络

---

① 〔德〕王安娜：《中国——我的第二故乡》，第167页。
② 《中国近代对外关系史资料选辑（1840—1949）》下卷，第2分册，上海人民出版社1977年版，第11页。
③ 参见《致英国工党书》，载《宋庆龄选集》上卷，第201页。

了宋蔼龄、于凤至、孙科夫人陈淑英、蔡元培夫人周养浩等人，于7月22日，在何香凝住宅成立"妇女抗敌后援会"，宋庆龄被推选为理事，何香凝为主席，胡兰畦、沈兹九等21人为常务理事，一些国民党军政官员和著名人士的夫人也都担任理事。

妇女抗敌后援会的成立，是国共合作抗日民族统一战线结出的第一个果实。宋庆龄在此树立了捐弃前嫌、共同抗日的榜样。

当时，国民党为控制蓬勃兴起的民众运动，由上海市党部出面组织"上海市各界抗敌后援会"，声称该会是救亡团体的"最高组织"，要求其他所有团体向该会登记为团体会员，再经社会局备案后方取得合法地位，并且不准其他抗敌组织使用"抗敌后援会"的名称。8月1日，以宋美龄为主席的"中国妇女慰劳自卫抗战将士总会"在南京成立，要求各地妇女界迅速组织分会，与总会取得联系。

在这种情况下，宋庆龄与何香凝决定，为保持和扩大统一战线，取得合法地位，使妇女救国运动沿着正确的方向发展，在8月4日，将上海妇女抗敌后援会的名称改为"中国妇女慰劳自卫抗战将士总会上海分会"（简称"妇慰分会"），从属于宋美龄主持的妇慰总会，并向上海市各界抗敌后援会登记备案。由于这个分会在宋庆龄和何香凝的领导下，保持了组织上和活动上的独立性。

在抗日这个大目标下，宋庆龄与宋蔼龄、宋美龄三姐妹，结束了因政见不同而致的长期对立，走到一条路上来了。三姐妹的关系随即进入了一个新阶段。

在宋庆龄和何香凝领导下，"妇慰分会"发展很快，到9月份，已有团体会员二十余个，其中包括国民党市党部方面的妇女团体。各妇女团体还在浦东大厦设立联合办事处，积极开展工作，有力地支援了上海抗战。

在宋庆龄的直接指导下，迅速成立了妇女训练班，并在两个月中就训练出2000名临时护士。许多女工、家庭妇女、女学生和女童

何香凝(二排右一)率"中国妇女抗敌后援会"成员赶制慰问品

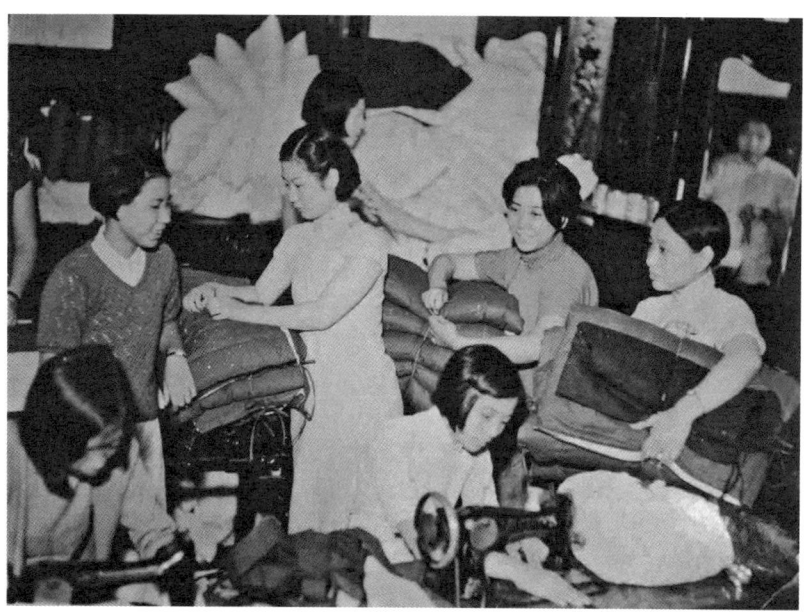

胡兰畦(二排左三)在上海何香凝寓所与"中国妇女抗敌后援会"会员赶制慰问品

子军"都并肩在火线上一起工作。千千万万妇女都出钱、出力或者既出钱又出力";"人民成立了志愿队,将伤兵从前线抬回来,替伤兵们缠绷带,缝织伤员的衣服,看护他们,替他们写信和组织娱乐活动"。①

9月18日,各妇女团体曾与文化界救亡团体等,联合举行纪念"九一八"六周年的宣传活动。10月下旬,上海市文化界救亡协会发起募集20万双手套支援抗日战士的运动,"妇慰分会"率先响应。11月2日,即九国公约签字国会议在布鲁塞尔召开的前一天,上海113个救亡团体,冒着风雨出动938个宣传队,其中妇女界就出动了六百多人,组成一百余个宣传队进行宣传活动。②

宋庆龄积极地到处作抗日演讲,撰写救亡文章,呼吁人民动员起来为抗战出钱出力。有一次她到上海南洋女子中学演讲,教师和学生很快就把礼堂坐得满满的。宋庆龄这天穿着十分朴素的衣衫,脸上挂着慈祥而充满胜利信心的微笑,操着十分亲切的上海地方口音,生动地向师生们介绍当时的抗日形势。她慷慨激昂,热情洋溢,号召妇女们要爱国、爱人民、为中国的抗战贡献出一份力量。在将近一个小时的讲演中,她那种坚毅的神情和爱国的热忱,深深地打动了广大师生的心,产生了巨大的精神力量。在她的鼓舞下,师生们在校内外开展了为前线抗日战士、为难民同胞的募捐活动。短短的几天中,在南洋女中校长所居住的西康路一带的居民就赶做出一千多件丝帛背心,送往前线和有关救济单位。③

宋庆龄还十分注意争取国际妇女界对中国抗战的同情和支持。她和何香凝一起多次与在沪的外国妇女联络,筹备一次中外妇女的联席会议,以便同声谴责日本帝国主义的罪行。10月28日下午,上

---

① 《中国妇女争取自由的斗争》,载《宋庆龄选集》上卷,第354—355页。
② 《救亡日报》,1937年11月17日。
③ 参见吴若安:《庆龄同志对教育、妇幼工作的亲切关怀》,载《文汇报》,1981年6月4日。吴若安当时任南洋女子中学校长。

海妇女界在国际饭店联合举办在沪外国妇女招待会,出席招待会的有外国妇女76人,中国妇女代表10人。招待会由宋蔼龄、廖梦醒、史良等主持,先由"妇慰分会"常务理事刘王立明致词,宋蔼龄用英语讲演,报告上海妇女救亡运动,呼吁各国妇女主持公道、保卫世界和平、联合制裁共同的敌人。宋庆龄、何香凝因病未能出席这次会议,由秘书廖梦醒代表她俩作演讲,呼吁各国妇女领袖,向她们的朋友和本国人民申诉中国被侵略的真相,使他们不再为日本所广播的一切虚伪而含恶意的宣传所蒙蔽。她在阐发宋庆龄关于日本侵华与威胁世界的关系的思想时指出:"日本的威胁,并不限于中国而已。这威胁是遍及全世界的。"①

会议最后以到会各国妇女代表和妇女团体的名义,致电国联妇女和平会会长丁曼,申诉为着正义人道,"叮请布鲁塞尔各国代表以切实的方法,维持条约的尊严"②。

在领导妇女救国抗战工作同时,宋庆龄还积极参加和支持上海文化界救亡协会的活动。

为贯彻中国共产党的统一战线方针,原中共文化界救国会党组负责人钱俊瑞,在代表宋庆龄赴欧参加反法西斯大会回国后,就在她的支持下,联络国民党及社会上的著名人士蔡元培、潘公展、郭沫若、胡愈之、邹韬奋、陶百川、金仲华、夏衍、阿英、茅盾、巴金、郑振铎、张天翼等,在7月28日建立"上海市文化界救亡协会"(简称"文协")。宋庆龄被推选为"文协"理事。

宋庆龄清楚地了解"文协"的背景,所以对它格外关注,把它作为新时期她与共产党合作抗日的一块阵地,从多方面支持它的活动。上海战事爆发后,日军从海、陆、空各方面发动猛烈进攻,上海守军在英勇抵抗中伤亡很大。以钱俊瑞为部长的"文协"组织部

---

① 《妇女生活》第5卷第4期,1937年11月。
② 同上。

设立救护组，发起募集慰劳品、救护品的活动。宋庆龄也参加了这个活动，把她募集到的490余元款项交给"文协"救护组。救护组组织慰劳队、救护队赴前线时，宋庆龄又自己出钱雇两辆卡车接送伤兵，并且不顾危险，乘车亲赴前线慰问抗战将士。

"文协"成立时，根据周恩来的指示，中共上海党负责人、八路军办事处主任潘汉年亲自筹建机关报《救亡日报》，郭沫若任社长，夏衍为总编辑，大力进行抗战的宣传动员工作。宋庆龄十分关心该报的编辑和出版，经常为它撰写文章，发表谈话，披露信函等。如9月26日，她在该报第一版发表《对国共合作的感言》，欢呼国共合作终于实现。10月3日，在该报发表《致英国工党书》，呼吁英国支持中国抗战。15、16日，又在该报发表《中国当前的急务》，阐明粉碎日本侵略者灭亡中国野心的具体主张。这些文章、谈话和信函，很好地宣传了中国抗战的意义、中共抗战的主张和抗日民族统一战线的方针，并为争取国际援助作了良好的开端，从而大大加强了《救亡日报》在抗战舆论阵地中的作用。

在"文协"活动期间，宋庆龄还与郭沫若、胡愈之、邹韬奋等人合作，冲破国民党方面的该会主席潘公展、宣传部长周寒梅的束缚，积极开展国际宣传工作，向国外宣传中国抗战的真实情况，包括八路军挺进敌后、平型关大捷等，以争取国际上对我国抗战的支持。①

上海抗战爆发后，国民党政府从9月1日起发行五万万元救国公债。宋庆龄从发动民众支持政府抗战的立场出发，表示支持。8月23日，宋子文为会长、陈立夫为副会长的救国公债劝募委员会总会在上海成立。宋庆龄担任该会的常务委员。接着，上海工、商、妇各界均成立劝募分会，开展了声势浩大的募集活动。宋庆龄领导的

---

① 参见胡愈之：《我在抗战时期的经历》，载中共中央党史资料征集委员会编《中共党史资料》第18辑。

"妇慰分会"提议,把9月5日作为上海妇女首次"献金"的日子。这一天,各个妇女救亡团体的代表都到上海女子银行,踊跃献金购买救国公债。几天时间,仅"妇慰分会"的常委们就认购了23000余元。到10月1日,救国公债认购额已达2.4亿多万元。①

二、坚持全民抗战的主张

上海抗战伊始,日本曾扬言两星期内可攻陷上海迫使中国投降。但是,中国军队在全国人民,特别是上海人民的大力支持协助下,顽强阻击日军近十个师团30万人、50艘军舰、500架飞机的进攻达三个月,并击毙敌第三师团第十六旅团长鹰森赤等将校级军官十余人,敌军伤亡五六万人。"八一三"抗战挫败了敌人"速战速决"的战略,打乱了日本进攻中国的整体计划,并使长江中下游的部分工厂赢得了内迁的时间。

但是,上海抗战也暴露了蒋介石片面抗战路线的严重危害。在军事上,蒋介石独揽指挥权,随意调兵遣将,往往使官兵不知所措,自乱阵脚,大大影响了广大官兵的士气,更难以发挥部队整体的战斗力。在政治上,国民党对抗战实行包办统制政策,只要求人民提供人力、物力、财力,为抗战多作牺牲,却不给人民民主权利,并对民众热烈展开的救亡运动横加干涉。国民党上海市党部负责人、社会局局长潘公展在"文协"首次理事会上,公开指责广大人民的抗日要求和主张是"不懂军事","怀疑政府","乱发议论",竟然声称:"在举国坚决抗日之下,思想是不能自由的。"② 甚至对于宋庆龄等发动民众支援国民党军队抗战的行动,也荒唐地进行限制。9月陈

---

① 《申报》,1937年10月2日。
② 《新闻报》,1937年8月1日。

诚接替张治中任前敌总指挥后，竟要民众运动遵照"绝对集中力量的最高原则"，不能各有各的论说，或始终抱怀疑的态度，并且命令全部慰劳捐款，一律解交政府，集中中央。①所以，上海各界团体到医院或前线慰问官兵，往往被国民党特务所阻止，送去的慰劳品经常为特务所扣留，致使几十万在前线浴血奋战官兵的供应不时中断，常常几天吃不上饭，伤者无人抬送医治，死者无人掩埋，从而大大挫伤了前线官兵的锐气。

宋庆龄一贯主张发动全国人民起来抗战的路线，认为"只有群众起来保卫国家的独立，中国才能得救"②，所以她衷心拥护中国共产党提出的抗日民族统一战线的政策，对国民党片面抗战的方针曾多次进行批评。她严厉批评那种认为抗日不必唤起民众的愚蠢思想，明确指出："中国现在必须准备恢复失地，必须使群众在政治上和军事上准备起来。实行言论、出版和集会的自由就可以唤醒民众。年轻力壮的人民必须经过军事训练。单靠装备窳陋的常备军，中国是不能建立足以抵抗侵略的国防的。但是在这常备军的背后却屹立着广大的人民，他们准备为卫国保家淌尽最后的一滴血。他们打起游击战来，将成为一种不可征服的力量，在这种力量面前，日本军阀只能发抖。"③

但是，宋庆龄对国民党有深刻的了解，知道要根本改变这种状况的希望很小。正如她后来所说："当时要在蒋介石国民党统治区开展这些工作是极端困难的。国民党反动派口头上赞成民族抗战事业，但实际上却在进行阻碍和破坏。"④

1937年11月11日，上海沦陷。宋庆龄为了获得为全民抗战服

---

① 参见《救亡日报》，1937年9月25日。
② 《儒教与现代中国》，载《宋庆龄选集》上卷，第177页。
③ 《中国是不可征服的》，载《宋庆龄选集》上卷，第195页。
④ 《为人民服务四十年》，载《人民日报》，1978年6月14日。

务的自由，以便对祖国的解放事业能做更多的工作，决定不随同国民党高级官员西撤，而是接受共产党的建议前往香港。

当上海成为"孤岛"时，中共中央十分关注宋庆龄的安全，特地拍发电报要求她尽快离沪去港。宋庆龄为着国家和民族的利益，早将个人安危置之度外，所考虑的是根据个人的条件在香港可以为抗战多做些工作，因此当接到李云送交的中共中央电报时，立即表示"尊重毛主席、周副主席的意见"，同意由李云陪同移居香港。①

12月23日，宋庆龄离开上海。临行前，她发表了致国际人士的声明，控诉日本侵略军侵华和屠杀中国人民的罪行，呼吁世界各国"积极拥护中国的抗日斗争"。明确指出："在今天来帮助我们抗日，维持世界和平，用抵制、制裁与封锁等办法来惩罚法西斯侵略者——这便是避免明天世界大战。"②

当时上海港口已被日军占领，宋庆龄离沪的经过，带有传奇色彩。路易·艾黎回忆说："我永远不会忘记国民党撤退后她离开上海时那个寒冷灰暗的冬天的早晨。几条留下的渡船正在把岸上的乘客一批批送上停泊在江心的大航船。码头上熙熙攘攘，到处有日伪警察、宪兵、特务等在活动。宋庆龄打电话给我，叫我乘一辆出租汽车到她家里去。我到了那儿，见她正在和两个外国妇女喝临别咖啡，她们是准备在她离沪期间来照管房子的。敞着炉门的壁炉里燃烧着明亮的火焰，房间里显得十分舒适安逸。她笑着与她们挥手告别，然后上了我的车。李妈坐在前座上，手里提着一个小布包袱。当我们从那些恶棍的中间走过时，他们瞪起凶狠的目光。但她却安详地挽着我的胳膊，与我谈笑风生，旁若无人。结果我们没有遭到任何盘问。"③

---

① 李云：《三十年代在庆龄同志身边两年》，载《解放日报》，1981年5月23日。
② 《救国时报》，1938年1月10日。
③ 路易·艾黎：《一朵永不凋谢的花——回忆宋庆龄二三事》，载《工人日报》，1981年5月30日。

宋庆龄接受中共中央的建议,于12月离沪赴港,这是她在香港的留影

1939年,与何香凝(右)在香港合影

1939年,宋庆龄在香港留影

1938年3月29日至4月1日，国民党在武昌召开临时全国代表大会。大会通过的宣言和《抗战建国纲领》，反映了国民党政府的某些进步却又很不彻底的矛盾状态。在抗日问题上，"纲领"提出"制止日本侵略"，但却没有作出驱逐日本帝国主义出中国、反对任何动摇妥协的明确规定；在政治问题上，提出"组织国民参政机关"、"加强完成地方自治条件……为宪法实施之准备"等，而没有召开国民大会、制定宪法、组成包括各民主党派的国防政府、实行民主政治的规定；在财经问题上，提出"推行战时税制"、"发展农村经济，奖励合作，调节粮食，开发荒地"等口号，却没有减租减息等改善民生的措施；在民众运动问题上，提出"对于言论、出版、集会、结社，应当予以合法之保障"的条文，却没有废除一切束缚人民爱国行动的旧法令，和取消独裁恐怖统治的内容。总的指导思想，仍是坚持独裁统治，只是在日本侵略和中国共产党及全国人民强烈要求的压力下，才不得不在形式上对人民作了某些让步。

对这个两面性的"纲领"，革命人民若能促其向进步的方面落实执行，限制其向反动方面倒退，对抗战还是有利的。宋庆龄所持的就是这种态度。

宋庆龄在香港，没有参加这次大会，但密切注视大会的进行。当她看到大会宣言和纲领后，为它的进步而高兴，认为这是人民几年来斗争，尤其是九个月来抗战的成果，应该予以肯定，同时又必须推动国民党向进步方向发展。因此，她在4月14日，与何香凝联名发表《拥护抗战建国纲领，实行抗战到底》一文①，肯定临时代表大会制定的抗战建国方针，"确为保证彻底胜利之先声，亦即为本党今后矢志完成总理遗志的宣誓"。并中肯地指出：它"能否最后完成任务与达到最终之目的，不在空言，而在力行，不仅号召，而重实

---

① 载《宋庆龄选集》上卷，第223—226页。

现,希望全党同志及全国同胞,一致努力为建国纲领奋斗到底!"

为发扬"纲领"中的积极内容,克服其不足,她们在文章中提出了关于坚持抗日到底的七项具体主张。这七项主张是很全面的,包括了制裁国民党的腐败行为、保障人民民主权利、各党派精诚团结、坚持抗战到底、反对中途妥协、改善人民生活等,实际上是与中共提出的《抗日救国十大纲领》相呼应的。

这是宋庆龄与何香凝在抗战爆发后第一次发表的全面的政治主张,体现了充分发动民众、实行全民抗战的路线,其中心思想是:坚持抗战,坚持团结,坚持进步;反对投降,反对分裂,反对倒退,反对独裁。

宋庆龄是一个杰出的政治家,她懂得该怎样进行政治斗争。国民党既然自己提出了包含有进步因素以及可以按进步的立场去解释的"抗战建国纲领",那么,等于给了人民一个合法斗争的武器,让人民拿这个武器去监督它,推动它前进。所以宋庆龄以后多次督促国民党实行这个纲领,批评它言行不一的倒退行为。

7月7日,在她发表的《抗战的一周年》[①]一文中,指出《抗战建国纲领》公布后的问题,"在如何实际执行与迅速实现纲领所定各点",而三个月来,"执行程度实在不能不令人发生焦虑之感"。她列举"纲领"中主要的几条,提出迅速发动和组织农民,组织训练战区难民和失业民众;迅速开发云、贵、川、陕后方;采取具体措施,改善人民生活;改革政治机构,提高行政效率等一系列具体建议,并望国民党政府不仅听取国民参政会的意见,"贵能迅予执行彼等所提有利于民族国家及保障抗战胜利之提案,进而能改变参政会之职权,不仅为一中枢政府之咨询机关,而为民主政治国会职权之实,中国政治前途,当另有一番新气象也!"

---

① 载《宋庆龄选集》上卷,第234—238页。

看来，对于国民党在抗战初期的进步，宋庆龄是寄予很大希望的，甚至高兴地向美国人民宣称："中国走向民主的途中！"① 她是多么希望国民党这次以联合共产党及各民主党派、依靠民众进行抗日为契机，真正走向西方那种民主政治的前途。

但是，遗憾的是，随着时间的推移，国民党并没有在《抗战建国纲领》上继续前进，而是不断地倒退。因此，宋庆龄又多次发表文章，批判国民党在对待"抗战建国纲领"问题上言行不一的态度。② 她一贯痛恨言行不一的两面派行为，奉行并倡导的是"说到做到，不说空话"。抗战期间，她坚决主张发动人民、依靠人民的全民抗战的路线，这在保卫广州的战斗中再一次得到了生动的体现。

三、参加保卫广州的战斗

1938年5月，日军在侵占北方重镇徐州之后，南北战场连接起来，于是转向中原进攻，企图夺取国民党临时首都武汉。与此同时，为配合武汉的攻势，并切断中国的海上对外联系，又抽调一部分兵力进攻广州。开始对广州这个没有空防设施的城市进行狂轰滥炸，投弹多到十万余枚，致使这个美丽的南方城市受到严重破坏，人民生命财产遭到空前的劫难。

但是，英勇的广州人民没有屈服，而是勇气百倍，同仇敌忾，英勇地保卫城市。他们尽管受到严重损失，仍然踊跃地为前线募集大宗款项和物资。他们进行抗日救国大示威，有几次参加者达15万人之多。人民群情激昂，整个广州城一片抗战气氛。

---

① 《中国走向民主的途中》，全文见《宋庆龄选集》上卷，第208—212页。
② 参见《双十节告全国妇女界》、《展望战后——抗战纪念日致美国友人》，分别载《宋庆龄选集》上卷，第254—258页、第275—284页。

宋庆龄住在香港，离广州近在咫尺。她密切注视着广州人民在危难中保卫祖国的战斗。她认为在这样的时刻，应该与人民在一起为保卫祖国直接贡献力量。所以，在8月至10月间，她两次到广州与人民一起进行保卫城市的战斗。

8月，中共中央为加强抗日民族统一战线，特派邓颖超为代表，到香港会见宋庆龄、何香凝和各界代表。宋庆龄得讯后，便提前于20日乘船到广州，一面迎接邓颖超，为她的工作作安排；一面全面了解广州的工作，慰问民众和向有关当局提供抗战意见。

宋庆龄约见邓颖超，并且认真倾听了共产党的主张。她还偕同邓颖超在广州开展工作。邓颖超深情地追忆说："这匆匆的短期聚晤，同你一起活动，使我得到教益，我是永远铭记在心，不能忘怀的。"[①]宋庆龄这次在广州深入到各有关的基层，她极为愤慨地视察了惨遭日本飞机轰炸的一些建筑物，频繁地奔走于各家医院，慰问受伤的难民。在中山大学附属医院慰问时，发现一个从敌机炸毙的妇女腹中取出的婴儿，她甚为怜惜，"抚抱之余，频嘱各医生小心爱护"[②]。此外，她还瞻仰黄花岗七十二烈士墓，并敬献花圈；参观黄埔港等军事设施，勉励官兵和群众发扬广州人民反帝爱国斗争的光荣传统，坚决打击日本侵略者——所有这些，都给苦难与战斗中的广州人民以极大的鼓舞和安慰。

9月中旬，广州局势进一步危急时，宋庆龄又来到广州，亲自参加广州人民反对侵略的火炬示威游行，同浩浩荡荡的群众队伍一道前进。[③]她又及时召开广州市各妇女团体会议，讨论征募寒衣办法，提出"一个广东妇女捐制一件寒衣"的号召，并以身作则自己

---

①邓颖超：《向宋庆龄同志致崇高的敬礼！》，载《人民日报》，1981年5月29日。
②汉口《新华日报》，1938年8月22日。
③李浩之：《宋庆龄同志在广州的日子里》，载《广州日报》，1981年6月4日。

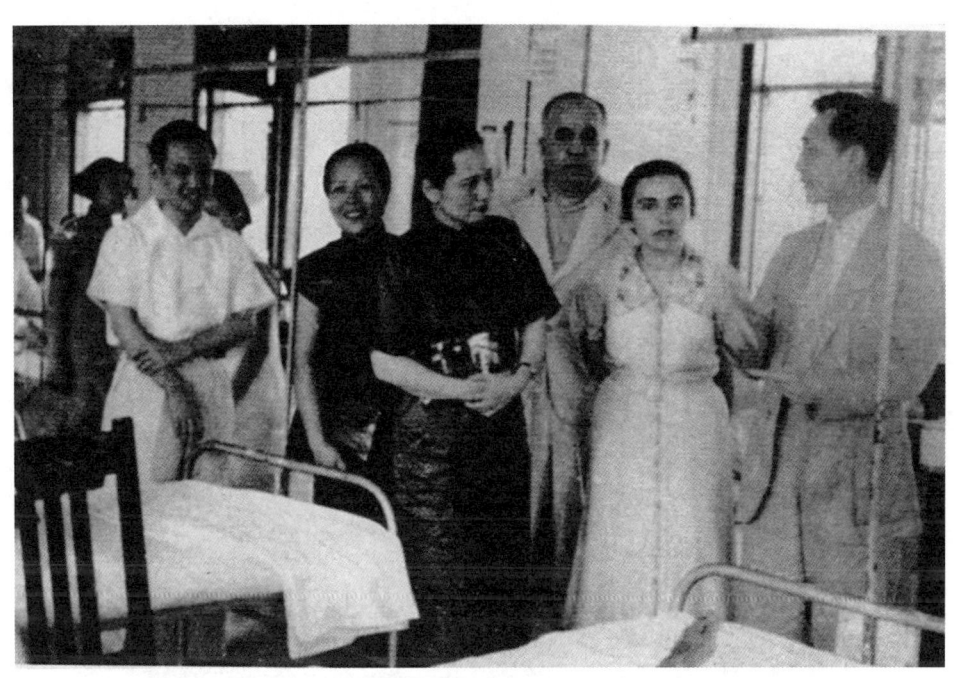

1938年8月21日,宋庆龄(右四)视察广州陆军医院

1938年8月,宋庆龄在广州向黄花岗七十二烈士墓敬献花圈

捐出5000元作为购制寒衣的费用①，积极地开展为前方将士及后方难民征募寒衣的工作。当时的美国合众社记者爱泼斯坦回忆说：宋庆龄的"这次访问，实在是意义深长，振奋人心的。她的精神和人民大众的精神融成了一体"②。"她给广州这个城市带来了坚决的意志，并鼓舞了人民群众的爱国热诚。"③

此外，宋庆龄还积极地在广州的外国侨民中活动，争取他们对保卫广州和中国抗战的援助，批评英、美国家执行的虚伪的"中立"和"不干涉"政策。

中日战争爆发后，英美等西方国家希望日本不要太多地危害它们在中国及远东的利益，因此对日本奉行绥靖政策，对战争持"中立"和"不干涉"立场。实际上，日本侵华，已经损害他们在华的利益，但他们却对日本一再退让。上海战争爆发后，英国率先提出在上海设

①汉口《新华日报》，1938年8月22日。
②爱泼斯坦：《我所了解的宋庆龄》，载《人物》1980年第3期。
③爱泼斯坦：《回忆保卫中国同盟的宣传工作》，载中国福利会编：《永远和党在一起》，上海人民出版社1983年版，第51页。以下引用此书，皆为此版本，不再一一详细注明。

1938年8月摄于广州

立"中立区"的建议，美国宣布禁止美国政府所辖船只向中日两国运送武器。但这是虚伪的。实际上正如当时任美国记者的爱泼斯坦所揭露的，那时"日本用来屠杀中国人民的战略物资80%是购自美国的"。因此，广州被轰炸时，在广州的美国侨民，包括在岭南大学任教的美国教师以及学生等"是最难受的，因为他们知道落在他们四周的炸弹是美国制造的，敌机是美国汽油发动的"。[1]

对这种现象，宋庆龄从一开始就密切注意，并多次直率地对英美政府进行批评。在上海战争期间，她给英国工党、英国工党来华调查日本侵略的代表团及英国政府的几封信中，都表示了这样的意见，甚至对英国政府说："对华侵略的战争已经进行两个月了，我们还没有看到你们积极援助我们以制止法西斯侵略者的明白表示，这是很为遗憾的。"

宋庆龄继续指出：在这两个月中，"日本帝国主义就已损害和破坏了英国在华的利益。日本轰炸机追击英国的大使，险些儿伤了他的命；日本军舰拦阻英国的商船，强求有上船检查旅客表和船上文件的权利；他们在香港的领海中滥扣并破坏海关的巡舰。单就上海而言，英国已有数百万元的财产被日本的军舰和轰炸机所破坏。虽然还没有宣战，而实际上日本已阻止了英国对华的贸易，英国的工业和商业已受了巨大的损失"。[2]

当时英国新闻界多次发表宋庆龄致英国政府和团体的函电，在英国人民中引起巨大反响。他们举行声势浩大的集会游行，表示对中国人民的同情和声援。英国劳动运动全国执行委员会还通过决议，禁止运送军用品往日本，禁止对日贷款，禁止日货入口等。

宋庆龄还致电美国总工会，呼吁美国工人抵制把军火运往日本。1937年10月20日，她在上海美商RCA广播电台向美国人民发表

---

[1] 爱泼斯坦：《回忆保卫中国同盟的宣传工作》，载《永远和党在一起》，第51页。
[2] 《致英国工党书》，载《宋庆龄选集》上卷，第202—203页。

1939年3月8日,宋庆龄前往参加香港妇女庆祝三八妇女节集会。她在会上发表了题为《关于援助游击队战士的呼吁》的演说

了著名的英文演讲《中国走向民主的途中》①，明确指出：日本对华的侵略，"也包含着对于美国本身的威胁"；"目前日本的威胁虽仅加于中国，但谁能保证到了某种时候，这样奇特的态度，不会从行动上危害其他民族呢"？为此，她向美国人民提出："请你们不要让任何一只船从美国开往日本去，因为日本可以把你们的任何出产物加以改造，来对付我们。"她大声疾呼："趁残酷的火焰未燃烧到全世界各国之前，将它扑灭。"

宋庆龄的这些呼吁，在英美国家人民中反应强烈，但在目光短浅的两国政府中，开始还并未引起应有的重视。因此，她在年底离沪声明中愤怒地指出："将近半年来，中国是在单独地与敌人作战。"

现在，具有讽刺意义的悲剧又在广州重演了。日本飞机用美国炸弹轰炸中国人民时，也伤害着美国侨民。

与此同时，宋庆龄委托爱泼斯坦联络在广州的外国侨民发起成立保卫中国同盟广州分会，具体组织支援中国抗战的活动。这个分会，得到了该市所有外国朋友的拥护，尤其是那些领受过日本飞机炸弹的美国侨民，尽管他们当中有些人在政治上还是保守的，大多数也不是左翼分子或国内进步活动的支持者，但他们在事实面前，都对被侵略的中国牺牲者表示同情，"没有人再是中立的了"；尽管他们的政府并不支持他们，但他们却积极地和美国进步人士联合在一起，努力为援助中国和要求对日本帝国主义施行经济封锁而斗争。②

宋庆龄在广州向美国世界青年大会代表的广播讲演中，再次呼吁英美不要同日本进行贸易，不要将原料和技术输出日本，而"将机器与原料赊卖给我们的工业合作社，使我们能够帮助我们的人民实行经常生产救济的各种办法"③。

---

① 全文见《宋庆龄选集》上卷，第208—212页。
② 参见爱泼斯坦：《回忆保卫中国同盟的宣传工作》，载《永远和党在一起》。
③ 《向美国世界青年大会播音演讲词》，载《宋庆龄选集》上卷，第247页。

宋庆龄和人民群众誓死保卫广州。国民党政府却由于推行错误的路线，对保卫广州的战役掉以轻心。他们以为广州靠近香港，日本投鼠忌器，不敢攻占，因而不做认真的防守准备。结果在10月21日，日军轻易地占领了广州。接着，25日，武汉也失陷。于是国民党中汪精卫为首的主和派更加活跃起来。

宋庆龄在广州沦陷前夕回到香港，她对国民党政府再次暴露出来的腐败现象十分焦虑和气愤，与何香凝、陈友仁等六人联合致函林森（国民政府主席）、蒋介石和孙科（行政院长），提出四点急救措施："一、加强中枢政治机构。二、遵守总理所定外交政策。三、发动全国民众力量。四、迅速起用知兵宿将，保卫广东。"并强调说："凡此四端，必须政治与军事配合，实行民主集权，始能挽回颓势，转败为功，内得人民之拥护，外得友邦之援助。"[①]

广州、武汉相继失守以后，宋庆龄把全部精力投入到"保卫中国同盟"的工作上，为坚持长期抗战而努力。而且，由于从武汉、广州失败中看到国民党腐败日趋严重，她就把争取抗战最后胜利、建立新中国的希望更多地寄托在中国共产党身上，积极向艰苦环境中的共产党提供帮助。

---

① 《致林森、蒋介石等》，载《宋庆龄选集》上卷，第260页。

第二节　组建保卫中国同盟，争取国际援助

一、"保盟"的建立

日本侵略军攻占广州后，封锁了中国东部海岸线，但是它暂时还不敢向欧美国家发难。因此，香港这个由英国当局管治的自由港，一时几乎成了中国抗战事业与海外联系的唯一通道，也成为那些热心于抗战并对蒋介石独裁统治不满的政党团体和爱国民主人士进行抗日活动的重要据点。何香凝、柳亚子等数百名文化界著名人士和爱国民主人士先后来到这里，香港一时成为风云际会、冠盖云集之地。同时，大批难民（包括不放心在内地投资的富有者），也一批批来到香港。港英当局出于英国与日本帝国主义的矛盾，对于这些人的抗日活动并不干涉，甚至还给予同情和支持。所有这些，都使香港成为宋庆龄在新的条件下，发挥自己特殊才能为抗战服务最理想的"用武之地"。她把工作重点转移到呼吁国际援助中国抗战上，决定利用自己独特的政治地位和在国际上的崇高威望，在中国抗战与国际友人、海外华侨之间搭起一座桥梁，使二者团结起来，与日本

帝国主义进行一场战线广阔的较量。

从抗战爆发到1938年6月，宋庆龄先后多次向英、美等各国政府和人民写信或发表广播演说。她的呼吁首先得到一些国家进步团体和友好人士的响应。白求恩大夫带领的医疗队，受加拿大和美国共产党的派遣，在1938年3月，来到香港，与宋庆龄接洽后，就由她介绍到武汉八路军办事处，然后去延安，分配到晋察冀抗日根据地工作。接着，又有一些外国医疗队和华侨组织的各种抗日团体和志愿人员来华，并有各种捐款和物资陆续到来。但是不久，援助工作中开始暴露出问题来，主要是两个方面：一是缺乏事实进行宣传，所以，外国朋友所得到的关于远东的真实情况极不充分，影响他们对中国的同情和支援；二是在分发捐款及物资时，缺乏联系及监督，因此，分配时，"既未能根据最危急的需要，又未能按照捐献人的意见做到合理"①。这两个缺点主要是由于国民党政府腐败机构经管着接待外援工作造成的。中国共产党曾试图改变这种状况，在白求恩路过香港时，中共驻港办事处廖承志、廖梦醒、邓文钊等曾组织一个加拿大医疗小组，但工作很难开展。他们同宋庆龄商量，而宋庆龄也正准备筹组一个机构，以克服以上两个缺点，独立公正地进行争取外援的工作。

当时要成立这样的机构，非宋庆龄莫属。只有她出面，才能得到国内外有声望有权势的著名人士的响应，从而才能冲破国民党政府对募捐工作的垄断。因为国民党搞了一整套官办的"抗敌后援会"，以统一一切募捐活动，并通过其特务系统，控制南洋各地华侨爱国捐献团体，通过外交部门控制各国的捐助，企图使所有支援中国抗战的钱物都落到蒋介石官僚集团的腰包里。

宋庆龄对国民党政府的垄断提出了挑战，而香港的客观条件也

---

① 《保卫中国同盟成立宣言》，载《宋庆龄选集》上卷，第231页。

有利于她开展这个工作。于是,她广泛联络国内外著名人士,终于在1938年6月14日邀请诸如贾·尼赫鲁、保·罗伯逊、托马斯·曼、克莱尔·布什、赛珍珠,以及冯玉祥、孙科等人,在香港共同发起建立了"保卫中国同盟"(简称"保盟")。他们都担任了"保盟"的中央执行委员,宋庆龄任主席,宋子文任会长,克拉克任名誉秘书,司库是邓文钊,名誉司库法朗士,爱泼斯坦任宣传委员,秘书有廖梦醒(兼办公所主任)、希尔达·司徒永觉夫人和王安娜等。后来,邹韬奋、金仲华、陈君葆、许舜英、许乃波等,都参加了"保盟"的工作。

"保盟"开始没有办公室,就在宋庆龄家中开会和办公。后来,在西摩道21号建立会址。虽然离九龙宋庆龄的寓所较远,但她经常出席会议,过问会务。"保盟"例会一月一次,都由宋庆龄亲自主持。她主持会议,作风民主,"从不作讲演,只是设法让每个人——委员或工作人员都出席并发表意见",然后提出自己的主张与大家商量。她"总是用平稳的语调表示自己的看法,但这些文静的话语却具有很大的说服力——雄辩、清晰和讲求实际"。她反对议而不决,决而不行。做出决定后,她就"建议采取具体行动,并提出具体时间"。① 开会时因有国际友人,她一般讲英语。"一口流利的英语,连外国朋友也感到'无懈可击'。她平时讲上海话,普通话少说,偶然也讲几句广东话,带点中山(县)口音。她对我们这些工作人员态度十分和蔼、亲切,使人有如沐春风的感受。"看门的女工人背后称她为"玉观音"。②

宋庆龄做工作历来讲究效率和速度,因此往往废寝忘食,有一种拼搏精神和牺牲精神。"保盟"通讯员潘标后来回忆说:宋庆龄

---

① 爱泼斯坦:《我所了解的宋庆龄》,载《人物》1980年第3期;陈君葆:《宋庆龄抗战时在港数事》(钟明记述),载香港《大公报》,1981年5月30日。
② 徐舜英(保盟工作人员):《我们时代的一颗巨星——忆宋庆龄居留港渝时》,载《宋庆龄纪念集》,第214页。

1938年，保卫中国同盟中央委员会部分成员在香港合影。左起：爱泼斯坦、邓文钊、廖梦醒、宋庆龄、克拉克、法朗斯、廖承志

《保卫中国同盟成立宣言》

"心里除了工作就是别人,唯独没有自己"。她在保盟的工作,"没有上班、下班的区别,更没有星期日的概念……有时会在天色未明的清晨就来到西摩道21号,匆匆忙忙地开始一天的工作,也有时在午夜的钟声打过很久还没有回去"。潘标还讲了这样一件事:"在一个寒风刺骨的冬夜,大约二时左右,我听到门外的铃声急促地响了。我连忙按亮电灯,打开大门。门外站着一位身穿大衣的女士,正是尊敬的孙夫人。她匆匆走进门来,从办公室取出一些文件,又匆匆地离去了。临出大门,她向我笑了笑,讲:'亚标,谢谢你,吵你休息了。'我当时感动得讲不出话来。"①

宋庆龄的生活非常节俭。她的住房不大,客厅很小,墙上挂着孙中山亲笔写的对联"大道之行,天下为公",还有一幅约二尺阔的中山故居的油画,大门外矗立两棵桄榔,象征万古长青。酷暑季节,她的餐厅里连个电风扇也没有。宋庆龄的菜金每天只有二角银圆,太平洋战争爆发后,她还腌了一罐咸萝卜,准备过最艰苦的日子。②

从抗战爆发后至太平洋战争爆发前的两年,香港随着高级难民的增加,各式各样的私人车挤满了道路。朋友们屡次主张给宋庆龄购置一部汽车,都被她拒绝了。因此,她出门既没有私人汽车,也没有随身侍卫。这不是因为没有钱去购车、请人,而是体现了宋庆龄一再强调并且身体力行的原则:"把每一枚铜圆用到祖国的抗日战争中去!"她把所有的钱都拿出来捐赠给救济事业了。她衣着朴素:夏天穿四川产的麻织的衣服或黑胶绸长衫;冬天则穿长旗袍和大衣。她安步当车,如浴清风。

所有这些,与当时许多国民党军政官员(包括她的姐妹兄弟在内)大发国难财、侵吞国内外救济财物的景象,形成鲜明的对照,

---

① 参见潘标回忆,桑晔整理:《忆宋庆龄女士在香港》,载香港《文汇报》,1983年4月8日。
② 参见〔美〕约翰·根塞:《亚洲内幕》,第282页;潘标回忆,桑晔整理:《忆宋庆龄女士在香港》,载香港《文汇报》,1983年4月8日。

更加显得她的人格无比高尚。人们把她比作深谷幽兰,是人民在苦难中"力量和精神延续的源泉"[①]。

宋庆龄不仅自己克己奉公,而且不许别人假公济私,利用他和"保盟"的关系谋取私利。曾参加中国民权保障同盟后害怕掉脑袋而退出去美国的林语堂,20世纪40年代初期返国途中经过香港。他要求会见宋庆龄,宣称自己回国是要和"我的国家和我的人民"同甘共苦,直到战争结束。可是当宋庆龄建议他用写作支持"保盟"工作时,他没有任何反应。原来,他真正感兴趣的是下次救济物资何时从美国启运来华,因为他想把他在美国买的一辆昂贵的汽车,作为救济物资之一运来重庆,以逃避关税和其他一些麻烦的手续。当宋庆龄问他是否愿意把他那辆汽车装运医药物资时,林语堂经过一番痛苦的、慎重的考虑,回答说,不愿意,除非能保证汽车的新靠垫不被弄脏、弄坏。林语堂错误地把"保盟"看成是国民党的一个"救济"机构了,以为只要一旦和这个机构的领导人建立适当的联系,就可以"要什么,有什么"。林语堂遭到宋庆龄客气但是坚定的拒绝,只好悻悻然告辞而去。应宋庆龄之邀参加这次会见的爱泼斯坦在1980年回忆说:"至今我仍能想起宋庆龄目送他离去的背影时流露出的嘲讽的神色。"[②]

"保盟"成立后,就在上海、广州等地建立分会。许多当地的中外著名人士参加分会组织。

香港总部中最积极的是与宋庆龄友谊很深的医疗服务中心主任希尔达夫人,她既是"保盟"总会的秘书,又是"援助中国红十字会"这一外国人组织的秘书。与香港上层那些死气沉沉、贪慕虚荣的人不一样,希尔达夫人积极、充满活力,"有敏捷的组织能力,又能集中精力去做目前急需的事情",而且实际工作不委诸他人,而是

---

① 〔美〕约翰·根塞:《亚洲内幕》,第280页。
② 爱泼斯坦:《我所了解的宋庆龄》,载《人物》1980年第3期。

亲自用电话与人商谈，或四处奔走。她参加各种中国人团体的活动，并和她的丈夫合力推行一系列"激进的"改革。夫妇两人坚决反对种族歧视，不断为中国人享有平等权利而努力，并且促使香港总督罗国富和主教罗伦德·O.霍尔博士支持宋庆龄的"保盟"。①

1927年，耿丽淑在北平语言学校学习汉语期间留影

"保盟"上海分会的秘书是耿丽淑。她于1926年30岁时作为美国全国女青年会的工作成员来到中国。20世纪30年代，在上海的史沫特莱、斯诺、路易·艾黎等经常在她的住处聚会，交谈他们对苏区的见闻和抨击国民党政府的腐败。这些谈话使她认识了中国的现状及其出路，并对宋庆龄产生了崇敬的心情。抗日战争爆发后，她目睹日军践踏上海的情景，毅然加入中国人民抗日斗争的行列，接受宋庆龄委托担任上海分会秘书。她主要的任务是把日军侵略，国民党消极抗日、积极反共和新四军抗日斗争的事迹报告给在香港的宋庆龄，并递送新四军与宋庆龄的联络信件。在上海沦为"孤岛"的时期，通过邮局寄出的信件都得经过检查，更不用说是寄给宋庆龄的了。为了冲破敌人的封锁，耿丽淑想方设法逃避检查。那时每周都有一艘美国"总统"号客轮在上海停靠，然后驶往香港。耿丽淑每次了解到客轮停靠的时间，便乔装上船，将信件投入客轮的邮筒。太平洋战争爆发前，她还多次冒着生命危险，把"保盟"的物资秘密地

---

① 参见〔德〕王安娜：《中国——我的第二故乡》，第197—198页。

运送到新四军和华中抗日根据地去。^① 因为当时分工是，由香港分会负责支援八路军，上海分会支援新四军。1940年，她返美途经香港，宋庆龄在"保盟"总部同她会见，并委派她以"保盟"秘书身份去美活动，继续宣传抗日根据地的抗日事迹，并为抗日根据地募集捐款和物资。1946年她重返上海，担任继"保盟"后组织的中国福利会秘书，为中国革命再做贡献。

上海分会的另一名骨干吴大琨，是救国会的成员。沈钧儒等"七君子"获释后，救国会就投入轰轰烈烈的抗日战争，上海失守后撤到武汉。吴大琨在一次车祸中，被撞断右臂骨，决定回上海"孤岛"他母亲处疗养。途经香港时，宋庆龄邀他到寓所吃饭，席间，发展他加入了"保盟"。她对吴大琨说："现在我们要动员世界上一切进步力量，来支援我们神圣的民族战争，争取一切国际援助。我发起成立了'保卫中国同盟'来做这方面的工作。我想你一定是愿意参加的。"吴大琨被分配到上海分会工作，与耿丽淑联系。1939年春，吴大琨代表上海各界人民去皖南新四军军部进行慰问，带去上海分会募捐的各种医疗物资。当慰问后回到国统区时，他遭到国民党特务非法绑架，关进上饶集中营。后经宋庆龄多次营救，才于1942年11月交保释放。[2]

广州分会是宋庆龄亲自委托爱泼斯坦建立起来的，而这是他们两人为中国革命友好合作的开始。爱泼斯坦的童年是在天津度过的，那时他从父母亲和长辈们的谈话中，早已仰慕宋庆龄的大名。到了20世纪30年代，爱泼斯坦作为一个新闻工作者，阅览了1925到1927年期间的一些生动的关于革命的报道，其中有美国的文森特·希恩所撰写的《个人的经历》。这本著作对宋庆龄和她所起的作

---

① 周解蓉：《一位热爱中国的美国妇女——访中国福利会顾问耿丽淑》，载《人民日报》，1986年3月7日。
② 吴大琨：《在宋庆龄同志领导下工作》，载《中国财贸报》，1981年5月26日。

伊斯雷尔·爱泼斯坦,美国记者。1938年起参加保卫中国同盟,担任国际宣传工作

用,深表钦佩和赞赏,给爱泼斯坦很大的影响。此外,他又通过宋庆龄自己发表的言论来认识她。爱泼斯坦回忆说:"当我在天津的英语日报工作的时候,我们常常收到一些签有她的名字的声明和呼吁书。这些材料经常是装在没有注明复信地址的信封里寄来的,或者是些字迹不清晰的复写副本。有些是她独自一人发表的,有些则和别人一起联名发表。有些声明或呼吁非常激动人心。"① 这些声明和呼吁书有斥责国民党暗杀杨杏佛罪行的,有在1933年远东反战大会上的演说,以及为营救"七君子"的声明等。后来,"我在北京期间,她所写的文章,有些是交由埃德加·斯诺转给我的,有些则是由埃德加·斯诺通知我,要我注意的"。

爱泼斯坦的这些回忆,不仅生动地讲述了他在认识宋庆龄前对她尊敬感情的由来,而且说明在宋庆龄受到白色恐怖严密监视的日

---

① 爱泼斯坦:《我所了解的宋庆龄》,载《人物》1980年第3期。

子里,她的声音是怎样传播到全世界的。

1938年9月,爱泼斯坦作为美国合众社记者来到广州。宋庆龄通过格兰尼奇的《中国呼声》了解到他的一些情况后(他曾给该刊写过稿),便邀请他参加了"保盟",并委托他和在岭南大学任教的美国教师及其他外国侨民、留学生等,发起组织广州分会。

广州失守以后,爱泼斯坦离开合众社,到香港担任"保盟"的英语宣传工作,主要是编辑"保盟"的机关刊物《保卫中国同盟新闻通讯》(简称《新闻通讯》)。开始一段时期,编写和油印工作,都是在宋庆龄家中进行的。从此,他在宋庆龄的领导下工作一直到她逝世,长达43年之久。而且,爱泼斯坦还为中国人民的建设事业,一直奋斗到2005年逝世,做出了重要的贡献。

二、"帮助中国就是帮助你们自己"

"保盟"成立时,宋庆龄(主席)、宋子文(会长)、克拉克(秘书)、法朗士(司库)和艾培(宣传)署名发表《保卫中国同盟成立宣言》,明确声明"保盟"目标有二:(一)在现阶段抗日战争中,鼓励全世界所有爱好和平民主的人士进一步努力以医药、救济物资供应中国;(二)集中精力,密切配合,以加强此种努力所获得的效果。

根据这样的目标,宋庆龄领导"保盟"大力开展宣传工作,向国际社会及海外华侨介绍中国抗战的真实情况、意义及困难,呼吁支援;并使他们了解应该怎样援助中国最需要的方面。

为此,在宋庆龄的关怀和爱泼斯坦的主持下,"保盟"从成立到1940年初,就在极端困难的条件下,出版发行了二十余种宣传品,其中影响最大的是"保盟"中央机关刊物《新闻通讯》。该刊初期只是油印，后经宋庆龄等人的努力，得到香港《南华早报》社支持，从1939年4月1日起，编辑发行了新刊铅印《新闻通讯》，到1941年12月日军占领香港止，共出了36期。

《新闻通讯》除发表宋庆龄的一系列致国际友人及华侨的函电和文章外，主要刊登国际友人在中国工作或采访时，应宋庆龄之约而写的反映八路军、新四军及国民党军队抗日的战地报告及评论文章。因此，该刊具有举世公认的客观性、真实性和可信性（尤其对于外国读者来说）。再加上它文风短小精悍、生动活泼、新鲜及时，所以赢得海内外读者的欢迎。

"保盟"还出版了不少工作报告和各种小册子。一年一度的工作报告是由宋庆龄亲自撰写的。

这些宣传品广泛发行到欧、美、东南亚各国，遍及五大洲，对联络国际，沟通信息，帮助国际友人和海外华侨及时了解中国抗战真相和需要，动员他们以捐款及最急需的物资支援中国抗战，起到了重大的作用。

在这方面，宋庆龄利用自己掌握的丰富材料和真知灼见，亲自撰写文章和同盟的工作报告，发表对外广播演说和信函，做了大量的工作。在这些函电、文件中，她在对外介绍中国抗战真实情况时，反复阐明两个问题：

（一）中国抗战在世界反法西斯斗争中的地位。

宋庆龄之所以成为一个非凡的人物，在于她观察政治问题始终具有其提倡的"世界眼光"。根据自己长期从事中国革命、世界和平和反帝反法西斯斗争的经验，她认为日本法西斯主义者和军国主义者以及他们血腥和非人道的破坏行为不仅威胁着中国的独立，而且也威胁着所有民主国家，威胁着人类的和平与自由。因此，"中国不仅单为了她自己而抗战，并且也为了全人类"；"中国现在处于不仅本国而且是全世界的一个历史意义最伟大的时期中"。① 就是说，中国的抗日战争不仅是争取国家生存、民族解放的战争，而且也是在全世界制止国际暴行、反对法西斯主义的黑暗反动、保存民主、争取人民权利的战争。

宋庆龄还纵观全局，尖锐地指出中国抗战在世界反法西斯斗争中的重要地位。她说：中国的抗日战场，"是抵抗法西斯侵略的关键地区"，甚至"是一个决定性意义的地区"，并明确指出："一个自由的中国，是远东和平的唯一保障。一个自由的中国，将是走向全世界和平和自由的第一与最重大的步骤。"②

事实胜于雄辩，随着中国抗战和世界反法西斯斗争的发展，越来越清楚地证明宋庆龄的上述论断是无比正确的。

1941年10月，宋庆龄在为纽约《亚细亚》杂志写的文章中对美国人民说："中国的战争是远东局势的关键，并且不仅限于远东。我们的继续抗战保障了太平洋西岸人类四分之一的人口的未来。它的国际的重要性可以从下面的事实估计出来：它使日本在南方不能攫取英美的属地，在北方不能进攻苏联。"③

宋庆龄还拿英美帝国主义开始推行的对法西斯主义绥靖政策来对比，强调中国抗战对世界进步的贡献，指出："正是由于中国人民和西班牙人民一样地拒绝投降。因此，连慕尼黑协定也没有能够使法西斯的浪潮淹没世界。"④

令人钦佩的是，宋庆龄早在1941年元旦就提醒世界注意日本在太平洋的军事行动。1940年9月，日德意签订了军事同盟条约，三国互相承认彼此在欧洲、亚洲的霸权地位。1941年元旦，宋庆龄主

---

① 《致英国工党书》，载《宋庆龄选集》上卷，第199—204页。
② 《致外国团体的信》，载《宋庆龄选集》上卷，第289—290页。
③ 《中国需要更多的民主——为纽约〈亚细亚〉杂志作》，载《宋庆龄选集》上卷，第340—341页。
④ 《给全世界的朋友的信》，载《宋庆龄选集》上卷，第273页。

持撰写的"保盟"中央新年致国际友人书中,针对这种形势,尖锐地指出:日本的行动是与轴心国协调一致的,它正在"把它的军事力量向南推进到太平洋",因此,"目前的局势比以往任何时候更为严重。在远东,1941年将是关键的一年,甚至是最关键的一年"。

这个预见和警告,曾随着这封信广泛投寄到国外各团体和知名人士手中。遗憾的是并没有引起后来成为同盟国的几大领袖的注意,仍对德、意、日法西斯姑息迁就,以致招来珍珠港和敦刻尔克之辱,给世界人民造成极大的灾难,这个历史教训是很深刻的。

(二)援助中国与保卫世界各国人民利益的关系。

中国抗战既然也是在为世界人民而战,那么,中国人民就有得到世界人民支援的权利。世界人民帮助中国,也就是帮助他们自己;中国人民不仅接受帮助,也帮助提供帮助的国家和人民。所以,宋庆龄在给海外朋友公开信中指出,"保盟"的口号是:"帮助中国人民,使他们能帮助他们自己——并帮助你们。"①

宋庆龄的这个思想也是十分透彻的。为了说明这一点,她摆事实,讲道理,剀切剖陈利害,指出中国抗战和世界人民的利益是休戚相关的。

早在参加保卫上海的战斗时,宋庆龄在给英国工党及其政府的几封信中,曾列举日本进攻上海时严重损害英国在华利益的许多事实,说明日本军国主义者对中国的侵略,"不仅威胁中国的独立;他们对于所有民主国家以及人类的和平与自由,也同样是威胁"②。后来,她又对香港的中外人士说:"……我们看到每次日本在中国获得军事上的胜利,它就加紧进攻太平洋的英国和美国的据点。如果中国投降,如果中国不战而沦为日本法西斯军事机构的一个物资供应基地和人力补充站,那末,请想一想,我们还能够在香港安静地坐

---

① 《给中国在海外的朋友们的公开信》,载《宋庆龄选集》上卷,第378页。
② 《致英国工党书》,载《宋庆龄选集》上卷,第202页。

在这里吗?"①

1939年7月7日,宋庆龄在《抗战以后的中国——抗战二周年纪念告美国友人》一文中,批评当时英、美国家正在搞的远东慕尼黑阴谋时,尖锐地指出:这个活动不仅对我们中国抗战不利,同时也是"牺牲民主国家在华利益的愚笨行为"②。

宋庆龄在抗战时期的许多文章、演说和信件中,强调保护欧美国家在华利益问题,以促使他们关心和支持中国的抗日战争。这当然不是要中国人民"依赖"欧美帝国主义,而是利用矛盾,首先集中力量组成广泛的国际统一战线,以打击当前最主要最凶恶的敌人。同时,宋庆龄的主要目光,在于通过政府,来争取这些国家的人民对中国人民真诚的援助,加深中国人民与世界各国人民之间的战斗友谊。太平洋战争爆发后,她在《致美国工人们》的信中,曾明确地指出:"今天,盟国的力量与中国自己的力量正在中国的土地上打击日本。中国战斗得越有力量,对日战争就越会缩短,美国人民生命的损失就越会减少。所以中国抗战与美国工人利益休戚攸关。"③

这些论述,反映宋庆龄的一个基本思想:世界各国人民的利益是一致的,因此各国人民的反法西斯斗争应该互相支援。

从这个思想出发,宋庆龄为"保盟"规定的工作原则是,要求援助,绝不是"乞讨";援助者也不是"怜悯"和"施舍"。"保盟"从一开始就公开宣布:反对外国团体把在中国土地上分发援助物资当作"恩施",或用来作为政治影响的武器。这样,就打破了历来救济工作上的传统观念:过去,"对中国救济",一向是把中国人当作"施舍"的对象,或是以行善来代替政治或其他方面的活动。

有一次,香港总督在一篇表示支持"保盟"所发起的募捐运动

---

① 《关于援助游击队战士的呼吁——在香港国际妇女节集会上所作的演说》,载《宋庆龄选集》上卷,第266页。
② 重庆《新华日报》,1939年7月9日。
③ 《致美国工人们》,载《宋庆龄选集》上卷,第381页。

的声明中这样写道:"遭受自然和人为的侵害的不幸的受难者们以及这些无助的人的要求,都是值得大家支持的,这就是这个运动的目的。"宋庆龄接着和缓而明确地指出,人民不仅是受难者,而且是战士。她呼请人们给予他们援助时,不要出于怜悯的心理,而要从团结他们共同进行反法西斯斗争的立场出发。

就这样,宋庆龄为"保盟"及外国援华机构,灌输了一种新的精神,把一般的救济工作,提到国际主义的高度,使"保盟"在争取外援时,既保持中国人民的骨气,又与世界人民增进真诚的友谊。

"保盟"的这个原则,也反映了宋庆龄彻底平等的观念。她不仅在国内争阶级的平等,而且在国际上争国家与民族的平等;不管大国与小国,强国与弱国,援助国与受援国,一律平等;反对以强凌弱,以大欺小,以富欺贫,反对任何形式的不平等现象。不用说,反对日本侵略,是这个思想的反映;在国际友好交往中,她也恪守这个原则。

世界上没有无源之水、无本之木。宋庆龄的平等思想,显然是继承她从小就受到的基督教平等博爱观念、资产阶级民主主义和人道主义思想的影响。同时也是孙中山"联合世界上以平等待我之民族"遗训的运用和发展。

宋庆龄为中国抗战争取外援的工作,做得很认真,很仔细。她密切注视国内外局势的发展,根据不同的情况,发出具有针对性的呼吁,收到了很好的效果。例如,1939年9月,德国法西斯大规模入侵波兰,英国和法国对德宣战,欧战正式爆发,一些与"保盟"有联系的国际团体暂时停止了对中国的援助。对此,宋庆龄在10月20日写了《致外国团体的信》,重申中国抗战的国际意义,希望各国仍应重视对中国战场的支援。她说,现在法西斯侵略的浪潮已经蔓延到欧洲,但是,"远东前线仍然是反法西斯斗争的关键性的地区,而且将被证明是一个有决定意义的地区";"现在的问题在于:

我们的某些国外朋友,由于这些危险日子的压力而紧张,可能忽视了中国最迫切的需要。为了这个缘故,我们现在恳切地向你们呼吁:不要放松你们过去为中国所作的努力,而应当继续并且发展这些努力"。

1940年圣诞节前夕,宋庆龄发表了圣诞致词,呼吁世界人民,特别是还未遭到法西斯战火的国家,关心和支持在艰苦斗争中的中国人民。她说:"在大多数西方国家里,圣诞节是个欢乐的时刻。这时,家家户户团聚在一起,互相赠送礼物。"她指出:"但是,在中国,我们的人民已经持续战斗了三年半的时间。这个战斗实际上也是你们的战斗,并且在以后许多岁月中,这个战斗将继续进行。"接着,她告诉那些还没有遭遇战争的国家的人民,中国当前最大的需要是什么:"我们北方的游击队员需要的冬用毛毯、我们的伤病员所需要的药品、我们的难民和战争孤儿所需要的寒衣、营养食品以及进行生产所需要的物资"等,提醒他们过圣诞节时不要忘记。①

必须指出,宋庆龄重视外援,并为此而呕心沥血,努力争取,但是她并不依赖外援。她在争取援助同时,一再强调中国抗战主要依靠自己的力量,自力更生,并且对依靠自己力量打败日本侵略者充满信心。她在抗战初期,日本侵略军气势汹汹向中国扑来,并且侵吞东部半个中国时,就庄严宣告:"即使中国不得不单独与日本作战,也不会打败的。"②

1937年10月,她在向美国人民发表广播演说,批评西方国家执行的"不干涉"政策时,掷地有声地表示:"我敢代替全中国人民坚决地告诉你们,日本军阀必定在我们的领土上遭遇灭亡。中国人民都准备以最后的牺牲,来保卫祖国。"③充分表现了中国人民欢迎

---

① 《圣诞节前致国外友人》,载《宋庆龄选集》上卷,第317页。
② 《中国是不可征服的》,载《宋庆龄选集》上卷,第198页。
③ 《申报》,1937年10月21日。

外援又不依赖外援的铮铮铁骨。

三、掌握中国抗战的真实情况

为了不断及时掌握变化着的中国抗战的真实情况，宋庆龄不仅依靠"保盟"及其各地分会收集，还派出秘书或安排观察员到抗战第一线视察、收集第一手材料。王安娜就是宋庆龄进行这种工作的得力助手之一。

王安娜在1938年6月"保盟"成立时，到了香港与宋庆龄重聚，随即成为"保盟"最早的成员之一。起先她作《新闻通讯》刊物的编辑工作。不久，她准备去武汉，因为武汉正受到日军攻击的威胁，她的丈夫王炳南正协助周恩来进行保卫武汉的工作。宋庆龄认为这是一个了解中国抗战重大事件的好机会，就把王安娜作为她和"保盟"的代表派往武汉。临行前，宋庆龄与王安娜商谈多次，确定她此行的任务是，尽快地把战争造成的影响、伤病员和难民问题及红十字会活动情况，报告给"保盟"。为完成这个任务，王安娜到武汉后，经常参加外国记者和陆军武官组织的前线访问团，以亲闻实见来纠正国民党官方新闻机关发布的经过修饰的战况报告。[①] 王安娜很好地完成了这次任务。

1938年底，王安娜回到香港，宋庆龄又派她去上海。在上海，她向"保盟"上海分会详细了解组织上技术上的各种问题。而上海分会则急于知道的是，敌后根据地最需要的救援物资是什么，在上海已收集到的物资如何运往内地。为帮助他们提高工作效率，王安娜给几个志愿做这方面工作的小组，座谈自己在前线的体验和有关

---

① 〔德〕王安娜：《中国——我的第二故乡》，第198、209页。以下王安娜奉宋庆龄委派进行的活动及王安娜提供的宋庆龄在领导"保盟"时期的言行，皆引自该书，不再一一注释。

红十字会的工作。

1938年10月，日本侵占武汉、广州后，对国民党军队采取守势，重点进攻华北的八路军。华北敌后的抗日战争进入极其激烈、极为艰苦的时期。由于日伪及国民党军队的封锁，华北地区给"保盟"的报告很少。因此，王安娜从上海回香港后，宋庆龄就委派她为驻重庆代表，设法通过在重庆的中共代表周恩来的帮助，尽快到华北前线，把八路军的抗战情况、野战医院和得到"保盟"支持的许多计划进行的情况，报告给宋庆龄。

在重庆，周恩来想尽办法给王安娜收集许多关于共产党领导下的敌后抗日根据地的社会设施和文化设施资料。王安娜把这些资料译成英文寄给宋庆龄。"保盟"的宣传工作需要真实而生动的材料。王安娜觉得这些材料仍然不足。

由于日机轰炸和为帮助八路军从贵阳押运一批"保盟"支援的物资，王安娜在重庆耽搁了一段日子。宋庆龄写信给王安娜，催促她把华北的情况尽早报告给"保盟"。于是王安娜决定不顾个人安危立即前往华北前线。周恩来给她发了一张军用通行证，并对她说："我们任命你为八路军少校。这样的话，路上即使要检查证件，查问的人对你多少也要客气一点。这张军用通行证对你往华北前线去也会有帮助。"

于是王安娜就从重庆北上，经成都、宝鸡，到达山西太行山八路军大本营，目睹了正规军、游击队和自卫队、儿童团等根据地军民的火热的战斗生活。然后，她由八路军保护经过几夜行军，穿过日军占领的铁路线，到达晋察冀抗日根据地，会见了八路军师长聂荣臻和边区政府主席宋劭文，全面视察根据地军政设施，还依照宋庆龄的嘱咐，特别详细地考察了"保盟"援助的国际和平医院的情况。

王安娜与白求恩大夫进行了长谈。白求恩讲述了他率领的医疗队和国际和平医院工作情况及取得的成绩,提出医院的设备和医药奇缺。

从华北回到重庆后,王安娜把八路军卫生队的广泛活动,以及它所发挥的重要作用等详细情况综合起来,连同急需的医药用品清单一并送交"保盟"和宋庆龄处。但后来当宋庆龄想方设法把所需的医药用品运出时,半途中遭到国民党军队的截留,以致使"白求恩大夫白等了一场"。

以后,王安娜就作为"保盟"的代表,常驻重庆。关于敌后抗日斗争的情况,主要靠周恩来为她提供,再译成英文后转送宋庆龄。皖南事变后,周恩来为抗议蒋介石的倒退行为并与中共中央商讨今后的对策,返回延安。他在临行前对王安娜表示,将尽量给她提供所需的材料。他说:"我知道你特别关心的是什么。你每次到办事处来,总是要求得到关于医院、幼儿园以及关于所有由'保卫中国同盟'和外国友人所慷慨支持的事业的情况。我知道他们需要这方面的报告,但要从前线得到这种报告是不容易的。这一点,请你向他们解释一下。"

王安娜回忆,在以后两个夏天日机轰炸重庆的季节里,她经常躲在重庆南部山中一座别墅里,专心搞翻译工作,因为周恩来"委托我把毛泽东著作中最重要的文章译成英文"。此外,她还根据周恩来所提供的足够的资料,定期给"保盟"和宋庆龄写报告。

从以上王安娜的叙述,可以清楚地看到,在香港的宋庆龄是怎样知道远在华北敌后八路军根据地的情况的。关于新四军根据地军民抗日斗争的情况,则由上海分会的耿丽淑、吴大琨不断收集后经常写报告给宋庆龄。

给宋庆龄提供情况的还有马海德大夫。他在1936年随斯诺到延安后便留了下来,积极为中国共产党领导的革命事业服务。"保盟"成立后,宋庆龄就委托他担任"保盟"驻西北和华北抗日根据地的观察员，定期或不定期及时、详尽地向宋庆龄及"保盟"中央提供八路军的医疗工作、医院和制药厂的情况。他曾撰写长达 20 页的专题报告——《边区的医疗工作》，由"保盟"中央向国外援华机构寄送。"保盟"的《新闻通讯》第 2 期曾刊载马海德写的报道《国际和平医院》，第 10 期发表了由他译成英文的关于延安鲁艺的报告。白求恩牺牲后，马海德写了回忆录《我认识的诺尔曼·白求恩》，刊登在《新闻通讯》13 期，同时还发表几幅马海德为白求恩和国际和平医院拍摄的照片。

宋庆龄还委托其他一些在中国抗战前线服务或来访的国际友人提供第一手材料。在《新闻通讯》上发表的就有：美国人爱德勒·罗易写的《在西北战区的旅程》、约翰·福斯特写的《与中国西北的八路军在一起》等，以作者耳闻目睹的事实，向世界人民报道八路军在抵抗日军侵略斗争中的英勇业绩。1940 年 9 月和 11 月出版的《新闻通讯》第 20、22 期，对当时八路军在华北地区进行的一次著名大战役——百团大战，作了详细报道，包括战况、战果及战役指挥官彭德怀对这次战役的评价等。

关于国际和平医院，除王安娜和马海德写的报告外，还有《英国救济工作者的北方战区之行——参观国际和平医院中心》（第 23 期）、《纪念白求恩》（第 24 期）、《晋东南的医疗工作》（第 29 期）、《关于晋东南保健条件的报告》（第 30 期）等。

美国海军陆战队上校埃文斯·卡尔逊，是一位正义感很强，十分同情和钦佩八路军、新四军在艰苦条件下英勇抗战的美国人。1938 年，他曾通过宋庆龄、斯诺的介绍，并经八路军武汉办事处的安排，到八路军根据地考察了几个月，与八路军总司令朱德及其他指挥官交谈。然后，他又和路易·艾黎到新四军根据地考察。他把他看到的一切及观感在美国及国民党统治区广泛宣传，表示"毫不怀疑地相信，依靠中国共产党人的力量，新的更加美好的世界可以建设成功"。由于这个原因,他受到了包括美国海军部在内的各方面的压力。朋友也劝他"慎言"。但是,他正直勇敢,不予理睬,并向海军陆战队申请退职。

中国人民十分感谢卡尔逊伸张正义的友好行为。宋庆龄把他写的考察新四军的报告《在长江流域的战士当中》刊登在《新闻通讯》第25期上。报告记载了新四军在华中抗日根据地既打仗又生产的动人情景,指出了新四军地区物质条件极为困难的状况,"迫切需要医疗品和冬衣"。

卡尔逊回国后,依然继续发表演说和文章,宣传中国共产党领导的抗战部队。太平洋战争爆发后,他的远见卓识和杰出的才华得到罗斯福总统的赏识,提升他为海军少将,并委托他以八路军为榜样,训练一支与日军在海上进行游击战争的部队,取得了出色的战果。他的事迹后来被拍成电影,传诸后世。日本投降后,卡尔逊任美国远东民主政策委员会主席,领导援助中国民主运动,反对美帝国主义支持蒋介石独裁内战的政策,不遗余力,不幸于1947年5月27日因病逝世。当时,宋庆龄曾拍去唁电表示深为哀悼,指出:"这是世界民主事业的一大损失。中国人民将继续跟世界法西斯和人类进步的敌人作战。我们将继续奋斗,俾使卡尔逊将军所献身的和几百万人曾为之而牺牲的世界人民胜利,得以达成。"[①]

经常给宋庆龄写材料报告华北抗日根据地的抗战和生产情况的,还有黎雪。他是在抗战爆发时,由宋庆龄派到延安去的。原先宋庆龄打算把他送到苏联学习,李克农到上海,住在路易·艾黎家中,提出红军准备成立机械化部队,很需要学工程的干部。于是宋庆龄改变了主意,并且嘱咐黎雪尽量多争取些同学一起到延安去。黎雪后来在延安成为一位出色的领导干部,担任工业合作社的工程师和

---

① 《致卡尔逊亲属》,载《宋庆龄书信集》上册,第525页。

宣传秘书,他把许多解放区的新闻照片,附在材料中寄给宋庆龄。这给"保盟"的宣传工作,增添了不少色彩。①

宋庆龄还经常邀请从国内各个战场(包括国民党正面战场)及抗日根据地出来的人,参加"保盟"的会议,请他们介绍情况,畅谈观感。

这样,宋庆龄和"保盟"就能比较准确地掌握国内抗战的全局,把支援工作做得公平合理,恰到好处。

四、开展争取广泛国际援助的活动

中国的抗日战争是民族解放斗争,深得世界各国正义人们的同情,加上由于宋庆龄和"保盟"不懈的多方面的努力和出色的宣传工作,国际友人和广大海外华侨加深了对中国抗战的了解,广泛地支持和援助中国的抗战。一时间,美、英、法、加、新(西兰)、印(度)等国纷纷成立各种援华团体,如美国援华会、美国医药援华会、大不列颠中国运动委员会、伦敦医药援华会、旧金山援华会、加拿大中国爱国者同盟、加拿大维多利亚医疗援华委员会、加拿大维尔侬中国战灾救济委员会等,到1940年2月,这样的团体达到一百多个。其中有些团体是宋庆龄直接促成的。如美国援华会就是宋庆龄委派耿丽淑去美国发起组织的。宋庆龄十分关心这些团体的巩固和发展,多次亲自写信给美、英援华会等团体,要求它们争取更多的人支持和参加援华团体,积极援助中国抗战。有些团体,对宋庆龄的呼吁,一呼即应。"保盟"成立后不久,宋庆龄写信给旧金山的"中国人民之友社",介绍中国各战区难民遭受日本侵略、正处

---

① 卞毓、左夫:《宋妈妈,"大众的儿子"在向您倾诉——访黎雪同志》,载《羊城晚报》,1981年6月4日。

于水深火热之中亟待救济的情况，呼吁该社唤起美国人民对中国的同情，立即引起很大反响，美国的中国救济委员会马上决定募集巨款援助中国。同时，美国各地又有一百多个团体参加中国救济委员会。宋庆龄以她的崇高威望和正义的呼声，使这些团体博得各国各阶层人士的广泛支持。美国援华会就得到美国总统罗斯福母亲的支持。英国援华会也得到英国工党领袖克里普斯爵士的支持。在工作中，宋庆龄还亲自出面做国际上层人士的工作。如当纽约海关不允许为"保盟"在该市举办义卖市场所需的艺术珍品免税进口时，宋庆龄领衔同香港五个妇女团体发电报给罗斯福总统夫人，要求她协助解决。很多外国大资本家，从英国的大工业家到挪威船主，都曾为支援"保盟"捐助巨款。他们中不少人仰慕宋庆龄，"有些人就是为了得到她在捐款收据上的亲笔签名而慷慨解囊的"[1]。尽管他们中有些人在政治上是相当保守的，但宋庆龄的名字，对他们有相当大的吸引力。为了祖国，为了人民，宋庆龄可以牺牲自己的一切，何况只是签个名！所以，她"曾为此而磨硬了柔软的手指"[2]。

宋庆龄还十分珍视普通工人和海员的点滴捐助。

当时到"保盟"总部捐款的不少人是美国或其他国家商船上工作的海员。他们送来在驶往香港途中或在他们家乡口岸的工会组织里募集的几十元或几百元。有些人来过多次，如加拿大的太平洋轮船公司、美国总统轮船公司等，几乎每个星期都带些钱到保卫中国同盟办公处来，这些钱都是从船上的海员当中募来的。[3]

中国有句格言：礼轻情义重。虽然这些海员捐助的款额往往比那些富翁们捐的少得多，但是它们代表一颗颗金子般的心。从思想感情上来说，宋庆龄更感激这些工人和海员的捐赠，更珍惜与他们

---

[1] 廖梦醒：《我认识的宋庆龄同志》，载《人民日报》，1981年6月3日。
[2] 邓颖超：《向宋庆龄同志致崇高的敬礼！》，载《人民日报》，1981年5月29日。
[3] 参见爱泼斯坦：《我所了解的宋庆龄》，载《人物》1980年第3期；爱泼斯坦：《回忆保卫中国同盟的宣传工作》，载《永远和党在一起》。

1939年,宋庆龄在英国友人桑尼克劳夫脱爵士捐赠给保卫中国同盟的大型救护车前留影

的友谊。有一次,她约爱泼斯坦到九龙码头去迎接美国朋友。爱泼斯坦迟到了,当他赶到码头时,看见宋庆龄已在海员和码头工人中间,同他们有说有笑。爱泼斯坦抱歉地说:"没想到你一个人来了,你自己在这里一定感到很不安。"她微笑地回答:"周围都是工人,怎么能说是自己一个人呢?"①

确是功夫不负有心人,宋庆龄和"保盟"的工作,获得了丰硕的成果。1939年6月,"保盟"成立一周年时,各国朋友的捐款就达港币25万元(约合当时的美元8万元或16000英镑②)。1939年1月至1940年2月的时间里,"保盟"又收到了港币163,000余元的捐款。③这些捐款大多以医疗物资的形式送往内地,其中包括十辆卡车、桑尼克劳夫脱爵士捐赠的一辆大型救护车、来自澳洲的数千条毯子、医院设备包括显微镜和X光机、战地临时医疗帐篷、数千码被单和蚊帐、缝纫机和许多其他物品,在军队和疟疾病流行区分发了十万片奎宁。④

国际友人如此踊跃捐助物资支援中国抗战,更加鼓舞宋庆龄和"保盟"工作人员的工作热情。尤其是宋庆龄,不仅认真做好所得捐款和物资的分配工作,更加注意了解中国抗战各方面急需的情况,并及时具体地向捐助者提供有关消息,以使捐助发挥最大的效果。如1939年7月,她向国外朋友呼吁:"目前,在冬天来到之前,保卫中国同盟正开展一个运动,即在入冬之前为中国军队的伤员们募集二万条毛毯子。"因为去年在野战医院中"上千名战士……被冻死,……使医生和护士们的全部工作归之无效。"她呼吁,希望"阻止这一惨剧再演"。⑤

---

① 爱泼斯坦:《我所了解的宋庆龄》,载《人物》1980年第3期。
② 《我们的第一年》,载《宋庆龄选集》上卷,第286页。
③ 参见《保卫中国同盟报告:1939—1940年》,香港1940年版,第100—103页。
④ 参见《我们的第一年》,载《宋庆龄选集》上卷,第287页。
⑤ 同上。

10月,她又向外国援华机构提出:"中国需要大量的防治疟疾、霍乱、伤寒、痢疾和回归热的药品,改进医疗工作的各种医院设备、绷带、换药用品和急救用品。中国需要在这冬天给伤员保暖的毛毯,给伤病员和两年战争中遗留下来的孤儿吃的罐头牛奶和浓缩食品。中国需要为发展和支持这些工作的资金,而资金现在变得更加宝贵,因为外币在和中国货币兑换时变得更有利。"①

中国人民永远不会忘记在那抗日战争的艰苦岁月给予无私援助的国际友人。正如宋庆龄在抗战胜利时所表示的:"感谢我们的坚定不移的、同情我们事业的朋友们,尤其是那些从物质上和精神上支援我们的人民及前线和后方战士的朋友们,帮助我们的人民把苦日子熬过来。这些支持提醒了中国人民,他们不是孤立的,并且使他们振作起来。"她强调:"这种支援对保卫中国的作用,不亚于以飞机、坦克和枪支的支援。"②

五、动员海外华侨援助祖国抗战

宋庆龄十分重视海外华侨的工作。华侨是祖国的赤子,他们身在异邦,心怀故乡,对祖国的兴衰感受至深,渴望祖国独立和富强。孙中山进行革命活动时,就曾得到华侨的大力支援。日本发动侵华战争以后,广大华侨为了抗战救国,更表现出高度的爱国热情。由陈嘉庚领导的"南洋华侨筹赈祖国难民总会",司徒美堂领导的"纽约华侨抗日救国筹饷总会"等各种华侨救亡团体纷纷成立;华侨救亡筹赈运动在许多地方轰轰烈烈地开展起来。

宋庆龄在追随孙中山革命时,深深敬佩华侨的爱国传统,因此

---

① 《给外国机构的一封信》,载《永远和党在一起》,第14页。
② 《保卫中国同盟声明》,载《永远和党在一起》,第48页。

一直与他们保持着广泛的联系。

中国抗战爆发后，宋庆龄立即从各方面着手发动华侨参加抗战事业的工作，与司徒美堂、陈嘉庚等各地华侨领导人取得联络。在她的推动下，1937年底，驻粤各华侨团体发起成立"华侨抗敌总会"，推选宋庆龄为名誉主席。

宋庆龄在建立"保盟"后，为适应港澳同胞和华侨抗日的需要，特地拨款派廖承志及其表哥、"保盟"的司库邓文钊出面，帮助创办爱国的中文晚报《华商报》（由范长江任社长、胡仲持为总编辑）。1941年4月8日，《华商报》正式创刊，宋庆龄为该报题词：

> 为坚持抗战作有力之后盾，为保持团结作有效之喉舌，为实现民主作正义之呼叮，为人民幸福作公正之申诉，给予侵略者以严重之打击。①

何香凝的题词是："团结抗战，抗战必胜；真诚合作，建国必成。"宋庆龄还多次为《华商报》撰稿，并团结许多重要人物支持该报，使该报在侨胞中享有很大的威望，为团结侨胞、坚持进步与抗战做出重大的贡献。

1938年9月，华侨抗敌总会在香港召开第二届会员代表大会。宋庆龄亲自参加大会的筹备工作，并出席大会发表题为《华侨总动员》的著名演说，进一步发动华侨积极投入救国运动。

在演说中，宋庆龄对如何进一步开展华侨救国运动，提出了宝贵的意见，认为："保证华侨能够动员，最重要迫切的是加紧华侨中的团结，充实与扩大华侨救国的组织，统一华侨运动的领导，以及发扬应有的民主精神。"为此，她指出要克服华侨中一部分人的地域

---

① 中国福利基金会编：《宋庆龄与中国福利会》，上海人民出版社2000年版，第335页。

帮派的观念,以使侨胞"不分地域,不分畛界,亲诚合作"。

演说还批评了政府在接待华侨工作上的缺点,指出:"一年以来,先后回国服务,请缨杀敌者,时有所闻。但惜我政府对回国服务侨胞,未能妥予招待,亲切接洽,予以指导,致使久离祖国之侨胞,深感人地生疏之苦,请缨无由,进退两难,徬徨歧路,有挫华侨之壮志热忱。深望我政府今后对回国服务之侨胞,对国内华侨团体,予以亲切的扶植,给以工作的机会。对海外侨胞、救国团体,应加强联络,经常给以政治上精神上的帮助,尽量为华侨解除痛苦与困难,更多为华侨谋福利。"

这些意见,同时也为"保盟"接待华侨的工作指明了方向。

宋庆龄领导"保盟"团结侨领、侨商,鼓励他们踊跃输捐,支援抗战,做了大量工作。1939年3月,她代表"保盟"亲笔写信给陈其瑗、赵建生,对"侨美同胞为祖国努力,屡次汇款援助抗战将士"表示钦佩和感谢,勉励侨胞"继续努力,经常赐助,务求早日获得光荣胜利"。①

在宋庆龄的号召和推动下,华侨救国运动出现了更加壮阔的形势。在欧美,在新加坡、菲律宾、南洋、越南、缅甸、印度、印尼等地的华侨,积极组织救国团体,抵制日货,扩大国际宣传,筹募捐款,成立战时服务团体,回国直接参加抗战,给抗战以极大支援。据不完全统计,从"七七"事变到1941年初,各地华侨的抗战捐款达26亿元。②广大华侨工人更是节衣缩食,省下血汗钱来支援祖国抗战。当时华侨支援祖国抗战,真正做到了富商巨贾,不吝金钱;劳工平民,尽倾血汗;甚至出现毁家纾难,舍身救国的动人事迹。这些捐款,一部分直接汇给宋庆龄,有的由华侨海员交到"保盟"总部。延安的"洛杉矶保育院"就是由宋庆龄向美国洛杉矶华侨募

---

① 《宋庆龄致陈其瑗、赵建生函》(影印件),藏北京宋庆龄故居。
② 延安《解放日报》,1941年6月1日。

1939年4月,宋庆龄与保卫中国同盟香港义卖会画家丁聪(左)、陈烟桥(右)在香港的抗战画展上合影

捐的款项创办的。抗战初期,"保盟"每年秋天都要开展征募寒衣运动,海外华侨无不积极响应。如1939年,"南侨总会"接到电文后,仅月余就募得寒衣30万套。至于国内急需的大宗药品,如新四军提出的奎宁丸,产于爪哇,市场紧缺,"南侨总会"便从荷印各慈善机构四十余处购得5000万丸寄赠祖国。

许多华侨青年不顾困难,不怕牺牲,毅然归国参加抗战,有的奔赴延安,进入抗日军政大学、陕北公学、女子大学、鲁迅艺术学院等学校短期训练后就奔赴抗日战场。有的直接参加八路军、新四军、华南游击队等抗日队伍,不少人为保卫祖国英勇捐躯,血洒疆场。还有许多华侨青年司机驾驶着华侨捐助的救护车回到祖国,直接开到抗日前线。

六、在香港和内地开展募捐活动

宋庆龄在领导"保盟"积极争取国际友人和海外华侨援助中国抗战的同时,也不失时机地在香港和内地开展活动,团结国内同胞实行全民抗战,做到有钱出钱,有力出力。

宋庆龄清楚地知道,"统一战线和团结一切抗日力量是继续和有效地抵抗日本侵略的唯一保证"。[①] 因此,她以这个精神领导"保盟";以坚定的原则性和高度的灵活性相结合的斗争艺术,在"保盟"工作中开展广泛的统战工作,为巩固和扩大国际国内的统一战线,支持抗战到底,做出了重大贡献。

早在抗战爆发后,宋庆龄以政治家的伟大气魄团结在政治上长期分道扬镳的亲属,如宋子文、宋蔼龄、宋美龄、孙科等人,同他们一起发起抗日组织,参加抗日活动。"妇慰分会"的成立则是三姐

---

① 宋庆龄:《救济工作和政治——答宋子文先生》,载《永远和党在一起》,第26页。

妹合作的开始。当宋庆龄多次向美国发表广播讲话,批评美英等同对中日战争持"中立"政策,呼吁支援中国抗战时,宋美龄、宋子文也对美国发表了同样内容的广播演说。然后,她又以民族大义为重,抛嫌释怨,团结宋子文、孙科共同发起成立"保盟",并努力争取宋蔼龄、宋美龄对"保盟"工作的支持。

1940年3月,宋美龄到香港治病,宋蔼龄则早在武汉失守后到了香港。三姐妹经过十年中断联系后的第一次团聚,成为抗战中的一段佳话,广泛被人们传颂。3月12日,三姐妹一起出席香港各爱国团体举行的一次集会,并分别在会上讲了话。在讲话中,宋美龄高度赞扬宋庆龄通过"保盟"和"工合"对中国战时救济工作所做的贡献;宋庆龄和宋蔼龄则呼吁各界人士大力支持宋美龄主持的"伤兵之友运动"。此外,她们还先后参加香港地区的各种有关会议。鉴于宋蔼龄一直没有担任公职,宋庆龄在一次妇女会议上提议宋蔼龄担任香港伤兵之友协会主席,她说:"没人比她更合适这个职务了。"① 三姐妹经常一起发起或互相配合进行一些重要的募捐活动。在从事难民和伤兵的慰劳、救护工作方面,她们的合作尤为突出。宋庆龄还担任了重庆伤兵之友总社的理事,积极地进行募集资金及救护物质。可以说,除童年时代外,抗战时期是三姐妹一生中关系最密切的时期。

宋美龄支持宋庆龄领导的"保盟",宋庆龄支持宋美龄领导的"中国妇女慰劳自卫抗战将士总会"以及继"保盟"后成立的"中国妇女指导委员会"(简称"妇指会")。"妇指会"是全国各妇女团体在庐山会议上组成的统一的妇女组织。宋美龄、邓颖超、史良、沈兹九、刘清扬、劳君展等参加了这次会议。宋庆龄虽未参加会议,但她是会议的倡导和组织者;会后,邓颖超又立即赴香港向她汇报

---

① 〔美〕埃米莉·哈恩:《宋氏家族——父女·婚姻·家庭》,第317页。

1940年4月5日,宋氏三姐妹在重庆视察公共防空洞

1940年4月7日,蒋介石在欢迎会上与宋氏三姐妹合影

了会议的情况。

"妇指会"的工作不仅包括援助孤儿和受伤的军民,并且开展文娱活动进行慰劳前线官兵、教育农村妇女、出版杂志、恢复和改良手工业方法以发展地方生产,以及训练所有妇女工作的干部和组织人员等。宋庆龄始终关怀这个统一战线的妇女组织,不仅参与领导,还热情地支持它的工作。她后来称赞说:"这个委员会发展得很迅速,因为它在一开始就是一个真正的统一战线组织。国民党、共产党和无党派的妇女站在平等的地位,参加会议讨论。"[①] 尽管后来由于国民党右翼势力的活动,"妇指会"的工作中充满斗争,但由于宋庆龄和邓颖超在这个委员会中的威信和影响,一直维持着该组织的团结,使它在民族解放运动中发挥了重大的作用。

汪精卫集团叛国投敌,组织伪政府,中国"分裂"之事成为人们议论的中心,广大人民为此忧虑,日本帝国主义则十分得意。为着打击敌人和消除影响,三姐妹于1940年3月31日(即汪精卫在南京袍笏登场的次日),联袂赴渝,访问大后方,以示团结御侮、共同抗敌。这成了当时轰动国内外的一大新闻。

---

① 《中国妇女争取自由的斗争》,载《宋庆龄选集》上卷,第355页。

是日，宋氏三姐妹在香港机场虽然是秘密起飞，但到达重庆时却受到公开而热烈的欢迎。

三姐妹走遍了这座战时的陪都重庆，视察访问新生活运动妇女指导委员会、重庆第一儿童保育院，到伤兵之友医院等地慰问伤病员。她们还会见各界民众，多次发表演讲，号召人们加强团结、坚持抗战、反对汉奸卖国贼。

由周恩来领导的中共在国统区的机关报《新华日报》，特地发表《欢迎孙夫人来渝》的短评，指出："当前抗战进入巨艰阶段，反汪除奸和宪政运动正在逐渐展开，而更需要加强人民抗日的力量，首先是举国一致的精诚团结，更需要团结妇女界，组织广大妇女群众到抗战中间来的时候，孙夫人的来渝，定能在这些方面，有极大的宝贵的贡献。"①表明了共产党对宋庆龄来渝所寄予的希望。

宋庆龄没有辜负中国共产党的期望。在4月7日宋美龄邀请重庆妇女界欢迎宋庆龄和宋蔼龄的招待会上，宋庆龄在答谢词中希望全国姐妹们更加努力，多注意妇女的教育工作，指出："我们不要做表面的文章，我们需要做实际的工作……做坚持抗战的工作。"她还讲述了妇女参加国民大会以及政治民主化与妇女解放的关系等问题，并为各界妇女写了"抗战到底"的题词。②

4月18日，三姐妹到重庆中央广播台播音室，发表对美国的广播演讲，并由美国广播电台转播全美。

宋庆龄首先用流利的英语慷慨激昂地说："日本借着它拥有优越的武器，在开战以前，曾经向世界夸说，要使占全世界五分之一的中国人民于三个月内，向日本屈服。可是我们中国，曾经始终不屈地作有效的抗战，在三十三个月以上，而且抱定了继续抗战的决心，自信必能获得最后的胜利。太平洋和全世界人民的将来历

---

①重庆《新华日报》，1940年4月3日。
②重庆《新华日报》，1940年4月8日。

史,一定和以前不同,且将更见光明灿烂,因为中国不愿做奴隶的四万万五千万的人民,已经拿起了武器,争取自己的自由,同时也是为世界人类,为你们大家争取自由。"①

4月下旬,三姐妹走访了成都。25日,她们视察了成都工业合作社,在工人举行的欢迎会上,宋庆龄虽患牙病,仍讲话强调"工合"事业对实行孙中山"民生主义"及改善人民生活的意义。27日,宋庆龄和宋霭龄出席宋美龄在励志社举行的欢迎茶会。应邀出席

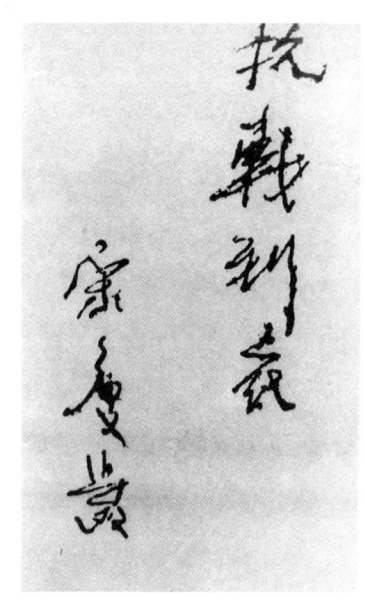

1940年4月8日,重庆《新华日报》刊登了宋庆龄题词

茶会的各国妇女代表四百余人,宋庆龄在会上再次阐述妇女参加国民大会及宪政运动的重要性。她强调指出:妇女界应该着重教育工作,"将来国民大会,不日召集,应使妇女界明了其重要性,由各团体推出代表参加宪政运动,动员广大妇女,努力于此"。②

总之,三姐妹在四川期间多次发表的讲话中,宋庆龄表达的思想和言论明显不同于她的两个姐妹,她始终如《新华日报》短评中希望的那样,强调"工合"运动及妇女运动的政治意义,宣传孙中山的新三民主义和政治民主化——当时中共及民主党派推动的旨在削弱国民党一党专政、蒋介石一人独裁的"宪政运动"。

在四川之行达到目的后,宋庆龄就于5月9日返回香港。行前,蒋介石及宋美龄、宋霭龄都希望宋庆龄"长住重庆领导妇女工作,

---

① 尚明轩主编:《宋庆龄年谱长编》上卷,社会科学文献出版社2009年版,第409页。
② 重庆《新华日报》,1940年4月30日。

旧金山"一碗饭运动"海报　　香港报纸对"一碗饭运动"的报道

辅助国民党政府",但是宋庆龄认为重庆"并不是我生活的地方。香港有更有益的工作等待着我"。① 在"保盟"的中心基地香港,宋庆龄在那里开展的募捐活动最为出色。她特别注意首先做好香港当局的工作,曾多次会见香港总督和各国来港的政要富商。在她的感召下,香港总督罗国富积极支持和参加"保盟"发起的为支援"工合"、募集救济基金所开展的"一碗饭运动"。另一位总督杨慕琦,也亲自为"保盟"主办过一次筹募基金的活动。香港主教罗伦德·O. 霍尔,更是积极热心地支持"保盟"的活动。

"保盟"在香港先后举行过一系列电影、戏剧、音乐、舞蹈义演和花卉义卖等活动。由于都是以宋庆龄的名义为号召,这些活动无论在经济上或政治上都获得很大的效果,其中戴爱莲的舞蹈给人的印象深刻。戴爱莲由伦敦回国路过香港,应宋庆龄的邀请进行义演。

---

① 宋庆龄在4月7日欢迎茶会上的讲话,载重庆《新华日报》,1940年4月8日。

戴爱莲演出了直接表现抗日前线生活的《东江》《奋起》等节目，受到观众的热烈欢迎和宋庆龄的好评。

规模最大的募捐活动，是1941年宋庆龄主持的"一碗饭运动"。

"一碗饭运动"是美国医药援华会于1939年首倡的。它每年举行一次，在美国人民和华侨中筹措捐款，以购买药物和医疗设备，支援中国抗战。英国伦敦也曾经举行过。宋庆龄领导"保盟"为在香港地区举行这一活动，进行了认真而深入的发动和组织工作，由她任"一碗饭运动"委员会的名誉主席，香港立法局华人首席议员罗文锦为主席，克拉克夫人为副主席。募捐的方式是：由委员会发售餐券一万张，每张二元，持券者可到指定的餐室吃一碗炒饭，由参加赞助的饭店、酒家、茶室提供餐品。整个活动的收入将捐赠给中国"工合"国际委员会作为救济基金。"一碗饭运动"的消息传出后，香港各界热烈响应，短短的几天中，就有13家饭店认捐5000余碗饭之多。

宋庆龄十分兴奋，她于7月1日晚在英京酒家举行规模盛大的"一碗饭运动"成立典礼。出席中外人士150余人，其中有英军驻华陆军总司令贾乃锡、海军司令哥连臣、辅政司史美夫人、医务总监司徒永觉、立法局葡籍议员少廖亚厘协打、中国"工合"技术顾问路易·艾黎、工商界人士周寿臣、林培生、中国红十字会主席林可胜和香港华商总会主席郭泉等。英京酒家门前车水马龙，冠盖云集，在四周马路上围观的群众数以千计，人人争相一睹宋庆龄的风采。宋庆龄在典礼上发表讲演，说明"一碗饭运动"的意义，指出"这次捐款是要帮助工业合作社去组织及救济难民伤兵，这是巩固经济阵线，是生产救国，是帮助人们去帮助自己，是最妥当的一种救济事业"。[①]

[①]《华商报》，1941年7月2日。

香港总督罗国富爵士向宋庆龄和克拉克夫人送来了贺信,由罗文锦律师在大会上宣读。当时英国伦敦也在惨遭德国法西斯的轰炸,贺信中表示与宋庆龄一贯坚持的相同的观点,指出在"侵略主义"下,"吾侪两国人民,惨遭轰炸,同处水深火热之中",并感谢香港人民"对于不列颠之浩劫,曾作慷慨之捐输"。①

晚会的大厅主席桌上,陈列着宋庆龄捐赠的孙中山生前一些珍爱的墨宝和其他文物纪念品,当场义卖作为捐献,引起在场的银行界和工商界头面人物的争购。这些珍品很快都被争购一空。②

8月1日,"一碗饭运动"在香港的英京、乐仙等13家酒店餐馆正式举行。是日的《华商报》刊出宋庆龄所作的亲笔题词:"日寇③所至,骨肉流离,凡我同胞,其速互助。"香港各界民众纷纷购买饭券,以能够为资助中国"工合"救济祖国同胞而购吃"救国饭"为荣。

"一碗饭运动"盛况空前,一再延期,至9月1日方举行结束典礼。在宋庆龄主持的结束典礼上,该委员会公布此次运动的纯收入为港币22144元9毫半、国币615元。英国赈华会香港分会即将捐助款凑足整数,即港币25000元整。

"一碗饭运动",生动地体现宋庆龄实践全民抗战路线的精神。这对执行片面抗战路线的国民党政府来说,是根本做不到的;对不具备宋庆龄及其领导的"保盟"这样特殊条件的任何个人或团体来说,也是难以做到的。

---

① 《华商报》,1941年7月2日。
② 徐舜英:《我们时代的一颗巨星——忆宋庆龄居港渝时》,载《宋庆龄纪念集》。
③ "寇"字,当时未能通过当局的检查,刊出时以"×"代之。

第三节　积极援助中国共产党领导的抗日武装和根据地

一、"哪里最需要帮助就帮助那里"

一分辛劳，一分收获。宋庆龄和"保盟"千辛万苦的努力，终于获得丰硕的成果。各方面的捐款和物资源源而来。但是，接收、分配与使用这些捐款和物资，还要克服无数的困难，进行种种严重的斗争。而且，这些困难和斗争，甚至比募捐还要严重得多。

首先，使国外捐献的物资要安全无损地运送到"保盟"手中，不仅要躲过日本军队的封锁和截击，还要防止国民党官僚机构贪官污吏的侵吞。这种斗争必须胜利，否则将动摇国际友人援华的信心。所以宋庆龄很重视国外物资的接运工作，总是亲自过问和策划。

抗战初期，"保盟"还可以利用上海的租界，香港、广州等港口，接运援华物资。后来敌人占领了沿海的港口和内地重要的交通线，"保盟"只有利用滇越一线，进入中国的广西境内。可是，当时海防港的法国殖民者经常刁难援华物资的通行，"持一种令人简直不

1939年，宋庆龄在香港码头视察抗战物资装运情况

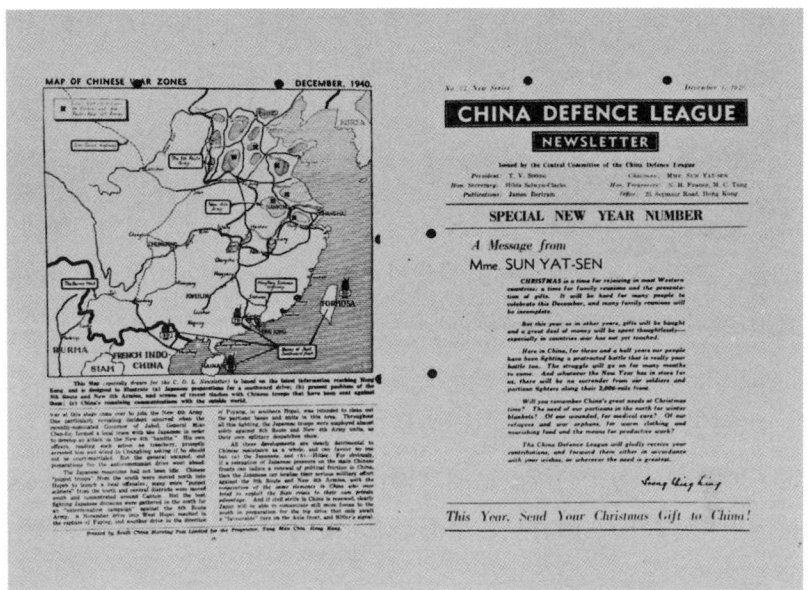

保卫中国同盟出版《保卫中国同盟通讯》,向各国人民和华侨介绍中国的抗日战争

1940年,保卫中国同盟派出艺术团体到美国进行募捐义演,著名黑人歌唱家保罗·罗伯逊(中)也参加义演支持中国人民对日抗战

能相信的恶劣态度"①。大批医药用品和野战医院用的医疗器械在海防港的仓库运不出来。"保盟"曾派两名外国医生前去交涉,仍然毫无结果。

宋庆龄得知后,特派王安娜前往联系。她认为王安娜"能说法语,又是妇女,办起来可能会顺利些"②。于是,王安娜作为"保盟"代表,率领20名新加坡归国的华侨司机前去。果然一切顺利。她感慨地说:"两名男子早先专程到海防来,未达目的。而我这个妇女,和法国的海关官员打交道,一定能取得良好的结果。——这是孙夫人的推理,这个推理现在已证明是正确的了。但有一点是孙夫人想错了的。她认为我的法语定能发挥作用,实际上德语更有用处。这是因为在海防的法国官员,全都是亚尔萨斯(阿尔萨斯)地方出生的人。"③

王安娜率领满载而归的车队驶向中国境内,他们经过崎岖不平的公路,历尽重重困难和障碍,终于到达目的地。宋庆龄非常高兴这条新开辟的路线,她向国外朋友宣布:"目前已经找到并使用了新的路途,为中国的事业提供捐赠的人们可以确信,……他们的捐赠物资将迅速、无损地到达目的地。"④

后来,这条路线上的中国要隘又被敌人占领,只能通过河内—云南和以后新修的滇缅公路。但不久,1940年夏天,向希特勒投降的法国维希政府封锁了印度支那的入口;英国政府由于搞远东慕尼黑,向中国施加压力,也关闭了滇缅公路。经过宋庆龄及国际上正义力量的斗争,英国政府才在10月重开关闭三个月之久的滇缅公路。《新闻通讯》对此作了重点报道,告诉国外的朋友们:"滇缅

---

① 〔德〕王安娜:《中国——我的第二故乡》,第281页。
② 同上。
③ 同上。
④ 《我们的第一年》,载《宋庆龄选集》上卷,第287页。

公路重开了！"并指出：重开滇缅路是世界人民联合抵制侵略者的威胁的有力象征。① 公路重开的第一天，就有五百辆卡车，载着约一千五百吨药品和战争物资，通过了边境。

宋庆龄和"保盟"的一项重要工作，是经常向国外捐助者报告他们所捐物资的运输情况，以动员国内外更多的人关心和支持"保盟"的工作，与各种阻挠和破坏活动斗争。

对于所得捐款和物资的分配，宋庆龄说，"保盟"的原则是："哪里最需要帮助就帮助那里！"②

"保盟"成立时就明确宣告，要改变援助物资"在我国分配时，既未能根据最危急的需要，又未能按照捐献人的意见做到合理"的状况。据此，宋庆龄向捐助者经常宣传："保盟"是一个民主的无党派的救济机构，保证两个主要目的：一是，"使国外友人得知中国战斗的进展以及中国伤员、孤儿和难民的最大需要"；二是，"纯粹的医疗、救济和教育的目的，把募集的资金和物资，分发给任何需要最大的中国作战部队和平民"。③

宋庆龄特别强调"保盟"的"救济工作是建立在统一战线的基础上"，因此坚决主张"中国各地区应该享受救济待遇的同等权利"。④

根据上述原则和目的，宋庆龄对接受援助者一视同仁。不论是在国统区还是在边区和敌后抗日根据地，"保盟"都为伤残人提供医疗服务，为无家可归的人兴办工业合作社，为流亡的大学生开办学校，为战争中无数流浪儿童建立孤儿院，等等，这在1940年4月公布的"保盟"1939—1940年度账目收支表中，得到了充分的体现：

---

① 《新闻通讯》第22期，1940年11月1日。
② 宋庆龄：《救济工作和政治——答宋子文先生》，载《永远和党在一起》，第25页。
③ 同上。
④ 同上。

港币收支表[①]　　　　　（单位：元）

（1939年1月—1940年2月）

项目	收入	支出
上年度余额	33,536.24	
国际和平医院	40,159.19	46,878.46
红十字医疗救济会	11,449.27	9,639.80
八路军	20,340.82	27,411.50
新四军	12,155.10	14,990.83
中国工合	27,132.20	30,616.69
战灾孤儿	3,054.91	5,789.47
难民救济	4,033.17	5,511.03
鲁迅纪念学校	12,792.32	9,800.00
抗日军政大学	676.06	923.87
一般	28,303.08	10,636.72
宣传	2,906.18	7,396.16
银行结算		26,942.01
总计	196,536.54	196,536.54

在这个表中，"收入"一栏内的具体单位如"国际和平医院"等，是指捐款人指定捐助的数额。"支出"一栏是指这些单位实际得到的援助数额，其差额则是由"保盟"调整的。

从这个表中看到，"红十字医疗救济会"，主要是对国统区的捐助；"国际和平医院"、"八路军"、"新四军"、"鲁迅艺术学校"、"抗日军政大学"，是对共产党边区和根据地的捐助。"中国工合"、"战

[①]《保卫中国同盟报告：1939—1940年》，香港1940年版，第100—103页。

灾孤儿"、"难民救济",则两种地区都有。

毋庸讳言,宋庆龄把"保盟"援助的重点放在共产党领导的抗日部队和根据地内,其次是中国"工合",因为"那里最需要帮助"。

二、给八路军和新四军"雪中送炭"

宋庆龄本着"哪里最需要帮助就帮助那里"的原则,一视同仁地给全国各方面提供援助。但是,由于客观情况存在着很大的差别,再加上国民党顽固派又人为地扩大这种差别,于是就形成了"保盟"援助的重点是共产党及其领导的八路军和新四军。

蒋介石"联合抗日"是被迫的,他的本意是"溶共",企图在"服从"国民党中央政府和中央军委命令的名义下,吃掉陕甘宁边区和中国工农红军。因此,虽然在抗战初期,南京政府曾拨过一些军饷给八路军和新四军,但是随着战事的发展,当他们看到非但达不到"溶共"目的,而且共产党在敌后抗日斗争中日益壮大时,就不但断绝对八路军和新四军的供给,苏、美、英等国提供的援助也不分给共产党一份,而且还配合日伪军与共产党部队大搞摩擦,派遣几十万精锐部队包围封锁陕甘宁边区,甚至发动一次次大规模武装进攻,企图困死各个抗日根据地,消灭八路军和新四军。

在这种形势下,共产党一方面要以民族大义为重,努力维持抗日民族统一战线;另一方面又必须针锋相对,粉碎日、伪、顽的围攻。因此,它所面临的艰难困苦,只有到过根据地的中外友人才能了解并感到震惊。

另外,与国民党军队相比,共产党军队所受的待遇更是极端不公。国民党军队不仅有政府给军饷,还有中国红十字会、伤兵之友社等各种实力雄厚的官方援助机构的关照。红十字会本来应对一切抗日部队一视同仁,但是从1940年春季以后,由于国民党政府反共行动的升级,也不再进行筹募游击区经费的工作了。

对于这种情况,宋庆龄了如指掌,深感不平。因此,她不得不把这种真实情况告诉国内外朋友,呼吁支援游击队战士。1939年,在香港庆祝国际妇女节集会上,她说:

"现在我要你们想一想我们英勇的游击队战士们,他们不仅面对同样的情况,而且能够不顾一切,继续不断地打击配备优良的侵略者。这些英雄们不仅用老式的步枪、有限的弹药、土制的手榴弹、镰刀、刀剑、棍子和拳头,在跟具有各种现代战争的技术配备的敌人作战;他们不仅是连最起码的医药供应都没有;而且,由于不甘心做奴隶,他们离开了自己的田地和工厂;因此,他们迫切需要衣服和粮食……因此,我们自己的责任也随着加重,我们需要扩大外来援助的数量与范围,以帮助这些无名英雄……"[①]

宋庆龄还一再声明,在这种情况下,根据"保盟"公正的分配原则,给八路军、新四军以较多的援助,是完全光明正大、义不容辞的。1941年,她说:"因为我们晓得,在全中国,游击区是最缺乏资金和医疗物资的;又因为我们相信,游击战和动员前线地区人民是中国抗战的重要因素。所以我们在过去特别努力帮助中国北部和中部游击区的伤病员和战争牺牲者。这不只是我们自己的主意,许多国外的中国朋友,也明白表示希望把他们的捐赠的款物用在这些地区……当然,如果捐赠者要把捐赠品送到别的地区,我们也随时传递的。但是我们始终特别关心中国游击队的需要。"[②]宋庆龄并且指出,如果"保盟"不给那些最缺医少药的游击战士带来现代医药援助,那么,"它将被完全忽视"。[③]

[①]《关于援助游击队战士的呼吁——在香港国际妇女节集会上所作的演说》,载《宋庆龄选集》上卷,第269—270页。
[②]宋庆龄:《救济工作和政治——答宋子文先生》,《永远和党在一起》,第29—31页。
[③]同上。

1943年，宋庆龄用更明确的语言，对国外朋友解释说："为什么要特别提到边区呢？我们是否把边区的要求放在其他中国地区和其他中国军队的要求的前面呢？不，我们并不如此。我们所以把重点放在游击区，是因为它们虽然牵制了并且仍在牵制着日本在中国几乎一半的兵力，但是它们已经有三年没有得到过任何武器和金钱的援助，以及与我们的工作特别有关的医药援助……国内政治的封锁使他们没有医生、外科器械和药品；甚至由国外友人送来的，他们也得不到。我们并不要求给他们优先待遇，而是要求平等待遇。"①

在这种思想指导下，宋庆龄领导"保盟"在抗战期间"雪中送炭"，给八路军、新四军很大的援助。

从遗留下来的资料及当事人的一些回忆看，"保盟"对八路军、新四军援助的大致情况是这样的：

1941年6月，宋庆龄在维护"保盟"支援边区和根据地工作正当性时透露："我们帮助游击区建立了四个国际和平医院，在陕北设立边区孤儿院，在南方帮助新四军建立医务所。我们为华北荒山上的游击队战士呼吁毛毯、手套和其他慰劳品，因为在中国所有的战线，没有任何地区比这里更需要这些东西。我们为西北边区住在窑洞里营养不良的儿童索取药品、维他命丸和护理经费，因为我们知道在中国没有其他地方的儿童像这里的战争孤儿一样靠这样稀少的一点食物活着。"②

1943年6月，在八路军谈判代表护送下，"保盟"曾把一吨重的物资，运进游击区，其中有红十字会和私人援助的宝贵外科手术器械和磺胺药品。③

宋庆龄和"保盟"对延安及八路军支援最大的是国际和平医院

---

① 《给中国在海外的朋友们的公开信》，载《宋庆龄选集》上卷，第377页。
② 宋庆龄：《救济工作和政治——答宋子文先生》，载《永远和党在一起》，第30页。
③ 参见《从香港到重庆》，载《宋庆龄选集》上卷，第373页。

的创建。

陕北地区长期以来是中国最贫瘠落后的地区之一。中国工农红军到达时，那里没有一所医院。抗日战争爆发后，随着伤病员的增加，缺医少药的问题日趋严重，引起宋庆龄的注意。自从1936年派马海德去延安以后，她一直关心那里的医疗工作，每次对海外朋友呼吁援助，都把这个问题放在首位。

当时，国际和平大同盟世界代表大会响应宋庆龄的呼吁，作出了援华决议案，其中包括决定在中国建立国际和平医院。1938年9月，英国援华委员会据此决议，向"保盟"提供4450英镑的建院费，并派委员会代表兼伦敦《每日新闻》特约通讯员何登夫人来华与宋庆龄联系，协助筹办国际和平医院。何登夫人还护送来一批英、法等国妇女捐赠给中国的药物。于是，就在当年年底，在刚刚开辟的八路军晋察冀抗日根据地，建立了第一座国际和平医院。第一任院长就是白求恩。后来在共产党的要求下，在延安及各个抗日根据地先后建立起11所国际和平医院、42个前方流动医疗队和八个医科学校，其中有延安的国民模范医院和中央医院、山西的五台山医院和晋南的战地医院等，形成了一个效率很高的医疗网，为北方抗日根据地的军民服务，为八路军抗战做出了杰出的贡献。

而国际和平医院这个医疗网的建立、巩固及发展，是与宋庆龄呕心沥血、坚持不懈、不断的关怀和大力支援分不开的。

从前列1939—1940年"保盟"收支表看到，"保盟"对国际和平医院提供的经费最多，这些经费主要来自国际友人及华侨的捐助。另外，宋庆龄还多次在香港直接为国际和平医院募捐。

由于当时中国及远东购买药物困难，大部分国外的捐款就用于在当地购买药品、医疗设备、疫苗、绷带等。这些物品来华后，尽量直接运往根据地，但后来由于交通及国民党阻挠等原因，只得先存放在香港"保盟"的仓库里，逐渐积累，数量很大，曾达到够根

宋庆龄与何登夫人合影

延安中央医院全景

邯郸国际和平医院

胶东国际和平医院

据地医院数年之用的程度。宋庆龄经常亲自组织"保盟"工作人员,到仓库中对药品及设备进行分类整理,编写细目,集中装箱,并派人护送等。

宋庆龄对国际和平医院的关怀是无微不至的。马海德回忆说:"她给我们送来的物资中,还包括盘尼西林(当时世界上一种新药,即后来的青霉素)的配方和原料。当时我们只能生产质量很差的,仅能供外敷用的盘尼西林。但是,在那种困难的情况下,这也成了我们治疗炎症、胸腔化脓和骨髓炎的非常宝贵的药品。"①

1939年,王安娜从海防港接回的那个车队中,有一辆英国工业家约翰·桑尼克劳夫脱通过宋庆龄捐赠给国际和平医院的大型救护车。它大小像公共汽车,车上灯水齐备,还有手术床和七张病床。廖梦醒回忆:"送车证给宋庆龄同志那天,我们都到场观礼,许多记者来采访,报纸纷纷刊登消息照片,引为一番盛事。"②这辆车,宋庆龄安排由"保盟"工作人员、新西兰作家杰姆·伯特拉护送到延安。随同前往的还有刚从希特勒德国逃亡出来的汉斯·米勒博士等几名志愿医务人员。③

随着医药用品进入根据地,宋庆龄又安排许多外国著名的医生同往。除了白求恩、米勒之外,还有柯棣华、巴苏、法莱、布朗、哈里森等。

那是在1938年9月,宋庆龄在广州会见邓颖超,了解到边区严重缺医少药的情况之后,在欢迎马登·莫罕拉尔·爱德华(Madan Mohanlal Atal)大夫所率领的印度援华医疗队时,她热情鼓励这个代表团到延安去进行参观访问。柯棣华和巴苏就是这个代表团的成员。他们到延安后,就留下来参加八路军的医疗服务工作。巴苏任

---

① 马海德:《伟大的形象,亲切的友情》,载《中国建设》,1981年8月。
② 廖梦醒:《我认识的宋庆龄同志》,载《人民日报》,1981年6月3日。
③ 爱泼斯坦:《回忆保卫中国同盟的宣传工作》,载《永远和党在一起》,第51页。

延安国际和平医院外科主任。柯棣华到晋察冀根据地,在白求恩牺牲之后,继任国际和平医院院长之职。后来,柯棣华积劳成疾,在1942年12月9日病逝在岗位上。巴苏则一直在为中国人民的医疗事业服务。

宋庆龄在"保盟"工作报告和不少文章中,对白求恩和柯棣华的逝世表示深切的悼念,对他们的国际主义精神给予很高的评价。白求恩在1939年11月12日逝世,"保盟"《新闻通讯》第11期以《一个为中国而斗争的战士的牺牲》为题,向国内外作了报道,指出这对于中国人民来说,"是个沉痛的打击";中国人民永远纪念他,"白求恩的工作将继续下去"。①

1943年7月,印度援华医疗队的巴苏有一次回国途经重庆,宋庆龄在家中亲切地会见他。谈到柯棣华在敌后根据地做出贡献时,宋庆龄对柯棣华的逝世表示惋惜,沉痛地说:"这是一个大悲剧,巴苏博士,我们失掉了最好的印度朋友之一……他还年轻,是我们共同的目标上的自我牺牲的工作者。中国永不会忘记他的。我国人民纪念这个为争取中国的生存而牺牲了的伟大的国际主义者,我将永远珍重他的夫人和小儿子。"② 之后,宋庆龄把柯棣华的事迹,写进"保盟"的工作报告,指出柯棣华"和他前任的白求恩大夫一样,站在中国人民的游击区一边,以国际主义精神,为战胜疾病和死亡而生而死"③。

在华东和华中的新四军根据地,由于处在日伪顽的四面包围下,没有建立国际和平医院的条件。但是从新四军军医创建时候起,宋庆龄领导"保盟"给予大力支援,直到解放战争时期。关于这个全过程,创建并一直领导新四军医疗工作的原新四军军医处长、新四

---

① 《新闻通讯》第11期,1939年12月15日。
② 《新华日报》,1943年10月27日。
③ 《从香港到重庆》,载《宋庆龄选集》上卷,第372页。

白求恩大夫

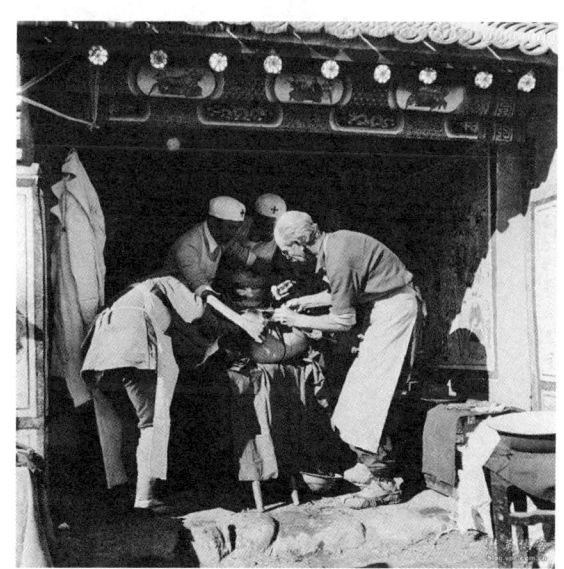

1939年10月24日，在晋察冀涞源县一个临时手术室，白求恩大夫为受伤的士兵做手术

美国医生马海德(右)与德国医学博士汉斯·米勒在陕北抗日前线

柯棣华于1941年任国际和平医院院长,1942年底因积劳成疾病逝于抗日前线。左起:巴苏、木克华、柯棣华

军卫生部部长沈其震有系统而生动的回忆。[①]"保盟"的报告及《新闻通讯》上也有许多报道。

1938年秋天，美国进步作家史沫特莱从武汉撤退到皖南，访问新四军。她了解到新四军根据地军民的医药器械奇缺，而国民政府根本不管的情况后，就向叶挺军长建议争取宋庆龄领导的"保盟"的支援。叶挺就派卫生部长沈其震前去香港会见宋庆龄。那是1938年冬天，沈其震将史沫特莱用打字机打在一方丝质白手绢上的信件缝在衣服里，带了一些自己拍摄的反映新四军战斗生活和医务工作实况的照片，连同染有斑斑血迹的日军军旗和有弹孔的钢盔，以及日本士兵家信、护身符等战利品，还有他自己拍摄的小型电影胶卷，经过化装，秘密前往上海。到上海后，沈其震与"保盟"上海分会的耿丽淑、吴大琨等联络，举办了一个介绍新四军战绩的展览，然后去香港。

到了香港，沈其震经过廖梦醒引见很快地会见了宋庆龄。宋庆龄看了史沫特莱打在手绢上的那封信后说：艾格妮丝（史沫特莱的名字）的报道我在上海《密勒氏评论报》上已经读过了，你们缺医少药的情况我是知道的。她接着说，抗日战争是一场正义的战争，保卫中国同盟已经在香港成立，国际上一些支持正义的团体和个人都在响应保卫中国同盟的号召，已经有不少募捐得来的医药器材和其他救济物资运到了香港，这次可以从香港带回去一部分外，还可以从上海运回去一些，她已经通知上海的耿丽淑了。她还说，叶挺军长是一位能征善战的将军，北伐他就一直冲在前面，现在又是他冲到最前面去了。谈话中，宋庆龄流露出对过去北伐那股一往直前的劲头很怀念；对当时蒋介石节节败退，军心涣散的势头，十分沉痛。最后她对沈其震说，她完全同意叶挺将军的看法，军医工作对

[①] 沈其震：《许国以身长画卷——回忆宋庆龄同志》，载《宋庆龄纪念集》，第129页。

鼓舞士气非常重要，军医工作做得好，胜利就有保证。

然后，"保盟"上海分会根据宋庆龄的指示，在中共江苏省委和新四军办事处的配合下，积极开展援助新四军的工作。不久，募捐到十万多元，以及一批急需的手术器械和大量药品，还有食品、被服、文化用品和救济物资。其中有一种叫"白浪多息安"的最有效的消炎药（磺胺的前身），是国外刚刚生产、国内还没有用过的最新产品。这些医药用品和救济物资，除由中共地下交通运送到新四军根据地外，还由中共江苏省委及"保盟"分会组织的慰问团带去。这种慰问团曾组织了两批，以群众团体的名义到新四军部队去慰问，表达上海人民对新四军指战员英勇杀敌的敬意，并留下一些慰问人员参加新四军。

1939年初春，沈其震向"保盟"中央寄来一份紧急报告，告知"前线医院迫切需要两万条毛毯"，说去年冬天"由于严重缺乏寒衣和被褥，伤员们根本无法抵御严寒，医生无法尽到自己的责任"，以至已有几千名伤兵在医院冻死。① 于是，"保盟"决定，立即发起募集两万条毛毯的运动，支援新四军。

《新闻通讯》从5月初的第3期起，一直到12月的第11期，多次发表文章，介绍新四军去年冬天发生的事情，要求国外朋友"立即把轻便而暖和的毛毯送往中国"。6、7月份，宋庆龄主持起草的"保盟"成立第一年工作报告，向国外援华团体紧急呼吁说："在9月份之前把两万条毛毯运给我们，将在今后长期的斗争中，救护十万名伤兵。"宋庆龄为此而写的《我们的第一年》一文，把募捐毯子运动的胜利结束，视为"保盟开展明年工作的良好开端"；希望这次运动能制止去冬"上千战士差不多被冻死"的"惨事再现"。并指出："全世界所有热爱民主和同情中国的朋友们，你们对这次呼吁的及时

---

① 《伤员们需要两万条毛毯》，载《新闻通讯》第3期，1939年5月5日。

响应,是对坚定反侵略前线的男女战士们表示团结的最好方法。"①

10月,宋庆龄《致外国团体的信》中,把毛毯又列为中国最需要的物资。

与此同时,宋庆龄还自力更生,委托中国工业合作社承制军毯和棉衣。新四军要求毛毯的紧急呼吁,通过宋庆龄和"保盟"的各种文件和宣传渠道,很快传播到全世界;并且,由于宋庆龄的威望,立即得到踊跃的响应,真是一呼百应,许多援华团体和个人,纷纷向"保盟"运来毛毯及代购毯子的捐款。据1940年2月统计,捐赠毛毯较多的有:美国医药援华会3000多条毯子与被褥、美国的中国民众救济会四大捆毯子与衣物、新西兰左派图书俱乐部1010条毯子、悉尼华侨救济难民基金会等三个团体运来2200条优质羊毛毯。加拿大维多利亚医疗援华会提供26大箱子毛毯。②中国西北工业合作社,仅宝鸡一地,就在1939年12月,生产供应军毯五万条,军大衣36000件。③捐赠毛毯数量大大超过了需要。"二万条毛毯运动"获得完全胜利。它不但拯救了大批新四军伤病员的生命,而且具有深刻的政治意义。应该说,这是宋庆龄对新四军和中国抗战的一次特殊贡献。

1939年4月,新四军的医疗工作又出现新的情况,沈其震写信给"保盟"中央,说由于天气转热,蚊子又猖獗起来,新建了一个200个床位的病房急需蚊帐和奎宁。④

"保盟"中央接信后,立即安排上海分会向新四军提供一批紧急援助。上海分会协同中共上海地下党,以上海地方协会的名义,派出第二批慰问团,携带所需用的紧急物资前往新四军根据地,其中

---

① 《新闻通讯》第6期,1939年7月15日。
② 《保卫中国同盟报告:1939—1940年》,香港1940年版,第111页。
③ 姜漱寰:《工合运动在西北》,西北印刷合作社1940年版,第207页。
④ 《新闻通讯》第5期,1939年6月20日。

有 6000 码蚊帐用料、20 万片奎宁、400 听炼乳、12 万剂预防霍乱的疫苗、2000 个消毒包等。慰问团中约有二十多名青年留下来，参加了新四军。①

以上是 1941 年皖南事变前，宋庆龄领导"保盟"支援新四军的主要情况。从中可以充分看出宋庆龄对新四军抗日将士的感情之深。

宋庆龄支援八路军和新四军的事迹，也表明她与共产党的关系发展到一个新阶段。

从某种意义上讲，"保盟"与中共香港八路军办事处，实际上是一个工作班子。"保盟"实际工作的主持人，是八路军办事处主任廖承志。②他具体组织经武汉、重庆到各个根据地护送"保盟"分配给八路军、新四军的各种物资，同时，他又是宋庆龄在海外华侨中开展募捐工作的最得力的助手。八路军办事处的另一个工作人员廖梦醒，是宋庆龄的秘书，又是"保盟"妇女促进委员会的主持人；而"保盟"的财务主任，也是八路军办事处的成员——邓文钊。廖承志在党内还协助广东省委工作，指导广东人民的抗日武装斗争，对威名远扬的曾生、王作尧领导的东江抗日游击队，林锵云、吴勤率领的珠江游击队，冯白驹领导的琼崖游击队和抗日总队的组建、改编和发展，都亲自指导。宋庆龄也曾亲自与一些归国华侨谈话，动员他们参加这些游击队。

宋庆龄不仅大力支持香港八路军办事处的工作，还保护它的活动。1939 年秋天，一位在新加坡被捕过的新共华侨到香港，不慎在与八路军办事处接触时，被港英当局跟踪警察所发现，使八路军办事处的一个秘密办事机关暴露。该机关被搜查，谭乐华等工作人员被捕。共产党考虑到这次破坏是反动派配合搞远东慕尼黑阴谋，针对办事处负责人廖承志的，不便出面交涉，就请宋庆龄出面营救。

---

① 邬正洪：《上海人民对新四军的支援》，载上海《党史资料》（丛刊）1985 年第 2 辑。
② 徐舜英：《我们时代的一颗巨星——忆宋庆龄居留港渝时》，载《宋庆龄纪念集》，第 214 页。

宋庆龄即与当时正路过香港去重庆上任的英国新任驻华大使交涉，终于使八路军办事处的被捕者在一星期后交保获释。[①]

周恩来更是关心、支持"保盟"的工作。他"特地当面告诉英国驻华大使卡尔将军说：由于八路军、新四军英勇抗敌，赢得我国海外广大华侨的钦佩，纷纷捐助物资、药品和款项，因此，我们需在港设立办事处接收，请转告港督加以关照"[②]。此外，他不仅帮助宋庆龄收集八路军抗战和延安及各个抗日根据地医疗、难民、孤儿的情况，还具体帮助安排援助物资的接运工作。1938年底，当一批海外援助物资到达香港时，在桂林的周恩来就积极配合宋庆龄，帮助王安娜到香港和上海较快地接运了这批物资。后来，王安娜作为"保盟"代表从海防港到中国境内为"保盟"押运物资时，还为八路军押运过物资。

三、不流血的斗争

"保盟"为执行公正分配的原则，给八路军和新四军以必要的援助，就必须与国民党顽固派"溶共"和封锁的政策进行一系列严重的斗争。这种斗争是不流血的，虽然没有刀光剑影，但却相当激烈、复杂。为此，宋庆龄花费了很多精力。

1938年，同情中国抗战的美国军官埃文斯·卡尔逊上校，曾愤怒地向爱泼斯坦谈起在西安与国民党"封锁将军"蒋鼎文的一次谈话。当时卡尔逊刚从八路军抗日根据地考察回来，他对蒋鼎文提出把医药送到游击区的必要性时说："那里的伤兵要是没有药品是会死

[①] 谭乐华：《宋庆龄同志营救我们出狱》，载《长江日报》，1981年6月4日。
[②] 连贯：《我们敬佩的廖公》，载《廖公在人间》，三联书店1984年版，第31—32页。

的。"蒋鼎文却冷冷地回答说："没关系，死得越多越好！"①

实际上，"保盟"的每一笔捐款、每一批物资到达共产党手中，都要经过一场惊心动魄的斗争，而且"保盟"也因此经常遭到日伪及国民党顽固派的威胁和破坏。

为了冲破封锁和阻挠，宋庆龄常常以"孙夫人"的名义，亲自在寄送的物品上签字，并且一般都派外国人押运。但是，募捐物资仍然不断地遭到国民党军政机构的扣押。最严重的事件发生在1940年冬天。

当时，正是八路军在华北抗击日本残酷扫荡，战事最频繁，斗争最艰苦的时期，而白求恩主持的国际和平医院及所属各个医疗队虽已有相当发展，但医药和医疗器械极其缺乏。白求恩生前曾对宋庆龄派去现场了解医院情况的王安娜说："我们缺少最必要的器材，不用说，还缺少X光透视机、输血设备。其他各种医药用品也少得可怜。这个医院的情况，你现在已亲眼看到了。我们阻止了日军的进击，但是，这付出了许多人的生命。"②

恰恰在这个时候，中国红十字会受到压力，停止筹集游击区的经费，对国际和平医院的支援任务，就完全落到了"保盟"身上。于是，宋庆龄决定把"保盟"积累了几个月的足够医院一年之用的重要药品，还有游击区得不到的贵重的手术器械和作研究用的仪器，总共六吨之重，运送到国际和平医院。为了路上顺利，宋庆龄采取了一系列措施：由两位英国援华救济会的成员依法特·巴杰尔（Barger）和菲利浦·莱特（Wright）护送，装载在国际红十字会的卡车里；经过同国民党的各种官样文章进行许多斗争之后，才取得蒋介石的许可证。

但是，这批物资在运到陕西三原国民党军队包围陕甘宁边区的

---

① 爱泼斯坦：《回忆保卫中国同盟的宣传工作》，载《永远和党在一起》，第51页。
② 〔德〕王安娜：《中国——我的第二故乡》，第345页。

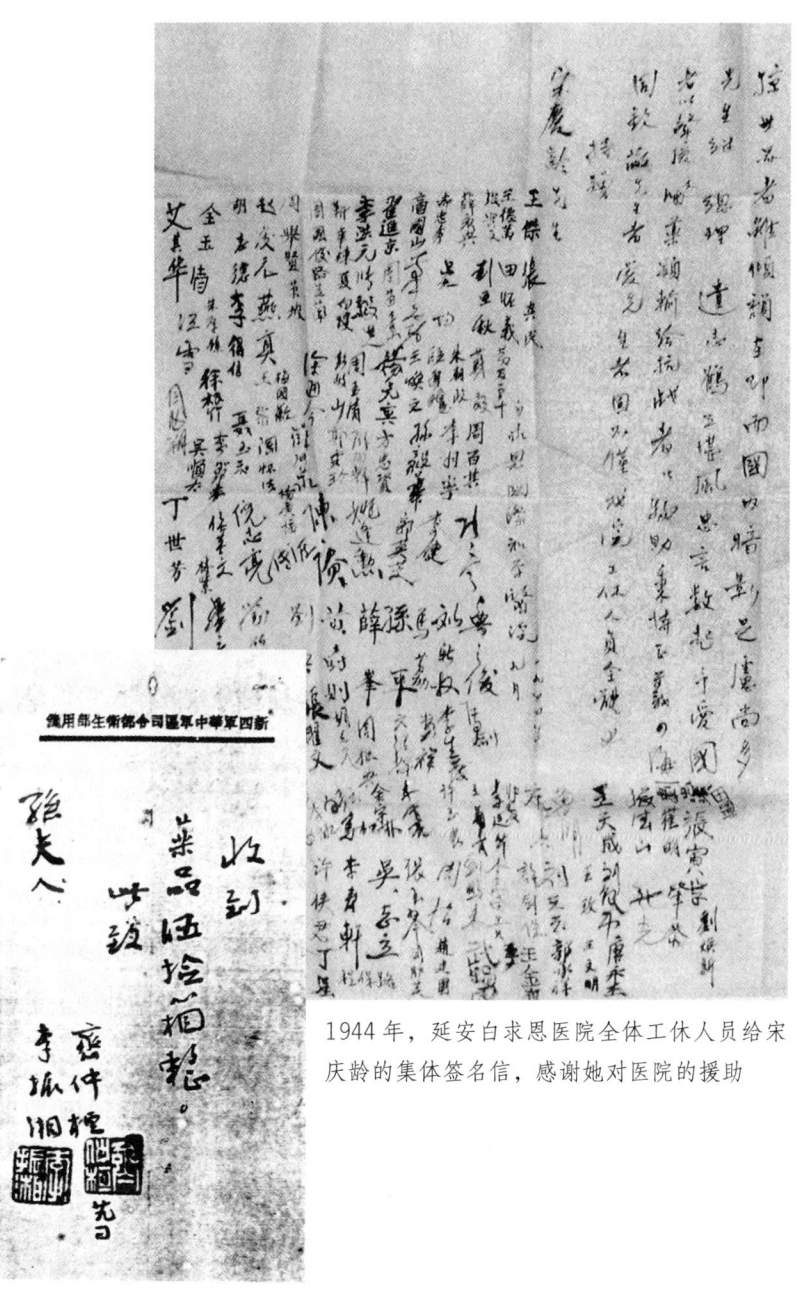

1944年,延安白求恩医院全体工休人员给宋庆龄的集体签名信,感谢她对医院的援助

华中军区卫生部负责人收到药品后开具的收据

封锁线上时，却受到阻拦。西安当局拒绝为这批物资发放去北方的通行证。巴杰尔和莱特只好先把救济物资存放在当地的英国教堂里，然后与西安国民党当局进行交涉。他们不同意把这批药物运到游击区的医院去，提出应当交给国民党的中央军医署。交涉没有结果。为盼望好转，巴杰和莱特先到河南及山西的国民党部队中分发一些物资给前线的部队后，4月底又返回西安继续交涉。宋庆龄和"保盟"中央也为此作过努力。然而，就在谈判继续时，国民党竟以"破坏传教活动"相威胁，强迫传教士交出这批医药物资。可是后来这批物资并没有运到重庆中央军医署，却发现在西安私人药房里以黑市的价格出售。[①]

不仅如此，国民党当局连医生也不许进入游击区。捷克斯洛伐克的外科医生爱尔文·吉斯赫，是国际上著名的反法西斯新闻工作者伊刚·爱尔文·吉斯赫的弟弟，是在西班牙服役后志愿到中国来参加抗日的医务人员。尽管"保盟"做出各种努力，国民党仍是坚决不让他通过封锁线进入抗日游击区。

这些倒行逆施的做法，使宋庆龄深感痛心。她既为共产党抗日部队得不到这批极其急需的珍贵的医药用品而惋惜，又为国民党干出这种亲痛仇快的蠢事而痛心。因为这样不仅削弱中国抗战的力量，而且势必影响外国朋友继续援华的热情。当时，她给王安娜的信中说："实际上是政府阻止这些医药用品的输送。家丑不可外扬，难道我们能够对外国朋友说明这个情况吗？我本来还没有下决心把实际情况告诉他们，不过，连英国的救援机构的成员都被阻挡不让通过封锁线，我怎么还能瞒得住呢？"[②]

在这种严酷的形势下，更迫使宋庆龄想方设法地给八路军、新

[①] 宋庆龄：《救济工作和政治——答宋子文先生》，爱泼斯坦：《回忆保卫中国同盟的宣传工作》，均载《永远和党在一起》。

[②] 〔德〕王安娜：《中国——我的第二故乡》，第386页。

四军以更多的帮助。1941年11月，当她得知美国尤金·迈耶医生决定率领医疗队来华工作时，她立即给美国援华委员会写去两封信，动员该医疗队到游击区工作。美国援助中国委员会执行秘书米尔德里德·普赖斯及卢思先生十分同情游击区的处境，同意宋庆龄的意见，表示他们将尽一切努力，加强对游击区的援助："游击队抗日有多久，我们就应该援助他们多久。"他们及时向迈耶转达宋庆龄的意见，并做了相应的安排。①虽然迈耶收到信后两天爆发了太平洋战争，他被调到美国空军部队服役，因而未能如愿成行，但宋庆龄和美国朋友关心游击区的苦心，仍是很感人的。

既然向八路军援助医药用品已经不可能，"保盟"就把"外国为医院募集的捐款，只交给驻重庆的八路军办事处。这样做，至少可以保证把外国寄来的钱全部用在华北的伤病员和必需救助的人身上"②。

四、支持中国工业合作运动

支持"工合"运动也是"保盟"的一项重要工作。因为它最符合国外捐助者的愿望和"保盟"的宗旨——"援助中国，使之能够自助"③。这是把接受外援与自力更生结合起来，并使前者为后者服务的一条重要途径。

"保盟"与"工合"实际上是一个目标、两种途径。前者是直接用于抗日战争造成的灾难救护，后者则通过发展经济来支援抗战。后来"工合"与"保盟"一样，果真成为国际友人和海外华侨援助

---

① 傅元朔：《从宋庆龄同志抗日时期给美国友人的信谈起》，载《光明日报》，1981年8月5日。
② 〔德〕王安娜：《中国——我的第二故乡》，第386页。
③ 《给全世界的朋友的信》，载《宋庆龄选集》上卷，第274页。

中国抗战的重要纽带，成为"世界上最大的生产合作运动的先驱"，一支支持中国抗战的独特的经济力量。在中国人民与日本侵略者浴血奋战的艰苦岁月，它为供应战时的军需民用，支持长期抗战，特别是援助中国共产党领导的人民军队和根据地的斗争，做出了重要的贡献。而中国的"工合"运动能取得这样的成就，是与宋庆龄的大力支持分不开的。

旧中国的工业本来很落后，又大多集中在东部沿海一带。"七七事变"以后，日本帝国主义大举进攻，这些地区全部沦于敌手，很多工业毁于战火，数以千计的熟练工人在社会上到处流浪……

在这种情况下，能否动员人力物力在后方重建工业，发展生产，供应战时的军需民用，是关系到能否坚持长期抗战、争取最后胜利的重要问题。同时，千百万流离失所、饥寒交迫的难民，伤兵的劳动就业，安定后方社会秩序，也是亟待解决的问题。对此，腐败的国民党政府是束手无策的。

1937年11月，在上海的斯诺夫妇和路易·艾黎目睹上海许多工厂遭到狂轰滥炸，就议论了一个"在非敌占区发起一个建立一连串的小工业合作社的想法"，"给人们一个机会自救和救亡"。① 于是，先由路易·艾黎起草了方案，三个人又对方案作了修改，然后请上海《密勒氏评论报》的鲍威尔印成小册子，在上海各界人士中散发，立即得到"星一聚餐会"中的爱国人士的拥护。这个"星一聚餐会"，是中共地下党领导的救国组织，其中有胡愈之、刘湛恩、郑振铎、王任叔、王芸生、萨空了等人。于是他们就组织起了中国工业合作社设计委员会，并且邀请农产调整委员会工作的卢广绵、上海电力公司工程师吴去非、林福裕等人，共同拟定了在中国发展工业合作社的初步计划，提出建立三万个工业合作社，使千百万人得到

---

① 〔美〕路易·艾黎：《对埃德加·斯诺的回忆片断》，载《光明日报》，1982年2月13日；〔美〕埃德加·斯诺：《复始之旅》，第239页。

斯诺夫妇

路易·艾黎

新的工作,并使工业生产恢复到战前水平的目标。

中国"工合"运动,就这样发起了。但是正如斯诺所说:"如果没有宋庆龄和英国驻华大使阿奇博尔德·克拉克·克尔爵士这两位十分热心人士的发起赞助,'工合'是永远办不起来的。"①

路易·艾黎和斯诺立即把"工合"计划通报给宋庆龄。她对此"百分之百地支持",并且为路易·艾黎等的设想"深受感动",高兴地当了"工合"运动的"保证人"。②

深谋远虑的宋庆龄早有帮助人民生产自救的思想,1937年4月,即抗战爆发前夕,她在《儒教与现代中国》一文中指出,在蒋介石、宋美龄所大力鼓吹的"新生活运动"中"找不到任何新东西,它也

---

① 〔美〕埃德加·斯诺:《复始之旅》,第239页。
② 〔美〕路易·艾黎:《对埃德加·斯诺的回忆片断》,载《光明日报》,1982年2月13日;〔德〕王安娜:《中国——我的第二故乡》,第190页;〔美〕埃德加·斯诺:《复始之旅》,第242、244页。

没有给人民任何东西"。"因此，我建议用另一种运动来代替这个学究式的运动，那就是，一种通过生产技术的改进以改善人民生活的伟大运动。"所以，宋庆龄支持"工合"是有她的思想基础的，而且，在她的影响下，宋子文也"百分之百"地支持"工合"运动。她还把宋子文介绍给斯诺、王安娜等人交朋友。经过同他们商谈后，宋子文以个人的身份答应给实施这一计划以财政上的援助。① 斯诺同意希恩对宋子文的评价，认为他虽然站到蒋介石集团的一边反对革命，"但是他在政治上的矛盾心理继续存在。在感情上他同情他喜爱的姐姐孙逸仙夫人，她是他们家中唯一的革命者。由于拥有万贯家财，他无疑会昧着良心干些事，为了减轻内疚，他不时帮助庆龄，甚至通过她暗中帮助左派的事业"。② 宋子文还给他们出主意说，这项计划"最好取得蒋介石的正式同意"，并说可以通过他的两个姐妹（即蒋介石夫人宋美龄和财政部长夫人宋蔼龄）去做蒋介石的工作。"如果得到政府正式的许可文件，就易于得到更多同盟军的协力。"③

斯诺和艾黎等已经注意到这个问题，这个"工合"运动要开展起来，必须得到蒋介石和孔祥熙的支持。因此斯诺等又通过英国驻华大使馆青年秘书约翰·亚历山大，争取驻华大使阿奇博尔德·克拉克·克尔爵士的支持。这位大使亲自约见斯诺，详细听取了"工合"计划，共同研究开展这个运动所需要的条件，最后答应去汉口说服蒋介石及孔祥熙批准这个计划。

但蒋介石和孔祥熙对"工合"态度冷淡，孔祥熙甚至表示"不予考虑"。宋美龄由于受宋庆龄的影响，对"工合""表示赞许"，并保证说服政府支持这一计划。当"工合"运动遭到孔祥熙拒绝之后，"气得蒋夫人哭了一场，旋激起孔夫人之同情，为此，孔夫人当着孔

---

① 〔德〕王安娜：《中国——我的第二故乡》，第190页。
② 〔美〕埃德加·斯诺：《复始之旅》，第264页。
③ 〔德〕王安娜：《中国——我的第二故乡》，第190页。

院长阁下，表现了卓著功能的'河东狮吼'，迫使孔院长乖乖地听命，改变主意，全力支持'工合'"。①

不过，促使孔祥熙支持"工合"的主要原因，是他与夫人都看到了"工合"能使他们有利可图。因为"'工合'全部采取使他私人银行能进行剥削的办工业方式"，并且可以从政府拨款中得到数量可观的回扣。②

与此同时，艾黎和上海银行行长徐新六将"工合"计划在武汉征求中共代表团周恩来和博古的意见。他们积极支持"工合"并提出"工合"的主要任务是发展生产，以促使蒋介石抗战，不让他投降，尽可能多地争取美国及其他国家的支持等。博古还几次帮助艾黎制定有关的政策，并建议把武汉的许多工业迁到西北去。③

于是，经过英、美等国驻华大使推荐，国民党政府正式任命艾黎为中国"工合""首席技术顾问"。孔祥熙答应提供行政经费和贷款500万元，作为"工合"的基金。

1938年8月5日，"中国工业合作协会"总会在汉口成立。孔祥熙任理事长，宋美龄任名誉理事长，路易·艾黎为技术顾问。20名理事中，有国民党方面的王世杰、邵力子、翁文灏、张治中等人，共产党方面有林祖涵、董必武、邓颖超，还有各界著名人士沈钧儒、黄炎培等。"工合"与"保盟"一样，是一个统一战线性质的机构。实际工作由艾黎、刘广沛（总干事）和卢广绵等进步人士组成的班子主持。

"工合"成立后，宋庆龄和"保盟"就在国际上广泛地为它宣传，呼吁支持。1938年8月15日，即"工合"总会在汉口成立后十天，宋庆龄对在美国纽约召开的世界青年大会作广播演说，向世界

---

① 曹云霞：《宋庆龄与宋美龄》，载香港《镜报》杂志1981年第4期。
② 〔美〕路易·艾黎：《工合运动记述》，载《文史资料》第71辑。
③ 同上。

人民介绍中国的"工合"运动。参加这个大会的有52个国家代表。从这次演说中,可以看到,宋庆龄对"工合"产生的时代背景、性质、作用的了解和阐述,是非常透彻的。

她说,日本侵略毁灭和攫取了我们75%的机器工业,它使我们百多万的产业工人失了业。但是"我们的人民,我们的政府,都已决心即在战争中,也要将日本所毁灭的生产力重建起来"。她指出建立工业生产合作社的作用是:"能够维持经济稳定,能够维持内地市场,避免乡村的紊乱与匪患,……工业合作社能够利用一切的失业工人,使我们的士兵获得衣食,并且免除饥荒,……工业合作社能够支持长期抗战,使日本对于占得城市丝毫无利可图。"

最后,她向参加大会的各国青年呼吁:"我们请求你们向你们的政府陈请,将机器与原料赊卖给我们的工业合作社,使我们能够帮助我们的人民实行经常生产救济的各种办法。我们请求你们的银行家贷款给这些工业合作社,请求你们的青年志愿人士遣派技术人员到中国来,我们的政府将欢迎这一切你们所能给予这个进步运动的支持。"[①]

在以后宋庆龄所写的文章、函札和报告、演说中,又多次对"工合"作了类似的介绍和呼吁。在"保盟"的每年工作报告和《新闻通讯》上,更是详细地介绍"工合"运动开展的情况和取得的每一项成绩。

正是由于宋庆龄和"保盟"这样的大力宣传和呼吁,"工合"很快成为举世瞩目的新生事物,引起国内外人民广泛的同情和支持。"工合"之树的生长,获得了肥沃的土壤。一个个生产合作社,在广大的非敌占区,星罗棋布地建立起来。到1942年6月,全国"工合"达1590个,生产种类有纺织、服装、鞋帽、日用百货、食品加

---

① 《新华日报》,1938年8月24日。

工、文具、印刷、医药、化工、五金、机器、采矿、交通等五十余种。它们安置了千千万万个难民，生产了大量军需品和民用品，发挥了安定后方秩序、支援前线作战的作用。

但是，中国"工合"运动的发展，并不是一帆风顺的。它几度面临夭折的危险。宋庆龄为巩固发展"工合"运动，曾做出了巨大贡献。

"工合"开始不久，孔祥熙就违背诺言。作为对艾黎等抵制他的敲诈（从拨款中索取高额回扣）的报复，他在开始拨给"工合"一笔数目很小的款项后，即停止拨款。在此期间，艾黎和他的工作人员不仅要负担自己的生活费用，还要拿出个人的积蓄资助第一批试办的合作社。艾黎对斯诺沮丧地说："我破产了，我的人很不高兴，都快要离开我了。"① 斯诺到香港与宋庆龄商议后，把宋子文资助的20万元汇给艾黎，帮助艾黎渡过难关，而且促使孔祥熙很快就提供了一些贷款。因为孔祥熙害怕不这样会失去他在"工合"运动中的地位。

接受这件事的教训，斯诺在宋庆龄的提议和帮助下，1939年1月，在香港组织了"工合"国际委员会，向国外大力宣传"工合"，筹募支持"工合"发展的独立基金。香港主教罗纳德·霍尔任委员会主席，宋庆龄任名誉主席，陈翰笙为执行秘书，斯诺、艾黎、普律德、宋子文等为委员。艾尔达·普律德（Lda Pruitt）是美国人，原在北京协和医院工作，抗战爆发后结识斯诺和艾黎，参与"工合"运动。新中国成立后，在美国继续从事美中友好活动，是美中友协负责人之一。

建立国际委员会后，宋庆龄对"工合"的支持除了对外宣传和呼吁之外，还进一步采取组织行动，着手在国外推动建立支持中国

---

① 〔美〕埃德加·斯诺：《复始之旅》，第247、252页。

"工合"的促进委员会。

首先热烈响应的是菲律宾的华侨,"他们的情绪最热烈,捐献也最慷慨",一再邀请宋庆龄前往为"工合"筹款。[①]宋庆龄委托斯诺夫妇前去工作。1939年5月,在马尼拉建立菲律宾"工合"促进委员会,由美国驻菲律宾专员夫人塞雅担任名誉主席,博雷博士为主席,但诺尔为总干事,委员有一百多人。成立伊始,塞雅夫人即在马尼拉电台发表广播演说,呼吁菲律宾及美国等各界人士给中国"工合"以实际的援助。当地华侨立即响应,菲律宾华侨妇女救济协会等团体,立即筹募了20余万元捐款汇交宋庆龄收转中国"工合"。[②]一年多时间里,菲律宾侨胞即向该会捐助了几十万元。1940年,路易·艾黎曾到菲律宾演说,宣传"工合",受到热烈欢迎,不到两星期,他回国时带回捐款达15万元之多。

美国是宋庆龄工作的重点。宋庆龄委托"工合"国际委员会秘书普律德直接回美国组织"工合"促进委员会,罗斯福总统夫人为名誉主席,太平洋舰队司令雅纳尔任主席,普律德担任秘书,委员有美国陆军部长史汀生等百余人。海伦·斯诺回国后曾任该会副主席。抗战期间,美国友人及华侨给中国"工合"的援助达500万美元。其中"美国援华工业合作促进委员会"1939—1951年为中国筹集了350万美元。[③]

英国伦敦也成立"英中合作发展公司",专门援助中国的"工合"运动。工党领袖伊莎贝尔·克里普斯夫人为名誉主席,工党政府交通运输大臣、国会议员巴恩斯任主席,英国《新政治家和民主》杂志编辑吴德满任秘书。伊莎贝尔·克里普斯夫人也是"英国联合援华会"的主席,向"保盟"提供大量捐款和物资。她的丈夫斯特

---

① 〔美〕埃德加·斯诺:《复始之旅》,第247、252页。
② 《工合之友》第1卷第7期,第245页。
③ 《旅华岁月——海伦·斯诺回忆录》,世界知识出版社1985年版,第309页。

拉德·克里普斯爵士，是丘吉尔政府中的一位部长，他在此前曾到香港，要求拜见宋庆龄。宋庆龄邀请爱泼斯坦等"保盟"工作人员作陪，在家中盛情予以款待，并且坦率地交换了意见。他怀着友好的感情离去，回国后与妻子从事中英友好事业，支持宋庆龄的工作。抗战期间，"英中合作发展公司"向中国"工合"捐款十万英镑以上。

此外，新西兰、澳大利亚等国也都先后成立援助中国"工合"的组织。

据陈翰笙统计，"工合"国际委员会在香港两年多时间里，"接受了国外华侨和国际友人的捐款两千多万元"。①

香港沦陷前，宋庆龄还亲自主持了"嘉年华会"为"工合"筹款。她这次活动也是由"保盟"和"工合"国际委员会联合举办的。

嘉年华会采取民众娱乐集会的方式，会场上布置各种游艺活动及精彩的演出，展出"工合"产品和各地"工合"战士反对日本侵略的资料。1941年11月11日，嘉年华会在香港加路连山道南华体育场旁的海军操场举行开幕式。宋庆龄邀请何香凝、柳亚子、孙科及美国的福克斯等许多中外著名人士参加。大会主席威尔逊致词后，宋庆龄用英语发表演说。她针对国民党政府在"皖南事变"后的倒退行为说："抗日战争是中国的人民战争，不是任何一个政党可以包办的。真抗战人民欢迎，假抗战人民唾弃。"当时人如潮涌，盛况空前；场上万头攒动，热烈欢呼鼓掌，场面十分动人。有一个英国妇女竖起大拇指说："讲得好极了！玛丹（法语：'夫人'）真是了不起！"②

这次活动，会期三周，每天都有大批人士参加，不仅筹募到大量捐款，还极大地扩大了"工合"的影响。

"工合"国际委员会为"工合"运动独立筹款活动的开展，以及"保盟"给"工合"的直接拨款，解决了"工合"生存及发展的经济

---

① 陈翰笙：《谈谈孙夫人的高尚品质》，载《宋庆龄纪念集》，第117页。
② 徐舜英：《我们时代的一颗巨星——忆宋庆龄居留港渝时》，载《宋庆龄纪念集》，第214页。

基础，但是政治上的斗争并没有停止。"工合"事业的兴旺发达，引起国民党中统特务头子、国民党中央组织部部长陈果夫及其弟弟、国民党中央秘书长陈立夫集团的垂涎。他们见"工合"获得大量国外捐款，就把"工合"视作"又一个敲诈对象"，一再扬言要改组"工合"总部，以便"安排更多的国民党游手好闲者在总部里任职领薪"。①

宋庆龄决心利用"二陈"与宋美龄及孔祥熙夫妇之间的矛盾，进行斗争，保护"工合"事业。1940年4月，宋庆龄与宋蔼龄、宋美龄一起访问四川时，重点参观、视察重庆和成都的工业合作社，三姐妹表示要共同为"生产自救"做出贡献，显示了工合事业有强大的后盾，阻止了陈氏兄弟的公开破坏。但是"二陈"并不甘心，他们设立"合作社管制局"，企图"管制"合作社，"慢慢地窒息它"。② 于是，宋庆龄请斯诺从菲律宾回来，帮助艾黎与管制局做斗争。斯诺给在美国的宋子文写了一封信，把情况详详细细告诉他，请他进行调解，理由是一旦"工合"转到了陈氏兄弟手里，我们就会失去美国舆论的同情，失去美国的支持。宋子文很重视这件事，立即给蒋介石和宋美龄打了电报，谈了这方面的意见，使"工合"有一段时间顶住了合作社管制局要"合并"它的企图。③

与"保盟"一样，宋庆龄对陕甘宁边区和八路军、新四军根据地的"工合"运动的支持，付出了更多的心血，她把这视为支援八路军、新四军抗战的又一重要渠道。

据斯诺回忆，延安起初对"工合"有误解，怀疑是"政治上异端的资产阶级"的组织。后来，经过斯诺给毛泽东写信解释，全面介绍"工合"情况："'工合'是怎样办起来的，它的宗旨是什么，

---

① 〔美〕埃德加·斯诺：《复始之旅》，第259页。
② 〔美〕埃德加·斯诺：《复始之旅》，第272页。
③ 〔美〕埃德加·斯诺：《复始之旅》，第259页。

用哪些方法办'工合',以及'工合'怎样帮助游击战争,并把一份'工合'组织章程附寄给他。"①才把那里原来的"生产合作社"转到"工业合作社"的轨道上来。在宋庆龄看来,只有通过"工合","保盟"才能更好地支援延安,支援游击区。正如任"工合"国际委员会秘书的陈翰笙所说:"孙夫人所以帮助这个委员会,是因为可以通过这个委员会吸收国内组织工业合作社的款项和器材,防止重庆财政部收到国外的捐款而不发给延安和其他抗日根据地。"②

但是,解放区的"工合"是在极为困难的条件下产生和发展的。因为解放区的工业基础更为薄弱,交通不便,经费不足,技术落后。再加上国民党政府及银行给"工合"的一些经费和贷款,几乎全给了国统区的"工合"。据1940年初的调查,当时解放区"工合"的数量占全国六分之一,而贷款仅占四百分之一。③所以1939年底,"由于设在重庆的'工合'总会不再提供援助,延安的'工合'组织濒于破产"。④

这时,宋庆龄即派斯诺以"工合"国际委员会代表的身份,持宋子文给委员长西北行营司令长官蒋鼎文和第一军军长胡宗南的信,以视察原来由孔祥熙亲自批准在延安建立的军需厂的任务,获准去延安,帮助那里的"工合"设法渡过难关。与此同时,在宋庆龄的关怀下,"工合"国际委员会把马尼拉的捐款十万元一次拨给了陕甘宁边区的"工合"。边区政府也采取紧急措施,筹措贷款,终于使"工合"得以生存下来,并且使生产在一年之内增加四倍,"工合"的经营范围也扩大了,有了铁矿、煤矿、铁工厂、小机器制造厂、制药厂、运输站和两个小油井。到1942年,延安的"工合"机构成

---

① 〔美〕埃德加·斯诺:《复始之旅》,第284页。
② 陈翰笙:《谈谈孙夫人的高尚品格》,载《宋庆龄纪念集》,第117页。
③ 《新华日报》,1940年2月24日。
④ 〔美〕埃德加·斯诺:《复始之旅》,第285页。

1941年,一个英国公民在中国工合工作

毛毯编制合作社成员在工作,从废弃材料挑选可用羊毛

陕西宝鸡县工合组织的生产场所

一个妇女培训学校,年轻女孩通过学习培训,成为合作社成员

为全国最大的地区总分会，拥有的工人相当于中国其他地区"工合"工人的总和。直接为八路军服务的延安"工合"的军需厂，成为全国最大的工厂，对于坚持敌后抗战，做出了突出的贡献。另外，晋东南、晋西北、晋冀鲁豫、浙皖、粤赣等八路军、新四军的各个根据地，也都发展了"工合"。1940年以后的边区及敌后根据地的"工合"，主要依靠宋庆龄领导的"保盟"和"工合"国际委员会，从美国、英国及华侨募捐来的资金维持。珍珠港事件之前，菲律宾和南洋华侨筹集了一百多万元支持边区的"工合"。为防止国民党窃取国外捐赠给中国"工合"的捐款，香港"工合"由陈翰笙经由上海银行，通过廖承志和唐明照，把捐款直转延安交给李富春。①

宋庆龄和"保盟"支持"工合"，并通过"工合"支援八路军、新四军的方式是多种多样的，事迹是不胜枚举的。

1939年，宋庆龄曾委托以国统区宝鸡为中心的西北"工合"，承制棉衣十万件，送交西安八路军办事处转运前方。"工合"战士满怀抗日激情，提出"赶制万件棉衣，换取敌人万颗头颅"的口号。5月，"保盟"又应新四军的紧急需要，在提供现成的蚊帐同时，将2000元港币的捐款，用于在皖南新四军基地建立一个蚊帐生产合作社，这在根本改善新四军蚊帐供应上，起很大的作用。为了从根本上解决八路军、新四军及全国抗日战士的军毯供应，1940年2月，"保盟"又拨款支援"工合"成立织毯合作社，生产出的毯子供应国际和平医院下属各单位；还支援西北"工合"办事处，生产绷带、药棉、担架粗帆布、汗衫等，这些产品也提供给国际和平医院。②为此，广大"工合"战士，响应宋庆龄的号召，开展了"织造百万军毯，支援前方将士"的运动。在抗战期间，各地"工合"供应的

---

① 〔美〕路易·艾黎：《工合运动记述》，载《文史资料》第71辑。
② 《保卫中国同盟报告：1939—1940年》，香港1940年版，第7页。

军毯"不下500万条"。① 不仅满足了八路军、新四军的需要,甚至"国民党军队用的军毯差不多都是'工合'供应的"。②

宋庆龄和"保盟"采取的这一系列措施,既有效地支持了"工合"的生产事业,又直接支援了抗日战争。在艰苦环境中坚持抗战的抗日根据地的军民,真正尝到了"工合"的甜头,衷心感谢宋庆龄、斯诺、艾黎等为"工合"事业所做的工作。毛泽东在一份关于中国"工合"的声明中说:"在帮助恢复我们后方的工业方面,它们所做的工作是很重要的。'工合'在敌后战区最为需要,而且得到我们的军队、人民和政府的最热烈的欢迎。我们用这种方法达到几层目的:(1)阻止敌货从被占区向游击战争农村根据地渗透;(2)利用中国的原料和资源为我们自己的工业服务,防止日本对之掠夺;(3)创立游击战争经济上自给自足的根据地,以支持持久战;(4)培训失业人员和不熟练劳工,使日本不能利用他们来反对我们;(5)供应农民以所需的工业品来交换粮食,维持农村的繁荣。"③

毛泽东的这个总结,对中国"工合"在抗战中的作用,讲得非常全面,非常透彻。实际上也是对宋庆龄等"工合"领导人在这项事业中所做作的贡献的高度评价。

1940年,新四军叶挺也曾给"工合"国际委员会写信表示:"我们衷心感谢你们经常捐赠和帮助皖南游击区建立工业合作社……这些工业使我们区里的难民得以生产自救。它们帮助我们利用本地的原料,使不致落于敌人之手。因此,我们能够抵挡敌人货物之侵入,并有可能自给自足,使皖南人民得到了好处。"④

但是,革命的道路是曲折的。当宋庆龄领导"保盟"支持"工

---

① 陈翰笙:《中国工业合作运动的过去与将来》,太平洋学会美国分会出版,第16页。
② 路易·艾黎:《保卫中国同盟与"工合"》,载《永远和党在一起》,第75页。
③ 转引自〔美〕埃德加·斯诺:《为亚洲而战》,美国兰多姆出版公司1941年版,第331—332页。
④ 路易·艾黎:《保卫中国同盟与"工合"》,载《永远和党在一起》。

合"，给中国的抗战事业，尤其是八路军、新四军的斗争以有力的支援的时候，国内外政局突变，接连发生了"远东慕尼黑"、"皖南事变"、"太平洋战争"和香港沦陷等一系列事件，因此，中国抗战以及"保盟"、"工合"的事业，随之又进入更加艰苦的岁月。

第四节　为民族解放事业战斗到底

一、揭露"远东慕尼黑"阴谋

"保盟"的主要任务是争取海外对中国抗战的援助，它的政治立场就是抗日统一战线。宋庆龄在1941年答宋子文的文章中，说明为着两个理由"保盟"维护中国的统一战线：首先，"保盟"的救济工作"是建立在统一战线基础上，并主张中国各地区应该有享受经济待遇的同等权利"。其次，"因为我们相信统一战线和团结一切抗日力量是继续和有效地抵抗日本侵略的唯一保证"。她强调"保卫中国同盟明确地站在中国统一、民主和继续抗战的立场，没有民主就没有统一，没有统一就不可能有抗战"。[1] 因此，除争取外援外，她还领导"保盟"坚持统一战线，坚持团结和进步，坚持抗战到底，与中外反动派进行广泛的斗争。

1938年冬，日本侵占武汉和广州后，停止对中国正面战场的战

---

[1] 宋庆龄：《救济工作和政治——答宋子文先生》，载《永远和党在一起》，第26—27页。

略进攻,把军事进攻的重点转移到抗日根据地,对国民党政府采取以政治诱降为主、军事进攻为辅的方针。英、法帝国主义在这年9月,为了保护自己,唆使德国法西斯东侵苏联,与德、意签订《慕尼黑协定》,出卖了捷克。接着,他们怀着同样的目的,为保持他们在中国的利益,引诱日本北攻苏联,与日本及国民党政府谈判调解,妄想在日本答应一定的条件之下,劝说中国投降日本。这个"远东慕尼黑"阴谋,一直进行到1940年。美国后来也参加进来。

在日本诱降及西方帝国主义劝降面前,国民党政府中分裂出汪精卫卖国集团,在南京成立了日本帝国主义卵翼下的傀儡政府。同时,蒋介石集团也日益加快了对日妥协的步伐,反共反人民的倒退活动日益加剧,制造了许多摩擦事件,掀起了反共浪潮。

宋庆龄对这股滚滚而来的反苏反共逆流,进行了针锋相对的斗争。

1939年5月,汪精卫抵达上海,按日本旨意,策划组织傀儡政府,并在此前一再侈谈"三民主义",声称其投敌之举是出于"爱护孙先生所手创之中华民国,不忍灭亡于无识者之手中"。① 对此,宋庆龄在1939年11月11日为纪念孙中山诞辰发表文章,揭露汪精卫这个孙中山的"信徒",历史上曾多次怀疑三民主义,受到孙中山的斥责。指出:"中山先生离开南京时,曾对其党内同志中数人,表示失望;现全国人士,均对汪精卫失望,此国家叛徒,竟敢盗窃中山先生之遗教,其恬不知耻,有如此者。"②

汪精卫叛国后,属于该集团的香港《南华日报》《天演》《自由》三家报刊社工友八十余人,相继宣布辞职,脱离三家报刊。他们的爱国行动立即得到中国共产党和广大人民群众的同情和支持。在这

---

① 汪精卫:《重要声明》(1939年4月9日),载汪伪国民党中央宣传部编:《汪主席和平建国言论集》,1940年10月版,第35页。
② 重庆《新华日报》,1939年11月12日。

《慕尼黑协定》签订现场

些工友生活困难时,重庆《新华日报》向各界人民呼吁,支持三报社工友们的斗争。毛泽东、林伯渠、董必武、邓颖超、叶挺及八路军驻桂林通讯处全体工作人员等,还有重庆的工人、学生、青年都纷纷捐款帮助他们。10月24日,《新华日报》汇款3300元给香港的宋庆龄,托她转交给罢工离职的工友,并致函说:"先生对于救亡抗战,不但主张坚决,而且领导有方,素为中外人士所钦敬。此次香港三报工友反汪罢工,当表赞助;用敢以琐事烦神,定获先生俯允。"①

宋庆龄收到此信及捐款后,即转交罢工工友,并将收据在11月7日寄给《新华日报》。②

宋庆龄还在许多文章中,挞伐汪精卫叛国集团,并在1940年3月31日汪伪南京政府成立的第二天,与宋蔼龄、宋美龄联袂飞渝访问,以示团结反汪,粉碎了日本散布的中国抗日统一战线已经分裂的谣言。

---

① 重庆《新华日报》,1939年10月26日。
② 重庆《新华日报》,1939年12月2日。

1939年至1941年,远东慕尼黑阴谋正在加紧进行的时候,宋庆龄接连发表《抗战以后的中国——抗战二周年纪念告美国友人》《真正实现中国的独立》《中国需要更多的民主》等文,总结孙中山辛亥革命教训,申述实行"三民主义"争取"真正实现中国独立"的意见,痛斥英、美等国为实现远东慕尼黑协定,竟"帮助日本加强军事机构",以迫使"中国媾和投降"。① 同时,宋庆龄又批判蒋介石集团对日求和、准备投降、限制民主、制造摩擦等倒行逆施的行为,指出"和平停战",必使抗战"走向失败道路"。②

国民党政府及美英帝国主义对宋庆龄的言论,既害怕又恼火。他们先是通过港英当局对宋庆龄进行恐吓和威胁,接着又托英国驻华大使向宋庆龄施加压力,提醒她对蒋介石所采取的暧昧策略不要多加批评,并劝说放弃"保盟"工作离港他去。宋庆龄严词拒绝了这位外交官的无理要求。③ 之后,他们迁怒于中国共产党,就指使港英当局突然封闭了八路军、新四军驻香港办事处,拘留连贯等工作人员。经过宋庆龄邀集一些国际友人进行交涉,五个月之后,连贯等才获释。

由于中国共产党和宋庆龄等中国人民的坚决斗争,日本帝国主义的诱降策略始终没有得逞。1941年11月,日本发动太平洋战争,欧美帝国主义策划的"远东慕尼黑"阴谋也随之彻底破产了。

二、及时揭露皖南事变真相

国民党顽固派对日妥协、对内分裂的高潮,是1941年初发动震

---

① 《中国需要更多的民主——为纽约〈亚细亚〉杂志作》,载《宋庆龄选集》上卷,第344页。
② 重庆《新华日报》,1940年7月9日。
③ 参见爱泼斯坦:《我所了解的宋庆龄》,载《人物》1980年第3期;廖承志《保卫中国同盟的初创时期》,载《人民日报》,1958年6月14日。

惊中外的"皖南事变"。它的如意算盘是企图在日本军队的配合下，一举消灭在抗战中屡建功勋的新四军。

1941年1月7日，新四军这支九千余人的英雄部队，在久负盛名的叶挺军长率领下，奉国民党军委之命转移时，遭到国民党部队七万余人的包围和袭击，大部分壮烈牺牲，叶挺被俘，仅有千余人突围得救。1月17日，蒋介石以国民党军委的名义发布命令，掩盖事实真相，反诬新四军叛变，悍然宣布取消新四军的番号，并将叶挺军长"交军法审判"。至此，第二次反共高潮达到最高峰。

事件发生后，国民党反动派自知理亏，严密封锁新闻，不准中外报纸作任何报道。中国共产党在重庆的《新华日报》被迫开了"天窗"；周恩来在"天窗"上愤怒而痛心地书写一首痛斥国民党罪行的诗：

  千古奇冤，江南一叶；
  同室操戈，相煎何急！

宋庆龄得悉消息后，即在1月14日和何香凝、柳亚子、彭泽民联名起草一封致蒋介石及国民党中央执行委员、监察委员的公开信，指出："抗战进入第五年度，敌人失败之局已定……我国人自当坚信而共作决心以赴之……然而最近则有讨伐共军之声，甚嚣尘上，中外视听为之一变。国人既惶惶深忧兄弟阋墙之重见今日，友邦亦窃窃私议中国之势难保持。倘不幸而构成剿共之事实，岂仅过去所历惨痛又将重演，实足使抗建已成之基础隳于一旦；而时势所趋又非昔比，则我国家民族以及我党之前途将更有不堪设想者。"公开信重申孙中山关于"提携共党"、"唤起民众"等遗训，提醒蒋介石勿忘他自己说过的"地无分南北，人无分老幼，均有抗日救国之责任"等"豪言壮语"和联共抗日的诺言，痛陈国共团结或分裂对国家民族及各党派的利害，愤怒谴责蒋介石集团背信弃义，袭击新四军的罪行，呼吁"撤销剿共部署、解决联共方案、发展各抗日实力、保障各种抗日党派"。①

这封公开信，无疑是对蒋介石集团沉重的打击。所以，国民党政府驻港办事处采取一系列紧急措施，扣留公开信，不准发表，并以将杀害被扣的叶挺相威胁。最后，何香凝、柳亚子以国民党释放叶挺为条件，答应不公开发表这封信。但是国民党并没有履行诺言。叶挺直到1946年3月才在中共中央的严重交涉下获释。

宋庆龄对蒋介石不抱幻想。她又在18日联合何香凝、陈友仁通电蒋介石："弹压共产党则中国有发生内战之危险，今后必须绝对停止以武力攻击共产党，必须停止弹压共产党行动。"

此电19日在香港报纸上公布于众。26日又刊登在延安的《新中华报》上。这样，就有力地打破了国民党的新闻封锁，起到了中共在《新华日报》上未能起到的作用，再次给患难中的共产党人以无比珍贵的支持，加深了双方的战斗友谊。

国民党不履行当时释放叶挺的诺言，还反咬一口，在1941年4月2日开除柳亚子的国民党籍，诬蔑其散布"反国策言论"。何香凝立即向记者发表谈话予以驳斥，指出他与宋庆龄等致蒋介石的信，"代表人民公意，海内外同胞当有同感。但此可称为'违反国策'则何为国策？国策何在？实言之惊心！"②

与此同时，斯诺也从廖承志处了解到皖南事变的消息。在国民党阻止他在重庆报道后，得到宋庆龄的帮助，通过香港发出多则电讯，报道"皖南事变"。

25日，"保盟"的《新闻通讯》以《坚持统一战线》为题发表长篇文章，详细报道新四军遭到袭击的经过，指出"其中大半是受

---

① 影印件，见《纪念宋庆龄同志》画册，图134。
② 香港《华商报》，1941年4月5日。

皖南事变后的周恩来

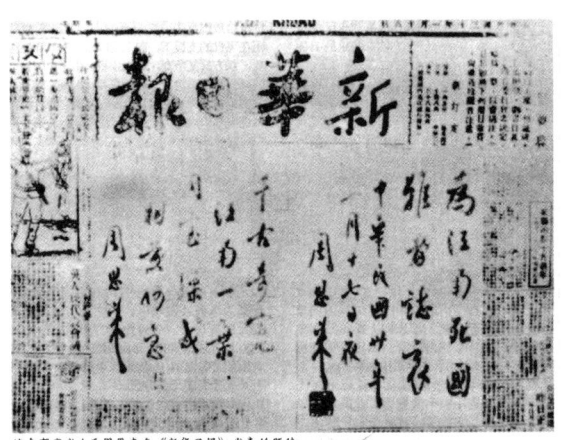

皖南事变发生后,周恩来在《新华日报》发表的题辞

了伤的躺在担架上的官兵,以及政治工作人员、医生、护士和他们的家眷等"。文章对事变进行评论,批驳了国民党对新四军"抗命"的诬蔑,指出发动内战的企图只能使日本更进一步地侵入中国。该文还报道了周恩来就事件向蒋介石提出的12个条件,赞扬共产党为挽救统一战线,坚持团结抗战所采取的克制态度。

新中国成立后,当宋庆龄回忆这一段历史时指出:"世界各地有许多人是在保卫中国同盟的《新闻通讯》上第一次知道了1941年的'皖南事变',那正是日本对中国的威胁最严重的时刻,而国民党竟对共产党领导的新四军总部进行了罪恶的伏击与破坏。"[①]

正是由于宋庆龄和"保盟"的上述努力,当国内因为国民党的封锁,大多数人对皖南事变还蒙在鼓里的时候,国际上却已普遍传播这个消息。于是,声援新四军、抗议国民党的舆论就一起指向了蒋介石及国民党政府,使他们陷于被动。

在国外,各地华侨纷纷发表通电和文章,呼吁"抗日图存"、"反对民族分裂,反对反共内战"。强烈要求克服这一空前的严重危机,争取时局的好转,以保存抗战实力,团结抗战到底。英、美等国的进步人士也都纷纷反对蒋介石发动反共内战。尤其与"保盟"有联系的各援华机构,纷纷来电来函,群起响应宋庆龄的主张,对中国的事态发展表示严重的关切。宋庆龄都把它们发表在《新闻通讯》上,广泛宣传,扩大影响。其中有美国援华委员会主席切斯特·罗威尔、基督教联盟主席弗朗西斯·斯科麦克、加利福尼亚州州长贝特·沃尔逊等联名签发致蒋介石电报,指出:"中国内部的自相残杀将导致美国对华援助的减少。我们坚信:为了打败日本侵略者并保持同美国的友谊,中国的统一战线一定会继续保持下去。"[②]旧金山的中国委员会执行书记波利纳·简特勒给蒋介石的信说:"中

[①] 宋庆龄:《真实报道的传统》,载《中国建设》1962年第1期。
[②] 《新闻通讯》第28期,1941年4月1日。

皖南事变发生后,1941年1月14日,宋庆龄、何香凝、柳亚子、彭泽民联名致函蒋介石及国民党中央,谴责其背信弃义,并呼吁"撤销剿共部署、解决联共方案、发展各抗日实力,保障各种抗日党派"

1941年1月18日,宋庆龄、何香凝、陈友仁联名通电蒋介石,痛斥其破坏抗战、实行反共的倒行逆施。图为刊于1月26日延安《新中华报》上的电文摘要

国必须继续团结，自相残杀的冲突意味着灭亡，意味着中国三年半以来为之奋斗的事业将前功尽弃"；"应该把中国人民的全部力量聚集在一起，形成一个强大的中国。不要使得对英勇中国的信任受到动摇，不要失去同情中国抗战的人们的信任"。① 英国援华委员会主席、上议院议员也表示深切希望"统一战线能够继续保持"。

在这种形势下，连欧美各国政府也不得不认真考虑这时中国发生反共内战对他们是不利的。英、美政府从斯诺报道中了解到中国发生的事情后，立即要求他们的驻华使节作出报告。英国驻华大使阿奇博尔德从老朋友王安娜处了解到事件的真相，然后又把周恩来请到自己家里交谈。他向伦敦报告，不仅证实新四军事件是真实的，而且还说"国民党即将对延安大举进攻"。② 英国政府接到驻华大使的报告后，"表示非常关切，并告诉蒋介石，内战只会加强日军的攻击"。③ 美国驻重庆大使的报告，依据国民党政府的说法，认为此事件只是单纯的"军纪处分"。但"皖南事变"时卡尔逊中校正好在中国，他回到美国后，向罗斯福总统提供了有关事件的第一手材料。于是美国政府立刻做出反应，甚至"中断了向中国政府提供一笔新贷款的谈判"。财政部长摩根索还明确表示，"如果重开内战，重庆就别指望从美国获得更多的财政援助"。④ 苏联政府也表明了同样的态度。

在香港和内地，宋庆龄更是不顾国民党政府的白色恐怖，领导"保盟"及爱国民主人士，与共产党团结战斗，掀起抗议浪潮。1941年4月，"保盟"名誉书记克拉克夫人发表演讲，赞扬新四军功绩和皖南事变所造成的严重后果："由于新四军占领了南京周围地区，南

---

① 《新闻通讯》第28期，1941年4月1日。
② 转引自《中共问题重要文献》，《大公报》社版，第139页。
③ 〔美〕埃德加·斯诺：《复始之旅》，第289页。
④ 〔德〕王安娜：《中国——我的第二故乡》，第361页。

京政府汪精卫在自由中国的信徒们之间的任何和平运动,都不可能得以成功……正是由于1月初所发生的事件,日本人及其傀儡部队已占据了原在新四军控制下的许多地区。"①

在"保盟"出版委员会工作的邹韬奋,发表题为《中国政治演进的展望》的评论,赞同宋庆龄"没有民主就没有团结"的观点,驳斥国民党制造皖南事变的借口,抨击其压制人民民主权利的政策。他还与"保盟"中央委员金仲华等九人联名发表《我们对于国事的态度和主张》,表示:"对于阴谋出卖国家,破坏抗战之恶势力,则一息尚存,誓当与之奋斗到底。"②

对国民党倒退行为最有力的打击,是宋庆龄写的《"七七"四周年》一文。文章总结了抗战以来的经验,强调指出全民族的团结,是继续抗战的唯一条件,并严厉批评皖南事变的制造者破坏内部团结,主张妥协投降的行动。文章很有战斗力,击中了顽固派的要害。为此,国民党"审查"机构将它扣压,不准在原拟的重庆《新华日报》上发表。但是正义的声音是封锁不住的,经过努力,获港英当局通过,终于发表在7月7日的《华商报》上,随后就辗转流传到国统区,狠狠地打击了国民党顽固派的倒行逆施。

宋庆龄深刻地懂得维持抗日民族统一战线,必须坚持原则,坚持斗争。以斗争求团结,则团结存;以妥协求团结,则团结亡。自然,这种斗争应是有理、有利、有节的。这一点,又充分表现在她对宋子文的批评帮助上。

在对待皖南事变问题上,宋子文这位"走钢丝"的政治家又右倾了。当时,他正在美国,受了反动派的蛊惑宣传,攻击"保盟"刊物刊载评论皖南事变文章使"保盟"成为"国内政党的工具",因此,5月30日,他致电"保盟"中央名誉书记克拉克夫人,提出要

---

① 《新闻通讯》第29期,1941年4月15日。
② 《韬奋文集》第3卷,三联书店1955年版,第322—326页。

辞去他"保盟"会长的职务,并要求发表他去电的全文。

宋庆龄认为宋子文担任"保盟"会长已有三年,对"保盟"和"工合"做出一定的贡献,是令人高兴的,现在提出辞职则是倒退行动,决不能无原则地迁就。她和"保盟"中央决定坚持"保盟"的正确立场,在6月1日复电宋子文,表示:"我作为保卫中国同盟的主席,对于宋博士采取了这一个步骤,只有表示遗憾。"并驳斥宋子文对"保盟"的指责说:"现在,任何有关党派的说话,都是混淆视听的。目前在中国只有两种真正的政策:一是集中一切力量抵抗日本帝国主义;二是妥协、投降和屈服。""保卫中国同盟全力拥护第一种政策。如果这样做,便是'有党派'的话,那么我肯定宋博士也是有党派的……我们对支持中国的统一从不动摇。我们对任何危害中国统一的事物坚决反对。"①

6月14日,宋庆龄又主持起草"保盟"中央答宋子文的公开信《救济工作和政治》,以三年来"保盟"工作的大量事实,阐明了一系列原则问题。

公开信中重申"保盟"只支持统一、民主,和对抗战各方都予支援、一视同仁的原则立场。阐明了"保盟"支援八路军、新四军的正义性,揭露了国民党顽固派干扰"保盟"这一原则的执行,阻止支援国际和平医院物资的通行、直到发动皖南事变等一系列罪恶行径,而且指出:"当'皖南事变'发生后,我们有理由不只痛恨中国人打中国人这件怪诞而野蛮的事件,而且我们也为毁坏了新四军的一支医疗队伍而痛心。它的工作是中国游击队里医疗工作的模范。这支医疗队主要是由保卫中国同盟支援的医药器械和款物建立起来、维持下去的。"

公开信中坚定地表示:"我们将继续在本委员会的报告和印刷

---

① 《新闻通讯》第33期,1941年6月15日。

品中呼吁：恢复中国的统一战线，加强中国的团结，放弃那些亲者痛、仇者快的国内争端。对此，我们否认是替任何一个组织或任何一个中国的政党在讲话。并不过分地说，我们是在替大多数的人民在讲话，是在替那些被日本人的子弹打伤的任何一个中国友人在讲话。"

宋庆龄光明磊落，她把宋子文辞职的电报及"保盟"中央复信的全文，都发表在6月15日出版的《新闻通讯》第33期上，公之于众，让国内外公正舆论评断谁是谁非，这实际是再一次向国内外揭露国民党顽固派破坏抗战的罪恶行径。宋庆龄一贯以民族和革命的利益为重。宋氏家族兄弟姐妹的手足之情，在任何时候都没有影响她采取正确的立场。

宋庆龄爱憎分明，在谴责国民党顽固派的同时，对受害的新四军表示深切的关怀。

事变发生后，宋庆龄盼望早日见到新四军的人员，了解事变真相及所造成的损失。中共中央对蒋介石的倒退行为，采取的是针锋相对的斗争。1941年1月18日，即国民党宣布取消新四军番号的第二天，中共中央即向全党发布指示，说明事变真相和反对国民党进攻的方针。20日，中共中央军委发布重整新四军军部的命令，任命陈毅为代理军长，刘少奇为政治委员，坚决抗击国民党取消新四军的命令，陈毅和刘少奇就任后，即派沈其震再次去香港，向宋庆龄介绍事变经过，以释惦念。

沈其震回忆当时的情况是：宋庆龄见到我，头一句话就担心地问："我们这次损失这么大，还有力量吗？"我向她详细地转达了刘少奇和陈毅的话，并说："请您放心，党中央和毛主席都在延安嘛！"她听到这句话，开心地笑了，轻声地说："啊，延安……"并在很短的时间内又为新四军筹集了一批物资，通过各种渠道，运送到新四军。①

立场坚定，爱憎分明。宋庆龄在皖南事变问题上，对国民党、共产党及宋子文等各方面的不同态度，再一次显示出她在民族革命斗争严峻的时刻，作为一个伟大的革命家和政治家所具有的特殊风貌。

在国际国内舆论的强烈谴责下，蒋介石集团很快陷入被动境地，他只好被迫停止反共升级的行动，取消了对八路军原计划的军事进攻。当然，促使蒋介石悬崖勒马的主要力量是中国共产党及其领导的部队作了反击的准备；在政治上，共产党又联合中国一切正义力量，包括宋庆龄领导的"保盟"，对国民党顽固派发起了总攻击。如果蒋介石一意孤行，势必与汪精卫同流合污，被中国和世界人民所唾弃，因此他不得不有所收敛。

蒋介石对首先置他于被动境地的宋庆龄、斯诺等极端痛恨。但对宋庆龄一时无计可施，就先报复斯诺。斯诺在1936年得宋庆龄帮助，突破封锁进入西北苏区，写出《西行漫记》，给国民党以沉重的打击，因此，遭到国民党反动派的忌恨。这一次，又是他首先突破封锁，报道了皖南事变，国民党恼羞成怒，再次取消了他的记者资格，他被迫离开中国。

斯诺回国后，曾拜见罗斯福总统，向他介绍了中国共产党艰苦抗日的情况、"工合"运动和蒋介石政府的腐败。这有利于罗斯福对中国的了解，从而促使在抗战最后一二年，美国对中国国共两党的关系出现了一些令人高兴的现象。

---

① 沈其震：《许国以身长画卷——回忆宋庆龄同志》，载《宋庆龄纪念集》，第29页。

三、从香港转移到重庆

1941年12月7日,日本飞机偷袭美国海军基地珍珠港,太平洋战争爆发。接着,日军又进攻香港,人们纷纷撤向内地。

这时,宋庆龄主持的"嘉年华会"还未结束,为了多为抗战做些工作,从来不考虑个人安危。当廖承志根据中共中央指示,首先安排在香港的文化界和爱国民主人士八百多人撤走后。12月25日,宋庆龄才在"保盟"工作人员坚决要求下,搭启德机场的最后一班飞机去重庆。当时离香港沦陷只有六小时,日军已经逼近机场了。飞机起飞后几分钟,机场即遭轰炸,飞机几乎是从敌人的头顶上飞过去的。宋庆龄的离港真是千钧一发。

"保盟"的工作人员,也像宋庆龄一样,都坚持工作到最后。名誉司库法朗士在参加城防志愿队作战时牺牲了。杰姆·贝特兰被关进了日本的战俘营,邱茉莉(爱泼斯坦的未婚妻)和英文秘书塞尔温·克拉克夫人被关进拘留营。爱泼斯坦等九名委员被迫乔装躲藏起来。当时日本人知道爱泼斯坦的名字及其在"保盟"中为中国人民抗战事业所做的贡献,对他恨之入骨,决定抓住他后把他杀掉,所以,他的处境十分危急。但他由于坚持工作,已经无法逃离香港。为了他的安全,中共地下党把他带到一位美国医生家,给他动了一个"外科手术"——左小腿制造一个伤口,然后躲进医院伺机逃回内地。然后,廖承志向《华南日报》去电话说:"告诉你们一个不幸的消息,爱泼斯坦被日本飞机炸死了。"消息一下子流传开来,迷惑了敌人。

廖承志组织营救了大批革命者和爱国者,但他自己却在1942年春,因叛徒告密,在广东乐昌被国民党特务逮捕,关进臭名昭著的上饶集中营,饱受折磨。直到1946年1月22日,在宋庆龄和中共代表团的不断营救下,才被释放出狱。

1941年12月,在香港沦陷前六小时,宋庆龄乘最后一班飞机赴渝。图为1942年宋庆龄在重庆

宋庆龄到重庆后，蒋介石等坐卧不安。当时，他们正处在"皖南事变"被揭穿后的狼狈处境中，对宋庆龄余恨未消。但各阶层人民群众，对宋庆龄的到来，感到极为振奋。消息不胫而走，给在"皖南事变"后笼罩着令人窒息的政治空气的雾都重庆，增添了新的希望和力量。

蒋介石对宋庆龄到重庆的不快和冷淡态度，引起国民党内一些正直人士的不满。有人找了国民党元老之一的覃振，覃振又找到国民政府主席林森，这才在国府礼堂开了一个茶话会，表示欢迎之意。那天到会的国民党中委有一二百人，像于右任、李烈钧、居正、张继、戴传贤这些国民党元老都来了，但蒋介石却避不露面。在茶话会上覃振代表大部分与会者的心意，一面哭一面说："我们欢迎孙夫人给我们讲话，孙夫人是最民主的，是我们最敬佩的人！"宋庆龄在热烈的掌声中站立起来，大义凛然，侃侃而谈。她说，抗战军兴已经五年，必须坚持到底，收复一切失地，方能对得起流血流汗的前方将士和广大人民。她还说，要争取抗战胜利，必须实行民主，发扬民气；搞专制，搞个人独裁，是一定要打败仗的。最后她还说，各党各派要团结起来，一致对外，万不可兄弟阋墙，手足相残。她指责国民党违反了中山先生的遗教，有人名为孙中山的信徒，实则是孙中山的叛徒。当她说到激动处，也禁不住落了泪。她这一番义正词严的讲话，使一些天良未泯的国民党元老无不动容，也使那些躲在会场一角的顽固分子如陈果夫、陈立夫之流狼狈失色。这是何等的爱憎分明、泾渭分明啊！①

蒋介石把宋庆龄安置在她的姐姐宋蔼龄家中，表面上佯作关怀，暗中却布置特务监视她的行动。当时与宋庆龄有交往的在美国驻华使馆工作的费正清回忆："甚至她想离开重庆到中国别处去换换空气

---

① 参见王昆仑：《宋庆龄——毕生为新中国奋斗的忠诚战士》，载《人民日报》，1981年6月3日。

也不行，更不用说到国外去。"① 她也没有会见客人的自由。每一个到宋庆龄住处去的人都会受到便衣特务的监视、跟踪和威胁。后来，依靠弟弟宋子文的帮助，才在敌机轰炸过的"黄山"断墙残壁间的一栋楼里安居下来。此处名"松籁阁"，原是20世纪初富商黄云阶修建的花园，故取名"黄山"。宋子文虽因辞去"保盟"会长职务的事与宋庆龄闹了一场纠纷，但双方都遵循着一个原则，即政治分歧不应损害手足之情，所以他还是帮助宋庆龄安顿了住处。

住进松籁阁后，宋庆龄也仅得"一楼之中的自由"，因为楼外仍有特务在监视，而且蒋介石对宋庆龄仍想除之而后快，只是由于宋子文、宋美龄的保护，他才一直未能动手。

宋庆龄来到重庆，宋美龄十分高兴。她特地交待国民党军事委员会委员长侍从室侍卫长俞济时给宋庆龄安装一部对外不公开的电话，以便她俩随时使用，经常叙叙家常。她俩通话，多数是宋美龄先呼唤："接宋委员电话（当时庆龄仍是国民党中央执行委员）。"电话接通后，她俩就用地地道道的上海话交谈，以示亲昵。她俩通话时的语气也是十分亲切热情的。就这样，两人的关系更加亲密了。因此，当得知蒋介石要加害于宋庆龄时，宋美龄出于手足之情，就与哥哥宋子文一起，设法保护姐姐。

有一天，宋美龄打电话给宋子文说："你关照他们（指军统特务头子戴笠等人）一下，不准在阿姊那里胡来，如果我听到有什么的，我是决不答应的。"她的声音很高，语气非常尖厉，很气愤。宋子文回答："好的，我马上就通知他们。"戴笠对于孔祥熙、宋子文一向很尊敬，而且也很听话，因为要常向孔、宋伸手要钱。② 当时特务机关确实打算对宋庆龄采取行动，宋美龄知道后坚决反对。据一个特

---

① 费正清：《向往中国五十年的回忆》，1982年纽约版，第276页。
② 王正元：《宋美龄的姊妹情谊》，载《江苏文史资料选辑》第9辑。王正元在抗战时任国民党军事委员会委员长侍从室电话监听员。

王安娜与丈夫王炳南

廖梦醒与丈夫李少石

务头目——重庆航空检查所主任姚某曾对人说:"戴老板对此非常为难,很伤脑筋,照委员长意旨办嘛,夫人不答应,闹出乱子来,委员长还是拗不过夫人,大家都有所顾忌。底下人都知道,闹出乱子来吃罪不起。而且戴老板也深知夫人是不好惹的。"[①] 所以特务们一直不敢动手。

在1942年头三个月中,"保盟"不仅丧失了在香港的基地,连在菲律宾、马来亚和荷属东印度(印度尼西尼)等地,一些支持"保盟"的爱国和进步的华侨组织,也都落入敌人手中。

在"保盟"驻重庆通讯员王安娜和中共代表团的帮助下,宋庆龄着手恢复"保盟"。周恩来把廖梦醒从澳门调回帮助宋庆龄。起初,只有她们三个人:宋庆龄、王安娜、廖梦醒。后来,其他工作人员或乔装,或从集中营中逃出来,聚集到了重庆,有了足够数目

---

① 王正元:《宋美龄的姊妹情谊》,载《江苏文史资料选辑》第9辑。

的委员,在 8 月下旬,正式重新组织起"保盟"的中央委员会。"保盟"又继续活动了。

由于在重庆国民党政府的控制下,"保盟"的工作很难开展。国外的援助在 1939 年欧战爆发后,已经大幅度减少,到太平洋战争爆发后,更加急剧下降。如果不进行宣传,中国这个已经降为次要地位的战场,将完全被忽视。但是,"保盟"的宣传工作,在离开香港时已被完全摧毁。现在面临政治封锁、经济困难、人员缺乏、印刷无门等困难,已不可能继续出版、邮寄定期刊物和印刷品了。这就使"保盟"与海外朋友缺少联系,影响了大规模募捐运动的开展。

在这种情况下,"保盟"的对外宣传,主要只能通过宋庆龄的声明、信函和文章了。例如,1943 年 9 月 15 日,她给海内外朋友写了"保盟"迁渝后的第一份工作报告:《从香港到重庆》;三天后,又写了《给中国在海外的朋友们的公开信》;1944 年 2 月 8 日,她写了《致美国工人们》;3 月 12 日,又为在美国举行的孙中山纪念日发表了题为《孙中山与中国的民主》的广播演说;等等。

在《从香港到重庆》一文中,宋庆龄报告"保盟"迁渝一年多来的工作,指出在中国及国际情况新变化的形势下,国际援助对中国坚持抗战和世界反法西斯斗争的全局,具有更大的迫切性和重要性。因此,"保盟"的工作责任就更重要了。她对海外朋友说:"捐赠对'保盟'的工作意义很重要。它象征着外国对中国团结抗日的兴趣,间接地削弱了破坏团结的力量。在'保盟'的整个存在的过程中,它强调团结。现在,当这些成果为不祥的阴影笼罩着,预兆着新的和自杀性的内战时,我们更要强调这一点。世界人民是能够和必须阻止这种战乱的。"

在公开信中,宋庆龄向外国朋友具有说服力地证明"保盟"过去一再声明的原则是完全正确的:"帮助中国人民并帮助你们自己。"并且指出,今天"在抗日前线的中国军队和人民的武装部队仍然担当着远东反法西斯战争的前卫,中国人民的武装部队进行斗争,实行民主,把许多孤立的游击据点扩大为敌后强大的抗日根据地"。

在这里,宋庆龄可以向盟军表示自豪的,主要是共产党领导的敌后抗日游击战争及其所起的作用。使她更高兴的是,在盟军向德日意法西斯进行搏斗的艰苦年月,中国的抗战将充分显示出对友军的支援作用。她说:"我们的优秀战士并没有因为已有的成就而居功自满。现在既然有别人加入了战斗,那么他们的唯一的要求就是全世界的战线上都要尽最大的力量来作战。至于他们自己,虽然作战的时间较久,但他们并不借此就要求丝毫减少作为一个同盟国家应负的责任。"

鉴于此,宋庆龄又根据互相支援的思想,向国际友人呼吁继续支援中国人民的斗争,特别支援在中国战场上抗击着日本在华一半兵力,却由于封锁,已有三年没有得到任何援助的共产党部队。

由于蒋介石总是把外援用于加强他的独裁统治和分裂活动上,因此,宋庆龄对外国朋友强调说:"救济只是反法西斯的救济。救济只是争取民主的救济。只有这样办,才能帮助中国人民并帮助你们自己。"她进一步指出:"中国没有团结,整个反法西斯阵营没有团结,就不能获得胜利。没有民主,就不能有团结。没有人民的积极性,就不能有民主。中国救济事业,作为积极的、民主的活动,就是要按照平等按照比例的原则对所有抗日的人予以援助。"这就意味着只有共产党领导的军民才有资格得到援助。所以宋庆龄理直气壮地宣告:"本同盟反对'中立'的救济观念,主张首先把援助送给反侵略的战士们,因为如果不是他们用斗争来挡住了侵略者的路,那么,侵略者获得胜利之后就会造成那样深重的苦难,即使全世界的救济力量也无济于事了。"

在开展对外宣传工作的同时,宋庆龄领导"保盟"积极设法与国外援助机构恢复关系,争取他们继续支持"保盟"的工作。

这项工作虽然十分艰巨，但是在那些一直在海外支援"保盟"工作的机构的忠实的和主动的帮助下，工作就比较容易些了。这些机构有纽约美国援华委员会、加拿大维多利亚医疗援华委员会、加拿大维尔侬中国战灾救济委员会、荷属西印度阿鲁巴爱国华侨协会和后来在伦敦的中国运动委员会。

"保盟"首先与纽约美国援华会及其驻重庆代表建立了良好关系。来自这个机构的捐款相当多而且是经常的。令人感动的是，其他国家一些较小机构，虽然它们还不知道"保盟"是否仍旧存在，也还继续汇款来。而美国的劳工组织未经申请，也向"保盟"伸出了援助的手。在这方面的先驱者是国际皮裘制革厂工人工会。它以数目可观的捐款支援晋察冀边区的白求恩国际和平医院建立分院，负担它一年的部分开支。"保盟"与其他工会也建立了关系，从美国全国海员工会的职员、职业工作者工会也得到了大量的捐献。"保盟"又和驻重庆的美国红十字会和美国医药援华会的官员们建立了良好的关系，有好几次它们都给予可贵的帮助。

"保盟"的工作条件十分艰苦。宋庆龄后来回忆说："我们竟然连房子都没有，我自己的客厅成了唯一的安全的办公地点和开会场所。我们与外国朋友和海外侨胞的联系都必须加以伪装。"[①] 宋庆龄和"保盟"的报告、声明等文件，就在打字机打印后，送到国外，由英、美等国友好的通讯社、杂志社发表。"因为人民之间的友谊并不是偶然产生的，而是建立在根本的共同利益的基础上，是能穿越任何封锁的。"[②] 在重庆三年多时间里，他们不但要与特务周旋，还要不断地与国民党政府的社会局做斗争。廖梦醒回忆说："因为保盟所筹得的款物，极大部分是交给解放区的，他们在处心积虑地寻找

---

① 宋庆龄：《为人民服务四十年》，载《永远和党在一起》，第176—177页。
② 同上。

宋庆龄在重庆慰劳抗日将士

借口来对我们进行破坏和迫害。"① 他们要"保盟"登记,干涉"保盟"的存款,要"保盟"报告款项的分配和用途。对此,"保盟"进行了坚决的斗争。

四、迎接抗战胜利

在重庆,宋庆龄领导"保盟",把工作重点依然放在支援共产党及八路军、新四军方面,她知道他们是争取抗战最后胜利,建立新中国的根本保证。

到重庆后,宋庆龄与中国共产党的关系更加紧密了。"保盟"和八路军办事处之间建立了正常的联系。宋庆龄和周恩来经常有信件来往,廖梦醒就是他们的联系人。她回忆说:"我为了完成送信任务,常常要同国民党特务的跟踪作斗争。由于国民党的军事封锁和新闻封锁,我们得到八路军和解放区的消息是非常困难的。为了征集向国外宣传的资料,常常邀请从解放区出来的人参加我们的会议,请他们报告在解放区的观感,写成文章寄到国外去发表。"②

1942年底,宋庆龄在住所设宴欢送董必武返回延安,周恩来、邓颖超夫妇、冯玉祥、李德全夫妇和徐舜英等应邀出席。徐舜英回忆:席间,大家围坐在壁炉前面,凝神聆听周恩来分析西北战场的战绩和国内外形势,整个客厅一片肃静。那时窗外雪花飞舞,室内炉火正红,壁炉架上交叉地垂摆着两株秋收时新割的禾穗,壁炉里跳跃的火焰映着金黄色穗粒,显得黄澄澄的十分可爱。李德全指着两株禾穗大声赞叹:"你们瞧,多么好看啊!这两株禾穗简直像金子铸成的一样!"宋庆龄笑着说:"这比金子还要宝贵呢!我们的国

---

①廖梦醒:《保卫中国同盟在重庆时期的工作》,载《永远和党在一起》,第79页。
②同上。

家自古以来就是农业立国,农民占全国人口的绝大多数,年年五谷丰登,人民才有好日子过。在几亿农民的心目中,这饱满的禾穗不就比金子还好吗?"周恩来双手抚弄着禾穗,点点头说:"将来打下江山,人民坐了天下,一定要把这两株禾穗画在新中国的国徽上面去!"大家齐声赞同,并举杯祝愿新中国早日诞生!①

宋庆龄有时也参加共产党举行的活动。1943年《新华日报》创刊五周年,在化龙桥报馆的操场上举行庆祝活动。宋庆龄由邓颖超陪同,观看由荣高棠等演出的、在抗日根据地流行的秧歌剧《兄妹开荒》等文艺节目。因为她长期被国民党特务监视在家,除"保盟"重大的募捐活动需她当面主持外,一般深居简出,很难有机会到自己人中间,所以这一天她兴致极浓,特别高兴。

"皖南事变"后,由于日伪顽的联合包围和进攻,共产党领导的八路军、新四军抗日根据地的处境更加困难。为此,宋庆龄和"保盟"对八路军、新四军的援助给予更多的关注。

为了开展新环境下的工作,宋庆龄必须吸收新委员,扩大统一战线。她千方百计冲破国民党对她的封锁,通过很多方式和外界建立联系,委任一位年轻的美国人约翰·福斯特任"保盟"的新司库。宋庆龄经常派福斯特把募捐来的救济款送到八路军办事处,由他们转给国际和平医院,或用于延安和解放区的其他一些事业。在这方面,宋庆龄还争取到担任孔祥熙顾问的艾德勒的帮助。

宋庆龄的秘书、"保盟"的财务主任廖梦醒回忆:"由我经手收到海外的捐款,大部分是送交延安的。取款时八路军驻重庆办事处的汽车在约定的时间开到中国银行门前等着,我直接找孔祥熙的顾问艾德勒先生,向他们提取现金。有时一取就是两三麻袋。我让汽车载走麻袋后,就独自走回家去。艾德勒同冀朝鼎同志合作得很好,

---

① 参见徐舜英:《我们时代的一颗巨星——忆宋庆龄居留港渝时》,载《宋庆龄纪念集》。

一点不露马脚，孔祥熙还挺信任他们哩。"①

根据1941年至1945年"保盟"的月度款项表统计，宋庆龄到重庆后，"保盟"给国际和平医院的援助捐款是：1942年：75,400美元；1943年：54,500美元；1944年：12,500美元、4,710,978.50元法币；1945年：510,034.80美元、166,175,629.04元法币。

除国际和平医院之外，"保盟"还对抗日根据地的其他许多单位长期提供援助，如延安医科大学、延安合作药厂、延安"工合"事务所、延安的鲁迅艺术学校和抗日军政大学、延安技术学校、陕甘宁边区八路军医药制造厂、陕甘宁边区的洛杉矶孤儿院、陕甘宁边区基础学校、晋东南的延安医大分部、晋东南工合事务所和河北西部的白求恩医学院等。

至于物资的运送，"保盟"在英美等盟国的帮助下，经过宋庆龄和共产党的顽强斗争，终于恢复了中断三年之久的对八路军、新四军的物资援助。1943年6月，"保盟"援助国际和平医院的一批物资，包括宝贵的外科手术器械和磺胺药品，由八路军谈判代表护送，通过国民党的关卡，进入了游击区。在这方面，宋庆龄得到第二次世界大战中缅印联合战区指挥官、美国约瑟夫·史迪威的友好合作。史迪威为人正直而且富有正义感，同情中国人民的斗争，尤其钦佩八路军、新四军艰苦抗战的精神。他与宋庆龄结下了深厚的友谊。这时，中国与外面的通道只有一条缅滇公路。史迪威经常帮助"保盟"用这条公路运送物资，还同意让从印度飞来的美国军用飞机，帮助"保盟"将药品及救济物资运往延安和游击区，甚至从他管辖的军用仓库里拨出一些药品和物资送给八路军和新四军。

史迪威帮助把一架X光机运到延安，是个十分感人的事件。廖梦醒追忆说："有一次，国外捐来一架大型X光机。那时能飞到延

---

① 廖梦醒：《保卫中国同盟在重庆时期的工作》，载《永远和党在一起》，第79页。

安去的只有美国军用飞机。可是这部 X 光机体积很大，搬不进舱门。我请示恩来同志，他叫我去跟庆龄同志商量。庆龄同志让我去找史迪威将军的杨副官。那是一个夏威夷华侨，深得史迪威信任。我把情况说明后，他立刻报告史迪威将军。史迪威将军向来钦佩孙夫人，一口答应帮忙。他怕夜长梦多，下令马上改建一架军用飞机的舱门，把 X 光机装进去就飞往延安。"[①] 一天后，X 光机安抵延安，周恩来亲自把这个消息告诉了"保盟"。宋庆龄说，这台大型 X 光机，"是当时总人口已达九千万的解放区的第一台和仅有的一台"。[②] 这 X 光机一直到 1981 年宋庆龄逝世时，还在解放军西安第四军医大学里为中国人民服务，而且清晰度良好。

与此同时，宋庆龄还给共产党根据地军民最珍贵的政治上的援助。

鉴于美国与国民党政府的特殊关系，鉴于美国关心中国抗战对其太平洋战争的影响，宋庆龄在不断谴责蒋介石制造反共摩擦的同时，加紧了对美国舆论的争取工作，争取更多的国际进步力量站到中国人民和中国共产党及民主力量一边，帮助共产党和民主力量的发展。

1944 年 2 月 8 日，宋庆龄在《致美国工人们》的公开信中，深刻地阐明中国抗战和民主与美国工人阶级利益"休戚攸关"的道理，呼吁他们支援中国人民反对蒋介石封锁压迫游击区的斗争。指出："凡是民主制度最强大的地方，凡是发挥了人民的积极性的地方，凡是人民战争（人民战争是一个经济落后与缺乏武装的国家能够击退一个优势装备的侵略者的唯一的武器）最不受掣肘的地方，中国的抗战在那里也就最伟大和最有力量。"这些地方"就是在陕北和敌后的根据地"。可是"我们的国家军队"有一部分被调去封锁游击区，

---

① 廖梦醒：《我认识的宋庆龄同志》，载《人民日报》，1981 年 6 月 3 日。
② 《为人民服务四十年》，载《永远和党在一起》，第 174 页。

宋庆龄在重庆会见中印缅战区美军司令史迪威将军

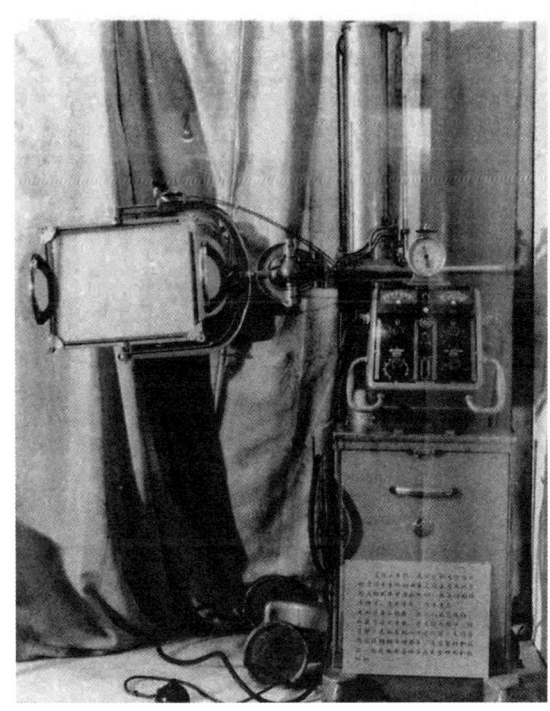

宋庆龄请史迪威将军用美国军用飞机给延安运去的抗日根据地唯一的一架X光机

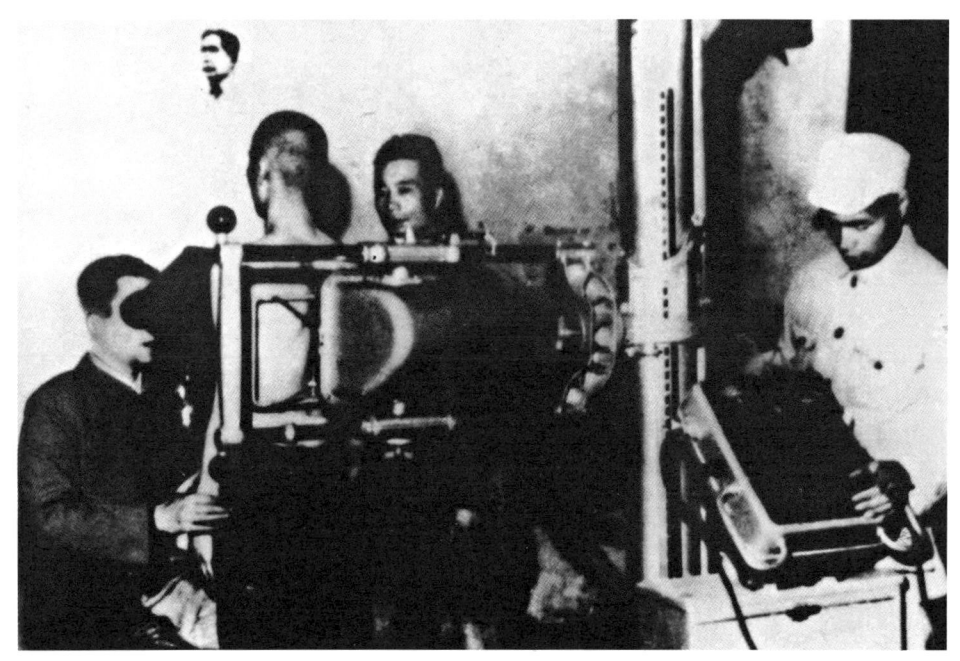

汉斯·米勒大夫在延安国际和平医院用史迪威将军帮忙运来的X光机给人做检查

甚至企图消灭他们。因此,宋庆龄大声呼吁:"美国工人要表示他们对中国抗战关心,最好的办法就是要求把他们自己制造出来的生产品和礼物平等分配给一切积极抗日的中国军队,不论它在什么地区;凡是不这样做的军队,就不予分配。""现在第一步就是取消不人道的封锁,这种封锁使得给敌人重大杀伤的游击队的受伤战士得不到必需的医药。如果这种起码的人道主义的第一个步骤还没有做到,空谈民主是不会有多大意义的。"①

宋庆龄在积极支援敌后抗日根据地的同时,还热忱关心国民党统治区人民的疾苦。

1942年冬至1943年春,由于黄河决堤,河南省遭到特大水灾,五百万人死亡,千千万万灾民流离失所,哀鸿遍野。广东省也有数百万人受到灾害的影响。国民党政府腐败,救灾无力,情况十分危急。宋庆龄爱民情深,领导"保盟"积极投入救灾活动。"保盟"负担起救灾的宣传和动员工作,为救济河南和广东的灾民设立了两个国际组织,争取外国救灾援助。同时,宋庆龄又在国内组织救灾义演和义赛。在重庆就募得30万法币。②

1943年5月在重庆山城的优秀足球队积极响应足球义赛,最后选定四支中外球队进行比赛。宋庆龄和英国驻华大使卡尔等参加了这次国际赈灾赛的开幕式和闭幕式。在开幕式上,宋庆龄与各队运动员握手并向他们献花,鼓励运动员赛出水平,为受难同胞赈灾做出贡献。她还亲自为球赛开球。由于宋庆龄的号召,每场比赛的入场券都被抢购一空。在闭幕式上,宋庆龄亲自向各队赠送奖旗,给每个运动员发了纪念章。纪念章上镌刻着:"参加筹赈豫灾足球义赛纪念孙宋庆龄赠中华民国三十二年五月"。这次义赛募捐活动的收入共达125,530元。"保盟"立即把这笔款汇给设立在陕西宝鸡的豫灾

---

① 《宋庆龄选集》上卷,第381—383页。
② 宋庆龄:《从香港到重庆》,载《保卫中国同盟报告》,美国纽约1943年版,第36页。

1943年5月,宋庆龄在重庆为河南发生特大水灾发起"赈灾足球义赛",并亲自为球赛开赛

赈济委员会。

这次河南受灾的地区,有10个县完全被日军侵占,71个县是国统区,29个县是共产党抗日的游击区。但是一般的救灾援助仅限于国统区,宋庆龄知道后,特意把在美国援华会帮助下,从联合救济会取得的5万美元的捐款,拨给河南游击区的灾民。①

这年7月,宋庆龄为赈济粤东灾民,还举办了国际音乐会义演,邀请在重庆的中、美、苏、英音乐工作者参加演奏,得到中外观众热烈欢迎。时值抗战艰苦时期,重庆剧场的经理、剧作家和演员等的经济收入比较差,但对宋庆龄组织的募捐义演都踊跃参加,"愉快地与孙夫人合作",因为他们知道,宋庆龄曾做出过许多努力去帮助生活困难的艺术家、科学家和文化界人士。

1944年4月,鱼米之乡的湖南,由于长期遭到日军的烧杀抢掠和国民党的无止境的搜刮,也赤贫成灾,300万难民挣扎在死亡线上。为救济湘灾,宋庆龄组织了书画物品展览义卖和歌舞义演。在义卖会上,宋庆龄捐卖了一个珠宝粉盒,买进三幅画和一些物品。在她的带动下,许多外国朋友和人民群众、书画家和厂商,踊跃参加义卖义买。第一天仅书画品销售就达40余万元。戴爱莲、斯义桂等艺术家,再次接受宋庆龄的邀请,作精彩表演,义演净收入达49,900多元。两项收入全部捐赠给湘灾救济机构。

1944年,宋庆龄还与中共合作,为援助国统区贫病作家组织募捐活动。这些作家不甘当亡国奴,以笔作武器,进行文化救亡运动,写出大量作品打击侵略者,反对独裁统治,为中国抗战做出积极的贡献。可是,他们大部分从沦陷区流亡到内地,又不断受到日、伪及国民党反动统治的迫害,没有固定的工作和收入,贫病交加。从7月开始,全国文艺界抗敌总会在中共的推动下,发起各界大力援

---

① 宋庆龄:《从香港到重庆》,载《保卫中国同盟报告》,美国纽约1943年版,第36页。

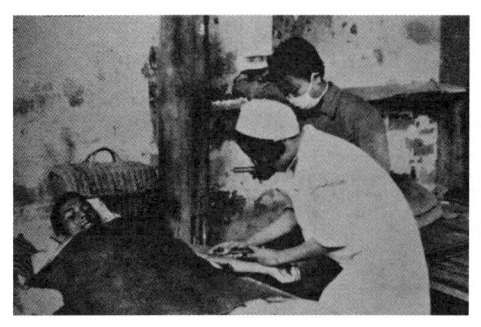
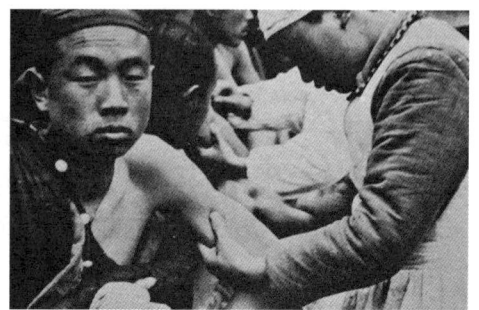

抗日战争期间，保盟对游击区的医疗援助

助贫病作家的运动，在《新华日报》上进行宣传和发动工作。9月，宋庆龄出面主办了两天文娱晚会，为援助贫病作家募捐义演。文艺界抗敌总会也开展了一系列募捐活动。整个运动收入达103,8000余元。得到援助的进步作家有艾芜、邵荃麟、黄药眠、端木蕻良、司马文森、陈残云和孟超等。

"保盟"还举办慈善舞会。那时到重庆来的外国人，特别是年轻单身的美国人越来越多，举办舞会会受到国际友人的欢迎；而且办舞会不需花太多的人力和费用，却可以在舞会上募到许多捐款，于是"保盟"决定举办舞会。虽然宋庆龄从来不跳舞，但她经常参加舞会。因为她的出席可以防止国民党特务的捣乱，又可以吸引许多中外名流来参加。在她的影响下，连英国大使夫人华莱·西摩亚也参加组织舞会的委员会，而且在舞会上，不管是谁邀她共舞，她都有求必应，把这视为自己的义务。

1943年以后，随着国际上反法西斯战争的节节胜利，中国人民也熬过了抗战中最艰苦的岁月，迎来了胜利的曙光。蒋介石妄图恢复抗战前的独裁统治，为抢夺抗战胜利果实作舆论准备，他采取了一系列进一步剥夺人民民主权利、限制人民言论、出版自由的措施。在3月份，抛出了由陶希圣等以他名义出版的《中国之命运》，公开

中国代表何应钦接受日本代表冈村宁次的投降书

1944年3月12日,宋庆龄通过重庆国际广播电台"中国之声",为在美国举行的孙中山逝世19周年纪念活动发表题为《孙中山与中国民主》的对美广播演说

宣扬法西斯主义,鼓吹国民党一党专政。他们乘共产国际宣布解散之机,叫嚣"解散共产党,交出边区"。同时,蒋介石又加强包围陕甘宁边区的兵力,在七八月份发动了几十次武装挑衅。

随着中国抗战胜利的到来,黑暗与光明——两个中国命运决战的前哨战开始了。

宋庆龄坚决反对国民党一党专政。她在3月份纪念孙中山逝世所发表的谈话中指出:"应该实现总理的三大政策,开国民会议,在绝对民主的原则下,动员全国民众,使他们都有同等的机会参加抗战建国工作。对各党各派,也应该给以同等的机会,使他们的党员得尽个人的能力参加工作,争取最后胜利。"①

接着,宋庆龄又在《致中国工人们》(1944年2月8日)、《孙中山与中国民主——为在美国举行的孙中山纪念日所作的广播演说》(1944年3月12日)等一系列信函和演说中,与蒋介石针锋相对,勇敢地发出废除国民党一党专政、取消对陕甘宁边区的封锁、实行各党各派真正平等、切实保障人民民主权利的吼声,为广大国统区人民指明了新的斗争方向。这也是中国共产党及各个民主党派的斗争目标。1944年9月,中共代表林伯渠在重庆召开的三届三次国民参政会上,正式提出结束国民党一党专政、成立联合政府的主张,得到各民主党派、各阶层人民的热烈响应。

1945年8月15日,在中国人民和世界反法西斯力量的沉重打击下,日本帝国主义宣布无条件投降。中国人民经过八年艰辛的浴血抗战,付出巨大牺牲之后,终于取得了渴望已久的胜利。

全国人民欢欣鼓舞、热泪盈眶,纷纷涌上街头欢庆胜利。宋庆龄虽然也同山城重庆的人民群众一道欢欣鼓舞地迎接胜利的到来,但她已意识到更严酷的斗争即将来临,因而显得十分平静,陷于深沉的思索中。她在思考着如何同中国共产党和中国人民一起,为新中国的诞生做最后的拼搏。

---

① 《解放日报》,1943年5月17日。

第五节　致力于国家的和平、民主和团结

一、创建中国福利基金会

日本投降，中华民族的解放出现了一个新的转机。宋庆龄冷静地认识到历史的转折，"为我们带来了许多新的问题和任务。要解决和完成它们，需要我们更多的努力"[①]。

这些新问题是，八年战争给中国造成极严重的破坏，广大人民家破人亡，流离失所，沿海工业完全崩溃。这些创伤需要很长时间才能治愈。再加上灾荒和瘟疫，人民生活在失望和赤贫中，看不到近期的希望。

根据这种情况，宋庆龄决定继续进行"保盟"原来的工作，任务是，致力于遭受战争创伤后的恢复与建设工作。具体计划是：

（一）国际和平医院与医学院工作（全在边区与解放区）；

（二）十个托儿所与孤儿院工作（也在边区进行）；

---

① 《保卫中国同盟声明》，载《宋庆龄选集》上卷，第393页。

（三）援助贫病作家（在上海、重庆、昆明、成都进行）；

（四）实验农场与制药厂工作（在边区）。[①]

为进行这些工作，宋庆龄在1945年12月发表的《保卫中国同盟声明》中，宣告"保卫中国同盟自即日起改名为中国福利基金会"。总会暂设重庆（不久迁往上海）。

同时，宋庆龄由王安娜等陪同，返回阔别了整整八年的上海。宋庆龄与孙中山度过多少难忘岁月的旧居——上海莫利哀路29号，在日本侵略军占领上海时遭到严重破坏，已经无法居住。保险柜中的许多珍贵物品损失殆尽，连极为珍贵的宋庆龄与孙中山的结婚"誓约书"也丢失了。她不得不向国民党政府申请住房。

蒋介石毫不掩饰对这位"不合作"的国民党中央委员的忌恨心理，开始只拨给宋庆龄"一个矮小的房子"。如此不公平的待遇，受到不少进步报刊和公正舆论的抨击，纷纷为此事抱不平。直到1948年冬，蒋介石见自己的小朝廷面临覆灭的危机，为向宋庆龄及宋氏家族讨好，才亲自下了一道手谕，把坐落在上海霞飞路（今淮海中路）1843号的一座花园别墅拨给了宋庆龄。从此，这座别墅就成了宋庆龄在上海的永久性住宅。宋庆龄逝世后，这里辟为故居供后人参观。

这座别墅原是一位希腊船长建造的。整幢房子的造型就像一艘轮船，有桅杆似的烟囱。上舱样子的假三层（由天窗辟成的阁楼）和上层、船舷般的栏杆和与甲板相仿的阳台。东西两头下坡，像船头和船尾。四周的墙壁呈海洋色——白中带点极淡的蓝色。整座别墅是占地六亩半的长方形院落。院子前面是一大片草坪，后面是花园，四周有数十株终年葱茏苍翠的樟树。宋庆龄十分喜爱樟树，这不仅因为它四季常青，而且气味芳香并能驱虫，有抗腐蚀的特点。

[①]《中国福利基金会工作报告》，载《宋庆龄选集》上卷，第521页。

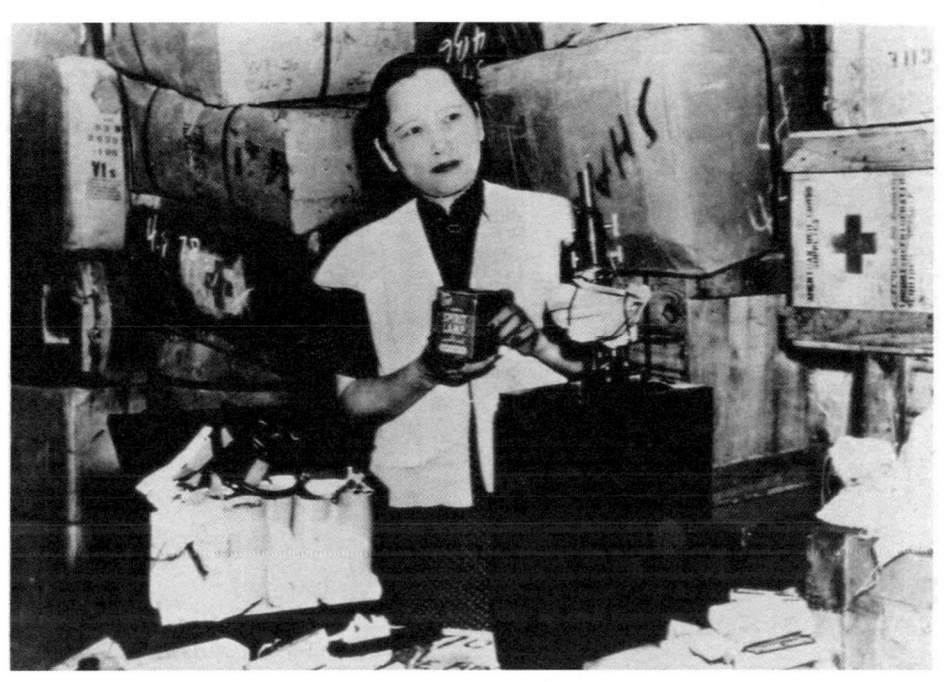

1945年12月,保卫中国同盟在上海改名为中国福利基金会。宋庆龄通过这个基金会将大批医疗物资运往解放区

它正象征着女主人坚韧不拔为革命事业献身的高贵品质。

在中国福利基金会中,宋庆龄团结了一批具有民主思想和正义感的中外友人进行工作。开始时只有六个人,宋庆龄任主席,美国友人谭宁邦为总干事,秘书王安娜、廖梦醒、凯卜尔和赵天佑,办公室设在苏州河南路外商颐中烟草公司大楼的一间不到20平方米的房间里,只能放三张双人写字台。为开创这项事业,宋庆龄曾变卖自己的许多财产。

中国福利基金会开始时采用与"保盟"同样的方式进行工作:"一方面让中国的国际朋友们知道中国战区和敌人占领地区人民的真正需要;另一方面,把捐款、医疗物资和其他捐助物运送给真正和迫切需要的人们,使朋友们和同情者的捐赠最有效的得到应用。"①宋庆龄还强调将仍然遵循"保盟"正确的传统和原则,即"帮助中国人民使他们能够自助"的原则,和"一视同仁的帮助"的原则。她指出:"由于长期战争造成的恶果,在中国几乎没有一个地方不需要援助。因此我们按照这样的宗旨去做,即那里需要援助,那里的人民在自力解决困难,我们的援助就到那里。"②

宋庆龄的每次呼吁,都在国际朋友和海外侨胞中得到热烈响应,也使一些邪恶的势力受到震慑。

1946年,侨居在泰国的爱国同胞,得悉国内人民在饱尝八年侵略之苦后,又遭内战之殃,特创建"泰国华侨各界建国救乡总会",为国内的正义事业能取得胜利,为解救挣扎在死亡线上的灾民,开展募捐活动。所捐款项交由当时居住在香港的何香凝转回国内。但他们的爱国行动却遭到泰国反动势力和国民党的阻挠破坏。一些热心募捐活动者遭到毒打致死。反动派威胁"建国救乡总会"领导人蚁美厚离开泰国境内,否则将被打死。一时乌云翻滚,总会的处境

---

① 《保卫中国同盟声明》,载《宋庆龄选集》上卷,第394页。
② 《致海外朋友的第四封信》,载《宋庆龄选集》上卷,第447页。

异常困难。

正在这种维艰时刻,他们收到宋庆龄用"中国福利基金会"名义写的两封亲笔信,一封给总会,一封给蚁美厚。信中热情洋溢地褒奖了爱国侨胞为国为民所做的好事,并郑重地写道:"国内灾民很多,希望多搞些米救济灾民。"侨胞们把祖国亲人的来信,视为对他们爱国行为最有力的支持。大家含着眼泪激动万分地看着宋庆龄那刚劲有力的字迹,连日来的郁闷心情仿佛一下子全消失了,浑身充满了力量,决定马上召开中外记者招待会。在会上,他们再次阐明了爱国的动机,并当场宣读了宋庆龄的来信。读信时,全场肃然,在座的中外记者们流露出崇敬的神情,随即报以热烈掌声。第二天,不少报刊报道了这一消息,称"建国救乡总会"的行动是"爱国行为","是搞福利事业",总会就利用有利形势,据理合法地继续为国内筹款。①

二、"争取他们应得的一份"

宋庆龄把福利基金会的工作重点仍放在支援共产党领导的解放区。首先面临的一场斗争,"是要从联合国善后救济总署和其他半官方团体所提供的国际救济资金和物资中,为在战争中出力最大、损失也最大的解放区,争取他们应得的一份"。她确定这样的援助方针,是把实现孙中山遗愿、建立新中国的全部希望寄托在共产党身上。所以,她在国共两党的斗争中,全力支持共产党。

早在1945年八九月间,国共双方在重庆谈判期间,宋庆龄与毛泽东、周恩来曾多次会见。双方对抗战胜利后的局势及其发展前途的认识完全一致。宋庆龄对毛泽东的远见卓识十分钦佩,她"感到

---

① 区区:《难忘的记忆——广东省侨联主席蚁美厚的一席话》,载《羊城晚报》,1981年6月5日。

毛泽东、周恩来等赴重庆谈判

重庆谈判期间,毛泽东、蒋介石、美国大使赫尔利合影

他不但是一党的领袖,并且是全国人民的导师,他思想敏锐,识见远大,令人钦佩"①。

中国共产党也十分敬佩宋庆龄,并对她的工作给予的支持,寄予很大的希望。9月8日,毛泽东、周恩来在桂园举行茶会,招待在重庆的各国援华救济团体负责人。毛泽东致词,"感谢各方人士八年来对边区及解放区的诸多援助,并希望能继续这种援助"。宋庆龄在讲话中表示,今后进入和平建设时期,当在建设方面对边区及解放区继续予以援助。②

战后中国形势的焦点,集中在中国建立一个什么样的国家上。是建立一个和平、民主、独立、富强的新中国,还是恢复内战、独裁、贫穷的半殖民地半封建的旧中国?这种斗争在当时具体表现在争夺抗战胜利果实上,而在救济工作上也有明显的反映。宋庆龄坚决把中国福利基金会的工作当作为新中国而奋斗的组成部分,在这条特殊的战线上继续同国民党做斗争。

---

① 宋庆龄:《追念毛主席》手稿影印,载《纪念宋庆龄同志》画册,图319。
② 《新华日报》,1945年9月9日。

1945年9月8日,参加重庆国共谈判的毛泽东、周恩来在桂园举行茶话会。宋庆龄在王安娜陪同下,代表保卫中国同盟赴会

为了争取联合国救济总署（简称联总）提供的物资，解放区也成立以董必武为首的"中国解放区救济总会"，一方面组织解放区人民进行自救互助，一方面同解放区以外的救济福利团体，首先是中国福利基金会取得联系，接受国际援助。为此，该会在北平、上海设立了办事处。马海德是该会的顾问及与联总和国民党谈判的代表。伍云甫为秘书长及驻国民党区代表。他们到上海后就找宋庆龄，请她帮助开展工作。宋庆龄热情接待，并答应要求，对他们的工作多方照顾和协助。[1]

中国福利基金会与中国解放区救济总会密切合作，与"联总"及国民党谈判。本来"联总"的救济金和物资应有很大一部分是供给解放区的。但是该机构的某些人与国民党相勾结，竟把98%的救济金和物资拨给了国民党，而拥有全国遭受战祸人口至少一半以上的解放区，只分到2%。[2] 而且分给国民党的那一份，并没有用来为人民造福，而是大笔款项被国民党官吏所贪污；物资则有的在黑市上出售，有的留作发动内战之用。

宋庆龄意识到这些情况是争夺抗战胜利果实在救济工作上的反映。她怀着极大的义愤，一方面向全世界揭露国民党政府的贿赂行为和欺骗伎俩，另一方面亲自做"联总"负责医药分配的美国人的工作，促使他们主持公道；同时，与解放区救济总会的马海德、伍云甫等人同国民党的救济机构垄断救济款项、物资的企图做斗争。宋庆龄除了向"联总"争取外援外，还利用"保盟"原来的关系和影响，直接向国际援助团体和世界人民呼吁对中国解放区和中国人民的援助。对于这部分过去一直由宋庆龄领导的"保盟"直接掌握的外援，国民党政府也想插手。为此，宋庆龄又不得不与他们周旋

---

[1] 伍云甫：《中国福利基金会与中国解放区救济总会》，载《永远和党在一起》，第124页。
[2] 宋庆龄：《为人民服务四十年》，载《永远和党在一起》，第174页；伍云甫：《中国福利基金会与中国解放区救济总会》，载《永远和党在一起》，第120页。

宋庆龄和"中国解放区救济总会"人员合影

一番。

经过宋庆龄领导福利基金委员会艰苦的工作和斗争，在1946年上半年内战爆发前，中国福利基金会从上海、北平两地，利用去解放区的飞机、船只和中共地下交通线，向解放区运去一大批物资，其中包括许多全套的医疗设备，并且为了避免国民党的阻挠，宋庆龄尽量安排国际友人负责押运。

在这些运送的物资中，有一批是提供给刚刚成立的新四军苏北国际和平医院的。这座医院所以能开办起来，完全归功于宋庆龄领导的中国福利基金会。日本投降后不久，新四军苏浙军区部队，为顾全大局，主动撤离了鱼米之乡的江南地区，回到了抗日老根据地苏北平原，组成华中军区（张鼎丞为司令、粟裕为副司令），并且着手在淮安湖心寺一带筹建军区直属医院，计划包括七个医疗队、二百多个医护工作人员，能收治1500至2000名伤病员。但是，当时解放区的医疗条件、药品和器械都极为困难。

宋庆龄知道这个情况后，决定尽力支援。她先派遣一位友好使者奥地利人严斐德到淮安,了解医院的实际情况和需要。严斐德热诚地对军区卫生部长齐仲桓(内科医生)和副部长李振湘(外科医生)及陈海峰(华中军医第一后方医院院长)说:"孙夫人宋庆龄女士,经常赞扬解放区军民抗日的功绩,她对国民党不抗日、专门反共打内战很气愤。她知道解放区军民是在极其艰难困苦的条件下一面作战,一面生产的。她更知道解放区缺医缺药,她要尽力设法募捐或者想各种办法支援解放区。你们有什么想法和要求尽管提,我一定负责转报孙夫人。"①他们对严斐德一一详细作了介绍,并如实提出了要求支援的物资。

严斐德回上海不久,即从宋庆龄那里传来了令人喜悦的消息:她全部满足了军区的要求,决定支援苏北解放区一个有250张病床,在当时来说是现代化水平的医院的整套设备。这些设备共装了700多条大小船只,分批从上海沿运河航行到达湖心寺。这批物资计有250张钢丝病床(其中半数为半睡半卧的摇床,是解放区战争环境中急需的装备),还有很好的手术床、各种手术器械、显微镜、X光机、大批药品、敷料、石膏绷带和钢丝夹板等;还运来了化验室、手术室及病房急需的其他装备物资;而且还有大批伤病员急需的营养食品;甚至连医院内用的病历纸和常用的护理用具也都配套运来了。真是无微不至,考虑周到。张鼎丞、邓子恢在6月29日特地给宋庆龄写了感谢信,代表全体指战员衷心地感谢她的深情厚意。②医院成立后,每月都向宋庆龄写书面报告,以使她及时了解医院医疗工作情况。

同时,宋庆龄知道解放区医生很少,又多方物色,请到曾参加西班牙战争医疗队的美国外科医生薛尔茨,以及内科医生、化验室

---

①陈海峰:《雪里送炭——宋庆龄同志与苏北国际和平医院》,载《健康报》,1981年6月25日。
②原件影印,载《纪念宋庆龄同志》画册,图153。

主任、高级化验师和总护士长等外国朋友。他们在苏北解放区,一方面进行医疗和辅助医疗技术工作,一方面帮助提高解放区医护人员的技术水平,在经常受到国民党飞机扫射的情况下,忘我地进行各种医疗救治工作。

严斐德

苏皖边区的国际和平医院也是在宋庆龄的关怀下筹建的。边区政府主席李一氓得悉宋庆龄将派员赴该区筹办国际和平医院分院消息后,立即致函宋庆龄,提出了他们对医院的设想,"希望和平医院应有自己的新建筑及其完全适合于医院之全部设备"。为此,需建筑费、设备费约法币7000万元。另外,还望宋庆龄甄选介绍院长、内外科及产科主治医师、看护长,以及华中建设大学附设医学院的院长。①对于这些要求,宋庆龄后来一一地给予了满足。

当时,宋庆龄亲自抓支援解放区的工作,中共上海地下党派赵天佑在她身边当助手。宋庆龄经常让赵天佑通知地下党负责人曹达到她的寓所商量工作。她还多次在赵天佑、王安娜陪同下,到地下党借用的仓库里检查药械包装,与王安娜、曹达共同研究,商量发运的数量和路线,并郑重地对赵天佑等说:"这些物资运到解放区能救多少人的生命!这是多么宝贵呀,你们要包好扎牢,不要中途损耗。"②

全面内战爆发后,国民党部队对解放区由封锁改为全面进攻,解放区承担救死扶伤的任务随之更加艰巨。宋庆龄便加紧对解放区

---

① 参见李一氓、韦愨和华西固(当时中共代表团驻沪代表)致宋庆龄的信,原件影印,载《永远和党在一起》。
② 赵天佑:《她心里想到的是人民——回忆在宋庆龄同志身边工作的日子》,载《文汇报》,1981年5月31日。

的支援工作。

当时,因内战激烈,苏北国际和平医院又遭到国民党飞机野蛮轰炸,只得将医院撤到鲁南的一个比较安全的地点。宋庆龄得知后,即特地致函苏北边区政府卫生部长兼苏北国际和平医院院长的齐仲桓,表示:"一俟一批急需物资到达后,我们仍将争取把它们运送给你们和其他国际和平医院。"① 表示将继续给予大力支持。

与此同时,在北方,宋庆龄委派加拿大夏利逊大夫押运一批物资到解放区。由于旅途劳累,进入解放区后夏利逊不幸去世。为纪念这位国际友人,邯郸的国际和平医院被命名为"夏利逊国际和平医院"。

在这两个中国命运决战的时刻,宋庆龄深知毛泽东为首的中共中央所承担的历史重任,因此,十分关心他们的健康。一次,两架美制军用运输机徐徐降落到延安机场,运来二百多箱药品、仪器设备和医疗器械,堆起来犹如一座小山。随着这些药品,还有一封宋庆龄给黎雪的信,信中叮嘱他说:物品中有些是奶粉和葡萄糖,从中抽出两箱来,分给毛主席、朱总司令和中央其他负责同志;他们的健康并不是他们个人的事情,而是关系到中国革命的前途。

中共中央非常感谢宋庆龄的关心和帮助,并积极地协助她做好救济工作。1946年12月,英籍华人陈伊范(Jack Chen)到延安访问,周恩来接见并亲切交谈后,托他给宋庆龄带去一封信。信中说:"我们回到延安已将一月,延安的朋友们都惦念着您,感谢您为解放区人民所做的工作。"接着,信中阐述了当时正在"向着和平民主进步"发展的国际形势,指出美帝国主义及各国反动派"日益陷入孤立",应加强中英两国人民的合作,以孤立美帝国主义。为此,周恩来特把陈伊范介绍给宋庆龄,请宋庆龄与他讨论如何与英国和

---

① 《永远和党在一起》,第91—92页。

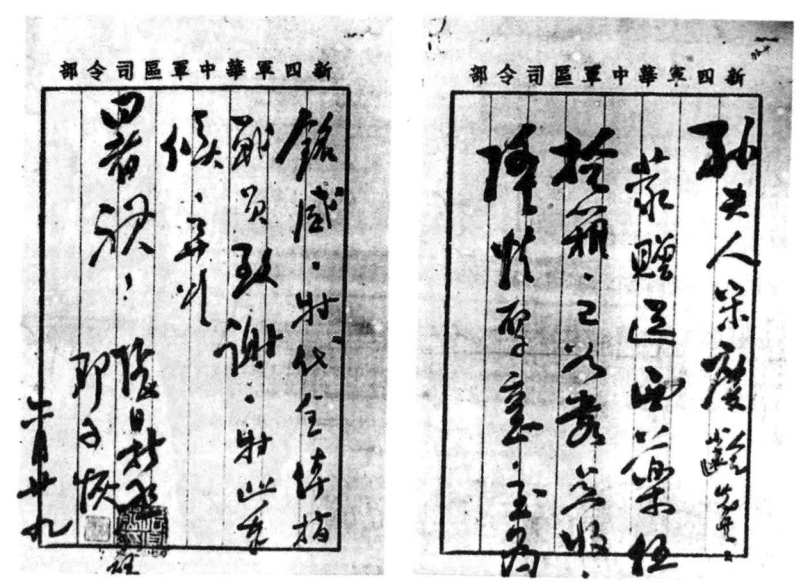

1946年6月29日，华中军区首长张鼎丞、邓子恢致宋庆龄的感谢信

国际和平医院接受中国福利基金会捐助的收据

欧洲其他国家的人民团体取得联系，以有助于救济工作的开展。

关于国内形势，周恩来指出："如果内战继续下去，蒋介石的武力再经过半年到一年的消耗，解放区人民的武力将有可能与蒋介石的武力渐渐地处于平衡的地位。到那时，……我们会看到在蒋介石统治区，爱国的民主运动更加发展，经济的财政的危机更加严重，人民的武装抵抗运动也会更加在许多地区扩大，再加上上述的国际有利局势——新的民主高潮就不可避免地要到来。因此，中国人民只要坚持和平民主独立的方针，渡过这一历史上的困难时期，光明胜利的前途一定会到来。"最后，周恩来说："我们很敬佩您的努力，尤其愿分担您在这一历史困难时期所遭遇的困难。我们相信您的努力绝不会徒然的。不仅解放区，全中国人民都会感到骄傲，因为有您这样一个永远为人民服务的领导者。……请接受我及颖超的敬意及关切。"①

这封来自中国革命圣地延安的信，给宋庆龄极大的鼓舞。信中周恩来对当时国内外形势及其发展前途作了极其深刻的分析，这无疑会大大帮助宋庆龄纵观五洲风云，高瞻远瞩，把福利基金会的工作做得更好。

当时上海地下党也经常得到宋庆龄的帮助。一次，她让廖梦醒送交给中共地下党上海局负责人张执一三万美元，张执一随即将钱交到上海局书记刘晓、刘长胜处，作为党的活动经费。②

1947年，解放战争由战略防御转入战略进攻阶段，解放区面临扩大的转折关头，宋庆龄又及时地委托国际友人向共产党提供15吨医药物资，从而大大支援了解放战争。

在宋庆龄领导的福利基金会帮助下，解放区的医疗卫生事业随

---

① 参见《人民日报》，1983年3月2日。
② 张执一：《"争取他们应得的一份"——记宋庆龄同志组织的中国福利基金给解放区募捐物资情况片断》，载《宋庆龄纪念集》，第127页。

宋庆龄（二排右三）与中国福利基金会工作人员合影

1948年，中国福利基金会募集的医疗用品，由新西兰籍护士伊思平押运，送往解放区

着解放战争的胜利发展,迅速发展起来。到 1948 年,在 8 个解放区中有了 8 个国际和平医院、42 个国际和平医院分院,共有 11,800 张床位,此外还有几十个巡回医疗队,为当时有 1.4 亿人口的中国解放区军民服务。随着这个国际和平医院网的组成,解放区先后成立好几个白求恩医科学校,国际和平医院筹办了许多短期训练班。到 1948 年,各地白求恩医科学校一共培养了两千多名医务工作者,其中包括医生、护士、牙医、化验员和药剂师。

此外,在中国福利基金会的资助下,中国解放区成立了几个制药厂。这些制药厂起初只能制生药,后来由于中国福利基金会的援助和中国人民革命斗争的胜利,物质条件有了改善,也能制造化学合成药品了。中国福利基金会还对许多解放区的农场提供援助,如派出农业技术专家和赠送种籽、人工授精器、杀虫剂等。

根据不完全的统计,仅 1944 年到 1947 年,中国福利基金会捐给中国解放区的捐款即达 20 亿旧币,不包括其他医药物资和书籍等。[①] 而物资的援助之多,难以统计。仅华东军区一次转移中,就用了五百名民工搬运了一天多福利基金委员会提供的药品和物资。华北的一座国际和平医院在转移时,用了约一千头牲口,花了两天工夫才运走全部医疗设备和病人。

三、反对内战,反对独裁

为建立和平民主独立富强的新中国,宋庆龄一方面大力支援解放区的工作,另一方面又坚决与国民党蒋介石的内战独裁卖国的政策进行斗争。她在两条战线上开展工作,目标只有一个,那就是建立和平、民主、富强的新中国。她所处的特殊地位是最有利于在这

---

① 伍云甫:《中国福利基金会与中国解放区救济总会》,载《永远和党在一起》。

样的两条战线上开展工作的。

顺应历史的潮流,选择联合并支持中国共产党领导的人民革命事业,奔向新中国,在人生道路上,这是宋庆龄的第二次重大抉择。

早在1941年,宋庆龄强烈谴责蒋介石发动"皖南事变"的反共罪行之后,虽然蒋介石不断对边区和根据地挑衅,发动大规模的军事进攻,但是,宋庆龄一直保持沉默,而把全部精力集中于战灾的救济工作,为减轻全国人民的痛苦,争取中国的早日富强而埋头工作。同时,她也懂得,只有这样,才能使支援边区和根据地的工作,少受干扰。

在香港的何香凝曾于1945年11月1日给宋庆龄、宋子文和孙科写了一封信,希望他们三位"向蒋先生苦言力争停止内战,一切问题以政治协商求得合理解决"[①]。

但宋庆龄对此信迟迟没有反应。虽然她与何香凝反对内战的政治主张及在爱国爱民上是完全一致的,但她决不会去"苦言"力劝蒋介石。因为她非常了解蒋介石这个人,对他早已不抱一点幻想;知道要劝他放下屠刀、立地成佛是根本不可能的。对蒋介石只有揭露、谴责;同时多协助共产党工作、团结人民群众、制止美国援助国民党等,多做这些切实有效的工作,以促使腐败的国民党政府早日垮台,这才于民于国更有利。

但是,到了1946年7月22日,蒋介石最后撕毁停战协议向解放区发动全面内战,而美国国会审议继续对国民党政府予以军事援助法案的时候,宋庆龄终于打破了几年来的"沉默",发表了著名的《关于促成组织联合政府并呼吁美国人民制止他们的政府在军事上援助国民党的声明》。《声明》强烈谴责蒋介石发动的内战,大声呐喊:"这个灾难必须趁它一开始的时候就加以阻止。凡是有人性的人

[①]《解放日报》,1945年12月19日。

都必须发言。"她结合孙中山的三民主义,详细阐明了在新的历史条件下,解决中国时局的主张。她把自己的主张归结为三点:联合政府、人民民主和土地改革。并警告说:"国民党应该立即执行这些任务,否则就要担负掀起内战的责任";而"国民党是不能在这种战争中获得胜利的"。

同时,她向美国人民揭露美国的反动分子正在与中国的反动分子互相勾结,狼狈为奸,向国民党政府提供军事援助,帮助其扩大内战的罪恶勾当。为此,她说:"我向美国朋友们呼吁,你们应当阻止所有的军事援助,并帮助一个属于中国人民的政府,来推动这样一个运动。"①

这个声明,在理论上是杰出地发展了孙中山的三民主义,在政治上与当时中国共产党及各个民主党派的主张完全一致。在实践上则由于宋庆龄的特殊地位,它在国内外引起了一系列极其强烈的反响。

7月26日,在香港的何香凝、李章达、黄药眠、李伯球和陈此生等,首先通电全国热烈响应。他们还致电美国国会和美国人民,指出宋庆龄的声明"正是代表全中国人民的意见和要求"。他们呼吁:"请你们本着美国人民优良的独立和民主精神督促你们的政府,立即实行撤退驻华美军,停止对华军事援助。这就是你们最大的友谊和援助。"②

8月2日,美国前总统罗斯福夫人发表谈话,赞成宋庆龄的声明,认为为着促进和平,美国应放弃军事干涉中国的局势,这是美国人民所欢迎的。与此同时,美国一些国会议员和美国《华盛顿邮报》《圣路易环球民主报》等报刊,纷纷发表谈话和评论,支持宋庆

---

① 《新华日报》,1946年7月25日。《为新中国奋斗》一书收入此声明时,注为"1946年7月23日于上海",误。
② 《新华日报》,1946年8月3日。

龄的声明,谴责美国政府对国民党政府进行军事援助,主张撤退驻华美军。

8月9日,延安中国解放区妇联筹委会致电宋庆龄,表示对她的正义呼声"解放区七千万妇女衷心拥护,誓愿为其实现而奋斗到底"。①

此外,重庆工商、文化、学术、艺术、戏剧、新闻、律师和教育等各界人士史良、邓初民等136人,为响应宋庆龄的声明,联名发出了《给全国同胞的一封信》;蔡廷锴代表中国民主促进会也发表了声明。

最有影响的是,罗斯福夫人为响应宋庆龄声明在美国国内发起反对中国内战、反对美国军事援华的运动;她特地邀请宋庆龄和邓颖超去纽约参加10月中旬在那里召开的国际妇女会议。上海、北京、重庆、昆明、延安等全国各地的妇女团体和个人,为此纷纷发出函电,拥护宋庆龄、邓颖超出席这次会议,并要求她们把中国妇女因内战所遭受的痛苦与损失,以及迫切要求和平的愿望,带到国际妇女会议上去。

宋庆龄的声明及由此而掀起的声势浩大的反内战运动,给予蒋介石国民党政府以沉重的打击。他们恼羞成怒,竟然拒绝发放宋庆龄、邓颖超出国参加纽约会议的护照,致使她们未能成行。

一篇个人声明,能发生如此大的影响,在历史上实属罕见。

事实上,宋庆龄声明实际发生的影响比表现出来的还要大。在国内外舆论的强大压力下,美国政府不得不在1946年8月开始,停止批准向中国出口作战用军事装备的许可证;9月29日,又发布一项指令,暂停交付计划中的一切军用物资。

蒋介石不顾宋庆龄声明中提出的警告,一意孤行,扩大内战,

---

① 《新华日报》,1946年8月10日。

1947年9月20日，晋冀鲁豫《人民日报》刊登的宋庆龄关于否认参加"国民大会"代表"竞选"的声明

终于应验了宋庆龄的预言：他们节节失败，到1948年，便濒于崩溃的边缘。

与此同时，国民党反动派在政治上也陷于更加孤立的境地。

1946年11月，蒋介石在占领解放区重镇张家口后，利令智昏，在美国特使马歇尔及司徒雷登的指使和导演下，召开了一手包办的"国民大会"，通过"宪法"，企图使国民党一党专政的法西斯独裁统治合法化，孤立和打击中国共产党。但结果是搬起石头砸了自己的脚。由于共产党及其他民主党派的抵制，这次"国民大会"的召开，不但没有达到美蒋预期的目的，反而使蒋介石集团更加孤立。为挽回败局，1947年秋，他们又根据"宪法"，演出"行宪国大"的闹剧，声称要选举正副总统，以便国民党"还政于民"。他们妄图利用宋庆龄的威望，散布所谓"孙夫人在广州参加国大代表竞选"的谣言，以欺骗民众。

宋庆龄对他们的拙劣表演，十分气愤。她主张的是1946年声明中提出的成立各派联合政府的真民主，而不是坚持国民党一党专政的假民主。所以，她在9月16日发表辟谣声明，指出："此种传闻完全不确，我并无任何从事政治运动以图参加政府的意图。此外，我想这种消息是在广州发出来的，而我在广州既不是'代表'，也不是正式居民。"[①]

宋庆龄的声明和抵制"行宪国大"的行动，给予革命人民以很大鼓舞，推动国统区反对国民党统治的和平民主运动更加高涨，再次给摇摇欲坠的国民党反动政府以沉重的打击。

四、支持成立中国国民党革命委员会

蒋介石反动派倒行逆施，颠顸妄为，广大民主爱国人士对它完全丧失信心。同时，1947年以后，解放战争的形势出现一个伟大的转折点：中国人民解放军经过一年作战后，打退了蒋介石数百万军队的进攻，已转入全国规模的反攻。10月，中国人民解放军发表宣言："打倒蒋介石，解放全中国！"这个历史的转折点，使全国被压迫人民欢欣鼓舞，也给各民主党派和人民团体指明了前进的方向。而蒋介石却在这时更加疯狂地强化法西斯统治，连续颁发什么"戡乱"动员令、撤销政治协商会议令、宣布民主党派非法令，等等。在这种形势下，国民党内部的民主派为团结自救，恢复孙中山的革命三民主义，决心进一步联合起来，拥护共产党，打倒蒋介石。

[①] 晋冀鲁豫《人民日报》，1947年9月20日。

早在蒋介石发动全面内战后不久,在上海的国民党内的民主派李济深等就打算筹建国民党革命委员会(简称"民革"),从内部反对蒋介石的独裁统治。他们与宋庆龄商量。宋庆龄从结成共产党领导的广泛的反蒋革命统一战线,以及有利于打倒国民党一党专政、建立联合政府的战略策略的高度出发,支持他们的行动,并约李济深在上海新雅酒家会面,宋庆龄在她的英文秘书卢季卿及其丈夫祝世康的陪同下赴约。见面时,李济深向宋庆龄讲述了筹建国民党革命委员会的设想。宋庆龄当即表示支持,并鼓励他要多发挥作用。

然后,李济深就到香港具体着手组织"民革"的事宜。在筹组"民革"的过程中,当宋庆龄了解到国民党将派特务去香港谋害李济深时,立刻派专人到香港通知他加以防范。[①]

与此同时,在美国旧金山的冯玉祥,也主张成立一个国民党的革命组织,争取更多的国民党内进步同志及早参加到人民民主革命方面来。他派朱学范作为他的全权代表到香港联络。

李济深在香港的活动相当顺利。他串联了何香凝、彭泽民、柳亚子、郭春涛、陈铭枢、李章达、陈其瑗、朱学范等人,酝酿后决定在1947年11月12日孙中山诞辰纪念日,正式成立中国国民党革命委员会。

在讨论推举谁担当革命委员会主席问题时,大家不约而同地认为非宋庆龄莫属。于是,彭泽民、何香凝、柳亚子、李章达、陈其瑗、李济深等亲笔签名写出一封《上孙夫人书》的密信,委托朱学范与上海的宋庆龄联系,请她俯允担任主席。信中指出国民党的各级领导机关,"在反动派把持之下也变成了背弃总理遗教,甘为独裁者自私和卖国残民之工具"。为此,他们决定在香港开一党内民主派代表会议,"讨论本党新生与实现国内民主和平等问题"。信中恳切

[①] 祝世康:《峥嵘岁月忆深情》,载《文汇报》,1981年6月5日。

地表示:"我们以夫人二十余年来一贯之主张为主张……夫人为总理遗志的继承人,负有完成总理救国救民伟大事业的任务,所以我们深切盼望夫人立即命驾南来,主持中央,领导我们。内以慰全国人民暨各民主党派民主人士的渴望;外以争取英、美、苏之同情。"[1]

朱学范当时任中国劳动协会主席。他通过劳协在上海的关系,请既在劳协工作、又在中国福利基金会工作的俞志英来港,托她把信带到上海面呈宋庆龄,并且向她详细汇报他们在香港的活动情况。在俞志英送信之前,宋庆龄已从别的渠道知道了李济深等人的计划。她非常赞成成立国民党的革命组织,表示全力支持。但对担任这个组织的领导人问题,她有自己的想法。经过她缜密的考虑,认为以她特殊的身份继续开展革命活动,比之参加中国国民党革命委员会对革命更为有利。当她征求中国共产党的意见时,中国共产党表示完全尊重宋庆龄的意见,并由中共在香港组织的负责人章汉夫,向俞志英转达了这个意见。[2]

很显然,当时宋庆龄要在上海这个国民党统治的心脏地区(而不是在香港)坚持反蒋斗争,迎接解放,必须充分利用"孙夫人"的身份,才更为有利。如果参加公开反蒋的革命组织,情况就会完全不一样了。所以,宋庆龄作出的这个决断,是很正确的,充分表现了她作为一个政治家所具有的机智和敏锐的眼光。

朱学范、何香凝和李济深等听到宋庆龄和共产党的意见后,都很兴奋,把中国共产党和宋庆龄对他们革命活动的支持,看作是推动他们前进的巨大力量,并对宋庆龄的深谋远虑异常钦佩。中国国民党民主派联合代表大会于1947年11月12日在香港正式开幕。1948年1月1日,大会发表中国国民党革命委员会成立宣言和行动

---

[1] 原件影印,载《纪念宋庆龄同志》画册,图172。
[2] 参见朱学范:《众望所归的引路人——回忆宋庆龄名誉主席与中国国民党革命委员会的成立》,载《宋庆龄纪念集》,第106页。

纲领，推举李济深为中国国民党革命委员会主席，宋庆龄为名誉主席，与蒋介石所把持的国民党反动派彻底划清界限。

对国民党南京政府毫不妥协的抵制，对国民党革命委员会的热情支持，再次表示了宋庆龄坚持革命、坚决进步、爱憎分明的原则立场。

中国革命的形势发展很快。1949年1月，辽沈、淮海、平津三大战役胜利结束时，人民解放军已经饮马长江，直逼金陵城下。蒋介石终于被迫"引退"，李宗仁登上了"代总统"的宝座。李宗仁以为在美国的支持下，果真能与共产党抗衡，重温历史上"南北朝"的旧梦。为此，他广泛吸收民主人士和社会贤达参加他的政府，以便在政治上筑起一道抵制解放军继续南下的防线。用李宗仁本人的话说：这些党派和人士"对我还友好，似乎不怀恶感。我若得他们的支持，定能造成第三种力量，以制造反共之舆论，这样共产党就不得不放弃毫无意义的把内战打到底的目的"。①

宋庆龄是他们争取的第一个目标。于是国民党又在社会上传播说宋庆龄将在国民政府中就职，企图给她施加舆论压力。宋庆龄对此立即进行反击，于1月10日发表了《中国福利基金会主席宋庆龄的声明》，指出关于她将在政府中就职或任职责的一些传说，"是毫无根据的"，并进一步声明，她正在以全部时间和精力致力于中国福利基金会的救济工作。②

但是，李宗仁仍不死心，在1月22日郑重其事地委派他的私人代表甘介侯手持他亲笔信到上海去拉拢宋庆龄。信的语气极为谦恭，说"蒋先生凌然引退，仁以基于个人对国家之责任，不得不出而勉维现局……，尤赖夫人出为领导，共策进行，俾和平得以早日实现，国家人民实深利赖"；"并乞即日命驾莅京，使获随时承教"。③

---

① 《李宗仁回忆录》，广西人民出版社1982年版，第930页。
② 《字林西报》，1949年1月11日，声明签署的日期是1月10日。
③ 原件影印，载《纪念宋庆龄同志》画册，图173。

715

1947年11月，何香凝、李济深写的《上孙夫人书》

1949年1月22日，国民党政府代总统李宗仁致函宋庆龄，请求她"出为领导"，宋庆龄不为所动

时任代总统的李宗仁

李济深

宋庆龄不为所动,稳如泰山,断然拒绝了李宗仁的盛情邀请。李宗仁失望之至,哀叹道:"事实证明,所有这些都只是我的如意算盘,因为共产党的胜利已成定局,民主人士就不愿意回到国民党冷冷清清的屋里来了。"① 认为宋庆龄不为所动,是因为看到"共产党的胜利已成定局",这是李宗仁的主观推测。就宋庆龄来说则是:第一,她深知(李宗仁也不否认)所谓蒋介石"引退",李宗仁上台,不过是旧瓶贴上新商标,依然没有改变国民党一党专政的实质,甚至政府的实权也仍然操纵在幕后的蒋介石手中。李宗仁只是个"二等傀儡"。第二,宋庆龄一贯反对在国共两党之外搞"第三种力量",一贯支持共产党,把救国救民的希望寄托在共产党身上。不仅在"共产党的胜利已成定局"的时候是这样,早在20世纪30年代共产党的处境最困难的时候也是如此。

宋庆龄在整个解放战争时期,充分显示了她那种"威武不能屈,富贵不能淫,贫贱不能移"的高尚情操。

---

① 《李宗仁回忆录》,广西人民出版社1982年版,第931页。

第六节　参与缔造新中国

一、与民共度五更寒

蒋介石向解放区发动全面内战的同时，在国统区加紧法西斯恐怖统治。

1947年9月27日，蒋介石亲自在南京召集各地特务头子举行秘密会议，布置对全国爱国民主人士的进一步迫害。中国最大的民主党派的联合组织"民主政团同盟"，在10月27日被迫解散。该组织的中央委员、昆明支部领导人、著名学者李公朴和闻一多则已在1946年7月先后被国民党特务暗杀。

在这种政治高压下，中国福利基金委员会支援共产党和解放区的工作就更加困难与艰险了。而内战爆发后，这些地区更需要加强支援。这就需要寻找新的途径和方式，以保证支援工作能够继续进行。

同时，蒋介石为筹备内战经费，在经济上也进一步对人民进行掠夺和剥削，以致国民党统治区发生空前严重的经济危机：工商企业大量倒闭，民族工商业纷纷破产。失业人数剧增。1946年下半年，仅上海、北平、南京三地，失业和无业者即达 260 万人。农村情况更为悲惨，很多地方已成为饥民遍野、饿殍载道的人间地狱。仅 1946 年，各地饿死人数即达一千万人。1947 年，各地饥民共达一万万人以上。

对劳动人民的疾苦一向寄予深切同情的宋庆龄，深知要根本改变这种状况，使人民过上幸福安乐的日子，只有彻底推翻国民党的反动统治，所以她把主要精力放在支援共产党领导的解放战争上。同时，她努力在中国福利基金会的工作范围内组织人民互助，竭力帮助人民克服困难，度过天亮之前的五更寒。

为此，宋庆龄提出中国福利基金会的工作，"必须扩大视野，制定新的目标"[①]，尽全力进行更多的活动，以适应急需。

于是，从 1946 年 7 月起，她领导福利基金会增加了儿童福利和救济工作的项目。她并给这项福利工作规定了"双重任务"，即除了福利工作本身外，还"必须掩护中国福利基金会对解放区的工作"。这就找到了内战爆发后在严重的白色恐怖下继续支援解放区的新途径。

儿童福利工作主要在上海市开展，先后在劳动人民比较集中的沪西的胶州路、沪东的许昌路和虹口的乍浦路创办了三个儿童福利站和一个儿童剧团。

儿童福利站每天开放前就有很多孩子在门外等候。到 1948 年初，约有五千儿童到这里接受教育。1949 年 3 月受益儿童增至三万多人，受到工人、贫民和他们子女的热烈欢迎。

1947 年初，宋庆龄通过中共地下党员、导演佐临物色到戏剧工作者任德耀等二人，请他们筹建儿童剧团，上演了鲁迅翻译、董林肯改编的苏联儿童剧《表》，内容是描写十月革命胜利后布尔什维克

[①]《致海外朋友的第四封信》，载《宋庆龄选集》上卷，第 446 页。

党教育、帮助流浪儿。在国民党统治区,这种剧本是犯忌讳的。但宋庆龄亲自题词:"这是一出深刻、动人的儿童剧,它不仅对儿童有很大的教育作用,同时也给予从事儿童教育者一个明确的启示。"在她的坚定扶持下,4月10日在上海兰心大剧院隆重公演。宋庆龄亲自出席,并决定发售没有固定票价的荣誉券,进行了募捐。然后用这些捐款,通过进步团体,到工人贫民区、保育院,为孩子们举行免费演出。①

宋庆龄对儿童剧团倾注大量的心血,剧团的每次活动,她不是亲自审看就是听取汇报后给予亲切的鼓励和慰问。她还亲自下请帖,邀请上海文艺界名流,举行"舞台银幕表演会"和茶话会,为儿童剧团筹措经费。

除了自办的儿童福利站和儿童剧团之外,福利基金会还向上海其他不少慈善机构提供捐款和物资,包括十所文化教育机构及13所贫苦儿童义务学校。为鼓励个别较小的团体实行自助,福利基金会向他们分发了数千磅食品、纺织品和各种物资。

救济工作并不局限于上海。福利基金会从1946年起,还长期救济被收容在国民党四个孤儿院里的湖南受灾荒的儿童。福利基金会经常向他们提供捐款,并在1948年国民党拟不再维持这些孤儿院,孩子们面临着被抛弃在街头的危险之际,宋庆龄出面号召社会资助,通过中国京剧界著名演员梅兰芳、程砚秋、马连良的义演,用义演所得的款项维持孤儿院,使一千二百多名孤儿的生活得到了保障。

在与"联总"交涉过程中,宋庆龄还以儿童福利站的名义争取"联总"的救济物资。这些物资除用于接济贫苦儿童之外,一些解放区急需的物资,便转交中共地下党组织。另外,为救济解放区儿童,

---

①参见《她的"掌上明珠"——记宋庆龄同志创建、扶持儿童艺术剧院的史实》(任德耀的回忆),载《人民日报》,1981年6月5日;张石流:《永不磨灭的光辉——悼念敬爱的宋庆龄同志》,载《文汇报》,1981年6月4日。

1946年10月12日,中国福利基金会上海儿童图书阅览室开幕,宋庆龄邀请孔祥熙(右)参加开幕式,左为廖梦醒

1947年，中国福利基金会在上海开办了三个儿童福利站，下设一些保健、救济机构，并为无钱上学的儿童开办了几百个识字班。图为宋庆龄看望识字班的孩子，并亲自指导他们读书

在宋庆龄的关怀下，福利基金会通过与美国一个叫作"战灾儿童义养会"捐款机构的合作，成立了"中国战灾儿童义养会"。"义养会帮助的对象是进步的或可能进步的团体，当时这些学校或儿童机构很少有旁的经费来源，通过了义养会的帮助它们才得以度过了这个极端困难的时期。"①

1948年初，宋庆龄在《给海外朋友的信》中说："为了使中国的文化生活，在这困苦的岁月中，不致凋谢，我们继续帮助她的贫困的艺术家和作家。"②为此，她在福利基金会中设立了"文艺救济基金"。这项救济工作并不局限于上海，同时在重庆、昆明、成都等几个城市进行。

当时上海作家有个"中外文艺联络社"的组织。1947年4月，该社得到福利基金会捐赠的375万元。他们用这笔款子，设立了一个"预支稿费"的项目，以解决作家在写作过程中的生活困难问题（预支的稿费在书稿出版后再偿还），这样，可以使作家安心写作，不致为生活奔波而分散精力。当年从中预支稿费的著名作家有：臧克家、杨晦、郭沫若、徐迟、艾明之、刘白羽、戈宝权、金近、施蛰存、骆宾基、叶浅予、廖冰兄、艾芜等。③

著名作家叶圣陶和梅林负责的"中华全国文艺协会"是全国性的作家协会，更得到宋庆龄经常的关怀。1947年5月，他们致函中国福利基金会④，表示衷心感谢，由于来沪的作家日益增加，所以还希望以后增加赠送的物品。

宋庆龄对患病的作家更是无微不至地关怀，经常给他们"雪中送炭"。1947年6月10日，特向中华全国文艺协会赠送鱼肝油精

---

① 《中国福利基金会工作的报告》，载《宋庆龄选集》上卷，第523页。
② 《给海外朋友的信》，载《永远和党在一起》，第86页。
③ 中外文艺联络社向中国福利基金会汇报收支情况的报告，原件影印，载《纪念宋庆龄同志》画册，图165。
④ 《纪念宋庆龄同志》画册，图186。

1948年1月,由宋庆龄支持的国际公益服务总队援华医疗小组的成员、美籍护士玛格丽特·斯坦利(后排左二)和洛杉矶托儿所的孩子们在一起

洛杉矶托儿所是由美国洛杉矶华侨及其他友好人士捐款,通过保卫中国同盟的支持和协助,于1942年在延安创办的

35磅。①

此外，已经瘫痪的高士其在抗战胜利后由香港转到上海，他的生活救济金也由宋庆龄从中国福利基金会中拨付，每次都由廖梦醒送上门去。

由杜国庠、侯外庐领导的"中国学术工作者协会"，在1947年秋天收到宋庆龄亲自批示拨给的面粉、奶粉、罐头、衣服、毛线等一批物资。后来侯外庐回忆当年的情景说："1946、1947年，蒋管区各大城市爆发了反饥饿、反内战的大规模群众斗争，人民在饥饿线上，大批的文化学术工作者也陷于饥饿的边缘，处境窘迫……那时，学术工作者协会没有办公地点，平时的通讯处就是我在狄思威路（现溧阳路）的家。那救济物资就是直接送到我家的，同时附有一封给我的信。信上要求协会负责将这些救济品分发给确实有困难的学者们。我的家里一时充当了仓库。我赶紧和杜国庠同志商定分发对象，征求了郭沫若同志的意见，最后定下好几十人的名单。学术工作者协会的同志们中间有邓初民、张志让、周谷城、蔡尚思、李平心、卢于道、翦伯赞、杜国庠和我等，凡有困难的，几无阙漏。学者们人人都激动不已，奔走相告：'孙夫人给我们送救济物资来啦！大家一起亲身感受到了宋庆龄同志给予革命战友的温暖。'"②

远在香港的文化界人士，也受到中国福利基金会的捐助。香港民主文化事业基金会1948年1月30日收到福利基金会捐款2662元港币和7400万元国币。受捐助者有记者、教授、作家、画家、剧人、音乐家、编辑等。③

为进行以上救济工作，宋庆龄领导中国福利基金会开展了一系

---

①中外文艺联络社向中国福利基金会汇报收支情况的报告，原件影印，载《纪念宋庆龄同志》画册，图165。
②侯外庐：《伟大的战士，伟大的母亲》，载《文汇报》，1981年6月2日。
③香港民主文化事业基金会收支报告表（1947年5月1日至1948年3月31日），原件影印，载《纪念宋庆龄同志》画册，图169。

列募捐活动。每次义演、义卖和舞会等,她都亲自出席主持,亲自给文艺工作者和社会各界著名人士写邀请书。例如,1946—1947年,上海著名的越剧演员袁雪芬曾两次应宋庆龄的邀请,演出《祥林嫂》等剧目;1948年著名电影明星周璇正在生病,她接到宋庆龄的请帖,知道这是她久已仰慕的孙夫人举行义演,顿时精神振奋,自告奋勇,担任了义演的报幕员。

1947年春的《三毛原作义卖展览会》,是宋庆龄为穷苦儿童举办的一次大型筹款活动。当时,上海街头的流浪儿童越来越多,宋庆龄异常不安。她想到张乐平画《三毛流浪记》中"三毛"的形象深入人心,决定要中国福利基金会同张乐平联系,希望张乐平举行一次三毛原作展览会,通过会上的义卖救济流浪儿童。张乐平对此十分感动,立即一口答应,在短短的一个月内,就赶画了三十多张"三毛"水彩画。宋庆龄对这次展览会非常重视。展览会定于4月4日举行,她安排在3月底借原汇丰银行(即现在上海市人民政府大楼)礼堂举行预展,邀请一些中外朋友前来参观,并亲自出席,同大家见面。

预展那天,宋庆龄坐在张乐平的旁边。张乐平回忆说:"她一再向我表示感谢,说:'这次你为流浪儿童做了件大好事,真太辛苦你了。'听了这些话,我非常感动。"①

由于宋庆龄的直接关怀和号召,全上海各阶层人民群起响应。展览会开幕那一天,大新公司四楼画廊(现上海第一百货商店)人山人海,盛况空前。当天,三十多幅水彩画很快售完。定价最高的达美金800元,相当于1600块银圆。除了这些水彩画,会上还卖了许多张乐平亲笔签名的《三毛流浪记》和"三毛乐园"的徽章。

在展览会开幕前,宋庆龄同福利基金会的工作人员研究,决定

---

① 许寅、柘联:《张乐平谈三毛今昔并忆述宋庆龄疼爱关怀孩子的故事》,载香港《大公报》,1981年6月9日。

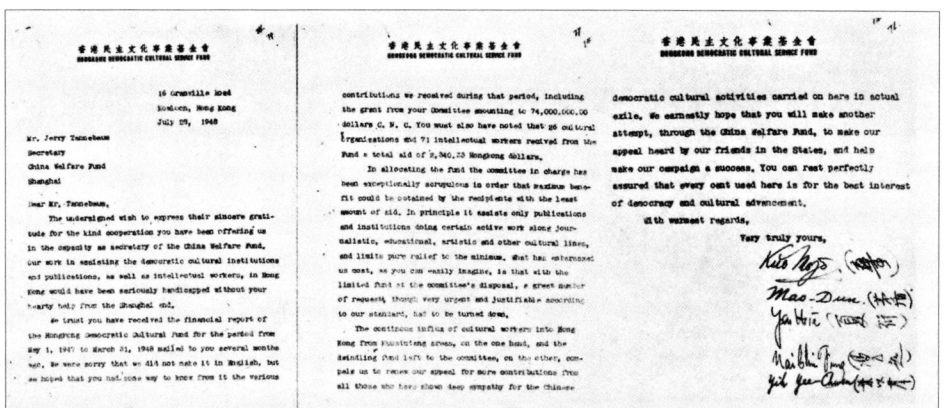

文化界人士郭沫若、矛盾、夏衍、冯乃超、叶以群联名给中国福利基金会总干事谭宁邦的感谢信

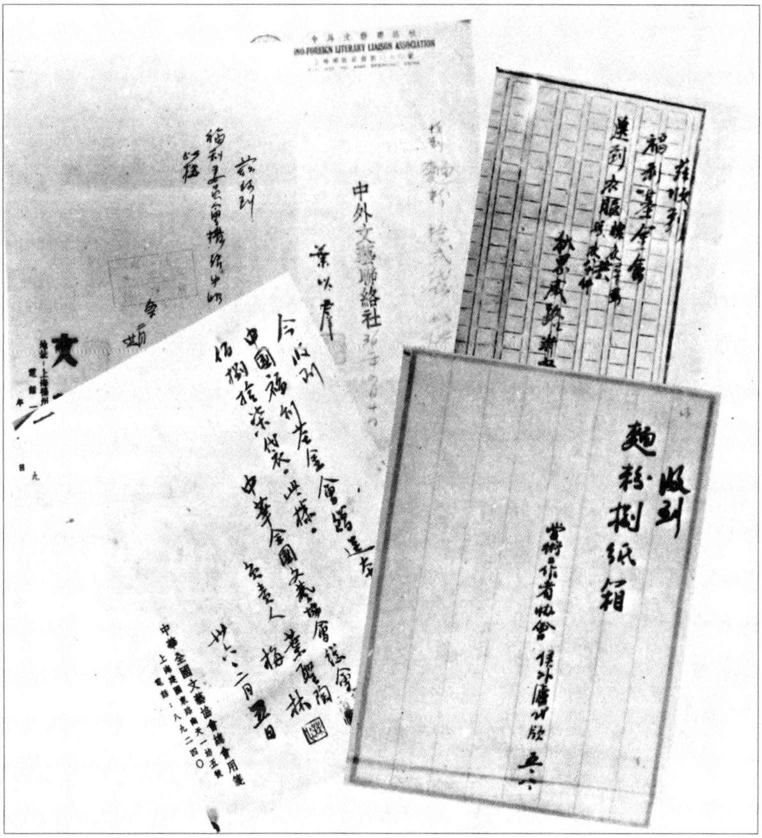

文艺界人士接受中国福利基金会捐助的部分收据

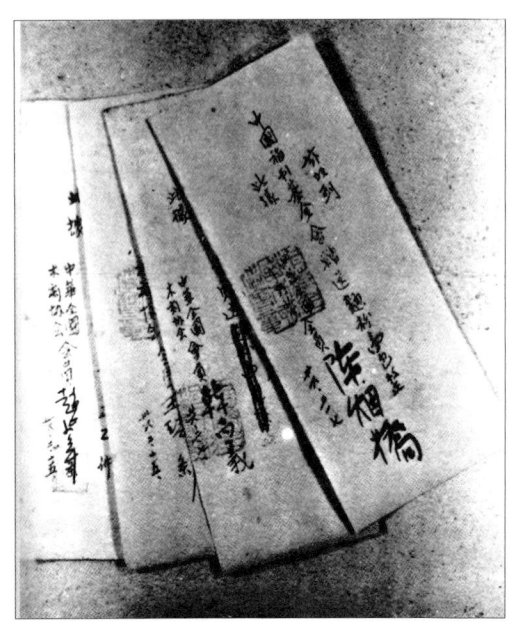

文艺界人士接受中国福利基金会资助后开具的部分收据

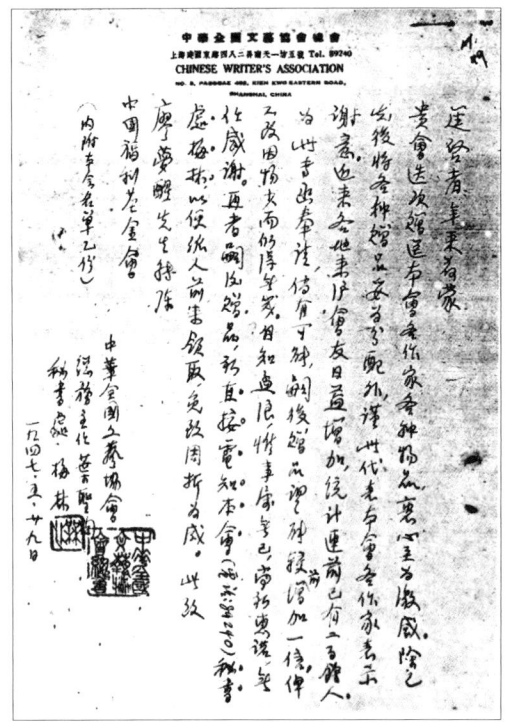

1947年5月29日,中华全国文艺协会致函中国福利基金会,感谢他们的援助

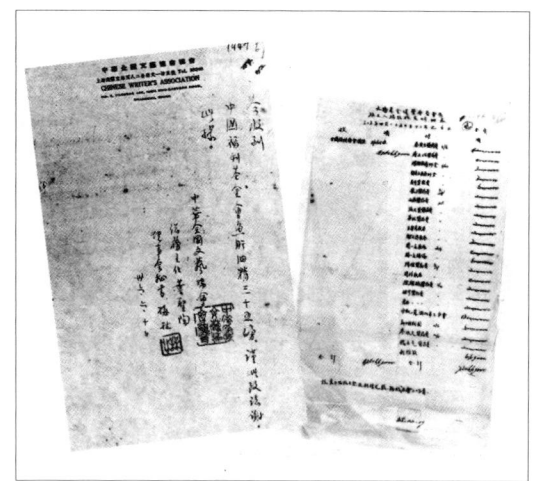

中华全国文艺协会接受中国福利基金会捐助的收据和收支账单

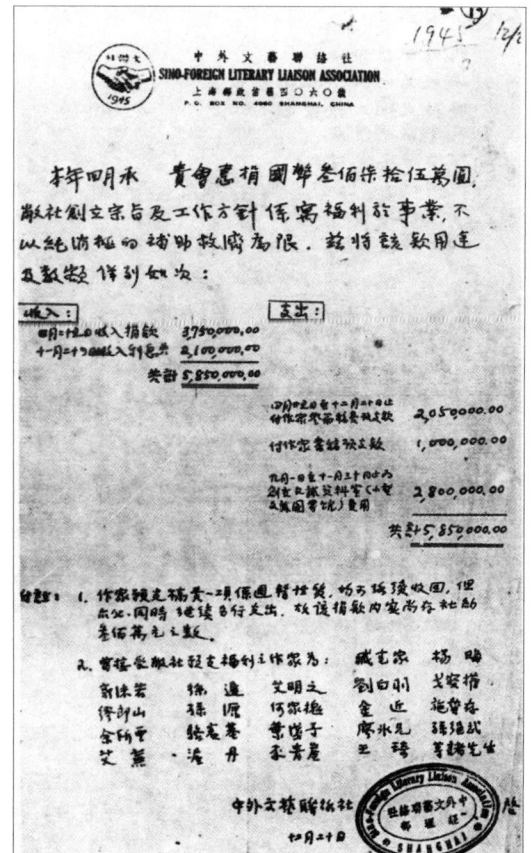

中外文艺联络社接受中国福利基金会的"文艺救济基金"捐助后,向基金会汇报收支情况的报告

香港民主文化事業基金會的收支報告，其中記載着中國福利基金會的捐助借助"三毛"的影响,还成立一个"三毛乐园会",规定不论何人,只要愿意每月出3块银圆,救济一个"三毛"的,便是该会会员;愿意每月出15块银圆,救济五个"三毛"的,便是荣誉会员;凡是赠送衣服、食品、玩具的,便是会友。展览会开幕当天,就有四十多人表示愿意每月出资救济"三毛",加入"三毛乐园会"为会友。

宋庆龄认为,中国福利基金会的儿童福利和救济工作,绝非单纯的"慈善事业","它们表现出解放区倡导的那种互助精神,这种精神灌注在我们所举办的事业中,但是采取的做法却适应了当时上海黑暗反动统治的环境"。①

这种互助精神的结果,不仅帮助了贫苦儿童、贫病作家,而且使中国福利基金会争取到了社会各界人士广泛的同情和支持,从而巧妙地掩护了它对解放区的支援工作;同时,在政治上协助共产党扩大了反蒋的统一战线,为第二条战线的形成和壮大,做出了重要的贡献。

在两条战线紧密配合、狠狠打击下,蒋家王朝终于彻底灭亡了。

二、欢庆解放

随着解放战争的胜利进军,1948年5月1日,中国共产党在发布"纪念五一劳动节"口号中,提出"各民主党派、各人民团体、各社会贤达迅速召开政治协商会议,讨论并实现召集人民代表大会,成立民主联合政府"的号召,得到各民主党派和爱国人士的热烈响应。他们从全国各地及海外纷纷奔赴解放区。同年11月25日,中共中央的代表与已经到达哈尔滨的各界民主人士,对于成立新政协筹备会及新政协的性质、任务等问题进行讨论,并获得了共同的协议。

---

① 宋庆龄:《为人民服务四十年》,载《永远和党在一起》,第174页。

1947年儿童福利站向贫苦儿童发放大米

中共中央始终关注着宋庆龄的工作，惦念着她的安全，在人民革命即将取得胜利的时刻，尤其如此。基于她的特殊身份和当时国民党做垂死挣扎、对一切反蒋拥共人士采取屠杀政策的险恶环境，中共中央对宋庆龄参加新政协问题采取了非常慎重的态度和措施。

1949年1月19日，毛泽东、周恩来联名给宋庆龄发出一电：

庆龄先生：

中国革命胜利的形势已使反动派濒临死亡的末日，沪上环境如何，至所系念。新的政治协商会议将在华北召开，中国人民革命历尽艰辛，中山先生遗志迄今始告实现，至祈先生命驾北来，参加此一人民历史伟大的事业，并对于如何建设新中国予以指导。至于如何由沪北上，已告梦醒与汉年、仲华切商，总期以安全为第一，谨电致意，伫盼回音。

毛泽东　周恩来

子皓①

这份电报，是附在中共中央发给在香港的中共中央华南局领导人方方、潘汉年、刘晓的指示电之后，并要他们设法转送给宋庆龄的。两份电报均由周恩来审定发出。周恩来在审改中央指示电中强调执行这个任务，"第一必须秘密，而且不能冒失。第二必须孙夫人完全同意，不能稍涉勉强。如有危险，宁可不动"②。

华南局的领导人认真研究了中央的指示，为保证圆满完成这项重大任务，决定派地下工作尖兵华克之③执行；计划先把宋庆龄接到香港，然后同何香凝一起北上。

---

①原件影印，载《纪念宋庆龄同志》画册，图174。
②同上。
③强剑衷：《华克之传奇》，载《南宁晚报》《凤凰》星期刊第4期，1984年10月15日。

华克之从潘汉年处接受护送宋庆龄赴港的任务，心里很明白这次任务之艰险，超过他以往任何一次行动。但他毫不犹豫地接受了任务，并表示要施展一切才能，万无一失地去进行。最后，潘汉年又把周恩来的嘱咐强调一遍，并仔细交代了如何传递信件和护送宋庆龄有关交通等的细节。

第二天，华克之乔扮成一个大商人，混上一艘从香港开往青岛的外国货轮，经过三天三夜的海上生活，进入了上海市。然后，他按照潘汉年指引的地址，在晚上九点钟光景，找到辣菲德路上一幢西式房子，见到宋庆龄的秘书柳无垢，陈述自己的来向及任务，并等待宋庆龄的指示。

华克之告别柳无垢后，就开始筹划如何护送宋庆龄离沪赴港事宜。他对有关的每一个环节，都做了周密考虑，以便万无一失地保证宋庆龄此行的安全。然而，宋庆龄有她自己的考虑。几天后，华克之按时再到柳无垢家，看到了宋庆龄用英文写的亲笔复函是这样写的，"接获大札，敬悉伟大的主席和全党同志对我的关注，至为感激。经长时间考虑，确认一动不如一静。我将在上海迎接解放，和诸公见面。根据我的预计，蒋介石是无可奈何我的，请勿念"①。

尽管宋庆龄没有去北平，但鉴于国民党反动派们在阴谋策划将她劫持去台湾的危急情势，宋庆龄在中共上海地下党的帮助下，经常变换住处，并筹划中国福利基金会所属机构工作人员及其他革命者的安全转移工作。一天，宋庆龄得知秘书廖梦醒已被列入国民党特务的黑名单，立即请一位外国朋友出面为廖梦醒购买船票，把她送去香港。②

为了领导和组织人民应付意外，中国福利基金会参加中共领导的上海临时联合救济会。首要的任务是同国民党撤退转移国家资财

---

① 强剑衷：《华克之传奇》，载《南宁晚报》《凤凰》星期刊第4期，1984年10月15日。
② 廖梦醒：《我认识的宋庆龄同志》，载《人民日报》，1981年6月3日。

的阴谋做斗争，为即将诞生的新中国，多留一些资金和物资，以尽快恢复和发展经济。

临近解放时，宋庆龄又经过努力，从"联总"为解放区的"救总"争取到约三百吨的物资，有药械、大米、奶粉等。由于局势发展很快，这批物资来不及运出上海，宋庆龄就派赵天佑到赵朴初那里商量抢运工作。这批物资数量大，他们用了十几辆卡车抢运了两个多星期才运完，除了医药器械由福利基金会特租仓库储存外，大米和奶粉堆放在上海的各寺院与庵堂。[①] 这些物资后来成为解放初上海临时救济会的物资基础，对上海新政权克服解放初期经济上的混乱和困难，起了不小的作用。

有一天，宋庆龄和廖梦醒找赵天佑谈话，说为了防止国民党败退时发生混乱，决定将十几条黄金转移到安全处，并且说要暂放在赵天佑家里。说罢，宋庆龄亲手将这批黄金交给赵天佑，慎重地说："天佑，这是会里一部分资金，请你负责拿去保存，要绝对保密，千万不可走漏风声。"这些黄金是福利会多年积蓄起来的财产，是福利会今后的活动经费。赵天佑捧起这些黄金时，为得到宋庆龄的重托而心情无比激动。他"望着宋庆龄同志那慈祥可亲的面庞，心里对她充满了无限尊敬、钦佩之情"。[②] 他很好地完成了这个任务。

总之，在蒋介石法西斯白色恐怖最猖獗的时候，上海上空乌云翻滚，街头警车嘶啸，杀害革命志士的枪声此落彼起；宋庆龄也受到特务鹰犬的跟踪监视。在这险恶的风浪中，宋庆龄领导的中国福利基金会却像一艘朦艟巨舰，亮着桅灯，扯着风帆，为支援解放战争，救助贫苦儿童和进步人士，顶着反革命逆流，破浪前进，驶向胜利的彼岸。

[①] 赵天佑：《她心里想到的是人民——回忆在宋庆龄同志身边工作的日子》，载《文汇报》，1981年5月31日。
[②] 同上。

1949年5月27日，中国人民解放军攻占上海。上海市市长陈毅司令员一到上海，就向上海地下党了解宋庆龄的下落，并指示马上接到安全地方。接着，陈毅和潘汉年副市长亲自拜访宋庆龄，向她致意并征询对接管上海的意见。①

上海这座百年来"冒险家的乐园"、中国最大的城市，终于宣告解放，回到人民手中。上海上空彩旗飞舞，锣鼓喧天，儿童剧团立即走上街头，与百万人民共同欢庆解放，并且第一次把秧歌扭上了大上海的街头。

宋庆龄热情欢呼上海的解放。第二天，她在寓所拉着来访的史良的手说："解放了就好了。国民党的失败，是我意料之中的，因为它敌视人民，反对人民，压迫人民；共产党取得胜利，是必然的，因为它代表人民，爱护人民，为人民谋福利。"②她兴奋地对英文秘书卢季卿说："现在全国人民在共产党的领导下翻身了，整个民族有了光明的前途。"③

站在人民的立场上来区别敌我，衡量是非，这是宋庆龄的一贯思想。

然后，她和史良一起参加陈毅司令员举行的茶会。参加这次茶会的有上海的各界人士，大家欢聚一堂，欢庆上海的解放。当宋庆龄和陈毅以及各界人士握手畅叙的时候，她的端庄、美丽、雍容的风度，同胜利的欢乐交织在一起，使满室生辉，光耀四座，使人们钦羡敬慕。

6月底，中共中央华东局统战部邀请上海各民主党派各界民主人士参加在逸园饭店举行的庆祝大会，纪念中国共产党诞生28周年。大会也邀请了宋庆龄。她当时虽然身体不适，但却欣然同意出

---

① 张承宗：《解放战争时期上海人民革命运动》，载上海《文史资料选辑》第24辑。周林：《接管上海大事记实》，载《上海解放三十五周年文史资料专辑》，上海人民出版社1984年版。
② 史良：《人民的事业必胜——沉痛悼念尊敬的宋庆龄同志》，载《宋庆龄纪念集》，第79页。
③ 祝世康：《峥嵘岁月忆深情》，载《文汇报》，1981年6月5日。

席,由邓颖超、廖梦醒陪同前往,并且亲自写了一篇热情洋溢的充满诗意的祝词:

这是中国人民生活中的一个最伟大的时期。我们的完全胜利已在眼前。向人民的胜利致敬!

....

这是我们祖国的新光明。自由诞生了。它的光辉照耀到反动势力所笼罩的每一个黑暗角落。向人民的自由致敬!

这是胜利的高潮,荡漾到每一个口岸。各国的人民运动风起云涌,把我们的力量和他们的合在一起,加强这勇敢的战斗。向全世界民主斗争中的同志致敬!

....

是的,这是一个最伟大的时期——是中国人民革命斗争的里程碑。我们解脱了帝国主义和殖民统治的束缚。我们铲除了封建制度。人民正走向新的、更光辉的高峰。敬礼!中国人民革命斗争胜利万岁![①]

这是她继辛亥革命后第二次欢庆中国人民的历史性胜利。这个祝词比起1912年她那篇《二十世纪最伟大的事件》来,充满着更加激昂的热情。通过这三十多年艰辛的革命历程,她深知这一切胜利都来自中国共产党的英明领导。因此,她特别要向中国共产党致敬:

欢迎我们的领导者——这诞生在上海、生长在江西的丛山里、在二万五千里长征的艰难困苦中百炼成钢,在农村的泥土里成熟的领导者。向中国共产党致敬!

---

① 《向中国共产党致敬》,载《宋庆龄选集》上卷,第461—462页。

國民黨反動政權滅亡
上海人民市政府成立

陳市長訓示舊人員各安職守辦理移交

陳毅 市長

（本報訊）上海市軍事管制委員會，已於二十八日開始接收偽上海市政府、國民黨反動政權業已滅亡，上海人民市政府即日正式成立，市長陳毅，副市長曾山、潘漢年、韋愨，均已到職視事。二十八日下午二時，陳毅市長召集偽市府本部職員及各局局長各處主管等訓話，到三百餘人。陳市長指出：上海市的解放，是一個偉大的歷史變革，幾十年來在國民黨統治下的上海，今天已成為人民的城市，希望大家各安職守，服從命令，辦理移交，協助接管，並聽候政府量才錄用。會後副市長潘漢年、韋愨接見偽市府各局處長徵詢意見。現各局處之接收工作，正在有秩序地進行中。

1949年5月28日，上海人民市政府正式成立在这次庆祝大会上，宋庆龄再次见到陈赓，她满面笑容，亲切地向部队的同志祝贺战场上取得的辉煌战果。部队的同志也纷纷向她表示敬意，感谢她多年来始终不渝地支援了中国人民解放军所进行的正义战争。[①]

陈赓对这次与宋庆龄阔别16年后的重逢，心情十分激动，久久不能平静。回想起在过去残酷斗争的岁月里，宋庆龄屡次对他的关怀、爱护和营救，真是恩情比天高。如今自己有这样大的进步，其中也有一份宋庆龄的心血。

大会之后不久，宋庆龄特意设家宴招待陈赓。陈赓向宋庆龄详细介绍了部队的作战情况和当时的政治、军事形势。见到陈赓在十几年间从一个革命青年锻炼成为身经百战、功勋卓著的人民解放军高级将领，宋庆龄感到由衷的高兴。

宋庆龄与陈赓一家的友情，后来一直继续和发展着。1953年7月，朝鲜停战后，担任中国人民志愿军副司令员的陈赓回到祖国。宋庆龄曾亲自向饭店订制点心，向果园购买葡萄，邀请陈赓夫妇到家中做客。陈赓发现宋庆龄对部队的英雄模范人物深怀好感，言谈中充满敬佩之情。他对宋庆龄的这种心情十分理解，很快就准备了几十枚各式各样的战役纪念章和英雄代表会议纪念章送给宋庆龄。宋庆龄高兴地接受了这份珍贵的礼物，一枚一枚地仔细观看，神情十分感人。宋庆龄虽然没有直接在战场上消灭敌人，但是，在每一枚纪念章中，也凝聚着她对祖国的一片热忱。

[①] 傅涯：《良师益友，革命情深——深切悼念宋庆龄同志》，载《解放军报》，1981年6月3日。傅涯是陈赓的夫人。

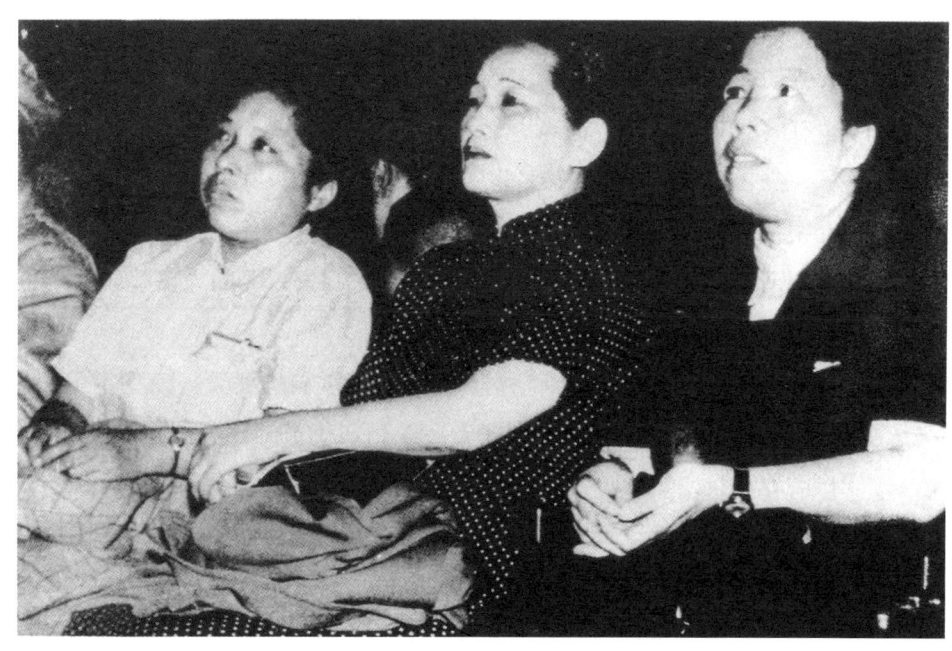
宋庆龄由邓颖超、廖梦醒陪同,出席上海庆祝中国共产党成立二十八周年大会

三、参加开国大典

上海解放后，宋庆龄领导福利基金会投入建设新中国的热潮。基金会百分之五十以上的工作人员参加了人民政府的工作，或加入南下工作团，为解放南方服务。

宋庆龄组织大家总结了中国福利基金会成立以来的工作，做出了今后的安排。她还与多年来一直关怀支持他们工作的周恩来总理讨论了他们的新的方针与任务，决定在党的领导下，协助开展妇幼保健卫生、儿童文化教育方面的实验性工作，同时还要继续开展国际宣传工作，而且要求各方面工作都要争取达到高标准。1950年8月，在明确这些任务的基础上，"中国福利基金会"改名为"中国福利会"。[1] 此后，保健室发展成为国际和平妇幼保健院，其他事业单位也分别成立托儿所、幼儿园、少年宫和儿童艺术剧院。他们都搬出铁皮的活动房屋，迁进了国家提供的较好的建筑物中。1952年，中国福利会开始出版英文版的杂志《中国建设》，继承并发扬它的前身保卫中国同盟所建立的、向世界各地传播中国的真实情况的优良传统，致力于介绍中国劳动人民、知识分子和文艺工作者的成就，并且通过具体事实和形象化的报道来阐明人民政府的政策。

但是，除中国福利会的工作以外，国家和人民需要宋庆龄承担更重要的工作，为振兴中华做出更大的贡献。

上海解放，扫除了宋庆龄北上参加建国大业的障碍。中共中央对她十分敬重，特派中央候补委员、全国妇女联合会副主席邓颖超持毛泽东、周恩来的亲笔信，前往上海迎接她。行前，邓颖超与已由香港来北平的何香凝及蔡畅、李德全、许广平联名致电宋庆龄表示敬意。[2]

---

[1]《为人民服务四十年》，载《永远和党在一起》，第174页。
[2]《人民日报》，1949年6月7日。

邓颖超到上海后,先让陪同来沪的廖梦醒去看望宋庆龄,并说明来意。一提起北京,宋庆龄的感情就深深地沉浸在对孙中山的怀念之中。她说:"北京是我最伤心之地,我怕到那里去。"廖梦醒说:"北京将成为新中国的首都。邓大姐代表周恩来同志特来迎接你。"接着,经过邓颖超和廖梦醒的几次恳谈,又看了毛泽东和周恩来的信,宋庆龄终于答应北上。①

毛泽东6月19日的信写道:

庆龄先生:

  重庆违教,忽近四年。仰望之诚,与日俱积。兹者全国革命胜利在即,建设大计,亟待商筹,特派邓颖超同志趋前致候,专诚欢迎先生北上。敬希命驾莅平,以便就近请教,至祈勿却为盼!专此。敬颂大安!

毛泽东
一九四九年六月十九日②

周恩来6月21日的信写道:

庆龄先生:

  沪滨告别,瞬近三年,每当蒋贼肆虐之际,辄以先生安全为念。今幸解放迅速,先生从此永脱险境,诚人民之大喜,私心亦为之大慰。现全国胜利在即,新中国建设有待于先生指教者正多,敢藉颖超专诚迎迓之便,谨陈渴望先生北上之情。敬希早日命驾,实为至幸。

  耑上,敬颂

---

① 廖梦醒:《我认识的宋庆龄同志》,载《人民日报》,1981年6月3日。
② 手稿影印件,载《纪念宋庆龄同志》画册,图175。

1950年8月,中国福利基金会改名为中国福利会。这是中国福利会办公楼

大安

周恩来

一九四九年六月二十一日①

8月26日，宋庆龄由邓颖超、廖梦醒陪同北上，路过南京作短暂停留时，邓颖超曾询问是否去看看中山陵。宋庆龄表示不去，邓颖超为她再次以国事为重而不徇私情深深感动。②28日抵达北平，在车站上，宋庆龄受到毛泽东、朱德、周恩来、林伯渠、董必武、李济深、何香凝、沈钧儒、郭沫若、柳亚子、廖承志等五十余人的热烈欢迎，并接受中央儿童保育院孩子献的鲜花。当晚，毛泽东宴请宋庆龄，畅谈甚欢。③

然后，宋庆龄参加了政治协商会议和中央人民政府的筹备等一系列紧张的工作。9月21日至30日，她参加政协第一届全体会议，并当选为大会主席团常务委员，参与领导这次大会，取得圆满成功。她还作为特邀代表，在大会上发表了热情洋溢的讲话，为共产党开始真正实现孙中山的三民主义而无比兴奋。她说："今天，中国是一个巨大的动力，中国人民在前进，在革命的动力中前进。这是一个历史的跃进，一个建设的巨力，一个新中国的诞生！我们达到今天的历史地位，是由于中国共产党的领导。这是唯一拥有人民大众力量的政党。孙中山的民族、民权、民生三大主义的胜利实现，因此得到了最可靠的保证。"她赞扬共产党实现了孙中山的"耕者有其田"的政策，并且"正在把孙中山所草拟的中国工业化的计划骨干，给予具体的内容"。

在讲到中国革命胜利的世界意义时，她进一步发挥了37年前为

---

① 《纪念宋庆龄同志》画册，图176。
② 邓颖超：《向宋庆龄同志致崇高的敬礼！》，载《人民日报》，1981年5月29日。
③ 廖梦醒：《我认识的宋庆龄同志》，载《人民日报》，1981年6月3日。

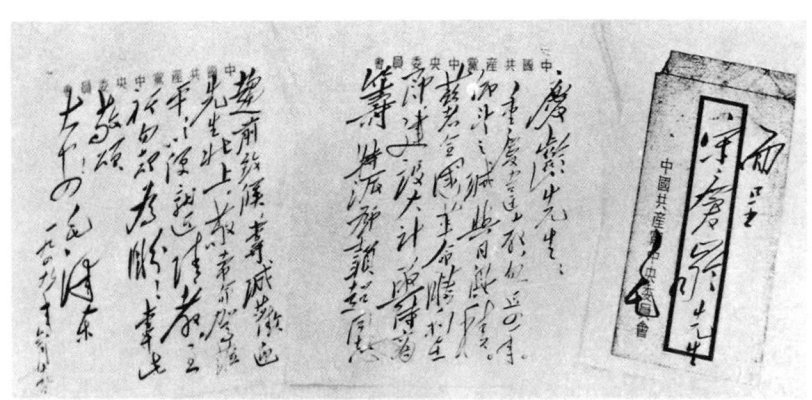

1949年6月19日,毛泽东致宋庆龄函件

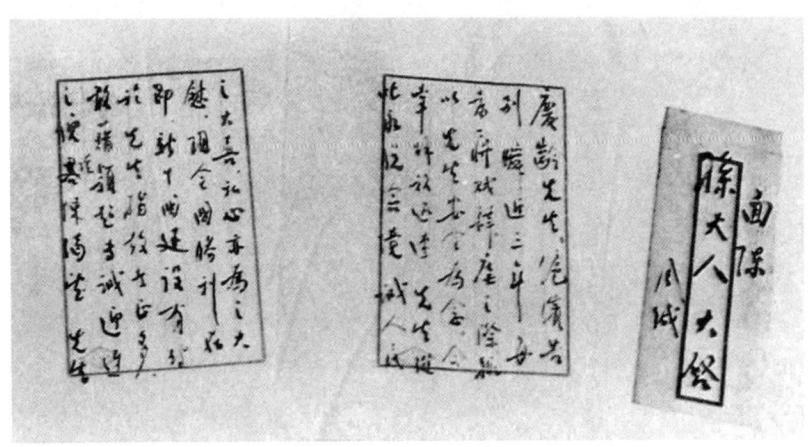

1949年6月21日,周恩来致宋庆龄函件

毛泽东、朱德、刘少奇、周恩来等在北京火车站迎候宋庆龄

1949年8月28日,宋庆龄由邓颖超、廖梦醒陪同,由上海抵达北平

辛亥革命写《二十世纪的最伟大的事件》中的思想:

"在国际阵线上,这人民胜利的进军又是什么意义呢?中国人民的成就,已经把整个世界的形势改变了。……

"中国人民大众在革命斗争中已经和世界各人民政府及人民力量完全结合在一起了。这种人民力量的结合,已经改变了历史的均衡。这是以工人、农民和知识分子为主体的世界亿万人民的伟大力量。"

最后,宋庆龄号召:"让我们现在就着手工作,建立一个独立、民主、和平与富强的新中国,和全世界的人民联合起来,实现世界的持久和平。"①

她一生留下无数篇文章和讲话,反复宣传的是要"建立一个独立、民主、和平与富强的新中国"和"实现世界的持久和平",除此之外,她没有向自己热爱的人民许诺更多的东西。千里之行,始于足下。实际上,只有实现了这两个目标,才谈得上向共产主义伟大目标迈出坚实的步伐。

9月30日,大会选举毛泽东为中央人民政府主席,宋庆龄与朱德、刘少奇、李济深、张澜、高岗为副主席,中国历史从此翻开了人民世纪的新篇章。

1949年10月1日,中华人民共和国中央人民政府正式成立。下午二时,宋庆龄主持了中央人民政府委员会第一次会议,与政府的主席、副主席一起宣布就职。这时,宋庆龄十分激动,心中产生一种"难以抑制的欢欣",连年的伟大奋斗和艰难历程,又出现在眼前,使她"想起许多同志们牺牲自己的生命换得了今日的光荣。连年的伟大奋斗和艰苦的事迹,又在我眼前出现。但是另一个念头紧抓住我的心,我知道,这一次不会再回头了,不会再倒退了。这一次,孙中山的努力终于结了果实,而且这果实显得这样美丽"②。

---

① 《在中国人民政治协商会议第一届全体会议上的讲话》,载《宋庆龄选集》上卷,第470—471页。
② 《华北之行的印象——在上海人民广播电台发表的讲话》,载《宋庆龄选集》上卷,第477页。

1949年9月21日至30日，宋庆龄（第二排右六）出席第一届中国人民政治协商会议，并当选为中华人民共和国中央人民政府副主席

1949年9月,第一届中国人民政治协商会议期间,宋庆龄与部分女委员合影。前排右起:史良、邓颖超、宋庆龄、何香凝;第二排右起:丁玲、蔡畅、罗叔章;后排右起:曾宪植、张晓梅、许广平、李德全

10月1日下午三时，宋庆龄和其他国家领导人一起登上天安门城楼，参加开国大典，并检阅海陆空军和群众游行队伍。当礼炮齐鸣，在雄壮的国歌声中第一面红旗冉冉升起时，她内心无比激动，眼里闪烁着晶莹的泪花。而看到天安门广场正前方矗立着孙中山的巨幅画像，她回想起孙中山在北京的奋斗和逝世，更是心潮起伏，思绪万千。她在上海的广播讲话中说："我这次到北京时的感觉，和我在一九二五年时所经历到的，真有天壤之别。"① 那时候，这历史的古城是各帝国主义国家的基地，也是孙中山不幸逝世的地方。现在，这个城市变成了人民的讲坛，人民在这里发出声震云霄的洪大的呼声。这呼声向人们表明，中国人民将创造一个新的文明，这种新的文明不仅影响到每一个中国人，并且影响到世界上每一个人。这使宋庆龄感到无比自豪。

人民创造了历史，历史又反过来改变人们的思想和情感。听着宋庆龄上面的讲话，与中国共产党邀她北上时她讲"北京是我最伤心之地，我怕到那里去"的话，宋庆龄好像换了个人。她完全陶醉在人民的胜利之中了。

中国人民经过一百多年的流血牺牲所获得的胜利，是一个盛大的节日，当然应该大庆特庆；尤其对于宋庆龄这样亲身经历了中国革命长期、艰苦斗争考验的战士来说，更觉得胜利来之不易。此时此刻，她那激动兴奋的心情是十分自然的，正如她自己所说："一九四九年十月一日是一个可纪念的日子，一个有历史意义的日子，一个快乐的日子。它标志着解放了的人民、新生了的中国的开始。从那一天，我们跨过了一个新的世纪的门槛，走向未来，走向人民的时代。"②

---

① 《华北之行的印象——在上海人民广播电台发表的讲话》，载《宋庆龄选集》上卷，第477页。
② 《新中国的第一年——为庆祝中华人民共和国开国一周年而作》，载《宋庆龄选集》上卷，第559页。

1949年10月1日，中华人民共和国成立，宋庆龄出席开国大典

第五章

鞠躬尽瘁 死而后已

（1949—1981年）

第一节　为建设社会主义呕心沥血

一、紧张繁忙的国务活动

新中国成立时，宋庆龄56岁。经过几十年革命斗争的磨炼，她已经成长为中国人民和世界人民十分崇敬的伟大人物。她为中国革命建立了丰功伟绩，给中国共产党许多难能可贵的帮助，但是，她从不居功自傲。她有无穷的力量和智慧，但外表温文尔雅，安详宁静。她是一颗光芒收敛的巨星。人民感谢她，共产党尊敬她，她被全国人民拥戴为中央人民政府副主席（1949年）、全国人民代表大会副委员长和政协副主席（1954年）、中华人民共和国副主席（1959年）等，成为中华人民共和国的主要领导人。

陈毅曾写诗曰："创业艰难百战多。"然创业难，守业更难。蒋家王朝灭亡后，留下来的是一个烂摊子，百孔千疮，百废待兴。正如毛泽东所说：中国人民民主革命的胜利，"只是一出长剧的一个短小的序幕。……中国的革命是伟大的，但革命以后的路程更长，工

1950年,宋庆龄、周恩来、郭沫若在保卫世界和平运动中签名

1950年,宋庆龄在蔡畅、康克清陪同下,视察中央军委保育院

作更伟大,更艰苦"。①他又说:"严重的经济建设任务摆在我们面前。我们熟习的东西有些快要闲起来了,我们不熟习的东西正在强迫我们去做。这就是困难。……我们必须克服困难,我们必须学会自己不懂的东西。"②

宋庆龄参加了缔造新中国的伟大斗争,但是,这只是中国革命的第一步;要使祖国富强起来,还要做大量更艰巨的工作,付出更多的心血。所以,宋庆龄欣然接受了人民委托她的各种重任,积极参加到紧张而繁忙的国务活动中来,而且,她为此而感到自豪和无比激动,对事业的成功充满信心。正如她在1949年解放后第一次到北京参加中国人民政治协商会议第一届全体会议后所述的感受那样:"北京的整个空气,使每个人离开以后,都带了决心,要献出他的每一分力量,保证中华人民共和国的成功。"③

在参加国务活动的过程中,中共中央领导人毛泽东、周恩来、刘少奇等经常就国际、国内的重大问题和宋庆龄交换意见,或书信往来;在政治上彼此关心,推心置腹,亲密无间,建立了深厚的同志情谊。④宋庆龄一向敬佩毛泽东。她曾说过:"除了孙逸仙博士以外,我从来就不信任中国的任何政治家。"西安事变以后,当斯诺问:"你现在还是不相信中国的任何政治家吗?"她摇了摇头,然后说:"比起他人来,我对毛泽东还是信任的。"⑤所以,在她北京和上海住所的客厅里,一直悬挂着她亲自挑选的孙中山和毛泽东的照片。毛泽东的照片都是生活照,显得十分亲切。宋庆龄对周恩来、刘少奇、朱德和邓颖超、康克清等都非常尊重;他们也敬重并关心宋庆

---

① 《毛泽东选集》人民出版社1960年版,第4卷,第1440页。
② 《毛泽东选集》人民出版社1960年版,第4卷,第1485页。
③ 《华北之行的印象——在上海人民广播电台发表的讲话》,载《宋庆龄选集》上卷,第477页。
④ 参见邓小平在宋庆龄追悼会上的悼词,载《人民日报》,1981年6月3日。又见王光美:《永恒的纪念》,载《人民日报》,1981年6月2日。
⑤ 〔美〕埃德加·斯诺:《复始之旅》,第112—113页。

周恩来在宋庆龄北京寓所拜会

朱德在北京拜会宋庆龄

周恩来邓颖超夫妇赠给宋庆龄的银器

朱德赠给宋庆龄的兰花

龄的健康，处处尊重她的生活习惯。如每次去她那里，都事先联系，征得她的同意。请她参加活动或会议，也一定先嘱咐秘书和有关同志询问她的健康状况与本人意愿。在公开场合，刘少奇、周恩来经常让她先行，并搀扶她起坐行走。

新中国成立后，历史翻开了崭新的一页。对于领导人来说，面临着大量新事物和新问题需要去认识、去解决，而这仅靠过去的经验是远远不够的。宋庆龄充分认识到这个严峻的形势。所以，她在工作中十分注意学习，不仅向书本学习，更注意向实际学习，向人民群众学习。为此，她经常到基层视察，倾听基层干部和人民群众的意见和要求，发现基层工作中的经验，然后带到中央，参与制定路线、方针和政策，以及各种规章制度；接着，又在工作中贯彻执行这些方针政策，领导人民建设社会主义。

1950年10月，宋庆龄和中央人民政府秘书长林伯渠一起，由朱明、廖梦醒、沈粹缜、罗叔章等陪同，赴东北考察。当时，抗美援朝战争已经爆发，严寒的冬季即将来临，可是宋庆龄坚持走遍东北三省，并亲自视察了东北的边防。她看到了人民解放军和广大人民坚不可摧的旺盛斗志和巩固的边防，感到放心了。她说："我们开国不久，就能把遭受敌人蹂躏不堪的破烂摊子很快地恢复和整顿，还能抗美援朝，这样的事应当大大宣传。"[1] 宋庆龄还视察了鞍山钢铁厂、长春市郊、黑龙江双城县农村及部队等。在视察中，她每天大清早就起床看材料，做视察的准备工作；每到一处，都认真听汇报，提问题，还要随行的同志帮助记录；经过一天的奔波劳累，晚间也不肯早早休息，还要阅读文件，终日勤奋忘我地工作。

回来的路上，宋庆龄又坚持去秦皇岛视察。那天，大雪纷飞，天寒地冻，陪同的年轻人都感到劳累，但她却兴致勃勃，要亲自去

---

[1] 罗叔章：《痛悼敬爱的宋庆龄名誉主席》，载《人民日报》，1981年5月30日。

1950年10月,宋庆龄与林伯渠(左四)在东北考察

1950年10月,宋庆龄、林伯渠(左一)在黑龙江双城县农村视察时,向农民了解情况

1950年10月,宋庆龄视察长春市郊区时与农民合影

视察秦皇岛码头,并在船舷上眺望。眼望着这孙中山《建国大纲》中的北方大港,畅想祖国社会主义建设的宏图,她的心情无比激动。

1951年11月,宋庆龄又视察华北地区,参观张家口市保育院和市郊的老鸦庄,向农民了解生产情况;在大同慰问煤矿工人,在北戴河某部空军机场与解放军亲切交谈。

1955年5月下旬,宋庆龄视察上海国营第一棉纺厂,十分详细地调查工厂生产、工人生活各方面的情况。她不仅关心工厂的生产成绩,也注意倾听工人在座谈会上指出的浪费现象。她还到工人住宅区曹杨新村参观,访问先进生产者杨富珍等人的家庭,同她们亲切交谈,关心她们的生活情况。

6月11日,宋庆龄紧接着又奔赴江苏松江专区,重点视察全国水稻丰产模范陈永康所在的农业生产合作社,详细了解这个合作社的组织过程和生产情况、统购统销和"三定"政策的执行情况,以及社员的文化生活、卫生保健等问题,并热情征求大家对政府的意见和要求。她冒雨在泥泞的田间小路上来回步行十余里,看了田地、水渠和副业生产,还访问了社员家庭。临行时,她高兴地对社员们说:"希望你们努力生产,争取更美好的生活,为广大农民走社会主义道路树立榜样。"①

回沪后,她又不顾疲劳,紧接着在上海先后视察第六医院、儿童医院、同仁医院和市立第四妇女保健医院。

宋庆龄对视察中发现的问题进行了认真的研究,特别是粮食统购统销、工农联盟、增产节约及医护人员的服务态度等重要的带有普遍性的问题,提出了自己的意见。

7月,宋庆龄就带着这些亲自调查研究得来的情况和意见,到北京参加第一届全国人民代表大会第二次会议,参与制订发展国民

---

① 《宋庆龄副委员长在江苏松江专区视察工作》,载《解放日报》,1955年6月14日。

1951年11月,宋庆龄视察空军某机场

1951年11月,宋庆龄在北戴河与抗美援朝志愿军战斗英雄交谈

1951年11月，宋庆龄视察张家口市干部子弟保育院

1951年11月，宋庆龄视察张家口市郊区老鸦庄，向农民了解情况

1951年11月,宋庆龄视察大同期间,在华严寺古钟前留影

1955年6月,宋庆龄视察江苏省松江专区(今上海市松江区)农村

经济第一个五年计划,讨论1954年国家决算和1955年国家预算的报告等。她在会上担任大会主席团成员,并作了题为《为了社会主义,为了和平》的发言,畅谈视察江南农村和上海纺织工业、医院及社会福利事业的情况、感受和意见,指出:农村应重视贯彻粮食统购统销政策和加强工农联盟教育;工厂中正热烈开展增产节约运动,但要防止满足已有成绩的心理,应该克服的浪费和可以发掘的潜力还是很多的。她提议,在发展生产的基础上分轻重缓急,根据可能的条件,适当解决人民的需要,如办学校、建浴池等。同时,她又强调"人民生活的改善必须跟着工业化的进展而相应地发展。我们国家在大规模进行工业化期间,还不能把太多的资金用在改善生活福利方面"。①

可以看出,她的许多意见具有战略意义,高瞻远瞩,非常深刻,至今还有指导意义。

当时,宋庆龄已是一个年过半百的人,但她呕心沥血、忘我工作的精神是十分惊人的。1955年11月中旬,她在北京连续几天参加人大常委会会议,讨论通过《农业生产合作社示范章程(草案)》及《1956年国家建设公债条例》之后,12月中旬应邀访问印度之前,又见缝插针,在云南视察了六天。在参观农业劳动模范李能领导的合作社时,她向全社干部征求对于国务院颁发的《农业合作社示范章程(草案)》的意见,向该社干部询问对烈军属、老弱社员和复员军人帮助的情况,社员政治教育、福利事业的情况以及他们对工农联盟的认识,征求他们对政府工作的意见和要求。她勉励社员们继续保持先进,根据国务院颁布的《农业生产合作社示范章程(草案)》,巩固合作社,认真贯彻实行依靠贫农、团结中农、自愿互利的政策等。1956年2月18日,她在紧张地出访印度、缅甸、巴基斯

---

① 《人民日报》,1955年7月24日。

坦三国回来后，没有休息，立即向人大作了视察云南省工作的报告。

她说：这次去云南视察，虽然时间比较短促，"却给我留下了深刻的印象"。她发现云南是个具有良好自然条件的好地方。可是由于交通不便，工业技术落后，它在经济上和文化上的发展受到了很大的阻碍。对于如何开发云南，她强调根据实际情况发展多种经营："目前，云南除了可以发展粮食的生产以外，还可以大大地发展经济作物，如烤烟、甘蔗、木棉、咖啡、麻、香蕉、蚕桑等。因此，如何贯彻执行发展云南交通的计划，特别是修通昆明的铁路计划，和大力提高技术，发展与农业相适应的工业是发展云南经济的重要条件。"①

正确的意见，是经得住历史的考验的。如这条农业生产要因地制宜发展多种经营的意见，经过三十多年我国农业生产发展正面和反面经验证明，是非常正确的。

由于云南是个多民族的地区，因此宋庆龄在报告中指出："民族政策的贯彻执行也就成为云南省的一项重要工作"，而这项工作又很复杂、艰巨。为此她建议："中央对于处在我国边疆的云南，在这项工作上应当予以更多的帮助。"②

通过这一系列的视察和其他途径，宋庆龄取得了发言权，积极参与国家的决策，改进政府的工作，并经常诚恳地向中国共产党提供意见。

1965年12月，她在总结"解放十六年"的成绩时，特别提到了保持共产党的纯洁性问题，以及与此有关的党和人民的关系问题。她指出："保持党的纯洁是最重要的，而在这方面，党和人民群众的关系起着决定性的作用"；"中国共产党从来就认为，共产党的党员和它的拥护者要成为真正的革命者，必须全心全意地为本国人民和

---

① 《人民日报》，1956年2月21日。
② 同上。

全世界人民服务。为了做到这一点，他们必须在革命纲领的基础上，把绝大多数人团结起来，以孤立顽固的敌人。他们必须是实行民主集中制的典范，必须谦逊，必须有自我批评的精神，并献身于无产阶级的革命事业。他们与人民群众之间，无论在思想上、精神上或物质上，在任何情况下都决不允许存在任何距离。在工作和学习中，他们都要遵循中国共产党在建立初期就提出的口号：从群众中来，到群众中去。"①

1979年9月，她在总结给中国人民带来深重灾难的"文化大革命"时，认为林彪、"四人帮"推行的是"最黑暗、最愚昧的法西斯文化专制主义"。为此，她提议一定要提高整个中华民族的科学文化水平，一定要为科学技术、教育、文化、医务及其他文化工作者提供较好的物质条件，并且"一定要尊重他们的劳动，关心他们的生活"，使他们为四个现代化做出更多更大的贡献。②

这些是至理名言。今天，我们在建设有中国特色的社会主义，努力振兴中华之际，重温宋庆龄的这些言论，仍使人得到启迪。宋庆龄当时虽然还不是共产党员，但从她辛苦奔波，视察于基层，决策于中央的实践活动表明，她是完全自觉地执行着"群众路线"和"尊重知识"的原则的。

宋庆龄还承担了大量外事活动，经常接待来华访问的外国贵宾和国际友人，其中有地位显赫的总统、总理、元帅、司令等，也有普通劳动者。这些外国友人都以能会见她这位有名望的人物为荣。她还多次代表国家出国访问，加强中国人民和各国人民的友谊。

宋庆龄参加这些紧张繁忙的国务活动，直到晚年患病期间也没有停止过。真是鞠躬尽瘁，死而后已。

---

① 《解放十六年》，载《人民日报》，1965年12月31日。
② 《人民的意志是不可战胜的》，载《宋庆龄选集》下卷，第586—591页。

1956年2月,宋庆龄在昆明市视察街道工作

1956年2月,宋庆龄在昆明视察农业合作社时,与彝族女社员和儿童合影

1958年10月,宋庆龄在上海访问工人家庭

1958年10月,宋庆龄视察上海国棉十七厂时,和工人一起在食堂进餐

1958年10月,宋庆龄视察上海郊区"七一"人民公社

1958年10月,宋庆龄在上海郊区视察人民公社时和农民在一起

1960年3月,宋庆龄视察上海电机厂

二、继续为妇女与儿童事业操劳

除参加国务活动以外,宋庆龄还负责历史上延续下来的两项具体工作:救济和妇女儿童工作。

1950年4、5月间,宋庆龄在北京主持中国救济代表会议,总结了中国福利基金会的工作。在中国人民救济总会成立时,她被推选为总会执行委员会委员和主席,领导该会制订了不同于资本主义国家的、自救自助的工作原则,在反击帝国主义企图用经济封锁来扼杀新生的人民中国的斗争中,维护了祖国的尊严。①

在她最热爱的妇女和儿童工作上,宋庆龄花费了更多的精力。像宋庆龄这样伟大的人物,新中国成立后又成了国家主要领导人,还以大量的精力满腔热忱地从事妇女、儿童工作,曾使外国不少政治家感到惊异。但是,宋庆龄的伟大就在于,她不仅从人道主义出发关心妇女和儿童的命运,而且把妇幼工作提高到关系民族兴亡、世界和平和人类命运的高度来对待。如她再三强调的那样:"如果在保卫妇女儿童权利方面没有进展,那末,人类和国家的进步是不可能的,保卫和平也是不可能的。"②制止今天的战争,为了争取明天的和平。保卫和平,说到底是为了保卫儿童,保卫人类的未来。所以宋庆龄在1951年为国际儿童节题词:"保卫和平!保卫儿童!"③宋庆龄为中国和世界的妇女运动和保卫儿童的事业做出的巨大贡献是举世瞩目的。

宋庆龄之所以十分重视解放后的妇女工作,除历史的原因之外,她认为新中国为妇女工作提出了新的任务。

首先,祖国的社会主义建设,必须发动广大妇女来参加。她在

---

① 参见《痛斥"美国之音"谎言》,载《宋庆龄选集》上卷,第536—537页。
② 《我们将尽一切力量维护和平》,载《宋庆龄选集》下卷,第107页。
③ 《解放日报》,1951年6月1日。

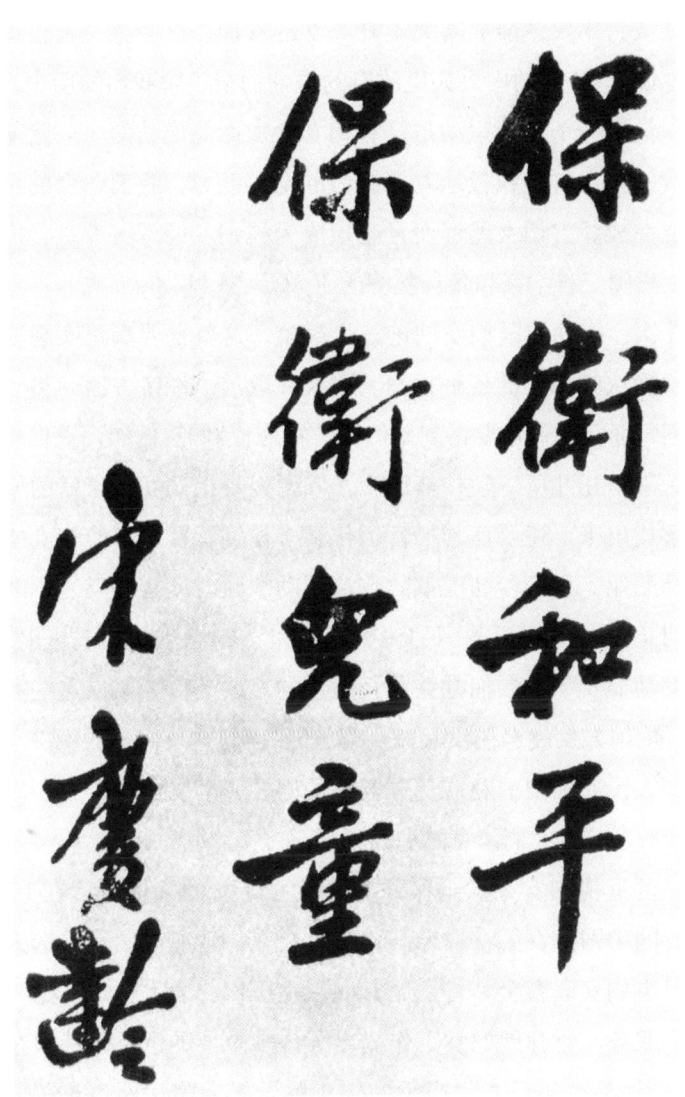

1951年,宋庆龄为六一国际儿童节题词

新的历史条件下,发展了40年前写的《现代中国妇女》(1913年写于美国威斯利安女子学院)一文中提出的妇女将与男人并驾齐驱的思想,认为不仅革命成功离不开妇女的参加,社会主义建设也是如此。她说:"我们的中央人民政府的领袖们很了解我们的历史。他们知道,没有一个革命运动是没有妇女参加而能成功的……除非信赖大多数的妇女群众积极地发挥她们的全部能力,我们革命的目标就不可能完成。""妇女能够而且必须成为技师、经理、教员、拖拉机手、工程师、科学家和各种熟练的工人。"①

其次,推动中国妇女的进一步解放。这就是要真正实现新中国法律所确认的妇女的各种权利,不仅在政治、经济方面与男子平等的权利,而且她们也要得到她们的"特殊权利"。例如,提供更多的产科医院、托儿所、学校等设施,以便逐步把妇女从家庭的繁重劳动中解放出来,还要加紧扫盲工作和多设训练机构,使妇女能够自由选择职业,积极参加国家的政治活动。同时还需要反复不断地教育,纠正社会上根深蒂固的"男尊女卑"的思想等。宋庆龄认为,这是发动妇女积极参加社会主义建设的重要条件。如果这些问题不解决,中国妇女就"还没有完全解放"。而"这些问题的解决对于保卫整个人民共和国的利益是关键性的问题"。她强调:"中国妇女的完全解放意味着我们国家的稳固坚强。"②

一贯重视妇女儿童工作并为之呕心沥血的宋庆龄,在1949年春举行的中国妇女第一次全国代表大会上,理所当然地被选为中华全国民主妇女联合会名誉主席,以后在历次代表大会上,她一直担任这个职务,对开展妇女工作提出了许多重要的意见。特别在粉碎"四人帮"后,年已八旬高龄的宋庆龄发扬老骥伏枥、志在千里的精神,仍然热心于妇女工作。在1978年中国妇女第四次代表大会

---

① 《给全国妇女代表大会的贺词》,载《宋庆龄选集》下卷,第4页。
② 同上。

上,她热情洋溢地致词,表示决心同大家一道进行新的长征,为建设社会主义现代化强国,"竭尽自己的一份力量"。① 她还语重心长地说:"'四个现代化需要妇女,妇女需要四个现代化。'没有生产力的极大提高,权利上的平等不可能成为事实上的平等。"为此,她再次呼吁:为了使迫切要求参加工作的妇女从家务劳动中解放出来,要"办更多更好的幼儿园、缝纫社、洗衣房等服务设施,逐步实现家务劳动社会化"。②

为了发挥妇女运动在增进各国人民友谊和保卫世界和平中的作用,宋庆龄还积极参加国际上的妇女运动。1952年12月,宋庆龄在维也纳召开的国际妇联理事会议上,称赞国际民主妇联在争取妇女和儿童权利的工作上,尤其在保卫和平运动上,做出了很大的贡献。她奔走呼号,动员妇女积极投入和平运动。1956年访问印度尼西亚时,她出席妇女团体领袖在雅加达举行的欢迎会,在致词中,她表示:"我们妇女尤其憎恨战争";我们"要把越来越多的妇女团结起来,以便我们能够迫使世界各国政府寻求和平"。③

对于新中国的儿童工作,宋庆龄一是强调保证儿童的健康生长,二是重在教育。

宋庆龄是全中国儿童慈祥的祖母。她充分认识儿童的健康对于一个民族强盛的重要意义。正如她在1950年6月15日为上海市妇幼卫生展览题词所写:"要有强健的民族,先从母性及儿童福利着手。"④ 1950年6月1日庆祝解放后第一个儿童节时,她给《人民日报》题词:"我们要使他们得到温暖的保育,俾养成健全的体格,成为革命的生力军,肩负建设新中国的伟大任务。"⑤

---

① 《人民日报》,1978年9月18日。
② 《新长征中的中国妇女》,载《宋庆龄选集》下卷,第575页。
③ 《人民日报》,1956年8月18日。
④ 《解放日报》,1950年6月15日。
⑤ 《人民日报》,1950年6月1日。

1955年5月5日,宋庆龄在上海寓所会见国际民主妇女联合会主席、世界和平理事会副主席、法兰西妇女联盟主席欧仁妮·戈登夫人

1956年5月,宋庆龄在上海寓所草坪上会见来华参加国际民主妇女联合会理事会的代表

1956年5月11日，宋庆龄在上海寓所会见参加国际民主妇女联合会理事会的尼泊尔代表德维夫人

1960年3月7日,宋庆龄在上海妇女纪念"三八"国际妇女节五十周年大会上,向荣获"三八红旗手"称号的妇女授奖

宋庆龄不仅到处为儿童大声疾呼，而且身体力行，为儿童事业付出了无数的心血。1951年11月，她出席中国人民保卫儿童全国委员会成立大会，被选为该会主席。以后，她一直担任这个职务，领导该会开展工作。该委员会的工作人员每年都要到她家里一两次，汇报工作。宋庆龄对他们说：你们有事随时都可以与我联系，随时都可到我家来。①

1951年9月，宋庆龄荣获"巩固国际和平"斯大林国际奖奖金十万卢布。这是她第一次得到的巨额奖金，她首先想到的就是妇女和儿童。于是她在奖金汇款单上亲笔批示："此款赠中国福利会作妇女福利事业之用。"② 福利会遵循她的批示，在上海创办了国际和平妇幼保健院。1981年她逝世时，这个保健院已发展成拥有350张床位，包括产科、妇科和计划生育科的大型现代化医院。该院在计划生育方面的经验和科研成果，受到了世界卫生组织的重视。

宋庆龄进行儿童福利以及妇幼保健和国际宣传工作的主要阵地是中国福利会。

解放前，宋庆龄在主持"保卫中国同盟"和"中国福利基金会"的工作期间，以募捐款物救济战区和灾区儿童，为儿童福利事业做过许多工作。解放以后，根据周恩来的提议，中国福利会的妇幼工作应起"实验性、示范性"的作用。为此，除了创办国际和平妇幼保健院外，在20世纪50年代初，宋庆龄还领导中国福利会创办了一个托儿所和一个幼儿园，在儿童保健和儿童早期教育方面进行实验性的工作，取得了成功的经验。

宋庆龄重视儿童的保健，更重视儿童的教育。她之所以如此热爱儿童工作，归根结底是着眼于未来。她说："儿童是我们的未

---

① 张淑义：《宋庆龄同志是全国儿童的好奶奶》，载《长江日报》，1981年6月4日。张淑义是保卫儿童全国委员会的秘书长。
② 原件影印，载《永远和党在一起》。

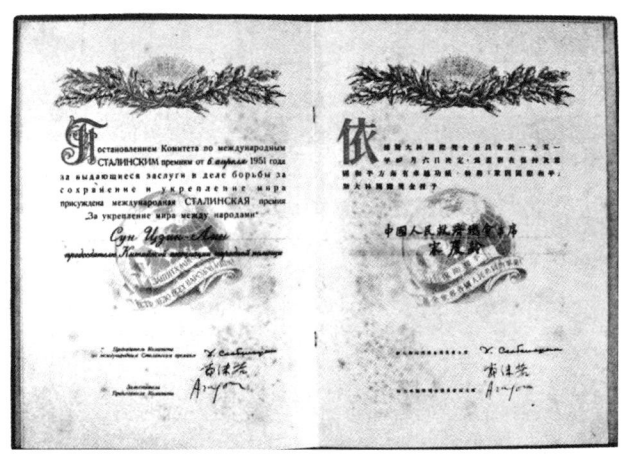

1951年4月,斯大林国际奖金委员会决定将1950年度"巩固国际和平"斯大林国际奖授予宋庆龄。图为奖状证书和奖章

1951年4月,宋庆龄荣获1950年度"巩固国际和平"斯大林奖。图为宋庆龄与智利诗人聂鲁达在9月18日举行的颁奖仪式上

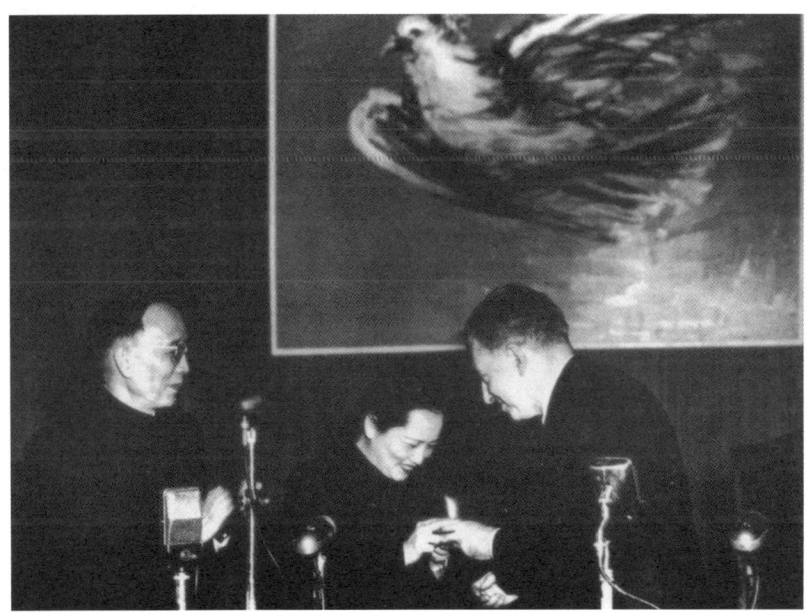

1951年9月18日,斯大林国际奖金委员会委员、苏联作家爱伦堡在北京向宋庆龄授奖。右起:爱伦堡、宋庆龄、郭沫若

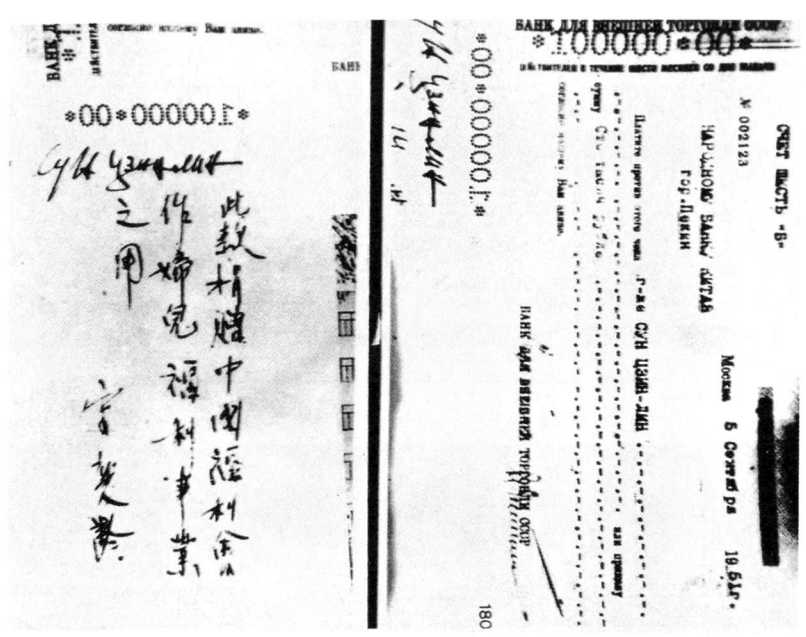

1951年,宋庆龄将荣获的"巩固国际和平"斯大林奖金全部捐赠给中国福利会,用于妇女儿童福利事业。这是奖金汇款单和宋庆龄在汇款单上的批示

来，因为未来的世界是属于儿童的"①;"儿童工作就是缔造未来的工作"②。只有具有政治远见,对人类的未来充满着希望的人,才会对儿童工作如此倾心。

但是儿童的成长不是自发的,需要正确的思想去教育。因此,宋庆龄一贯反对溺爱孩子,对新中国的儿童工作,她在关心福利的同时,特别强调教育。她认为:在教育下一代的工作中物质条件是重要的,应该毫无例外地把最好的东西给孩子们,然而重要得多的是对他们进行思想上的教育,"要使他们生活有目的,这个目的应是把个人的前途和全人类的进步事业联系起来,要使他们具有正确的世界观,树立明辨是和非、正义和非正义、真理和谬误的标准"③。1964年4月,在《工人日报》讨论"怎样教育我们的子女"问题时,她又著文强调:"离开了教育,即使无产阶级家庭的子女,也不可能自发地形成无产阶级思想;离开了教育,即使老子是英雄,儿子也不一定会成为好汉;离开教育,孩子不会因为'生在新社会,长在红旗下',而'自然红'起来。幼苗纵然生在肥沃的土地上,但是如果没有农民细心的培育,不去锄草、施肥、灌水、除虫、修枝,就很难长成茂盛的庄稼。"④ 根据这一精神,中国福利会先后创办了《儿童时代》半月刊、少年宫和儿童艺术剧院等。

《儿童时代》是个综合性的儿童读物,于1950年创刊,到1981年全国发行量每期已达120万份,成为广大小读者的良师益友。少年宫是1953年在原来上海儿童福利站的基础上建立起来的,是我国最早建立的少年宫之一。现在这个少年宫已成为上海少年儿童校外

---

① 《为培养共产主义接班人而努力——为庆祝中国福利会二十五周年而作》,载《宋庆龄选集》下卷,第409页。
② 《缔造未来》,载《宋庆龄选集》下卷,第403页。
③ 同上。
④ 《把培养革命后代的责任担当起来——为〈工人日报〉"怎样教育我们的子女"问题讨论而作》,载《宋庆龄选集》下卷,第431页。

儿童时代

宋庆龄为《儿童时代》半月刊杂志题写的刊名

宋庆龄经常为《儿童时代》撰写文章

儿童艺术剧院创作和演出的童话剧《马兰花》中的小兔子形象

中国福利基金会1947年组织的儿童剧团，1957年更名为中国福利会儿童艺术剧院。图为1947年的一次排练

文化活动的中心。儿童剧团在1957年改名为中国福利会儿童艺术剧院。它是我国第一个儿童剧院，它创作和演出的《马兰花》《小足球队》《童心》等儿童剧曾多次获奖。

对少年宫，宋庆龄明确指出："儿童们在少年宫里不能只是享受幸福的童年，更要紧的是学习劳动的本领，学习为集体工作，为祖国做有益的事，准备为人民谋幸福。"①

在儿童教育中，宋庆龄特别强调形象教育的方式。因此她对艰苦创业发展起来的儿童剧院格外偏爱，看作是她的"掌上明珠"，一直亲昵地称它为"我的剧团"、"我们的剧院"。她曾自豪地向国际朋友夸耀说："我们的儿童剧院，在中国还是第一个，它是为儿童而设的，由儿童自己管理着。在我们的剧院里，有一百个有天才的儿童。他们有自己的演员、编剧、布景设计和舞台管理，他们有自己的舞蹈班和管弦乐队。"②

儿童剧院的每一步成长都渗透着宋庆龄的心血。她指示从穷孩子中招收演员，剧团自己写儿童剧，培养第一流的乐队，选择最好的剧院院址，把导演兼编剧送到国外观摩儿童剧，并定下剧团的方针是为儿童演出，感染儿童，寓教于文娱之中，不要搞成人剧。逢年过节，宋庆龄总要到剧团看望小演员，特别注重他们的学习和清洁卫生。

1952年国庆前夕，宋庆龄亲自率领儿童剧团到北京，向中央领导人汇报。行前，她作了三点指示：一、这是政治上向党中央汇报；二、节目要表现新时代的少年儿童的生活和思想；三、艺术上要强，不仅要征服中国的观众，将来要征服国际上的观众。她还说：现在全国儿童剧团很少，要拿出最好的成绩到北京去向毛主席汇报。10月24日，宋庆龄陪同毛泽东、周恩来、朱德等中央领导人

---

① 为中国福利会少年宫成立五周年题词，原件影印，载《永远和党在一起》。
② 《新中国的信息》，载《宋庆龄选集》上卷，第584页。

观看儿童剧团的演出。演出获得成功,得到中央领导人的赞扬。毛泽东特别欣赏木偶剧《兔子和猫》,对该剧引人发笑的内容印象很深。当天晚上,毛泽东请邓颖超转告宋庆龄,要儿童剧团在怀仁堂公演四天,请首都的少年儿童作为毛泽东的客人来看戏。邓颖超对剧团的同志说:"儿童剧团是第一个进怀仁堂演戏的,这是你们的光荣。"①

宋庆龄进入晚年以后,由于体衰多病,减轻了工作负担,但对儿童工作始终毫不懈怠。"四人帮"覆灭后的第一个春节,宋庆龄派人把一条几十斤重的青鱼和一些年糕送给儿童艺术剧院的同志,她热切盼望她的"掌上明珠"能再放异彩。解放初,她曾设想要在国内各地成立成百个儿童剧院。由于种种原因,特别是十年浩劫的冲击,宋庆龄这个小小的心愿始终未能实现。她感到遗憾,但是更使她气愤的是现在仅有的一点阵地也受到威胁:1979年,由于受国家要进行精简机构的影响,社会上刮起了一股轻视、取消儿童剧院、儿童剧的歪风。宋庆龄立即挺身而出,保卫这株艺术幼苗。在这年2月12、13日,她连续两次致函中国福利会儿童艺术剧院。12日的信写道:"我创办儿童剧院为了演出儿童剧,通过儿童典型形象,感染儿童,使他们有文娱生活,并寓教育于文娱之中。"②她鼓励剧院的人坚定立场,继续把工作重点放在儿童剧上,创作出更多更好的儿童剧。第二天写的信,态度更加坚决和严厉。全文如下:

中国福利会儿童艺术剧院:

  昨天给你们写了一信。今天觉得还有话要说,再写这封信。

  儿童艺术剧院是示范性、试验性的,完全是为儿童服务而

---

① 参见胡思升:《她的"掌上明珠"——记宋庆龄同志创建、扶持儿童艺术剧院的史实》,载《人民日报》,1981年6月5日。
② 《新华社新闻稿》,1979年3月27日。

中国福利会少年宫

中国福利会托儿所

创办的。成人有成人的剧院。某些干部把为儿童服务的方针误会了，将是一个大错。我们既定的方针，不可曲解和转变。

我们多年来培养的专业人员，不允许调走。

此致

敬礼

宋庆龄

1979年2月13日①

接着，她热情接待儿童艺术剧院到北京演出新创作的《童心》再次在实际行动上给予扶持。3月，剧团一到北京，她就高兴地说："我的剧团来了。我一定要看戏。"剧团的同志知道宋庆龄身体欠佳，不愿她亲临首场公演的北京工人俱乐部，建议过几天找一个安静的场所为她演出。她听后几乎生气地说："不！我要看第一场演出。"②

3月28日，一个春寒料峭的夜晚，在北京工人俱乐部的剧场里，宋庆龄全神贯注地看完两个多小时的演出。剧团的领导考虑到她的健康状况，本来准备派两名演员下台向她献花。但她不同意，说："我要上台！"她给剧团送了一个特大的花篮，祝贺演出成功，并表示要亲自写文章推荐。她还把剧院院长（《童心》的导演）任德耀请到家中，谈了一个下午，反复叮嘱他，一定要创作出好的儿童剧，并语重心长地说："我所做的一切，是为了把儿童剧搞好，坚持下去。"③ 30日，她写了《我看〈童心〉》一文，说《童心》"塑造了人民教师的形象，热情歌颂了社会主义教育事业。""这样的戏，教师看了一定落泪，发生共鸣，要为培养四化的生力军而献身；学生看了，对比今昔，一定发奋学习，树立为共产主义奋斗的宏伟理想。

---

①原件影印，藏上海中国福利会。函中着重号是宋庆龄所加。
②参见胡思升：《她的"掌上明珠"——记宋庆龄同志创建、扶持儿童艺术剧院的史实》，载《人民日报》，1981年6月5日。
③同上。

这是一出好戏。"她还指出：这出戏"无情揭露了'四人帮'带给教育界的浩劫，带给下一代的毒害"；希望戏剧工作者"为孩子多编戏，演出更多更好的戏"。① 宋庆龄趁此《童心》演出成功的机会，再次向人们进行了坚持儿童剧团和儿童剧的宣传。

宋庆龄深深懂得，自强才能自立。回击社会上轻视、取消儿童剧院、儿童剧歪风最有力的武器是儿童剧团自身的建设，拿出出色的成果和模范的行动。为此，她在1980年又写信给任德耀：要有新东西；要教育孩子讲礼貌，不要说粗话，不要抽烟；儿艺一定要演这样的东西。② 如此无微不至的关怀和教诲，实在令人感动。儿艺没有辜负她的期望，以她这次指示为主题创作了《好伙伴之歌》一剧，令人遗憾的是，该剧在1981年为迎接"六一"儿童节而公演前三天，宋庆龄这位全国少年儿童的好祖母，却永远闭上了她慈祥、明亮的双眼，再也不可能观看"她的剧团"的又一次演出了。

1981年5月，在她生命的最后一个月里，宋庆龄依然把自己的主要精力放在儿童事业上。她接连写下三篇有关儿童工作的重要文章，这也是毕生最后的三篇文章，以倾诉她对儿童全部的爱。她在5月2日人民日报刊登的《更好地为下一代着想》中说："我的一生是同少年、儿童工作联系在一起的"；深信"只要我们不断地关心这年轻的一代，不断地用中华民族的优秀传统，用中国革命的优秀传统去培养和教育他们。他们就一定能够把我们祖国和民族的希望的火炬接过来，传下去"。③

5月14日，"六一"国际儿童节报告会召开前，宋庆龄已经病危，不能出席大会了。她重重地叹着气，表示遗憾。于是，她挣扎着下床，要去办公桌上写信。可是，已经力不从心了。只好让身边

---

① 《人民日报》，1979年4月7日。
② 参见胡思升：《她的"掌上明珠"——记宋庆龄同志创建、扶持儿童艺术剧院的史实》，载《人民日报》，1981年6月5日。
③ 《人民日报》，1981年5月2日。

的服务人员把笔和纸取来,她靠在病床上,托着一块木板给儿童节报告会写了一封热情洋溢的祝贺信,表示:"我不能参加这次大会,但我关怀热爱儿童和少年的心和你们一起跳动。"① 这封信成了她一生中最后的遗墨,离她逝世只有 15 天。

5月22日,报纸上发表了《愿小树苗健康成长》,这是宋庆龄生前发表的最后一篇文章。她殷切期望孩子们像小树苗一样健康"成长为栋梁之材,成为为社会主义现代化建设事业的坚强接班人,为创造更高的物质文明和精神文明做出超过前人的重大贡献"。

这最后的遗墨和最后发表的文章表明,宋庆龄把她最后一点心血洒在了栽培小树苗的园地里。

当年辛勤耕耘,如今桃李芬芳,过去几十年间在不同情况下直接受到过宋庆龄关怀和帮助过的少年儿童,好像受到阳光和雨露特殊滋润过的小苗一样,如今都已成为国家的栋梁,战斗在社会主义建设的各条战线上。如匡映东,1938 年时是个才 10 岁的难童,在武汉被宋庆龄所关怀的保育会收容,后来转辗被送往广州,因在火车上患了感冒,到广州后转为急性肺炎,生命垂危。那时正当宋庆龄到广州视察,发现后立即指示送往广州最好的医院——广州红十字会医院抢救才得以脱险。以后,他又在福利会保育院供养下读完了高中,考入交通大学,毕业后在南昌航空工业学校任教。有一张流传很广的宋庆龄在 1947 年亲切地教导一个男孩识字的照片。这个孩子叫吴方,当时经常到福利会在上海办的福利文化站活动。他后来成为工程师。解放初期曾在福利会幼儿园学习,以后不断受到宋庆龄亲切关怀的管沂谦,现在是一名大学的英文教师。如此等等。

同时,更有千千万万个少年儿童,沐浴在宋庆龄的遗爱中,茁壮成长。宋庆龄的光辉形象将永远镌刻在中国少年儿童的心坎上。

---

① 《我的心和你们一起跳动——致"六一"儿童节报告会的贺信》,载《宋庆龄选集》下卷,第 627 页。

1963年,宋庆龄为中国福利会少年宫成立十周年题词

1957年10月16日,宋庆龄在中国福利会少年宫举行茶会,欢迎来华参加我国国庆的缅甸、锡兰、埃及、印度、日本、巴基斯坦、突尼斯等七国妇女代表团

1964年5月,宋庆龄在上海儿童艺术剧院观看中国福利会儿童艺术剧院演出的话剧

三、始终关心祖国的统一大业

祖国统一是宋庆龄和孙中山毕生追求的重要目标之一。1917年至1922年,她和孙中山在广州与陆荣廷、陈炯明的斗争,实质上是统一还是分裂中国的斗争。1949年,她拒绝参加南京政府也是这个斗争的继续。

新中国成立后,主要由于美国的阻挠,大陆和台湾迄今未能统一。中美建交后,阻力正在减小,宋庆龄尽管年事已高,仍不遗余力地努力促进国共第三次合作,希望早日实现祖国的统一,她运用自己与美国及台湾的特殊关系,运用个人与台湾掌权者及有影响人物的亲属关系,从多方面进行这种工作,受到海峡两岸人民和广大侨胞的衷心拥护。

出于对世界和平事业的热忱,宋庆龄一开始就拥护中国共产党关于和平统一祖国的方针。1955年,她访问印度提出包括美国在内"缔结亚洲和太平洋地区的集体和平公约"建议时,就表示中国愿就台湾地区中美紧张关系问题进行谈判。

1979年元旦,全国人民代表大会常务委员会发表《告台湾同胞书》,宣布人民解放军从当日起停止炮击金门等岛屿,并就和平统一祖国问题单方面提出一系列积极的建议,提议中华人民共和国政府和台湾当局举行商谈,结束军事对峙状态,双方尽快实现通航、通邮,发展贸易,进行经济交流。宋庆龄以副委员长的身份表示完全赞成,并贡献了重要的意见。

这年9月29日,她为庆祝建国30周年发表重要文章《人民的意志是不可战胜的》,其中特别提道,"在举国欢庆祖国伟大节日的时刻,我不能不想念台湾的骨肉同胞。三十年了,台湾回归祖国、实现国家统一的大业还没有完成,哪一个中国人不应感到身有责任呢?"表示热切期望台湾同胞能同大陆同胞一起,共同努力,为祖国早日统一,共同发展四个现代化的建国大业而做出应有的贡献。

有几次宴客,宋庆龄用鸡血和豆腐制作可口的酸辣汤。在席间,她风趣地笑着用英语说,"这是国共合作汤"(指鸡血是红色,豆腐是白色的)。她期待着有一天国共第三次合作,海峡两岸炎黄子孙欢聚,自己能与弟妹们相聚![1]

1949年大陆解放时,宋庆龄的兄弟姐妹及其他亲友大部分去了台湾地区、美国或其他一些地方。由于政治主张不同,双方似成敌对,但是骨肉同胞手足之情并未泯灭;宋庆龄对海外亲人的怀念更是深沉。她始终密切关注着亲人们在外面的处境,从各方面努力建立和保持联系,期望祖国早日统一,亲人团聚。这是推动祖国统一的一股重要力量。

前中国银行香港分行经理,中国银行常务董事,一、二、三届全国人大代表郑铁如,解放后多次见到宋庆龄。他说:"每次孙夫人总要探问宋子安先生的近况,如果我说得笼统,孙夫人就会叫我回港后再设法了解得详细些,然后告诉她。"宋庆龄曾告诉郑铁如,她跟这位幼弟是最要好的;在向郑铁如谈起宋子安时,她总是满含深情。宋庆龄还几次托郑铁如带给宋子安口信:"他的二姐非常想念他,希望在有生之年能跟他见一次面,以叙姐弟之情。"因为当时中美未建交,她不便去美国。[2] 可惜,宋子安由于同样的原因,也不便来中国。1969年,中美关系还未恢复,国内又处在"阶级斗争"和"全面专政"之中,宋庆龄的处境十分困难。有一次,她从一份外国杂志上看到宋子安病逝的消息,伤心得流了眼泪。她不顾一切后果,亲自拟了电报发出,表示哀悼。[3] 她说宋子安在弟辈中是最了解她

---

[1]《人民日报》,1980年1月2日。
[2] 瀛叟:《宋庆龄关怀宋子安》,载香港《天天日报》,1981年5月24日。
[3] 张珏:《在宋庆龄身边工作二三事》,载《中国建设》(纪念宋庆龄特刊),1981年8月。

的。宋子安全家对宋庆龄也是如此。在宋庆龄逝世时，宋子安夫人及全家特地从美国旧金山发来唁电表示："对我丈夫的姐姐逝世谨表示诚挚的哀悼。"①

美国总统尼克松访华后，随着中美关系的正常化，宋庆龄逐渐与海外亲友取得联系。她的儿媳陈淑英、孙女孙穗英、孙穗华等，由于长期阻隔对中国发生的事了解很少，开始也只能间接听到宋庆龄的消息。她们渴望了解这些情况，了解祖国在干什么，取得了什么成绩，可是在中美关系正常化之前，又不能直接与宋庆龄通信。宋庆龄知道她们的心情后，就主动每月给他们寄《中国建设》。她们怀着极大的兴趣读每一份《中国建设》，并且觉得文章写得都很好，十分爱读。

小孙女穗华开始不知道怎样给祖母写信，说"我像是《圣经》里的浪子回家，要请她原谅"。宋庆龄回信非常热情，她说穗华离开家好像只不过是昨天的事。②

中美关系正常化后，海外亲属纷纷摆脱各种干扰，应宋庆龄之邀来祖国参观旅游，不管是近亲还是远亲，见过面还是未见过面，以及很小的晚辈，她都极其热情地在寓所接待他们；惜别后，还保持通讯联系；每当亲属中有婚丧嫁娶或诞忌之日，她都不远万里有所表示。陈恕是宋庆龄的亲戚，宋庆龄与蒋介石南京政权决裂以后，陈恕的父亲陈行是国民党政府中的一员，任中央银行的副总裁。但宋庆龄仍能团结他，成为他终生的朋友和非常钦佩的人。后来，宋庆龄把情谊转到陈行的后辈身上，对陈恕一家非常关心。陈恕的儿子在美国不幸死于车祸，宋庆龄即去信安慰，告诉他们："最能克服悲痛的办法是工作，工作，再工作。"陈恕的二儿子结婚时，她又发

---

① 《人民日报》，1981年5月31日。
② 《她多么伟大、多么真诚、多么亲切！——访宋庆龄同志的亲属孙穗英、孙穗华等》，载《中国建设》（纪念宋庆龄特刊），1981年8月。

宋庆龄与宋子良

去电报祝贺。再后,陈恕的大孙女出生了,她不仅为他们高兴,还送去了漂亮的衣服。陈恕全家人说:"我们真心实意地爱她。"①

精诚所至,金石为开。宋庆龄这样真心诚意地对待海外亲属,足以排除任何政治偏见,化解历史积怨,使海外赤子纷纷回归祖国。在她生病和去世时,几乎所有海外亲属都有所表示,不少人来到她身边探望和奔丧,实在不得分身的也送来了花圈,拍来了慰问电和唁电。除宋子安夫人及全家外,1981年6月22日,宋庆龄唯一还在世的亲弟弟宋子良得知姐姐病重后,从美国纽约州哈里森来电慰问:"获悉你患病在身,不胜难过。为你的健康而祈祷。"②

宋子文虽已去世,他的长女得知宋庆龄逝世时,仍在6月2日给人大常委会副委员长廖承志拍来深情的电报,对宋庆龄逝世"深感哀痛"。③

宋美龄一直没有什么表示。但是据接近宋美龄的人士透露,5月下旬,她在得知宋庆龄病危及逝世消息时,曾多次流泪,并为二姐向上帝祷告。④可见她对二姐仍然怀有深沉的感情。

宋庆龄联络的这些亲属好友,在促成祖国统一大业中无疑是一支生力军。可以相信,宋庆龄瞩望祖国统一的遗愿,在她的亲属和海峡两岸人民及广大华侨同胞的努力下,终将会实现。

---

① 《她多么伟大,多么真诚、多么亲切!——访宋庆龄同志的亲属孙穗英、孙穗华等》,载《中国建设》(纪念宋庆龄特刊),1981年8月。
② 《人民日报》,1981年5月23日。
③ 《人民日报》,1981年6月3日。
④ 《闻姐姐病危,宋美龄流泪》,载香港《百姓》半月刊,1981年6月16日出版。

四、人民的公仆

解放后，宋庆龄身居高位，但她一不以权谋私，二不铺张浪费，完全自觉地把自己当作人民的公仆，全心全意地为人民服务。

她常对身边工作的服务人员说：你们不要认为是做我的阿妈（上海话保姆的意思），其实呀，你们是我的贴身警卫员和女副官。我身边一个亲人也没有，你们就是我的亲姐妹。你们为我分担了这么多家务小事，就能让我有更多的时间去为党为人民工作。所以，我们的工作目标是共同的，一致的，都是为人民服务呀！①

宋庆龄对身边所有的工作人员都是这样。她始终平等待人，一点没有官架子。这是她彻底的民主思想在新的历史条件下的一种表现。而且，她甘当人民公仆的精神，贯注在她工作和生活的各个方面。

在工作上，宋庆龄不仅真诚地深入基层，密切联系群众，而且有一种自己能干的事尽量自己亲自动手，不依赖助手和秘书的好作风；干起工作来又有一种不知疲劳、夜以继日、忘我的拼搏精神。宋庆龄一般在清晨五点钟就起床，稍稍锻炼一下身体后就开始办公和学习。除了要处理大量的文件、材料外，她每天还要写许多信件。遇上有些外交上的事务，还要亲自使用那架英文打字机。中国福利会下属有七个部门。这七个部门本身有着大量的工作。每天傍晚前，他们各自把文件和材料送到大门口的传达室，然后由警卫把文件送到宋庆龄的房间里。第二天一早，各部门就能在上班前从传达室里取到经过宋庆龄亲批阅圈点过的文件和材料。这就是宋庆龄的办事效率和速度。她一贯反对工作中的粗枝大叶和拖拉作风。即使在公

---

① 访问宋庆龄身边工作服务人员（秘书、保姆、警卫、司机等）记录。以下所举宋庆龄对身边服务人员的谈话及托办的事，除另有注释外，皆引自该记录，不再一一注明。宋庆龄的保姆钟兴宝口述、汤雄整理的《在宋庆龄身边》一文提供了不少材料，但也有一些出入，本书在引用时作了订正。

务繁忙或身体欠佳时,她也这样工作,对于来信也是当天或隔天就立刻回信。因此,她常常在凌晨两三点钟就起床工作。怕影响身边工作人员的休息,她不让他们作陪或照料,只在头天晚上临睡前吩咐:"替我把东西放停当,夜里我要办公。"

宋庆龄的这种工作习惯,甚至在病中也不改变。1958年,她在给《中国建设》一位编辑的信中说:"因患神经性皮炎,遍及全身,一直行动不便。连日来夜不成寐,使我体质减弱……"①

福利会在1952年创刊的英文杂志《中国建设》

但就在这种情况下,她还是审阅了《中国建设》准备要发表的一篇关于中国福利事业的长篇文章,而且在第二天上午就给那位编辑写信,提出了两点很重要的意见。1972年,正值"文化大革命"的浩劫中,又有好几位她很尊敬的战友陈毅、斯诺、李德全、何香凝、雷格斯(20世纪30年代与格兰尼奇一起编辑《中国呼声》)和邓子恢等同志相继逝世,她的心情很不好;另一方面,由于尼克松访华,中美交往的大门开始打开,来访的外宾增加,成了她"文革"期间工作最忙的一年。不巧她的皮肤病又发作了,而且这次还特别严重。但即使这样,她还是坚持工作,不肯休息。

1981年5月12日,宋庆龄已经病危。这天清晨五时,她突然挣扎着从床上坐起来,对守候在身边的工作人员说:"扶我起来,我有事要做。"她被两个工作人员搀扶着下床,喘着气来到写字台旁坐下,用颤抖的手,艰难地握起毛笔,蘸足了墨,在纸上写下了"韬

---

① 转自爱泼斯坦:《宋庆龄与〈中国建设〉》,载《中国建设》(纪念宋庆龄特刊),1981年8月。

奋手迹"四个大字。写好了一张,她还不满意,又写了两张,说:"让沈大姐(邹韬奋夫人沈粹缜)选着用吧!"这是宋庆龄生前的最后题字。早在这年初,韬奋纪念馆着手编选《韬奋手迹》,要求沈粹缜恳请宋庆龄为该书封面题签。二月,沈粹缜向宋庆龄提出后,她高兴地答应了。但说她现在手有些发抖,等好些后再写。不料病情日益严重,沈粹缜也就不忍心再催她,可她却一直惦记着这件事,病危了也要写。写完后,她又被工作人员搀扶着回到床上。一躺下,她就轻轻地舒了口气说:"我现在放心了。"

宋庆龄的晚年,充分体现春蚕吐丝死方尽、蜡烛放光燃到底的奉献精神,为人民服务达到了"完全"、"彻底"的境界。

宋庆龄在解放后成为国家领导人,而且由于她对革命事业的巨大贡献和她的崇高品质,人们对她无限崇敬。但她的民主作风和谦逊精神并不因此而有丝毫的减弱,同她共同工作过的人对此印象很深。担任《中国建设》主编的爱泼斯坦说:"宋庆龄一贯赞成和坚持在前进道路上团结最广泛的人民和各种力量。她从不要求每一个人在一切问题上看法一律、步调快慢一样。但她却不能容忍那种倒拨时钟、损公利己的人。她在国内外有无数朋友,有广泛、持久的友好联系。同她一道工作过的人都了解她的民主、谦逊的精神。"[①] 她事必躬亲,自己尽量多做工作,是为了让别的人多做别的工作,这也是从人民的利益出发的,是民主、谦逊精神的另一种表现。

人民解放,国家独立,民主革命成功了,宋庆龄对孙中山的怀念之情越深,就更注意政治形势发展所提出来的新问题,不断从孙中山的思想宝库中汲取力量来充实自己并鼓舞人民群众。正如1956年11月4日她在纪念孙中山诞生90周年时所说的:"由于他对人民革命事业的忘我的忠诚,他的名字和成就,在我们迈步前进去完成

[①] 爱泼斯坦:《宋庆龄与〈中国建设〉》,载《中国建设》(纪念宋庆龄特刊),1981年8月。

他生前未及完成的事业的时候,成为鼓舞全国人民的力量。"① 那年,中国人民完成工农业和资本主义工商业的社会主义改造的历史任务,而更加艰巨的社会主义建设的高峰,需要花费更大的力气去攀登。为此,她号召人们学习孙中山对革命事业"不息的热诚":"在我们进行未来的事业时,我们需要这样的热诚,因为我们所要完成的任务是不简单的,同时又是不容易的。我要特别告诉我们那些在斗争的新阶段中负有重大任务的青年们:向孙中山学习!吸取他的不息的热诚,学习他的不断进步的要求,效法他反对主观主义的精神、他的谦逊和他亲近人民的作风。使这些特点成为你们自己的品质的一部分。有了这些,你们就一定能够前进,去建设一个伟大的社会主义中国。"②

孙中山为革命奔走一生,生活很朴素。宋庆龄不愧是继承孙中山优秀品质的典范,在生活上也表现得很突出。解放后,党和政府给她提供各种优裕的生活条件,但她仍然保持过去艰苦朴素的优良作风。

由于工作的需要,宋庆龄在上海、北京两地都有住宅。每年5月到10月,一般居住在上海,其他日子在北京。工作繁忙时,有时一个月内要往返于上海、北京好几次。上海的住宅仍在淮海中路。北京的寓所起先安排在方巾巷,但那里交通不太方便,周围环境也不大安静。政府计划给她另外修建一幢住宅。

宋庆龄强调国家初建,百废待兴,一再谢绝。这事就拖延了下来。1960年,政府安排她迁入北京西河沿新居,但由于房子刚粉刷过,有些潮湿,引起她关节疼痛。当时正是三年困难时期,中央本有决定,无论哪一级都不许盖住房,但考虑到宋庆龄的特殊情况,还是破例决定给宋庆龄另建一处住宅。当中央派人带着设计方案和

---

① 《孙中山——中国人民伟大的革命的儿子》,载《宋庆龄选集》下卷,第239页。
② 《孙中山——中国人民伟大的革命的儿子》,载《宋庆龄选集》下卷,第247页。

刘少奇让王光美写的一封信，到上海去征求她的意见时，她很快回信谢绝了。信中说："为了我个人的住所增加国家的开支，这样，将使我感到很不安。"因此她表示"不打算再迁新址了"。① 这是何等高尚的思想境界。

1962年，周恩来受党和政府的委托，亲自主持在后海北沿已经荒芜的清王朝摄政王府花园里，茸旧更新，辟出一个幽静安适的庭院。1963年4月，宋庆龄迁入后就定居下来，一直到逝世。这就是她逝世后辟为"中华人民共和国名誉主席宋庆龄同志故居"纪念馆的北京市后海北沿46号。

宋庆龄的饮食很简单，很随便，从不挑拣食物。除招待宾客、举行宴会外，她自己从不点菜。平时的菜很普通，两菜一汤，其中一荤一素。她爱吃腌雪里蕻。每年当雪里蕻上市时，她就叫工作人员腌许多，然后慢慢吃。她经常深夜起来办公，只是泡一杯茶，抽几支香烟，不吃夜宵。宋庆龄在衣着方面也注意节俭。在家时，她穿一般普通的衣服，与老百姓穿的没有什么两样，其中有不少是保姆替她做的。只在参加外事活动时，她才讲究服饰，挑选质料较好、款式大方高雅的衣服穿上，会客之后，马上又换上家常便服。由于她常在深夜起来工作，夏凉冬寒，接受保姆建议，她与保姆一起，翻出一些普通布料和织锦缎的零头，裁成26块，两人用手工精心制成一件漂亮的晨衣。宋庆龄风趣地称它为"八卦衣"，还说："别小看这件'八卦衣'，早晚披上它还挺御风寒呢！"宋庆龄有一套梳妆用具，这是结婚时的陪嫁品，一直用到她逝世时，还保管得好好的。

最可贵的是，宋庆龄并不就事论事地对待克勤克俭的问题，而是把它看作政治上永葆革命青春的重要保证。她对于解放后国家领导人防止以权谋私和腐化堕落有很大的自觉性，不仅严格要求自己，

---

① 《致王光美》，载《老一辈革命家书信选》，湖南人民出版社1983年版，第1页；另参见王光美：《永恒的纪念》，载《人民日报》，1981年6月2日。

而且关心执政党——共产党的建设，勇于做党的诤友，披肝沥胆，不断提醒党警惕这个问题。福利会的工作经常经手大宗款项和物资，为此，宋庆龄时时教育工作人员：福利会是为人民谋福利，绝不允许利用从事福利工作之便为个人谋取私利。她特别要求中共党员首先要做到"身在河边不湿鞋"。解放初期，中国福利会内原来秘密的党小组成员准备公开身份，宋庆龄为此写了一封信给党组织，要求党员"必须以身作则"。因为别人正在注视着他们"所拥有的党员的称号和荣誉"。他们应为中国福利基金会的福利事业做出贡献，不允许不顾组织去谋取"政治上的个人利益"。

人们对宋庆龄高雅、端庄、坚毅、慈祥的仪表和温文尔雅、不同凡响的谈吐见得较多，表示赞叹；而对她在政治上、生活上如此公正廉洁、节俭朴素，知之较少。在这方面，她也是超群出众的。

这就是伟大而平凡的宋庆龄。她既是人民的领袖，又是人民的公仆。她用自己的言行，为人们树立了国家领导人如何做人民公仆的风范。

第二节　为保卫世界和平而奋斗

一、参与领导世界和平运动

鸽子是和平的象征。宋庆龄在上海和北京的住宅园子里，都饲养着不少鸽子。她常对人说："鸽子是象征着和平和幸福的。它们温顺、纯洁、美丽，是有灵性的好动物。"她常常亲自给鸽子喂食。只要她一走到鸽子棚，鸽子就张开翅膀"咕咕"叫着，飞落在她的肩上、手臂上。这时，她总是愉快、慈祥地微笑着，把绿豆一把把撒在地上，看着鸽子欢乐地啄食。这情景，生动地反映了宋庆龄热爱和平的心情。

宋庆龄一生，为两个明确的目标而奋斗：一是建立一个独立、民主、自由、富强的新中国；一是保卫世界和平事业，并且成为其革命生涯中浓重的一笔。

早在20世纪30年代，宋庆龄就是一个勇敢的和平战士，在世界人民中享有崇高的声望。新中国成立后，她代表国家，利用更加优越的条件，以更加充沛的精力，继续参加一系列国际活动，为反

宋庆龄工作之余爱喂养鸽子

对侵略战争，保卫世界和平，发扬进步文化，争取社会进步和人类幸福，增进各国人民的了解和友好交往，进行了艰苦卓绝而富有成效的斗争，受到中外各方面人士的广泛崇敬，被国际上公认为20世纪一位最伟大的女性。

20世纪50年代被称为"冷战"的年代，也是宋庆龄为和平奋斗最为活跃、最有成就的年代。当时，由于中国革命胜利的影响，亚洲、非洲和拉丁美洲地区，尤其是亚洲，民族独立运动蓬勃发展。以美国为首的帝国主义集团为了扑灭这股革命风暴，到处制造紧张局势，签订侵略性的军事同盟条约，疯狂叫嚣要发动第三次世界大战，扶植当时的西德和日本军国主义势力，在朝鲜、越南等地发动侵略战争……

宋庆龄不被帝国主义的气势汹汹所吓倒，她在中国共产党的领导下，和人民群众在一起，为粉碎帝国主义的侵略和战争政策，保卫世界和平，进行了多方面的努力：

首先，积极参加并领导各种和平运动，广泛团结和组织中国及世界各国人民的力量，筑起一条打击帝国主义的战争政策的钢铁长城。

宋庆龄是一个唯物主义者，她有丰富的政治斗争的经验，懂得物质的力量只能用物质的力量去打倒。她深信，人民的力量总是比帝国主义的反动势力强大，但是人民必须团结和组织起来，才能进行有效的斗争。过去，她这样参加祖国的解放斗争。今天，她又运用这个经验进行国际和平运动。

中国是世界上人口最多的国家。中国人民也是世界上保卫和平最强大的一支力量。但是中国过去被帝国主义和国内反动派压迫着，人民过着苦难的生活，像一盘散沙，没有组织起来。后来，在中国共产党的领导下，终于推翻了三座大山，获得独立和解放。新中国成立后，党和政府在领导人民发展生产，建设新中国的同时，也面临着把这个伟大的力量组织到为世界和平而斗争中来的任务。宋庆龄直接挑起了这个光荣而艰巨的任务的重担。

1949年4月20日，第一届世界保卫和平大会选出世界和平运动统一领导机构——世界和平大会常设委员会。7月29日该会决定每年10月2日为"国际和平斗争日"，号召组织世界规模的和平大示威，以显示人民保卫和平的巨大力量。

1949年10月2日，即新中国成立后第二天，是"国际和平斗争日"。中国人民在北京召开中国保卫世界和平大会。宋庆龄参加大会主席团领导了这次会议。大会成立了世界拥护和平大会中国分会，以动员我国四亿七千五百万人民，为世界保卫和平运动增添了一支伟大的力量。大会表明在新中国成立后，中国人民立即投身于保卫世界和平的伟大行列，和全世界人民一起，向帝国主义战争挑拨者发起和平大进军。

其次，针对帝国主义进行核试验，制造原子弹，扬言要发动原子战争，对世界人民进行核讹诈，1950年和1955年，宋庆龄两次响应世界和平理事会的号召，领导中国人民开展签名运动，强烈要求立即停止核试验和全部销毁核武器。

宋庆龄领导的中国人民的签名运动，得到广大群众的热烈拥护。她欢欣鼓舞地告诉世界人民："中国人民正在签名拥护世界和平。刚从文盲和压迫中解放出来的四川农民，中止劳作而骄傲地把他们的名字签写在和平呼吁书上。上海和东北工厂的工人们，在下工时，集体写下他们对世界和平的热烈愿望。商业界、艺术家和作家、青年和学生——全都渴望加上他们的力量"；"四万万七千五百万觉醒了的中国人民正鼓舞着全亚洲走向世界和平。你们可以确信，在没有达到目的以前，我们是决不会中途停止的"。①

---

① 《中国人民签名拥护世界和平——为〈真理报〉作》，载《宋庆龄选集》上卷，第551、554页。

1950年，宋庆龄、周恩来、郭沫若在保卫世界和平运动中签名

鉴于宋庆龄对世界和平事业的重大贡献，1950年11月在华沙举行的第二次世界和平大会在她没有出席的情况下，仍选她为世界保卫和平委员会执行局委员。

再如，当1952年美国纠集15个国家发动的侵略朝鲜、威胁新中国的战争正在进行，并且一再破坏朝鲜停战谈判，对已经成为废墟的朝鲜城镇和妇孺老幼狂轰滥炸，还轰炸中国东北地区，甚至灭绝人性地使用细菌武器；同时他们又霸占我国领土台湾，重新武装西德和日本军国主义，强迫许多国家缔结侵略性军事协定，严重地威胁着世界和平。宋庆龄与郭沫若、彭真、陈叔通、李四光、马寅初、张奚若、刘宁一、蔡畅、茅盾、廖承志等，便于这年3月在世界和平理事会的支持下联名发电，邀请亚洲及太平洋沿岸各国爱好和平与正义的人士，共同发起召开"亚洲及太平洋区域和平会议"，在这个世界上人口最稠密（16亿）地区，谋求团结，实现和平；并确定大会在刚刚胜利了的新中国北京召开，必将保卫大会的成功，从而有力地推动世界和平；同时，"在亚洲和太平洋各国人民争取各国和平共处的斗争中，北京又成了他们新的团结的发祥地"①，也将提高新中国在世界和平运动中的地位和作用。

果真，宋庆龄等这一倡议发出后，立即得到亚太地区广大爱好和平与正义人士热烈的响应和支持。到10月大会召开时，共有37个国家344名代表和45名应邀列席代表及特邀代表到达北京参加会议。他们都是来之不易的，有的经过长途跋涉，有的经过出国护照签证的阻难，有的遭受到无理迫害，有的冒着失业或被捕的危险。但是代表们在本国和各国人民的热烈支持下，在新中国的召唤和鼓舞下，终于冲破一切困难前来参加会议，以表达各国人民迫切的和平愿望。

---

① 《为亚洲、太平洋区域与全世界的和平而奋斗——为〈人民中国〉作》，载《宋庆龄选集》上卷，第710页。

1952年10月,在亚洲及太平洋区域和平会议上。右起:郭沫若、宋庆龄、彭真、马寅初、陈叔通

10月2日至13日，宋庆龄以中国代表团团长身份，率领代表团出席亚太地区和平会议，并任执行主席。

她在开幕词中说："这次会议是一个伟大的具有史诗意义的事件。它……再一次充分地证明，人类是一定能创造和平的。"这是在中国举行的第二次保卫和平的国际会议了。她回顾1933年在上海极端危险和困难的情况下秘密召开的"反战大会"，指出："自从那时以来，我们已有了很大的进展。当初反帝大同盟代表着三千万人民。现在由世界和平理事会所发起要求五大国缔结和平公约的运动，签名者已有六亿零三百万以上的人民。"宋庆龄以此证明一般人民对于国际合作的要求已经大为增强；她还以中国革命胜利加强和平阵营为例，雄辩地论证了民族独立与世界和平的关系："中国的榜样，使他们更坚定地掌握了一个基本真理：民族独立与和平是从同一个斗争中产生出来的。"从而为大会奠定了主题：只要把人民进一步广泛地团结起来，与殖民主义、帝国主义斗争，那么民族独立和世界和平都是可以争取的。"我有充分的信心，相信我们一定会胜利地达到我们的目标。"①

在大会筹备与进行期间，宋庆龄特别做了美国人民的工作。她在7月写的文章中说："我们诚恳地希望美国人民能够派遣一个很大的代表团出席和平会议。美国人民是一个太平洋国家的成员……会议将使他们有机会了解世界的这个地区在想些什么"。"他们的敌人和我们的敌人是同一个敌人。""在反对这个敌人的斗争中，亚洲及太平洋各国人民把美国人民看作一个盟友，看作一个非常重要的盟友。我们希望他们全力和我们一道奋斗"，"使这个世界成为一个充满有成果的劳动和欢乐的地方，成为他们的孩子和我们的孩子都能

---

① 《动员起来！为亚洲、太平洋区域与全世界的和平而斗争！——亚洲及太平洋区域和平会议开幕词》，载《宋庆龄选集》上卷，第717—726页。

够平安地生活的地方。"①

宋庆龄的邀请和呼吁,在美国人民中引起很大反响。尽管美国反动政府竭力阻挠,美国人民还是派出代表团到北京参加了会议。美国代表依荷贝尔·密尔顿·塞尔奈夫人在10月7日亚洲及太平洋区域会议讨论朝鲜问题时发言说:"我们和大家一起要求:必须停止细菌战和对朝鲜和平乡村的轰炸。我们号召美国人民注意亚洲人民发出的呼声,要求把策动这些行为的人们当作战争罪犯来惩办……我们要在回国后,竭尽我们的一切力量,帮助唤醒美国人民。我们决不停息,我们决不缄默,一定要使人民听到我们的声音。"② 美国代表团副团长休·赫第曼在北京人民庆祝亚太会议胜利闭幕大会上赞扬中国人民取得的胜利后表示,我们要用你们的欢乐的宝剑武装起来,"怀着新的胜利的信心,回去和战争制造者作战"。③

这次会议开得很成功,取得了圆满的结果,一致通过了《告全世界人民书》、《致联合国书》、朝鲜问题、民族独立问题、争取五大国缔结和平公约等11个决议案,从而在亚太地区形成了空前的争取和平的大团结。各国代表都表示回去后要动员和组织更广大的人民投入到保卫和平的斗争中来。大会以后,根据决议成立了常设机构"亚洲及太平洋区域和平联络委员会",大家推选宋庆龄任主席。

同年12月,宋庆龄被推选为出席世界人民和平大会中国代表团团长后,她不辞辛劳,立即为世界和平事业辛勤奔走。

宋庆龄于同月11日,率领代表团到达维也纳,受到世界和平理事会和各国和平代表的热烈欢迎。她在13日的大会上,作了题为《人民能够扭转局势》的发言。她表达了中国人民对大会的祝贺和希望,分析了世界形势正处在走向战争与毁灭,或走向和平与进

---

① 《为亚洲、太平洋区域和全世界的和平而斗争——为〈人民中国〉作》,载《宋庆龄选集》上卷,第711—712页。
② 《人民日报》,1952年10月8日。
③ 《人民日报》,1952年10月14日。

步的三岔路口；她揭露美国政府用欺骗手段把美国人民的金钱和儿子用于战争，她向美国人民发出热烈而诚恳的呼吁，要求他们对世界和平负起特别的责任。"我们希望美国人民对美国政府执行的战争政策、任意侵略别国人民的民族独立和国家主权的行动，能起来加以制止。""美国人民决不是孤立的。他们应该经常记着，保卫和平的斗争有全人类中决定多数的人民作后盾。"在发言中，她还对巩固世界和平提出宝贵的建议：要求停止一切现有的战争，特别是朝鲜、越南与马来西亚的战争；要求停止一切战争准备，立即切实地裁减军备，把金钱和物质用于人民福利；要求缔结五大国和平公约，要求一国不得干涉他国的内政，不侵犯他国的领土等。[①]

她的发言，一再博得听众暴风雨般的掌声，受到代表们，特别是美国代表团的热烈欢迎。美国代表路易士·惠吞说，宋庆龄的讲话和建议"这样具体、这样合情合理，一定能为美国各阶层人民所接受"。[②]

这次大会对世界人民反对侵略保卫和平的斗争，起了巨大的推动作用。大会以后，美国人民进一步加强反对美国政府侵朝战争的斗争，再加上中朝两国军队军事上的打击，终于迫使美国于1953年7月在朝鲜停战协定上签字。

关于争取和平，宋庆龄有一个基本思想：和平必须用斗争去获得，不能幻想，不能等待，更不能乞求。因为"历史和经验告诉我们，只要帝国主义还有一口气，它在喘这一口气的时候就会想到剥削别人和使用暴力来实现统治他人的目标"；"它的本性是不会改变的，也是不能改变的"。[③] 宋庆龄在许多场合、许多文章和讲演中反复宣传这个思想。以斗争求和平，贯穿在宋庆龄为和平奋斗的全过

---

① 《人民日报》，1952年12月15、17日。
② 同上。
③ 《人民日报》，1960年6月27日。

程中。1952年3月,当美国为挽救朝鲜战争的失败,竟然使用细菌武器而又进行抵赖时,宋庆龄立即发表了《谴责美国使用细菌武器的罪行》和《〈中国建设〉致读者》的文章,不仅呼吁世界各国人民为了他们的儿女,也为了他们自己,起来制裁这种"违反人类道德和国际法律的滔天罪行",而且运用她渊博的知识和对美国深入的了解,引用来自美国国内各方面,尤其是军事当局的有关美国制造细菌武器的基地、机构、实验室、主持人等的大量材料,有力地揭露美国利用德国纳粹和前日本军队细菌战犯制造细菌武器的无可争辩的事实,揭穿了美国当局抵赖这一罪行的丑恶嘴脸。

经过几年时间,由于中国政府和平外交政策和世界人民的斗争,20世纪50年代中期出现了国际局势和缓的趋势。

1954年4月,中国政府与印度政府在北京签订关于中国西藏地方和印度之间的通商和交通协定。协定中首次提出互相尊重领土主权、互不侵犯、互不干涉内政、平等互利、和平共处的五项原则。7月,中、柬、越(北、南)、美、法、老(挝)、英、苏等国在日内瓦举行关于恢复印度支那和平问题的会议。1955年,亚非各国政府的代表在万隆举行会议。在这些会议上,确认和平共处五项原则为国际关系中普遍的原则。

所有这些说明,国际和平力量空前壮大,"谋求国际谅解,互相信任和发展国际友好合作,已成为世界各种不同信仰和思想的人们的一致呼声"。尤其是"五项原则"发祥地的亚洲,在第二次世界大战后出现了一大批新独立的国家。他们在保卫已得的自由、摆脱贫困与无知的斗争中,结成新的联合。宋庆龄认为,这"是东方的一股新力量,它对整个世界的事务都会产生影响"。[①]

为了巩固亚洲和世界和平已取得的成就,传播"万隆精神",进

---

① 《维护和平的新力量》,《宋庆龄选集》下卷,第137页。

一步加强中国与各国人民的友好关系，1955年底和1956年，宋庆龄先后率领代表团访问印度、缅甸、巴基斯坦和印尼。1964年，又与周恩来总理和陈毅副总理一起，访问了锡兰（现名斯里兰卡）。他们所到之处，都受到热烈的欢迎。此行不但加强了中国与这些国家的友好关系，还为亚洲和世界和平做出了积极的贡献。

宋庆龄在从事一系列争取和平的斗争实践中，始终坚持这样的著名论断：战争是可以避免的！

这个观点并非宋庆龄首创，但可贵的是恰恰在20世纪50年代初期，当帝国主义侵略集团十分嚣张、世界和平受到严重威胁、和平力量刚刚开始组织起来的时候，宋庆龄对这个观点坚信不疑，并且一直坚持到底。

1951年6月1日，宋庆龄在为世界和平理事会杂志《保卫和平》而作的《论和平共处》一文中，批评在争取和平的斗争中的任何自满或沮丧情绪时说："我们必须挽回联合国在初成立时所透露的光明和希望。我们必须显示战争并非不能避免。"[①]

同年9月18日，她在接受斯大林和平奖金的典礼上致答词时，批判了帝国主义正在疯狂地加强备战，企图拼凑足够的力量来发动战争；同时又坚信，"在这样的时候，战争不是不可避免的"。[②]

宋庆龄坚持这个观点，是由于她坚信人民的和平力量一定能战胜帝国主义这一历史唯物主义原则，也是她对第二次世界大战后世界格局科学分析的结果。她敏锐地看到，随着中国革命的胜利，有组织的和平力量的壮大，已经达到了足以制止帝国主义发动战争的程度。后来，随着美帝国主义侵朝战争、侵越战争以及一系列战争阴谋的失败，宋庆龄对这个信念越来越坚定，对和平更加信心十足。她经常如数家珍似的注视、计算着和平力量的每一增长和制止帝国

---

① 宋庆龄：《为新中国奋斗》，人民出版社1952年版，第295页。
② 宋庆龄：《为新中国奋斗》，人民出版社1952年版，第307页。

1955年12月16日至1956年1月2日,宋庆龄应邀访问印度

1956年1月2日至23日,宋庆龄应邀访问缅甸

1956年1月,宋庆龄在欢迎会上与巴基斯坦妇女界人士交谈

1956年2月,巴基斯坦达卡大学授予宋庆龄名誉法学博士学位

1956年8月,宋庆龄对印度尼西亚进行正式访问。图为乘飞机抵达雅加达时的情景

宋庆龄与苏加诺总统举杯祝中国和印尼两国人民友谊万古长存。左一为中国驻印尼大使黄镇

1964年,宋庆龄副主席、周恩来总理、陈毅副总理拜会锡兰(斯里兰卡)总理班达拉奈克夫人

主义战争的每一胜利。

1949年2月,在刚解放了的中国召开的亚洲妇女代表会议上,她说:在过去32年中,至少有八万万人民解放了自己,并且建立了人民的政府。这样大量的和平拥护者,加上远东、中东及非洲殖民地中广大的不屈服的人民,再加上他们本国的反抗力量,说明了美、英的军阀和财阀这些战争贩子们是如何孤立。"我们可以打败他们企图毁灭世界的绝望而疯狂的阴谋,我们可以完全制止他们。"[①]十年后,她在给世界和平理事会特别会议的贺电中高兴地指出:"这十年是和平运动胜利的十年,全世界人民的共同努力,一再遏制了帝国主义侵略集团所制造的危险局势,捍卫了和平",并坚信:"全世界人民团结一致,继续努力,必将进一步击败帝国主义的战争政策和侵略阴谋。"[②]

实际上,宋庆龄坚持和不断阐述的"战争可以避免"的论断,是对世界和平运动历史经验的深刻总结。

在战争与和平的问题上,宋庆龄坚信"和平共处"的原则是在帝国主义存在的世界上避免战争的唯一出路。宋庆龄反复阐述这一观点,并以她丰富的实践经验,不断地加以发展。

宋庆龄为此撰写过许多论著,其中最著名的一篇就是1951年6月1日写的《论和平共处》。文章开宗明义地说:"今天国际的紧张局势沉沉地笼罩了我们,这种紧张局势使世界上每个人都感到了威胁。挽救这种局势的办法虽然提出很多。但只有一个值得考虑,那就是和平共处的建议。"接着指出:"认清各种制度之间,确实存在着龃龉,并进一步看到这些龃龉不都是一下子可以解决得了的,但是有一项真诚的建议,即'彼此相让',共同来解决龃龉,趁战端未启,就先阻止了战争";"因此,和平共处的观念不是一个空洞的口

[①]《在亚洲妇女代表会议上的讲话》,《宋庆龄选集》上卷,第496页。
[②]宋庆龄给世界和平理事会特别会议的贺电,载《人民日报》,1959年5月8日。

号或策略……和平共处正是各阶层人民一致行动以争取世界安宁的一个号召"。

宋庆龄还认为，拥护和平共处并不是软弱的表现，相反的，"和平共处的观念是从对人民大众的实力与能力怀有无比信心，从坚定的信仰中产生的"。①

第二次世界大战以来的历史，证明了宋庆龄在战争与和平问题上坚持的立场、理论和路线是完全正确的。

宋庆龄几十年如一日，为世界和平、正义、友谊、进步事业呕心沥血的奋斗精神和做出的巨大贡献，举世瞩目，获得了世界人民普遍的高度赞颂。1951年4月，宋庆龄荣获"巩固国际和平"斯大林国际奖金委员会颁发的斯大林和平奖金。这是表彰她在为伟大的中国人民的幸福和摆脱国民党政权的统治而斗争、坚决反对美帝国主义在远东的侵略、维护远东和世界和平上做出的卓越的贡献；特别是她得到了全世界各方面人士普遍的高度赞誉和崇敬。人们称宋庆龄为"和平女神"、"中国的象征"，被公认为是20世纪最伟大的女性。

更使人欣慰的是，经过三十多年的奋斗，宋庆龄参与建造的世界和平的长城终于牢固地建立起来。连当年许多认为战争不可避免的著名人士也改变了观点。当她带着微笑离开人世时，亚洲、非洲、欧洲、美洲、大洋洲等世界各地的唁电像雪片似的飞来，除赞扬她在本国人民革命斗争中的功绩之外，还热情歌颂她为世界和平和人民友谊所做的巨大贡献。碑树人心中，这是对宋庆龄一生奔波和平事业的最高奖赏。

---

① 宋庆龄：《为新中国奋斗》，人民出版社1952年版，第290—291页。

二、努力增进中国与各国人民的友谊

和平与友谊是紧密联系在一起的。和平依靠斗争,斗争需要团结,而友谊是团结的纽带;而且这种友谊往往又是在斗争中互相支持而建立和发展起来的。

支持资本主义国家人民反对本国政府侵略政策的斗争,发展与这些国家人民的友谊,是宋庆龄为世界和平而奋斗活动的重要组成部分。她在一生奋斗中,始终把资本主义国家的反动统治集团与该国人民区别开来,把这些国家的人民看成是为和平而斗争的另一支伟大的生力军。

由于家庭和历史的原因,宋庆龄与美国人民以及日本人民的交往最为密切。在民主革命时期,她主要是争取美国人民对中国革命的支持和援助;新中国成立以后,则是互相支持,共同前进。除了上述在亚太地区和平会议和第二届世界和平大会上,宋庆龄与美国代表团直接接触、共同反对美国反动政府的侵略政策之外,还有许多这样的事例。

1950年6月,美国反动政府为在国外推行侵略政策,在国内加紧对进步人士的迫害。30日,宋庆龄致电是日在纽约举行集会的美国民权保障大会主席威廉·巴特生,表示:"中国人民与全世界千百万和平战士,对于美国反动派囚禁美国进步领袖,摧残人权,并推行战争政策,表示抗议。"①

同年12月,美国政府和日本吉田内阁勾结策划了陷害日本共产党、打击日本工人阶级的"松川事件",经由福岛地方裁判所判处日本国营铁路工会福岛分会委员长铃木信等5人无期徒刑,另10人被判刑3年至15年不等。日本人民不能容忍反动政府蛮横残暴地对待无辜的工人,发起了要求释放"松川事件"中被捕工人的运动。宋

---

① 《人民日报》,1950年7月1日。

庆龄闻讯后立即致函日本劳农救援会表示同情,对日本反动统治者屡次迫害工人的行为"坚决抗议",并指出:"你们英勇的反压迫的斗争,并非孤立无援,而是有中国和全世界劳动人民做后盾。"① 接着,宋庆龄以中国人民救济总会名义援助日本"松川事件"无辜被告及其家属一万美元(折合 360 万日元)。

20 世纪 50 年代初期,美国反动派推行敌视中华人民共和国的政策,在国内实行"麦卡锡法",对主张中美友好的人士进行残酷的迫害。这些被迫害的人士,大多数是在历史上与宋庆龄和中国人民有深厚友谊的有识之士。宋庆龄知道后无比愤怒,强烈抗议,并尽力设法营救。② 她甚至把一直珍藏着的自己结婚时母亲赠送的刺绣礼服送给美籍日本朋友有吉幸治的亲属,要她们把礼服变卖,以营救因"麦卡锡法"而被捕的有吉幸治。但他们不忍变卖,一直把这件衣服珍藏到 1981 年 10 月送还中国。这时宋庆龄虽已逝世,但她给中美、中日人民的友谊留下了一笔珍贵的"遗产"。③

曾任保卫中国同盟上海分会秘书的美国人耿丽淑,因同情中国革命,回国后也受到麦卡锡主义的迫害,被视为"赤色分子"。美国女青年会解除了她的职务。她尽管失了业,但仍不改变自己的政治立场,在艰难困苦中顽强地挣扎着。1952 年的一天,她突然收到一封电报,上面写着:"立即回中国工作——宋庆龄。"后来她回顾接到这封电报时的心情说:"没有经过这样遭遇的人,是想象不出我当时激动的心情的。这种来自异国他乡的友情抚慰了我的心,我决心投向新中国的怀抱。"④ 她立即设法启程来华。从那时起,耿丽淑一直住在中国,一直担任着中国福利会顾问的职务,成为杰出的国际

---

① 《人民日报》,1950 年 12 月 20 日。
② 《人民日报》,1951 年 11 月 12 日。
③ 《纪念宋庆龄同志》画册,图 323。
④ 新华社记者周解蓉:《一位热爱中国的美国妇女——访中国福利会顾问耿丽淑》,载《人民日报》,1986 年 3 月 7 日。

1979年,宋庆龄(前排左)在北京寓所会见耿丽淑(前排右)。后排右为马海德

1988年,耿丽淑荣获"中国福利会妇幼事业樟树奖荣誉奖章"

主义者、中美人民友谊的使者。1987年6月13日，上海市公安局给耿丽淑颁布"上海001号"永久居留证书。她成为在上海的外国人中获得这种荣誉的第一人。在颁发证书仪式上，耿丽淑十分激动地说："我热爱中国。我会看到中国'四化'实现。"[①] 她曾表示："我要努力工作，继承和发展我们已故的'中福会'创办者宋庆龄所制定的为妇幼服务的方针。我是充满着乐观情绪在干这些工作的……我一步一步地走，再走几步，将到一百岁了。那时，能亲眼看到中国实现'四化'，该是多愉快！"

美国政府根据"麦卡锡法"对爱好和平和正义人士的迫害持续了好几年。1955年约翰·维·鲍惠尔夫妇也遭厄运。鲍惠尔过去是上海《密勒氏评论报》主编，与斯诺同为宋庆龄的朋友，后来回到美国。1952年应宋庆龄的邀请参加了在北京举行的亚太地区和平会议。他在美国主编的《密勒氏评论报》曾发表揭露朝鲜战争真相的文章。他本人还为在朝鲜的美国战俘和他们的家属传递过消息。他在美国国内积极向美国人民介绍新中国的实况，并批评了美国政府的对华政策。因此他就受到美国联邦调查局的"调查"，嗣后，他和他的妻子又受到美国参议院国内安全小组委员会传讯。他被指控为"叛国"罪，诬陷他有"不堪言状的出卖美国在远东的事业的行为"。1955年5月19日，宋庆龄撰写了《给美国〈民族〉周刊的公开信》，为鲍惠尔夫妇伸张正义，驳斥美国参议院对约鲍惠尔夫妇的诬蔑。[②]

在反对美国政府的侵略政策、保卫世界和平的斗争中，宋庆龄特别重视美国人民的力量；美国人民也十分崇敬她为中美友谊与和平所做的贡献。

1949年11月，美苏友好协会全国委员会主席约翰·金斯贝莱，

---

① 《解放日报》、《人民日报》（海外版），1987年6月14日。
② 《人民日报》，1955年5月20日。

电邀宋庆龄赴美参加 12 月 5 日在纽约举行的保卫和平大会的年会："我们将动员全国人民，要求禁用原子弹，停止冷战，呼吁为和平与安全所必需的国际合作。你如能以新中国人民的名义莅会演讲，对这个被公认为在我们国内和国际都有更大影响的盛举，必将增加无限的力量。请你考虑我们友好而迫切的邀请，美国人民将竭诚欢迎你的来临，我们为你的旅行准备一切。"[1] 宋庆龄当时因国内工作繁重，加以健康的关系，未能应邀前往，对此她表示非常抱歉。她热情地复函祝大会成功，并说解放了的中国人民，将同美国人民"携手同进，争取和平、谅解与友谊，为反对毁灭文明的战争和破坏而斗争"。[2]

中美两国人民虽然远隔重洋，但共同的斗争目标却把两国人民紧紧地连结在一起，正如美国共产党总书记尤金·坦尼斯在出狱后复电宋庆龄时所说："中国人民和他们的先锋队——中国共产党在保卫世界和平的斗争中的辉煌贡献，曾照耀着我被监禁的黑暗日子。"[3]

经过中美两国人民近二十多年的艰苦斗争和辛勤培育，中美人民友谊之树终于枯枝发新芽，迅速复苏，蓬勃生长起来。1972 年 2 月，尼克松总统访华，中美两国人民之间人为的隔墙开始拆除。数年后，两国建立外交关系。宋庆龄极为兴奋，打电报给美国朋友塞缪尔·罗森和夫人表示庆贺："值此 30 年的共同努力成为现实的令人高兴的时刻，我谨向你们和'美中友协'致以热烈的祝贺。"[4] 从此两国人民开始正常交往。宋庆龄更加勤奋地为增进中美友谊紧张地工作。她不顾年迈多病，频繁地接见美国来华的各界友好人士，欢迎老朋友，广交新朋友，做了大量工作，在美国朝野产生了重大

---

[1]《人民日报》，1949 年 11 月 10 日。
[2] 同上。
[3]《解放日报》，1951 年 4 月 10 日。
[4]《人民日报》，1978 年 12 月 19 日。

的影响。

宋庆龄早年在美国求学时，就亲手播下中美友谊的种子。经过她几十年如一日地辛勤培育，这棵友谊之树，在她去世时，已是树冠如云，葱郁茂盛，在美国人民中留下了永恒而美好的回忆。正如里根总统在宋庆龄逝世后发来的唁电中，谈到孙中山和宋庆龄时所说："作为美国人，我们为这两位中国现代史上伟大的爱国者在青年成长时期曾在美国学习和生活过而感到光荣。在宋庆龄女士的晚年，我们两国人民之间的关系得到了恢复，她盛情接待了访问中国的美国人，成倍地报答了我们的好客。"[1] 美国著名的专栏作家、原《纽约时报》副主编哈里森·索尔兹伯里热情洋溢地写道："宋庆龄是美国和中国人民交往的纽带，她是两个伟大国家精华的象征。"[2]

新中国成立初期，为对付美国为首的帝国主义阵营的威胁，采取了向社会主义阵营一边倒的外交政策。当时斯大林领导的苏联坚定地采取反对帝国主义侵略的立场，因此，建立发展新中国与苏联的友谊，对于粉碎帝国主义的侵略阴谋，保卫世界和平，具有决定性的意义。宋庆龄继承发展了孙中山和她过去一贯主张中苏友好的传统，倾注大量心血，满腔热忱地建设中苏友好大厦，并先后担任中苏友好协会副会长和会长。

北京解放后，中共中央就开始筹备中苏友好协会，宋庆龄参加这个协会的筹备工作，并任筹委会主任。1949年10月5日，新中国刚建立，中苏友好协会就正式成立。原拟由宋庆龄任会长，考虑到当时中苏两党两国关系复杂，怕她难处，中共中央安排她任第一副会长，刘少奇任会长。斯大林逝世以后，中苏论战，两党在政治上的分歧明朗化，党的关系疏远，民间友好往来上升到重要地位，宋庆龄就接任中苏友好协会会长，并对过去党为什么让刘少奇任会长

---

[1] 美国总统里根1981年5月30日给叶剑英委员长的唁电。
[2]《宋庆龄夫人逝世标志着一个时代结束》，载《人民日报》，1981年5月31日。

的说明表示谅解，感谢党对她的体贴。但是，她不论在什么职位上，始终积极加强中苏友谊。她多次访问苏联，会见许多苏联友人，发表了大量的文章和演说，为建筑20世纪50年代的和平堡垒，挫败帝国主义的冷战政策，做出了特殊的贡献。

发展中印友谊也是宋庆龄为和平奋斗的一个重要方面。她与印度人民，与印度前总理尼赫鲁及甘地夫人有很深厚的友谊。她认为"印度和中国是世界两个人口最多的国家。我们不能推卸我们维持世界和平的责任"。① 实际上，中印友好合作，对世界和平，尤其对亚洲局势的稳定，具有重大的影响。1954年4月29日中印两国政府在北京签订的中国西藏地方和印度之间的通商和交通协定首次提出、后来被公认为国际关系准则的著名的"和平共处五项原则"，就是一个证明。

宋庆龄与印度人民，与印度前总理尼赫鲁及他的女儿英迪拉·甘地夫人有很深厚的友谊。甘地夫人仰慕孙中山和宋庆龄，说"孙逸仙博士是亚洲的一位伟人，他曾鼓舞过我的父亲"。还说"宋庆龄女士也是一位杰出的人士，她和她的丈夫一起，并以她个人的身份在中国近代革命史上和民族发展中发挥了重要的作用。我们珍惜同宋庆龄女士的友谊。当我们两国都在进行自己的斗争的时候，我的父亲和她保持过通信联系"。② 这里指的是宋庆龄在香港主持保卫中国同盟期间的事，当时尼赫鲁还曾亲笔签名把自己的十几本著作送给宋庆龄。日本袭击香港时，宋庆龄因仓促撤离，未能把这些书籍带出，但她一直惦记着。日本投降后，宋庆龄特地请留在香港的原负责"保盟"半月刊中文版的陈君葆到宋庆龄在香港的住处去

---

① 宋庆龄：《向印度人民发表告别广播演说》，载《人民日报》，1956年1月3日。
② 钟明：《宋庆龄抗战时在港数事——八四高龄的文化界前辈陈君葆忆述》，载《大公报》，1981年5月30日；又载《人民日报》，1981年6月2日。

1957年11月,宋庆龄作为中国代表团成员,出席在莫斯科召开的社会主义国家共产党和工人党代表会议。图为毛泽东在会议通过的决议上签字

1957年11月,宋庆龄在莫斯科与加里宁夫人(左一)和鲍罗廷夫人(右一)会见

1955年12月，印度总理尼赫鲁（左一）欢迎宋庆龄来访印度

1955年12月，宋庆龄访问印度期间拜谒甘地墓

寻找，结果陈君葆把书籍找到交还给她。①

过去，印度朋友曾两次邀请宋庆龄去该国访问，由于英国当局拒发签证没有成行。印度独立后，双方才实现了愿望。1954年10月，尼赫鲁总理应我国政府的邀请来我国访问，宋庆龄热情款待，请尼赫鲁及女儿甘地夫人共进午餐。第二年12月，宋庆龄访问南亚五国，首站就是印度，受到极其隆重的欢迎。甘地夫人高兴地回忆说："我们曾有幸欢迎她来印度访问。我深情地记得她在我家做客的情景。"

宋庆龄承认大国在保卫世界和平中的作用，也重视小国的贡献；承认各国领导人之间交往的必要性，但反对大国首脑排斥世界人民而垄断国际政治的倾向。她不仅高兴地访问了像苏联、印度等这样的大国，还在1964年特地应邀访问了锡兰（即斯里兰卡）。2月28日，她在该国斯里帕里学院发表演讲的主题，就是强调人民群众在世界和平事业中的决定性作用。她指出："二十世纪的伟大经验是：只要人民的思想上目标明确，紧密团结自己的队伍和团结同盟军，勇敢地同压迫者进行战斗，他们就能够赢得胜利。"② 她揭穿有些人散布的"只要等待别人用银盘子把美好的日子送来就行了"的谎言，抨击有的国家领导人想通过几个国家首脑之间的"热线"，来解决世界上的一切问题，而不管世界人民意志的错误做法。

宋庆龄一贯认为，世界和平事业是世界各国人民共同的事业（不管是大国、小国，还是强国、弱国），也只有动员全体人民群众起来斗争才能赢得胜利。所以她与世界各国人民都有交往。世界各国人士来华也都想拜见她，她也尽量满足他们的希望。在晚年，她因有病实在不能接见时，也要以别的方式弥补。1981年3月5日，

---

① 钟明：《宋庆龄抗战时在港数事——八四高龄的文化界前辈陈君葆忆述》，载《大公报》，1981年5月30日；又载《人民日报》，1981年6月2日。
② 《团结起来的人民是不可战胜的——在锡兰斯里帕里学院的讲演》，《宋庆龄选集》下卷，第416页。

宋庆龄遵照医嘱已停止会客，但当她得知有一海外来的友人要求相见时，立即在病床上写一回信交接待者，要求转告友人因自己病重不能见面而表示遗憾，并请友人向她在海外的亲友问好。这位友人接读宋庆龄的这封情谊深长的亲笔信，不禁热泪盈眶，十分感动。

三、丰富、完整的世界和平观

宋庆龄对于自己所从事保卫世界和平斗争的实践活动，从理论上也进行了深入的探索。她集采中西思想之长，审时度势，逐渐形成了自己的世界和平观。

宋庆龄的世界和平观，散见在她发表的诸多论著、讲话等文献中，例如《动员起来！为亚洲、太平洋区域与全世界的和平而斗争！》《中国人民与和平》《我们将尽一切力量维护和平》《论和平共处》《五大原则》《为和平而奋斗的中国和缅甸》《在巴基斯坦电台发表的广播演说》等。她在文中对于世界和平的重要性和必要性以及维护和平的具体方法与策略等，都有精辟的论述和阐发，反映出其保卫世界和平思想有着丰富、完整的内涵。

概而言之，有以下几个方面：

（一）从时代高度看待世界和平问题。

历史进入20世纪，前半期由于殖民主义、帝国主义和法西斯主义的猖獗，人类被迫面临着一次次的战争浩劫，付出了一次比一次更加惨痛的代价。进入50年代后，虽然第二次世界大战的创伤尚未完全消除，以美国为首的帝国主义却又在策划新的战争阴谋，企图挑起新的战争行动，威胁来之不易的世界和平。但是，随着中国革命1949年的胜利和亚、非、拉丁美洲涌现了一大批民族独立国家的新局面，有组织的和平力量在日益壮大，世界格局已逐渐在发生广泛而深刻的变化。求和平，谋发展，符合各国的根本利益，也是各国人民的心声。历史已经发展到了足以制止帝国主义发动战争的时刻。

宋庆龄基于对当时国际关系格局和人民力量的清醒分析和认识，深切体会到世界人民有着普遍要求和平的强烈愿望，她坚信人类有能力选择和平，也有力量维护和平。指出：时代已经不同了，"自远古以来，战争一直是解决各国之间存在的问题的最后手段。如果说，从人民的观点来看这从来就不是解决分歧的头脑清醒的办法的话，那么，没有能够禁止这种办法的唯一原因是因为历史还没有发展到各国人民能够在决定这种问题上使用自己的智慧的程度。但是，今天历史已经到了转变的时候。各个地方愈来愈多的普通男女逐渐认识到自己作为人类的一员有权决定人类的命运"[①]。

过去每次都是一小撮战争贩子代替整个人类，违反人类的意志作出了决定，人类被迫走上战争道路。现在则是人类中多数与少数力量的关系，要求和平的人与要求战争的人之间的力量对比，发生了基本的转变。"如果全世界的普通男女、那些身受战争痛苦的人们，团结一致，要求用诚意的谈判来代替用武力解决国际纷争，那么我们就不会有战争。"[②]宋庆龄说："这是第一次，人类中的大多数已经能够突破一切困难，明确地根据本身的利益而作出选择。现在，人类已有力量来选择和平了。"[③]

宋庆龄立足于时代的高度，敏锐地预测到，随着中国革命的胜利和有组织的和平力量的壮大，人民能够扭转时局，人民有权选择和平。她的论证维护世界和平问题思想是很深刻的。这一观点，对于当时世界和平运动的开展是一个巨大的鼓舞。

[①]《宋庆龄选集》下卷，第161—162页。
[②]《宋庆龄选集》上卷，第661页。
[③]《宋庆龄选集》上卷，第728页。

(二)人民是维护世界和平的主体,是维护世界和平的决定性力量。

宋庆龄一贯认为,世界和平事业是世界各国人民的共同事业。不管是大国小国,还是强国弱国,只有动员全体人民群众起来共同斗争才能赢得胜利。

宋庆龄准确地把握着时代的脉搏,深刻地了解人民的愿望和呼声,也深刻地理解人民力量的含义,坚信人民的力量总是比帝国主义反动势力强大。指出:"伟大的人民力量,已经推动了历史的车轮。"她说:"我们已经有了得到最后胜利的有力保证,那就是世界上极大多数人民都要求和平。他们决不愿意让他们的血汗被用于铸造杀人武器,用来毁灭其他人民,再转回来毁灭自己……他们知道,只有世界和平实现了,他们才能获得到他们所要的东西。"①世界上的一小撮人企图制造新的混乱,这种企图并没有占世界和平力量的上风,也没有占国际友谊和合作的迅速发展的上风,因为"人民要求和平的意志是何等强大"②,一定能够扭转局势,并且是维护世界和平的决定性力量。特别是在革命胜利的国家,"人民的政权与和平——这是产生巨大结果的、以前所未见的步伐推动历史前进的一股联合的力量。这是把一种世界转变为另一种世界的潜在动力"③。

正因如此,宋庆龄大声疾呼要大力从各个方面去做动员人民的工作,全世界人民联合起来共同去争取和平。她不断地向国外传播信息:"和平、进步、正义,这是中国向世界发出的呼声。"④认为:"只要亚洲和全世界的人民团结起来,坚决地保卫和平,我有充分的信心,相信我们一定会胜利地达到我们的目标。"⑤

---

① 《宋庆龄选集》上卷,第 724—725 页。
② 《宋庆龄选集》上卷,第 729 页。
③ 《宋庆龄选集》上卷,第 696 页。
④ 《宋庆龄选集》下卷,第 339 页。
⑤ 《宋庆龄选集》上卷,第 726 页。

（三）依靠斗争去保卫世界和平。

宋庆龄的基本思想是：和平依靠斗争去争取，不能幻想等待，更不能乞怜哀求。指出：我们是要和平的，"但是谁也不要曲解这一愿望，以为我们会容忍不平等和奴役"。明确宣告说："当前，在亚洲最大的独立国家即新中国的首都，已经高举起这样一面旗帜，上面写着：'和平不能等待'，和平要所有爱好和平的人们团结起来去争取。"并多次强调："我们固然必须全力维护和平，但我们必须同时对那些侵略我国土地完整、干涉我国内政、企图把我们重新投入殖民牢狱的人们进行斗争。"至于坚持斗争可能会带来的艰难，她凛然表示："我们宁愿忍受一万里这样的艰苦，而不愿忍受我们所熟悉的在外国压迫下的一寸艰苦。"[①]

宋庆龄在许多场合宣传用斗争求和平的思想，她在《向全世界妇女申诉》一文中说："争取和平与反侵略斗争是不可分离的。我们为着全人类的理性与幸福而战，为着全女性的解放和自由而战，打倒法西斯侵略强盗，和全世界被侵略的千万大众，站在一起！"[②]她还要求人们在为和平而斗争时，必须结合各国和各地的一切其他斗争，"在人民做主的国家内，增加生产，在资本主义国家内，争取人民自由，反对法西斯主义的来临；在殖民地国家，争取独立；在每一个国家内，争取提高生活水平。所有这些问题都重要，都和世界和平……直接关系着"[③]。并一再呼吁：全世界和平战士们团结起来，共同为战胜战争贩子、为争取世界和平进行不懈的斗争。

以斗争求和平，贯穿宋庆龄为世界和平奋斗的全部过程中。她不愧于世界和平斗士的称号。

（四）"和平共处"是维护世界和平的有效途径。

---

① 《宋庆龄选集》下卷，第176页。
② 《宋庆龄选集》上卷，第222页。
③ 《宋庆龄选集》上卷，第646页。

在孙中山的思想里蕴含有深厚的世界和平和世界大同的理想，认为"人类非和平不能永享幸福，世界非和平不能进入大同"。① 他在晚年总结一生革命经验时，强调"必须唤起民众及联合世界上以平等待我之民族，共同奋斗"，方能达到理想目的。作为孙中山革命事业的忠实捍卫者和继承者，宋庆龄在新的形势下，结合自己的丰富实践经验，把孙中山的世界和平思想予以继承和发展。她认为，在帝国主义存在的世界上，要避免战争，实现世界和平，最有效的途径就是"和平共处"的原则。

在漫长时期的斗争中，宋庆龄始终坚持这样一个信念：和平共处是实现亚洲及世界各国和平的最佳选择，是帝国主义存在的世界上避免战争、取得和平的有效途径。她是较早全面系统地阐述和平共处的国家领导人。早在1951年6月1日，她根据新中国的外交总方针，率先发表了《论和平共处——为和平理事会杂志〈保卫和平〉作》一文，阐述了"和平共处"观念，成为以后中国政府公开倡导的和平共处五项原则的先声。同年9月18日，她在"巩固国际和平"斯大林国际奖授奖典礼上的答词中，在谈到未来时呼吁："使世界各国人民和平共居。那时候整个人类将只为创造和享受劳动的成果而生存。"②

宋庆龄认为，和平共处的观念"不是一个空洞的口号或策略"，而是全世界人民"赖以迈向持久和平以及求得一切福利和文化需要的一项政策"，也是"各阶层人民一致行动的争取世界安宁的一个号召"。③ 所谓和平共处，就是"要求不同的经济和政治制度在和平的基础上共处和竞争，让历史来判断究竟是哪一种最能满足人民大众，效果最好"。坚信"我们必须不分政治、民族和宗教信仰，组织对世

---

① 邵力子：《孙中山先生的和平思想及其为和平奋斗的努力》，载《文汇报》，1956年11月11日。
② 《宋庆龄选集》上卷，第661页。
③ 《宋庆龄选集》上卷，第642页。

界和平共处的信念的广泛赞助。如果全世界的普通男女,那些身受战争痛苦的人们,团结一致,要求用诚意的谈判来代替用武力来解决国际纷争,那么我们就不会有战争"。这样,就能把战争思想从头"铲除"。①

她还进一步阐释说:和平共处的观念,"并不是在软弱地位来拥护和平的",恰恰相反,它是"从对人民大众的实力和能力怀有无比信念,从坚定的信仰中产生的"。这就是说,我们对于人民政权的优越性有随时能和任何人作和平竞赛的信心,特别是支持和平共处这一观念的力量,还表现在人类的绝大部分要求和平的事实上。人民大众从切身的经验中深知"战争和备战仅仅对少数人有利,对于一般人民战争只能带给他们贫困和忧患"。因此,"人民把争取合理生活的斗争和争取和平的斗争联合在一起"。人民清楚地知道本国政府"应该以和平竞赛来造福人群,这比发动战争来掠夺他们好得多了"。②世界绝大多数人的意志和愿望,都是"不但全世界各国能够接壤相处,和平竞赛,而且能缔造一个伟大的合作的时代"。③总之,和平共处的观念是以事实为根据,是对人民大众的实力和能力怀有无比信心,从坚定的信仰中产生的。

1945年,第二次世界大战结束以来的历史,充分证明宋庆龄关于战争与和平问题的论断的正确。她曾为之大声疾呼的和平共处已经成为当今世界各国普遍认同和采纳的国际准则,彰显了宋庆龄的理论成就。

宋庆龄以其巨大的爱国热情和关心全人类共同进步的宽阔胸怀,毕生致力于保卫世界人民的和平事业,贡献卓著,功不可没。她的关于世界和平的思想是对维护世界和平的重大理论贡献。当然它是

---

① 《宋庆龄选集》上卷,第661页。
② 《宋庆龄选集》上卷,第643页。
③ 同上。

时代的产物，具有明显的时代特征。它是留给后人的宝贵精神财富。

在当今的新世纪，世界上真正重大的、带有全球性的战略问题仍然是和平发展问题。虽说人民追求和平的力量在发展、在壮大，但是历史进入21世纪的第二个十年，国内外形势，特别是国际形势的发展依然复杂多变，不公正、不合理国际政治经济旧秩序仍没有根本改革，影响世界和平发展的不确定因素相互交织，恐怖主义危害在上升，世界还很不安宁，战争危险依然存在，人民仍面临着许多严峻的挑战。因此，宋庆龄保卫世界和平的功绩和理论成就对于我们依然有着不可忽视的借鉴、启迪的重大现实意义。

第三节　晚霞满天垂青史

一、面对极左思潮之忧

巨星在陨落时，常常会划破长空，大放光芒，呈现壮观的流星图像。这是它在进入大气层时受到摩擦而产生的光和热。

宋庆龄的晚年，既遭十年浩劫的磨难，又逢中国共产党十一届三中全会后的盛世，她与全国人民同忧患，共斗争，齐欢乐，也是晚霞满天，大放光彩。

在1956年11月11日发表的《回忆孙中山》一文中，宋庆龄曾经说过："伟大的人民力量，已推动了历史的车轮，通过新民主主义和社会主义革命的两个阶段，把半封建半殖民地的中国一变而为独立自由的社会主义的中国。在国际舞台上成为一个强盛的国家……不仅把孙中山奋斗一生的理想变成现实，而且远远地超过了他的理想。"[①] 不过，宋庆龄对于有些事情已经开始困惑了。

---

① 《人民日报》，1956年11月11日。

早在 1953 年，中国共产党公布过渡时期总路线，对农业、手工业、资本主业工商业进行社会主义改造，随后提前终止新民主主义阶段的路线和政策，将私营企业经过公私合营收归国有。原说的中国应使私人资本主义有一个较大发展的诺言被提早收回。同时，内部通知："我们的人民民主专政即无产阶级专政。"由苏联搬来计划经济体制和无产阶级专政的政治体制，由于脱离当时我国生产力发展水平，脱离人民的意愿和生活需要，造成了许多社会问题，虽然有不少人对此有怀疑、有异议，但没有勇气和信心说出。宋庆龄则就新中国成立后一些"左"的错误政策提出意见。她不避"要代表资产阶级说话"和"民主革命时期同路人"的嫌疑，于 1955 年 1 月直言不讳地专门致函毛泽东，提出了不同的意见，向其质疑"社会主义工商业改造"。她在信中表示："我们不理解提出对工商业的改造。共产党曾向工商界许下长期共存、保障工商业利益的诺言。这样一来，不是要成自食其言了吗？资本家已经对共产党政策产生了怀疑和恐惧，不少人后悔抱怨。"[①] 这一意见，反映出宋庆龄独立冷静的见解和实事求是的精神。遗憾的是，她的意见没有得到中共最高领导人的重视和采纳，极左的政策和做法反而有增无减。

到了 1956 年以后，越来越严重的"左"的干扰，使中国出现了十分复杂的局面。国内外、党内外，敌我矛盾和人民内部矛盾交织在一起，给尚未具有成熟丰富治国经验的国家领导人提出一系列难题，也使他们的工作出现了一偏差。这偏差，反过来更加推动了"左"的倾向的蔓延。

按照宋庆龄具有的知识结构、丰富经验和政治敏感，本是可以对以后岁月中国家政策上长时期的"左"倾错误，发现许多问题，提出宝贵意见；而且，以她的地位和声望，也一定会产生相当的影

---

① 《宋庆龄书信集》下册，第 844 页。

响。然而事实并非如此，至少并非完全如此。

由于对毛泽东为首的中国共产党中央在民主革命时期及解放初期取得杰出成就的崇敬和信任，再加上非共产党员的微妙处境，逐渐步入晚年、疾病缠身的宋庆龄深入基层和联系群众的机会日益减少。她身上那些在民主革命时期曾经发挥特殊作用的素质，在新的历史阶段未能继续展现光芒。不能否认，在新中国成立后长期"宁左勿右"的空气的熏陶下，宋庆龄与许多干部一样，对于右的、落后的事物比较敏感，但对于"左"的错误倾向则常常不能识别，甚至出于善良的愿望加以附和；有时虽然有所察觉，有所抵制，但不见成效；有时则抵制不力或无力抵制，处于一种无可奈何的境地。上述情况在进入20世纪60年代后更加明显。

宋庆龄对整风运动向"反右派斗争"的转向和扩大化的做法，持保留态度也是无奈的。她也只有同亲近的朋友交谈时才隐隐表示出不安。在给李云的信中，她就曾流露出这种情绪。李云回忆说，得知她有反对的情绪后，周恩来曾亲自向她做了解释，她接受了。出于对党的拥护和热爱，宋庆龄在公开场合还是附和了这场运动。她一方面维护党的领导和社会主义制度，另一方面也批判了少数人企图利用"整风运动""来使我们的新的政治制度和我们的国家基础发生动摇"，表示："我们必须克服温情主义，彻底粉碎资产阶级右派。"[①]只是后来看到运动的发展超越了原来规定的范围并发生转向时，宋庆龄才对李云透露：她对于正在发生的事情开始无法理解。

在这场对新中国的历史产生严重而深远影响的"反右派斗争"中，被划为头号"右派"之一的章乃器，正是20世纪30年代与她一起领导救国会进行艰苦卓绝斗争的战友。面对这种局面，她再也无法像过去那样去保护帮助他们。宋庆龄的内心是苦楚的。她对

[①]《人民日报》，1957年9月10日。

"反右"很不理解。

1957年"反右斗争"开始两个月后,她写信给中共中央:

"党中央号召大鸣大放,怎么又收了?共产党不怕国民党八百万大军,不怕美帝国主义,怎么会担心人民推翻党的领导和人民政府?共产党要敢于接受各界人士的批评,批评人士大多是爱国爱党的,一些民主党派人士为新中国的解放作了家庭、个人名利的牺牲,一些二三十岁的青年知识分子怎么可能一天就成反党反社会主义分子?我很不理解这个运动,我想了两个月,还是想不通:有这么多党内党外纯粹的人会站在共产党和人民政府对立面?要推翻共产党?"[1]

包括章乃器等宋庆龄所熟知的一大批人被打成"右派"之后,"左"的干扰深入到经济领域,一些政策和做法违背客观规律,表现为急于求成,夸大主观意志和主观努力的作用,集中表现为希望"在一个早晨进入共产主义",轻率地发动了"大跃进"和人民公社运动。

从能看到的有限文字资料分析,宋庆龄对"大跃进"和人民公社,可以说表面上还是赞成的。她为全国人民"建设社会主义的冲天干劲和共产主义劳动态度"所感动,这是毛泽东发出的号召,而在她看来,历史已经证明,毛泽东在中国革命的许多关键问题上的决策都是正确的。在当时视察上海国棉十七厂和"七一"人民公社时,宋庆龄就说过:"他们的劳动热情和共产主义道德品质、他们的智慧和创造精神深深感动了我"、"我学到了很多东西,真可以说是'胜读十年书'"。她甚至为此欢呼:"这是一个生产力大解放的时代,一个思想大解放的时代,一个人和人的关系、人们的精神面貌起着深刻变化的时代,一个出奇迹的时代。""我们处在这样一个光

---

[1] 尚明轩主编:《宋庆龄年谱长编》下卷,社会科学文献出版社2009年版,第992页。

辉的时代，我们有这样光辉的人民，让我们用最美的声音歌颂我们的人民吧，让我们推动这个时代向着更加光辉灿烂的明天飞驰前进吧！"①她对运动中严重泛滥的高指标、瞎指挥、浮夸风和共产风等"左"的错误，开始的时候，也和许多人一样，不能识别，不能抵制，而且还付诸行动予以支持。在大炼钢铁的热潮中，她曾与秘书、花匠、厨师、管理员和身边其他工作人员共同七人，在上海住宅的后花园里用砖垒了一座炼钢炉，进行土法炼钢，甚至还亲自在炉前参加劳动。不过，当浮夸风刮到她所熟悉的领域时，她开始进行了一些抵制。如1958年3月27日，她审读了一篇准备发表在《中国建设》杂志上的关于中国福利事业的文章后，就给编辑部写信提出了意见："文章读后给我的印象是什么问题都解决了。但我认为，我们必须说，在福利方面，我们要做的事还很多，因为我们还处在建设一个新社会和一个新经济基础的过程中。这个情况应该讲得更明确些……虽然我们有了很大进展，但目前还不能满足我们所需要的一切。"作为一名不是共产党员的国家领导人，在当时的政治氛围中，宋庆龄能实事求是地写出这样的话，颇属不易。

1959年的反右倾运动接踵而来。在那场运动中，宋庆龄再次对李云表示，她无法理解对彭德怀元帅的处理。彭德怀从红军时代起就是一位出色的指挥员，而且在新中国成立后还率领中国人民志愿军赴朝作战，取得了重大胜利，为国家和民族争得了荣誉。可是1959年的庐山会议上，他却被撤销了领导职务，而他唯一的"罪状"就是揭示了"大跃进"和人民公社运动的消极面以及党的主要领导人工作中的失误。

不过，总的来说，宋庆龄还是对新中国在"文化大革命"前所取得的成就予以了高度评价。在谈到这一点的时候，她表现出来的

---

① 〔美〕斯宾塞：《三姐妹——中国宋氏家族的故事》，第179页。

是别样一种心情。

面对三年自然灾害和生活困难，全国人民已经不再热衷于那些令人不快的政治运动，大家一起决心在党的领导下齐心协力渡过难关。自1962年起，面对国民经济的恢复和难关过后的新景象，人们又开始憧憬一个美好的未来。那些阴暗的东西暂时较少被提起。在这种情况下，宋庆龄的心情也好了许多。正是基于这样的形势，她才写出了《大无畏的中国人民》和《解放十六年》两篇总结性的文章。

前者写于1963年12月，后者写于1965年底。文章热情赞颂了新中国成立以来在革命、建设、外交等各方面取得的成就，并说明了取得这些成就的原因和经验。

文章的基调是欢快的，从中可明显感觉到宋庆龄此时对新中国的成就表现出的热情，对社会主义和共产主义的未来，对中国共产党及其领袖毛泽东指引的道路流露出的必胜信心。

她没有想到，此后国家政治形势的发展，已经大大超出了她的估计。如果说，在反右派斗争和反右倾运动中宋庆龄还能自保的话，进入"文化大革命"阶段，情况就远不再是这样了。

二、在梦魇般"文化大革命"的年月里

"文化大革命"十年中的宋庆龄历经磨难，备感困惑。她越来越感到迷茫、失望和气愤，最后选择了沉默。大体说来，她从疑惑、觉察、警悟、认识几个阶段，逐步发展到抵制、回击、揭批和反思。在"文化大革命"特定的历史条件下，她凭着良知，做到了她所能做的一切。与20世纪五六十年代相比，她少了一些消极，多了一分主动；少了一些自我压抑，多了一分率直。不过，她的内心在相当长的时期处于极其矛盾的状态中。直到"文化大革命"结束，拨乱

反正后,她才从这种复杂心态中慢慢解脱出来。再次以一种全新的精神面貌,同全国人民一起欢欣地迎接新的时代。

在"文化大革命"发动之初,宋庆龄也和所有善良的人们一样,既无思想准备,又感到困惑不解。作为新中国的领导人之一,她坚信以毛泽东为首的中国共产党领导的正确性。毛泽东在她心中,一直有着极为崇高的地位。她对毛泽东亲自发动的这场以"反修防修"、防止资产阶级的"和平演变"、保证新中国沿着社会主义的正确轨道前进的"革命"宏伟目标深信不疑,并且力图使自己跟上运动的步伐。

"她像每一个善良的人一样对这场'大革命'存有幻想,还满腔热情地买了一些'红宝书'分送给周围的工作人员。"可是,后来事态的发展,越来越令她失望,甚至气愤。中华人民共和国主席刘少奇和一大批革命老干部以莫须有的罪名被打倒在地,同她共事多年的挚友(如金仲华等)也被迫害致死,孙中山先生的旧部属成了"封建余孽"被开除被批斗,全国陷入一片混乱……面对这一切扭曲的现实,她忧心日重,寝食难安。

这时的宋庆龄已70多岁高龄,墙外人喇叭中不停喊叫"打倒走资派"的噪声,打破了她北京后海北沿46号寓所的宁静。她在上海的住宅,也被红卫兵闯入扰乱。尽管如此,她还是和当时许许多多善良的人们一样力图适应新的形势,以一种积极的姿态对待群众运动。按照宋庆龄的理解,只有"反修防修",防止"和平演变",才能确保她毕生为之献身的革命事业永不变色。她甚至还要求自己通过运动来改进工作。宋庆龄在给老同事、老朋友罗叔章的信中说:"请你把红卫兵对我的大字报借给我看……上次你借我看的,没有包括在内。你怕我不开心是么?我看到对我的批评不会主观。如果我有不对的地方我要知道,以便改掉不好的作风。如果不知,那怎么改呢?"信中还特意叮嘱罗:"此信看后即烧掉为荷!"① 她有时还坐着汽车,上街去看大字报,了解情况。她还写信给当时正在接受批判的中国福利会秘书长李云,嘱咐她"赶快检查工作,作自我批评"。这说明,在"文化大革命"的最初阶段,在不了解情况、更没有思想准备的状态下,宋庆龄还是从对中国共产党的信任出发,以正确对待群众运动的态度,身体力行,希望通过这场运动,"在新的秩序下回到建设的道路上来",并且期望在运动中通过自我批评改进工作,使革命队伍思想更一致,更团结,更有成效地建设社会主义祖国。

宋庆龄的这一美好愿望,更集中体现在1966年8月24日她写给美国友人格雷斯·格兰尼奇的一封信中:"你一定看到了所有关于这里发生的变化的报道——一次社会主义文化革命运动正在进行,它将确保修正主义的魔影不论现在还是今后都不可能出现。"②

最初的阶段,"文化大革命"的本质还没有充分展开和暴露。

很快,形势就急转直下。汹涌澎湃的红卫兵运动打乱了整个社会秩序,并逐渐被林彪、江青一伙野心家所利用和操纵。他们以革命的面目出现,用极其卑劣的手段,企图打倒一大批久经考验的无产阶级革命家;他们打出"横扫一切牛鬼蛇神"的口号,恣意歪曲和篡改历史,为他们篡党夺权做准备。在那血雨腥风的日子里,冤假错案遍及全国,很快,许多曾与宋庆龄长期并肩战斗的同志和战友都纷纷"靠边站",先后被冠以"叛徒""反党分子""特务""死不悔改的走资派"等各种罪名,进而受到批斗、关押、遭到非人的摧残,有的甚至因不堪忍受屈辱和迫害而死。国家主席刘少奇被污蔑为"党内头号走资本主义道路的当权派";不少长期支持中国革命

---

① 佟静:《晚年宋美龄》,安徽人民出版社1998年版,第334页。
② 王伟:《姐妹情深,同胞残余——宋庆龄和宋美龄》,载《宋庆龄与中国名人》,上海人民出版社1999年版,第397—398页。

的国际共产主义战士、宋庆龄的亲密朋友爱泼斯坦等,因莫须有的罪名而身陷囹圄。最令宋庆龄不能容忍的是,她的导师、战友和伴侣孙中山先生,也被江青一伙别有用心地污蔑为"中国走资本主义道路的老祖宗",他的部属被诬为"封建余孽",他们竟然声称还要取走国庆节时竖立在天安门广场上的孙中山巨像。宋庆龄本人受到的打击也逐步升级。她主持的中国福利会的工作受到极大干扰而几乎陷于停顿。正如她1978年为纪念中国福利会成立40周年而作的文章中陈述的那样:"四人帮"的破坏和干扰,"造成了我们各项工作的不同程度的损失"。① 十年动乱开始以后,中国福利会在上海的工作实际上处于停顿状态:《儿童时代》杂志不再出版了,宋庆龄也接不到一份中国福利会下属的国际和平妇幼保健院、儿童艺术剧院和其他单位的报告了,这些单位的领导,当时正处在不断加强的政治高压之下。

终于,理性的堤岸被狂潮冲破,运动的锋芒也像洪水猛兽一般向宋庆龄本人扑来。红卫兵们以"出身于剥削阶级"、"妹妹宋美龄是蒋介石的妻子"等荒谬理由为借口,企图冲击她的住宅;在南京,孙中山的铜像被红卫兵移走,并准备砸毁;在上海,宋庆龄父母的坟墓被郊区"造反有理"的农民挖掘夷平。

先她受到冲击的是中国现代史上饱受争议、集多种角色于一身的著名民主人士章士钊。1966年8月29日夜,一帮红卫兵查抄了他的住宅。第二天凌晨,老先生写信给毛泽东,反映了这一情况。毛泽东当即作出批示:"送总理酌处,应当予以保护。"周恩来责令有关人员立即送回抄走的全部书籍,并派人前往保护章家住宅。他由此想到了其他一些应该予以保护的对象,于是同时开列了一份"应予保护的干部名单"呈报毛泽东主席。在这份名单上,宋庆龄居于

---

① 陈燕:《接过母亲的"友好事业"》,载《今日中国》2008年第1期。

首位。

有的红卫兵要求撤销宋庆龄的国家副主席的职务,并扬言要冲进她的寓所。为此,身心憔悴的周恩来总理于9月1日义正词严地告诫北京的红卫兵:"宋庆龄是孙中山的夫人。孙中山的功绩,毛主席在北京解放后写的一篇重要文章《论人民民主专政》中肯定了的。他的功绩也记在人民英雄纪念碑上。南京的同学一定要毁掉孙中山的铜像,我们决不赞成。每年'五一'、'十一'在天安门对面放孙中山的像是毛主席决定的。孙中山是资产阶级革命家,他有功绩,也有缺点。他的夫人自从与我们合作以后,从来没有向蒋介石低过头。大革命失败后她到了外国,营救过我党地下工作的同志;抗日战争时期与我们合作,解放战争时期也同情我们,她和共产党的长期合作是始终如一的。我们应当尊重她。她年纪很大了。今年还要纪念孙中山诞辰一百周年,她出面写文章,在国际上影响很大。到她家里贴大字报不合适。她兄弟三人姐妹三人就出一个革命的,不能因为她妹妹是蒋介石的妻子就要打倒她。她的房子是国家拨给她的。有人说:'我敢说敢闯,就要去。'这是不对的,我们无论如何要劝阻。"①

周恩来建议宋庆龄搬到中南海去住,她婉言谢绝。为了确保她的安全,有关方面根据周恩来的指示,曾派人来告诫她周围的工作人员:不出去参加运动;不参加群众造反派;安心工作,为宋副主席服务好。然而,在"左"倾潮流的鼓动下,仍有部分工作人员违反指示,参加了造反派,对宋庆龄的服务也不再尽心尽力。这些人称她是"资产阶级",宋庆龄听后郁结于胸,以致胃部疼痛不已。她的老秘书黎沛华和新来的秘书刘一庸也因出身不好受到造反派的斥责,不敢再陪宋庆龄共进午餐,不久便都回了上海。宋庆龄寓所里

---

① 佟静:《晚年宋美龄》安徽人民出版社1998年版,第334页。

铺设地毯也被说成是资产阶级生活方式，只好卷了起来；院内的"畅襟斋"、"听鹂轩"等许多匾额被当作"四旧"摘掉；室内挂起了毛主席语录和标语。有的服务员进进出出板着脸，看见她也不予理睬。在这种情况下，宋庆龄决定不再从二楼卧室到楼下餐厅用餐。她将情况报知周恩来总理，周恩来立即指示，调走了宋庆龄身边参加造反派的警卫秘书，另为她增派了警卫，岗哨一直布置到德胜门和甘水桥附近。宋庆龄从浙江大学调张珏来京担任自己的工作秘书。1968年5月，她的警卫秘书由杜述周接替。[①] 正是周恩来采取的这些及时补救措施，最终使宋庆龄在"十年浩劫"中没有受到连国家主席也未能幸免的劫难。

即使如此，宋庆龄的精神还是极端苦楚的。1967年11月29日，她在致沈粹缜的信中就流露出了这样的心情。她一方面叮咛朋友"好好保重身体"，一方面是谨慎地打听中国福利基金会和中国福利会原英文秘书蔡嬷云的消息："我的老干部，蔡嬷云，一年多没有消息了。不知道什么缘故她被关起来。我日夜不安，不知是否因为她代我交一些钱给我一个表亲的缘故？因为她一直很老实，守纪律的，也不和坏人来往。如果你听到她的消息，请不要瞒我吧。我要对她负责！除了生在资产阶级家庭里，我的表亲从未参加过政治或做过坏事。一直很老老实实的。"[②] 当她得知父母的坟墓被挖掘的消息后，悲痛再也难以抑制。她托廖梦醒通过邓颖超郑重地把这个情况告诉了周恩来。周闻讯也非常震惊和气愤。他顶着巨大的压力，立即给上海挂去长途电话，迫使当时受"四人帮"两个骨干分子张春桥和姚文元直接操纵的上海市革命委员会和民政局重新修缮了宋氏墓地，重立了墓碑。随后，邓颖超又让廖梦醒把墓地修复后的照片交给宋庆龄看。宋庆龄看着照片，才稍感宽慰地说："祖宗总算有个地方蹲

---

① 林家有、李吉奎：《宋美龄传》，河南人民出版社1995年版，第409页。
② 《廖承志文集》下卷，人民出版社1990年版，第789页。

了。"她对于周恩来在极其困难的条件下为她所做的这件事，表示无比感激。过去，如果为了自己别的事情，她是不会去惊动日理万机的周总理的。

宋氏墓地虽然修复了，但那些小人们在这件事上还是做了手脚：新立的墓碑上只留下宋庆龄一个立碑人的名字。对于这种强加于人的荒唐可笑的做法，在当时压抑的政治气氛下，宋庆龄的内心有着一种说不出来的滋味。粉碎"四人帮"后，宋氏墓地再度重修时，立碑人才重新刻上了宋嘉树夫妇全部子女——蔼龄、庆龄、美龄、子文、子良、子安的名字。

一波未平，一波又起，"文革"初期刮起的"破四旧"狂潮，再次冲击到宋庆龄的身上。一些幼稚的孩子，受别有用心者的挑动，写信给宋庆龄施加压力，要她改变保持了几十年的发型。有些大字报指名道姓地叫嚷要剪掉宋庆龄的发髻，说什么这是"封、资、修"的象征。8月的一天，宋庆龄请廖梦醒及其女儿李湄和老朋友魏璐诗来寓所吃晚饭。谈及"破四旧"事，她认为红卫兵对自己的无理要求不能接受，断然表示："我不要剪头发！"

宋庆龄一直保持自己的发式。那是对故去母亲的一种承诺。

母亲倪桂珍在临终时，曾提出女儿们永远不剪短发的希望。她们三姐妹一生都谨遵母亲的嘱托，始终都梳着发髻，没有改变。

宋庆龄对母亲的感情是复杂的。一方面，她始终怀着感恩之念；一方面，她又时常怀着歉疚，她与孙中山的婚姻曾给自己的父母造成了感情上的伤害。虽然父母最终接纳了她的选择，承认了这桩本来坚决反对的婚事，但对宋庆龄来说，她却无法抚平父母受伤的心灵。为了革命和事业，多年来，她未能陪侍在母亲身边尽孝，可是，她对母亲的深厚情感却从未稍减分毫。她将母亲的遗像悬挂在自己上海故居的餐厅里，一日三餐，都可以看到母亲慈祥的笑容，好像她们从来就没有分开。

在疯狂的"破四旧"和抄家的淫威下，宋庆龄看清了"文革"的本质，一向谨慎周密的她还是采取了一系列非常措施以防不测。墙上挂着的那些人体画、工艺品、孙中山画像，都让秘书取了下来。她把一部分艺术品送给马海德，请他把这些东西再转到路易·艾黎那里。马海德后来说，他是亲自把这些东西转送去的。他这样做也冒着一定的风险，因为他当时也已受到尖锐的口头攻击，他的妻子苏菲被她工作的那家电影制片厂的造反派关了起来。

除此之外，宋庆龄两次支开身边工作人员，独自一人亲手烧毁了不少信件和材料。到了晚年，她曾这样感叹道："我的手提包、鞋子和衣料都没有了。'文化大革命'迫使我毁掉了所有的东西，我把它们都送进火炉了！"[①]

当"文革"开始只过了三四个月的时间，宋庆龄就对这场"革命"产生了怀疑，感到所发生的许多事情与所宣传的运动目标相去越来越远。她曾对身边工作人员说："这算什么革命行动呢？当时陈炯明叛变，我坚决地和他斗争，这才算叫革命行动呢！"她这里说的是1922年6月16日凌晨，粤军头目陈炯明举兵叛变围攻孙中山广州总统府的事件。看到刘少奇遭到批判，她不能理解："对刘少奇这样的老革命家，怎么可以这样对待呢？"她郑重地写信给中共中央，严厉声明：

"我不懂文化，说小说就是政治，而且都是毒草，我糊涂了。一夜下来，一些和我一起工作的同事都变成了走资派、反党集团、野心家、牛鬼蛇神。中央要我们学习批判刘少奇，我不会做的。刘少奇主席在党中央工作了34年，今天会是叛徒、内奸？我不相信一个叛徒内奸当了七年国家主席。现在宪法还有效吗？怎么可以乱抓人、乱斗人、逼死人？党中央要出来讲话，这种无法无天的情况，自己

[①] 盛永华：《20世纪的伟大女性宋庆龄》，广东人民出版社2006年版，第179页。

伤害自己的同志、人民是罪行。我们的优秀干部从与国民党的战斗中走过来，却死于自己的队伍中，这是什么原因？"①

在1966年国庆节的天安门城楼，她又让罗叔章把红卫兵的传单拿给她看。不过这次不像以前那样，为了探究自己需要改进之处，而是为了"了解形势的发展"。这时候，她对动荡的现实更加忧虑，也更为反感。毛泽东曾派江青专程前去向她解释"文化大革命"的形势。她正告江青："对红卫兵的行动应该有所控制。不应伤害无辜。"听到宋庆龄的告诫，江青的脸立刻沉了下来。宋庆龄与江青是熟悉的，1949年，她与江青第一次见面后印象良好。那一年，她到北京参加开国大典后回上海，毛泽东派江青到车站送行。她后来向旁人谈及，江青"有礼貌，讨人喜欢"。1956年，她在上海宴请印度尼西亚总统苏加诺，江青和刘少奇夫妇出席作陪，她对江青文雅的举止、得体的服饰都表示了赞赏。但是，"文化大革命"开始以后，江青就大不一样了，她的言辞完全是一副教训人的腔调。权倾一时、红得发紫的江青也由此对宋庆龄从嫉恨发展为仇恨。

进入11月，北京炎热难耐的盛夏过去没有多久，秋天的寒气已经逼人。11月12日，是孙中山诞辰100周年的纪念日。

为了纪念孙中山诞辰100周年，人民出版社重印了1956年出版的、由宋庆龄题写书名的两卷本《孙中山选集》，同时还出版了由周恩来题写书名的一卷本《宋庆龄选集》。当秘书把这两套书送到江青手上的时候，她看到宋选封面上周恩来的题签，疯了似的把书扔到地板上，并用双脚践踏，气急败坏地说："总理真是！还给她题字！"在人民大会堂举行的孙中山诞辰100周年纪念大会，她更是拒绝参加。

孙中山诞辰100周年纪念大会对宋庆龄来说，却是一个宣传孙

---

①陈铁健：《她永远美丽——〈宋庆龄后半生〉读后》，载《文汇读书周报》，2010年4月2日。

中山的机会,也是一个打破沉默的机会。她不能不说话了。

宋庆龄一直认为,解放后对孙中山的评价有欠公允,宣传孙中山的工作也做得很不够;现在又出于卑鄙的动机或对孙中山革命经历和革命精神的无知,出现了诋毁孙中山形象的歪风,他们污蔑孙中山是"中国走资本主义道路老祖宗",极力渲染孙中山的"阶级劣根",致使孙中山的尊严遭到亵渎,孙中山的名誉遭到诋毁。在涉及理想、信念的大是大非问题上,宋庆龄再也无法沉默。革命原则和经验告诉她,这股歪风不仅仅是在割断和扭曲历史,而且是别有用心的。她不得不以74岁的高龄,再次奋起,坚决捍卫孙中山的革命旗帜。这是她对逆流第一次有力的回击。

宋庆龄一反过去在孙中山诞辰或逝世纪念日不会客、不参加纪念活动、独自一人在房间里默念的习惯,她以满腔的热情,集中最大的精力,经过缜密细致的思考,撰写了一生中最长,也是最后一篇纪念孙中山先生的文章——《孙中山——坚定不移、百折不挠的革命家》。她亲自出席在首都人民大会堂举行的孙中山诞辰100周年万人大会,在会上宣读了这篇演讲。

宋庆龄全面、详尽地评述了孙中山在中国历史上的重要地位和伟大的革命业绩。与造反派污蔑攻击孙中山的谰言针锋相对,她采用大量无可辩驳的历史事实歌颂了孙中山的事业与品质。写于特殊年代的这篇长文,倾注了她对丈夫的无限敬仰和怀念:

"孙中山一生奋斗的目标已经实现并且已经超过了。但他的名字和他的精神仍然活在我们心中。我们为他40年的忘我斗争而感到骄傲。他的遗言'必须唤起民众,及联合世界上以平等待我之民族',今天听来仍然是正确的。"①

宋庆龄亲自动手,几易其稿才写成了这篇文章。她对文章的修

---

① 以上转引自盛永华:《20世纪伟大女性宋庆龄》,广东人民出版社2006年版,第105页。

改、内容的取舍,有过很多考虑。她这样做,是为捍卫民族的尊严和保护民族遗产而斗争,更是对一伙野心家的倒行逆施的还击。其间,不少同志对她有所帮助。会后,她很想邀请所有帮助过自己准备这篇讲话的同志们一起吃顿饭,但已不合时宜。那时政治局势的复杂性,由此可以想见。

"文革"整整十年所发表的有关孙中山的文章中,只有宋庆龄的这篇可以归于高质量的学术性论文。它之所以能够冲破姚文元等人对舆论阵地的垄断,得以在《人民日报》上发表,与周恩来的支持和关怀是分不开的。周恩来在百忙当中亲自修改了这篇文章,将其安排在11月13日刊出,还请爱泼斯坦润色了该文的英文稿。[①]

在漫长的革命生涯中,宋庆龄以笔为武器,写下了不少著名的声明、宣言和文章。上述只是其中的一篇。她具有很好的文学素养,也是中国历史上少见的多产的女才子,一生著述丰厚,文如其人。周恩来曾评价:"宋庆龄的文章说理清晰,语言新颖,是亲自动手写的,这种作风和文风值得学习。"解放初期,郭沫若曾对宋庆龄的文章表示非常钦佩,认为是大家手笔,当代著名作家也不能及。这主要是指文章的思想内容。陈毅认为宋庆龄的文章许多是中国历史上的重要文献,从中可以看出中国历史的发展、革命的思潮和革命力量的消长。他建议宋庆龄把这些文章编辑出版。[②] 宋庆龄严肃考虑后,于1952年编选出版了文集《为新中国奋斗》。1966年又在该书的基础上出版了《宋庆龄选集》。

物换星移,1966年就这样在正义与邪恶的反复搏斗、犬牙交错的状态中过去了。但是,新岁到来之际,由于阴谋家、野心家的活动更加猖獗,祸患横溢,这场"无产阶级文化大革命"就连亲手发动它的人也难以控制了。随着运动的开展,宋庆龄看到的不是"我

---

① 李云:《三十年代在宋庆龄同志身边两年》,载《解放日报》,1981年5月23日。
② 廖梦醒:《我认识的宋庆龄同志》,载《人民日报》,1981年6月3日。

国的社会主义革命进入了一个更深入、更广阔的新阶段",更不是向着"一个没有人剥削人、没有民族压迫、没有种族歧视的世界而努力",而是完全走入歧途。她和全国人民一样,很快由希望转为失望,对运动给国家和人民事业造成的灾难感到深深的忧虑。

宋庆龄通过种种复杂的现象,逐渐看清了"文化大革命"的本质。在这次公开讲话之后五年左右的时间里,除了作为国家副主席接受一些国家的新任驻华大使递交的国书,参加国庆招待会和天安门城楼上检阅等礼仪活动外,她很少公开露面。外界既听不到她的声音,也见不到她的文章。她曾对身边工作人员表达过自己的心志:我不愿意被人当"摆设",决不随波逐流,随声附和。她的爱憎是分明的,抉择是感人的。

在令人压抑的氛围中,宋庆龄心情忧郁,一直过着深居简出的生活。黎沛华和刘一庸离开之后,她就在卧室里的小圆桌上用饭,很少下楼。一般情况下,几乎足不出户。日常也就是种种花、养养草、喂喂鸽子。

无论居庙堂之高,还是处江湖之远,宋庆龄的心都始终与人民在一起,时刻惦念着国家的命运、黎民的苦难。在"文化大革命"期间,她曾先后给中共中央写过七封信,表达自己对这场"革命"的不理解和反感,乃至产生失望情绪。她还曾几次希望能像20世纪50年代那样去视察基层,深入群众,了解人民群众的意见和要求。然而,当时国家政治生活的混乱和群众中激烈的派系斗争,使她无法实现自己的愿望。在这种不正常的情况下,她的工作被迫减少到了最低限度。由于国家主席刘少奇被打倒,许多工作瘫痪,以国家副主席的身份接受一些国家新任驻华大使递呈的国书,接见外宾,成了她主要的、几乎唯一的国务活动。此外,她能做的,就是给一些因病去世或受折磨致死的国家领导人及著名人士送去花圈,出席追悼会。

闲暇时，一个人静下来，宋庆龄会把时间消遣在她所爱好的活动上。居室中的那架黑色的老式钢琴，同她用来沟通与世界的联系的打字机一样，也是她终生的伙伴。虽然没有在公众场合演奏过，但几乎每天晚上她都要弹琴自娱，有时一弹就是几个小时。她常听《黄河》交响曲和贝多芬的《英雄》交响曲，将自己的思想感情与乐曲交融。她还时常伏案绘画，或请亲友及他们的子女来北京寓所的湖内游泳，她则安坐在湖边的树荫下安详地观看，聊以排忧解烦。

在她的北京寓所，这座清朝的王府花园里，有山有水，宋庆龄几乎每天都在花园里散步。即使因为腿不好常会有失去平衡的时候，她也坚持自己走路，不愿别人搀扶。她爱好种花，只要能动就自己亲手栽植。花园的花匠站在她的身边，万一她站不稳，就顺势扶她一把。每当这时，她都要客气地说："我给你添麻烦了。"她每天还要亲自去喂食鸽子，喜欢站在那里仰望鸽子们在空中翱翔……

宋庆龄以这样的方式来消愁遣闷，但是，"文化大革命"一天不结束，国家一天就得不到安宁，她的忧愁也难以完全消散。树欲静而风不止，意想不到的干扰还是不断地向她袭来。

1968年初，上海的造反派从时任上海市副市长的金仲华的住所抄走了大量的文件和信札，其中包括宋庆龄和他的往来信件及底稿数十封。张春桥看到后如获至宝，他说：金仲华可能是美国特务，"宋庆龄这个人可复杂了"，并亲笔批示："应当整理一份材料报中央、中央文革，并继续查下去。"按照他的要求整理上报的材料，突出强调了金仲华与宋庆龄"有特殊密切的关系"；"这次抄获宋庆龄给金仲华的信有七十余件。除一二件用中文写的外，其余都是用英文写的。经专人带交的约占半数。'文化大革命'以来，他们的通讯（信）特别多"。材料分析，从这些信件可以看出：第一，金、宋之间往来十分密切；第二，金、宋谈话内容，值得研究；第三，"文化大革命"期间往来频繁，互通京沪"文化大革命"情况。虽然慑于宋庆龄在国内国际的崇高威望，他们没有敢对她贸然下手，但他们的恶毒用心是显而易见的。

宋庆龄为了保护自己，也为了保护朋友和同志，不得不采用了新中国成立后她从来没有采用过的"地下工作"的联络办法。在给朋友和同志的信末，她都会注明"阅后烧掉"的字样。例如，1972年5月26日在给廖梦醒的信中，她就附注了这样的要求："另：请将我所有的信都销毁！"[①]那时她与马海德夫妇通信较多，他们常常在信中谈论对"文革"的看法。他们两家住得很近，宋庆龄的信都是交由忠诚的保姆或司机送去的。遵照宋庆龄的嘱咐，马海德看完后都将其销毁了。所以，后来，马海德的家被查抄时，虽然损失了许多文书资料，但宋庆龄的信一封也没有让造反派得到。而金仲华则不然，他没有按照宋庆龄的要求去做，结果付出了沉重的代价。

"文化大革命"还给宋庆龄带来一些其他的困扰。当时，医院中取消了按摩护士，认为做按摩是"资产阶级的奢侈行为"。宋庆龄的背部和膝关节疼痛难忍，只得从上海找来一个身体强壮的阿姨为她按摩。当时宋庆龄要寻觅一个好的保姆也很是困难，因为很难符合公安部门要求的各种条件。国务院机关事务管理局给宋庆龄介绍来的保姆既笨又懒，甚至拒绝给宋庆龄洗衣裳；后来，他们又曾派来一位见习保姆，她是一位警卫员的妻子，一个山东籍的缠足妇女，来后闹的笑话一箩筐。宋庆龄在1973年4月30日致廖梦醒的信中气愤地写道："他们甚至给我找来了一个'三寸金莲'，谢顶的山东大娘！但他们说她成分好。难道一个人还得为她的祖先负责！"[②]

是非颠倒的岁月里，既有人对宋庆龄放明枪进行人身攻击，又有人对她施暗箭伤害她的声誉。其中，对宋庆龄与孙中山的婚姻关系和个人私生活方面散布流言蜚语进行诽谤和中伤，就是他们的拙

[①]《宋庆龄书信集（续编）》，人民出版社2004年版，第422页。
[②]陈漱渝：《自慰的镇痛剂——读〈宋庆龄书信集〉（续编）》，载《新华文摘》2004年第21期。

劣伎俩之一。

中伤和诽谤宋庆龄已成为历史的个人生活问题，只不过是故伎重演。早在1948年，宋庆龄面对同样的诽谤，就坦然地告知诽谤者："关于我的婚姻，完全没有什么可遮遮掩掩的。我丈夫是在有合法结婚自由时才与我结婚的。""就我本人来说，我认为只要我与反对党的工作有联系，这种诽谤性的攻击就会继续下去，哪怕到我满头白发的时候。"①

事实不幸被她言中，"文化大革命"初期，宋庆龄已步入老年，一些别有用心的人为了实现其政治阴谋，又搬出了这套撒谎的老把戏，并唆使一些不明真相的人跟着起哄、鼓噪。她起初对此不屑一顾。不久，她就警觉到他们是在"重复反动派在孙博士和我的婚姻问题上对我们的造谣污蔑"。这不仅仅关乎孙中山、宋庆龄的个人形象和声誉，他们的拙劣手段，是企图推翻孙中山在中国历史上的地位以篡改历史。年迈的宋庆龄只有毫不含糊地奋起而反击，以此维护自己与孙中山婚姻的真实性与合法性。这是她在特定的历史条件下，忠诚于孙中山的理想和事业、维护孙中山旗帜的一次重大行动。

除国内有些人散布谰言以中伤宋庆龄外，国外也有人不负责任地重复反动派在婚姻问题上对孙中山和宋庆龄的造谣污蔑。1972年11月，宋庆龄分别致函著名作家韩素音②和友人麦克唐纳，明确指出一些有关孙中山的著作中的错误。她说："在利昂·沙尔曼写的那本传记中，我发现她在描述我的婚姻这部分也像其他一些作者那样犯了相同的错误。"她郑重地声明："我是从上海去东京并于1915年10月25日在那里同孙逸仙结的婚，这就是说，我们结婚的时间是在他们（按：指孙中山与元配夫人卢慕贞）离婚几个月之后。我们

---

① 《宋庆龄书信集（续编）》，人民出版社2004年版，第139—140页。
② 韩素音（1917—2012），英国籍作家，医生。宋庆龄的朋友。父母亲分别是中国人、比利时人。曾到美国、德国、瑞士等二十多国讲学和游历，介绍中国历史、政治、社会改革、宗教、民族、青年、妇女、知识分子等问题，写出颇多有关中国的文章和著作。

的婚姻是在东京市登了记的。举行婚礼之前，我们当着律师的面在结婚书上签了字。结婚的证书是一式三份，这些证书分别由孙逸仙、我和著名的日本律师和田瑞保存。"她指出："很久以来，敌人和一些不明真相的传教士都在这个问题上对我进行诽谤。"她特请朋友采取任何"认为合适的办法把我这个声明公之于世人，以正视听"。[①]

美国著名记者和作家哈里森·E. 索尔兹伯里在所著《前往北京及北京以外》一书中也不负责任地引用了那些谰言，重复了别人的这一错误。对此，宋庆龄于1973年2月27日特别郑重地致函孙科的亲戚林达光说明：当她与孙中山结婚时，孙中山的儿子孙科正在美国加利福尼亚，"他父亲把离婚和结婚的事都告诉了他"。孙科应"还保留着这历史性的家庭档案"。她说："我实在感到吃惊，像索尔兹伯里这样一位知名作家怎么会容许自己去重复反动派在孙博士和我的婚姻上对我们的造谣污蔑。""我也感到惊诧，像索尔兹伯里这样有地位的人在写到这样一桩史实时怎么不先做一番研究。……我想什么地方都会有这样的人，他们相信只要摔出去足够多的污泥，总有几块会沾上的！"[②] 一周后，宋庆龄又直接致函该书作者，直率地批评其错误："大作《前往北京及北京以外》，我已拜读。请允许我指出一个史实上的错误。孙逸仙在我同他于1915年10月25日结婚时，他是自由的。（结婚的年份不是您所说的1914年，当时我还在上海。）……反动派和传教士（他们常常是反对进步的）试图造谣污蔑我们，但事实总归是事实。……我丈夫的儿子现住加利福尼亚，所以你可以很容易地从他那里得到有关上述事实的证言。"她敦促索尔兹伯里改正其书中的这一错误，同时指出："你也许可以向你曾咨询过的那些所谓可靠的参考资料来源发出警告，告诉他们这是一则

[①]《宋庆龄书信集》下册，第683—684页。
[②]《宋庆龄书信集》下册，第696—698页。

极为恶劣的不实之词，他们到处散布是有罪责的。"① 不久，索尔兹伯里就改正了错误，并把修改后再版的《前往北京及北京以外》寄给宋庆龄，请她指正。

时隔半年，再次传来了同类性质的诽谤性谎言。宋庆龄不得不继续予以澄清。1973年8月23日，她致函挚友爱泼斯坦夫妇："请读一读附上的剪报。你们作为我的挚友，请告诉我对这些有关我的诽谤性文字，我该怎么办。这些有关我的谎言时不时地得以刊布，使我感到极端的厌恶和愤慨。我没有钱去请律师来同这个斯坦利·卡尔诺打官司，但我的朋友（按：指他们夫妇）能否写篇东西来制止这些谎言流传呢，因为对许多人来说，不断重复的谎言会变成事实的。"②

宋庆龄性格温和，宽以待人，说话极少刻薄之辞。但当别有用心者对她和挚爱的孙中山先生结合一事造谣中伤时，她再也抑制不住内心的愤怒："至于某些人顽固地发出的疑问，我想声明，现有的任何法律都没有规定人们结婚要得到那些恶毒的诽谤者的同意。拉丁有谚语曰：世间自有公正的头脑，所以让这些狗去叫吧。"③

为了澄清诽谤者的谎言，不使谬种流毒人间，1981年4月至5月间，即将辞世的宋庆龄甚至不顾衰病之躯，强支病体在北京寓所用英文写下了《我家和孙中山先生的关系》一文。她郑重地回忆了自己与孙中山先生早年接触的一些情况，着墨最多之处讲的还是她与孙中山的结合，阐述两人的相识、相知、相爱到结合的过程。她亲笔写下这段往事，希望在有生之年，针对国内外一些诽谤谰言进行澄清，使那些无稽之谈者在阳光下现出嘴脸。

宋庆龄与孙中山一起生活的时间只有十年。在孙中山逝世的时

---

① 《宋庆龄书信集》下册，第699页。
② 《宋庆龄书信集》下册，第706页。
③ 英文原件上海交通大学档案馆藏。转引自盛永华主编：《宋庆龄年谱》下册，广东人民出版社2006年版，第1694页。

宋庆龄的画作。"文化大革命"期间,宋庆龄心情沉重,百思不解,过着深居简出的生活,有时画画聊以寄托

宋庆龄晚年在住所庭院中

候,她还年轻美丽。即使进入中年之后,她依然魅力如昔、风韵不减。但几十年里,她坚强地一个人生活着,继续着孙中山先生的未竟事业。她对孙中山先生的忠贞不渝,是毋庸置疑的。然而好事者的滥口却难以封住,没有什么能阻止他们发挥想象力,一次次编造谣言。

"文革"期间,关于宋庆龄的私生活问题,无中生有的谣传也不胫而走,四处流传。他们胡说什么"宋庆龄又结婚了","不再是孙中山夫人了"。在那个造谣不但无罪且颇有市场的年代,一张大字报就可以置人于死地,却不容受害者申辩。宋庆龄1966年8月27日在给爱泼斯坦的信中这样写道:"……我想,对那些无端污蔑,我只有闭上眼睛——外面那种敲锣打鼓的喧闹声已经够叫人心烦意乱了。希望你离得远,听不到。"①

宋庆龄自己虽然受到了最高当局的保护,可是她的亲友在劫难逃。她二舅倪锡纯的长子倪吉士被诬为"国际三K党",成为专政对象,一度每月只发15元生活费;全家被赶到一间小屋居住。宋庆龄虽努力接济他们,寄钱、衣物和药品,但在那风雨如磐的日子里,他们的生活不可能有根本的改善。尤其悲惨的是倪锡纯的长女倪吉贞的遭遇。她毕业于上海圣约翰大学,精通英文,很有教养,宋庆龄非常喜欢这个表妹,见她一直独身,曾想邀她来做秘书,陪伴自己度过晚年。不料"文革"狂风骤起,不仅破灭了宋庆龄的美好的心愿,而且无情地吹折了这根洁身自好的秀枝。倪吉贞成了"管制分子",被扫地出门,强制劳动。她不堪凌辱,在1968年5月所谓"全国山河一片红"的"大好形势"下,被迫跳楼自杀了。

宋庆龄羞愧、悲愤交加,自觉难见亲朋好友,更不好向早已长眠地下的母亲交待,因此气得病了一场。

---

① 爱泼斯坦著,沈苏儒译:《宋庆龄——二十世纪的伟大女性》,人民出版社1992年版,第591页。

宋庆龄领导的中国福利会及其所属单位，尽管在妇幼保健、儿童文化教育和对外宣传上取得卓越的成绩，在社会主义建设中发挥了很好的作用，但是却被"四人帮"诬蔑为"修正主义的样板"，工作人员遭到迫害。十年动乱开始时，中国福利会在上海的工作处于停顿状态。宋庆龄为接不到他们的工作报告而十分焦急。原来，这些单位的领导当时正受到不同程度的冲击。宋庆龄于是请上海市副市长金仲华帮助。他像以往一样认真负责，走访了这些单位，鼓励他们继续工作。可是不久，有人告诉宋庆龄说，金仲华本人也遭到了"四人帮"及其爪牙的残酷迫害。宋庆龄想设法同他见一面，也没成功。宋庆龄气愤地发问：金仲华到底犯了什么罪？可是没有得到回答。几年以后，宋庆龄才知道，金仲华一生中所做的好事都被歪曲、颠倒，成了他的"罪证"。① 金仲华终于在1968年4月3日以莫须有的"外国间谍"罪被残酷迫害致死了。宋庆龄对这位"上海文化界救国会"时期的老战友、《中国建设》杂志社第一任社长遭此不测，十分痛心，无比愤慨。

另一种精神上的打击是1976年1月至9月，她所敬重的周恩来、朱德、毛泽东相继逝世。

"文化大革命"中，林彪、"四人帮"反革命集团对全国人民无比敬爱的周恩来多次发难，宋庆龄非常气愤。当她知道周恩来生病后，就让秘书杜述周送鱼慰问。杜秘书等在万泉河渔场借了围网，于1971年8月26日下午和警卫一起在南湖捕到一条23斤半重的大胖头鱼。宋庆龄随即就叫杜秘书把鱼直接送到周恩来家里。1976年1月8日周恩来逝世时，她正好在北京，当她参加吊唁活动回家后，一个人静静地独坐着流泪，重重地叹气，说："国家少了一个好帮手，一个好帮手呀！"

---

① 参见宋庆龄：《怀念金仲华——〈中国建设〉的创始人之一》，载《人民日报》，1987年1月7日。

7月和9月，朱德和毛泽东先后逝世时，宋庆龄正在上海。噩耗传来，她两次赴京参加追悼活动，并重重叹着气，悲痛地说："唉，国家又去了要紧人。"宋庆龄平时很沉着、冷静，轻易不动感情，但现在却常常叹气流泪，可见她对毛泽东和周恩来、朱德的情谊之深。但是由于在"四人帮"的高压下，她对他们的悼念之情不能充分表达出来。

宋庆龄由于忧国忧民，心情沉重，再加上隔壁的两个机关不停地放大喇叭，打派仗，吵得一贯爱好清静的宋庆龄日夜不得安宁，健康受到严重损害。尽管如此，宋庆龄仍然发扬解放前不顾自身处境恶劣，只关心别人安危、帮助战友解除危难的崇高精神，与阴谋家、野心家周旋，努力保护同志和朋友免遭厄运，少受冲击。她顶着强大的压力，为路易·艾黎的革命历史写了证明。证明说："我从1930年起，就认识路易·艾黎。他为中国做了贡献，帮助我们保卫国家。"接着她列举了路易·艾黎从抗日战争至解放后为中国革命所做的贡献。最后结尾说："我极端相信他。他如白求恩大夫一样，是国际共产主义、马克思、列宁的信徒。"这份很有说服力的证明，在浩劫中解救了路易·艾黎。

宋庆龄对刘少奇子女在"文革"中给予的关怀和照顾，也生动体现了她在逆境中不畏强暴，同情、关怀弱者的高贵品质。20世纪50年代初，刘少奇对王光美说："宋副主席是位伟大的妇女，她坚持孙中山先生的三大政策，不畏强压，坚持革命，同全家都断绝了关系，我们应该多给她一些家庭温暖。"他们知道宋庆龄非常爱孩子，就常让自己的孩子给她写信，还寄去图画、手工等。宋庆龄曾邀请王光美带着孩子去她的寓所玩，对孩子们自称"宋妈妈"。每到圣诞节、新年前夕，刘少奇的孩子们就主动给"宋妈妈"制作贺年片，并给她写信。宋庆龄很喜欢孩子们的这些礼物，给他们写充满感情的复信，鼓励他们上进，还赠送每个孩子笔记本、糖果、小点心等礼物。①

"文化大革命"开始后不久,刘少奇即被以"全国头号走资本主义道路的当权派"的莫须有罪名受到批判。宋庆龄得讯后表示:对刘少奇这样的老革命家怎么可以这样对待呢?义愤之情,溢于言表。②1966年12月底,刘少奇全家已处于逆境。出乎他们的意料,他们仍然收到宋庆龄送给几个孩子的贺年片、日记本和糖果,一切与往年一样。这是对他们全家受到不公正待遇的无声抗议,是对受害者最珍贵的同情和支持。刘少奇全家看着那熟悉、刚劲的宋庆龄的笔体和给孩子们的无比亲切的"宋妈妈"的签名,犹如荒漠中饮到了一口甘泉,感到温暖和慰藉。

1967年,刘少奇一家进一步受到林彪、"四人帮"的迫害,弄得妻离子散,天各一方。孩子们也千方百计打听父母的下落。万般无奈,他们只好给"宋妈妈"写信。宋庆龄不怕担风险,立即把信转给了毛泽东,同时,又尽她所能,努力保护孩子们的安全,照顾他们的生活,鼓励他们好好学习。1972年,孩子们终于获准到监牢里看望母亲。王光美见到孩子们的精神面貌很好,知道是宋庆龄在关怀着他们时,心中充满无限感激之情。她深深感到,"人民是他们的父母,庆龄同志又一次在我们心中成为伟大人民的象征"。③直到1976年,宋庆龄还让身边工作人员到南长街给住在那里的刘少奇的孩子转送物品。

叶恭绰原是前清重臣,继又成为北洋"交通系"的骨干,后来迷途知返,信仰孙中山的三民主义,拥护孙中山统一中国、振兴中华的主张。民国元年担任交通次长时,他曾协助"全国铁路督办"孙中山筹划设立全国铁路总公司,规划修建全国铁路网,被孙中山

---

① 王光美:《永恒的纪念》,载《人民日报》,1981年6月2日。
② 罗叔章:《痛悼敬爱的宋庆龄名誉主席》,载《人民日报》,1981年5月30日。
③ 王光美:《永恒的纪念》,载《人民日报》,1981年6月2日。

赞誉"英俊有为"。1923年被孙中山聘为大元帅府的财政部长和建设部长。孙中山逝世后，他在中山陵旁修建一座"仰止亭"，表达其矢志忠于三民主义、永远景仰孙中山的感情。1949年，他更是深明大义，追求光明，冒险从香港返回大陆，参加新政权的建设。但是，这样一位不断进步、可敬可佩的老人，在"文化大革命"中，竟被诬蔑为"封建余孽"、"袁世凯和蒋介石的黑干将"，受到冲击，陷入厄境。宋庆龄得知后义愤填膺，让秘书给叶家送去二百元钱，作为对孙中山部属的抚慰。叶恭绰见到这笔钱后，老泪纵横地说："孙夫人的心意我领了，但这钱不能收，因为孙夫人也是靠工资生活，并没有财产。"叶夫人认为宋庆龄一片诚心，却之不恭，商量后还是收了下来。

叶恭绰用微微发抖的双手接过钱，激动地对宋庆龄的秘书说："孙中山先生是一个脚踏实地的行动者，是一个实事求是的人，是一个意志坚强、不屈不挠的人。我追随孙中山先生多年，希望死后能埋在仰止亭，在九泉下也能看到中山先生。这个意思，请转告夫人。"

宋庆龄听秘书报告后，欣然同意叶的恳求，并给他写了复信。1968年8月6日，叶恭绰终于离开了这个"不准"他革命的世界，享年88岁。可以安慰的是，由于宋庆龄的安排，他的骨灰埋葬在仰止亭，生前夙愿得以实现，保全了他不屈服于政治淫威、坚持进步的崇高品质。

金仲华遇难以后，上海福利会及其所属机构的处境更加恶化。"四人帮"在上海代理人的黑手再次插入，强行要把宋庆龄视为掌上明珠的儿童艺术剧院跟上海人艺、上海青年话剧团合并，成立一个由他们直接控制的"上海话剧团"。宋庆龄得知后，专程回到上海，向儿童艺术剧院表示关怀。消息很快传遍上海滩。色厉内荏的阴谋家们，在宋庆龄这座大山面前，只像一抔黄土那般渺小，自知他们的勾当见不得阳光，只得悄悄地撤走"工作组"。儿童艺术剧院再次免遭被"砸烂"的厄运。

中国人民是饱经忧患而具有强大生命力的伟大的人民。1976年10月,正义终于战胜邪恶,光明代替黑暗,万恶的"四人帮"被粉碎。从此,神州大地春风送暖,万物复苏,国内形势开始好转,新中国的历史又翻开了崭新的一页。

宋庆龄不顾老迈,也以无比激动的心情,与全国人民一起庆祝这一历史性的胜利。在粉碎"四人帮"后第一个国庆节前夕,她写信给罗叔章表示:"将以无比欢欣的心情庆祝这个节日。"[1]她怀着深情,撰写了怀念毛泽东、周恩来、朱德的文章,抒发她对他们的崇敬和怀念之情。

但宋庆龄并没有停留在欢庆粉碎"四人帮"的胜利上,而是根据自己的认识进行深刻的反思,为人民、为子孙后代总结宝贵的历史教训。1979年9月29日,她发表的《人民的意志是不可战胜的》一文,就是她反思的成果。在这篇文章中,她总结新中国30年的历史,进一步加深对于"前途是光明的,道路是曲折的"真理的认识。她指出:新中国"在中国共产党的领导下,走过了一条伟大的道路","虽然这条道路也是很艰难曲折的,但是,一切野心家、阴谋家都没有能够、也不可能战胜九亿人民的坚强意志。而且这些野心家,阴谋家,没有一个不是在人民的钢铁意志面前碰得头破血流。过去是这样,今后仍将是这样"。她满怀信心地说:"我坚信,人民的意志是不可战胜的。"[2]

1978年12月,中共中央召开十一届三中全会,从思想路线上清算极左的路线,确定了2000年实现"四个现代化"和"和平统一祖国"的两个战略目标。

宋庆龄虽已进入体衰多病的晚年,仍似伏枥老骥,壮心不已,

---

[1] 罗叔章:《痛悼敬爱的宋庆龄名誉主席》,载《人民日报》,1981年5月30日。
[2]《人民日报》,1979年9月29日。

决心为两个目标的早日实现贡献自己的全部余热。

宋庆龄对于生死问题,采取的是彻底唯物主义的态度。她虽年逾古稀,却忘记了身体上的衰老,毫不在意自己的生理年龄,依然不懈地为人民的事业奋斗和奉献着。"我对于老之将至毫不担心。我努力使我的头脑保持年轻和健全。因为有许多年纪较大的人并不是由于'年老'而减少对人民做出值得称道的贡献……只要我能离开医生的治疗,我就要回到我的工作岗位上去。"①当80初度时,她在致友人的信函中表达了这样的渴望。

1979年,已经86岁高龄的她,还写下了豪迈的语句和友人共勉:"不要为不能如愿感到遗憾。记住,生命的曙光仍在前头!"②

三、口头和书面遗嘱

关于自己的身后之事,宋庆龄1981年4月在病重期间曾向在旁侍候的沈粹缜及保姆钟兴宝作过嘱咐:如果自己有"什么问题",要把她送到上海,埋葬在她父母亲和不久前病故的、同她一起生活53年的李姐墓旁;李姐和她自己的墓碑的位置应在她父母合葬墓的左右等距,都平放在地上,坟同大小。③这是她对李姐遗体火化及骨灰安葬的嘱咐,同时也是为自己身后之事的安排。

平日里,李燕娥除精心照料宋庆龄的生活之外,还替她传送信件和文件,陪她外出参加一些重要政治活动,做好保卫工作,她五十余年如一日地保护和支持着宋庆龄的革命活动,并以此赢得了人们的尊敬。宋庆龄一直把她视为家中的一员。李姐(有时称"李

---

① 爱泼斯坦著,沈苏儒译:《宋庆龄——二十世纪的伟大女性》,人民出版社1992年版,第633页。
② 《宋庆龄书信集》下册,第844页。
③ 《杜述周回忆材料》,未刊稿。

妈")病重之际，宋庆龄很伤心。她把自己的心绪向友人透露："这些天，我心里很乱，干什么都没有心思。李妈忠心耿耿，一直对我很好，我们一起生活了五十多年，从来没有发生过龃龉。我担心她不久人世！……我心乱如麻……"[1] 宋庆龄专门打电报从美国买来药，说："我们为她搞到了最好的针剂。""只要打针还能维持她的生命，我就要让她活下去，五十多年来她一直是我的一位忠实益友。我要不惜一切代价救她。"[2] 但是这并没有减轻李妈的痛苦。"看到她慢慢地死去，疼痛煎熬着她——却没有任何药物能帮助她，真是难过！"结果，李姐去世了。

她的去世，使宋庆龄极为悲痛。当得知她在医院病故的消息时，宋庆龄顿时泪眼迷蒙，长叹一声。为纪念这位陪伴自己半个世纪的忠实朋友和同志，宋庆龄赠送了花圈，2月13日在关于李妈丧事安排的文件上作了如下批示："我一直答应让李姐的骨灰葬在我父母的坟的边头，要立她的碑。我以后也要埋在那里。记得我家那里有八穴地。"[3] 宋庆龄指着宋氏墓地的图纸对沈粹缜说，李燕娥的骨灰葬在左边，平行的右边是她自己的。因为是小辈，要比她父母的墓穴低。2月17日，李妈的骨灰迁返上海，宋庆龄要沈粹缜陪她一起去看看。她用手亲切地抚摸着骨灰盒，并多次把脸贴在上面，泪水点点滴滴落下来。她在为李妈竖立的石碑上刻上了"李燕娥女士之墓 宋庆龄立"的字样。

宋庆龄将李燕娥安葬在宋氏墓地的缘由，据廖承志讲，宋庆龄此举是以导师马克思为榜样而做的。当年，马克思把一生照顾他们家庭生活起居的阿姨葬在马克思墓地（位于英国伦敦海德公园），与他的家人长眠在一起。宋庆龄的一生都心系着底层劳动人民，死后，

---

[1] 《宋庆龄书信集（续编）》，人民出版社2004年版，第652—653页。
[2] 《宋庆龄书信集（续编）》，人民出版社2004年版，第667页。
[3] 《纪念宋庆龄同志》画册，图345。

宋庆龄与保姆李燕娥在上海寓所饲养了两只大白鹅

1980年夏,宋庆龄与李燕娥合影

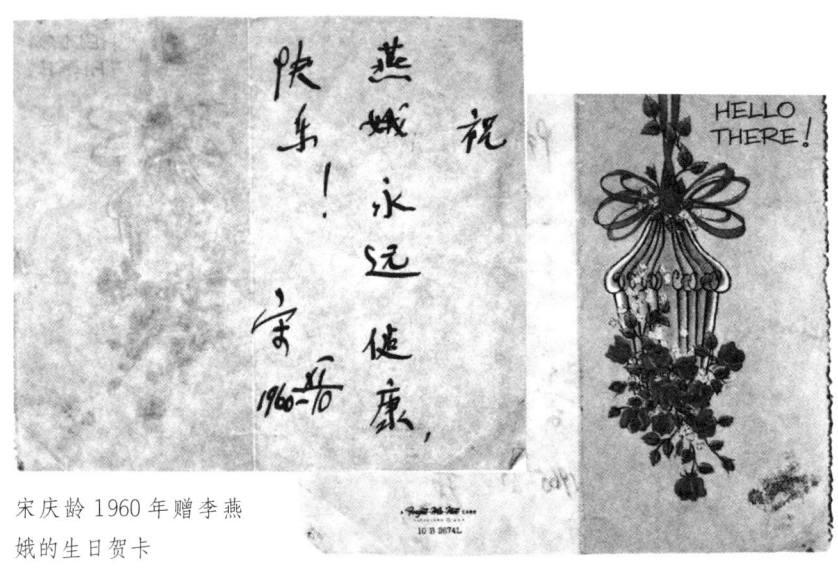

宋庆龄1960年赠李燕娥的生日贺卡

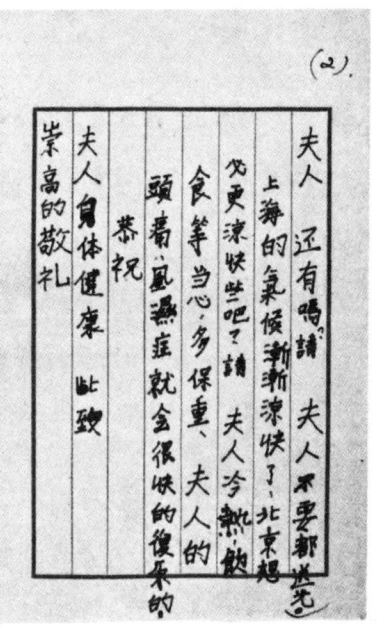
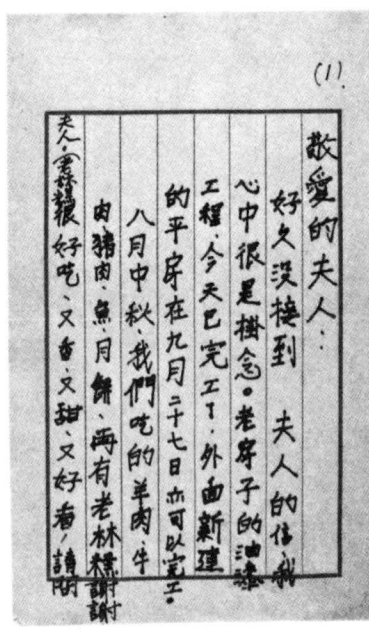
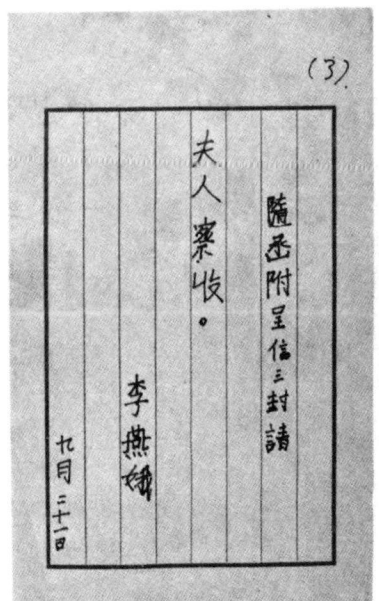

宋庆龄在北京工作期间，几乎每周一次与在上海的保姆李燕娥通信，图为李燕娥于1956年9月21日写给宋庆龄的书信

宋庆龄关于李燕娥葬仪的指示手迹，其中谈到日后自己身后事的安排

1981年2月，李燕娥病逝，宋庆龄赠送的花圈

宋庆龄为李燕娥立的墓碑

也决定以这样的象征形式与劳动人民永远在一起。①

人们没有想到的是,当宋庆龄为李燕娥安排丧事时,她的慢性淋巴白血病,已经严重损害了她的健康。

从5月15日到29日,中共中央、全国人大常委会和国务院,不断向全国人民发布关于宋庆龄病情的公告。她的病情在继续恶化,体温持续在摄氏39度以上,胃肠道出血,血压继续下降,医务人员在全力抢救。在此期间,党和国家领导人不断前往看望。全国各地发来数百封慰问函电。大家衷心祝愿她恢复健康。有的还寄来了药方或治疗药物。他们当中有工人、农民、科学家、医务人员和少年儿童。

5月20日这一天,廖承志又去探望了宋庆龄。他们进行了足足20分钟的谈话。这也是宋庆龄生前最后的一次谈话。她吃力地对廖承志说:"你们为我所做的一切,我很感谢。"她喘了几口气后又说:"如果我有什么问题的话……"廖承志不忍心看她痛苦地勉强说话,忙接过话茬儿:"叔婆(按:这是他与廖梦醒在上海做地下工作以来对宋庆龄的尊称专用语)请放心,我们将照您的吩咐去做的。一切照您的意思去做。"她点头表示满意。廖承志宽慰她:"叔婆,请您不要再讲话了。请您好好休养。我明天再来看您。"她微笑着艰难地喃喃道:"明天……明天……"②她可能还有许多话要讲,她对"明天"依然抱着无限的期望。到了"明天",廖承志又去了,但她却从此处于半昏睡状态,再也没有能力开口讲话了。

宋庆龄逝世后没有要求以夫人的身份安葬在中山陵。她不愿在庄严肃穆的中山陵分享孙中山先生的崇高荣誉。对此,廖承志曾这样阐释:"宋庆龄同志的脑中,永远不曾有过'特殊'两个字。她一

---

① 李家炽:《斯人已逝,唯情长存——记宋庆龄晚年及逝世有关事宜》,载《孙中山宋庆龄研究动态》2005年第6期。
② 廖承志:《我的吊唁》,载《宋庆龄纪念集》,第63—64页。

生地位崇高，但她从未想过身后作什么特殊安排。台港有些人说，她可能想埋葬在南京中山陵，她想也不曾想过这些。中山陵的建造构思，她不曾参与过半句，也不愿中山陵因为她而稍作增添，更不想现在为此而花费国家的人力钱财。"而对于上海，宋庆龄对沈粹缜说，上海是她的出生地，是她从事革命活动和居住时间最久的地方，她在那里结交过许多革命者和进步朋友。当年她将大批医药物资送往解放区支援人民军队，也是从上海运出的。解放后，她在这里会见过许多国际友人。上海有孙中山的故居。她的父母都葬在上海。她热爱上海，一再嘱咐在去世后一定要把她的骨灰葬在上海万国公墓宋氏墓地她父母的墓旁。

这一伟大人物极其平凡的遗嘱，显示了她的高尚品德。

宋庆龄的这一决定，还体现了她的一种妇女解放与独立的思想观念。解放前，她在领导妇女运动时曾提出过一个"新的、更广阔的远景"："有一天妇女将不再以伟人的妻子与昵友的身份，而凭自己作为公民的权利参加国家的活动。"① 这实际上也是她个人的心愿。她早年不顾世俗的压力和家庭反对坚决与孙中山结合，并在孙中山逝世后始终怀念与纪念他，那是出于对丈夫的深厚感情和革命的忠贞；她一贯高擎孙中山的旗帜，殚精竭虑、鞠躬尽瘁，为实现孙中山的未竟理想而奋斗，人们也因她是"孙夫人"而更加尊敬她。而在她个人，从来没有想从"孙中山妻子"的身份中取得一点利益，相反，她为不玷污这个身份付出了巨大的牺牲。现在是真正实现她不从属于"伟人"这一朴素愿望的时候了。

宋庆龄除了口头遗嘱外，尚留有书面遗嘱。她的书面遗嘱的发现和处理情况是这样的：

在1981年5月29日宋庆龄移灵后，廖承志、汪志敏、沈粹缜、

---

① 《中国妇女争取自由的斗争》，载《宋庆龄选集》上卷，第348页。

杜述周在宋宅检查宋的遗物时，在她卧室的抽屉内找到三份遗嘱和三本日记。[①]此后又陆续找到两份遗嘱。先后找到的五份遗嘱，处理身后之事。这五份因修改原因写在不同时期的遗嘱，有用英文写的，也有用中文写的。

邓颖超在同年6月10日起草《执行宋庆龄同志遗嘱的办法（草案）》（以下简称《办法》），报送中共中央总书记胡耀邦批示。《办法》共有六点内容：第一，明确由有关同志组成临时小组；第二，临时小组由高登榜、汪志敏、李家炽、杜述周、陈翠珍、童小鹏、廖承志、邓颖超等八人组成，由高登榜召集会议；第三，小组的任务是"只做原则的确定，具体处理，由北京、上海两地有关的机关同志执行"；第四，遗嘱凡赠款赠物，除应交由有关机关执行外，均照遗嘱执行，遗嘱只告接收的人员阅看原件有关部分；第五，邓广殷（按：即廖承志的表兄邓文钊之子）已有声明，所赠书籍不接受，交公处理；第六，北京、上海住宅原则保留，建议由中组部、统战部、文物机关议处后，分别报中央和上海党、政机关批定。胡耀邦当天即批示"同意"。

6月14日，中央组织部部长宋任穷在《办法》上批示：我完全同意。当天上午10时30分，在中南海中央办公厅会议室，由高登榜召开八人临时小组第一次会议，布置宋庆龄遗嘱的执行工作。小组成员除邓颖超因去中央党校讲课未出席外，全部到会。

会上传达了邓颖超指示：北京的住宅作为故居以及部分作为少年科技馆用，上海住宅作为故居用。此项工作分别由汪志敏、李家炽执行。并要求在宋庆龄逝世一周年时出版文集。

在这次会上传阅了宋庆龄的前四份遗嘱，但最后一份除外。宋庆龄把这最后一份遗嘱锁在自己的卧室里，钥匙交给了她深为信任

[①]《杜述周回忆材料》，未刊稿。

的保姆钟兴宝保管。宋庆龄逝世后,钟兴宝就把钥匙交给了中央派来处理相关事务的人员。所见到的宋庆龄的一份遗嘱中说:"我妈妈送给我的黄金饰品是不能分的,是纪念品。"几份遗嘱大致有以下内容:一是说北京住宅的书籍全部赠给邓广殷;二是讲某张国画或某件衣服、银器、餐具送给谁。最后叮嘱赠钱的问题,受赠的共十人,多少不一样,最少的500元,最多的一人是一万元。受赠钱人,主要是上海、北京寓所在宋庆龄身边工作的同志,包括已故警卫员隋学芳的两个女儿隋永清和隋永洁。当时,廖承志强调,遗嘱执行以最后一份为准,如前后有矛盾,可以把前面的作为参考。

之后,6月30日,八人临时小组召开第二次会议。会上,汪志敏汇报北京宋庆龄住宅的清理情况,传达了中央已经批准北京、上海两处住宅作宋庆龄故居,上海故居于1981年10月10日辛亥革命70周年纪念时对外开放。到8月下旬,八人临时小组又召开第三次会议,由李家炽汇报了上海宋庆龄故居的清理情况。

八人临时小组成员李家炽认为:"宋庆龄的遗嘱,写得很平静,很理智,从政治上看,她一直执行三民主义路线,同时接受共产党的正确主张,一心一意把国家民族搞好,对党中央是拥护的。当然,宋庆龄也有对'文革'的不满。""宋庆龄最后一份遗嘱,我觉得不会涉及什么政治。她的品格非常高尚,没有对自己有所要求,只是对她母亲给她的礼物认为是纪念品,不能分。"[①]

四、遗爱长留人间

多年以来,宋庆龄时常受到病痛的折磨。早在1971年2月间,她就在写给廖梦醒的信中表示自己希望不再继续担任行政职务。但

[①] 沈飞德:《执行宋庆龄遗嘱秘闻》,载《世纪》2008年第2期。

是实际上,她还在继续担任着国家重要的领导职务,继续为国家工作着。不断加重的病痛,考验着她的意志与毅力。

1980年下半年是一个转折点。从那时起,宋庆龄经常发高烧、有时卧病不起。但她还是凭着坚强的毅力,在病榻上操持一些非她亲自动手不可的事情。

1981年3月16日,经专家会诊,确诊她患了白血病。

5月,加拿大维多利亚大学校长霍华德·佩奇博士来华,代表该大学授予宋庆龄荣誉法学博士学位证书。这时宋庆龄的病情已相当严重,但为了给中、加两国人民的友谊献出最后一分力量,她决定亲自出席这次授证活动。她进行认真的准备,特意致函陈翰笙商量授证仪式上的答辞,还请北京医院的部分医护工作人员采取特殊措施,稳定了她的病情。

8日下午,授证仪式在人民大会堂隆重举行。穿着礼服的霍华德·佩奇校长首先致词,称颂宋庆龄是"20世纪最伟大的社会公仆和社会领导人之一";由于她"毫不动摇地从事为中国人民谋幸福的事业,因而赢得了世界各地人民的尊敬"。[①]

宋庆龄身披荣誉博士的礼服,以惊人的毅力,用英语坚持发表了近二十分钟的讲话。她说:"我为接受加拿大维多利亚大学博士学位感到荣幸。我接受这一学位,不是为了我个人,而是把它看作是你们对中国人民的崇敬和友谊的象征。""同时,我也是把它看作是把中、加两国人民连结在一起的悠久而牢固的友谊的象征。"[②]

授证仪式圆满结束后,宋庆龄很感激身边的医护人员,决定趁自己有生之日,举办一次宴会,酬谢他们。5月12日,三四十名医护人员来到宋庆龄家中参加这次意义深长的宴会。席尽人散时,她欣慰地说:"这一件事,我总算称心了。"

[①]《人民日报》,1981年5月9日。
[②]同上。

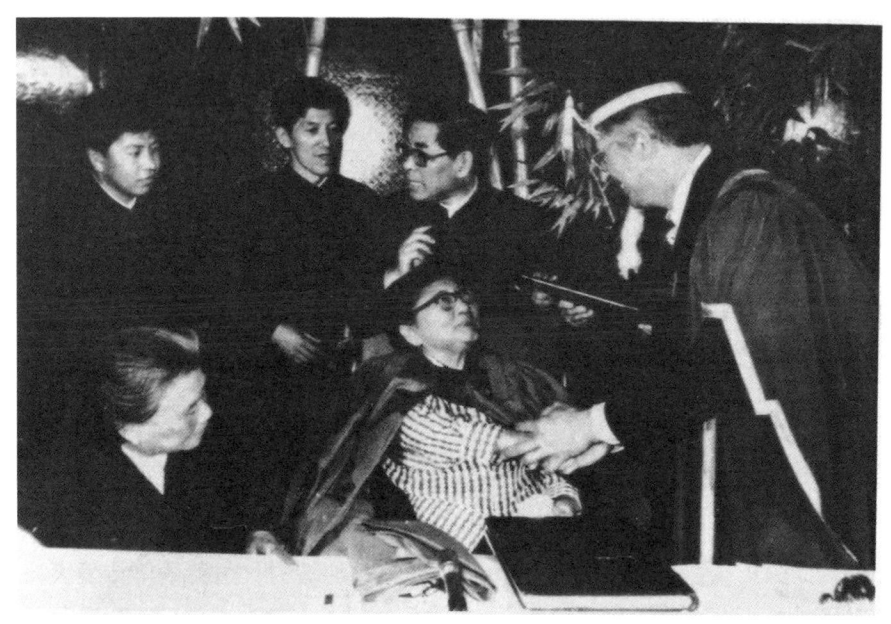

1981年5月8日,加拿大维多利亚大学在北京人民大会堂授予宋庆龄荣誉法学博士学位,表彰这位"20世纪最伟大的社会公仆和社会领导人之一"

宋庆龄还有一个未了的心愿，就是加入中国共产党。

宋庆龄与中国共产党的关系，经历了民主革命、社会主义革命和社会主义建设，经受了整整60年血与火、胜利与曲折的严峻考验。她与共产党的合作，始终如一，真正是牢不可破。她始终把共产党视为孙中山革命理想和革命事业最忠诚的继承者和领导者，并且愿为共产党的最高理想共产主义而奋斗。因此，她早就向往加入共产党。

1957年4月，在上海寓所，宋庆龄会见刘少奇、王光美夫妇时，正式向刘少奇提出："我希望参加共产党！"刘少奇非常高兴，但慎重表示："这是一件大事情，我将转报党中央和毛主席。"①

宋庆龄在几十年革命斗争的考验中，已完全证明她早已成为伟大的共产主义战士。她从1913年大学毕业投身革命起，半个多世纪来，她与一切反动势力进行了毫不妥协的斗争和最彻底的决裂。在那个年代，像她这样的爱国主义者，要完成到共产主义者的转变，须与封建帝制、军阀的反动统治、国民党右派、蒋介石反动政权和这一切的总后台帝国主义五种反动势力彻底决裂，并与主张在中国走资本主义道路的资产阶级民主主义划清界限。所有这一切，宋庆龄都毫不含糊地做到了。而且，她一贯拥护并执行党的方针政策，努力学习马列主义，同党的组织保持最密切的关系，用共产党员的条件严格要求自己。所以，她早已具备了一个共产党员的条件。正如邓颖超在给她的献词中所说："你生活在半殖民地半封建的旧中国，处在那样的家庭包围中，又长期在蜕变的国民党的敌视、威胁下，能够奋勇当先，进行单枪匹马的战斗而坚持不懈，这种坚韧不拔、出污泥而不染的高贵品质，不愧为人中之杰、女中之杰、伟大的革命战士。你比荷花更皎洁，比青松更坚贞。周恩来同志曾称你

---

① 王光美：《永恒的纪念》，载《人民日报》，1981年6月2日。

为'国之瑰宝',你是当之无愧的。"①

刘少奇也说过:"历史关键时刻,宋副主席一向是支持我们党,同人民在一起的。她的贡献甚至超过我们党的一些负责同志。"②

这样的人加入共产党,不仅是宋庆龄个人的光荣,也是党的光荣。

但是,入党本身并不是目的,入党是为了革命。像宋庆龄这样有特殊地位的人物,更要从革命的大局出发来处理组织上入党的问题。在宋庆龄正式提出入党要求后不久,刘少奇和周恩来到上海去看望宋庆龄。刘少奇恳切地对宋庆龄说:"党中央认真地讨论了你的入党要求,从现在的情况看,你暂时留在党外对革命所起的作用更大些。你虽然没有入党,我们党的一切大事,我们都随时告诉你,你都可以参与。"宋庆龄点了点头表示理解,尊重党的意见,暂时留在党外。当时,她的心情很不平静,眼中含着泪花,表现了一位伟大共产主义战士对党深沉的情感和博大的胸怀。

事实的确如此,宋庆龄以同党亲密合作的非党人士身份工作,在许多方面的确起到了共产党员所不能起的作用。中共中央也言必信,行必果,虽然没有从组织上吸收她入党,但一直把她作为党的领导者看待。1956年邀请她列席党的第八次代表大会,1957年她参加中国代表团出席莫斯科各国共产党会议,都是对她最大的信任。在20世纪50年代,党中央决定专门送中共中央文件和外交方面的文件给她看,她完全按照党的保密守则亲自拆封和保管,看毕又亲自加封退回。除请她参加重要会议外,有重大事情常由周恩来、彭真、邓颖超等当面通知并征求她的意见。有些问题则由齐燕铭或徐冰和童小鹏等,去她的寓所专门报告请示。不论什么问题,她都是

---

① 邓颖超:《向宋庆龄同志致崇高的敬礼!》,载《人民日报》,1981年5月29日。
② 转引自王光美:《永恒的纪念》,载《人民日报》,1981年6月2日。

以对党负责的态度处理，只要是党的决定，总是无条件地执行。[①]"文化大革命"之后，她对党没有怨气，更没有不满，一切听从党的安排，丝毫没有动摇参加党的坚定的宿愿。

1981年5月14日晚，宋庆龄的冠心病及慢性淋巴性白血病，经多方治疗无效而恶化，突发寒战高热，体温达40.2摄氏度，伴有严重心力衰竭。经抢救后，第二天早晨体温下降，神志清醒，她最后一次向去看望她的王光美、彭真和邓颖超提出入党要求。邓颖超等人当即表示热烈欢迎她加入共产党，并立即报告中共中央。

15日上午10点半，宋庆龄的入党要求直接报告了中共中央总书记胡耀邦。下午，邓小平召开政治局紧急会议，一致通过接收宋庆龄为中国共产党正式党员，同时建议授予她中华人民共和国名誉主席的荣誉称号。16日上午，邓小平看望宋庆龄，祝贺她加入中国共产党，实现了她的夙愿。她望着邓小平，微笑着，点点头。下午，全国人大常委会第十八次会议刚结束，全国人大常委会正副委员长彭真、廖承志就驱车前往宋庆龄的住宅，把全国人大常委会授予她国家名誉主席荣誉称号的决定告诉她，并表示祝贺。

宋庆龄加入中国共产党，荣任中华人民共和国名誉主席，写下了自己政治生命的最后一页。

1981年5月29日20时18分，一颗伟大的心脏停止了跳动。

宋庆龄没有要求逝世后以夫人的身份安葬在中山陵。在宋庆龄看来，"紫金山是只为真正伟大的人物服务的"。她不愿在庄严肃穆的中山陵分享孙中山先生的崇高荣誉。

中国共产党中央委员会、中华人民共和国全国人民代表大会常务委员会、中华人民共和国国务院发表公告，决定为宋庆龄举行国葬。

魂归故土是宋庆龄的心愿。6月4日，宋庆龄的骨灰由邓颖超、

[①] 王光美：《永恒的纪念》，载《人民日报》，1981年6月2日；童小鹏：《伟大的共产主义战士——沉痛悼念宋庆龄同志》，载《北京日报》，1981年6月2日。

1981年5月15日，新华社发布的中共中央、全国人大常委会、国务院关于宋庆龄副委员长病情的第一号公告和中共中央政治局关于接收宋庆龄为中国共产党正式党员的决定

中华人民共和国全国人民代表大会常务委员会关于授予宋庆龄中华人民共和国名誉主席荣誉称号的决定

乌兰夫、廖承志、陈慕华等护送，由专机从北京移送上海。当日，上海几十万人民群众在上海万国公墓举行了隆重的国葬典礼，骨灰安葬在冬青环绕、松柏挺拔、庄严肃穆的宋氏墓地（今宋庆龄陵园）。墓穴与保姆李燕娥并行，右左对应，其规格、材料和形制完全相同，并一般大小，置于其父母墓地下方。素净的墓盖上镌刻着：

一八九三年——一九八一年
中华人民共和国名誉主席宋庆龄同志之墓
一九八一年六月四日立

墓的周围放满了宋庆龄生前喜欢的黄色香石竹花。随后，在墓前又塑立了一尊汉白玉的宋庆龄坐像，背景有高大长青的松柏衬托；还修了墓碑，上面有邓小平的题词和介绍宋庆龄生平的碑文。

在宋庆龄的墓地上，长年不断，日复一日，有世界各地的敬仰者献送鲜花、花篮和花圈。

为让遗爱长留人间，人们以各种形式纪念这位 20 世纪的伟大女性。其中，以宋庆龄姓名命名的基金会成立，是最为引人瞩目的纪念形成。早在 1981 年 6 月 4 日，回国参加葬礼的宋庆龄亲属孙穗英、林达文、孙穗华、张家恭、戴成功、林达光、陈恕、陈志昆、黄寿珍、陈燕等联名发表声明，决定设立宋庆龄基金会。声明认为宋庆龄的逝世，"对中国和全世界都是一个巨大的损失。她在世界各地所受到的广泛爱戴和尊敬使我们深受感动"。声明表示为了表达我们以及宋庆龄所有朋友对她的爱戴，我们以她的亲属的名义在这里宣布："我们准备设立宋庆龄基金，为宋庆龄生前最关心的青年和少年儿童的文化教育事业服务。"[①] 这个基金会首先在北美创立，并将

---

① 《人民日报》，1981 年 6 月 5 日。

亲属在为宋庆龄守灵

国际友人为宋庆龄守灵。左起：路易·艾黎、马海德、西园寺公一、耿丽淑、宫崎世民、柯如思、爱泼斯坦、爱德乐

灵车在驶向万国公墓的途中。按照宋庆龄的遗愿,她的骨灰安葬在上海万国公墓她父母的墓旁

上海万国公墓中的宋氏墓地。右侧是宋庆龄墓

依据国际合作的努力精神促进这项事业。

宋庆龄的亲属在酝酿这个基金会时,就征求廖承志的意见。廖当即表示支持,并提议该组织除募捐基金发展妇幼保健和儿童文化福利事业之外,同时要做加强大陆同胞与广大海外华侨、港澳同胞的联络工作,加强中国人民与世界人民的友好工作。

经过一段时期的筹备,1982年5月29日,正式成立了"纪念宋庆龄国家名誉主席儿童科学公园基金会"(简称宋庆龄基金会、现名中国宋庆龄基金会),邓小平为名誉主席,康克清任主席,廖承志为顾问,副主席是荣毅仁、荣高棠、高登榜、吴全衡,理事75人。其中除参与发起基金会的宋庆龄亲属之外,有许多著名的领导人和社会活动家,如马海德、王安娜、丁玲、詹姆斯·贝特兰、巴苏、王炳南、史良、白杨、米勒、许德珩、沈其震、沈粹缜、邱茉莉、陈翰笙、罗叔章、屈武、赵朴初、洛伊斯·惠勒·斯诺、耿丽淑、格兰尼奇、海伦·罗森、爱泼斯坦、路易·艾黎、廖梦醒等。这充分体现了以宋庆龄名字命名的这个人民团体和慈善公益机构的特殊地位和作用。

中国宋庆龄基金会作为宋庆龄事业的继承者,在成立之后的30多年里,根据章程规定的宗旨、任务和职责,坚持人民团体和慈善公益机构的属性,坚持服务大局,服务社会,服务青少年的工作方针,在海内外友好组织和热心人士支持和帮助下,在国际友好、两岸交流、扶贫助教、科学普及、文学艺术、体育卫生等诸多领域都取得了可喜的成绩,赢得了良好的声誉。此外,基金会还专门建立了宋庆龄研究中心和宋庆龄故居文物库,从事孙中山、宋庆龄的学术研究及宣传以及有关文物、档案资料的搜集、整理出版与交流等诸项活动。

在国外,除美国外,加拿大、日本、意大利、菲律宾的友好人士也都先后成立了宋庆龄基金会的组织。这些组织均独立募集资金,独立开展活动，与中国宋庆龄基金会是兄弟组织的关系。在国内，上海、河南、陕西、广东等省市和香港、澳门，也先后成立了宋庆龄基金会，积极开始有关工作。由于宋庆龄基金会无相互隶属的关系，各国、各地区此类机构的名称也不尽相同。

宋庆龄逝世后，她在上海、北京两处的寓所，按她生前的布置辟为"宋庆龄故居"，1981年10月和1982年5月先后正式开放，供人们瞻仰。北京故居内原来被宋庆龄用于会见和宴请国际友人的大客厅和大餐厅，辟为永久性的宋庆龄生平事迹展览（后移至新建的文物库），展出她的生平历史照片数百张、文物资料三百多件，详细生动地介绍宋庆龄一生坎坷的道路和光辉的战斗历程，表现了她的崇高思想和优秀品质，以及她对中国革命和建设的杰出贡献。

这些故居和展览，成为对人们进行爱国主义、国际主义和共产主义教育的重要阵地。少年儿童经常集体来此过队日，聆受宋庆龄的遗教，向宋奶奶保证刻苦学习文化科学知识，立志做一个建设社会主义现代化事业的坚强接班人，为创造高度的物质文明和精神文明做出"超过前人的巨大贡献"。

此外，海南省当地政府也将位于文昌县昌洒镇的宋庆龄祖宅进行了重修，以供中外崇敬宋庆龄的人们瞻仰。

宋庆龄永垂不朽，遗爱长留人间。

> 我们今天纪念过去，
> 但也展望将来；
> 我们今天正在建设着明天，
> 为了所有的人民。①
> ——宋庆龄

---

① 《无名烈士——为九女墩题》，载《宋庆龄选集》下卷，第15页。

附录一　宋庆龄大事纪年

1893年　1月27日（清光绪十八年壬辰十二月初十日）
诞生于上海。父亲宋嘉树（字耀如），母亲倪桂珍。

1900年　（清光绪二十六年　庚子）7岁
入上海中西女校读书。曾参加该校幼稚园的排戏和游艺会演出，演技颇受赞扬。

1907年　（清光绪三十三年　丁未）14岁
离上海到美国求学，入新泽西州斯密特城私立学校学习外语，准备投考大学。

1908年　（清光绪三十四年　戊申）15岁
考入佐治亚州梅肯市基督教卫理公会办的威斯里安女子学院文学系读书，后曾担任该校刊文学编辑。

1911 年　（清宣统三年　辛亥）18 岁

11 月，在学生文学杂志上发表《受外国教育的留学生对中国之影响》一文。

1912 年　（中华民国元年　壬子）19 岁

年初，在学校中撕掉清朝的龙旗，挂上父亲寄来的新国旗（五色旗），欢呼辛亥革命的胜利。

4 月，在校刊上发表《二十世纪最伟大的事件》一文，高度评价辛亥革命的胜利。

1913 年　（中华民国二年　癸丑）20 岁

夏，在威斯里安女子学院毕业，获文学学士学位。

8 月，离美归国。途经日本，于 29 日抵东京。

8 月，在东京拜访孙中山。

1914 年　（中华民国三年　甲寅）21 岁

接替宋蔼龄担任孙中山的英文秘书。担负整理文件、处理函电、提供资料等任务。

1915 年　（中华民国四年　乙卯）22 岁

秋，离东京回国探视生病的父母亲。在上海接到孙中山来函，征求去东京共同生活的意见。

10 月，排除亲友重重阻挠，毅然离沪赴日。24 日晨抵达东京时，孙中山亲到车站迎接。

同月 25 日，与孙中山在东京结婚。婚后，继续担任秘书工作。

1916年 （中华民国五年　丙辰）23岁

4月9日，与孙中山、廖仲恺等在东京集会庆祝袁世凯复辟帝制的失败。

同月27日，随孙中山由日本启程回国，5月初到达上海。

1917年 （中华民国六年　丁巳）24岁

7月6日，随孙中山离沪去粤，发起护法运动。

1918年 （中华民国七年　戊午）25岁

5月3日，父宋嘉树在上海病逝。

同月21日，第一次"护法"失败，随孙中山离开广州赴上海。

6月28日，抵达上海，居住在法租界环龙路（今南昌路）26号。

8月，同孙中山迁居到华侨集资购赠的莫利哀路29号（今香山路7号）住宅。辅佐孙中山著书立说，研讨三民主义诸多问题。

1919年 （中华民国八年　己未）26岁

7月，代孙中山起草致广东军政府电，要求立即释放被捕的工、学界代表。指出：桂系军阀的倒行逆施，"不惟为粤人之所公愤，亦即全国之所不容也"。

1920年 （中华民国九年　庚申）27岁

11月，粤军攻克广州，随孙中山离沪返穗，再次组织"护法"军政府。

1921年（中华民国十年　辛酉）28岁

夏，为襄助孙中山讨伐桂系军阀陆荣廷，在广州发动妇女组织"出征军人慰劳会"，任会长，并带领慰劳队亲临广西梧州前线慰问战士。

12月，为支持北伐，率红十字会员抵桂林。

同月，在桂林参与孙中山同共产国际代表马林的商谈。

1922年 （中华民国十一年 壬戌）29岁

5月，偕红十字会员多人，随孙中山从广州到韶关督师。

6月16日，陈炯明叛变。勇敢地留在总统府，掩护孙中山脱离险境。

当日下午脱险，翌晨转赴黄埔与孙中山会合。

同月，由于紧张和劳累，健康受到很大损害。离穗返沪，用英文写出《广州脱险》一文。

8月23日，在上海寓所陪同孙中山与李大钊会晤，商谈国共合作等问题。

同月下旬，陪同孙中山会见苏俄全权大使越飞的代表，商谈"远东大局问题及解决方法"。

1923年 （中华民国十二年 癸亥）30岁

1月，陪同孙中山与苏俄代表越飞晤谈。

年初，陪同孙中山接见北京大学学生黄日葵、王昆仑等。

2月，滇桂联军驱逐陈炯明后，随孙中山离上海返广州，重建大元帅府。

8月，和孙中山在永丰舰上纪念广州蒙难一周年。

12月21日，陪同孙中山到岭南大学讲演，孙中山在演说中痛斥帝国主义的侵略行为，勉励学生"要做大事，不可要做大官"。

1924年 （中华民国十三年 甲子）31岁

1月，问孙中山"为什么需要共产党加入国民党"？孙中山回答说:"国民党正在堕落中死亡,因此要救活它,就需要新血液。"

1月20—30日,中国国民党第一次全国代表大会在广州召开。大会宣言重新解释了三民主义。

2月24日,在广州出席中国国民党追悼列宁逝世大会。

6月16日,随同孙中山出席中国国民党陆军军官学校开学典礼。

8月,随同孙中山视察中国国民党陆军军官学校。

夏秋间,热情接待苏俄友人,并向鲍罗廷夫人讲述中国妇女的活动。

11月13日,随孙中山乘永丰舰离开广州,经上海取道日本北上,与冯玉祥等共商国是。

同月28日,途经日本,应神户县立高等女校的邀请,发表关于妇女解放问题的演说。

12月4日,抵达天津。孙中山肝病发作。

同月31日,由天津抵达北京。

1925年 (中华民国十四年 乙丑)32岁

1月,孙中山病重。在病榻前日夜侍候。

3月11日,接受孙中山临终前的遗嘱,并答应代替孙中山访问莫斯科,实现其未遂愿望。

同月12日,孙中山在北京逝世。向国内外介绍孙中山的新三民主义和"联合世界上以平等待我之民族共同奋斗"的遗嘱。

4月,从北京回到上海。

6月初,在上海就五卅惨案对《民国日报》记者发表谈话,指出:"凡中国国民皆当负此救国责任","此即孙先生40年革命目的之一"。

7月2日,发表《为力争两广关余向英帝国主义斗争的孙先生》一文,赞扬当时全国人民反对帝国主义的斗争是"志(孙)先生之志,行(孙)先生之行"。

8月,对廖仲恺在广州被国民党右派暗杀,深感悲痛和愤慨。在致何香凝唁电中表示:必须"勉承先志,竭力进行"。

1926年 (中华民国十五年 丙寅)33岁

1月,在广州召开的国民党第二次全国代表大会上,发表坚持孙中山三大政策的演说,谴责国民党内违背孙中山遗训的右派集团。被选为国民党中央执行委员会委员。

同月20日,在广州女校友团体欢迎会上发表演说,希望大家共同领导全国妇女参加国民革命。

11月,北伐军攻克武汉后,与国民政府先遣人员陈友仁、鲍罗廷等五人到达武汉,筹备迁都事宜。

12月,与共产党人和国民党左派领袖等共同组成"中国国民党中央执行委员及国民政府委员临时联席会议",作为迁都前的临时党政最高权力机关。此后,经常参加民众大会,宣传孙中山的三大政策,积极地投身到中国人民大革命的洪流中。

1927年 (中华民国十六年 丁卯)34岁

2月,在武汉开办妇女政治训练班。

同月14日,在汉口《民国日报》发表《妇女应当参加国民革命》一文。

3月9日,在广州《民国日报》发表《论中国女权运动》一文。

3月10—17日,出席国民党二届三中全会,被选为五人主席团成员。会上通过坚持国共合作的革命原则和限制蒋介石权力的决定。

同月,国民政府在武汉成立,被任命为国民政府委员。又被选为国民党中央政治委员会委员。

上半年,发起组织红十字会,从事救济伤兵工作。

7月14日，发表《为抗议违反孙中山的革命原则和政策的声明》，宣布站在坚持孙中山的革命原则和政策的立场上与叛徒们决裂，同时对中国人民革命的胜利前途表示坚定的信念。

8月1日，支持南昌起义。和毛泽东等22名国民党中央委员发表《中央委员宣言》，痛斥蒋、汪集团背叛革命，号召革命人民继续为反对帝国主义和解决土地问题而奋斗。

同月2日，被推选为南昌起义的革命委员会主席团的成员。

同月下旬，为寻求中国革命的道路，离上海赴苏联及欧洲。行前，发表《赴莫斯科前的声明》，表示坚持三大政策。

9月6日，在莫斯科发表声明，说明代表长逝的孙中山和中国革命群众访问苏联，表示对中国革命充满信心。在此前后，连续发表了《向苏联妇女致敬》《写给共产主义青年团的机关刊物〈年青一代〉》《对塔斯社发表的声明》《对列宁格勒〈真理报〉发表的声明》《妇女与革命》《青年与革命》等一系列的声明和论文，表示对三大政策的不变的忠诚。

11月1日，和邓演达、陈友仁以国民党临时行动委员会名义，在莫斯科发表《对中国及世界革命民众宣言》，指出：蒋、江窃取中国国民党和三民主义的旗号，"其实已为旧势力之化身，军阀之工具，民众之仇敌"。表示要继续与新旧军阀作坚决的斗争，实现孙中山的新三民主义。

12月17日，致电蒋介石，斥责与苏联绝交为"自杀行为"，指出："历史将要求你对此承担责任。"

同月23日，再电蒋介石，痛斥其背信弃义的卑劣行为。

同月，出席在比利时召开的国际反帝同盟大会，并被选为会议名誉主席。

1929年（中华民国十八年　己巳）36岁

4月，离德国柏林回国，参加在南京举行的孙中山国葬仪式。行前发表《关于不参与国民党任何工作的声明》，庄严指出"在国民党的政策完全符合已故孙逸仙博士的基本原则之前，我不能直接或间接地参与该党的任何工作"。

8月10日，以英文发表《痛斥戴季陶》的谈话纪录稿。

同月，国际反帝同盟在德国召开大会，再度当选为大会的名誉主席。

1930年　（中华民国十九年　庚午）37岁

离开上海再度到欧洲旅行。

1931年　（中华民国二十年　辛未）38岁

7月23日，母倪桂珍病逝。

8月，由德国经苏联回到上海，参加母亲的葬礼。

8月24日，接见德国《法兰克福报》美籍女记者史沫特莱。

12月19日，为邓演达被害发表《国民党已不再是一个政治力量》一文。揭露蒋介石政权的本质及它进行的各种无耻活动，支持建立抗日民族统一战线的主张，大声疾呼："我不忍见孙中山40年的工作被一小撮自私自利的国民党军阀、政客所毁坏。我更不忍见四万万五千五百万人的中国，因国民党背弃自己的主义而亡于帝国主义。"表示决心投身于反对日本帝国主义侵略和国民党黑暗统治的斗争行列。

1932年　（中华民国二十一年　壬申）39岁

1月，"一·二八"事变后，与杨铨、何香凝等筹划救济工作，创办一所设有300个床位的"国民伤兵医院"，亲任理事，主管医院事务。

7月，与杨铨等就蒋介石非法逮捕泛太平洋产业同盟秘书牛兰及其夫人提出抗议，要求保释。

10月底，从上海到南京，向国民党政府提议组织一特种委员会，专门处理政治犯事件。

12月17日，和蔡元培等以"中国民权保障同盟"筹备委员会名义，致电蒋介石等，营救在北平被非法逮捕之学校师生许德珩等人，要求即日释放，"以重民权，而张公道"。

同月，与鲁迅、蔡元培、杨铨等在上海组织"中国民权保障同盟"，担任临时全国执行委员会主席，蔡元培任副主席，杨铨任总干事。

同月，对新闻界发表谈话，宣传中国民权保障同盟的宗旨，是营救一切爱国的革命的政治犯，争取人民的言论、出版、集会、结社等项自由。要求新闻界人士为保卫出版自由与盟员并肩战斗，在营救政治犯的问题上主持正义。

1933年　（中华民国二十二年　癸酉）40岁

1月17日，中国民权保障同盟上海分会召开成立会议，和鲁迅、蔡元培等九人被选为执行委员。

2月17日，与鲁迅、蔡元培等在上海欢迎来华访问的英国作家萧伯纳。

3月8日，在上海"国民御侮自救会"成立大会上发表演说，号召抗日群众紧密团结，反对国民党的妥协投降。

同月，为共产党员罗登贤、廖承志、陈赓等五人在上海被国民党逮捕，中国民权保障同盟连续召开执行委员会讨论营救办法。旋领导组成营救政治犯委员会，又和杨铨等专程到南京向国民党政府提出抗议，要求立即释放罗登贤等人。

4月1日，发表《告中国人民——大家一致起来保护被捕的革命者》一文，号召全国人民起来营救罗登贤等。

同月2日，与蔡元培一起致电汪精卫，营救罗登贤等。

同月5日，率领中国民权保障同盟代表团到南京卫戍司令部探访罗登贤等。又偕杨铨、沈钧儒等到江苏第一监狱探视牛兰夫妇。

5月14日，发表《对德国迫害进步人士与犹太人民的抗议书》一文，并与鲁迅、蔡元培、杨铨等到德国驻沪领事馆递交抗议书，谴责希特勒政府对本国人民实行法西斯恐怖统治。

同月24日，发表《中国的工人们，团结起来！》一文，指出："帝国主义决不能征服和瓜分中国，我们将建立一个属于工人和农民的自由统一、革命的新中国。"

6月，杨铨于18日遭国民党特务暗害。为杨铨被害发表声明，抗议蒋介石杀害进步人士的罪行，并不顾国民党特务的恫吓参加杨铨的成殓仪式，又接见报社记者，宣布杨铨之死决不会影响运动的发展，将继续进行民权保障活动。

8月，以世界反对帝国主义战争委员会远东会议上海筹委会主席名义，发表反对帝国主义战争的声明，积极参加国际反法西斯运动。

9月30日，在上海主持召开"世界反对帝国主义战争委员会"远东大会，并发表题为《中国的自由与反战斗争》的演说，指出："目前的时代标志了一个新的社会制度——社会主义——的诞生。"这次大会正式成立远东反帝反战同盟中国分会，被推选为主席。

12月30日，致电南京当局，要求释放牛兰夫妇。

1934年　（中华民国二十三年　甲戌）41岁

1月12日，为牛兰绝食再次致电南京当局，要求立即释放。

4月20日，与何香凝等1779人联名发表《中国人民对日作战基本纲领》，提出"立即停止屠杀中国同胞的战争"、"一切海陆空军立即开赴前线对日作战"的主张，要求发动抗日救国的民族自卫战争。这一号召得到全国广大群众和海外华侨的热烈响应，不久公开签名赞成者达十万人。

秋，以远东反帝反战同盟中国分会名义与中华全国总工会等团体在上海成立中国民族武装自卫委员会，任主席。

1935年　（中华民国二十四年　乙亥）42岁

资助中国共产党上海情报系统派赴陕北联系工作的干部一笔旅费。

1936年　（中华民国二十五年　丙子）43岁

春，函约国际主义战士马海德到寓所晤谈，促成埃德加·斯诺和马海德的陕北之行。

5—6月间，沈钧儒、邹韬奋等在上海成立"全国各界救国联合会"。被选为执行委员。

6月5日，写信促鲁迅就医，提出："你的生命并不是个人的。"

10月22日，在上海万国公墓参加追悼鲁迅大会，并发表演说。

11月26日，为沈钧儒等"七君子"被捕，以全国各界救国联合会执行委员名义发表声明，抗议蒋介石蹂躏民权的罪恶行径，指出："救国会的七位领袖已被逮捕，可是我们中国还有四万万五千五百万人民，他们的爱国义愤是压制不了的。"

12月，"西安事变"发生。系争取释放蒋介石的人士之一，条件是蒋答应停止内战、实行抗日。

1937年　（中华民国二十六年　丁丑）44岁

2月中旬，同何香凝、冯玉祥等13人联名向国民党五届三中全会提出《恢复孙中山先生手订联俄联共扶助农工三大政策案》，并在全会大会上发表题为《实行孙中山的遗嘱》的演说,力促国民党改变立场、团结抗日。

4月,发表《儒教与现代中国》一文。批评蒋介石的反动复古思想,主张以改善人民生活的运动来代替蒋介石的"新生活"运动。

6月下旬,同何香凝、胡愈之等16人发起"救国入狱运动",抗议蒋介石非法逮捕进步人士。并发表《救国入狱运动宣言》,严正指出:"我们都是中国人,我们都要抢救这危亡的中国。我们不能因为畏罪,就不爱国,不救国。"号召全国人民"都为救国而入狱",从此"再不能害怕敌人,再不用害怕日本帝国主义的侵略!"

7月5日,亲率救国会领导成员12人,从上海到苏州高等法院监狱探视"七君子",并向法院要求羁押同服"爱国罪"。

同月31日,经过努力奔走,"七君子"获释出狱。

8月,在上海寓所接待周恩来、博古和林伯渠,表示坚决拥护和支持中国共产党提出的为宣布国共合作共同抗日宣言的主张。

同月,在纽约《论坛与世纪》上发表《中国是不可征服的》一文,指出中国地大物博,人口众多,全国团结一致抗日,则"日本的武力已不过成为一只纸老虎"。

9月,致函英国工党来华调查日本侵略的代表团,希望支持中国的抗战,"以反抗残暴的、破坏文化的野蛮主义"。

11月,发表《关于国共合作的声明》,表明拥护抗日民族统一战线的立场,赞成国共第二次合作。指出:"孙中山一生主张共同奋斗救中国。这就是他主张国共合作的原因";今天"必须举国上下团结一致,抵抗日本"。

12月,从上海移居香港。

1938年 (中华民国二十七年 戊寅)45岁

1月23日,国际反侵略运动大会中国分会在汉口成立。和蔡元培、吴玉章等19人被推为出席伦敦代表大会代表。

3月7日，发表《向全世界的妇女申诉》一文，控诉法西斯侵略战争，呼吁共同来战胜全人类的敌人。

6月14日，邀集中外著名人士，在香港发起组织"保卫中国同盟"，设总部于西摩道21号，致力于战时医疗救济和儿童福利工作。积极向海外宣传报道中国共产党领导的抗日武装力量和抗日根据地。向全世界募集医药和其他援助物资，运送给中国共产党所领导的抗日军队和根据地人民。并且介绍一些国际友人组织的医疗队到根据地参加战时救护工作。

7月7日，发表《抗战的一周年》一文。

9月，发表《华侨总动员——庆祝华侨第二届会员代表大会》一文。

1939年 （中华民国二十八年 己卯）46岁

3月8日，在香港国际妇女节集会上，发表题为《关于援助游击队战士的呼吁》的演说。

11月11日，发表《真正实现中国的独立》一文，追述辛亥革命的历史背景和孙中山从事革命的目标，进而阐明民族解放斗争的重大意义。

12月12日，在香港电台发表演说。

1940年 （中华民国二十九年 庚辰）47岁

在香港继续开展"保卫中国同盟"的工作。

1941年 （中华民国三十年 辛巳）48岁

1月，"皖南事变"发生前，与何香凝等联名发出通电，严厉斥责破坏团结抗战的蒋介石，指出："今后必须绝对停止以武力攻击共产党，必须停止弹压共产党的行动。"

10月，在纽约的《亚细亚》杂志上发表《中国需要更多的民主》一文。

11月28日，为纪念邓演达被国民党杀害十周年，发表《纪念邓演达》一文。

12月，日本帝国主义发动太平洋战争。在香港沦陷前，乘最后一架班机离港抵渝，继续开展"保卫中国同盟"的工作。

是年，支持国际友人路易·艾黎等发起的工业合作社运动。曾担任工业合作社香港促进会主席。

1942年 （中华民国三十一年 壬午）49岁

7月，发表《中国妇女争取自由的斗争》一文。

冬，在重庆寓所举行茶餐会，和周恩来、邓颖超等一起欢送董必武离开重庆返回延安。

1943年 （中华民国三十二年 癸未）50岁

3月，在重庆对记者发表谈话，提出实现孙中山的三大政策、动员全国人民参加抗战以争取胜利的主张。

5月，以中华全国儿童福利协会主席名义，举办国际足球赈灾义赛并将义赛所得全部捐赠河南灾民。

9月18日，发表《给中国在海外的朋友们的公开信》，指出："保卫中国同盟完全致力于救济工作……但救济只是反法西斯的救济，救济只是争取民主的救济。"呼吁大家继续支持中国人民的斗争。

1944年 （中华民国三十三年 甲申）51岁

2月8日，发表《致美国工人们》一文，指出"中国抗战与美国工人利益休戚攸关"，"中国的民主也与美国工人利益休戚攸关"。

呼吁美国工人支持中国人民的抗日民主斗争。

3月12日,为在美国举行的孙中山纪念日,发表题为《孙中山与中国的民主》的广播演说。

10月1日,在重庆同72人发起各党派、各阶层举行追悼邹韬奋大会。

是年,送给中国共产党领导的根据地一台X光机。这是根据地的第一台和唯一的一台X光机。

1945年 (中华民国三十四年 乙酉)52岁

9月,在重庆上清寺桂园张治中住所同毛泽东会见。

12月,离重庆回到上海。组织"中国福利基金会"(即"保卫中国同盟"的后继组织)从事妇幼卫生、文化教育和社会救济事业。此后,继续支持进步组织和民主力量,给予中国共产党及其领导的人民解放军以巨大的物质援助。

1946年 (中华民国三十五年 丙戌)53岁

7月23日,在上海发表声明,要求促成组织联合政府并呼吁美国人民制止他们的政府在军事上援助国民党。这一声明在世界各地引起了广泛的震动与响应。

1947年 (中华民国三十六年 丁亥)54岁

9月16日,发表声明,否认参加伪国大代表的"竞选"。

1948年 (中华民国三十七年 戊子)55岁

1月1日,中国国民党革命委员会在香港成立,被邀请担任名誉主席。

同月,发表《给世界民主青年联盟的信》。号召反对第三次世界大战，表示对于保卫世界和平的信念，并勉励青年"必须走到人民中间去学习"，"和人民一同前进"。

年初，拨一批奶粉交《新少年报》社，托转送给全国贫苦的少年儿童。

冬，迁居到淮海中路1843号住宅（即今上海宋庆龄故居）。

1949年 （己丑）56岁

7月1日，在上海发表为庆祝中国共产党成立28年而作的《向中国共产党致敬》一文，热烈欢呼人民的胜利已在眼前。

同月7日，在上海各界纪念"七七"庆祝解放大会上，发表题为《帝国主义，滚开吧！否则将与反动派同归于尽》的讲话。

9月，受中共中央邀请，到北平参加中国人民政治协商会议第一届全体会议。当选为中央人民政府副主席。

10月1日，参加中华人民共和国开国大典。

12月11日，出席亚洲妇女代表会议，并在会上发表讲话。

同月，被推选为中华全国民主妇女联合会（今称中华全国妇女联合会）名誉主席。

1950年 （庚寅）57岁

4月，出席在北京召开的中国人民救济代表会议，当选为中国人民救济总会执行委员会主席。

8月，宣布中国福利基金会改组为中国福利会，在妇幼保健和少年儿童文化教育方面进行实验性、示范性的工作。继续担任该组织执行委员会主席。

11月23日，在华沙召开的第二届世界保卫和平大会上，当选为世界和平理事会理事。

1951 年 （辛卯）58 岁

6 月，为文集《为新中国奋斗》作序言。

9 月 18 日，在北京接受 1950 年"巩固国际和平"斯大林国际奖金。旋将十万卢布的奖金全部献出，交给中国福利会作为创办国际和平妇幼保健院之用。

11 月 26 日，在中国人民保卫儿童全国委员会成立大会上，当选为该委员会主席。

1952 年 （壬辰）59 岁

年初，创办《中国建设》杂志，把新中国的真实情况介绍给全世界人民，以增进世界人民对新中国的友谊和了解。亲自指导和帮助该刊的编辑、出版工作。

3 月 21 日，与郭沫若等发起召开亚洲及太平洋区域和平会议。

9 月，文集《为新中国奋斗》由人民出版社出版。

10 月，率领中国代表团参加在北京召开的亚洲及太平洋区域和平会议，被选为亚洲及太平洋区域和平联络委员会主席。

12 月 11 日，率领中国代表团出席在维也纳举行的世界人民和平大会。

同月下旬，访问苏联。

1953 年 （癸巳）60 岁

1 月 13 日，在莫斯科会见斯大林。

3 月 9 日，发表《悼伟大的斯大林同志》一文。

4 月 26 日，被中国妇女第二次全国代表大会推选为中华全国民主妇女联合会名誉主席。

1954年 （甲午）61岁

9月，出席第一届全国人民代表大会第一次会议。被选为全国人民代表大会常务委员会副委员长。

12月，在全国人民政治协商会议第二届全国委员会第一次会议上，被选为政协全国委员会副主席。

1955年 （乙未）62岁

1月，被选为中苏友好协会总会会长。

8月20日，出席政协全国委员会纪念廖仲恺先生逝世30周年大会，并发表讲话。

12月，率领廖承志等到印度进行访问。

1956年 （丙申）63岁

1—2月，率领廖承志等访问缅甸和巴基斯坦。接受巴基斯坦达卡大学授予的名誉法学博士学位。

8月，率领中国代表团访问印度尼西亚。

9月，应中共中央的邀请，列席中国共产党第八次全国代表大会。在大会上致词说："没有党的领导，我们的胜利是不可能的。"

11月，发表《孙中山——中国人民伟大的革命的儿子》和《回忆孙中山》两文。

1957年 （丁酉）64岁

9月，在全国妇联第三届执委会第一次会议上，被选为中华人民共和国妇女联合会名誉主席。

11月，随同毛泽东率领的中国代表团抵苏联莫斯科，参加社会主义国家共产党和工人党代表会议及"十月革命"40周年活动。

1958年 （戊戌）65岁

6月14日，参加庆祝中国福利会成立20年大会并发表讲话，指出："中国福利会从创立的那天起，就和中国共产党站在一起，将来也是这样。"

1959年 （己亥）66岁

4月，出席第二届全国人民代表大会第一次会议，当选为中华人民共和国副主席。

1960年 （庚子）67岁

4月，出席第二届全国人民代表大会第二次会议。

1961年 （辛丑）68

5月11日，在上海寓所与毛泽东会见。

9月，任纪念辛亥革命50周年筹备委员主任委员。

1962年 （壬寅）69岁

1月17日，在上海接见锡兰总理班达拉奈克夫人。

11月12日，发表《孙中山和他同中国共产党的合作》一文，指出："孙中山为中华民族和中国人民进行的40年的政治斗争，在他的晚年达到了最高峰。这一发展的顶点是他决定同中国共产党合作，一道进行中国的革命。"

1963年 （癸卯）70岁

4月，从上海到北京，居住在后海北沿46号住宅（即今北京宋庆龄故居）。

1964 年 （癸卯）71 岁

2 月，以中华人民共和国副主席身份，同周恩来、陈毅一起访问锡兰。

12 月 21 日，出席第三届全国人民代表大会第一次会议，并担任会议执行主席。

1965 年 （乙巳）72 岁

1 月，在第三届全国人民代表大会第一次会议上，继续当选为中华人民共和国副主席。

10 月，任纪念孙中山先生百年诞辰筹备委员会副主任委员。

1966 年 （丙午）73 岁

11 月 12 日，在北京参加纪念孙中山诞辰一百周年大会，并发表题为《孙中山——坚定不移、百折不挠的革命家》的讲话，介绍孙中山的革命经历。

1972 年 （壬子）79 岁

1 月 10 日，与毛泽东、周恩来等一起参加陈毅的追悼会。

9 月 5 日，在北京人民大会堂参加何香凝的追悼会，并致悼词。

1975 年 （乙卯）82 岁

1 月 17 日，在第四届全国人民代表大会第一次会议上，继续当选为全国人民代表大会常务委员会副委员长。

1976 年 （丙辰）83 岁

1 月，参加周恩来的追悼会。

7 月，参加朱德的追悼会。

1977年 （丁巳）84岁

9月9日，参加纪念毛泽东逝世一周年及纪念堂落成仪式。

1978年 （戊午）85岁

2月，在第五届全国人民代表大会第一次会议上，再次当选为全国人民代表大会常务委员会副委员长。

6月14日，参加庆祝中国福利会成立40年大会。

9月17日，在中国妇女第四次全国代表大会上致闭幕词，表示决心同大家一道进行新长征。继续被选为中华全国妇女联合会名誉主席。

12月，撰写《追念毛主席》一文。

1979年 （己未）86岁

6月，接见美国知名妇女访华团、美国夏威夷各界访华团。

10月12日，在北京寓所宴请西哈努克亲王和夫人。

同月，和邓小平一起接见美国著名小提琴家义萨克·斯特恩。

1980年 （庚申）87岁

1月1日，参加政协全国委员会的元旦茶会。

3月5日，主持纪念蔡元培逝世40周年大会，并致词。

同月8日，参加"三八"国际妇女节70周年大会，并致祝词。

5月17日，参加刘少奇的追悼会。

10月7日，政协全国委员会决定1981年隆重纪念辛亥革命70周年。任筹委会副主任委员。

1981 年 （辛酉）88 岁

5月8日，接受加拿大维多利亚大学授予的荣誉法学博士学位，并发表讲话。

同月15日，中共中央政治局决定接收为中国共产党正式党员。

同月16日，全国人大常委会第十八次会议决定授予中华人民共和国名誉主席的荣誉称号。

同月29日，因患慢性淋巴细胞性白血病，于晚8时18分在北京寓所逝世。党中央、人大常委会、国务院决定举行国葬。

6月4日，在上海万国公墓宋氏墓地（今宋庆龄陵园）举行隆重的骨灰安葬仪式。

附录二 征引和参考的主要书目

一、宋庆龄、孙中山著作

1．《宋庆龄选集》，人民出版社1966年初版。

2．《宋庆龄选集》（上下卷），宋庆龄基金会编，人民出版社1992年10月版。

3．《宋庆龄书信集》（上下册），人民出版社1999年版。

4．《宋庆龄书信集（续编）》，人民出版社2004年第1版。

5．宋庆龄：《永远和党在一起》，上海人民出版社1983年版。

6．宋庆龄：《为新中国奋斗》，人民出版社1952年版。

7．《宋庆龄论少年儿童教育》，教育科学出版社1984年版。

8．《宋庆龄来往书信选集》，上海人民出版社1995年版。

9．《邓广殷、孙君莲及邓勤藏宋庆龄书信集》（中译本），2011年版。

10．《挚友情深——宋庆龄与爱泼斯坦、邱茉莉往来书信》，中央文献出版社2012年版。

11．《宋庆龄关于若干历史事实的一封信》（1980 年 2 月 23 日宋庆龄复尚明轩函），载《百科知识》1981 年第 7 期。

12．上海市孙中山宋庆龄文物管理委员会等编：《回忆宋庆龄》，东方出版中心 2013 年版。

13．宋庆龄基金会编：《宋庆龄题词选》，中国和平出版社 1988 年版。

14．人民出版社编：《宋庆龄纪念集》，人民出版社 1982 年版。

15．上海宋庆龄故居等编：《纪念宋庆龄文集》，上海人民出版社 1993 年版。

16．尚明轩主编：《孙中山全集》（16 卷），人民出版社 2015 年版。

17．秦孝仪主编：《国父全集》（12 册），台北近代中国出版社 1989 年版。

18．邓泽如编：《孙中山先生廿年来手札》，广州述志公司 1927 年影印版。

二、中文图书及未刊资料

1．吕明灼：《宋庆龄传》，上海人民出版社 1988 年 11 月第 1 版。

2．尚明轩主编：《宋庆龄年谱长编（1893—1981)》（上下卷），社科文献出版社 2009 年 10 月第 1 版。

3．盛永华主编：《宋庆龄年谱（1893—1981)》（上下册），广东人民出版社 2006 年 8 月第 1 版。

4．《宋庆龄与二十世纪》，上海社会科学院出版社 1999 年版。

5．上海市孙中山宋庆龄文物管理委员会、上海宋庆龄研究会编：《回忆宋庆龄》，中国出版集团东方出版中心 2013 年版。

6．于醒民等：《宋氏家族第一人》，北方文艺出版社 1986 年版。

7．《纪念宋庆龄同志》画册，文物出版社 1982 年版。

8．《上海解放三十五周年文史资料纪念专辑》，上海人民出版社 1984 年出版。

9．《中国福利会史志资料》（内刊）。

10．《中国福利会志》，上海社会科学出版社 1995 年版。

11．陈漱渝：《宋庆龄传》，人民日报出版社 2012 年版。

12．俞辛淳等：《孙中山宋庆龄与梅屋庄吉夫妇》，中华书局 1991 年 7 月第 1 版。

13．《杜述周回忆材料》，未刊。

14．《杜述周纪事材料》，未刊。

15．张珏：《往事不是一片云》，1993 年内部印本。

16．林家有、李吉奎：《宋美龄传》，河南人民出版社 1995 年版。

17．《廖承志文集》（上下卷），人民出版社 1990 年版。

18．《黎沛华纪事簿》，未刊。

19．尚明轩、魏秀堂：《宋庆龄的后半生》，人民文学出版社 2012 年版。

20．尚明轩：《宋庆龄研究论丛》，西苑出版社 2013 年版。

21．胡兰畦：《胡兰畦回忆录》，四川人民出版社 1985 年版。

22．卢广绵等编：《回忆中国工合运动》，中国文史出版社 1997 年版。

23．中国福利会编：《中国福利会六十年》，上海画报出版社 1998 年版。

24．宋庆龄基金会研究室编：《保卫中国同盟新闻通讯》，中国和平出版社 1989 年版。

25．《宋庆龄档案》，藏北京宋庆龄故居博物馆。

26．宋庆龄与乔吉特等来往书信 133 件（英文），原件或原件影印，存尚明轩处。

27.《韩氏家族》，民国十七年重修，藏美国斯坦福大学胡佛研究所。

28. 荣孟源主编：《中国国民党历次代表大会及中央全会资料》（上下册），光明日报出版社1985年版。

三、中文报刊

《羊城晚报》、《健康报》、《人民日报》、《解放日报》、重庆《新华日报》、晋冀鲁豫《人民日报》、《文汇报》、《华商报》、香港《大公报》、《中国建设》杂志、《新华半月刊》、《新华社新闻稿》、《北京日报》、《新华月报》、香港《天天日报》、《上海政协报》、《参考消息》、《中国时报周刊》、《上海商报》、《团结报》、《联合时报》、《长江日报》、《儿童时代》杂志、《申报》、《光明日报》、《新华文摘》、《档案史学》杂志、《党的文献》杂志、香港《文汇报》、台湾《传记文学》杂志、《世纪》杂志、香港《百姓》半月刊、《今日中国》杂志、《新蜀报》等。

四、外文书刊（含中译本）

1. 美国《时代》周刊（英文）。

2. 日本《产经新闻》（日文）。

3.〔美〕斯宾塞：《三姐妹——中国宋氏家族的故事》（英文版），纽约1939年版。

4. 仁木富美子译编：《宋庆龄选集》（日文版），日本多梅斯出版社 1979 年版。

5. Sylvia Wu：*Memories of Madame Sun：First Lady of China*，DENNIS LANDMAN，1982．

6.〔美〕埃德加·斯诺：《复始之旅》，新华出版社 1984 年版。

7.〔美〕埃米莉·哈恩：《宋氏家族——父女·婚姻·家庭》，新华出版社 1985 年版。

8.〔美〕斯特林·西格雷夫：《宋家王朝》，美国纽约哈泼斯－罗公司 1985 年版；澳门星光书店 1985 年译文版。

9.〔美〕斯特林·西格雷夫：《宋氏家族秘闻》，四川省社会科学院出版社 1988 年版。

10．张戎、〔英〕乔恩·哈利戴著，傅伍仪等译：《孙逸仙夫人——宋庆龄传略》，中国和平出版社 1988 年版。

11.〔波兰〕伊斯雷尔·爱泼斯坦：《宋庆龄——二十世纪伟大的女性》（英文版），人民出版社 1992 年版。

12.〔波兰〕伊斯雷尔·爱泼斯坦著，沈苏儒译：《宋庆龄——二十世纪的伟大女性》，人民出版社 1992 年 11 月第 1 版。

13.《斯特朗文集》第一卷，新华出版社 1998 年版。

14.《旅华岁月——海伦·斯诺回忆录》，世界知识出版社 1985 年 10 月版。

15.〔韩〕李阳子：《宋庆龄研究》，一潮阁 1998 年版。

图书在版编目（CIP）数据

宋庆龄图文全传 / 尚明轩著． —— 北京：新星出版社，2021.7
（传记文库）
ISBN 978-7-5133-4582-8

Ⅰ．①宋… Ⅱ．①尚… Ⅲ．①宋庆龄（1893-1981）- 传记 Ⅳ．① K827=7
中国版本图书馆 CIP 数据核字（2021）第 142410 号

宋庆龄图文全传
尚明轩 著

责任编辑：孙立英
责任校对：刘 义
责任印制：李珊珊
装帧设计：冷暖儿

出版发行：新星出版社
出 版 人：马汝军
社　　址：北京市西城区车公庄大街丙3号楼　　100044
网　　址：www.newstarpress.com
电　　话：010-88310888
传　　真：010-65270449
法律顾问：北京市岳成律师事务所

读者服务：010-88310800　　service@newstarpress.com
邮购地址：北京市西城区车公庄大街丙3号楼　　100044

印　　刷：天津图文方嘉印刷有限公司
开　　本：660mm×970mm　　1/16
印　　张：59
字　　数：626千字
版　　次：2021年7月第一版　　2021年7月第一次印刷
书　　号：ISBN 978-7-5133-4582-8
定　　价：168.00元（全二册）

版权专有，侵权必究；如有质量问题，请与印刷厂联系调换。